Introduction to Advertising

何辉 / 著

广告学教程

第3版

人民出版社

第 3 版序

近几年来，广告业发生了很多变化，广告实践中采用了很多新的技术、新的技巧。技术的发展——尤其是互联网技术的发展，推动了互联网广告的发展。FACEBOOK、微博、微信等新的传播平台成为信息传播新的渠道，其中不乏具有某种广告性质的信息，这些信息经由转发传播，很大一部分被免费传播，它们已经无法用传统广告定义来界定。传统的广告定义和内涵无疑受到了挑战。新的广告传播原理、技术正在新的实际中被尝试、被考验。这些变化，理应在教学实践中加以考虑。

《广告学教程（第 3 版）》正是基于这样的考虑而奉献给读者的。在该书的第 2 版（书名为《广告学概论：基于多学科知识的建构》）中，我已经提出了新的广告定义，在新版中，我对新的广告定义与内涵进行了进一步阐释。这一新的广告定义与内涵，是我修订本书其他内容的重要思想基础。

本书从第 1 版（书名为《当代广告学教程》）问世，到今日第 3 版出版，走过了十二年的时间，前两版被多次印刷、大量发行，被许多教师和学生使用。在长期的教学过程中，我也获得了关于该书的大量反馈意见。我尽量吸收了其中好的意见，来使新版内容更加丰富、充实，期望它不仅能够传承经典的广告学原理，也能反映广告学理论与实践方面新的变化。

本书可供广告学本科专业和相关专业学生作为教材，可供研究广告与传播的硕士生、博士生作为参考读物，也可作为广告实务工作者案头的专业参考书。

本书与我的另外三部书构成了我广告学与创意思想的系列丛书。另外三部书分别是《广告文案（第2版）》《广告创作与分析：从分析作品开始学做广告（第3版）》《创意思维：关于创造的思考（第3版）》。如果使用本书作为教材的教师和学生同时参看以上三本书，将会看到我试图建构的广告学的理论体系和思想体系，它们包含了理论与实践，也包含了技术与思想。我深信，理论与实践的结合，技术与思想的互动，方能造就优秀的广告人——不仅能够熟悉运用原理与技术，更要有创意的思想与创造的激情。

自1999年以来，我抱着持续的热情写作并修订此书，是因为一直坚信，我在此书中讨论与介绍的学问，能够增进企业与社会的财富，能够增进人民的福祉。我真诚地希望有更多的教师与学生能够使用此书，有更多的读者能够阅读此书；我热切地希望有更多的人能够怀抱热情，利用此书中讨论与介绍的学问去促进产品的销售，去增进就业，去改变贫穷，去创造财富。

最后，感谢人民出版社的张燕编辑与她的同事们，他们为本书第3版的出版，付出了艰苦的工作。在此我也要衷心感谢本书第1版编辑欣雯、韩旺辰，第2版编辑石岩、霍殿林。在本书历次出版和重印过程中，他们在书名、体例等许多方面都提出了很多宝贵意见。

感谢使用过本书的教师、学生和其他读者。在本书被使用、被阅读过程中，读者们发现了一些作为作者没有意识到的问题，有些读者提出了宝贵的修改意见，有些读者的提问启发了作者进一步的思考。可以说，本书的读者们也是我修订本书的动力。我期待新旧读者们在使用和阅读本书过程中，能够继续不吝批评与指正。我会将此视为莫大的荣幸。

何　辉

2016年2月25日

第 2 版序

本书的写作，是我于几年前出版的《当代广告学教程》基础之上，专门为"教育部经济管理类主干课程教材"这一丛书而撰写的。从一定程度上说，可以将本书看成前书的第 2 版。但是，如果要严格一点说，本书其实可以说得上是一本新书。

《当代广告学教程》这本教材，在五年之内重印了四次。实际上，原出版社编辑几次催促我对它作一些材料上的更新。这说明它还有一定的市场需求。但是，我本人却希望能够对广告学知识进行更多的理论方面的探索与总结，这是因为，经过近几年的广告学教学以及相关领域的研究工作，我对广告学逐渐生发出一些新的想法。然而，这些新想法仿佛始终处在一团迷雾中，这令我感到困惑和苦恼，当时我觉得自己还没有能力将这些想法清晰地表达出来，并用它们来改造之前已经出版的教材。在这种情况下，中国人民大学出版社石岩编辑当时约请我写一本《广告学概论》，我只能怀抱遗憾的心情婉拒。

不过，石岩编辑并不因我的拒绝而放弃她的想法。在随后长达两年时间内，她对我又数次发出诚恳的写作约请。她的诚意，在某种程度上成为一种催化剂，促使我将酝酿已久的想法逐渐整理出来。

我期望通过这本《广告学概论》，能够阐明广告学的定位、研究内容与研究方法，探讨广告学的一些基本原理；我也希望这本书中的内容可以成为今后广告学研究的一系列绪论（在《当代广告学教程》一书中，我还未能将这些当作写作的主要目标）。这些写作目标，比起《当代广告学教程》中我为自己设定的目标，显然有更大的难度。之所以要进行这样的努力，是因为我认为弄清楚这些问题，对于推进我国广告学的研究与教育，以及进一步发挥应用广告学在社会政治经济生活中的作用，具有重大意义。在本书中，配合所要论述的问题，我也尽可能多地直接引用报刊中的各种材料（因本书篇幅有限，我对部分材料进行了缩写），以期使读者对我们生活的这个时代有更多真切的理解。从某种意义上说，对报刊中的各种材料的引用（这些引用都注明了原作者和资料来源，以期能彰显原作者工作的价值），也是以一种历史研究的态度记录当代史的某些片段。未来的人们可以从这些有选择的引用中，看到我们所生活的这个时代的或好或坏、或美或丑的某些侧面。

我尽力使所预想的写作目的能够清楚地体现在这本书中。我期盼读者能够在阅读中注意到这一点。我也希望，这本书（它能被选用为教材，令我感到很荣幸）能够使有意从事广告事业的朋友们对这项事业生发出令人兴奋的热情，并能把它视为一项有巨大价值的严肃事业——这种认识，定然可以为从事该项事业带来巨大而持久的动力。

……

我们所生存的世界正在技术与商业的推动下，发生着巨大的、快速的变革。广告业也不断面临着在这个世界上纷纷涌现的诸多新事物。就在我准备向出版社提交书稿的前不久，亚马逊网站宣布，其电子书的销量已经超过实体平装书和精装书销量的总和。亚马逊表示，自 2011 年 4 月 1 日起，其美国网站上每销售 100 部实体书，卖出的电子书数量为 105 "部"。这可以说是人们的阅读习惯正在发生着前所未有的巨变的表现之一（尽管目前电子书市场收入只占美国图书市场总收入的 8% 左右）。这种巨变会给未来的广告业乃至人类的文明带来怎样的冲击，我们尚无法清楚地预料。但是，不可否认，种种巨变正在发生。想通过一本概论来全面反映当今广告业的种种变革是不可能的。我知道，即便已经付出了巨大努力来追求这一目标，但本书依然可能存在着许多疏漏甚至错误。因此，我真挚地请求读者能够谅解并提出宝贵的修改意见。

何　辉

2011 年 10 月

第1版序

中国当代广告业自20世纪70年代恢复以来，获得了巨大的发展。中国经济的持续增长为中国广告业发展提供了持续的动力。在本世纪之初，中国正式加入世界贸易组织，这是中国继续发展的一个契机，也是一个挑战。面对令人激动的国家未来，面临着新世纪不断出现的新变化，中国广告业也面临前所未有的机会和挑战。

本教程的写作，力求立足中国广告，同时介绍世界广告的最新发展情况和最新理论动向，以适应新时期学生的学习需要和广告业界实际从业者的参考需要。

本书的最大特点是提供了清晰的广告学理论思路和学习体系。本书的体系建构尽量考虑到中国学生的学习特点以及中国大学教育的教学特色。本书前面的导读图是对本教程体系的一个简要说明，通过图表的形式展现了本书的整体结构。教学者或学习者有必要先对这一导读图有个较为明确的印象，从而为整个广告学的学习过程打下坚实的基础。

本书还有一大特点是对许多重要的基础概念进行了整理（在书中用使用特别字体）。在广告业界统一重要的术语，有利于广告运作的规范化、科学化。

本书整体上的思路是先介绍宏观的知识，然后进入微观知识的讲解；先介绍广告基础理论，然后介绍具有很强实用性的具体广告策划知识以及相关的理论知识。在书的大结构上，包含三大部分：第一部分介绍当代广告业概况；第二部分介绍广告学基础理论；第三部分讲解广告运作知识和技巧。

在第一部分中第一章内容简单介绍了当代世界广告业发展概况以及当代中国广告业发展概况。这样的安排是为了使学习者能对中国和世界广告业发展概况有个整体的了解，了解中国的广告业是如何一步步发展到今天这个水平，同时使学习者清楚中国广告业面临着怎样的世界广告业环境。

在第二部分，从第二章到第七章，共有六章内容。第二章介绍什么是广告，阐述有代表性的广告定义，介绍简单的广告史。第三章主要从宏观的角度，介绍广告与社会、与经济的关系。作为专业广告人，必须清楚广告在社会中所扮演的角色，认识到广告所承担的社会责任，从而在未来的职业生涯中善用广告的力量。第四章介绍广告业的种种参与者，分别从广告主、广告公司、媒体等多个角度进行讲解。

从第五章到第七章，用三章篇幅讲解了广告策划活动的思考基盘。这个部分的学习是进行科学广告运作、进行策略性广告思考的关键所在。第五章讲解广告与营销的关系，讲解了什么是营销，营销计划的内容和过程，并对近年来广告运作的新领域——整合营销传播与广告的关系进行了介绍。第六章介绍广告与传播的关系，讲解了一些基本的传播理论和广告如何发生作用的基本原理。第七章讲解广告与消费者，介绍了消费行为、消费者决策过程等一些重要的消费者知识。

第三部分主要介绍广告运作以及相关的知识。这一部分从第八章到第十六章共有九章内容。

在第八章中，先从整体视角对广告策划进行了概述。通过这一章的学习，学习者应该掌握广告策划所包含的大概过程和一些重要的思考内容。从第九章开始，是对广告策划一些重要的过程、内容以及相关理论进行讲解。第九章介绍广告调查研究。在这章中，介绍了常见的广告调查研究，并说明了应该如何对待广告调研获得的数据。学习者应该了解，广告调查是广告运动的基础。

　　第十章讲解确定广告目标的重要性和确定广告目标的一般知识，同时介绍了一些相关的重要理论。

　　第十一章和第十二章讲解广告策划中的讯息计划，分别讲解如何发展广告创意策略，以及广告表现与制作的基本知识。

　　第十三章和第十四章讲解广告策划中的媒体计划，分别讲解媒体策划的基本知识和广告媒体的基本知识。

　　第十五章为学习者提供了非常实用的广告提案知识与技巧。讲解什么是广告提案，广告提案中经常出现的问题，广告提案技巧，以及广告提案书的制作和经常使用的设备工具。

　　最后一章讲解关于广告计划的执行与效果评估的常识。

何　辉

2003 年 8 月

目 录
CONTENTS

第一章 绪 论

第一节 广告学是一门什么样的学问

广告学是一门研究如何开展广告活动并利用广告活动增进企业、社会财富与人民福祉的学问。① 我以这种方式来定义广告学，并非刻意拔高广告学的地位，而是真诚地认为，如果研究广告学问之人能本着这样的认识，必将有助于广告学作为一门学问不断健康成长。对于学习者而言，美好的愿望就仿佛人体所需的必要的钙一样，具有相当的重要性，这是因为，由美好愿望所激发的探索热情与由好奇心所激发的求知欲一样，可以生成长久而持续的动力。

广告学一方面应关注如何开展广告活动，关注广告活动与企业、社会财富增长之间的关系；另一方面应关注在企业、社会财富增长的同时，人民的福祉如何获得增长，这种福祉的增长不该被理解为仅仅局限于物质财富与物质享受的获得，也应包含精神福祉。

社会财富的增长机制是非常复杂的，广告学研究的重点并不在于宏观方面，而在于微观方面，尽管这并不排除在宏观环境中加以探讨。但实际上，在研究竞争问题时，广告学不得不涉及宏观问题。社会财富的增长是依赖人类创造性活动实现的，是建立在生产与消费基础之上的。个人、家庭、企业、政府在创造社会财富的过程中发挥着重要的作用。尽管"在产生财富的那些

---

① 在本书中，广告学是被当作一门学问来研究并加以介绍的。就"广告学"是否是一门学问或科学进行争论，在这里并不非常重要，因为本书所作的努力，即是将它作为一门学问来研究并加以介绍。

关系中也产生贫困"①，但是，广告学研究的主要目的不在于揭示生产关系中的贫困如何产生，而在于研究广告活动如何促进物品与服务的交易，从而促进生产与消费，并增加社会的财富。不论是个人、家庭，还是企业或政府，都可以出钱做广告，因此都可以作为广告主在社会财富的创造机制中发挥功能。在各种类型的广告主中，企业是社会经济活动的主要单位，因此也自然成为广告学最为关注的对象。在广告创造社会财富这一具体机制中，除了企业之外，媒体机构、广告公司、公关公司以及各类服务性公司都是重要的参与者，因此它们也是广告学研究的重要对象。

由于广告主（主要研究的是企业）的广告活动，人民福祉会因此受到影响。"人民"这个概念多出现于政治学、政治经济学中，是一个重要的术语。在广告学的研究中，尽管在论及宏观问题时使用"人民"这一概念依然有其准确性，但是在研究微观问题时，这一概念就显得不准确了。因此，在广告学中，当研究人民福祉如何受广告活动的影响时，更常使用的是"顾客""消费者""受众"等更为具体的概念。传统意义上的受众指报纸、杂志、广播、电视媒体的读者、听众和观众。互联网兴起并普及后，也形成了数目巨大的互联网传播的受众。

福祉包含了物质福祉与精神福祉。广告学不仅研究企业如何通过广告活动增加物质财富，还要研究企业的广告活动如何增进人民福祉，或者更具体、更准确地说，如何增进顾客、消费者或受众的福祉。政府机构以及其他非营利机构也可以作为广告主做广告，它们更多地希望通过传播某种观点、倡导某些主张来增进人民福祉。也就是说，广告学也研究观念与主张的传播。

第二节　广告学定位与研究对象

广告学如何进行学科定位，关系到自身的发展方向。学科定位决定了学科的主要研究对象。因此，阐明广告学的定位，有助于我们确定广告学的研究对象。明确了广告学的研究对象，则有助于我们进一步理清广告学应该研

---

① 《马克思恩格斯全集》第4卷，人民出版社1958年版，第155页。

究的主要课题。

学科的定位并非一成不变。但是，在学科发展演变的道路上，一些知识之所以汇集为一门学问，是因为它们成为处理某一类问题时可加以利用的相对稳定的经验或规律。从某种意义上说，学科是对知识的分类。某一学科的建立是人们对某一知识类别的明确化的过程。因此，学科具有类似制度与规训①的性质。一个学科一旦建立，即意味着它在人类知识体系中拥有了相对稳定的位置，从而进一步在相关学术活动中形成研究社群。

广告学的定位，即是指广告学在科学研究中应处的位置。② 学习广告学，并不意味着学习者一定要成为职业广告人。正如学习经济学并不等于一定会使学习的人富有，却有助于一个人获得促进财富创造的知识与技巧，由于广告已成为当代社会生活中不可缺少的一部分，一个人在现代社会中生活与工作，就常常会接触广告。学习广告学，有助于一个现代人了解自己所生活的世界及广告在生活中发挥了什么样的作用。学习广告学，还有助于人们理解广告发挥作用的原因，从而使自己在接触广告，接受其影响的同时，能够保护自己作为消费者的权益。

当然，由于广告学的学科定位，它主要为那些期望利用广告这一工具来增进财富创造的个人、企业提供帮助，同时也为政府等非营利机构传播观念

---

① 华勒斯坦等的《学科·知识·权力》一书的中文译者则干脆将该书中的英文"discipline"翻译成"学科规训"。参见［美］华勒斯坦等：《学科·知识·权力》，生活·读书·新知三联书店1999年版，第21页。

② 西方广告学的学科起源与心理学、市场营销学关系密切，而中国的广告学的学科起源与新闻传播学紧密相连。从1920年开始，上海圣约翰大学、厦门大学、北京平民大学、北京国际大学、燕京大学、上海南方大学和广东国民大学等大学的报学系（科）、新闻系（科）相继开设广告课程。广告学以课程的方式出现在新闻学研究与教学的体系中。到1983年6月，厦门大学新闻传播系创办广告学专业，标志着我国广告学学科建设迈上一个新台阶。参见北京广播学院新闻系广告学教研室：《广告学：理论与应用》，中国广播电视出版社1993年版，第442页；梁群球主编：《广州报业（1827—1990）》，中山大学出版社1992年版，第168页；刘泓：《广告学"学科规训"及其知识谱系》，《新闻大学》2006年第2期。国家教委在20世纪90年代初组织对"文科专业目录"进行修订时，在新闻类别下增加了"广告学专业"；1997年颁布的《授予博士、硕士学位和培养研究生的学科、专业目录》中，把"新闻学"与"传播学"归为一级学科"新闻传播学"下的二级学科，而把"广告学"列为"传播学"二级学科下的三级学科，并授予文学学位。本书作者认为，这一学科归属对于广告学发展具有一定的障碍，归属方法值得进一步商榷。其实，在无法明确归属于哪种传统的既有学科时，未尝不可以将一些具有交叉学科性质而相对独立的新学科一并归入"交叉学科"范畴，以鼓励实质性的创新。

与主张提供帮助。从更大的意义上说，教育的目的是使人更好地认识世界，不断完善自身，成为对社会负有责任的好公民。广告学与其他学科一样，也服务于这一目的。

一、广告学与其他学科有着密切的关系

广告学是一门很新的学问，具有社会科学的性质。我在这里是从学科出发来谈学问。当然，我觉得也不必回避"广告学是否是科学"这一争论。这一争论已经进行了很久。认为广告不是科学的观点，依然是大量存在的，其理由可能有多种：比如，有人说，广告学缺乏体系和完整的理论大厦；也有人说，广告学不存在某种普遍适用的恒常性原理，无法提供事物之间必然性的因果关系以供研究，更甚至于说，研究广告的目的不在于研究广告本身，而是"为他人作嫁衣裳"（即为营销或传播服务），因此难以称其为科学。①关于因一门学问缺乏体系和理论大厦就断定其不是科学的看法，早就被认为是不当的了。比如，克劳塞维茨在《战争论》的自序中就指出，"所谓科学的东西，不仅仅是指或者不主要是指体系和完整的理论大厦，这在今天已经是不需要争论的问题了"②。《战争论》是在 1818 年至 1830 年之间完成的。看起来，如果就这个问题（缺乏体系和理论大厦的东西是否是科学）存在争论，至少也应该是在克劳塞维茨以前就该结束了。实际上却并非如此。去考证这种争论始于何时、结束于何时，不是没有必要，但并不在本书写作的目的范围之内。之所以在此提出这一点，是因为学界至今依然存在因广告学缺乏体系和理论大厦而断定其不是科学的看法。其他几个认为广告学不是科学的看法的理由，大多源自用自然科学的严格定义来给广告学"戴帽子"。至于因研究广告是为"为他人作嫁衣裳"而否定其有科学性，则有些奇怪了。现在，我要在这里以"快车道超车"的方式越过"广告是否是科学"这一争论了，因为我还是更加关注广告学作为一门学问其知识的来源、建构以及发展。

广告学在研究如何促进企业、社会财富的创造这一问题时，是经济学研究的一部分。有学者坚定地认为，"广告学的属性是由广告学的经济目的决定

---

① 刘悦坦：《论 20 世纪世界广告理论发展的逆向性》，《广告研究》2006 年第 6 期。
② ［德］克劳塞维茨：《战争论》（第一卷），解放军出版社 2005 年版，第 16 页。

的，广告信息如何传播，广告创意如何进行，广告设计如何实施，都要从广告的经济目的出发，为其经济利益服务"[①]。"广告起源于经济，服务于营销，运用传播的法则达到宣传商品的目的。研究消费者的心理，利用各种艺术表现手法投其所好，最终达到推销产品，实现扩大再生产，获取利润的目的。广告起源于经济，回归于经济，广告学在本质上属于经济类学科。"[②] 在经济学中，当考察许多提供相似而不相同产品的卖者的市场行为时，广告是经济学家常常要加以考虑的因素。广告学在微观层面的研究，主要关注企业如何作出广告活动的决策以及家庭（及个人）如何受到广告活动的影响。因此，微观层面的广告学研究是与微观经济学[③]紧密联系的。经济学在研究消费者动机与消费者选择时，有时也会给广告以一定的关注。

广告学在研究广告策划时，也强调宏观环境的因素。因此，了解宏观经济的状况对于广告策划具有重要意义。但是，这并不意味着广告学要将整个宏观经济学[④]纳入其学科知识体系，尽管掌握宏观经济学可降低广告策划失败的风险。

在微观层面，广告学又与商学、营销学、传播学、统计学具有密切关系。广告学与这些学科之间的密切关系，为世人所熟知。这是因为广告、商业、营销、传播以及更为具体的统计工作，在实务层面具有显而易见的联系。这些领域内的思想、经验与技术在日常工作中进行着广泛、频繁的交流，从而为广告学研究提供了大量的研究素材，尽管它们常常是零碎的、纷繁复杂的。广告学从这些年轻的学科知识体系中汲取有用的理论、结论、经验与技术，为己所用。

在研究如何增进顾客、消费者或受众的物质福祉与精神福祉时，广告学又引入了心理学、美学、社会学等学科知识。实际上，广告学科的发展与心理学有着渊源。1901 年，美国心理学家瓦尔特返叶·狄尔·斯科特（Walter Dill Scott）首次提出要把现代广告活动和广告工作的实践发展成科学。随后，他出版了《广告原理》（又译为《广告论》）一书，第一次将广告当作一种学

---

① 董景寰：《现代广告学性质初探》，《社会科学》1999 年第 5 期。
② 董景寰：《现代广告学性质初探》，《社会科学》1999 年第 5 期。
③ 微观经济学，主要研究家庭和企业如何作出决策，以及它们在市场上的相互交易。
④ 宏观经济学，主要研究整体经济现象，如通货膨胀、失业与经济增长等。

术理论来探讨。1908 年，他撰写《广告心理学》一书，运用心理学原理分析消费者的接受心理。美学对广告活动的意义毋庸多言，因为在广告影响消费的过程中，顾客或受众都可能因为接触广告而产生一定的美学体验，并由此导致自己的心理、精神状态发生变化。社会学研究有助于在广告策划过程中，通过考察人与社会的关系，寻求具有社会意义的诉求。将社会学引入广告学研究，也为学者所重视。① 广告学关注如何策划广告以影响顾客、消费者或受众的决策，借鉴心理学、美学、社会学方面的知识也属自然。

因此，从本质上说，广告学是一门交叉学科②，但是由于其从其他学科中汲取的知识相互之间逐渐构成了比较稳定的关系，同时广告实践也不断得出具有经验性质的结论，所以广告学自身逐渐具备了作为一门专门学科的有关特征。

在广告学的研究中，会出现与诸多学科发生关系的情形。由于这个原因，广告学研究常常像是面对着一个丰富多彩的大拼盘，而无法弄清楚这拼盘内各种"美味"配料之间有何种关系。有学者指出，广告学的学科基础具有复杂性，广告学理论与广告实践具有互动性，广告内涵的动态性致使其意义"测不准"，以及人们习惯性的分类研究使广告知识与其他学科知识缺乏明确分界线，因此认为可以将模糊理论③引入广告学研究。④ 模糊理论在学科研究方面是否适用，暂且不论，但是这种观点实质上认同了广告学与其他学科存在多重边界。这就使得界定广告学研究的内容（研究对象）成为促进广告学发展的一项重要工作。当广告学研究的基本内容得以基本确定时，我们就可以进一步考察这些内容（研究对象）处于人类行为的哪个层次，以及它们彼此之间可以用怎样的逻辑关系组织起来。在人类行为的不同层次上（个人、

---

① 有些较早的文献值得注意：陈宏军、江若尘在《关于广告的社会学思考》一文中，指出应把广告放在整个社会大系统中去考察与分析，以便考察人、社会与广告的关系。欧阳康则指出，社会学研究的整体性原理，对广告活动的研究具有指导意义。参见陈宏军、江若尘：《关于广告的社会学思考》，《财贸研究》1995 年第 5 期；欧阳康：《现代广告》，中国社会出版社 1996 年版，第 38 页。

② 有学者采用近似的概念，认为广告学是"一种边缘性的综合学科"。参见易昌泰：《论广告学的边缘性》，《求索》1985 年第 3 期。

③ 模糊理论源于数学领域。1965 年，美国控制论专家查得（L. A. Zaden）在《模糊集合论》论文中提出隶属函数这一概念，来描述现场差异的中间过渡，从而突破古典集合论中属于或不属于的绝对关系。这一论述，标志着模糊理论的诞生。

④ 孙文清：《模糊理论与广告学研究》，《当代传播》2006 年第 5 期。

家庭、企业、政府乃至国家等不同层次），不同学科的知识可以被用来解释广告学自身研究的问题，从而使那些原来属于其他学科的知识可以在广告学的逻辑体系内形成具有紧密关系的知识的集合体。在这种前提之下，广告学的研究才有可能超越描述性层面，逐渐发展出形式分析，推导出属于自身的新的法则与规律。

二、广告学研究的内容

广告学研究的内容，即广告学研究的对象的集合，它们决定着广告学的性质与意义。遗憾的是，多年以来，关于广告学的基本法则的共同内容及其性质，并未取得该领域学者的一致认同。然而，这种现象虽然令人遗憾，但并不等于学者们在这方面毫无进展，也并不意味着关于明确这一学科研究内容的努力会丧失继续获得进展的希望。实际上，有些现在看来非常成熟的学科，在其最初发展的很长时间内都曾经历过类似的阶段。英国经济学家莱昂内尔·罗宾斯在《经济科学的性质与意义》一书（这本书于1932年初版）中指出，"过去的150年中，经济学家辛勤努力，确立了一套法则……但是，关于这些法则的共同内容究竟具有什么性质，却一直未取得一致意见。在权威性的经济学著作中，主要章节都不过是大同小异地转述这门学科的基本原理。但说明经济学研究对象的章节，却至今仍表现出巨大分歧。大家都谈论相同的事情，却对正在谈论的是什么意见不一"①。莱昂内尔还引用穆勒的话说，一门科学的定义总是产生于这门科学创立之后，而不是之前，"正像修建城墙那样，通常不是把它当作一个容器，用来容纳以后可能建造的大厦，而是用它把已经盖好的全部建筑物围起来"②。

如今，广告学正面临着与经济学大约在一百年前一样的发展状态。③ 这种学科发展阶段，可能令身处这个时代的对该领域有兴趣的研究者感到沮丧，

---

① ［英］莱昂内尔·罗宾斯：《经济科学的性质与意义》，商务印书馆2000年版，第8页。

② ［英］莱昂内尔·罗宾斯：《经济科学的性质与意义》，商务印书馆2000年版，第9页。原文引自［英］穆勒：《政治经济学中若干尚未解决的问题》。

③ 关于广告学学科发展的成熟程度，不同学者有不同的看法。比如，胡维平、曾晓洋将广告理论的发展分为四个时期：20世纪初至50年代是广告理论的初创时期，20世纪60年代是广告理论的变革时期，20世纪70—90年代末是广告理论的拓展时期，此后是新广告理论的形成时期。参见胡维平、曾晓洋：《西方广告理论的发展与"占位"思想的演变》，《外国经济与管理》2007年第12期。

但是，如果为此感到丢脸，则无益于我们为这个学科的建设作出脚踏实地的贡献。通过本书，我希望能够在一定程度上较清晰地指出这一新兴的学科的研究内容，或者说它的研究对象。简言之，广告学研究的内容，至少应该包括：广告区别于其他传播工具的功能与性质，广告与经济的关系，广告对社会的影响，广告与营销，广告与传播，以及广告如何对消费者的动机与选择发生作用。以上这些内容，应是广告学研究的核心内容，通过这些内容，可以界定广告学研究的范围。在这些研究内容之外，广告学研究的内容还可以包括在实际工作中用于广告运作的基本法则。彭子玄的研究可为以上观点提供支持。他将1998—2006年间美国《广告杂志》（*Journal of Advertising*）中研究广告的文章（总样本254篇）分成10个类目：广告信息研究（60篇，约占24%），消费者行为研究（51篇，约占20%），广告管理研究（43篇，约占17%），广告媒介研究（28篇，约占11%），法律与社会问题研究（25篇，约占10%），国际广告研究（23篇，约占9%），广告调查（11篇，约占4%），目标市场与细分研究（7篇，约占2.7%），历史思想发展史研究（5篇，约占2%），服务性广告研究（1篇，约占0.4%）；从专题角度看，在这一时期内，美国《广告杂志》共出版了六个专题：儿童广告、文化问题、互联网广告、政治广告、消费文化和整合营销传播。[①] 通过学术文章所体现的研究内容，我们可以看到，广告学不仅应包含理论研究的内容，还应包含实践研究的内容。

三、广告学研究的主要课题

广告学研究的领域非常广泛，但是，在这门学问广泛的研究领域中，有一些主要课题是必须加以关注的。这些主要课题，从某种意义上说，是广告学研究对象的具体化，它们包括：究竟什么是广告（也即广告的定义问题）？广告在社会中扮演何种角色？广告对产品价值、产品价格有何影响？广告在企业竞争中发挥什么样的作用？企业广告活动与经济周期的关系如何？广告对社会有何影响？政府对广告如何进行管理？广告业有哪些参与者，他们之

---

① 彭子玄：《从研究主题的变化看西方广告理论研究的发展趋势——对1998到2006年九年间美国〈广告杂志〉杂志的内容分析》，《广告大观（理论版）》2008年第2期。

间如何发生关系？广告活动在企业经营活动中的位置与作用？广告活动与营销活动有什么样的关系？广告如何利用主要的传播理论？广告是如何发生作用的？广告如何影响消费者决策？广告策划要研究哪些问题？广告活动的基础是什么？广告目标如何确定？如何进行广告创意？如何进行广告表现与制作？如何进行媒体计划与媒体购买？不同的广告媒体有哪些特征？在广告活动中应该如何选择广告媒体？如何进行广告提案？如何开展广告效果评估？

广告学研究的主要课题分布在从宏观到微观的多个层面，这是造成广告学研究难成体系的重要原因。这些课题关乎企业经营，关乎人们的消费生活，也可能关乎政治、社会与文化。值得强调的是，政府如何对广告进行管理以及广告对社会有何影响等问题，常常与政府如何选择公共政策有关。一个国家与一个社会的兴衰，在一定程度上与政府如何选择和制定公共政策有关。因此，政府对广告的管理构成影响国家与社会发展的诸多因素的一部分，对国家与社会的兴衰负有一定的责任。广告对社会的影响，不仅是政府应该关心的，也是企业应该考虑的。这就又涉及广告伦理道德的研究。

以上所列的这些主要课题，构成了广告学研究的主要对象。鉴于这些课题分布于从宏观到微观的各个层面，有学者建议从社会与广告、广告自系统、广告与受众个体三个层面来思考和解决这些主要课题。[①] 尽管对这些主要课题的研究与解答并不是广告学研究这门学问的全部，但是毫无疑问，不对它们进行研究并作出解答，就谈不上掌握了这门学问，更很难有意识地主动运用这门学问中的结论来指导实践。

第三节　广告学研究的方法

广告学研究的方法，是由其研究内容——或者说研究对象的集合所决定的。长期以来的事实表明，广告学这门学问，很大程度上是建立在观察结果与历史经验基础上的。当然，在一些广告技巧方面，除了观察结果与历史经验外，现代心理学、统计学等相关学科也为广告学的部分内容提供了在假设

---

① 唐乐：《广告学的核心研究问题和研究视角》，《新闻与传播研究》2009 年第 5 期。

基础上对其开展研究的可能性。然而，这并不排斥广告学研究同现实进行深入接触。在同现实的接触中，广告学可进行一些深入而细致的研究。现实是广告学研究真正的实验室。强调形式分析、理论研究，并不等于否定实际研究对于广告学的意义。我们所应避免的，是虽然介入现实，却不真正以现实所提供的真实材料进行符合科学精神的实际研究或形式分析。实际研究对于完善理论而言，具有检验理论法则的作用，它可以暴露理论法则的漏洞，解答需要进一步回答的问题，并可以提示理论进一步完善所需要的假设。也就是说，现实不仅可以为广告学研究提供实际研究的材料，而且可以为广告学研究提供形式分析与理论研究的基础。轻视实际研究与轻视重在形式分析的纯理论研究一样，都会使广告学研究走上歧途。而单单依靠实际研究或单单依靠纯理论研究，则可能使广告学丧失发展的动力。

　　研究方式或方法问题进一步引发对研究范式的探索。在广告学学科范围内探索研究范式，可促进广告学从不自觉的经验探索阶段向自觉的理论研究阶段发展。研究范式具有对研究视野的固守作用，其演变可以引起研究方向与研究视野的变化。研究方向与研究视野的演变反过来也引起新的研究范式的出现。范式的更替、转换可以体现出理论发展的深度、广度和维度的拓展。郑欢、李垒垒根据库恩对范式范畴的定义，结合广告学研究成果，认为广告学研究主要有实证主义传统范式、互动主义范式、结构功能主义范式以及冲突批判范式。实证主义传统范式的研究对象主要在广告实务层面，包括广告调研、创意和效果测评等。互动主义范式的研究对象包括广告效果、广告传播、广告符号等。结构功能主义范式的研究对象包括广告话语的结构体系、意义系统、生产传播和社会功能。冲突批判范式的研究对象包括广告产业主体、广告与社会、广告与媒体、广告与受众等方面。不同范式进一步对应着不同的具体的研究方法。实证主义传统范式对应的研究方法主要有观察法、访谈法、问卷法、实验法等。互动主义范式的研究方法主要指运用符号学、心理学、现象学、社会学的研究方法。结构功能主义范式的研究方法有结构分析、话语分析、知识考古学等。冲突批判范式的研究方法包括文化批评、意识形态分析、女性主义研究等。①

在广告学学科中采用何种研究方法，不宜被僵化的学科框架束缚。在哲学上，可以寻求辩证法的支持。"辩证法不知道什么绝对分明和固定不变的界限，不知道什么无条件的普遍有效的'非此即彼！'，它使固定的形而上学的差异互相过渡，除了'非此即彼！'，又在适当的地方承认'亦此亦彼！'，并且使对立互为中介"②。在本书中，我将借助观察结果、历史事件（已经开展的广告活动）来讨论一些广告学的基本原理（或者说，我将引用一些合适的实例来作为佐证），也将介绍那些借助心理学、统计学等研究方法所确认的广告技巧。由于本书是一本有关广告学的概论，因此，在介绍广告学原理、法则以及技巧时，我不得不克制深入探讨任何一个既定原理、法则以及技巧的强烈冲动（否则这本教材将变得异常冗长、繁杂，实际上，即使就这本书的目前情况来说，许多读者可能已经觉得它显得非常繁杂了），而将精力放在如何使它们得到清晰而简洁的表达上面。

由于广告活动在开展过程中，对其效果的影响因素是如此的复杂，以至于只要稍许的因素发生了变化，其实际结果便可能与所假设的结果大相径庭，因此，这一门学问的科学性便大受质疑。也因此，有些人认为广告学只不过是华而不实的骗人把戏。对于这一想法，我们无须去回避。但是，我们也无法否认，通过多年来大量实践者、学者对结果的观察，对历史经验的总结，对一些广告原理的假设与验证，以及对一些广告技巧的效果的测定，在广告学还未完全砌好的围墙之内，已经建立起一些原理和法则的"大厦"或"平房"。这些"大厦"或"平房"被广大企业、政府机构所利用，有一部分人是主动、有意识地在利用它们，另一部分人则可能是无意识地在利用它们。后一部分人，就像没有罗盘的船，可能驶往埋藏宝藏的岛屿，也可能驶向布满致命暗礁的未明海域。他们的行为，可能碰巧符合了原理与法则而获得成功，也可能因为违背了原理与法则而失败。

当然，广告学并不像数学，它不是一门以精密著称的科学。广告学的原

---

① 关于广告学研究范式的分类，读者可进一步参阅郑欢、李垒垒的论文《广告学的研究范式探析》[《广告大观（理论版）》2009 年第 4 期]。关于库恩对科学研究范式的探讨，读者可进一步参阅其著作《科学革命的结构》。

② 《马克思恩格斯全集》第 20 卷，人民出版社 1971 年版，第 554—555 页。

理与法则，并不是在任何情况下绝对适用，而只可以说，根据经验与观察，根据之前的类似测试，它们在符合条件的情况下（这就包含了假设），通常是适用的。正如萨伊在谈到经济学原则时所说："连最正确的原则，也不是在一切时候都可适用。重要的是，我们必须知道这些原则，这样在可以应用或要想应用时，就能拿来应用……为要获得这个知识而作的努力，哪怕是很微小的，也会带来一些好处，而且最终会产生非常好的结果。"①

---

① ［法］萨伊：《政治经济学概论》，商务印书馆1963年版，第59页。

第二章 广告的定义与分类

第一节 广告的定义

如果我们坚信，一种事物或一种知识能够有益于人类的幸福与繁荣，那么，我们研究它的兴趣就会大增。因此，如果我们知道广告对我们的生活是有益的，那么我们对它的兴趣就会如我们所料的那样大大增加。幸运的是，现实这一伟大的教师已经教导我们，广告对现代人的生活是有价值的。广告已经成为现代社会的一部分。对于现代社会中的大多数人而言，广告先于其出生而存在，乃是客观现实的一部分。现代社会的个体，作为一个社会历史长河中的过客，很少能脱离作为客观现实一部分的广告的影响。广告汇入知识储备的大军，为人们解决生活问题提供了支持。一个人可在电视中接触到广告，可在报纸、杂志上看到广告，可从广播中听到广告，可在互联网上碰到或搜索到广告，还可在街头的路牌上、传单上、直邮信件中、公共汽车车体上、地铁内等形形色色的媒体上接触到广告。即使一个人从未看到广告，只要他消费着现代社会的产品，其生活与存在就必然多多少少、直接或间接地受到广告的影响。广告也已近乎于一种制度，该制度暗示或明示着：在人与高品质生活甚至快乐生活之间，有一个消费产品的过程。如果要对现代社会中广告这一独特制度进行运用或者批判，我们首先就得了解它。

一、广告定义的历史基石

让我们先从"广告"一词的定义谈起。一个定义之所以产生与存在，是因为它有实际运用的价值。对于一门学科来说，词语的意义在于建立该门学科各项法则的内容，而只有在各项法则的基础上，才能建立定义。"广告"一词的定义，对于确定广告学研究的对象有重要的规范作用。

研究"广告"一词的定义，不能脱离广告发展的历史进程。从定义产生的历史进程来分析，我们会发现，现代广告学中的"广告"一词所指称的内容在它的现代内涵形成之前已经出现了。在历史发展的一个特定时刻，"广告"一词的定义的形成使人们能够以相对较简便的方式来指称一些共同的内容。这种历史发展的事实，给我们提供了一个暗示，即"广告"一词所指称的内容，随着时代发展会发生一定的变化。换言之，"广告"一词的定义，并不是一成不变的。

学科的出现，为知识在演进过程中的系统与深入创造了有利条件，但实际上也构成了一种潜在的约束，这是由学科的规范或范式所决定的。这说明，人的主观性对知识的演进既可能产生动力，也可能产生阻力。当我们意识到这一问题时，就可能以更开放的思想来对待定义出现之前与之后的"定义"所指称的内容，这些内容既包括事物，也包括事件。正如恩格斯所言："不言而喻，在事物及其互相关系不是被看作固定的东西，而是被看作可变的东西的时候，它们在思想上的反映，概念，会同样发生变化和变形；我们不能把它们限定在僵硬的定义中，而是要在它们的历史的或逻辑的形成过程中来加以阐明。"①

接着在上述认识基础之上讨论广告的定义。虽然可以用"广告"这一词语来指称人类历史进程中的相关内容，但我们必须意识到，在这一"定义"形成之前，"定义"所指称的内容其实早已经存在。所以说，一门科学的定义的真正产生，总是产生于这门科学创立之后。不过，那些在定义产生之前的历史内容，难道就失去其意义了吗？当然不是。它们的意义在于，正是它们为定义的产生提供了有价值的内容材料。这些内容中的事物与事件，本有它们各自的名称。在这些内容中，学者们看到它们共同的性质，并从中寻到了建立定义的基石。

词语的出现，相对于定义的形成是另外一回事。词语内涵在历史进程中，既可能变大，也可能变小。因此，对于一门学科来说，在该学科的研究交流中，词语是重要的，但更为重要的是对词语的定义。词语定义的不同，是研

_____

① 《马克思恩格斯全集》第25卷，人民出版社1974年版，第17页。

究与交流的巨大障碍。

现代广告定义有其历史基石，是在社会发展过程中逐步形成的。如前文所说，在定义产生之前的历史内容，为定义的产生提供了有价值的内容材料，因此，在给出各种广告定义之前，回溯历史，可以帮我们从一些历史事物与事件中发掘出广告定义的内涵。本书在此进行这一考察，有别于为整理广告史而开展的研究，即并非为了整理出一部完整的广告史①，而是为了更好地考察在目前已常用的"广告"一词出现之前，广告的定义是如何建立在具有类似性质的历史事物与历史事件的基础之上的。

初始形态的"广告"早在公元前3000—前2000年就已经在古巴比伦出现了。当然，那时的"广告"有其专门的名字。古巴比伦人发明了楔形文字，他们用这种文字在黏土板上刻写记事。一些保留下来的刻有楔形文字的古巴比伦瓦片记载了当时已有商人雇用叫卖人开展口头叫卖。美国广告学者威廉·阿伦斯则明确指出，公元前3000年出现了第一条书面广告，内容是悬赏一块金币捉拿逃奴。② 公元前1000年左右，古埃及也出现原始形态的"纸草"（纸莎草纸）广告。公元前700年左右，古埃及的码头开始出现大声吆喝商船到岸时间的"古代广告人"。有些船主还雇用专人穿上写有商船时间的背心在码头和街市来回走动。这被弗兰克·普雷斯伯利（Frank Pressbery）等学者认为是后来夹身广告员的雏形。③ 大约在公元前1世纪以前，古希腊和古罗马的店铺就开始悬挂画有各种标志的招牌。考古学家还在古罗马城市庞贝的废墟中，发现大街墙壁上漆有广告性质的文字。这些初始形态的广告大意是说："请投罗马一票，她是人民的朋友。"在类似庞贝古城的古代城市里，也存在过吆喝者沿街推销商品以及提供关于宗教、政治和其他公共事件的信息。从某种意义上说，这些吆喝就是口头报纸，它们与今天的报纸类似，也混合了广告和消息。到了中世纪的欧洲，出现了一种乡下传布公告者，这些人像古希腊和罗马人一样四处吆喝着最新的消息。有些酒店或客栈主人也会招待这些传布公告者吃喝，同时要求他们在讲话中夹带一些介绍酒店的好话。这

---

① 在《当代广告学教程》一书，我将"广告简史"作为一节专门的内容，但是，这样的做法已经无法适应本书的论述目的。

② ［美］威廉·阿伦斯：《当代广告学》，华夏出版社2000年版，第30页。

③ ［日］柏木重秋：《广告概论》，中国经济出版社1991年版，第4页。

是一种古老的植入广告术。

　　中国古代的商品交易与当时世界上许多地方的商品交易比起来是相当发达的。据记载，中国早在战国时期就开始出现大量的店铺招牌。旗子、招牌、幌子是中国古代最常见的原始广告形态。然而，叫卖、招牌等原始广告形态的信息传播能力相当有限。印刷术的发明和使用，改进了广告信息的传播手段，扩大了传播的空间。中国隋唐时期就出现了雕版印刷术。中国北宋时期济南的刘家功夫针铺的雕刻铜版，是世界上迄今发现的最早的印刷广告物。中国北宋时期发明了活字印刷术，但目前尚未发现同时代的活字印刷广告物。中国唐代就有了雕版印刷的佛经。从宋代开始，雕版印刷书籍逐渐流行起来，许多书中印有具一定广告性质的牌记。①

　　在欧洲，德国人谷登堡（Johann Gutenberg）于 1445 年发明了铅活字印刷。铅活字印刷为广告的大发展创造了技术条件。铅活字印刷使书籍得以大量出版。早期的出版商发现在他们出版的书籍中有些多余的空白页，为了不让它们空着白白浪费掉，一些聪明的商人利用这些书页加印其他书籍的介绍，于是就有了一种早期的印刷广告。后来，在这些空白页上出现的不只是书籍介绍，而且有了咖啡等商品的介绍。有学者认为，最早的英文印刷广告出现在 1477 年的英国，广告的对象是宗教书籍。②

　　以上，我们从历史的进程中挑拣出了一些对于阐明广告定义有帮助的事物与活动。具有类似功能和目的的事物与活动不胜枚举（当然，这样做会游离于本书写作的目的）。我们可以发现，目前通过历史研究所找寻到的古代"广告"，它们往往是为了通过传播某种信息来争取自己的利益，或者是为了促进商品交易，或者是为了争取某种支持。然而，近代之前，人们并没有对这些具有类似功能和目的的事物与活动给予更多的系统研究。直到随着技术的发展以及诸多因素的变化，类似的事物与活动成为人类一般行为的重要部

---

　　① 关于宋代的消费与广告，读者可进一步参阅何辉：《宋代消费史》，中华书局 2010 年版。

　　② Juliann Sivulka, *Soap, Sex and Cigarettes: A Cultural History of American Advertising*（英文影印），东北财经大学出版社 1998 年版，第 5 页。原书由 Wadsworth Publishing Company 出版。该书有中译本〔美〕朱丽·安·西沃卡：《肥皂剧、性和香烟》，光明日报出版社 1999 年版。另外，也有文献认为最早的英文印刷广告出现的时间是 1472 年，威廉·阿伦斯："1472 年，第一条英文广告出现"，该广告是"贴在伦敦教堂门上的传单，广告向周围的居民宣传出售一种福音书"，参见〔美〕威廉·阿伦斯：《当代广告学》，华夏出版社 2000 年版，第 26 页。

分之后，它们才逐渐进入学者的视野，专门的研究因之发展。

现代广告定义的建立，无法离开近现代广告实践的发展。在长期的近现代广告活动中，现代的"广告"定义才逐渐具备了生成的基石。说到最初的广告定义，就得说一说最初的近代报纸。16世纪，欧洲出现了职业作者手写的"新闻信"（news-letters），这是欧洲早期的报纸形态。后来，出现了印刷形态的口袋本大小的"新闻信"，它们被称为"新闻书"（newsbook）。1625年，最早的一则英文印刷广告出现在一本"新闻书"的"封底"，它是用来促销一本书的。① 随着报纸的发展，广告也越来越多。最初，商人在报纸广告中传递商品信息时很少提及所售商品的价格，因为那时商品匮乏，只要给人们一点信息提示，人们就蜂拥至商店购买。17世纪早期，欧洲的英国、法国开始出现广告代理店。1645年1月15日，《每周报道》（The Weekly Account）第一次开辟了广告专栏，首次使用"advertisement"（广告）一词。早在美国独立战争之前，准确地说，在英国出现报纸广告大约80年后的1704年，美国出现了第一份报纸——《波士顿新闻信》（Boston News-letter）。这份报纸的第三期开始刊登广告。② 随着美洲殖民地商业的繁荣，商业报纸上的广告也逐渐增多。比如，1784年创刊的美国最早的日报——《宾夕法尼亚日报》的创刊号包含了63%的广告。虽然当今大多数报纸广告的目标指向消费者，但许多早期的报纸广告却经常替其他商人做广告，它们的受众主要是店主和其他小生意人。早期的广告案例显示受众对新闻（或称作消息）和对广告具有同样的需求，对于这两者的需求推动了日报在美国的发展。尽管目的相似，但早期的广告看起来一点儿都不像今天的广告，而是读起来像布告，应用的广告插图为数不多，而且常常粗糙不堪——印刷技术限制了广告形式的多样性。那时，典型的广告是一个通栏宽，且很少有图案。1729年，本杰明·富兰克林成为在广告中运用"空白"和插图的第一人。③ 我们可以发现，直到18世

---

① Juliann Sivulka, *Soap, Sex and Cigarettes：A Cultural History of American Advertising*（英文影印），东北财经大学出版社1998年版，第6页。关于第一则英文报纸广告的更早的文献可参见 Frank S. Presbery, *The History and Development of Advertising*, New York：Doubleday, 1929, p. 20。

② Juliann Sivulka, *Soap, Sex, and Cigarettes：A Cultural History of American Advertising*（英文影印），东北财经大学出版社1998年版，第9页。另见［美］威廉·阿伦斯：《当代广告学》，华夏出版社2000年版，第26页。

③ ［美］威廉·阿伦斯：《当代广告学》，华夏出版社2000年版，第30页。

纪中期，报纸上的广告与新闻之间的边界还是模糊的。本杰明·富兰克林对将广告与新闻区别开来起到了推动作用。

广告史上的重要发展是大众广告的发展。因为商业报纸聚焦在商业和贸易领域，所以它们并不是很好的广告载体。它们的目标受众较少，因此发行量较低。1816 年，7 家纽约报纸仅仅卖出了 9400 份，而当时纽约的人口是125000 人。普通市民既买不起这些报纸，又不喜欢它们的内容。便士报的出现激活了消费者市场，使大众广告出现革命性的变革。到 1842 年，纽约报纸的发行量已经增长到每日 92700 份。有 2/3 的报纸售价在两分钱以下。因此，一份报纸即能拥有大量的消费者。除扩大了广告市场外，便士报也改变了广告的性质。便士报发布广告的形式与英国的报纸类似。需要指出的非常重要的特征是，它们将消息内容和广告分开。对这些变化，并不是所有人都持赞成态度。例如，卖 6 分钱一份的商业报纸攻击便士报所发布的药品广告：这些广告卖的药水和药膏，好的时候对人体无害，但差的时候却能致命。的确，夸张和吹捧是当时报纸广告的一大特征。因此，有人认为当时报纸奉行的是一种让患者当心的哲学。这也给那一时期的广告添上了不好的名声。

美国南北战争（1861 年 4 月至 1865 年 4 月）之后，广告逐渐成为工业化时代的重要的促销工具，广告业迅速发展。工业革命使中产阶级壮大，而且促进了移民的流入，这两者同时促进了商品和服务的需求。数千份报纸蓬勃发展起来，商家在这些报纸上刊登广告，以适应持续增长的商品需求。在美国内战至 1900 年间，印刷和图形技术的发展提升了广告的可视性，带图案的广告开始流行起来。

杂志的出现揭开了广告史上的又一全新篇章。美国全国性经济的扩张，以及消费者对于信息和娱乐的渴求在杂志中得到体现。1844 年，美国出现了第一条杂志广告。[①] 早期有几本杂志虽然发行量非常大，可是印刷技术和地域性的经济因素限制了它们的广告。当时，广告逐渐成为大型、高质量月刊的支柱。例如，在 1899 年 11 月版的 *Harper* 杂志上，有 135 页的广告和 163 页的内容，广告的内容占整本杂志的 45%，这个比例仅仅比今天的比例低一点。

随着经济和大众传媒的发展，广告代理业务也逐渐发展起来。代理商在

---

① ［美］威廉·阿伦斯：《当代广告学》，华夏出版社 2000 年版，第 30 页。

出版物上购买版面后，再将版面卖给广告主。代理商可以将一条广告放在全国各地不同的报纸和杂志上，而广告主只需一次性付费。广告主可以不用一家报纸、一家杂志地去购买广告版面，这使做广告的效率更高，程序也更为简化。从 20 世纪开始，以美国广告为代表的世界广告逐步进入现代广告的发展阶段。现代"广告"的定义，正是在 19 世纪末 20 世纪初逐渐引发了实践者与学者思考的兴趣。广告学逐渐发展成一门独立的学科，也正是在这一时期。

二、广告定义的演进

从广告定义的演进过程可以看到，人们对它的认知并非一成不变。对广告进行定义，从某种意义上讲，是将某一类事物与活动从大量人类一般行为中分离出来，并进行专门化研究的工作。在我看来，对广告进行定义的作用，在于为广告学学者提供一个具有统一性的研究范围，同时使广告学者能够与经济学家、社会学家、政治学家、政治家、企业家、商人等各领域的人，就广告这一领域及与之相关领域内的人类活动进行广泛、深入而有效的沟通与对话。

广告的定义与"广告"这一词语的演进是密切相关的。在英文中，"广告"一词是"advertising"（名词形态 advertisement，动词形态 advertise），中世纪英语为 advertisen，来源于古法语 a(d)vertiss、a(d)vertir，其词源可进一步追溯至拉丁文"advertere"一词。英文"advert"一词的词源也是拉丁文"advertere"。"advertere""advert""advertising"都有"唤起注意或使人转变注意"这一意思。日本首次将"advertising"一词译为"广告"，大约在明治 5 年（1872 年）左右，到 1887 年才开始较为统一地使用这个名词。中国人自办的中文报刊上最先使用"广告"一词，是在 1899 年梁启超于日本创办的《清议报》上。1901 年，上海《申报》首次在我国国内报刊上使用"广告"一词，刊登《商务日报》广告。直至 1907 年，"广告"方在清廷创办的《政治官报章程》中被使用，可谓得到官方认同。① 因此，可以认为，"广告"作为

---

① 关于中文"广告"一词的出现，参见刘泓：《广告学"学科规训"及其知识谱系》，《新闻大学》2006 年第 2 期。

一个词在中文里出现并使用，始于 20 世纪初。^① 这个词最初在我国使用时的含义只是"广泛宣告"之意。现代广告学所说的"广告"定义，其内涵已经大大丰富了。

自"广告"一词出现以来，对于它的定义可谓丰富多彩。各个时期有许多较有代表性的定义。对广告进行定义的努力，很长时间是试图将它与其他人类活动区别开来。迄今为止，对世界影响比较大的广告定义主要来自西方。尤其是来自美国的广告定义，更是随着美国经济在近一个世纪之内不断向世界拓展影响并产生了深远影响。

1890 年之前，西方社会对广告较为公认的定义为：广告是有关商品或服务的新闻。^② 在这一时期，广告被看成一种起告知作用、与新闻报道相类似的传播手段。很显然，这一时期西方对于广告的定义，其实是对商业广告的定义。

到了 19 世纪末 20 世纪初，被誉为"美国现代广告之父"的拉斯克尔对广告的看法开始流行。拉斯克尔赞同这样的观点：广告是印刷形态的推销手段。^③ 拉斯克尔思考的广告，依然是为商业服务的广告。由此可见，人们对广告认识的加深，主要建立在商业发展的基础之上。在拉斯克尔倡导这个定义的年代，电子媒介还没有出现，因此，他只能把眼睛盯在印刷媒体上。"推销手段"（salesmanship）一词揭示了商业广告最为核心的含义，即商业广告是为销售服务的手段。这个定义在那个年代被视为广告界的金科玉律，它和早期的以生产为中心的观念相协调。那时的广告人大多站在一种推销的立场，认为只要产品好，加上巧妙的推销，就能把产品卖给消费者。当今的生产者则大多从消费者的需求出发开发和销售产品，广告人也学会了从消费者的需要和欲求出发去考虑如何做广告。

1932 年，美国专业广告杂志《广告时代》（*Advertising Age*）公开向社会

---

① 丁俊杰：《现代广告通论》，中国物价出版社 1997 年版，第 1 页。

② 英文的原文为：News about Product or Service。

③ 英文的原文为：salesmanship in print。根据拉斯克尔本人的一份演讲资料，他大概是在 1905 年遇到了约翰·E. 肯尼迪，正是肯尼迪在与他的交谈中提到了这一崭新的广告观念。由于拉斯克尔在当时广告界的影响力，该广告观念得以推广。参见［美］阿尔伯特·拉斯克尔：《拉斯克尔的广告历程》，新华出版社 1998 年版，第 17—21 页；另参见 Juliann Sivulka, *Soap, Sex and Cigarettes：A Cultural History of American Advertising*（英文影印），东北财经大学出版社 1998 年版，第 107 页。

征求广告的定义，得票最多的入选定义是："由广告主支付费用，透过印刷、书写、口述或图画等，公开表现有关个人、商品、服务或运动等信息，用以达到影响并促进销售、使用、投票或赞同的目的。"这个定义强调了广告传递信息的功能、支付费用而传递信息的特征，以及广告的目的。这个定义也包含了广告的非纯商业性目的。

1948 年美国营销协会定义委员会（The Committee on Definitions of the A-merican Marketing Association ）为广告下的定义①，在 1963 年等年份又做了几次修改，形成了迄今为止影响较大的对广告的定义："广告是由可确认的广告主，以任何方式付款，对其观念、商品或服务所作的非人员性的陈述和推广。"这个定义最重要的一点是指出了在广告中要有可以确认的广告主。另外，这个定义也强调了广告是付费的和"非人员性的"（non-personal）。这些都是现代广告的重要特征。在这一定义中，一个核心的概念是"商品"，就其含义来说，应该是商品体。按照马克思的说法，"商品首先是一个外界的对象，一个靠自己的属性来满足人的某种需要的物"②，是用于交换的产品。生产厂商生产产品，目的是为了交换并取得利润。因此，在大多数情况下，"商品"和"产品"这两个概念在使用上一般可以互换（本书中根据语境，交替使用"商品"或"产品"这两个概念）。

对于经济学家而言，服务具有专门的含义。按照马克思的理论，服务效用的消费与其他商品并没有什么不同。在论述货币资本的循环这一问题时，马克思指出，"运输业所出售的东西，就是场所的变动。它产生的效用，是和运输过程即运输业的生产过程不可分离地结合在一起的……这种效用只能在生产过程中被消费；它不是一种和生产过程不同的，只有在生产出来之后才作为交易品执行职能，作为商品来流通的使用物……至于这种效用的消费，它也是和其他商品完全一样的"③。因此，按照马克思的理论，用于交换的服务实际上也可以归入商品。

这里有必要对"服务"这一概念做进一步说明。对大多数普通的生活者

---

① "Report of the Definition Commmitte", *Journal of Marketing*, XII, No. 2（1948），p. 202.
② 《马克思恩格斯全集》第 23 卷，人民出版社 1972 年版，第 47 页。
③ 《马克思恩格斯全集》第 24 卷，人民出版社 1972 年版，第 66 页。

而言，"服务"这个词的含义是模糊的，对它进行评价时，人们在脑海中产生的词汇联想常常是"满意"或"不满意"之类对情绪加以表述的词语。当代经济学家在讨论质量的时候谈到服务，实际上是将一般的以物的形态出现的商品体与无形的服务通过效用统一起来，从中可以看到马克思理论的影响痕迹。按照经济学家杰克·赫舒拉发（Jack Hirshleifer）的说法，物品所供给的质量是每一物理单位产品所能提供的服务。他说，对汽油来说，服务就是每加仑的英里数。服务（英里数）是数量（加仑）乘以质量。一家炼油厂每天生产1000000加仑的汽油，质量水平是20英里每加仑，实际上它为消费者创造出了20000000单位的英里数服务。① 很显然，广告可以将每一物理单位产品所能提供的服务（或者说质量），或者将一个企业在一定时期内所能提供的服务作为重点，向潜在消费者进行传播。

在美国营销协会定义委员会给广告下的定义中，还有一个概念是"观念"。尽管生产厂商在生产产品过程中并不生产观念，但是当它通过营销活动、广告活动创造观念时，同样进行了劳动力（可变资本②）的消耗。从这种意义上说，广告公司、公关公司很显然都是商品的生产者，参与了商品的价值创造。因此，用于交换的观念其实也是商品的一种形态。在这里，马克思的商品理论显示出强大的现实解释力。

当然，当政府等公共组织出于公益目的传达某种观念时，并不以商品交换为目的。在这种情况下，广告已经超越了美国营销协会定义委员会给广告所下的定义的范畴。

美国广告协会（American Association of Advertising Agencies）对广告的定义是：广告是付费的大众传播，其最终目的是为了传递信息，改变人们对于所做广告的商品的态度，诱发其行动，而使广告主获得利益。这个定义强调了广告是付费的大众传播方式，以及广告最终的目的。这个定义还涉及广告是如何发生作用的，即广告通过改变人们对商品的态度而产生广告效果。

与美国人相比，英国人似乎把广告当作一种更具综合意义的事业。《简明

---

① ［美］杰克·赫舒拉发等：《价格理论及其应用：决策、市场与信息》，机械工业出版社2009年版，第229页。

② "可变资本"与"不变资本"是马克思《资本论》中的术语。

不列颠百科全书》中关于广告的定义是：广告是信息的一种方式，其目的在于推销商品、服务，影响舆论，博得政治支持，推进一种事业或引起刊登广告所希望的其他反应。

西方对世界影响较大的广告定义，除以上这些之外，还有一些。譬如：威廉姆·H. 布莱恩（William H. Bolen）教授在美国营销协会广告定义的基础上提出："所谓广告，是明确的广告主，针对选定的市场，将想法、商品或服务，用可管理的方式，来做非人员性的陈述或说服。广告是一种促销活动。"① 威廉姆·M. 韦巴尔（William M. Weibacher）教授认为："所谓广告，就是企业或非营利组织，利用需要费用的媒体来陈述信息，以期望能引导消费者产生确信与行动，并期待扩大其广告接触率。"② 约翰·D. 伯克（John D. Burke）则认为广告是广告主通过媒体带给一般大众有关商品、服务或想法的销售方面的讯息。③

与西方人对广告的定义相比，东方人对广告的定义含义更加丰富。日本学者对广告功能的思考显示出日本式的细致性。1924 年，日本学者中山静提出："广告宣传的目的是劝诱人们对某一特定的事情产生或增强信心，使他们赞成或坚决执行，要达到这个目的，与广告宣传的次数有关系，如果使用的方式、方法和时机选择得适当，即使广告的次数少一些，也会得到满意的效果，广告是通过宣传商标达到销售的目的。"④ 中山静的广告定义中强调了广告的目的是劝诱，其实也对如何进行有效的广告宣传提出了策略性的看法，指出了使广告有效的几个因素，即：广告宣传的次数，使用的方式、方法和时机。该定义其实强调了"广告向谁说""广告说什么""广告怎么说""广告何时说"之间应该有效配合。第二次世界大战后，日本广告业协会关于广告的定义是：广告是被明确表示出的信息发送方针，是对呼吁（诉求）对象进行的有偿信息交流活动。这个定义显示了日本广告界对于广告含义的更为宽泛的理解，他们把广告视为信息交流活动，这样实际上是扩大了广告活动的业务范围。该定义对日本广告界的影响非常深远。

① 　William H. Bolen, *Advertising*, John WileySons, 1981, pp. 4 – 7.

② 　William M. Weibacher, *Advertising*, p. 20.

③ 　John D. Burke, *Advertising in the Marketplace*, McGraw – Hill, 1980, p. 6.

④ 　［日］柏木重秋：《广告概论》，中国经济出版社 1991 年版，第 44 页。

在我国学者的视野中，广告也不仅仅是商业广告。[①] 自 20 世纪初期以来，中国学者对广告有不少关注。[②] 1919 年徐宝璜出版的我国第一部新闻学著作《新闻学》中，"新闻纸之广告"被列为专章，可以说是把广告作为新闻的一部分加以研究的。20 世纪 20 年代，我国著名报学史专家戈公振在研究中国报学史的过程中，提出了对于广告的看法。他说，"广告为商业发展之史乘，亦即文化进步之记录"，"人类生活，因科学之发明日趋于繁密与美满，而广告即有促进人生与指导人生之功能。故广告不仅为工商界推销出品之一手段，实负有宣传文化与教育群众之使命也"。[③] 戈公振对于广告的定义强调了广告在人类社会生活中的重要地位及其所负的重要功能。有学者指出，早期中国学者比较关注广告的文化与教育功能，与当时中国的社会经济发展状况有关系，"在当时的中国，在资本主义市场经济匮乏以及传统思想文化背景下，广告所具有的市场营销的功能常常被依附于其身上的文化功能和思想传播价值所取代"[④]。这一说法，注意到了广告功能、定义与社会经济发展状况的联系，对我们理解广告定义的历史相对性是有启发的。细辨之，不得不指出的是，说"传统思想文化背景"影响当时知识分子对广告功能的看法，很有道理，然而，若说因为当时"资本主义市场经济匮乏"也导致当时学者对广告功能的认知偏向于文化教育功能，则并不甚准确。首先，市场充分发展，即可产生促使广告发展的因素，并不一定非得是资本主义市场经济才必然导致广告功能的市场营销价值。其次，说当时市场经济匮乏，也值得商榷，与其说"匮乏"，还不如说"不发达"更为准确——因为广告的营销功能主要与市场经济的规模及广告对社会经济活动介入的深入性有关，而不仅仅与"量"有关。

---

① 我国最早出版的广告学专著甘永龙的《广告须知》中认为，广告是"将有关发卖品之事实，布告于公众，并宣传其价目也"。

② 关于我国学者早期对广告的论述，除正文随后提到的两位学者之外，其他主要有：甘永龙编译的《广告须知》（商务印书馆 1918 年版），这本书译自美国的 *How to Advertise* 一书。随后，有 1929 年出版的蒯世勋的《广告学 ABC》、1930 年出版的刘襄儒的《广告学》、1931 年出版的孙孝钧编撰的《广告经济学》、1933 年出版的王贡三的《广告学》等。关于 20 世纪中国广告学理论的发展，读者可进一步参阅陈培爱：《20 世纪中国广告学理论的发展》，《厦门大学学报（哲学社会科学版）》1999 年第 4 期。

③ 戈公振：《中国报学史》，生活·读书·新知三联书店 1955 年版，第 220 页。

④ 唐乐：《广告学的核心研究问题和研究视角》，《新闻与传播研究》2009 年第 5 期。

在东西方的各类词典中，广告的定义也呈现出东西方在解释其功能时的差异。中国的《辞海》对于广告的定义是：广告是向公众介绍商品、报道服务内容和文娱节目等的一种宣传方式。这个定义淡化了广告的商业性，但指出了广告负有的社会文化功能。这个定义仍然把广告视为一种宣传方式。《韦伯斯特大辞典（1977）》中关于广告的定义是：广告是指在通过直接或间接的方式促进商品销售、传播某种主义或信念、召集参加各种聚会和集会等意图下所有告知性活动的形式。《韦伯斯特大辞典（1988）》中关于广告的定义是：在现代，广告被认为是运用媒体而非口头形式传递具有目的性信息的一种形式，旨在唤起人们对商品的需求并对生产或销售这些商品的企业产生好感，告知提供某种非营利性目的的服务以及阐述某种意见和见解等。《韦伯斯特大辞典》中的广告定义凸显出西方对于广告在促进商品销售方面的积极作用的肯定，其定义在辞典更新中发生的变化，也说明广告是具有时代特征的，不同的时代由于社会环境和人文环境的不同，对广告的理解可能不同。

与中国早期对广告功能较为广泛的关注相比，1995年2月1日起开始施行的《中华人民共和国广告法》对广告功能的关注则集中在商业领域。该法将广告定义为："是指商品经营者或者服务提供者承担费用，通过一定媒介和形式直接或者间接地介绍自己所推销的商品或者所提供的服务的商业广告。"该法将"广告"界定在狭义的商业广告范畴，一方面反映了改革开放以来中国商业思想受西方（尤其是美国）的影响颇深，另一方面反映了中国在首次制定广告法时的务实态度，即抓住广告的主要功能进行管理，以减少管理方面的模糊性。但是，该法对于"广告"的界定范畴显然偏窄。2015年4月24日，新修订的《中华人民共和国广告法》颁布，当年9月1日开始执行。新修订的《中华人民共和国广告法》没有直接给出广告的定义，但规定："在中华人民共和国境内，商品经营者或者服务提供者通过一定媒介和形式直接或者间接地介绍自己所推销的商品或者服务的商业广告活动，适用本法。"可见，其所针对的"广告"依然是商业广告。通过指明法律适用范围，即针对商业广告活动，新修订的《中华人民共和国广告法》回避了对可能存在争议的"广告"定义作出界定。

现代广告定义的核心内容可以从不断演进的广告定义中找寻到，它们有不同的定义角度，有不同的强调重点。但是，我们从这些不同的定义中，可以整理出一些现代广告的重要特征，它们反映了现代广告的核心内容。这些核心内容包括以下几个主要方面。第一，广告必须有"可确认的广告主"。广告主可以是个人，也可以是组织。从广告公司的角度出发，"广告主"经常被称为"广告客户"。"可确认"这一特征看似微不足道，却要求广告主为自己的行为负责并承担责任。因此，这一特征是广告合法性的主要保证。第二，任何广告都是由特定的组织或个人为了达到一定的目的而发起的。广告需要动用一定的经济资源，通常都是付费的。在当代社会生活中，人们所接触到的广告大多数是商业广告。因此，当人们提到广告时，一般是指商业广告，其目的是为了销售产品和服务以获取利润。广告不单单可以传播产品信息，还可以传播有关服务、观念的信息。政治广告、公益广告所传播的通常就是某种观念。第三，广告是非人员的销售和推广。在当代社会生活中，"广告"一词已经被滥用了。实际上，很大一部分被称为"广告"的传播行为并非严格意义上的广告。比如，如果一个销售员登门拜访顾客，希望为做成生意而向顾客介绍产品或服务，在这种时候，有些顾客会将销售员的行为称为"做广告"。但是，严格讲，这叫人员销售，而不是广告。第四，广告必须通过一定的广告媒介得以传播。广告在传播层面有传播层面的目的。传统的四大媒介报纸、杂志、广播、电视，是广告传播长期以来主要依赖的传播媒介。互联网经过多年的发展，已经具备了大众媒体的性质。但是，互联网的受众实际上是由诸多小众聚合成的大众。第五，广告主对于所发布的广告具有一定的控制权。广告从信息发布方式上看，属于可控信息。只要在法律允许的范围内，广告主可以决定自己向潜在消费者传递有关自己产品或服务的特定信息。当然，广告传播还受到道德伦理、文化习俗等多种因素的约束。第六，广告费用通常被计入产品或服务的成本，作为成本的一部分，并反映到产品或服务的价格中。由于这个原因，在国家宏观经济统计中，广告行业的营业额通常不是由国家统计局进行专门统计，而是由国家工商行政管理总局或广告协会等机构进行统计。第七，广告作品并不等同于广告。当企业界与广告界的人说做"广告"时，广告通常是指一个活动过程，广告作品只是其中的一个组成部分。但是，对于广告的活动过程具体应该包括哪些部分，广告界却一直存在或多或少的分歧。分歧的产生大多由于广告观的差异。譬如，有些人认为调查是现代广告的重要组成部分，离开了调查的广告就不是真正的广告；有人则认为，不论调查多么重要，它仍是广告的背景活动。可以说，广告本质上是一种信息转换和利益交换并行的双重交换体系①，在这一体系中，广告主是最为核心的主体，广告则是体系中最为核心的信息。对广告概念的界定，不可能脱离开这一体系进行孤立的探讨，也不该绕过信息交换和利益交换的双重性来认识广告的产生。

通过这番考察，我们可以发现，直到目前，不论东方还是西方，关于广告的定义几乎都停留在营销传播的层面，而未揭示出广告是个人或组织在诸多目的之间作出"经济的"选择这一经济属性。

基于广告的经济属性及其经济与社会功能，我给广告下如下的定义：广告是个人或组织通过在诸多目的之间作出经济的选择，动用一定的经济资源，以维持或改变个人或组织的偏好序列为传播目的，以赢得主体经济或社会利益为最终目的，而采取的一系列有意识的、较为广泛的信息传播活动。

该定义的内涵体现在以下几个方面：

第一，广告是个人或组织通过在诸多目的之间作出经济的选择，动用一定的经济资源。也就是说，广告是营销和传播的工具之一，个人或组织首先要考虑的问题是，为了达到某个目的（比如企业的营销目的），是否有必要做广告。因为不论个人或组织，其拥有的经济资源是稀缺的，要做广告，就要用一定的经济资源。实际上，以企业要达成营销目的为例，它除了用广告来达成营销目的之外，也可以利用公共关系、销售促进、人员销售等其他营销与传播工具的一种或几种。这些营销与传播工具，实际上是同广告争夺着有限的经济资源。许多营销、传播的模型和方法，都是研究有限的可用经费的分配，而非决定什么样的投资水平用于广告才合适。

第二，以维持或改变个人或组织的偏好序列为传播目的。这是强调广告的传播功能及其传播目的得以实现的途径。以企业为例，广告传播功能和目的的实现，是营销功能与目的实现的前提。此处所指的"个人或组织"，是该定义中第一次出现的那个"个人或组织"的广告对象，即它的潜在消费者或受众。潜在消费者或受众中对品牌或产品的偏好序列，是广告传播要维持或改变的。

---

① 星亮：《论广告的本质——兼谈广告学的学科体系》，《兰州商学院学报》1991年第2期。

第三，以赢得主体（广告主）经济或社会利益为最终目的。这里的主体是指广告主。这是指，广告效益具有双重性，它既可以是广告主的经济利益，也可以是广告主的社会效益。

第四，一系列有意识的、较为广泛的信息传播活动。这是指，广告是一种有目的的传播活动。在以前，广告主要借助报纸、杂志、广播、电视等传统大众媒体进行传播。在互联网时代，广告传播的形态更加多样化。微博、微信等各种平台以各种信息形态传播广告信息。

第二节　广告的分类

现代广告种类繁多，广告分类的方法也很多，下面介绍几种常见的分类方法。

一、以广告主是否为营利性组织作为广告分类标准

广告一般可分为商业广告和非商业广告。商业广告是以促进销售和盈利为目的的营利性组织的广告。非商业广告通常是宗教组织、慈善组织、政府部门、社会团体等非营利组织的广告。由政府部门、社会团体（如各类协会）出资的广告，从广告主性质来看，其发布的广告属于非商业广告。不论是企业，还是行业协会、政府机构，做广告完全是一个合理的行为。美英等国对于以广告形式传播国家理念是很熟悉的。中国政府也日益认识到广告作为现代传播工具，在传播国家理念方面的长期投资作用。2009 年，由中国商务部主导，四家中国商会出资在 CNN 播出的"中国制造"的广告，以简洁的方式向美国乃至世界人民传达一个重要信息：中国愿意与世界携手创造；一件标有"中国制造"的商品中，往往包含了中国劳动者与世界劳动者的共同劳动。当然，国家对外形象广告，既可以通过企业等以商业广告的形式发布，也可以通过政府有关部门以公益广告、公共政策广告的形式发布。

二、按照性质分类

（一）商业广告

商业广告试图去影响人们对于某一商业机构销售的产品或服务的态度和

行为，或者期望影响人们对于商业机构本身或者商业机构所持观念的态度和行为。为推销产品和服务所做的广告显然都是商业广告。有时候，一些商业机构试图通过广告来提升自己的形象，这种广告也属于商业广告。这种情况经常发生在一家公司卷入一个很可能给它的形象带来负面影响的公共事件时。例如，1989 年，埃克森公司的一艘油船在威廉王子岛附近泄漏了数百万加仑的原油，污染了阿拉斯加海岸。许多人认为埃克森公司对于环境态度冷漠。所以埃克森公司试图用广告来改变人们对它的看法。埃克森公司为维护其形象而发布的广告最终服务于其自身的经济利益，尽管它所宣扬的观念具有公益性质，但它依然脱不开商业广告的性质。

（二）公益广告

公益广告宣传那些有益于社会及其成员的态度和行为。这些广告可以是全国性或是地方性的。在我国，一般情况下，公益广告通常由政府、企业或其他类型的组织机构出资金，由媒体赠送时间或版面。在美国，广告委员会是制作公益广告的著名机构，这个委员会由广告公司和媒体支持，它诞生于第二次世界大战期间，最初的目的是宣传战果。如今，它每年运作大约 25 个广告活动，这些活动必须代表公众的利益，是非商业性的、非党派的、非派系的、非政治的。

（三）政治广告

政治广告意在说服选举人投票给候选人或者在某项立法问题上影响公众。由于不同国家的国体和政体不同，这种广告形式并不适合所有国家。在美国，政治广告在地方、州和全国等不同层次上发布，使用大部分的媒体形式，报纸、电台、电视和直邮广告是最常用的形式。在美国总统选举年，大约 10 亿美元被用在政治广告上。政治广告受到瞩目，因为它提供了一个使选民认知候选人的方式。它也使候选人在选举中能够定义自己想要说明的问题。在1988 年的美国总统选举中，乔治·布什的竞选班子运作了一则广告，内容涉及一名被控谋杀的名叫霍顿的男子。这则广告称布什的对手、马萨诸塞州州长杜卡基斯，早些时候曾支持释放霍顿，导致霍顿出狱后再次杀人。尽管许多人怀疑这则广告的真实性，可是它对于将犯罪问题纳入选举活动还是很有效的。2010年2月9日，一则"怀念布什"的广告引起了美国热议。① 神秘广告牌以美国前总统小布什为广告人物，以"还想我吗"（MISS ME YET?）为广告语，出现在世人面前。该广告牌位于明尼苏达州怀俄明市附近35号州际公路旁。该广告发布后，很快成为谷歌上最火的搜索关键词之一，全美大量媒体对此加以报道，也吸引了更多人来观看。而广告投放者的神秘也增添了它的吸引力。据明尼苏达州公共广播电台报道，其记者鲍勃·柯林斯通过电子邮件向怀俄明市市长谢尔登·安德森咨询投放者身份。安德森回信道："但愿我能知道。如果你找到了（投放者），告诉我。"柯林斯还采访了"舒伯特和侯易户外广告公司"经理玛丽·泰思科，对方称："这则广告的投放者是一伙感觉遭华盛顿政府背叛的小商人和个体，他们目前依然希望对自己的身份保密。他们觉得这样很有趣。"一位名叫"马特"的网友发帖称："想到就是他导致了我们现在面临的财政和经济困境，我不认为这个国家会想念他。真见鬼，大多数美国人还是责怪他，认为他该为经济不景气和财政赤字等问题负责，而不是奥巴马。"此外，还有很多网友则发表了简洁有力的回复，如"永远不会""当然不"等。不过，仍然有不少网友对小布什表示支持。有一位名叫"保罗"的网友说："在你执政的8年里，美国的失业率仅为5.3%，一直实行减税政策，还发生了'9·11'恐怖袭击。是的，我们想念你，布什总统。"网友"戴夫"则称："我不喜欢布什，但是相比我们去年选出来的这位，我想念布什。"网友"塞姆"说："我的生活在布什执政末期比在他执政初期好，还有很多人在布什执政末期比现在过得好。"网友"比以往都差"则说："他当然被人怀念，现在的这位白痴（指奥巴马）在位越长，人们就会越想念他。我宁愿选个值得信任的人当总统，奥巴马不值得信任，他一直在撒谎。布什不够好，奥巴马则完全是个笑话。"由此可见，"怀念布什"广告是一则具有政治性质的广告，它引起了美国国民对美国时政的关注与热议。

三、以广告媒介为分类标准

广告可以分为电视广告、报纸广告、广播广告、杂志广告、直邮广告、户外广告、电影广告、互联网广告、移动终端广告（其中有一部分也是互联

---

① 丁雨、夏颖：《"怀念布什"广告引美国热议》，《环球时报》2010年2月12日。

网广告）。其中，电视广告、报纸广告、广播广告、杂志广告是四种最常见的传统广告形式。

（一）电视广告

电视广告是当今社会中最为主要的广告形式之一。电视广告的兴起是和电视媒体的发展相联系的。电视广告主要的优点包括：集视觉、声音、动作于一体，具有很强的欣赏性；普及率较高，可接触广泛的人群；具有"闯入性"特征，观众往往处于被动接受信息的状态，密集的电视广告安排往往可快速获得广告效果；单次收视人数较多，因为在传统的家庭中，家庭成员常常一起观看电视节目。电视广告的缺点主要包括：制作比较耗费时间，制作费用也比较高；广告作品在观众眼前停留时间短，稍纵即逝，较难留存；广告受到片长限制，在详述商品特性方面难度较大；受到电视开机率及电视节目收视率影响，有些时候广告费用浪费严重；广告发布费用高，广告预算金额庞大。

当互联网、通信网、电信网以互联网技术为基础出现融合后，传统的电视节目和专门为网络制作的视频可以在互联网、手机等终端上播出，在这些终端上播出的"电视广告"其实可以归属于互联网视频广告或移动终端视频广告。需指出的是，这些新形态的视频收看方式不同于传统电视的收看方式，在一定程度上对传统电视观众造成分流，形成一种拉低传统电视收视率的力量。

（二）报纸广告

报纸广告是最为重要的传统广告形式，但是随着互联网的崛起，特别是移动终端（如智能手机）的崛起，报纸广告正在迅速走向式微。现代广告的最初发展是与报纸媒体的出现和发展相联系的。报纸广告由于报纸媒体的特点而具有自己独特的优越性。报纸广告主要有以下几个优点：如果报纸发行量大、阅读率高，那么在其上刊登的广告的读者面广，接触度比较高；由于报纸可按照地区发行，所以报纸广告的地区选择性高；报纸发行比较迅速，报纸广告的信息传递也比较快；报纸广告灵活机动，可根据需要在短时间内变化广告内容与设计；报纸广告的制作相对电视广告而言较简单，制作费用较低。报纸广告也有自己的局限性：报纸广告的"寿命"通常较短；报纸印刷质量低，因而报纸广告较难展现商品质感；读者在阅读报纸较仓促时，阅读报纸广告也较仓促，甚至常常会忽视或错过报纸广告。互联网广告、移动终端广告崛起后，人们的阅读习惯发生变化，阅读纸质报纸的时间越来越少。传统的报纸广告的优势已经不足以吸引广告主进行大量投放。传统纸质报纸为了生存也在寻找出路。大量的纸质报纸开始出版网络版，或者开发 APP，通过 PC 端和移动设备争取自己的读者。

（三）广播广告

广播广告也是一种重要的广告形式。广播广告的主要优点包括：发布费用比较低；能迅速及时地把信息传达给听众；覆盖面较广；听众比较明确，广告对象易确定；广告制作比较简单，制作费用比较低。广播广告的局限性主要包括：只有声音，缺乏影像，无法让听众认知产品包装或外观；广告受到时长限制，在详述商品特性方面难度较大；广播广告与电视广告类似，稍纵即逝，效果短暂，难以给人留下深刻印象。由于汽车作为交通工具依然在消费者生活中扮演着重要角色，许多人的生活离不开汽车，因此，广播借助汽车，保持了其作为广告媒体的生命力。它并未被互联网广告彻底压制。

（四）杂志广告

杂志广告也是传统的广告形式之一。杂志广告的优点主要有：杂志多为个人购买，读者群细分，因此杂志广告选择性很强，可以有效到达广告目标人群；杂志广告印刷精美，适宜表现商品的质感；杂志广告可有较多文字叙述商品特性；杂志广告有效期长，传阅率高，广告效果延续比较久；相对电视广告而言，杂志广告制作比较简单。杂志广告也有一些局限性：杂志发行量比较有限；杂志广告难以到达广泛的人群；杂志广告发布费用比较高；由于杂志出版周期长，所以杂志广告难以适应紧急广告要求，也难以迅速作出调整。杂志广告面临互联网广告的冲击，也处于衰退的趋势中。纸质杂志的命运与纸质报纸类似，它们也在通过网络版或 APP 争取读者。

（五）直邮广告

传统的直邮广告是一种直接将广告通过邮局寄给消费者或用户的广告。传统的直邮广告种类很多，包括推销信、明信片、产品目录、传单等。这种广告形式选择性比较强，广告主可以根据广告的内容有针对性地选择邮寄对象。直邮广告可以较快、较明显地显示广告效果的大小。电子邮件广告可以称为互联网上的直邮广告，可以说是借助互联网作为其传播渠道的传统直邮广告的变体。不论是传统的直邮广告，还是电子邮件广告，都可以归属为直接反应型广告。它们往往在第一次送达消费者时就能看出成效如何，此后，同一广告重复送达后的广告效果通常是递减的。用经济学的语言说，直接反应型广告的广告边际效用通常是递减的。不过，如果一个直接反应型广告基本内容不变，而不断改变其部分内容（严格意义上讲，与改变之前已非同一个广告），也可能出现广告边际效用递增的情况。户外广告指通过路牌、海报招贴、霓虹灯等形式在交通要道、旅游胜地以及行人较多的公共场所、车站等地做的广告。这类广告的优点是保留时间较长。电影广告一般是在电影放映之前加入的贴片广告，有时电影内容中植入的产品或品牌也被视为电影广告的一种类型。电影广告的优点是观众在观看时不可跳过，观众在观看时注意力比较集中。

（六）互联网广告

互联网广告是对互联网时代出现的多种广告形式的统称。互联网已经日益成为一种全能性媒体、一种社会化媒体，融合了多种传统媒体形态。在中国，自 2008 年起受众网络接触时间明星增加，且增速很快。市场调查机构 eMarketer 于 2016 年 1 月发布报告称，互联网用户普及率在 2015 年首次超过了 40%，全球总网民数达到了 28.9 亿人，占全球总人口数的 42.4%。中国互联网络信息中心发布的第 36 次《中国互联网络发展状况统计报告》称，截至 2015 年 6 月，中国网民规模达 6.68 亿，手机网民规模达 5.94 亿，互联网普及率 48.8%。互联网广告已经成为当代最为重要的一种广告形式。互联网广告有多种形式，其中有些形态与其他类型的互联网信息已经融为一体。互联网上最常见的广告是一种在网页上出现的名叫"旗帜"的广告。此外，互联网广告还有闪入/闪出广告、搜索引擎广告、互联网视频广告等多种形态。依托互联网的微信、微博、博客等社交平台，用户创造内容、展示身份、展示状态、与人对话、参与群组、维系关系、建立声誉、分享所得等，也具有广告发布的功能。微信广告依靠微信的强关系平台，具有较高的接受度。微博广告主要借助微博平台传播，传播效率较高，但是由于微博的弱关系性质，传播的质量较弱。不论微信还是微博，广告传播不如传统大众广告那样可以在瞬间到达规模巨大的人群。它们往往是靠转发逐渐积累其巨大的广告受众。互联网广告是"眼球经济""注意力经济"最为集中的体现。网上资源如何收费的发展情况将在很大程度上决定未来网上内容的特色。随着互联网的影响力日益加强，越来越多的大公司青睐互联网广告，互联网广告的地位在整体营销构成中的地位日益加强。基于 IP 的智能广告管理与服务技术（如内容与关键字的匹配等）可使互联网广告更加精准地到达目标人群，并且可以获得监测投放效果的实时报告，以便进行及时优化。但是，互联网接触受到多种因素的复杂影响，对其进行的广告投入与收益情况有时非常不稳定。三网融合使互联网与手机终端、数字电视相对接，从而实现互联网媒体的广告智能化管理，精准化投放，而互联网跨媒体广告投放的新平台的媒体特征也被进一步强化。关于各种广告形式的具体特点，本书在以后的广告媒体部分还会结合各类媒体作更深入的探讨。

（七）移动终端广告

如果将移动终端视为一类媒体，那么我们将在移动终端上出现的广告称为移动终端广告。移动终端或者叫移动通信终端，是指可以在移动中使用的计算机设备，广义地讲包括手机、笔记本、平板电脑、POS 机甚至包括车载电脑。目前，通常所说的移动终端是指普通手机、智能手机以及平板电脑。随着网络和技术的宽带化发展，移动通信产业正走向真正的移动信息时代。随着集成电路技术的飞速发展，移动终端的处理能力迅速加强，移动终端已经在从通话工具发展成综合信息处理平台。移动终端作为简单通信设备伴随移动通信发展已有几十年的历史。自 2007 年开始，智能化引发了移动终端基因突变，从根本上改变了终端作为移动网络末梢的传统定位。移动智能终端迅速转变为互联网业务的关键入口和主要创新平台，新型媒体、电子商务和信息服务平台，互联网资源、移动网络资源与环境交互资源的最重要枢纽。移动终端的影响力被视为是收音机、电视和互联网（PC）之后，人类历史上第四个影响人类社会生活方方面面的终端产品。移动端即时、便捷的特性契合了网民的商务类消费需求，移动商务类应用成为拉动网络经济增长的新引擎。中国互联网络信息中心发布的第 36 次《中国互联网络发展状况统计报告》称，2015 年上半年，中国用户手机支付、手机网购、手机旅行预订用户规模分别达到 2.76 亿、2.70 亿和 1.68 亿。伴随着移动终端影响迅速加强，移动终端广告的数量与影响也迅速增加。由于移动终端作为平台，承载了种类复杂的应用软件，因此在实际的广告策划中，往往是针对个别的应用软件来分析广告的价值和目标人群，而不是泛谈移动终端广告。

案例

电影贴片广告：大佬的战争①

"未来成败的关键，除了模式，还是模式。如果我们先找到了，我们就赢了。竞争对手先找到了，他们就赢了。"晶茂电影传媒公司董事长陈震宇坦言，能否找到新的发展模式决定一切。2010 年 6 月，晶茂传媒迎来了新的注资方：搜狐畅游。晶茂传媒是一家业内新秀，以经营电影放映前的贴片广告起家。目前，国内的电影广告市场正呈现两家独大局面：一家是江南春率领的分众旗下的央视三维电影传媒集团，另一家是晶茂传媒，两家过招与日俱增。

2008 年之前，传统的贴片广告发布形式并不规范：广告客户先找到广告代理公司运作贴片广告；广告代理公司再找到片商，买到若干场次的贴片广告；然后，片商再找发行方，通过发行方把这若干场次的贴片广告分配到全国的院线中去；每个院线下有很多影院，院线再分配制作好的拷贝到具体的影院。就这样，经过层层的分配，电影贴片广告的拷贝被分配到电影院。陈震宇回忆："广告客户和代理商只知道自己买了若干场次的电影贴片广告，却无法掌控广告最终被投放到哪些电影院了。当时，广告公司并不注重电影的版权，有的根本没有电影发行方的授权，就拿出来售卖。这个过程非常混乱，市场不好把控。院线方、片商方都怨声载道。"

陈震宇在"怨声载道"中捕捉到商机："整合上下游片方和影院的时段，连通客户广告同影院播出之间的通道，我们找到了进入的契机。"但任何事都

---

① 王佳：《电影贴片广告：大佬的战争》，《中国经营报》2010 年 7 月 5 日。因篇幅有限，本书作者对该报道进行了缩写。

是说易行难，当时，央视三维已经在业界摸爬滚打多年，占据着行业老大的位置，不过，其院线授权、影片版权等热点问题也没有解决好。直到今天，陈震宇也会一直念叨："晶茂就是要做竞争对手不做的事。这是进入电影广告市场最好的时机。"最终，陈震宇与合作伙伴说服了网龙公司注资，成立了晶茂传媒。

"在营业执照还没有拿下前，我们第一个想到了联合中影集团。"陈震宇说。这是因为，一方面，晶茂传媒的前身是一家与中影集团有着密切合作的广告公司，大家彼此并不陌生。另一方面，晶茂实际盘算的是中影一年独家引进外国进口大片的贴片权。"中国电影应该说还是处于大片的时代，一部有号召力的大片除了带来巨大的票房收入外，贴片广告也成为很多企业营销的载体。"在陈震宇看来，拿下了进口大片的广告代理权，才能使晶茂传媒在业界立足。

中影集团营销公司总经理蒋德富表示："很多公司实际上没有拿到电影发行方的授权，但也在电影院里贴广告，中影很不满意。但这种公司太多了，也很难去追究。"陈震宇跟中影保证尊重所有片商的版权，监控放映终端，保证中影得到远高于合作前的收益。此后，陈震宇独家买断中影每年进口大片的独家代理招商权。"之后，当晶茂与万达、金逸院线合作，竞争华夏集团的进口片贴片广告招商权时，与中影的合作和对版权的重视成了对方重要的考量指标。"

对于在我国发展还很初级的电影贴片广告而言，客户经常反映看到的是两种完全不同的模式。业界评价，对于贴片广告的操作，晶茂传媒是传统操作，而央视三维则勇于创新。传统贴片的主要投放特点是"购买一定场次，广告跟着影片走"，广告拷贝和电影拷贝并存。江南春希望将央视三维打造成为国内首家独创的"电影媒体"概念公司，其产品"银幕巨阵"被称为国内第一个媒体化投放模式的电影媒体产品。这种广告投放形式采取同档期内多部影片同时覆盖的方式，以全影片、全影厅覆盖的形式，求得票房的无缝式覆盖。这种方式引起了业内的极大震动。

为与央视三维竞争，晶茂传媒也打造了类似的"影通天下"业务，虽然覆盖的影院和银幕数量相对少一些，只能覆盖170家影院，但晶茂传媒更求质量，与全国票房第一的万达院线和全国第六的金逸院线签订了独家协议，独家播放这两家影院映前的广告时段。"我们希望提供给客户更多选择，根据客户的目标来选择做贴片还是包月。"晶茂市场总监林怡天表示。

在模式的探索上，晶茂传媒已经从单一的贴片广告业务扩展到贴片广告与电影媒体两种业务。"植入广告、首映礼、后卖产品开发等都是我们重点拓展的业务方向，"陈震宇介绍，"我们比竞争对手拥有更优质的影院资源，因此将来我们销售的是服务，而不是广告牌，也不做电影媒体。比如影片植入首映礼，我们希望把这块作为重点。为此，我们推出优质客户，为客户找到适合品牌投放的电影，把电影这个载体充分利用起来，将电影与品牌产生关联，而不是硬塞。"

但服务和广告业务如何平衡，如何避免陷入左右手互搏的尴尬境地？陈震宇坦言，他并没有更好的办法，但有一点是共识，那就是人的因素很重要。"能想到做到，关键要有很强的执行力。目前来说，资金不是问题。问题在于怎么占领市场，因为电影贴片广告市场属于稀缺资源。"

据 CTR 的监测，现在我国电影媒体的盘子大小只有 3 亿元。但 AC 尼尔森另一项对于亚太地区电影媒体的调研显示：电影院广告约占全媒体广告总额的 0.5%。如果依照这个比例来估算中国电影媒体广告，则这个盘子可放大至 25 亿元以上。业界认为，中国电影广告并非盘子小，而是发展远未成熟。

❓ 思考与讨论

电影广告在我国日益发展的原因有哪些？影响电影广告经营运作的关键因素有哪些？

四、以广告对象为分类标准

广告可以分为消费者广告、行业广告、服务业广告等。消费者广告是生产厂商或销售商面向产品或服务的最终消费者或购买者所做的广告。出现在报纸、电台、电视、杂志上的大多数广告是消费者广告。消费者广告又可以根据消费品的种类细分为：酒类广告、烟类广告、饮料广告、食品广告、服饰广告、化妆品广告、家用电器广告等。行业广告有时也称为产业广告。在实务界，人们常常也将行业广告简称为"B2B"（即行业对行业）广告。行业广告的对象是各行业中为企业经营活动购买或选定用品的人。行业广告主要是为了帮助企业向其他企业或社会团体、政府机关销售原材料、机器设备、办公用品以及提供相应服务。这类广告通常由制造生产资料的制造商或批发商发布，向使用、消费这些产品的企业、机关、团体等进行诉求。由于对象的特殊性，行业广告大多发布在特定的行业出版物、专业期刊上，或者出现在用于建立业务关系的直接邮递品中及特定行业领域的交易会、展览会上。服务业广告的对象可以是普通消费者，也可以是为了企业经营活动而接受服务的特殊的一群人。这类广告由提供服务的企业发布，向体验、消费这些服务的企业、机关、团体等进行诉求。

五、按照广告地理覆盖的分类进行分类

广告可以分为全国性广告和地区性广告。全国性广告覆盖范围遍及整个国家。比如，在我国中央电视台（以下简称 CCTV）做的广告是典型的全国性广告。地区性广告服务于一个比较小的市场，例如一个小城市、一个大都市或者一个地方性区域。地区性广告可以进一步分为区域性广告和地方性广告。典型的地区性广告如在浙江省（区域性）或在上海市（地方性）投放的广告。北京、上海的全国性广告代理公司一般都可投放全国性的广告。一些世界著名的品牌，比如麦当劳、可口可乐的广告常常是全国性的。地区性广告常被地区性公司投放，它们仅有当地的市场。这两种类型的广告有时候交织在一起。全国性广告主也可投放地区性广告。例如，美国的汉堡王（Burger King）既做全国性的电视广告，也做地方性的广告。大多数做全国性广告的公司没有零售机构，因此，有时候全国性广告和地方性广告宣传同一样东西。比如，美国当地的商店从 Nike 全国性的广告中获益，但商店同时要做地方性广告，以告诉顾客新款 Nike 鞋什么时候有售。广告媒体有全国性媒体和地区性媒体之分。有的媒体对当地的商业机构有利，有的媒体则对全国性的商业机构有利。例如，地方性报纸一般适合当地的商业机构，全国性电视（如中国中央电视台，即 CCTV）一般来说适合全国性的商业机构。许多全国性的媒体也开辟地区版，比如，《参考消息》设有北京地区版等多种地区版，它在地区版上的广告其实是地区性广告。商业机构也常常用全国性的广告来指向特定的收视群体。比如，在 1996 年，美国的生活频道能够触达 65% 的美国家

庭，可是它的节目和广告的主要目标是妇女。地理覆盖也影响到广告的价格。正常情况下，一个商业机构能接受的广告价格与广告所到达的受众成正比。通常情况下，全国性广告价格高于地区性广告价格。CCTV 的广告价格高于地方电视台，因为在 CCTV 做广告通常可到达更多受众。美国《时代》杂志的广告报价要比《芝加哥商业杂志》高，因为前者是全国性的出版物，后者则是地区性的出版物，前者比后者能够到达更多的受众。全国性广告媒体与地方性广告媒体之间存在着资源争夺。政府对媒体的管理政策，会影响到市场中广告资源的供给，从而进一步影响到全国性广告媒体与地区性广告媒体的价格。政策对广告价格的影响又与媒体的广告价值、广告效果对广告价格的影响混合在一起。比如，2009 年 9 月，国家广电总局的"61 号令"正式出台，对广告播出进行实质性规范。一些靠资源扩张提高广告收益的电视台广告超播现象严重，因此，在新令下，2010 年广告时段大幅度减少。广告时段减少，则又诱发了广告价格上涨。数据显示，2010 年中国各大卫视的广告价格同 2009 年相比，大幅度增长。湖南卫视晚间时段广告价格涨幅达 37.0%，涨幅最小的河南卫视也达 14.7%。①

六、按照广告的目标对象分类

在进行广告策划的时候，广告策划人常常喜欢将广告分为大众广告和目标广告。这种分类集中体现在广告战略的制定过程中。从经济学角度分析，由于资源具有稀缺性，而任何一个选择都具有机会成本，因此，作为广告策划的一部分，公司经营者与广告策划者必须决定广告想要到达的受众。并非每种产品或服务都适用于大众消费，也并非每种产品或服务都适用于所有地区。广告策划可根据产品或服务与市场的关联性，决定是用大众广告还是用目标广告。将广告的目标定位于到达最大多数受众的广告可称为大众广告。那些寻求达到某群特定受众的广告称为目标广告。一则广告是不是大众广告，一方面受媒体本身特点制约，更重要的是要看广告可以到达的受众如何。在一份以大众为目标读者群的晚报上做广告，该广告可以说是大众广告。而在一份晚报的某个具体版面上针对某个人群做广告，则该广告可以说是目标广

---

① 刘青山：《109 亿背后的故事》，《广告导报》2009 年第 12 期。

告。来自零售商的直邮广告属于目标广告，因为它通过邮件递送到那些可能买衣服的顾客。广告形式是否合适，要视产品或服务的性质和价格而定。仅仅对群体进行分类，并不足以产生目标广告。要产生目标广告，媒体产品必须能到达那些目标群体。杂志、直邮和电台是传递目标广告的传统形式。可是，自20世纪80年代以来，有线电视、互联网等新媒体的出现，为目标广告开辟了新的空间，也提高了广告策划和媒体策划的难度。进入21世纪，互联网成为介入人们生活的重要媒体。在我国，互联网也于21世纪的头十年中逐渐具备了大众媒体的性质。移动互联网的发展，使人们生活进一步互联网化，强化了互联网大众媒体的性质。以中国为例，2014年，手机网民规模达到5.54亿人。有这样巨大的受众规模，作为一个整体的互联网，完全可以被称之为大众媒体（尽管某些网站、某些APP作为单个而言依然是小众媒体）。从媒体广告经营额方面看，中国互联网广告收入正在逐渐上升。从媒体接触时间看，中国人的接触网络时间也日益增加，超过了读报、读杂志的时间。2009年4月，第七次全国国民阅读调查公布的调查显示，2009年中国18—70岁识字民众人均每天读报时间约为21.02分钟，人均每天读杂志时间约为15.4分钟，人均每天读书时间约为14.7分钟，人均每天上网时间约34.09分钟，人均通过手机阅读的时间约为6.06分钟。[①] 越来越多的广告倾向于吸引特定的消费者，这些消费者一般按照人口统计特征、地理和心理来细分。由于人们在互联网上的浏览痕迹很容易被数据化记录，广告主可以在互联网中更为精准地找到自己的目标受众，开展精准营销。

七、按照"线上"和"线下"对广告进行分类

"线"指的是在企业进行营销预算（可能包含广告预算）时一条虚拟的线，它用来区分代理商执行的活动是佣金制的还是非佣金制的。以前，"线上广告"指的是广告代理商可以代表企业的市场营销人员投放在媒体上的广告，代理商将从用于媒体支出费用（广告刊发费用）中扣除一部分作为代理费。"线下广告"是指并没有委托代理商的广告活动（如邮寄广告、广告传单等）。"线下广告"之外，还有其他一些"线下"营销活动，比如公关、促

---

① 参见《中国人每天读书不足15分钟》，《环球时报》2010年4月21日。

销、直销以及其他需要营销人员为这些服务支出费用的活动。① 自 21 世纪初以来，委托方、代理商和媒体之间的财务安排发生很大变化，"线上"和"线下"的说法渐渐被用来指称可以提供长期回报的传播活动和短期回报的传播活动。大部分（并非全部）传统媒体广告通常被认为是提供长期价值或剩余价值，因而仍然被归为"线上"。时效性强的、短期的促销和激励机制，比如优惠券、降价、折扣、传单、邮寄广告之类被归为"线下"。② 在中国的广告实务界，"线上广告"和"线下广告"有时是指"网络广告"和"传统媒体广告"。因此，进行营销和广告策划时，如使用"线上"和"线下"广告这样的概念，最好要弄清楚彼此话语体系中的概念是否存在差异。

---

① S. Broadbent, *Spending Advertising Money*, London：Businesss Books, 1970, p.38。
② ［美］唐·舒尔茨等：《重塑消费者：品牌关系》，沈虹、郭嘉等译，机械工业出版社 2015 年版，第 220 页。

第三章　广告的角色

第一节　广告与经济

　　一个国家的广告投入并不一定与其人民的生活水平成正比，但是广告却与其经济发展水平有着密切的联系。我们知道，广告可以用来推广商品、服务和观念。在所有广告中，企业为促销产品做的广告占绝大多数。从整体经济来看，广告在企业生产并出售物品与服务〔环节（1）〕、家庭购买并消费物品与服务〔环节（2）〕这两个环节上发挥主要作用。当然，在家庭拥有并出售生产要素环节〔环节（3）〕以及企业雇佣并使用生产要素环节〔环节（4）〕，广告也常常发挥作用，比如，家庭（或个人）出钱刊登的提供生产要素的广告，企业刊登的行业广告、招聘广告，等等。在经济的循环流向图中，我们可以标示出广告发生作用的主要环节（1）、（2）与次要环节（3）、（4）（见图3－1）。

　　经济的循环流向图表示家庭和企业在物品与服务市场以及生产要素市场上的相互交易，外圈逆时针方向的箭头表示货币的流向，内圈顺时针方向的箭头表示物品与服务的流向。在物品与服务市场上，家庭是买家，企业是卖家；在生产要素市场上，企业是买家，家庭是卖家。广告在（1）、（2）、（3）、（4）四个环节上发生作用，有利于促进物品与服务和生产要素的交易，有利于促进生产与消费。

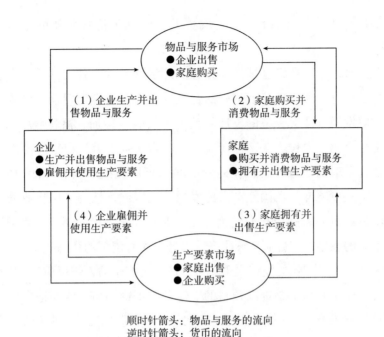

顺时针箭头：物品与服务的流向
逆时针箭头：货币的流向

图 3 - 1　循环流向图与广告在经济中发生作用的环节

　　企业做广告是为了促使消费者购买产品。企业通过广告来提高产品的知名度，通过广告，使消费者了解产品特征，塑造良好的品牌形象，从而改变消费者对产品和企业的态度，促进购买。通过广告活动，企业可以增加产品销售量，扩大市场占有率。"有大量的研究显示，高品牌认知率与市场主导性之间有着很强的正相关"[1]。企业在市场上确立了自己的地位，就可以持续自己的经营活动。大量销售刺激了大量生产，从而导致成本下降，进而促使单位产品的价格下降，然后进一步扩大了消费。可以说，广告促使企业经营活动的持续发展。企业发展了，整个社会经济也就发展了。广告对于企业经营效果的影响有助于社会经济的发展。[2] 反之，如果没有广告，则企业不得不主要通过人员销售来促进销售，这样经营成本会上升，而销量也会受到限制，导致生产量无法提高，进而使单位产品成本升高，价格也就随着升高，最终

---

①　J. Thomas Russell, W. Ronald Lane, *Kleppner's Advertising Procedure*, Prentice Hall, 1999, p. 767.

②　中国在改革开放伊始，曾经对广告的作用进行过一番争论，重新肯定了广告对经济发展的作用。有学者提出"要把广告当作促进内外贸易，改善经营管理的一门学问对待"。参见丁允朋：《为广告正名》，《文汇报》1979 年 1 月 14 日。

又导致销量减小。一旦如此，企业的经营活动和经济状况就可能陷入恶性循环。①

如此说来，广告其实也是为社会分配经济资源的一种工具。广告通过向消费者提供信息，来实现社会资源的合理配置，而合理配置社会资源又有助于经济健康发展。社会经济的发展将使人们的收入增加、福利增加，人们的消费能力也会相应增长。在这种情况下，广告实际上就可以很好地发挥活跃市场、创新需求的作用。广告业的发展状态可以直接反映经济活力的状况。例如，1992—1996 年，我国经济高速发展，表现出高活力，广告业处于生机勃勃的状态；而 1997—1998 年，由于受到亚洲金融危机的影响，我国经济呈现稳步增长的态势，广告业从整体上看也处于相对消沉的状态。

有学者认为，广告的经济作用类似台球撞击产生的连锁反应②，从某种程度上来说，作用的结果是难以预料的。但是，不论如何，假如把广告当作一个"撞球"来看待的话，那么广告的经济作用将同"击球"的力量以及经济环境有关。中国在改革开放之前，由于市场运行机制的落后、中国企业营销观念的陈旧和管理思想的落后，企业主对广告难以作出客观和科学的评价，也很难为提高广告的水准创造强大的推动力。在落后观念影响之下，企业和广告代理不可能建立良好的信任关系，必然造成相互推诿责任。与中国不同，美国企业很早就产生了非常积极的广告观念。1880—1990 年，美国的"企业界开始认识到，依靠广告增加销售量所起的作用，远比降低生产成本的作用要大""一家处于领导者地位的公司或是几家厂商明显地控制了某些工业产品的全国市场""为批量生产且包装上带有品牌名称的产品所做的全国性广告开始出现，是这一时期最重要的发展"③。自 1880 年以来，在美国，几乎所有被广泛接受的产品无不借助了广告的力量而得以发展。新中国的企业界真正开始重新认识到广告的作用是在 1978 年以后，这同美国的先进广告观念相比，整整落后了一个世纪。广告观念的落后状态导致了另一个极端：盲目套用西

---

① ［美］曼昆：《经济学原理》（上），生活·读书·新知三联书店、北京大学出版社 1999 年版，第 23 页。

② ［美］威廉·阿伦斯：《当代广告学》，华夏出版社 2000 年版，第 45—47 页。

③ Juliann Sivulka, *Soap, Sex and Cigarettes*: *A Cultural History of American Advertising*（英文影印版），东北财经大学出版社 1988 年版，第 46—47 页。

方先进的营销和广告方法，往往造成广告刺激和需求的脱节。观念的发展往往不是一蹴而就的。观念如果缺乏实践的检验，就无法生成指导实践的力量。

广告的经济作用表现在多方面。令人遗憾的是，对于这方面的诸多问题，学术界与社会舆论并没有给予充分的讨论。[①] 下面，将就其中一些问题加以探讨。

一、关于广告与产品价值的关系的讨论

马克思的价值理论认为，产品的价值由生产单位产品所花费的社会必要劳动时间决定。按照这一理论，产品一旦生产出来，其价值应该已经被决定了。广告不属于产品的生产过程，按照传统的价值理论，广告是无法改变产品固有价值的。这种观点可以成立的前提，是将广告视为已经生产出来的产品之外的独立部分。正如有学者指出的，"广告作品本身是一种特殊的商品，它是应有其特定的'消费者'——广告主的需要而进行制造型生产，并在广告市场中进行商品与货币的交换。在广告活动的全过程中，同样在重复着与商品一样的价值过程：'价值需求——价值生产——价值交换——价值实现'，并且其交换价值也受价值规律的调节与支配"[②]。但是，如果我们将为某个产品所创作并发布的广告看成该产品生产的一部分，则广告生产环节实际上也进入该产品的生产环节，也就是说，广告可以视为产品价值过程之一。这样一来，广告为产品添加价值的过程与制造、流动为产品增加价值的过程是一样的。从这样的视角来分析，广告的生产被统一在产品的生产之内，也符合马克思的价值理论。然而，现代市场理论中又有学者将产品价值分为核心价值与附加价值，这就在一定程度上模糊了广告为产品增加价值的作用，因为附加价值听起来似乎在产品价值之外。就附加价值而言，广告究竟能为一个产品增加多少附加价值，确实是一个非常难以回答的问题，因为附加价值的大小和广告费投入多少、广告创作水平、人们的消费心理等多种因素有关，

---

① 丁俊杰、黄河对《人民日报》1979年1月1日至2007年4月10日登载的1000余篇关于"广告"的文章进行研究后发现，该报纸中的文章长期过多地强调局部而忽视整体，过多地侧重传播而无视广告的经济作用。参见丁俊杰、黄河：《观察与思考：中国广告观——中国广告产业定位与发展趋势之探讨》，《现代传播》2007年第4期。

② 孙有为：《广告学》，世界知识出版社1991年版，第65页。

这些因素都是很容易发生变化的变量，这些变量的难以测量，使我们很难判定一个广告对于产品的附加价值到底有多大的贡献。

二、广告对产品价格的影响

在成熟的市场中，绝大多数的商品和服务的价格是由市场决定的。以中国为例，2009 年的社会商品零售总额和生产资料销售总额中，市场调节价所占比重已分别达到 95.6% 和 92.4%。① 广告作为市场中的重要因素之一，其对商品和服务的价格有一定的影响，这是毋庸置疑的。然而，关于广告究竟是提高还是降低了产品价格，学者、批评家一直争论不休。

生产产品所需的原料、机器、厂房及工人劳动是生产某物品的投入。当投入价格上升时，企业提供的产品供给量会减少。如果投入价格大幅度上升，企业可能停业。广告在经济学上可以视为一种投入，它与生产产品所需的原料、机器、厂房及工人劳动类似，但它对产品价格的影响显然更加复杂。

广告可以在一定程度上改变供给与需求。简言之，广告作为生产某种物品的投入，它的价格会被加入所生产物品的价格中，按照供给规律推导，这将增加该物品的供给；由于广告同时具有促销作用，因此该做法又可扩大该物品的生产，进而可能拉低该物品在未来的价格。

让我们更加深入地讨论一下广告对价格的复杂影响。有些学者以非常积极的观点看待广告，认为广告是可以创造需求的。在某些情况下，由广告创造出的需求允许生产者以低价位生产更多的产品。广告降低了商品的成本，因为它导致产量的提高。著名品牌销量越高，生产的产品就越多，单位成本越低。在生产能力允许的范围内，几乎所有的商品在产量提高的情况下，单位成本都会降低。这种经济现象之所以发生，是因为无论产品的单位产量是多少，一个公司总要投入一定的资金来生产。例如，生产最初的 10000 罐番茄汤需要一定的设备去烹制和包装。如果一个工厂已经生产了 10000 罐番茄汤，那么生产另外 1000 罐将仅仅增加一些原料、包装罐和额外的劳动时间。广告能够提高人们购买的数量，因此它降低了产品的平均成本。11000 罐番茄汤的单位成本肯定低于 10000 罐番茄汤的单位成本。然而，许多批评者认为

---

① 江国成：《价格已由市场决定》，《新华每日电讯》2009 年 10 月 5 日。

广告——尤其是电视广告——其成本通常被分摊到产品的价格上。有些人将某些著名品牌与奢侈品牌的高价归因于广告。他们认为，一些著名消费产品的成本超过了商店里的同类的普通品牌的成本，因为这些著名的品牌要在全国范围内做广告，花费大量广告费并将广告费计入成本。但是，这些批评者可能忘记了，物品价格的提高可能刺激供给，但最终又可能产生拉低该物品的价格的力量。

关于广告对于价格影响的研究，并不是结论性的。在某些情形下，由产量提高造成的较低成本会转移到消费者身上。在另外一些情形下，产品的价格会保持很高的水平，公司将把差价视为利润。以上两种情形都可能出现。

此外需指出的是，有些奢侈品的价格极高，不是仅仅由于生产厂家把大量广告费计入成本，因为即便将这些广告的投入价格计算在内，也无法达到这些奢侈品令人瞠目结舌的高价。显然，广告本身的影响除了经济学中所解释的投入价格外，还有超出经济学范畴的东西。广告所产生的心理影响，有时很难用经济学的理论加以完全的解释——尽管经济学也可以将人在心理上愿意为某物品而支付的代价转换为价格，但是这种并不属于投入价格的价格的来源，实际上是很难完全弄清楚的。

广告同价格的混合作用会深刻影响人们的消费行为。价格常常影响人们对产品质量的判断，价格信息因此也成为人们收集产品信息过程中非常关注的内容之一。信息是一种共用品。由于价格揭示的信息是公开的，因此在收集信息方面不愿花费金钱的消费者只要通过观察价格差异，就能比那些承担收集信息成本的消费者花费更少的决策成本。广告可以传递信息，并且常常可以转化为一种价格信号。广告是供给方揭示产品质量的重要力量与手段。但是，优质的品牌 X 与相对质量较差的品牌 Y 都可以通过广告来暗示产品质量。也就是说，在短期内，广告的作用也可能使品牌 Y 获得比品牌 X 更好的销售业绩。从积极方面说，广告刺激了市场竞争，可以使市场因为广告活动而获得更大的活力。我们也必须指出，从长期来看，按照常识即可推论出：在消费者具备必要产品知识的前提下，质量好的产品由于做广告，可以进一步扩大销量，而质量有问题的产品做广告，则往往加速产品衰亡。当然，靠广告获得短期销售成功的企业有可能靠广告赢得对质量要求相对较低的消费者群，或者在短期成功后迅速改进质量，以争取与优质品牌的消费者群相似的消费者群。因此，从长期来说，声誉效应意味着广告为质量较高的品牌带来更多收益。[①]

价格与广告的混合作用所产生的影响，与竞争这一关键的因素有关。如果消费者能够买到且总是愿意买低价同质的商品，那么公司也许不会将广告的成本转移到消费者身上。有趣的是，消费者判断两个类似的商品是否具有同等的质量，却往往依靠广告。例如，广告说服消费者相信某著名品牌的番茄汤比商店里的普通品牌质量要好。大部分电视广告的目的就是为了说明某种品牌的商品比其他类似的商品质量要好。例如，耐克花了数以亿计的广告费，就是为了使人们相信他们花较多的钱购买的耐克运动鞋是物有所值的。广告可以制造同质产品的差异化，而让消费者愿意为他自己认为更好的产品付更多的钱。

广告究竟怎样影响价格，是一个复杂的过程，也根据产品的不同而有所不同。它的变动参数包括市场需求的程度、消费者对于产品质量的理解、产量、产销比和各种其他商业方面的因素。如果消费者能够理解营销的秘密，并作出合适的（可以是理性的或是感性的）判断，那么他们就有可能作出最好的选择。

三、广告对竞争的影响

广告到底是促进了竞争还是限制了竞争，对这个问题的看法一直存在着争议。相左的意见主要来自两方面：一种观点认为，由于任何企业都可以通过广告来宣传自己的产品和服务，所以广告促进了各企业间的自由竞争；另一种观点认为，由于大企业在资金上拥有优势，所以它们往往可以靠资金的优势，通过大量广告投入来压制竞争者的挑战。后一种观点认为广告可能限制竞争，造成"强者越强，弱者越弱"的局面，无法抵制压力的小企业甚至会逐渐破产。广告的确可能在某种情况下限制竞争，但是对于竞争的限制，最主要的不是来自广告，而是来自生产设备投入、运营的资金、所需的专业

---

① ［美］杰克·赫舒拉发等：《价格理论及其应用：决策、市场与信息》，机械工业出版社 2009 年版，第 289 页；Phillip Nelson, "Advertising as Information", *Journal of Political Economy*, Vol. 82 (1974), pp. 729 – 754。

人才等方面的竞争壁垒。此外，对于广告与竞争的关系，还有一种观点认为，广告本身是一种竞争手段，所以并不能简单地说广告是促进了竞争还是限制了竞争。这种观点同时认为，广告具有非价格竞争的特征，利用广告这种竞争手段，可以防止企业之间进行恶性的价格竞争。

古典经济学认为，如果缺少有力的法律机制，集中的趋势将使完全竞争逐步走向垄断。这一发展过程与市场规模扩大、产量增加以及生产集中是同步的。这种理论应用在重工业与交通运输业等经济领域，有较大的适用性。然而，在消费者广告作用明显的包装类商品市场中，则缺乏现实说服力。这是因为，在包装类商品市场中，完全的自由竞争缺乏必备的条件。自由竞争的存在及运转，通常有三个必备条件：产品高度同质化，买卖双方规模都很小且能自由进出市场，以及买卖双方有充分的信息交流。① 然而，如今的包装类商品尽管在同一品类中有同质化倾向，但是参与竞争的生产厂商实际上都竭尽所能地制造差异，以区别于竞争对手。而通常来说，卖方力量远远强过买方力量，卖方并不轻易退出市场，买卖两者之间也存在严重的信息不平衡。更有经济学家明确指出，价格可能发生的极微小差别就会把需求从一方面转向另一方面的完全竞争的情形是绝不会有的，价格差别（连同吸引注意力的广告）一定要显著，才会发生作用。② 这种观点，实际上揭示了现实世界中价格竞争与垄断的对立性。换言之，价格竞争及广告实际上可以加强竞争的强度，同时限制垄断的程度。（垄断，在经济学中，指所在行业中有唯一的生产者，也无任何一个行业可以生产它的产品的替代品或代用品。英文"垄断者"（Monopolist）的词源源于希腊语中的"单个"（mono）和"卖者"（polist）。）在理论上可导出介于完全竞争与完全垄断之间的竞争状态——不完全竞争。在经济学中，竞争状态或行业结构通常被分为四种：完全竞争、垄断竞争（许多有产品产别的卖者）、寡头、完全垄断。其中，行业结构中存在垄断竞争（许多有产品差别的卖者）、寡头、完全垄断都属于不完全竞争，完全垄断是不完全竞争的极端状态。行业结构中存在许多有产品差别的卖者又被称为"垄断竞争"。"Monopolistic Competition"（垄断竞争）是经济学家爱德华·张

---

① ［英］约翰·菲利普·琼斯：《广告与品牌策划》，机械工业出版社1999年版，第32页。
② ［英］琼·罗宾逊、约翰·伊特维尔：《现代经济学导论》，商务印书馆1982年版，第199页。

伯伦最早开始使用的术语。"Oligopoly"（寡头），有时又被译为"寡头垄断"，这一术语，则指称行业在"垄断竞争"与"垄断"两股力量共同作用下形成的一种结构状态，尤指成熟市场中可能出现的行业集中度高的状态，这种状态下，广告的作用尤能凸显。"寡头"或"寡头垄断"这一术语最早于1914年被卡尔·施雷辛格在其著作《货币与信用的理论》中使用。1936年，引起爱德华·张伯伦的注意。① 张伯伦在1933年出版《垄断竞争理论》一书，使用"垄断竞争"这一术语。在张伯伦看来，"将垄断竞争理论含糊地当成'不完全'竞争理论，将会把问题搞乱"。② 同一年，经济学家琼·罗宾逊出版《不完全竞争经济学》。③ 实际上，"垄断竞争"后来被视为"不完全竞争"的一种最主要的状态，即行业结构中存在许多有差别产品的卖者。"寡头"作为不完全竞争的另一种行业结构状态，这一术语更强调高行业集中度状态中，少数几个寡头形成的对市场主导力量。"垄断竞争"强调行业中参与竞争的各家企业通过差异来形成对自身顾客的控制和对自身产品价格的控制。如今，主流经济学家使用"垄断竞争""寡头"这两个术语，将两者视为不完全竞争的两种行业结构。比如，萨缪尔森等的《经济学》④ 和曼昆的《经济学》⑤ 中，都使用"垄断竞争"和"寡头"这两个术语。斯蒂格利茨等的《经济学》中也使用"垄断竞争"和"寡头"这两个术语。⑥ 寡头的特征是某一商品市场由少数几个生产厂商控制，它们生产并出售不同品牌的同类物品。寡头在具体市场中表现为：有许多不同的品牌及包装规格，所有品牌都具有独特的附加价值；但是，促销始终是市场上最重要的也是最具有影响力的价格竞争方式。这种现实，使我们也许更应接受一种更贴近现实的观点：完全竞

---

① ［美］爱德华·张伯伦：《垄断竞争理论》，周文译，华夏出版社2013年版，第6页。

② ［美］爱德华·张伯伦：《垄断竞争理论》，周文译，华夏出版社2013年版，第4页。

③ ［英］琼·罗宾逊：《不完全竞争经济学》，王翼龙译，华夏出版社2013年版。

④ ［美］保罗·萨缪尔森、威廉·诺德豪斯：《经济学（第19版）》，萧琛主译，商务印书馆2013年版，第217页。早期的版本中，保罗·萨缪尔森、威廉·诺德豪斯也使用"垄断竞争"和"寡头"这两个术语。

⑤ ［美］曼昆：《经济学原理（上）》，梁小民译，生活·读书·新知三联书店1999年版，第350—351页。

⑥ ［美］约瑟夫·E. 斯蒂格里茨、卡尔·E. 沃尔什：《经济学（第4版上）》，黄险峰、张帆译，中国人民大学出版社2014年版，第243页。在这个译本中，"oligopoly（寡头）"译为"寡头垄断"。

争的情况很少出现，尤其是在消费品市场中很少出现；广告是寡头市场中的一种重要的竞争手段，它使寡头实际上成为一种竞争性力量而不是反竞争性的力量，因为几个寡头都竭力通过不断的创新以及不断的广告活动来塑造品牌，以使自身产品区别于竞争者的产品，而诸多对寡头构成潜在挑战的较小的竞争者，则采取模仿与跟进来获得市场利润，进而挑战寡头的地位。

四、广告对需求和经济周期的影响

广告对于经济周期的影响也一直是广泛研究的课题。这一影响首先可以从广告的经济效果开始讨论。广告被普遍认为是具有一定的经济效果的。以最保守的观点来看，广告至少对经济有一定的激活作用。广告通过大量的信息传递，使消费者了解到许多新产品的存在，也使消费者意识到许多已有的但自己不知道的产品的存在，从而大大增加了消费者的选择空间。广告因此可以在某种程度上促进需求。加尔布雷思则以其独有的散文式论述，更加积极地认为广告是消费需求最重要的来源。他说："据我所知，在现实世界中，生产过程与创造需求的生产方式紧密结合在一起，并受到时尚、社会期望和简单的模仿所推动。别人做什么或者拥有什么，自己就应该做什么或者拥有什么。产品供应者的广告和推销是消费需求最重要、最明显的来源。这些人先是制造商品，然后创造市场。"[1] 他同时指出："这种做法与人们所接受的经济思想发生了根本冲突。在这方面，消费主权概念是根本，这是人们对经济制度最后的决定权。"[2] 这就近似于说，广告与推销可以影响传统智慧中被加以捍卫的相对独立的消费主权。加尔布雷思在强调广告与推销的作用时，揭示了人们对广告潜在操控作用的担忧和疑虑。

由于广告支出可以被看成一种对品牌的长期投资行为，因此，广告也被认为是一种特殊形式的投资，和其他投资行为一样，可以创造雇佣机会，促进就业，进而促进消费。20世纪90年代初期，我国已有学者明确指出："在现代商业社会中，依靠广告，利用先进的媒介与传播技术，加强产、供、销之间的信息联系，传播商情，发挥非商品推销人员的作用，并通过广告的信

---

① ［美］约翰·肯尼思·加尔布雷思：《富裕社会》，江苏人民出版社2009年版，第2页。

② ［美］约翰·肯尼思·加尔布雷思：《富裕社会》，江苏人民出版社2009年版，第2页。

息反馈，对企业的生产提供市场信息的咨询指导，对保障社会经济的稳定和健康的发展，已经变得日益重要。实践证明，没有任何其他手段可以替代广告在社会生产和社会经济生活中的这种地位。"①

既然广告对经济的影响具有一定效果，那么这种效果究竟有多大，是否足以影响经济周期呢？让我们首先来对经济周期进行一番了解。经济周期是经济繁荣与衰退的周期性波动。繁荣是经济的上升趋势，衰退是经济的下降趋势。繁荣可以表现为需求旺盛、工作机会多和生活水平上升，或者也可表现为价格和投机迅速而膨胀性地急剧上升。衰退则可以表现为就业和实际收入下降。在经济繁荣期，广告业一般比较兴盛，这一现象比较容易理解。值得深入考察的是企业在经济衰退期的广告投入行为的变化，以及变化对经济周期的影响。

经济衰退的一般定义是实际国民生产总值（GNP）连续两季度下降。美国策略性计划研究院（US Strategic Planning Institute）则将经济衰退定义为"短期增长落后长期增长最少四个百分点"。多数消费者心中的"经济衰退"的定义是不严格的。在消费者心中，与其说"经济衰退"是一个经济概念，还不如说它是一种消费者对经济发展状况的印象。当新闻报道说经济衰退了，消费者就很可能会以为经济真衰退了。在这种时候，消费者需求就会发生变化。经济学家发现，在战后美国的多次经济衰退中，除了 1973—1974 年的经济衰退中实质消费性开支下降了 0.9% 之外，实质消费性开支一直持续增长——即使是扣除通货膨胀的影响。这说明消费者对经济感到悲观，但仍然继续购买和使用产品及服务。更重要的是，消费者还可能因为经济衰退而减少购买高价商品（如奢侈品），将更多的钱转移到购买日用食品杂货方面。在历史上，世界各地受到经济衰退打击最大的消费类别是汽车②、家居陈设品、大型用品、旅游、航空公司以及便利食品。酒类、日用食品、烟草、小型用品、包装产品以及电脑等产品受到冲击影响较小。此外，由于国家在经济衰退时一般都倾向于对自身经济进行保护，所以进口产品的销售会受到一定的影响。

---

① 孙有为：《广告学》，世界知识出版社 1991 年版，第 85 页。
② 2008 年国际金融危机蔓延后，美国、欧洲的汽车消费大受冲击，购买量剧减，这就是一个最近的明证。

因此，经济衰退或印象中的经济衰退，其引起消费需求的反应是相当复杂的。

那么，在经济学严格定义的经济衰退状况下与消费者印象中出现经济衰退时（两种情况也可能完全重合），广告究竟会发生什么样的作用呢？广告对需求与经济周期又会产生什么样的影响呢？至今，各方面的研究显示，广告对于经济周期不存在决定性的影响。经济周期主要还是受一些宏观因素的影响。同时，美国和日本的一些研究发现，在经济衰退或萧条时期，持续进行广告投资，虽然对经济周期不会产生明显影响，但是，对坚持广告投入的企业而言是有积极贡献的。① 而且，持续做广告的企业在经济复苏后，其销售额、利润都会迅速上升。这说明广告除了即时的促销效果外，也有一定的持续效果。

然而，遗憾的是，当确定消费者受到经济衰退的威胁时，大多数企业会削减广告预算或维持广告原有开支水平，或者将预算转移到能够快速见效的促销方面。这是与历史事实所显示的原理相违背的。由此可见人的主观心理（对衰退的恐惧与在衰退中的从众心理）的力量是多么强大且难以遏制，也说明了理智并不能永远战胜情绪。不过，我们显然无法就此责备任何一家企业（就这一点，大作家列夫·托尔斯泰在《战争与和平》中几乎是以一种肯定宿命的方式写道："如果假定人类生活能受理智的支配，那么生活存在的可能性

---

① Roland Voile 1927 年在《哈佛商业评论》发表文章公布他的研究。他研究了 200 家公司在 1923 年经济衰退时的表现，得出结论是：广告开支与销售有强烈正相关关系。McCraw Hill 附属机构广告表现实验室（Laboratory for Advertising Performance）在研究 1980—1985 年美国经济衰退时，研究了 600 家公司在 1980—1985 年间的广告及销售，得出结论是：广告开支与过去五年的销售增长有正相关关系，增加广告开支的公司平均销售增长 275%，削减广告开支的公司平均销售增长则只有 19%。日本电通广告公司在研究 1985—1986 年日本经济衰退时，研究了 874 家广告开支超过 80 万美元的上市公司。研究将公司分为三大组：削减开支（320 家公司）；不变或轻微削减开支（265 家公司）；增加开支（289 家公司），得出结论是：衰退时，增加广告开支与销售额、市场占有率及经营收益的增长有正相关关系，在广告上有更大开支的公司在衰退后仍长期处于领导地位。策略计划研究院（Strategic Planning Institute）与研究发展中心（Center for Reseach&Development）1990 年研究了资料库中 749 家欧洲及美国大型公司的广告开支与其后的销售/投资之间的关系。其使用的资料库包括 330 项对应付经济衰退的公司的观察，这些观察可分为三大组：削减广告开支；增加最少 20% 的广告开支；增加最多 20% 的广告开支。它们得到的结论有：所有公司在其市场衰退时利润均减少；削减广告开支的公司投资回报的减少量并不少于增加不超过 20% 的开支的公司；在衰退期增加广告开支的公司取得较大的市场占有率；在市场平稳时，有较大机会依靠增加广告开支来争取市场占有率。关于经济衰退时期广告与经营的关系，读者还可进一步参见杨名皓：《艰困日子中稳步成长》，见《奥美的观点Ⅲ》，中国物价出版社 2003 年版，第 41—50 页。

就会消失。"）。但是，从另一方面分析，还有一种情况可能是，在经济衰退期，企业是被迫作出削减广告预算的，因为它们感到在其他方面更加需要稀缺的资本投资。要分清楚是明智中的被迫还是愚蠢中的被迫，往往是很难的。

当企业压缩广告费的投入后，还会在某种程度上改变股票投资者的预期。最早明确注意到这个问题的经济学家也许是凯恩斯。他在1910年写道："显而易见，股票投资者的行为受预期的而不是实际收到的远期回报的影响。这类预期值往往受到潮流、广告或者纯粹的非理性的乐观和悲观的浪潮所左右。"[1] 可能由于广告这一因素的影响经由人的复杂的心理发生，已超出了经济学研究的范畴，凯恩斯并未对广告对经济周期的影响作深入论述。

20世纪30年代以来，美国的经济学家根据历史经验证实：经济周期主要是由总需求变动引起的。[2] 如果这条原理在大多数情况下成立，那么，我们可以进行这样的推论：改变总需求可以改变经济周期。进一步推论，如果一个经济体内的所有企业在经济衰退期能达成协议，共同维持或增加广告投入以刺激需求，那么刺激总需求增加就有了一个有力的因素。尽管从理性上说，这种可能性是存在的，然而正如我们已经作出的考察所说明的，实际上，这种可能性只是一种美妙的幻想。在经济衰退期，一个经济体内的企业出于自身利益考虑以及恐惧的心理，几乎不可能通过"共谋"形成合力以维持或增加广告投入。因此，在这种情况下，政府通过国家行政的统一性推出的经济刺激方案，就成为一种可以用来刺激总需求的有效力量。历史经验也证实，在经济衰退期，政府的力量会加强，行政集权的有效性会凸显。

第二节　广告与社会

"广告与社会"这一部分内容，在广告学的知识谱系中处于宏观范畴，被

---

① 转引自［英］罗伯特·斯基德尔斯基：《凯恩斯传》，生活·读书·新知三联书店2006年版，第163页。

② 关于这一原理，我不在此详论了，因为它已经超出广告学的范畴，是经济学关注的核心问题。关于经济周期有关原理的清晰而深入的论述，读者可以参见［美］保罗·A.萨缪尔森、威廉·D.诺德豪森：《经济学》，中国发展出版社1992年版，第299—332页。

置于社会、文化、政治等同一层级的平台进行研究，具有意识形态批判色彩。① 在这一研究平台上，哲学、美学、政治学、社会学、心理学等多门学科知识将被应用在问题的研究与探讨之中，科学与艺术也将以融合在一起的方式加以考察。作为一种知识系统，广告并无边界，它是开放的。在现代社会中，广告扮演着多方面的角色。我在之前的著作中指出，"知识的疆域必然被打破，广告是向陌生疆域的进军者，亦是自身疆域的丧失者"②。法国社会学家艾德加·莫兰认为，"广告的领域有时会向社会无限地扩大，有时又会收缩乃至消融在企业的商业机构之中，有时会以消费的通用媒体的面目出现，有时又会以自主系统的面目出现"③。莫兰强调了广告领域的可变性，与我所强调的广告知识疆域的开放性有相似之处，但又不完全一样。然而，不论广告的领域向社会扩大还是向社会开放，广告的社会作用都必然是多方面的。广告为消费者提供了各种信息，教会消费者很多新产品的使用知识；广告支持了大众媒体的运营；广告影响着人们的价值观、行为方式、生活形态；广告也和流行文化发生着互动关系；广告在很多方面承担着社会责任。当然，广告也产生了很多社会问题。对于广告的批评是广泛存在的。比如，美国学者马克·波斯特曾经就对于电视广告的批评进行了一番总结："在人文道德语域内，电视广告是操纵性的、欺骗性的、令人厌恶的；它们唆使消费者作出'非理性的'决定，并且鼓励'只图眼前的快活'这种吸毒心态、这种虚假地解决人生问题之计……在民主政治的语域内，电视广告从根本上瓦解了选民的独立思维，削弱了选民辨别真伪、甄别真幻的能力，把他们推到一种被动的冷漠状态。在马克思的社会批判语域，电视广告刺激起种种偏离工人阶级革命目标的虚假需求，只不过起到给经济充气的作用，而生产者又控制不了这种经济……我坚信，电视广告为了铭写一种新的权力技术，过分利用了电子介入，而这种权力技术的政治影响仍然有待人们联系可能出现的后现代

---

① 关于这一观点的形成，我要特别感谢以下几位学者的文章：丁允朋：《为广告正名》，《文汇报》1979 年 1 月 14 日；刘泓：《广告学"学科规训"及其知识谱系》，《新闻大学》2006 年第 2 期。

② 关于这一观点，参见拙作《从分析作品开始学做广告》，中国广播电视出版社 2000 年版，第 5 页。在 2007 年出版的第二版中，我并没有改变这一观点，因为几年来事实的发展已经证明了这一观点。

③ ［法］艾德加·莫兰：《社会学思考》，上海人民出版社 2001 年版，第 422 页。

社会加以评估。"① 巴兰认为，广告是资本家阶级管制经济秩序的权力的一部分。我们还可以在大量文献中找到类似的批评。斯密塞认为受众是大众媒介的主要商品，被媒介所生产，并把他们"卖给"了广告商。大众媒介最重要的功能是生产阅听人，让他们替资本服务。巴兰和斯密塞都是在资本主义经济体系的框架中来批判广告的。② 伯格则认为，广告诠释了世界，而其所诠释的与世界的实然之间却是对立的。不过，伯格却承认广告是一种非常重要的政治现象，没有广告，资本主义就无法生存。③ 加尔布雷思同样站在资本主义经济体系的框架中来评说广告，但他更像一个旁观者，指出了商品生产者通过广告来创造需求、促进消费的现实。由于广告并非资本主义社会所特有的现象，因此，西方学者对广告的批评，也值得我们在社会主义制度的背景下进行深思。但是，在本书中，为了避免论述的漫无边际，对于广告的作用与广告可能产生的问题，我们的讨论将集中于几个方面展开。

一、广告的社会作用的几个主要方面

广告提供了信息，教育了消费者。人们常说，社会是一所大学校。在这所大学校里，广告是一门重要的课程。广告正在渗透到每个国家的文化结构之中，它明显地影响到我们的衣食住行。广告通常推销产品，比如食品、电器等；广告也推销服务，比如健康保险；也有一些广告推销观念。所有广告的共同之处是都能对人施加影响。广告允许卖家告诉消费者以什么价格及在什么地点能够得到商品或者服务。没有这样的信息，消费者在购买商品和服务时会浪费不少时间与金钱。想象一下吧，如果你想买一款自己喜欢的手机，而没有广告的话，你就不得不亲自走遍商场去寻找，或者，你就得在信息极少的情况下作出将就的选择。没有广告，你不会知道在某段特定的时间内哪家商店会提供最好的特别商品或哪家超市会提供特价商品。光是价格比较，就会花掉消费者大量的时间。广告向每一个消费者传达了大量的商品信息，使人们可以根据各种信息选择自己需要的商品和服务。很多新产品的信息是

---

① ［美］马克·波斯特：《第二媒介时代》，南京大学出版社 2005 年版，第 63 页。
② 关于巴兰和斯密塞的论点，读者可进一步参见刘湘萍：《西方学术视野中的广告研究》，《南京财经大学学报》2006 年第 6 期。
③ ［英］约翰·伯格：《看的方法》，台北明文书局 1989 年版，第 143 页。

通过广告告诉消费者的。广告通过传达丰富的信息，实际起到一个教育者的作用。这种广告"教育"形形色色、丰富多彩。因此，广告实际上还丰富了人们的文化生活。从个人角度讲，广告使人们的生活更轻松。没有广告，人们的生活将遭遇很多困难，而且会付出昂贵的代价。但是，广告在这方面也会产生负面作用。广告的来源使信息带有一定的偏向性。如果消费者知道广告的目的所在，那么广告对消费者施加影响的企图应该不会造成太大的问题。可是，有些广告的确诱使消费者购买一些他们并不需要的东西。因此，加尔布雷思和巴兰等学者就认为，广告对整体需求创造确实产生了非常大的效果，但却是一种制造浪费的促销工具。广告有时还对新闻报道施加了不必要的影响，在消费者不知情的情况下诱导消费者。关于这方面的负面影响，将在后文详细讨论。

广告为当代的大众媒体的运营提供了强有力的支持。在 20 世纪的大部分时间里，传统的大众传媒和互联网媒体的壮大是与广告的增长同步的。我们所说的传统的大众媒体主要指报纸、杂志、广播、电视四大传统媒体，以及此后有后来居上之势的互联网媒体。现代社会的经济增长越来越依赖消费者的消费。广告主希望通过广告触达越来越多的受众。在许多国家，媒体机构把广告收入视作最大的收入来源，这使广告主比消费者更多地影响着传统的大众媒体的内容，这也构成了广告带来的社会问题的一部分。随着新媒体的不断出现，企业和消费者接触的手段、方式大大增加了。有线电视、家庭录影带、音乐唱片、付费电视以及互联网消费的增长，分流了投入大众媒体的广告。传统的大众媒体则寻求来自广告以外的多种支持。信息在商业行为中逐渐提升的重要性也是媒体运营的经费来源发生变化的一个重要原因。以美国为例，1984 年，美国全部传播产业的收入中，广告收入占 50% 多一点。到了 1999 年，美国传播产业的广告收入仅占到 38.7%。当新出现的媒体逐渐具备大众媒体的性质后，其对广告的依赖程度通常大大增加。进入 21 世纪以来，互联网的大众媒体的性质逐渐增强，门户网站的收入来源也对广告产生了巨大的依赖性。① 如今，广告主也对互联网施加着深刻的影响。因此，毫无疑问，广告仍然是大部分媒体的最主要的收入来源。

广告影响着人们的生活形态和价值观。广告为了引起人们的注意，吸引目标消费群，进行消费者区格，利用各种独特的诉求和表现影响人们的态度，制造不同于竞争对手的存在理由。因此，广告实际上也强化了不同的人群的区别，制造和细化了亚文化，影响着人们的生活形态和价值观。中国当代的广告在推进现代性和个人主义方面起到了推进作用，尤其是在我国的"X一代"② 中的推进作用更是明显。研究显示，"不论是现代性和个人主义价值观还是传统价值观，在我国目前的广告中都占有主导地位。与以大众市场为目标的电视广告片相比，在以中国 X 一代为目标的杂志中，现代性和个人主义价值观更为普遍。而传统价值观在电视广告片中要比在杂志广告中更为普遍"③；"在我国（中国）的广告中，个人性使用的产品同共享性的产品相比倾向于使用更为个人化的表现，而共享性的产品同个人性使用的产品相比更倾向于使用集体主义的表现"④。我们曾提到广告起了配置社会资源的作用，然而，这种作用也有一定的代价，这个代价来源于广告作用于社会的负面影响。一些负面影响是直接的，比如广告对人们消费行为、生活形态、价值观的控制和操纵。另一些负面影响则是间接的，比如广告对于新闻媒体和政治

---

① 比如，2009 年第三季度，新浪网公布的财报显示，三季度广告业务收入为 6378 万美元，在总营收中所占比例约为 66.2%。中国的另一主要门户网站搜狐也对广告有很大依赖性。2009 年搜狐第四季度的总收入为 1.358 亿美元，其中品牌广告收入为 4590 万美元。非门户网站的广告收入可能有不同的主要来源。比如，网易的主要收入来源是游戏，百度的主要收入来源是搜索广告。

② "X一代"的说法由美国《时代》杂志所创造。该杂志 1990 年 7 月 16 日的封面文章将出生于20 世纪 60 年代中期到 70 年代末的一代人，称作"X一代"。1991 年，加拿大作者道格拉斯·库普朗出版了名为《X一代》的著作，"X一代"的说法更加流行。但是，关于"X一代"也有另外的说法。也有学者将"X一代"定义为 20 世纪 50 年代的人，并认为该"X"代人有"寻找未知""否定现实""反抗社会"等含义。在这种观点中，"Y一代"被界定为 1961—1981 年间出生的一代。"Y一代"对父辈的人生意义从怀疑到讽刺，是放弃了寻找的一代人，因为他们不能理解这世界上发生的任何事情，在他们看来，这个世界是没有意义的世界。

"Z一代"被界定为 1995 后出生的一代人。标志该代人的关键词有：暮光之城，苹果，触摸屏，游戏，QQ 表情，不看纸书，无线，i。在中国，一般简单按照十年一代划分代际，日常辩论中被称为20 世纪 70 年代人、20 世纪 80 年代人、20 世纪 90 年代人以及"00 后"。

③ Jing Zhang and Sharon Shavitt, "Cultural Values in Advertisements to the Chinese X – Generation: Promoting Modernity and Individualism", *Journal of Advertising*, Vol. 1, No. 32 (Spring 2003), pp. 23 – 33.

④ Jing Zhang and Sharon Shavitt, "Cultural Values in Advertisements to the Chinese X – Generation: Promoting Modernity and Individualism", *Journal of Advertising*, Vol. 1, No. 32 (Spring 2003), pp. 23 – 33.

的影响。当然，这种长期的影响有时也不是广告商所意图的，而是广告自身所产生的不自觉的影响力。广告对人们生活形态和价值观等方面的负面影响将在下文详细讨论。

广告创造着大众文化与流行文化，会产生强大的社会和文化效果；大众文化与流行文化反过来也影响着广告的内容与表现形式。两者之间的互动有时是显而易见的，有时则晦涩不明。文化理论和历史学家雷蒙德·威廉斯认为，"在我们的文化模式里，要把产品推销出去，光靠产品是不够的，只要有需求或有要满足的心愿，就必须得有社会和个人意义的结合作为根据"①。苏特·杰哈利肯定了雷蒙德·威廉斯的一部分论点，并进一步指出："不管是史学、人类学或泛文化研究，都已提供了足够的证据，表明商品对人们之所以重要，不仅是因为它能够被使用，更是因为它的符号意义。"② 广告为了引起人们的关注，大量利用流行语、影视明星，创造了大量符号。广告实际上制造了大量的大众传媒热点，促进了大众文化的发展。③ 大众文化④通常意味着是为了大众市场而生产的文化产品，它的相关特征是生产方式上的标准化和使用方式上的大众行为。大众文化产品是标准化制作的，因为它试图取悦未作区分的受众的平均口味。⑤ 大众文化这一特征似乎在某种程度上与现代广告的市场细分观念有抵触，不过这种抵触在整体文化的意义上看来，只不过是一种表面现象。这是因为，即便强调细分的广告所产生的文化，绝大多数也

---

① ［美］苏特·杰哈利：《广告符码》，中国人民大学出版社2004年版，第4页。关于广告与文化的关系，苏特·杰哈利引用了多位学者的观点，进行了深入论述，读者可进一步参阅。

② ［美］苏特·杰哈利：《广告符码》，中国人民大学出版社2004年版，第5页。

③ 有学者甚至认为广告"也是一门具有广泛群众性的艺术"（参见丁允朋：《为广告正名》，《文汇报》1979年1月14日）。我认为说广告包含艺术性质尚可，说它是"具有广泛群众性的艺术"，则需要详加辨析。其实，广告是否具有广泛群众性，要视具体情况而定。

④ 与大众文化相对应的一个概念是高级文化。哈罗德·L.维伦斯基认为，高级文化和大众文化最有用的区分是强调它生产时的社会语境。高级文化指出的是其产品的两个基本特征：（1）它由文化精英直接创作或者在文化精英的监督之下创作，其根据是某种美学、文化道德或科学传统（这些精英是教育、审美、娱乐领域的顶尖人物，他们肩负该领域的核心价值观和标准，并且是工作于该领域的其他人的榜样）；（2）针对它的批评标准应是系统化的，并独立于文化产品的消费者。文化客体自身所蕴含的思想、表现力的高下，以及生产它的社会语境共同定义了高级文化。参见［英］奥利弗·博伊德巴雷特、克里斯·纽博尔德编：《媒介研究的进路：经典文献读本》，新华出版社2004年版，第106页。

⑤ 这是哈罗德·L.维伦斯基的观点。参见［英］奥利弗·博伊德巴雷特、克里斯·纽博尔德编：《媒介研究的进路：经典文献读本》，新华出版社2004年版，第106页。

都统一在现代社会的消费主义文化之中。广告所创造的大众文化，正是一种以消费主义文化为根本特征的包罗万象的文化，真正的大众性隐藏在细分的消费之下。在考察美国社会结构时，哈罗德·L. 维伦斯基特别提醒，社会结构需要更细致的考察；电视作为最"大众化"的大众媒介，拥有最多最具异质性的观众；社会机构分化和文化同质性同时增加的悖论，部分程度上是因为我们在社会机构上的缺陷和测量上的误区，以及由此造成的在定位群体生活方式变量时的失败。他认为，"快乐的好公民——消费者"包含多元主义—工业主义特点（社区归属感、消费热情、对国家危机乐观、坚信公正的分配是社会主流），"融入美国社会意味着接受宣传、广告以及快速更新和淘汰消费品。事实上，多元社会中多元主义公民的形象与大众社会中大众的形象并无二致。任何有关现代社会形态的精确图景都必须能容纳这种模棱两可"①。伴随消费主义在全球的盛行，不仅是在美国、英国这样的西方发达国家，即便是在中国、印度这样的东方发展中国家，大众文化与消费细分看似悖论，实则也是多元主义—工业主义特点在消费之中的大众性的统一。广告在大众文化的形成过程中，充当的是生产者和传播者的角色。现代社会大众文化的全面实现，则只有在消费者的消费活动中才真正完成。

　　流行文化是大众文化中的一种。流行文化与大众文化的另一重要特征有关：高发的大众行为对远缘象征符号具有直接而且相同的反应。② 符号可以是言语、物品、标志，它们正是广告借以区分消费群并创造流行的重要的符号与工具。例如，联通 3G 的简洁广告语"精彩在沃！"以一种呼喊的言语方式创造了 3G 的流行。TBWA 上海在 2009 年夏天为麦当劳推出为期 3 个月的"见面吧！"的主题推广活动。这一活动结合传统电视、网络和促销活动，鼓励当今的年轻人，尤其是大学生中的"宅男""宅女"③ 在暑假期间"见面吧"。伴随着广告的推出，"见面吧"成为许多上海年轻人的流行语。以"闻

---

　　① ［英］奥利弗·博伊德巴雷特、克里斯·纽博尔德编：《媒介研究的进路：经典文献读本》，新华出版社 2004 年版，第 107—109 页。

　　② 这是哈罗德·L. 维伦斯基指出的。参见 ［英］奥利弗·博伊德巴雷特、克里斯·纽博尔德编：《媒介研究的进路：经典文献读本》，新华出版社 2004 年版，第 106 页。

　　③ "宅男""宅女"是流行的网络用语，专指痴迷于电脑与互联网，不喜欢户外活动而喜欢在户内活动的人。

名，不如见面！"为广告语的 iPhone 广告，在各种强大的营销手段的配合下，成功地使产品也变为一种流行符号。在这些案例中，广告语便是创造流行的符号，也即创造流行的工具。

流行文化反过来也影响着广告。广告与大众文化、流行文化的关系是共生有机体。比如，当 rap 音乐①流行后，电视广告大量采用它的元素来打动年轻人。Calvin Klein（CK）紧跟潮流，聘请美国当代著名 rap 歌手福克斯·布朗（Foxy Brown）去卖牛仔裤。诸多公司通过把它们的产品和年轻人的好时光或某种态度主张相联系，以此来定义它们的产品和服务；音乐公司的艺人们则都知道，在广告中演出对他们的职业是有帮助的。比如，日本麒麟公司的"午后的红茶"，在 2000 年推出的新产品就以当时日本的著名歌手 Chara 作为广告主角。2003 年，新的"午后的红茶"又以当红女星松普亚弥为广告主角。在 2009 年中央电视台春节联欢晚会中，小品演员小沈阳的演出一炮走红。春节之后，小沈阳的面孔就在多个广告中出现。其中，长城酷熊汽车以小沈阳作为代言，以格言式的广告语"走自己的路，让别人跟着你走！"来对目标消费群进行诉求。与此相似的是，在春节联欢晚会上表演魔术的刘谦则成为快克感冒片的代言人。快克感冒片的广告语"要刘谦，不要流感！"一时间也成为流行语。另外，广告业总是将流行文化的潮流纳入自己的成果。例如，哈勃鞋业以年轻人市场作为产品定位，正如哈勃鞋业集团总裁丹尼斯（Dennis Lazar）所说，流行文化冲击年轻人市场。百事可乐公司的明星产品"激浪"2009 年夏季登陆中国，BBDO 为其设计了一场彰显态度的宣传活动，借助了街头文化。"激浪"以其独树一帜的"极限和街头"风格吸引年轻人的参与，"跑酷"风格的线上广告，线下的"精舞门"、极限运动，使"激浪"这一品牌具备了街头文化的特性。总之，流行文化影响广告的例子不胜枚举。

---

①　rap 音乐作为非裔美国人的另类音乐，出现在 20 世纪 70 年代的布朗克斯南部，应用于唱盘制作音乐，导致霹雳舞流行文化的诞生。二十多年之后，rap 成为主流。到 20 世纪 90 年代，rap 的唱片销量已经占据唱片总销量的 10%，rap 成为许多主流电影的一部分。rap 在我国被称为饶舌音乐、嘻哈音乐。

二、广告引发的主要社会问题

因广告引发社会问题而展开的批判,可谓汗牛充栋。广告引起的社会问题,常常被与经济主义、功利主义、享乐主义、行为主义、达尔文主义、马基雅弗利主义等诸多与工具理性主义传统相关的理论联系在一起。社会学家也常常在对这些理论进行批判的框架内讨论由广告引起的社会问题。广告与消费行为显然都是社会行动。在规定行动的性质时,每种社会理论都强调核心问题是行动是否以及在多大程度上是合理的。① 对广告造成的社会问题的讨论,因此也就涉及这样的问题:理性的广告行动自身可能存在哪些问题,以及它究竟造成了哪些有问题的理性或工具合理性的消费行为,或者其他有问题的社会行动。本书下文就这方面的讨论将围绕一些主要问题展开。

(一)在广告引发的诸多社会问题中,最令人深恶痛绝的是对消费者的欺骗

虚假的、言过其实的广告会极大地损害消费者利益。这种广告不但最终使广告主走向败亡,而且混淆了市场上的产品信息,扰乱了市场,对健康的企业和品牌也造成间接的损害,进而可能腐蚀整体经济的健康发展。2002 年,北京市工商局与北京市消费者协会对 83 条减肥广告进行了一次评议,发现其中 82 条都存在问题,这些广告多为表述不科学、乱标有效率、用词绝对化,媒体惊叹减肥广告违法现象惊人。② 再如,北京超市家乐福方圆店发布"市场最低价""找到更便宜,退回两倍差价"等误导消费者的虚假广告。③ 到底什么样的广告是欺骗性广告,这个问题常常引起争议。如何定义"欺骗性广告",并针对该问题对广告活动作出必要的管制,是广告管理中的重要问题。

(二)广告的控制作用和利用潜意识操纵也常常侵犯消费者权益

尽管广告具有联系广告主和消费者的合理功能,但是,并不是所有广告都仅仅是用来提供信息的。许多广告试图控制人们的行为,有时候试图影响他们去购买他们本不需要的商品或服务。对广告控制作用和操纵作用的批判,

---

① [美]杰弗里·C. 亚历山大:《社会学的理论逻辑(第一卷):实证主义、预设与当前的争论》,商务印书馆 2008 年版,第 92 页。

② 参见《信报》2002 年 10 月 17 日。

③ 参见《中华工商时报》2002 年 12 月 26 日。

甚至被提上意识形态的层面。阿尔都塞在批判资本主义时指出，广告的意识形态作用就是再生产种种条件，使个体变成资本主义社会中的一个"主体"，一个法律上自由的、自律的工人或消费者。主体相信自己是主动的执行者，实际上却是被组构成的被动的承受者。^① 按照阿尔都塞的观点，广告实际上是将消费者组构成被动的承受者。消费者对这一角色的不自知，是因为广告具有控制作用。与儿童相比，成人一般被认为具有更多的理性和自控力，但在这种具有普遍性的过程中，其被广告控制也被认为是不可避免的。目标指向儿童的广告则成为更加令人忧虑的对象。心理学的研究认为，儿童在大约12岁的时候才发展出理性思维能力。在此之前，儿童不能很好地理解广告的性质和目的。研究指出，4岁以下的儿童不能讲出广告的内容，但是这些广告经常用快速的切换和动作或者新奇的事物来吸引儿童，结果导致儿童在电视上一看到玩具或者食品广告，就会向父母嚷嚷"我要那个"。更令人担忧的是，有些广告试图运用潜意识操纵消费者。心理学家指出，人的行为可能受到潜意识的影响。很多广告策划者利用潜意识原理，通过广告操纵人的行为。有人担心，如果在影片中插入观众视觉上无法察觉到的图像画面，会通过视觉印象影响消费者的行为。1957年9月，米迦里使用自创的投射装置，于电影院中的影片放映期间，每隔五秒便做三千分之一秒的"请喝可口可乐"以及"请吃爆米花"的广告词的投射，重复投射这样的广告词达69次。六周的实验成绩平均结果，爆米花的出售量增加18.1%，可口可乐的销售量增加57.7%。在实务中，这种通过在影片中插入观众视觉上无法察觉到的图像画面来暗中操纵人们的行为，被认为是不道德和违反商业规则的。但是，许多广告却利用明显的表现手法来影响消费者行为。其中，最引发争议的是"性广告"，这类广告往往利用和性相关的表现来产生广告效果。这类广告在过激的情况下，常常会引来各界人士的强烈抨击。在利用潜意识原理创作广告时，广告策划人和创作人应该避免恶意的暗中操纵，恰当地利用潜意识原理，应让消费者感知广告是通过什么途径影响消费者的心理与决策的。利用潜意识原理，应注意使广告作品符合社会的规范和人们的接受心理，一种可取的办

---

① ［美］马克·波斯特：《信息方式：后结构主义与社会语境》，商务印书馆2000年版，第76页。

法是利用"广告的潜意识折射化策略",即:有指向性地对目标消费者的潜意识进行分析和提取,并将之折射(使表现符合社会规范和人们的接受心理)入广告作品中,通过这种广告作品触动消费者的潜意识,从而改变其态度乃至行动。① 这种方法实际上承认广告传播效果的实现是一种协商过程。正如在约翰·费克斯的文化研究的理论假设中,不同群体间会不断产生意义抗争——统治阶级试图使意义自然化,将有利于自身利益的意义变成全社会的常识,从属阶级则能以自己的解读方式尝试使意义服务于自己的利益。② 尽管企业一般不愿意介入关于阶级的讨论,但是约翰·费斯克关于意义抗争的精辟观点,毫无疑问,对我们认知广告与消费者的关系,以及企业与消费者的关系,具有启迪作用。

(三) 在许多国家与地区,广告常常出现严重的泛滥现象

广告泛滥已经不是一个新鲜的问题。虽然广告可以为消费者提供很多有用的信息,可以教会消费者很多的知识,但是太多的广告确实会对消费者产生不良的影响。广告泛滥,会使人产生厌烦的心理反应。实际上,很多普通消费者已经对太多的广告作出了反应。电视剧中插播过多的广告,引起观众反感,是一个广告泛滥引发批评的典型例子。观众对电视剧中广告泛滥现象的意见,直接导致政府管理部门某些广告管理办法的出台。比如,2009 年,国家广电总局颁布了《广播电视广告播出管理办法》,规定黄金时段电视剧每集插播广告不得超过 1 分钟。该办法于 2010 年 1 月 1 日起施行(此前的《广播电视广告播放管理暂行办法》同时废止)。③ 广告泛滥还被指责会刺激高消费。有些社会学家指出,太多的广告使消费者生活在广告的洪流中,使消费者产生对于现实的虚假的印象。太多的广告使消费者脱离实际需要和自己的能力,追求过多过于昂贵的商品,常常造成浪费。这一点构成了值得专门给予关注的广告所引起的社会问题,在后文还将进行详细论述。广告过多地侵入人们的生活,有时还会造成人们生活的不便。比如,2009 年,武汉有不少

---

① 何辉:《广告的潜意识折射化策略的提出和探索》,见《从分析作品开始学做广告》,中国广播电视出版社 2000 年版。

② [英] 约翰·费斯克:《英国文化研究和电视》,中国社会科学出版社 2000 年版,第 286 页。

③ 白瀛:《黄金时段电视剧:每集插广告不得超过 1 分钟》,《新华每日电讯》2009 年 9 月 12 日。

公交车站牌以商家名称来命名，而传统地名被从站牌上撤了下来。这种改名，是企业通过支付费用获得"冠名权"，也就是说，是一种企业的广告行为。冠名后，一些武汉市民在选择站点、认路时多有不便，因为他们熟悉的站名不见了。这种广告行为，引起了许多市民的非议，也遭到许多社会批评家的批评。不顾百姓的感受，把公交站点名称拿出来叫卖，实际上使广告过度侵入人们日常生活，造成了诸多不便。

（四）广告中的程式化问题也常常引来批评家的批评

有批评家认为，广告正在创造同一的、世界性的商品文化。纽约的一家调查公司——Roper Starch Worldwide 访问了 35 个国家的 35000 人，制作出六个群体心理图表，代表全世界大多数人。该调查还显示了一些文化禁忌，例如，某些颜色的使用能够影响购买行为，可是，总体而言，人们的价值取向没有太大的变化。如果该调查可信，那么广告将不必特意为不同的文化量身定制广告，这样便可节省不少费用。有研究者发现，广告中的角色的运用也常常存在程式化问题，即：广告中通常把某一类人置于特定的环境中，使他们经常性地扮演同样的角色，而这种角色"程式化"其实并不符合社会生活的现实。比如，广告中的女性可能经常以打扫卫生者或女侍者的形象出现，这样的表现常常会造成女性角色的程式化。在日本，如果出现这种问题并引起消费者的质疑，有关管理部门就会要求企业和广告公司修改广告。

（五）广告的低品位与低俗化问题严重削弱人们对广告的信任

广告可以影响甚至控制消费者的品位，可以成为迎合或抵抗品位转变的工具。加尔布雷思说得更加谨慎："消费者的品位和需求可能发生转变，现代大型公司可以通过广告来对抗这种转变的趋势，因此它能部分地控制消费者的品位。"① 即便更保守一些，也不能否定这样的结论：广告可以创造高雅品位，也可能使消费者的品位低俗化。实际上，广告的品位与低俗化的问题长期以来一直存在。广告被认为常常运用了大量的低俗化、庸俗化表现，从而造成社会向低俗化方向发展的倾向。利用低俗的性诉求、低俗的语言引起消费者的注意，都是广告中经常出现的问题。比如，在 2002 年，有家涂料企业

---

① ［美］约翰·肯尼思·加尔布雷思：《富裕社会》，江苏人民出版社 2009 年版，第 83 页。

以"好色之涂"作为自己的广告语,利用谐音来引起消费者的注意。而且,在户外广告、车体广告的设计中,特意加大"色"字,希望以此来刺激社会的话题性。再如,2002年,有一家卫生巾厂家,为了促销,制作了一个巨大的卫生巾摆在商场的门前。这类广告和促销行为,都有品位方面的问题,并有可能造成社会的低俗化。后现代主义对现代广告表现的渗透也常常造成低品位与低俗化。后现代主义的反基础、非理性、拼贴和戏仿等特征被认为是解构了秩序美,也因过多的拼贴和戏仿使原创性与个性受到损害(然而,后现代主义的主体却可能认为自己的拼贴与戏仿是有个性的)。例如,在我国平安保险公司的广告中,"蒙娜丽莎"伸出手,拿起杯子喝饮料,是对经典形象的戏仿与解构,具有明显的后现代特征,这一表现打破了经典的权威性。如果经典被视为高品位,那么这一广告表现对经典的解构,在后现代主义的认知中,无疑处于较低的品位层级。① 广告有时还进一步使文化和艺术的品位发生变化。有些人认为,广告经常会降低文化和艺术的品位。例如,针对rap音乐,许多批评家认为广告正在改变这种音乐的属性,使它同质化,以至于使它丢掉了自己的边界。rap音乐最初为抗议性和反省性音乐,它对美国的城市问题进行思考和质疑。可是,抗议歌词不一定能够唤起消费者美好的印象,而创造美好印象常常又是广告所需要的。因此,广告就要求该种音乐的商业化,以适应自己的需要。许多批评家因此提出疑问:rap的商业化会不会使它变成另一种形式的流行音乐?他们认为,如果真是那样,则意味着rap将丢掉自己的特色。流行文化与广告复杂的交互关系对年轻人的影响,正在引起许多研究者的关注。需要指出的是,对什么是高品位、什么是低俗,同一时代的不同的人的意见常常并不统一。不同时代的人对同一个广告的品位的评价也可能存在差异。1919年,詹姆斯·扬为除汗剂奥得欧诺做了一则广告,该广告的标题是"在女人臂膀的曲线范围内"。广告正文如此写道:

女人的臂膀!诗人不断地歌唱它,伟大的画家一直描绘它的优美。

它应该是世界上最精致、最优美的造物,然而不幸的是,它并非如此。

在对完美精致的追求中,有件令人讨厌的事情,一种我们自己或许意识

---

① 关于后现代主义对广告的影响,读者可进一步参见余红刚:《后现代主义思潮与广告传播》,《湘潭师范学院(社会科学版)》2009年第5期。

不到却又是冒犯他人的事情，可是这又是那么真实地存在着。

因为这是被许多汗味困扰的人很少能自己觉察的生理上的事实。

客观地说，即便是对当时的大多数人来说，这则广告的品位也并无问题。然而，这则广告冒犯了当时大约 200 位《女士家庭周刊》的读者，她们取消了该杂志的订单。但是，奥得欧诺的销量在一年内上升了 112%。

（六）广告为媒体提供支持，但也因此被认为能够对媒体施加影响甚至进行操纵

由于媒体的主要收入大都来自广告，所以一些媒体批评家经常提出广告主对新闻的内容进行影响的问题。的确，广告主有时候可以成功影响新闻报道的内容。广告主经常影响到什么被报道以及什么不被报道。广告主会经常向新闻媒体发出抱怨，新闻媒体有时候会对广告主的抱怨作出回应，也可能避免发表一些对大广告主产生不利影响的报道。1999 年，美国有两个记者起诉一家电视台，指控这家电视台因来自蒙塞托（Monsanto）公司的压力而解雇他们。蒙塞托公司生产基因工程的化学物质，以提高牛奶的产量。这两个记者对这家公司的产品提出质疑，怀疑它的产品对消费者的健康有一定影响。他们说，当电视台得知蒙塞托公司威胁要起诉时，便决定不再发布这个消息。而且，电视台的新闻部主任认为他们两人"与人合作有困难"，便不再与他们签订新的合同。从这个例子，我们可以看到广告主左右媒体报道内容的能力。当然，大的媒体拥有大量的广告主，它们相对能够承受广告主的联合抵制，情况比小的媒体公司好得多。如果媒体的经营者能够接受新闻组织的社会责任，就更可能保持客观、公正的立场，而不是被动地受到广告主的影响。虽然广告可能影响媒体编辑方针，但是，这显然不是影响媒体的最主要的、决定性的力量。对媒体影响最大的恐怕是其他领域资本的介入。20 世纪 90 年代末期出现的世界范围内的兼并浪潮也把媒体行业卷入其内。迪士尼公司（Disney）拥有了美国广播公司（ABC），维亚康姆（Viacom）收购哥伦比亚广播公司（CBS），通用（GE）收购了美国全国广播公司（NBC），美国在线（AOL）和时代华纳（Time Warner）合并。媒体变成了它本应监督的企业结构的一部分。靠着连接卖家和消费者的服务，美国的媒介机构挣了大笔的钱。1998 年，媒介公司赚了 2012 亿美元广告费，这一大笔钱流向了报纸、广播和

有线电视、直邮广告和电台。美国纸业媒体为投资者追求 20%—25% 的投资回报率，电子媒体为投资者回馈 40% 的投资回报率。在我国，许多原来非媒体领域的资本也正在流入媒体业。比如，中信文化体育产业有限公司于 2001年 2 月成立，业务领域涉及影视、地铁、出版、体育、娱乐、广告，并经国家广电总局批准获得电视剧、电视节目制作经营许可，其目标是要成为中国最具影响力的文化体育产业集团，媒体在其经营结构中不过是一个构成部分而已。因此，在某种意义上，资本已经无可置疑地开始对媒体产生巨大的影响力。有学者和批评家指出，这种影响力可能导致媒体为追求利益而放弃媒体公正性和客观性原则。

（七）广告推动的消费主义有可能诱发不良生活形态和价值观

广告利用公众的想象力，并诉诸公众的生理和心理需要。广告的内容或是促销商品，或是说服人们采纳一种新的生活方式。在自由市场经济中，广告具有最为显著的影响，它推动了消费主义观念的形成。盛行的消费主义被认为可以诱发人们不良的生活形态和价值观。广告被认为能够创造欲望或引起潜在欲望，刺激人们对时尚的追求，诱发高消费甚至超高消费，从而造成浪费。加尔布雷思不无讽刺地指出："大多数经济学家都受到对某种商品的焦虑的困扰，而他们也坚持要将其价值体系最大化。他们关注的实际上是无数毫无价值的产品的必要性的问题。他们还要操心如何将这些产品与广告和销售结合起来，以刺激人们对这些产品的欲望。"① 本书作者通过研究发现，通过广告，人和产品或品牌结合在一起，产品或品牌在广告中成为区别人的地位、身份、品位的唯一标准，并最终会影响到现实生活。广告中的"机器神效应"建构了产品和人的关系，造成人的异化。② 美国社会学家亚历山大则指出，广告被设计出来是为了销售物品，但是它们是通过将主观化与具体化的逻辑论证加以简单化处理和呈现来实现的。它们将新近制造或营销的产品与之前既存的偶像联系在一起。如此看来，如果广告中的角色（或者说"偶像"）有不良的生活形态，他们就可能影响到广告的观众。不过，亚历山大在

---

① ［美］约翰·肯尼思·加尔布雷思：《富裕社会》，江苏人民出版社 2009 年版，第 117 页。
② 何辉：《1988—1997 中国报纸广告主流创作思想发展变化之研究》，见《从分析作品开始学做广告》，中国广播电视出版社 2000 年版，第 483 页。

论及社会生活的图像化体验时（尽管并非专论广告），则表达了更为积极的观点。他认为，人们对待艺术作品的思考模式，即从作品的表面审美形式入手，将自己完全沉浸在作品中，从而抛弃表层，而探究隐藏在物质实体形式下的作品精神。"当我们沉醉于物质性的时候，它们的物质性却神奇地消失了"①，在这样的过程中，人对商品进行了主体化。他指出，图像的确是现代社会的基本体验，人们并没有肤浅地丧失自己的主观能动性，而仅仅停留在对表层物质表现形式的追求上。② 按照这种逻辑推论，借助图像体验发挥作用的广告并非仅仅激发了人们对物质的追求，同时也激发了人们的主观能动性，使人们获得某种精神满足，而这种精神满足成为消费主义存在的基础。有学者明确将在消费上追求时尚的原因归于以广告为代表的消费主义文化的推动。比如，针对中国，社会学者贺雪峰关注广告对农民消费的消极影响："现在的中国农村，农民在消费上赶时髦的程度可能已经不逊于城市，原因是消费主义文化（以无孔不入的广告为典型）对于缺少'文化'的农民来说，是一种更大的'政治正确'。因为缺少文化主体性，或者说因为农民传统的文化被宣布为落后的、愚昧的、可笑的，消费主义在农村比在城市更容易占领阵地。这也是我在长期的农村调查中的深刻感受。我发现，农民一旦有钱，就会更加倾向于炫耀性的奢侈消费。"③ 他的调查确实支持了农民有追求高消费倾向的观点。再如，浙江奉化金娥村只有900多人，却有30多辆小轿车，其中50万元以上的高级轿车就有5辆。④ 贺雪峰因此提出以"低消费，高福利"的生活方式来对抗消费主义对中国农民的消极影响。⑤ 假如农村是个封闭的环境，这一建议也许有实现的可能。然而，在大众传媒已经普及，互联网影响渐渐深入社会每个角落的大背景下，农村与城市在信息流通层面已经没有密不透风

---

① Jeffrey C. Alexander, "Iconic Experience in Art and Life: Surface/Depth Beginning with Giacometti's Standing Woman", *Theory Culture and Society*, Vol. 25, No. 5（2008），pp. 1 - 19. 论文由 Jeffrey C. Alexander 教授提供给笔者，本书所引用的文字由笔者转译。

② Jeffrey C. Alexander, "Iconic Experience in Art and Life: Surface/Depth Beginning with Giacometti's Standing Woman", *Theory Culture and Society*, Vol. 25, No. 5（2008），pp. 1 - 19。论文由 Jeffrey C. Alexander 教授提供给笔者，本书所引用的文字由笔者转译。

③ 贺雪峰：《"低消费，高福利"的生活方式》，见《乡村社会关键词》，山东人民出版社2010年版，第51页。

④ 贺雪峰：《农村社会的竞争机制》，《乡村社会关键词》，第71页。

⑤ 贺雪峰：《"低消费，高福利"的生活方式》，《乡村社会关键词》，第50—56页。

的隔墙，仅仅对农民提倡"低消费，高福利"的生活方式恐怕缺乏现实性。更现实的做法，也许是针对全社会倡导合理的消费文化。广告对青少年所产生的消极影响也受到当代批评家的特别关注。广告的消极影响被认为可以令青少年形成不良的价值观。这种担心不仅仅涉及广告的短期影响，实际上也涉及广告是否改变了人们的行为模式。一个广告短期的影响也许会促使女孩买更多的口红，而长期的影响则并不只是反映在销售方面。例如，Benet's 和 CK 的广告所展示的一些瘦身年轻人也许会暗示并说服年轻人必须保持非常瘦的状态，而这样做其实要付出健康的代价。消费主义承认了商品在当代社会中的强大力量。基于此，我们不得不承认广告助长了商品的影响力。关于产品的力量及其影响与后果的政治经济学，更是由来已久。最为著名的观点是马克思的异化学说——"工人生产得财富越多，他的产品的力量和数量越大，他就越贫穷"①，"工人生产得越多，他能够消费得越少"②，工人成为异己的劳动产品的统治对象（物的异化），成为异己的自己的活动的统治对象（自我异化）。马克思揭示了资本主义发展过程中工人生存状态与劳动产品（用于交换即是商品）及自我劳动的关系。③ 尽管马克思没有提及广告，但按照马克思的逻辑推论，广告是物的异化和自我异化的"帮凶"。马克思的异化学说显示出对商品统治力弊端的强大批判力，即便是现在用来解释贫穷的产生，依然有其现实意义。但是，在全球经济全面发展、产品极大丰富、许多国家拥有较强消费能力的消费者普遍增加的背景下，我们将马克思的异化学说中的表述改为"工人生产的财富越多，他的产品的力量和数量越大，他相对富人就越贫穷；工人生产的越多，他能够消费的相对富人就越少"，也许这样才更合适。这是因为，当代以广告为代表的消费主义并未导致绝对贫穷的扩大，实际上，它大范围地减少了绝对贫穷，尽管其导致的马克思所言的异化依然在发生。消除异化的解药必须寻找，但它们也许无法在经济学中找到。

（八）广告可能破坏家庭、教堂和学校的影响

广告已经深入人们社会经济生活的多个方面，影响波及经济、社会、文

---

① ［德］马克思：《1844 年经济学哲学手稿》，人民出版社 2000 年版，第 51 页。
② ［德］马克思：《1844 年经济学哲学手稿》，人民出版社 2000 年版，第 53 页。
③ ［德］马克思：《1844 年经济学哲学手稿》，人民出版社 2000 年版，第 55—56 页。

化及政治等诸多领域。相对于家庭、教堂和学校这些制度性力量的影响，广告的影响表面上不露痕迹，但是实际上毫不逊色。广告的制度性特征已获得了一定的肯定。美国历史学家大卫·M. 波特在其著作 *People of Plenty* 中说：广告对社会的影响之大，可以与拥有悠久传统的教会或学校等传统制度相媲美。广告支撑着媒体，创造着流行，是掌控社会的有力制度之一。① 法国学者热拉尔·拉尼奥在肯定广告是经济的润滑剂的同时，认为广告是一种特殊的炫耀。② 在我国，广告对传统学校的教育也有着巨大的冲击。许多儿童在未进入学校就读之前，便已经深受广告的熏陶。中学、大学中的年轻人也是广告追逐的重要对象。许多年轻人受到广告的影响，在日常生活中模仿广告中的语言和行为，生活形态确实因之而发生改变，在各种改变中，也确实出现了不良的生活形态与价值观。

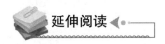

延伸阅读

警惕中学校园拜金风③

（香港《东方日报》9 月 26 日文章，原题《初中生炫富，沪老师自卑》）

内地校园吹起奢华拜金风，上海一名网名为"自卑老师"的王姓老师近日在论坛发帖称，班上的学生几乎人人是名牌粉丝，满口都是他未听过的外国名牌。在学生眼中，拎 800 元的 Levi's 手袋、穿 500 元的 Nike 波鞋，都非常不入流，在校内抬不起头。要用一线名牌才够"潮"。这令他感触颇深："有时候站在讲台上，看着这些学生稚嫩的脸，想想我可怜的薪水，还有那一大笔沉重的房贷，偶尔还真会觉得有点自卑。"

王老师称，当他把自己大学时勤工俭学的经历告诉学生时，很多学生嘲笑："节省是一种无能的表现"。学校部分学生的家境很一般，但他们会设法"逼"父母买名牌。有学生因用旧款手机，怕被同学看不起，就偷偷弄坏手机，要父母换新的。

---

① John S. Wright, Wills L. Winter, Jr. Sherilyn K. Zeigler, *Advertising*, 5th ed. McGraw – Hill, 1982, p. 1.

② ［法］热拉尔·拉尼奥：《广告社会学》，商务印书馆 1999 年版。

③ 《警惕中学校园拜金风》，《环球时报》2010 年 9 月 27 日。

当地青少年心理学专家陈智远指出，部分时装品牌的年轻化趋势，使得中学校园变成一个讲究炫耀的小型名利场，令拜金风气愈趋严重。

（九）广告可能使人们排斥或放弃思考社会严肃问题

广告可以影响孩子或成人看待问题的态度。广告不像戏剧，在与观众接触过程中有明显的幕起幕落。广告模糊了现实与广告内容的界限。大多数广告都倾向于表现生活精彩、轻松、快乐与绚丽多彩甚至奢华的片段，其对现实世界的过度片面化反映，使人们远离严肃的问题，且更加提高了商人攫取利润的能力。这方面的影响对于现代的年轻人尤其明显。如今，许多年轻人对社会的严肃问题抱无所谓的态度。更为令人担忧的是，许多年轻人将某些广告中所表现的片段性的无所顾忌的快乐场面当成未来生活的主要目标。广告降低了年轻人的社会责任感，造成个人享乐主义价值观，是一个影响国家未来的不可忽视的问题。

（十）广告造成了文化商品化问题

广告日益造成文化商品化问题，已经引起了一些批评家的注意。约翰·费斯克指出："广告业总是力图控制商品的文化意义，其方式是让商品的文化意义尽可能紧密地配合金融经济的运转。广告业总是兢兢业业地使社会的差异符合文化的差异和产品的差异。"[1] 广告不仅通过广告作品本身制造文化差异，还通过电影、电视剧等诸多文化产品制造文化差异。几乎每时每刻，广告都在不停地制造着差异，文化商品化问题由此逐渐出现了。比如，007 电影《末日危机》和超过 20 家产品赞助商签订合同，在主角出现时展示它们的产品。[2] 再如前文所提到的 rap 音乐，许多批评家认为，广告正在改变这种音乐特有的属性，使它同质化，以至于丢掉了自己的边界。典型的 rap 是一种抗议音乐，它检视美国的城市问题。可是，这不是广告所需要的。大多数情况下，广告需要的是带给人们美好和梦想、轻松和欢快。有人因此质问，rap 的商业化会不会使它变成另一种形式的流行音乐，而这是否意味着 rap 将丢掉自己赖以发展的特色？还有人质问，来自广告的经济回报值得各种文化形式蜕变为

---

① ［美］约翰·费斯克：《理解大众文化》，中央编译出版社 2001 年版，第 35 页。

② 参见《信报》2002 年 10 月 17 日。

商品的附庸吗？当传统广告引起的质疑尚未烟消云散时，新的信息传播技术已然进一步加剧了这一趋势。未来，广告将会利用各种新技术、各种新文化形式为自身服务，文化商品化问题加剧也不是不可能。

（十一）广告可以造成公众对社会问题的偏见和误解

广告可以传递政治的和社会的信息。在美国，总统竞选广告是一种最典型也是最重要的政治广告。政治广告通常是运用推销商品概念的方法来推行政治理念。然而，有些社会问题是相当复杂的，不可能只通过简单的广告就可让公众透彻理解。因此，政治广告常常使公众对问题形成偏见甚至是误解。在某些时候，美国的政治广告常常造成虚假的民主。比如，麦金尼斯称尼克松用电视广告技巧赢得了美国总统选举。1968年的选举永远改变了政治广告的性质，在这次选举后，美国选举的费用比以往大幅度增长了，在每一次州或者联邦选举中，候选人将大笔的钱花在电视广告上。如：在总统和州长这类高层人物的选举中，大部分钱被花在电视广告上。与此同时，批评家更关注广告的内容，而不仅仅是广告的应用。许多广告避免涉及竞选活动本身的信息，而是诉诸选民的情感。在美国，许多政治广告试图使候选人的对手被选民认同为一个负面的形象，但并没有提供给选民作出理性抉择的信息。学者和批评家担心，这样的广告过于强调琐碎的问题，会减少人们对一些最紧急问题和复杂问题的关注。这些质疑提醒我们：要发挥政治广告传递信息、推进信息公开化的功能，必须正确使用政治广告。

（十二）广告侵犯个人隐私的问题日益引起关注

互联网已经成为现代社会人们生活的一部分。互联网大大增强了人们获取信息与传递信息的能力。个人隐私成为消费者在互联网时代日益关注的新问题，也日益受到学者们的关注。对于个人隐私问题，消费者主要关注三个方面：首先，消费者关注的是，在有关自己的信息被收集与传递的过程中自己的知晓程度。其次，消费者关注自己的信息是否安全，是否会被外界侵入。最后，消费者关注有关自己的信息是否被合理利用，出了错误之后能否被修复。个人隐私被侵犯问题经常出现在广告方面，往往造成企业与消费者间的紧张关系。究其原因，是企业兴趣与消费者权利之间没有得到有效协调。市场上的营销行为主要显现为：企业向消费者提供产品与服务，消费者则用货币作为交换媒介，以获得产品与服务。然而，在这一交易过程的背后，却可能隐藏着另一个层面的交易行为。比如，当企业通过广告提供某种促销优惠，或向消费者表示有机会享受更加个性化的服务时，另外一个层面的交易便有可能发生。这是因为，消费者想要获得这些额外的利益，通常需要以个人信息作为交换的代价，企业由此可以掌握大量消费者信息，并将这些信息进行整理分析，形成可以用于指导广告策划或商品促销的数据库。这些个人信息，存储在数据库中，可以被分析、被归类，其使用的主动权掌握在企业手中，消费者对它们几乎没有控制能力。当这些个人信息被滥用、被出卖或被非法入侵时，消费者的个人隐私就将受到侵犯。如果某消费者的个人信息未经其允许就被广告滥用，其个人隐私就是被侵犯了。互联网时代，个人隐私被广告所侵犯的问题是广泛存在的，主要原因是大多数消费者并不知道自己的个人信息被滥用。往往只有当健康信息、信用信息等个人的重要信息被滥用的时候，个人隐私问题才被受侵害者所意识到，然而那时伤害已经发生了。个人隐私问题是许多国家都必须面对的问题。防范个人隐私被广告所侵犯，需要多方面的努力，企业的自律、法律的保护、政府的监管、消费者的自觉都是必不可少的。

三、广告的社会责任

由于广告会被数目相当庞大的人群所接触，所以它对社会与人的影响相当大。鉴于广告对社会有巨大的影响，广告人应该认识到自己肩负着巨大的社会责任。每个行业都会面对一些职业道德问题，广告行业也不例外。一个行业要在社会上确立地位，就必须意识到并且承担起应负有的责任。广告人应像战壕中为正义而战的战士，应该明白为何而战。人们常常会忽视大众媒体与广告的影响力，而对广告表现的内容与方式不进行深思熟虑。有些广告人可能以为，在大众媒体中可以做想做的一切，只要不当真，就可以玩得离奇和放纵一些。美国著名广告人艾米尔·加格诺非常尖锐地指出，"这是不负责任和不道德的。广告创作人和审定广告的客户应该有一种责任感"①。

---

① [美]劳伦斯·明斯基等：《如何做创意：十三位美国杰出创意指导和文案撰稿人的创意观念、方法与作品》，企业管理出版社 2000 年版，第 255 页。

越来越多的广告人意识到，广告对社会与经济具有巨大价值；同时也意识到，广告可能在多个方面对社会产生负面影响。为了避免广告的负面影响，有些广告公司与广告人认为，广告应该是一种人文主义行为，进而提出了做人文主义广告的主张。人文主义广告，是指一个接触的创意首先是一个以人为本的行为或者是一段经验，是在由道德主体所开启的精神境界中体现真理，经由正面的记忆来改变人们思考感受乃至行为的方式。人文主义广告有三个特点：思想力，生命力，艺术力。李奥·贝纳公司自1994年起建立了全球创意作品评审委员会评估系统，对公司全球范围内的办公室在90天内的所有广告作品（包括电视广告、平面广告、交互式广告、事件营销等的创意）进行评选。该系统将广告评为十个等级：（1）破坏性；（2）没有创意；（3）视而不见；（4）我不明白这个品牌代表什么；（5）我了解该品牌的目的；（6）一个聪明的想法；（7）一个人文主义的行动；（8）改变人们的思考和感受的方式；（9）改变人们生活的方式；（10）改变整个世界。在这十个等级中，后四个等级的广告创意都属于人文主义广告范畴。[1]

杰出的广告人几乎都有一个共同特征：他们都把广告视为一项严肃的事业，意识到它具有重大社会影响力，承担着重要的社会责任。美国广告人汤姆迈克埃里格特说，"我讨厌看那些劣质广告，对它们中的大多数都很反感"[2]。广告人南茜莱斯则以更积极的态度强调了她对广告社会责任的重视，她建议说，"任何一个作品都可以创作成优秀作品，你应该尽力把你的每一项业务做到最好"[3]。正因为这种认识，那些杰出的广告人几乎都对广告抱以巨大的热情，并愿意为创作出优秀的广告作品而付出艰辛的努力。美国著名广告人李·克劳相信大多数人是在他们所热爱的事业上获得成功的并对它抱有非常强烈的热情，他说："每天我都在想，能够找到一种方式，将我对艺术的热情转化成让我如此热衷和执著的事业，我是多么地幸运呀。从事一项让我

---

① 杨烨炘：《走向2110年的人文主义广告》，《广告导报》2010年第18期。

② ［美］劳伦斯·明斯基等：《如何做创意：十三位美国杰出创意指导和文案撰稿人的创意观念、方法与作品》，企业管理出版社2000年版，第335页。

③ ［美］劳伦斯·明斯基等：《如何做创意：十三位美国杰出创意指导和文案撰稿人的创意观念、方法与作品》，企业管理出版社2000年版，297页。

情感上有所回报并使生活变得如此美好的事业，真是一件非常美妙的事情"①。

在我国，广告行业长期以来虽然热闹非凡，却没有得到社会的充分认识与认可，行业的社会地位也不高。要使我国的广告得到社会的肯定，广告人必须从自身开始作出切实努力。在我国，广告自 1978 年重新恢复以来，发展多少有些被动性。这个年轻的行业似乎对于旧体制还具有某种在短期内无法抹去的戒备和疑惧心理，因此无法爆发出其对于商业和社会的澎湃的推动力。广告刺激市场、创造需求的作用在我国还未得到充分发挥。广告对于我国和社会的贡献远远不够。我国广告业在国民经济和人们生活中的分量有限，原因恐怕不仅在于商业功能发挥不够，还在于广告的其他功能尚未被社会所充分认识并肯定。美国广告业之所以在本国经济体系和社会生活中具有举足轻重的作用，是因为广告不仅发挥了自身强大的商业功能，而且帮助了这个年轻的国家崛起于新大陆，并且和它一起经历了大萧条和各种危机，帮助它走过了战争，甚至参与了这个国家民众的政治生活。广告对于改变美国国民生存状态、提高美国国民的觉悟起到了不可低估的作用。美国广告业的"根"已经深植于美国的国家生命之中。

商业功能无疑是广告最主要的功能。企业通过广告，可以促使消费者购买自己生产的产品和提供的服务，可以树立自己的良好形象，为自己的经营活动创造良好的环境，并保证经营活动的持续。但是，广告对于社会的价值还不仅限于此。正如我们在前面说过的，广告并不总是为了卖东西。广告是一种很好的传播方式。借助广告，还可以传播好的主张、宣传公益性的观点。"科教兴国"、禁赌、禁烟等广告就是借助广告这种传播方式来传达有利于公众、有利于国家的信息和主张的，这类广告有助于公众对于广告的功能有一种较为全面的认识。

在利用广告为公众事业服务方面，我国直到 20 世纪 80 年代中期才走出比较明显的一步；直到 90 年代中期，此类广告主题仍然局限于节约用水、节约用电、维护社会公德等非常有限的范围。1996 年的"中华好风尚"，1997 年的"自强创辉煌"，1998 年的"抗洪救灾""下岗再就业"，以及 1999 年的

---

① ［美］劳伦斯·明斯基等：《如何做创意：十三位美国杰出创意指导和文案撰稿人的创意观念、方法与作品》，企业管理出版社 2000 年版，第 316 页。

"科教兴国"等广告活动，使我国广告在公众事业服务方面迈出了相对较大的一步。然而，从公众事业广告出资人的构成来看，仍然以企业、媒体、广告公司为主，政府与社会团体却很少以广告的形式来向公众传播公共议题和政策方针。这有多方面的原因，其中最主要的原因也许在于两方面：（1）政府与社会团体对于广告功能的认知不全面；（2）广告界还没有能力或机会参与决策部门对于公众事业议题的拟订。以上两个方面存在着关联性。要改变这种状态，恐怕要依赖两方面的努力。

21世纪以来，中国政府日益认识到，广告作为一种现代性的传播工具，具有巨大的社会功能。中国政府开始尝试使用广告进行城市形象乃至国家形象的塑造与传播。2008年，由商务部主导的以"与中国一起制造"为主题的广告在美国播出，产生了巨大影响。2011年，以"人物篇"为名的中国国家形象广告在美国时代广场及CNN等媒体上播出，进一步展现了中国与世界努力沟通的积极心态，为中国国家形象的传播作出了贡献。

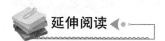

形象广告可提振世界对华信心①

近日，以"人物篇"命名的新一期中国国家形象广告开始在CNN等频道播出，同时还在美国时代广场的大屏幕上高频次播出。我认为，不论外国还是中国国内，不论是媒体还是个人，都有必要首先从中国选用国家形象广告与世界进行沟通这一行为来理解中国。应该说，通过广告这一现代传播方式与世界沟通，反映了中国自信与开放的沟通姿态。

长期以来，有些国家对中国抱有深深的疑虑。他们以保守的思路揣度中国，他们认为中国是一个充满不确定性的神秘国家。如今，中国正使用广告这一现代社会最常用的沟通方式与世界沟通，这不论对于世界，还是对于中国自身，都是一个非常积极的信号。这说明，尽管中国在发展道路上存在诸多问题，遇到诸多障碍，但是，中国并没有僵化，并没有自我封闭，而是在开放、宽容的道路上努力前行。

---

① 何辉：《形象广告可提振世界对华信心》，《环球时报》2011年1月18日。

近年来，世界对中国的关心已经渐渐超越了政治、经济、外交、军事等宏观范畴，他们开始越来越多地关注中国的社会，越来越多地关注中国人在世界范围内的活动，甚至华裔的活动也常常与中国形象联系在一起。这期的中国国家形象广告在内容表现方面回应了现实情况的变化，可以说是有巨大突破的。尽管它冒了一定的创新性风险，但是无疑可使世界看到中国更加关注个人价值的一面，也可促使世界对中国的认识更加全面、客观。

不论知名人士还是普通人在我国国家形象广告中的亮相，从某种意义上说，可以看作是中国正在向世界做出"以人为本"及扩大社会主义民主的承诺。这一承诺朴素且充满了勇气。尽管世界上有些国家屡屡以人权问题向中国发难，尽管中国确实还存在贫富差距，尽管中国还有许多社会问题存在，但是这期中国国家形象广告的出现，毫无疑问可以有力提振世界对中国的信心。有人看了广告，可能会提出"谁可以代表中国"这样的疑问，甚至可能质疑片中选择的某些人物是否合适，或者会问为什么"谁谁谁"没有入选。我认为这类问题的提出，本身即可以看作是这次广告活动的效果之一。这样的问题可以促进每个人去深入思考一个代表当今中国的人应具有什么样的优秀品质。若能广泛诱发对中国形象的深入思考，真可谓善莫大焉！

应该特别强调的是，中国国家形象广告是一种长期投资。做广告的确需要花钱，但是，不该简单地将广告仅仅看成是一种花费与支出。企业做广告的目的除了短期促销之外，还可以不断积累品牌资产，从而保证企业长期获益。中国做国家形象广告，是希望不断为中国这一巨大"品牌"增加资产，不断保持它的"品牌"活力。通过这种战略性努力，我们可以为中国创造良好的国际生存环境，可以为所有中国企业创造出产品生产国的良好声誉。这些都是中国国家形象广告这一战略投资行为所能带来的实实在在的巨大价值。世界也将在这期中国国家形象广告中感受到中国的包容、自信与良苦用心。

第三节 对广告的管理

广告能对经济和社会的方方面面产生影响。对广告进行适当的管理，是很有必要的。从微观与宏观角度，可将对广告的管理分为微观管理与宏观管理，其中，微观管理是企业对广告活动的管理，而宏观管理是广告活动所受到的企业以外因素的影响。广义的广告宏观管理，是指由能够对从事广告活动的广告主、机构和人员的行为产生监督、检查、控制与约束作用的法律、法规、社会组织或个人、社会舆论和道德所构成的管理。狭义的广告宏观管理，是指行政管理部门依据广告法和其他相关法律、法规，对广告活动进行的监督、检查、控制和指导。[1] 从广告管理的具体内容而言，广告管理主要包含两方面的内容：一是企业、广告公司对广告经营活动的管理；二是广告活动的社会管理。本书此节所指的广告管理乃是后者，主要涉及政府、媒体与广告业对广告活动的指导、监督和规制。消费者协会等消费者组织发挥的监督作用也可归属于广告活动的社会管理。对广告进行合法管理，是世界各国普遍采取的做法。即便是在自由主义盛行的美国，广告也曾被称为"文明世界呼出的臭气"，许多人强烈呼吁对广告进行有力监管。由于国情不同，各国的管理思想与管理办法有很大不同。

一、中国广告管理概况

中国的广告管理是政府主导型的广告监管。在我国，广告不仅被视为促进经济发展的重要力量，也被视为对建设社会主义和谐社会负有重要责任。中国的广告管理非常重视处理好监管与发展之间的关系，在科学发展观的指导下，力求以监管促进发展。中国的广告管理体制以行政管理为主，以协会等行业组织管理，广告公司、媒体机构的自律为辅；从管理特征方面说，属于政府主导型的广告监管，这种监管的重点对象是广告经营单位和广告主。《中华人民共和国广告法》规定，县级以上人民政府工商行政管理部门是广告

---

[1] 苗杰：《现代广告学》，中国人民大学出版社 2008 年版，第 58 页。

监督管理机关。

（一）中国广告行政管理概况

中国政府对广告进行管理的最重要的法律是《中华人民共和国广告法》。从《中华人民共和国广告法》的颁布与施行可以看到多年来中国在广告管理方面作出的努力。1995年2月1日，《中华人民共和国广告法》开始正式施行，这是我国广告管理的一个里程碑。《中华人民共和国广告法》是1994年10月27日第八届全国人民代表大会常务委员会第十次会议通过的，它的制定是我国广告管理长期探索的结果。

早在1979年11月，中共中央宣传部就发出《关于报社、广播电台、电视台刊登和播放外国商品广告的通知》。随着我国广告事业的迅速恢复和发展，广告活动出现了一些混乱现象，亟须加强管理。1980年，国务院决定由工商行政管理总局管理全国广告，工商行政管理总局根据中央领导的批示着手制定广告管理法规，筹建广告管理机构。我国的广告管理初步进入了统一管理时期。

1982年2月6日，国务院颁布了《广告管理暂行条例》，这是我国第一部全国性、综合性的广告管理法规，它的颁布标志着我国的广告管理工作进入了一个新的历史时期。工商行政管理总局依据《广告管理暂行条例》制定了《广告管理暂行条例实施细则》。《广告管理暂行条例实施细则》对《广告管理暂行条例》规定的内容作了详细、具体的规定。《广告管理暂行条例》的颁布为广告管理提供了法律依据和准则，使广告业恢复和发展起步阶段的某些混乱现象得到了有效克服。1982年7月28日，经国务院批准，中华人民共和国工商行政管理总局改为中华人民共和国工商行政管理局，下设机构包括广告司。1984年3月2日，国家工商行政管理局发出《关于烟酒广告和代理国内广告业务收取手续费的问题的通知》（以下简称《通知》）。《通知》规定禁止利用广播、电视、报纸、书刊、路牌、灯箱、霓虹灯、招贴等媒体做卷烟广告和40度以上（含40度）烈性酒广告。国内经营、兼营广告单位之间相互代办广告业务，收取手续费最多不得超过广告费的10%。1985年10月31日，卫生部药政管理局、国家工商行政管理局广告司发出《关于禁止利用医生和患者名义刊播广告的通知》。同年11月15日，国务院办公厅发出《关于加强广告宣传管理的通知》。为了进一步规范广告活动，国家工商行政管理局单独或会同国务院有关部门先后制定颁布了十几个单行广告管理规章。1984年和1986年，国家工商行政管理局先后组织了两次以打击虚假广告、取缔非法经营为重点的行业清理整顿工作，保障了广告事业的健康发展。随着我国广告业的发展，《广告管理暂行条例》中的某些规定已适应不了形势的发展，广告业迫切需要更完善的法规管理和指导。

　　1987年12月1日起，《广告管理条例》施行。《广告管理条例》吸收了过去五年中颁布的广告管理单行法规的有关内容，借鉴了国外广告管理的经验。与《广告管理暂行条例》相比，《广告管理条例》突出体现了"宏观管住，微观搞活"的指导思想和原则。1988年年底，国家工商行政管理局针对虚假广告在一些地区的严重泛滥和广告经营中的新矛盾、新问题，发出《关于整顿广告经营秩序、加强广告宣传管理的通知》，要求各地按照《广告管理条例》及本通知规定的标准，对各种类型的广告经营单位进行一次整顿，采取有力措施，严厉打击虚假广告和非法经营广告活动。1989—1991年，全国对广告业进行了一次全面、深入的清理整顿。据统计，1991年全国虚假广告案件比前两年同期下降了50%左右。国家工商行政管理局在一手抓清理整顿的同时，另一手抓广告法制建设，并在全国统一实行了"广告业务员证"制度和"广告业专用发票"制度。1993年，国家工商行政管理局广告司改名为广告监督管理司。在《广告管理条例》以及十多年来各方面的广告管理经验的基础上，《中华人民共和国广告法》终于在1994年10月27日出台，并于1995年2月1日起开始正式施行。

　　《中华人民共和国广告法》经过修订，于2015年4月24日由全国人大常委会颁布，于2015年9月1日开始执行。该法效力级别为宪法法律。

　　我国已形成以《中华人民共和国广告法》为核心的比较系统、完善的广告管理体系，科学有效的广告管理为我国广告的健康发展提供了有力保障。

　　国家工商行政管理总局是国务院主管市场监督管理和有关行政执法工作的直属机构。根据《国务院关于机构设置的通知》（国发〔2008〕11号），设立国家工商行政管理总局（正部级），为国务院直属机构，主要职责包括[①]：（1）负责市场监督管理和行政执法的有关工作，起草有关法律法规草案，制定工商行政管理规章和政策。（2）负责各类企业、农民专业合作社和从事经营活动的单位、个人以及外国（地区）企业常驻代表机构等市场主体的登记注册及监督管理，承担依法查处取缔无照经营的责任。（3）承担依法规范和维护各类市场经营秩序的责任，负责监督管理市场交易行为和网络商品交易及有关服务的行为。（4）承担监督管理流通领域商品质量和流通环节食品安全的责任，组织开展有关服务领域消费维权工作，按分工查处假冒伪劣等违法行为，指导消费者咨询、申诉、举报受理、处理和网络体系建设等工作，保护经营者、消费者的合法权益。（5）承担查处违法直销和传销案件的责任，依法监督管理直销企业和直销员及其直销活动。（6）负责垄断协议、滥用市场支配地位、滥用行政权力排除限制竞争方面的反垄断执法工作（价格垄断行为除外）。依法查处不正当竞争、商业贿赂、走私贩私等经济违法行为。（7）负责依法监督管理经纪人、经纪机构及经纪活动。（8）依法实施合同行政监督管理，负责管理动产抵押物登记，组织监督管理拍卖行为，负责依法查处合同欺诈等违法行为。（9）指导广告业发展，负责广告活动的监督管理工作。（10）负责商标注册和管理工作，依法保护商标专用权和查处商标侵权行为，处理商标争议事宜，加强驰名商标的认定和保护工作。负责特殊标志、官方标志的登记、备案和保护。（11）组织指导企业、个体工商户、商品交易市场信用分类管理，研究分析并依法发布市场主体登记注册基础信息、商标

---

① 随着社会发展的需要，国家工商行政管理总局的职责也发生一些变化。《国务院关于机构设置的通知》发布之前，国家工商行政管理总局主要职责包括：（1）研究拟定工商行政管理的方针、政策，组织起草有关法律、法规草案，制定并发布工商行政管理规章。（2）依法组织管理各类企业（包括外商投资企业）和从事经营活动的单位、个人以及外国（地区）企业常驻代表机构的注册，核定注册单位名称，审定、批准、颁发有关证照并实行监督管理。（3）依法组织监督市场竞争行为，查处垄断、不正当竞争、走私贩私、传销和变相传销等经济违法行为。（4）依法组织监督市场交易行为，组织监督流通领域商品质量，组织查处假冒伪劣等违法行为，保护经营者、消费者合法权益。（5）依法对各类市场经营秩序实施规范管理和监督。（6）依法组织监管经纪人、经纪机构。（7）依法组织实施合同行政监管，组织管理动产抵押物登记，组织监管拍卖行为，查处合同欺诈等违法行为。（8）依法对广告进行监督管理，查处违法行为。（9）负责商标注册和商标管理工作，保护商标专用权，组织查处商标侵权行为，加强驰名商标的认证和保护。（10）依法组织监管个体工商户、个人合伙和私营企业的经营行为。（11）领导全国工商行政管理业务工作。（12）开展工商行政管理方面的国际合作与交流。（13）承办国务院交办的其他事项。

注册信息等，为政府决策和社会公众提供信息服务。（12）负责个体工商户、私营企业经营行为的服务和监督管理。（13）开展工商行政管理方面的国际合作与交流。（14）领导全国工商行政管理业务工作。（15）承办国务院交办的其他事项。在国家工商行政管理总局的具体职责中，与广告管理密切相关的职能包括：组织开展有关服务领域消费维权工作，按分工查处假冒伪劣等违法行为，指导消费者咨询，申诉，举报受理、处理和网络体系建设等工作，保护经营者、消费者的合法权益；指导广告业发展，负责广告活动的监督管理工作；负责商标注册和管理工作，依法保护商标专用权和查处商标侵权行为，处理商标争议事宜，加强驰名商标的认定和保护工作；负责特殊标志、官方标志的登记、备案和保护等。国家工商行政管理总局内的机构分为两大部门：一部分是内设机构，比如广告监督管理司等部门；另一部分是相关直属单位，比如中国消费者协会、中国广告协会、中华商标协会等。除内设机构与相关直属单位外，国家工商行政管理总局还包括下属地方各工商行政管理部门，它们共同构成了中国工商行政管理范畴内的广告管理的基本体制框架。

根据《中央编办关于工商总局主要职责内设机构和人员编制调整的通知》（中央编办发〔2013〕27号），2013年7月，国家工商行政管理总局承担的流通环节食品安全监督管理职责划给国家食品药品监督管理局。

隶属国家工商行政管理总局、对中国广告业进行行政管理的部门是广告监督管理司。广告监督管理司负责拟订广告业发展规划、政策措施并组织实施；拟订广告监督管理的具体措施、办法；组织、指导监督管理广告活动；组织监测各类媒介广告发布情况；查处虚假广告等违法行为；指导广告审查机构和广告行业组织的工作；承办总局交办的其他事项。广告监督管理司内设综合处、广告监督与案件指导处、广告经营规范管理处、广告业规划发展处。①

国家工商行政管理总局行政审批事项是企业核准登记，审批类别属于行政许可，设定的依据如下②：

---

① 参见国家工商行政管理总局网站。
② 参见国家工商行政管理总局网站。

《中华人民共和国公司法》（2005 年 10 月 27 日全国人大常委会修订）第六条："设立公司，应当依法向公司登记机关申请设立登记。"

《中华人民共和国外资企业法》（2000 年 10 月 31 日全国人大常委会修订）第七条："设立外资企业的申请经批准后，外国投资者应当在接到批准证书之日起三十天内向工商行政管理机关申请登记，领取营业执照。"

《中华人民共和国中外合资经营企业法》（2001 年 3 月 15 日全国人大常委会修订）第三条："合营企业经批准后，向国家工商行政管理主管部门登记，领取营业执照，开始营业。"

《中华人民共和国中外合作经营企业法》（2000 年 10 月 31 日全国人大常委会修订）第六条："设立合作企业的申请经批准后，应当自接到批准证书之日起三十天内向工商行政管理机关申请登记，领取营业执照。"

《企业法人登记管理条例》（国务院令第 1 号，1988 年 6 月 3 日公布）第三条："申请企业法人登记，经企业法人登记主管机关审核，准予登记注册的，领取《企业法人营业执照》，取得法人资格，其合法权益受国家法律保护。"

《公司登记管理条例》（国务院令第 156 号，2005 年 12 月 18 日修订）第三条："公司经公司登记机关依法登记，领取《企业法人营业执照》，方取得企业法人资格。"第四条："工商行政管理机关是公司登记机关。"

清楚以上行政审批的设定依据，有助于依法成立广告公司并顺利开展经营。

我国对广告内容和问题也有着严格的管理。除行业自律外，通过法律进行广告管理是我国广告管理的重要手段。在我国，与广告管理和相关营销传播活动有关的主要法律有：《中华人民共和国广告法》《中华人民共和国反不正当竞争法》《中华人民共和国商标法》《中华人民共和国著作权法》《中华人民共和国消费者权益保护法》《中华人民共和国食品卫生法》等。此外，国家有关部门还颁布有一些法规对广告进行管理。比如，1998 年 3 月 1 日，《广告语言文字管理暂行规定》施行。2000 年 1 月 1 日起施行的《处方药与非处方药分类管理办法》（试行）第十二条对处方药与非处方药①的广告发布作出规定：处方药只准在专业性医药报刊上进行广告宣传，非处方药经审批可以在大众传播媒介进行广告宣传。2001 年 12 月 1 日起施行的《中华人民共和国药品管理法》中对医药广告有明确规定，该法规定：药品广告必须经省级卫生行政管理部门批准。药品广告的内容必须以国务院药品监督管理部门批准的说明书为准。处方药可以在国务院卫生行政部门和国务院药品监督管理部门共同指定的医学、药学专业刊物上介绍，但不得在大众传播媒介发布广告或者以其他方式进行以公众为对象的广告宣传。2006 年 7 月 19 日，国家工商行政管理总局、国家广电总局下发了《关于整顿广播电视医疗资讯服务和电视购物节目内容的通知》；同年 10 月，新闻出版总署、国家工商行政管理总局联合发出了《关于禁止报刊刊载部分类型广告的通知》等。这些法律或法规对具体的广告内容和问题有详细的说明与解释。

（二）中国广告管理的几个重要方面

1. 对广告内容与问题的管理

就这方面的管理来说，《中华人民共和国广告法（2015 年修订）》（本部分以下文字中简称《广告法（2015）》，修订前的《中华人民共和国广告法》简称《广告法（1995）》）是最重要的法律文件。《广告法（2015）》的第一章是"总则"。总则第一条明确指出了制定广告法的目的是："为了规范广告活动，保护消费者的合法权益，促进广告业的健康发展，维护社会经济秩序，制定本法。"《广告法（1995）》此条的表述为"为了规范广告活动，促进广告业的健康发展，保护消费者的合法权益，维护社会经济秩序，发挥广告在社会主义市场经济中的积极作用"。通过比较，我们可以发现，修订后的广告法将保护消费者的合法权益放到了更加重要的位置。《广告法（2015）》第三条指出："广告应当真实、合法，以健康的表现形式表达广告内容，符合社会主义精神文明建设和弘扬中华民族优秀传统文化的要求。"在《广告法（1995）》，第三条表述为"广告应当真实、合法，符合社会主义精神文明建

_____

①　处方药是解除病患的用药主体，必须依法进行严格监督管理，患者在医生监控下使用，无须了解其治疗功效，药品选择权在医生。非处方药是治疗或减轻患者易于准确判断的轻微病症的药品，使用时不需要医生的监控，药品选择权在消费者。

设的要求"。修订后的广告法对广告的社会功能作出了更高的要求，更加强调广告的社会效益。《广告法（2015）》第四条为："广告不得含有虚假或者引人误解的内容，不得欺骗、误导消费者。"这条法律条文表述与原先表述变化不大。在第五条中，《广告法（2015）》指出："广告主、广告经营者、广告发布者从事广告活动，应当遵守法律、法规，诚实信用，公平竞争。"

《广告法（2015）》的第二章是具体的一些广告准则。第八条条文为：广告中对商品的性能、功能、产地、用途、质量、成分、价格、生产者、有效期限、允诺等或者对服务的内容、提供者、形式、质量、价格、允诺等有表示的，应当准确、清楚、明白。广告中表明推销的商品或者服务附带赠送的，应当明示所附带赠送商品或者服务的品种、规格、数量、期限和方式。法律、行政法规规定广告中应当明示的内容，应当显著、清晰表示。第九条界定了广告不得有下列情形：（一）使用或者变相使用中华人民共和国的国旗、国歌、国徽，军旗、军歌、军徽；（二）使用或者变相使用国家机关、国家机关工作人员的名义或者形象；（三）使用"国家级""最高级""最佳"等用语；（四）损害国家的尊严或者利益，泄露国家秘密；（五）妨碍社会安定，损害社会公共利益；（六）危害人身、财产安全，泄露个人隐私；（七）妨碍社会公共秩序或者违背社会良好风尚；（八）含有淫秽、色情、赌博、迷信、恐怖、暴力的内容；（九）含有民族、种族、宗教、性别歧视的内容；（十）妨碍环境、自然资源或者文化遗产保护；（十一）法律、行政法规规定禁止的其他情形。第十条旨在保护弱势群体的利益，具体条文为：广告不得损害未成年人和残疾人的身心健康。第十一条为：广告内容涉及的事项需要取得行政许可的，应当与许可的内容相符合。广告使用数据、统计资料、调查结果、文摘、引用语等引证内容的，应当真实、准确，并表明出处。引证内容有适用范围和有效期限的，应当明确表示。

《广告法（2015）》第十二条为："广告中涉及专利产品或者专利方法的，应当标明专利号和专利种类。未取得专利权的，不得在广告中谎称取得专利权。禁止使用未授予专利权的专利申请和已经终止、撤销、无效的专利作广告。"

《广告法（2015）》的第十六条、第十七条、第十八条、第十九条对医疗、药品、医疗器械、保健食品的广告的内容作出了规定。第十八条规定：

"保健食品广告不得含有下列内容：（一）表示功效、安全性的断言或者保证；（二）涉及疾病预防、治疗功能；（三）声称或者暗示广告商品为保障健康所必需；（四）与药品、其他保健食品进行比较；（五）利用广告代言人作推荐、证明；（六）法律、行政法规规定禁止的其他内容。"第二十条条文为："禁止在大众传播媒介或者公共场所发布声称全部或者部分替代母乳的婴儿乳制品、饮料和其他食品广告。"第二十一条对农药、兽药、饲料和饲料添加剂广告的内容作出了规定。中国一直对烟草广告有严格的限制，《广告法（2015）》第二十二条规定："禁止在大众传播媒介或者公共场所、公共交通工具、户外发布烟草广告。禁止向未成年人发送任何形式的烟草广告。禁止利用其他商品或者服务的广告、公益广告，宣传烟草制品名称、商标、包装、装潢以及类似内容。烟草制品生产者或者销售者发布的迁址、更名、招聘等启事中，不得含有烟草制品名称、商标、包装、装潢以及类似内容。"第二十三条对酒类广告内容进行了规定："酒类广告不得含有下列内容：（一）诱导、怂恿饮酒或者宣传无节制饮酒；（二）出现饮酒的动作；（三）表现驾驶车、船、飞机等活动；（四）明示或者暗示饮酒有消除紧张和焦虑、增加体力等功效。"

《广告法（2015）》第三章是关于具体广告行为规范的。例如，第三章第四十二条指出："有下列情形之一的，不得设置户外广告：（一）利用交通安全设施、交通标志的；（二）影响市政公共设施、交通安全设施、交通标志、消防设施、消防安全标志使用的；（三）妨碍生产或者人民生活，损害市容市貌的；（四）在国家机关、文物保护单位、风景名胜区等的建筑控制地带，或者县级以上地方人民政府禁止设置户外广告的区域设置的。"第三章第四十一条指出："县级以上地方人民政府应当组织有关部门加强对利用户外场所、空间、设施等发布户外广告的监督管理，制定户外广告设置规划和安全要求。户外广告的管理办法，由地方性法规、地方政府规章规定。"

第三章第四十三条、第四十四条、第四十五条对电子信息广告、互联网广告等作出了规定。第四十三条规定："任何单位或者个人未经当事人同意或者请求，不得向其住宅、交通工具等发送广告，也不得以电子信息方式向其发送广告。以电子信息方式发送广告的，应当明示发送者的真实身份和联系方式，并向接收者提供拒绝继续接收的方式。第四十四条规定："利用互联网从事广告活动，适用本法的各项规定。利用互联网发布、发送广告，不得影响用户正常使用网络。在互联网页面以弹出等形式发布的广告，应当显著标明关闭标志，确保一键关闭。"第四十五条规定："公共场所的管理者或者电信业务经营者、互联网信息服务提供者对其明知或者应知的利用其场所或者信息传输、发布平台发送、发布违法广告的，应当予以制止。"

《广告法（2015）》第四章对广告的监督管理作出规定。第五章对广告法律责任进行了具体的规定。

《广告法（2015）》是对广告管理在法律层面作出的制度性努力，但是仅仅靠法律的规定，是不够的；只有在自律、法律等诸多环节上进行协同管理，才能有效降低管理成本，并最终促进整个商业和广告业的健康发展。

2. 对广告量的管理

对广告量进行必要的管理，是世界各国通行的做法。[①] 1997 年，中共中央宣传部、国家工商行政管理局、广播电影电视部、新闻出版署四部委联合发出通知，规定广播、电视媒介每套节目用于发布公益广告的时间应不少于全年发布商业广告时间的 3%，电视媒介在 19：00—21：00 时间段每套节目发布公益广告的时间应不少于该时段发布商业广告时间的 3%。1997 年 2 月 19 日，广电部发布《关于进一步加强广播电视广告宣传管理的通知》，规定：电视每套节目每日发布的酒类广告，在特殊时段（19：00—21：00）不超过两条，普通时段每日不超过十条。

2009 年 9 月 8 日国家广电总局发布的《广播电视广告播出管理办法》[②]，规定黄金时段电视剧每集插播广告不得超过 1 分钟。播出电视剧时，每集（以 45 分钟计）中插播 2 次电视广告，每次时长不超过 1 分 30 秒，其中在 19：00—21：00 之间播出电视剧时，每集可以插播 1 次商业广告，时长不得超过 1 分钟。

---

① 比如，在英国，电视广告的量通常被限定在每小时 7 分钟之内，在黄金时间被限定在每小时 7 分半钟之内，而不论在何时，电视广告通常不能连续播出 3 分钟。有些国家对电视广告量的限制是每小时最多 11 分钟。

② 该办法 2010 年 1 月 1 日起施行，2003 年 9 月 15 日国家广播电影电视总局发布的《广播电视广告播放管理暂行办法》同时废止。

3. 对广告播出时机的管理

国家广播电影电视总局颁布的《广播电视广告播出管理办法》规定，播出商业广告应当尊重公众生活习惯，在 6：30—7：30，11：30—12：30，以及 18：30—20：00 的公众用餐时间，不得播出治疗皮肤病、痔疮、脚气、妇科、生殖泌尿系统等疾病的药品、医疗器械、医疗和妇女卫生用品广告。

4. 对电视购物短片广告和居家购物节目的管理

2009 年 9 月 10 日，国家广电总局下发的《关于加强电视购物短片广告和居家购物节目管理的通知》要求播出机构禁止播出介绍药品、性保健品和丰胸、减肥等产品的电视购物短片广告与居家购物节目。新闻、国际等专业频道和电视购物频道，不得播出电视购物短片广告。教育、少儿等专业频道不得播出不宜未成年人收看的电视购物短片广告，上星频道每天 18：00—24：00 的时段内，不得播出电视购物短片广告。

5. 对互联网广告的管理

互联网广告管理是广告管理的新领域。世界各国在互联网广告管理方面各有特点。中国对互联网广告的管理主要包括自律与法律两个层面。自律性管理主要以《中国互联网行业自律公约》等文件以及共同的道德伦理共识为基础。法律性管理主要依照《中华人民共和国广告法》《广告管理条例》等有关规定进行。互联网广告是指互联网信息服务提供者通过互联网，在网站或网页上以旗帜、按钮、文字链接、电子邮件等形式发布的广告。互联网信息服务提供者则包括经营性和非经营性互联网信息服务提供者。我国法律要求互联网信息服务提供者发布互联网广告，应当遵守《中华人民共和国广告法》《广告管理条例》和其他有关法律、法规、规章以及办法的规定。

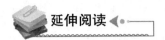 延伸阅读

李逵不敌李鬼　品牌商遭遇网络维权难①

1. 网上李鬼盛行

"有人知道杰克琼斯官方网站的吗？要真的，我不想买假货。"李伟在 QQ 上到处留言。李伟是杰克琼斯的"粉丝"。网上杰克琼斯品牌的服装铺天盖地，价格也很诱人，他想通过杰克琼斯官方网站购买正品，却无奈地发现真假难辨。

最受困扰的当属绫致时装有限公司（以下简称绫致公司），因为"杰克琼斯"是它旗下的品牌之一。"我们接到了大量的客户投诉，说他们在网上买到了假货。网上冒充我们公司的假网站太多了，我们正在采取措施打假。"绫致公司电子商务部的威昱说。

记者使用百度搜索"杰克琼斯中文官方网"，发现能找到相关网页约 25900 个。其中的网站名称五花八门，但是都以"杰克琼斯"作为关键词，商品都号称是"原版真品"，价格与杰克琼斯专卖店相比十分低廉。一款在专卖店里售价 300 多元的衬衣在一家网店售价仅 60 多元。

威昱表示，杰克琼斯品牌的中文官方网站仅有一家，其他都是假冒的。自 2008 年以来，网上出现了大量侵犯"杰克琼斯"商标权的侵权产品，给绫致公司造成了巨大损失。此前，绫致公司区的负责人对媒体透露，仅 2008 年，杰克琼斯服装在淘宝网的销售额就达到 3.7 亿元，但没有一件是绫致公司卖出的。

威昱表示，其中，客户投诉最多的是号称杰克琼斯官方网站（www. jackjonescn. net）的经营者，绫致公司已经把这家网站告上了法庭。2010 年 5 月 27 日，北京市海淀区法院开庭审理了这起因"擅自注册杰克琼斯官方网站引发商标权纠纷"的案件。

绫致公司诉称，被告 3 年前注册了"jackjones. net"域名，并利用该域名

---

① 许浩：《李逵不敌李鬼　品牌商遭遇网络维权难》，《中国经营报》2010 年 6 月 21 日。本书作者根据出书需要，对原文稍作改动。

开办了 www. jackjonescn. net 网站，该域名关键词部分与绫致公司"JACK JONES"商标极为近似，明显属于恶意抢注行为，侵犯了其注册商标专用权。

此案尚在审理之中。

采取法律手段进行网络打假的知名品牌，并非绫致公司一家。2009 年年末，法国护肤品雅漾开始网络打假行动。雅漾向淘宝网发出律师函称，雅漾从未授权任何人在网上销售雅漾产品，要求淘宝网采取措施停止在淘宝交易平台上进行雅漾产品的交易，并要求淘宝提供销售雅漾产品的网店资料。一波未平，一波又起。雅漾与淘宝网的纠纷尚未了结，另一法国知名服装品牌皮尔·卡丹也向淘宝网发难，开始肃清"网络购物"的售假渠道。

皮尔·卡丹的代理商江苏世纪依豪服饰有限公司（简称世纪依豪公司）向淘宝网发函，声称其从来没有授权皮尔·卡丹羽绒服在网上销售，而淘宝上存在大量销售皮尔·卡丹羽绒服的网店。经过数月协商未果后，双方对簿公堂。2010 年 4 月 27 日，杭州市西湖区法院开庭审理了此案。

世纪依豪公司起诉状称，该公司调查发现，截至 2010 年 2 月 9 日，淘宝网上共有 191 个店铺在销售皮尔·卡丹品牌的羽绒产品。

而在此之前，香奈儿、瑞士军刀、玫琳凯、阿迪达斯等多家国际品牌商都开始关注网络渠道的打假，并希望联合相关部门进行打假。

2. 维权困境

"2008 年网络零售额只占社会消费品零售总额的 1%，相对于线下的销售额来说，网络渠道只是九牛一毛。这导致许多品牌商对网络销售渠道还不是很重视。"电子商务法专家赵占领说。2008 年金融危机后，我国电子商务市场在 2009 年呈现井喷式发展。2009 年 10 月 15 日，绫致公司进驻淘宝商城，3 天以后，杰克琼斯品牌服装在淘宝网上的单日交易额达到 47 万元，销量达到 2000 多件。而这个销售业绩相当于杰克琼斯 20 家线下店单日销售额。

李逵来了，李鬼还没有走。

资深互联网人士黄相如认为，目前网络打假有四大难题：（1）电子商务立法空白，现行法律滞后，难以有效打击网络售假；（2）某些电子商务平台企业推卸责任，为假货提供避风港；（3）被侵权的品牌商因维权成本高昂，取证困难，打假态度不积极；（4）主管部门不明确，网购市场监管混乱。

而品牌商最为关注的是维权成本高昂。"侵犯我们商标的网站有几百家，但是，我们现在只起诉了一家，不是没有证据，而是从成本角度考虑。"威昱说。

威昱说，网络售假者的成本极低，他们注册一个域名只要花几百块钱。但是，企业要证明他们侵权就不同了。除了需要请专业的律师调查取证外，还要对售假过程进行公证。从开始调查取证到法院立案开庭，前后要用七八个月时间，这是一笔不小的费用。据记者了解，以上海市为例，做一次消费过程公证至少需要花费 3000 元。

在付出高昂的成本后，并不意味着能得到相应的回报。威昱表示，在侵权诉讼中，争议的焦点往往不是是否构成侵权，而是赔偿额度。

威昱介绍，要索赔，先要证明对方造成的损失，这主要依据对方销售侵权产品的数额来确定。如果是实体店铺，法院在审判中可以根据对方开具的发票、纳税记录等方面数据作为参考。但是，这些数据在虚拟的网店中是没有的。在司法实践中，往往是法官根据案情"酌情判断"。

世纪依豪公司的代理律师孙颖认为，由于国内没有专门针对电子商务的法律，所以进行诉讼时只能靠《商标法》等知识产权法，但是《商标法》主要针对的是实体传统经济，对网络平台购物缺乏针对性，这会给维权造成极大的困难。比如，如何确定侵权主体和侵权行为地，就是一个难题。

孙颖在代理网络打假类案件时，常常陷入一个悖论的怪圈：由于网购消费的虚拟性，难以确定侵权主体和侵权行为地，这时就需要网购平台商提供网店注册者的具体身份信息。但是，网购平台商会拒绝提供：要我提供网店注册者的信息，就要先证明网店注册者确实有侵权行为。如果到法院起诉网购平台商，要求他提供网店注册者信息，承担侵权责任，法院通常会认为，网购平台只是中介，你要先证明直接侵权人侵权，才能证明网购平台侵权。于是乎，侵权问题就变成了"鸡生蛋，还是蛋生鸡"的问题了。

"到现在为止，对于网络假货还尚未有一个明确的法律意义上的定义。因此，想要让企业真正地进行打假，就必须成立一个专门的主管部门，并出台一系列的相关法律，从根本上解决问题。"黄相如说。

2010 年 7 月 1 日起开始实施的《侵权责任法》将有助于网络打假。该法第三十六条规定了网络侵权责任的基本规则，即网络用户、网络服务提供者利用网络侵害他人民事权益的，应当承担侵权责任。

网络用户利用网络服务实施侵权行为的，被侵权人有权通知网络服务提供者采取删除、屏蔽、断开链接等必要措施。如果网络服务提供者接到通知后未及时采取必要措施，对损害的扩大部分与该网络用户承担连带责任。

另外，网络服务提供者知道网络用户利用其网络服务侵害他人民事权益，未采取必要措施的，也要与该网络用户承担连带责任。

"这条规定对维权者非常有利，网络服务提供者采取必要措施的条件是被侵权人通知，或者是知道网络用户利用其网络服务侵害他人民事权益，而不是经过法院确认侵权。"赵占领说。

赵占领认为，淘宝网作为网络平台经营者，属于网络服务提供者，应当履行相应的法律责任。如果淘宝网被侵权人通知后未采取相应措施，将会与侵权者一起承担连带责任。

淘宝网在回复《中国经营报》记者的采访邮件中表示，淘宝网作为网购平台，将继续不遗余力地打击假货，维护网购平台健康的消费环境。

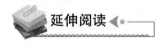 **延伸阅读**

百度"商标门"案件

2008 年 5 月，上海大众搬场物流有限公司（以下简称大众搬场公司）诉百度商标侵权一案在上海市二中院开庭。

起因为 2007 年 5 月，大众搬场公司发现百度的"竞价排名"栏目网页中出现大量假冒大众搬场公司的网站链接。这些网站全部使用了大众搬场公司注册商标，并以与大众搬场公司的企业名称相同或近似的名称招揽搬场物流业务。

这些网站首页的醒目位置，都无一例外地标有"大众搬场"字样以及由蓝、白、红三色方块图案组成的商标。

法院经审理认为，本案所涉及的被链接的第三方网站均接受了百度网的"竞价排名"服务，这些网站未经原告大众搬场公司许可，在其网页显著位置突出使用包含原告注册商标字样的企业字号，使相关公众产生误认，侵犯了原告享有的大众注册商标专用权，并构成擅自使用他人企业名称的不正当竞争行为。

法院还认为，作为搜索引擎，百度不应被认定为直接实施了商标侵权行为，其行为也不构成直接的虚假宣传的不正当竞争行为。但是，被告未尽合理注意义务，主观上存在过错，客观上帮助了第三方网站实施了商标侵权行为，并造成了损害结果。因此，法院认定，被告与直接侵权的第三方网站构成共同侵权，应当承担连带民事责任。

上海市二中院最终判定，被告在百度"竞价排名"栏目的首页刊登声明，消除影响，赔偿原告大众搬场公司损失5万元。

在向上海市高院上诉过程中，百度突然撤诉，判决于2009年1月生效。

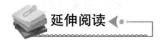 延伸阅读 ◀●━━━

中国互联网行业自律公约

第一章　总则

第一条　遵照"积极发展、加强管理、趋利避害、为我所用"的基本方针，为建立我国互联网行业自律机制，规范行业从业者行为，依法促进和保障互联网行业健康发展，制定本公约。

第二条　本公约所称互联网行业是指从事互联网运行服务、应用服务、信息服务、网络产品和网络信息资源的开发、生产以及其他与互联网有关的科研、教育、服务等活动的行业的总称。

第三条　互联网行业自律的基本原则是爱国、守法、公平、诚信。

第四条　倡议全行业从业者加入本公约，从维护国家和全行业整体利益的高度出发，积极推进行业自律，创造良好的行业发展环境。

第五条　中国互联网协会作为本公约的执行机构，负责组织实施本公约。

第二章　自律条款

第六条　自觉遵守国家有关互联网发展和管理的法律、法规和政策，大力弘扬中华民族优秀文化传统和社会主义精神文明的道德准则，积极推动互联网行业的职业道德建设。

第七条　鼓励、支持开展合法、公平、有序的行业竞争，反对采用不正当手段进行行业内竞争。

第八条　自觉维护消费者的合法权益。保守用户信息秘密；不利用用户提供的信息从事任何与向用户作出的承诺无关的活动，不利用技术或其他优势侵犯消费者或用户的合法权益。

第九条　互联网信息服务者应自觉遵守国家有关互联网信息服务管理的规定，自觉履行互联网信息服务的自律义务：

（一）不制作、发布或传播危害国家安全、危害社会稳定、违反法律法规以及迷信、淫秽等有害信息，依法对用户在本网站上发布的信息进行监督，及时清除有害信息；

（二）不链接含有有害信息的网站，确保网络信息内容的合法、健康；

（三）制作、发布或传播网络信息，要遵守有关保护知识产权的法律、法规；

（四）引导广大用户文明使用网络，增强网络道德意识，自觉抵制有害信息的传播。

第十条　互联网接入服务提供者应对接入的境内外网站信息进行检查监督，拒绝接入发布有害信息的网站，消除有害信息对我国网络用户的不良影响。

第十一条　互联网上网场所经营者要采取有效措施，营造健康文明的上网环境，引导上网人员特别是青少年健康上网。

第十二条　互联网信息网络产品制作者要尊重他人的知识产权，反对制作含有有害信息和侵犯他人知识产权的产品。

第十三条　全行业从业者共同防范计算机恶意代码或破坏性程序在互联网上的传播，反对制作和传播对计算机网络及他人计算机信息系统具有恶意攻击能力的计算机程序，反对非法侵入或破坏他人计算机信息系统。

第十四条　加强沟通协作，研究、探讨我国互联网行业发展战略，对我国互联网行业的建设、发展和管理提出政策和立法建议。

第十五条　支持采取各种有效方式，开展互联网行业科研、生产及服务等领域的协作，共同创造良好的行业发展环境。

第十六条　鼓励企业、科研、教育机构等单位和个人大力开发具有自主知识产权的计算机软件、硬件和各类网络产品等，为我国互联网行业的进一步发展提供有力支持。

第十七条 积极参与国际合作和交流，参与同行业国际规则的制定，自觉遵守我国签署的国际规则。

第十八条 自觉接受社会各界对本行业的监督和批评，共同抵制和纠正行业不正之风。

第三章 公约的执行

第十九条 中国互联网协会负责组织实施本公约，负责向公约成员单位传递互联网行业管理的法规、政策及行业自律信息，及时向政府主管部门反映成员单位的意愿和要求，维护成员单位的正当利益，组织实施互联网行业自律，并对成员单位遵守本公约的情况进行督促检查。

第二十条 本公约成员单位应充分尊重并自觉履行本公约的各项自律原则。

第二十一条 公约成员之间发生争议时，争议各方应本着互谅互让的原则争取以协商的方式解决争议，也可以请求公约执行机构进行调解，自觉维护行业团结，维护行业整体利益。

第二十二条 本公约成员单位违反本公约的，任何其他成员单位均有权及时向公约执行机构进行检举，要求公约执行机构进行调查；公约执行机构也可以直接进行调查，并将调查结果向全体成员单位公布。

第二十三条 公约成员单位违反本公约，造成不良影响，经查证属实的，由公约执行机构视不同情况给予在公约成员单位内部通报或取消公约成员资格的处理。

第二十四条 本公约所有成员单位均有权对公约执行机构执行本公约的合法性和公正性进行监督，有权向执行机构的主管部门检举公约执行机构或其工作人员违反本公约的行为。

第二十五条 本公约执行机构及成员单位在实施和履行本公约过程中必须遵守国家有关法律、法规。

第四章 附则

第二十六条 本公约经公约发起单位法定代表人或其委托的代表签字后生效，并在生效后的 30 日内由中国互联网协会向社会公布。

第二十七条 本公约生效期间，经公约执行机构或本公约十分之一以上成员单位提议，并经三分之二以上成员单位同意，可以对本公约进行修改。

第二十八条 我国互联网行业从业者接受本公约的自律规则，均可以申请加入本公约；本公约成员单位也可以退出本公约，并通知公约执行机构；公约执行机构定期公布加入及退出本公约的单位名单。

第二十九条 本公约成员单位可以在本公约之下发起制订各分支行业的自律协议，经公约成员单位同意后，作为本公约的附件公布实施。

第三十条 本公约由中国互联网协会负责解释。

第三十一条 本公约自公布之日起施行。

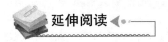 延伸阅读

北京市网络广告管理暂行办法

第一条 为依法规范网络广告内容和广告活动，保护经营者和消费者的合法权益，依照《中华人民共和国广告法》（以下简称《广告法》）、《中华人民共和国广告管理条例》（以下简称《条例》）有关规定，制订本办法。

第二条 本办法所称网络广告，是指互联网信息服务提供者通过互联网在网站或网页上以旗帜、按钮、文字链接、电子邮件等形式发布的广告。互联网信息服务提供者包括经营性和非经营性互联网信息服务提供者。

第三条 互联网信息服务提供者发布网络广告，应当遵守《广告法》《条例》和其他有关法律、法规、规章以及本办法的规定。

第四条 北京市工商行政管理局负责本市网络广告监督管理，并在HD315网站建立"网络广告管理中心"。区、县分局（含直属分局）负责对辖区内互联网信息服务提供者发布的网络进行监督管理。

第五条 本市行政区域内经营性互联网信息服务提供者为他人设计、制作、发布网络广告的应当到北京市工商行政管理局申请办理广告经营登记，取得《广告经营许可证》后到原注册登记机关办理企业法人经营范围的变更登记。非经营性互联网信息服务提供者不得为他人设计、制作、发布网络广告。在网站发布自己的商品和服务的广告，其广告所推销商品或提供服务应当符合本企业经营范围。

第六条 经营性互联网信息服务提供者申请办理网络广告经营登记，应

当符合下列条件：

（一）企业法人营业执照具有从事互联网信息服务的经营范围；

（二）在北京市工商行政管理局指定的网站（HD315）备案；

（三）具有相应的广告经营管理机构和取得从业资格的广告经营管理人员及广告审查人员；

（四）具有相应的网络广告设计、制作及管理技术和设备。

第七条　符合上述条件，申请办理网络广告经营许可证，应提交下列证明文件：

（一）在 HD315.gov.cn 网站上办理备案登记后，贴有备案标识的网站首页打印件；

（二）广告经营资格申请登记表（一式两份）；

（三）营业执照复印件（加盖发照机关备案章）；

（四）网站域名的注册证明（有效复印件）；

（五）广告管理制度（承接、登记、审查、档案、财务）及广告监测措施；

（六）《广告专业岗位资格培训证书》2 份（有效复印件）；

（七）《广告审查员证》2 份（有效复印件）；

（八）广告价目表。

对文件齐备、符合规定的，北京市工商行政管理局自受理之日起七个工作日内核发《广告经营许可证》。

第八条　已取得《广告经营许可证》的广告经营单位和发布单位经营网络广告的，应根据上述规定办理备案登记和网站域名的注册登记。取得网络广告经营资格的互联网信息服务提供者，应当在其网站备案栏中注明《广告经营许可证》号码。

第九条　经营性互联网信息服务提供者设计、制作、发布网络广告应当依据法律、行政法规查验广告主有关证明文件，核实网络广告内容。对内容不实或者证明文件不全的网络广告，不得设计、制作和发布。

第十条　经营性互联网信息服务提供者发布网络广告，应将制作完成并经过审查的网络广告上传至"网络广告管理中心"，同时附加网站注册得到的电子标识、企业所属审查员的代码，以及广告发布点的计划。"网络广告管理中心"将根据广告发布计划将该网络广告发送至目标网站，并于计划执行完毕后，将该广告的相关资料自动返还提交广告的网站。对于已具有集中发布网络广告性质的网站或"网站联盟"性质的网络广告运作联合体，其广告发布部分的数据库应与"网络广告管理中心"实现联网。

第十一条　经营性互联网信息服务提供者应将发布的网络广告及相关资料保存留档一年，并不得隐匿、更改，在广告监督管理机关依法检查时予以提供。

第十二条　经营性互联网信息服务提供者的网络广告收入应当单独立账，并使用广告业专用发票。

第十三条　互联网信息服务提供者不得在网站上发布下列商品或服务的广告：

（一）烟草；

（二）性生活用品；

（三）法律、行政法规规定生产、销售的商品或者提供的服务，以及禁止发布广告的商品或者服务。

第十四条　互联网信息服务提供者在网站上发布药品、医疗器械、农药、兽药、医疗、种籽、种畜等商品的广告，以及法律、法规规定应当进行审查的其他广告，必须在发布前取得有关行政主管部门的审查批准文件，并严格按照审查批准文件的内容发布广告；审查批准文号应当列为广告内容同时发布。

第十五条　互联网信息服务提供者在网站上发布出国留学咨询、社会办学、经营性文艺演出、专利技术、职业中介等广告，应当按照有关法律、法规、规定取得相关证明文件并按照出证的内容发布广告。

第十六条　互联网信息服务提供者应当将发布的广告与其他信息相区别，不得以新闻报道形式发布广告。

第十七条　本市各级工商行政管理机关广告监督管理部门应将网络列入重点广告监测范围，建立监测登记汇总制度。发现违法广告及时下载取证，保证网络广告监测及时到位。

第十八条　对取得广告发布资格的互联网信息服务提供者，北京市工商行政管理局将通过 HD315 网站向社会公告其名称、注册标识及广告经营许可证号，以供广大消费者认选，并方便消费者投诉、申诉、举报。

第十九条　违反本办法规定的，工商行政管理机关将依照《广告法》《条例》等法律、法规的规定进行处罚。

第二十条　外商投资的经营性互联网信息服务提供者申请办理网络广告登记的，参照设立外商投资广告企业的有关规定和本办法执行。

第二十一条　本办法由北京市工商行政管理局负责解释。

第二十二条　本办法自 2001 年 5 月 1 日起施行。

（三）中国广告业的自律

广告业的自律，主要指将广告企业机构、广告媒体和工商企业的广告部门自订的广告条例，或将同业机构共同制定的广告公约、专业广告公司的章程和行业协会的章程，作为本企业或行业执行政府有关广告法规的具体行为准则。广告自律的目的是广告企业机构、广告媒体和工商企业进行自我约束，承担广告的经济责任与社会责任，保证所发布的广告奉公守法、真实可信。广告自律的目的，还在于防止广告主滥用广告，加强广告主、广告公司、广告媒体对消费者的责任，规定进行广告的伦理准则、广告主间的伦理准则和广告代理业及媒体业的伦理准则，避免因不正当的竞争手段而造成经济损失和信誉损失。

我国的企业、媒体业与广告业有着注重自律的传统。早在新中国成立前，许多报馆和广告公司、广告社就曾制定过自律条文，宣称"有伤风化及损害他人名誉者、迹近欺骗者，概难照登"。新中国成立后，广告业曾提出"真实、美观、经济、实用及贯彻执行党和国家政策"的要求，随后又提出"思想性、政策性、真实性、艺术性和民族风格"的自律原则。[①] 在《广告管理条例》和《中华人民共和国广告法》等法律法规颁布后，广告协会以及许多广告企业、媒体机构依据法律法规制定了自律条文。在我国，自律作为政府主动型的广告监管的辅助手段，对于我国广告业的健康发展也发挥着不可低估的作用。

---

① 孙有为：《广告学》，世界知识出版社 1991 年版，第 358—359 页。

二、美国广告管理概况

下面，简单介绍一下美国广告管理的概况，以为借鉴。美国广告的管理主要从两大方面进行，一个方面是行业自律，另一方面是政府监管。

（一）美国广告管理中的自律

在美国广告界，自律在几个环节上展开。第一个环节是公司内部通过政策进行自律。很多美国公司（不论企业还是广告公司）有内部的政策和规定，告诉员工可以传达什么样的信息或不可以传达什么样的信息。许多广告主和广告代理公司还有自己制定的用来规范广告管理的文件。有些广告公司和营销传播公司常常出于自律，拒绝为某类公司代理业务（如烟草公司的广告业务）。

美国广告界进行自律的第二个环节是行业的标准。美国广告业的很多机构为其会员制定行动指南。美国有很多著名的广告机构，比如：美国广告代理商协会（The American Association of Advertising Agencies）、美国广告联盟（The American Advertising Federation）、全国广告主协会（The Association of National Advertisers）等，这些机构都制定一些实践指南，对会员公司的工作进行指导和约束。比如，所谓的"4A公司"就是美国广告代理商协会的会员，这些公司若想拥有这一称呼，就必须遵守美国广告代理商协会制定的有关规定。违反行业标准和规范的广告公司会被取消成员资格。因违规而丧失成员资格的广告公司的信誉将大大降低，从而在行业内丧失竞争力。

美国广告界进行自律的第三个重要环节是媒体自律。美国报纸对于广告的要求是各种媒体中最为严格的。许多严肃的报纸经常根据自己的标准拒绝它们认为是不合适的广告。这种做法，不仅仅是因为害怕引起法律纠纷，而且是希望维护自身的"好品位"。杂志对广告也比较严格，尤其对于性暗示的广告持比较谨慎的态度。广播、电视也非常注重在广告方面的自律。美国的国家广播协会曾制定对于广播电视广告的严格规定。1975年制定的《美国电视广告规范》从六个方面规定了美国电视广告的准则：第一，一般性准则；第二，广告播映准则；第三，医药用品广告准则；第四，赠奖准则；第五，广告时间准则；第六，独立电视台的时间准则。[①] 美国媒体界对广告的严格自律程度甚至被认为过分，因而引起了 1982 年美国司法部对其提出诉讼。

在美国，参与广告自律的主要行业机构包括：良好商业促进局、良好商业促进局的儿童广告审评部门、全国广告审评委员会、全国广告审评委员会分部、全国广告审评委员会的广告审评董事会[②]等。

（二）美国广告管理中的政府监管

美国政府的许多机构可以参与对于市场营销传播的管理。美国政府对广告活动的监管分为联邦政府、州政府和地方政府等多个层面。[③] 1914 年，美国国会通过了《联邦贸易委员会法》及《克莱顿法案》。《联邦贸易委员会法》规定了对虚假广告进行管理的机关、传播虚假广告应负的法律责任及虚假广告的含义等。《克莱顿法案》旨在禁止商业经营中削弱竞争的行为和可能建立的垄断。1936 年制定的《罗宾逊—帕特曼法案》是一部旨在进一步加强《克莱顿法案》内容的联邦法案，规定某些价格竞争为非法行为。1938 年，美国国会通过《食品、药品与化妆品法案》，该法案授权食品与药品管理局有权禁止制造、贩卖变质、掺假加冒牌食品、药品及化妆品。在后来的修正案中又加入了关于食品添加剂、杀虫剂等方面的条文。同年通过的《维勒—李法案》进一步界定了虚假广告，赋予美国联邦贸易委员会更大的广告仲裁权。1965 年制定、1970 年修正的《联邦公路美化法》对户外广告有深远影响。

根据美国法律，美国联邦政府对广告进行管理的重要机构是联邦贸易委员会（Federal Trade Commission，FTC）。这个机构是由美国国会创建的，直接对国会负责。该机构通过稽查"不正当商业行为"进行有关管理。

---

① 关于《美国电视广告规范》六大准则的详细内容，读者可参见孙有为编著：《国际广告》，世界知识出版社 1991 年版，第 81—93 页。因这方面的内容并非本书论述的重点，故不作详述。

② 这些机构或部门的英文名称依次为：The Better Business Bureau（BBB），BBB's Childen's Advertising Review Unit（CARU），National Advertising Review Council（NARC），NARC's National Advertising Division（NAD），NAD's National Advertising Review Board（NARB）。参见 Jim Barlow，"Watchdog Keeps Ad Claims in Line"，*The Houston Chronicle*，March 6，1997，p. 1。

③ 美国早在 1911 年曾颁布《印刷物广告法案》（Printer's Ink Model Statute），有学者认为"这是美国，也是世界上最早的广告法规"。参见孙有为编著：《国际广告》，世界知识出版社 1991 年版，第 87 页。实际上，《印刷物广告法案》是《印刷者油墨》（*Printer's Ink*）杂志发布的广告的规则，其颁布者不是政府机构，属于媒体自律范畴，译为《印刷者油墨规章》为宜。认为它是"这是美国，也是世界上最早的广告法规"，乃是因为译法导致的误说。

联邦贸易委员会一个重要的管理领域是对通过跨州商业活动出售产品的市场营销传播活动进行管理。如果讯息（message）误导"理性消费者"，使其购买决定受到影响，并使其由于讯息的欺骗或混淆而作出了错误的决定，联邦贸易委员会就会认定这种讯息是欺骗性讯息。除广告之外，联邦贸易委员会也发布各种指南，对折扣券、商业担保、赌马金等作出管理。

如果发现传播讯息的问题，联邦贸易委员会就会采取几种行动：（1）肯定的揭露。联邦贸易委员会要求公司在其广告中提供某种信息，说明产品的局限性。（2）广告的证据。如果对某公司产品广告中的使用安全性、功效、质量或具有竞争性的价格诉求有任何疑问，联邦贸易委员会可以要求公司出示证明文件。（3）同意停止的命令与中止和停止的命令。联邦贸易委员会可以对公司有问题的广告提出警告。如果公司同意停止广告发布，联邦贸易委员会签署一个同意停止的命令。如果公司不同意停止广告发布，联邦贸易委员会可以发出中止和停止的命令，要求公司停止有问题的广告。如果公司不服从命令，将面临民事诉讼。（4）纠正广告。联邦贸易委员会也可以要求公司花一定的广告预算发布消息或纠正以前广告中的错误信息。

除联邦贸易委员会外，美国联邦政府中还有很多机构或部门可能参与对广告和相关的营销传播行为作出管理，比如：联邦通信委员会，食品和药品管理局，美国邮政服务机构，酒类、烟草及枪支管理局，专利与商标办公室，美国农业部，美国运输部，美国财政部，美国劳工部，安全与交易委员会，消费者产品安全委员会，环境保护处①，等等。美国政府对广告活动的监管除联邦政府外，州政府和地方政府也会在多个层面参与。许多地方政府对广告和营销传播活动都有严格的管理，这些管理主要包括以下一些重要的方面。

1. 对广告量的管理

在美国，广告的泛滥常常引起消费者的抱怨并导致一些社会问题。美国

① 这些机构或部门的英文名称依次为：Federal Communications Commission（FCC），Food and Drug Administration（FDA），United States Postal Service（USPS），Bureau of Alcohol, Tobacco, and Firearms（BATF），Patent and Trademark Office，U. S. Department of Agriculture，U. S. Department of Transportation（DOT），U. S. Treasury Department，U. S. Labor Department，Securities and Exchange Commission（SEC），Consumer Products Safety Commission，Environmental Protection Agency（EPA）。参见 Tom Duncan, *IMC: Using Advertising & Promotion to Build Brands*, NewYork：McGraw - Hill, 2002, p. 682。

对广告量有一定的管理，对以儿童为目标的广告量管理尤其严格。美国国会通过了 1990 年的《儿童电视法案》，限制儿童电视节目中的广告数量。1 小时的儿童节目在周末只能播放 10.5 分钟的广告，而在平时可以有 12 分钟。然而，如果这些节目插播的广告与剧情中的广告涉及的产品一致，那么便认为这些节目播放了与节目本身等长的广告，这就被认为违反了《儿童电视法案》。

2. 对虚假广告和违规广告的管理

1980 年以来，两种违规的电视广告形式出现在美国，一种是与节目等长的广告，另一种是看起来像新闻的广告。这些长广告经常贴信息片的标签。在午夜或者周末的有线电视频道中，很容易发现许多长度在 30 分钟到 1 个小时的广告。这些节目广告往往利用产品的展示，以及那些用过或假设用过产品的人的证词。联邦贸易委员会负责监督这些广告内容的真实性，可是这些广告的诉求往往就在欺骗的边缘，打一些擦边球。即使这些广告诉求是假的，力量有限的联邦贸易委员会有时也很难查处所有有问题的广告。许多这类广告看起来像是新闻，这种与节目等长的广告能够影响观众对广告的信任。在这类广告中，一个看起来像新闻播音员的老年男子和一个年轻妇女也许会一开始宣布一个刚推出的减肥产品，后面的节目可能看起来像记者的街头访问。在美国，这类广告常常被认为是有问题的，因为它们常常使"理性消费者"无法辨别是新闻还是广告。这种广告与新闻的混合体在美国没有广泛流行，原因是电视台担心用新闻的形式卖产品会降低当地新闻的可信性。不过，这些广告还是经常在电视上出现。在互联网媒体中，广告与信息的混合也让人很难分辨。带有公司产品信息的网站是用来说服消费者，还是用来提供对该产品的客观评价，两者的界限很难分清。这也是广告管理者和管理部门遇到的难题。

3. 对政治广告的管理

对于政治广告，美国的报纸和电视台于 1990 年开始提出政治广告的标准。这些标准在此后的选举中继续使用。美国政治广告的标准主要在于对广告的正确性和真实性进行衡量。然而，这些标准并不总是能够容易地去评价微妙的广告问题。检查叙述的真实性，不一定能够揭示广告试图控制选民的意图。

三、世界上其他一些国家的广告管理

最后，介绍一下世界上其他一些国家的广告管理情况。世界上的国家由于国情不同，都有各自的广告管理部门和广告管理措施。[1] 有些国家强调商业传统和自律，有些国家则强调制定严格的法律法规来管理广告中出现的问题。比如，日本的广告管理分为法律、公正竞争规约、自主规制三个层面，并以尊重商业传统和行业自律为主。公正竞争规约、自主规制都属于自律范畴。日本没有广告法，但是有一些相关法律法规和广告与营销活动有关。这方面的法律法规主要有六种，包括消费者保护基本法、民法、不正竞争防止法[2]、不正当景品[3]。与不正当表示法（简称"景品表示法"）、著作权法、商标法等；在这个广告六法体系之外，还有一些和广告活动相关的法律法规，比如意匠法、特许法、实用新案法[4]、屋外广告法、药事法、医疗法等个别法规。日本广告的行业自律主要在企业、广告公司、媒体、行业组织等多个环节展开。日本企业和广告公司的自律比较严格，媒体也有自己的行业刊播标准，各种行业组织都有自己对会员规定的伦理标准和行动指南。公正竞争规约主要是指由各个行业（如汽车行业、家电行业等）制定的规约，但这些规约必须经过公正交易委员会的批准，一旦获得认可，就具有准法律效力，行业违法者将受到罚金处罚（但是，有些企业并未参加行业组织）。在日本，广告主、广告公司、媒体、制作等各种领域都有参与广告管理的行业机构。广告主方面有日本广告主协会（JAA）；广告公司方面有日本广告业协会（JAAA）；媒体方面有日本新闻协会（日本报纸协会）、日本民间放送联盟、日本杂志协会、日本杂志广告协会、全日本屋外广告业团体联合会、关东交通广告协会、互联网广告推进协会；制作方面有日本广告制作协会、日本电视广告制作公司联盟、日本广告音乐制作者联盟、日本广告摄影家（写真家）协会；广告主、广告公司、媒体三方面还共同组成行业自律组织，包括：全

---

[1] 国际商会曾在 1963 年通过《国际商业广告从业准则》。此后，该准则成为国际性广告法规，对国际广告的经营运作产生了指导和规范作用。

[2] 即"不正当竞争防止法"。

[3] 所谓的景品，是指在促销中使用的附赠品、奖品、抽奖品、奖励（如旅行奖励、观看演出）等。

[4] 在日本，意匠法、特许法、实用新案法和商标法加在一起，又常被统称为工业所有权法。

日本广告联盟，IAA 日本国际广告协会、日本 ABC 协会（日本报纸杂志发行量公查机构）、日本广告审查机构（JARO）、公共广告机构、全日本报纸广播联盟等。此外，在日本还有 PR 协会、伦理恳谈会、经营法友会，以及地方性的行业组织，比如东京广告协会、大阪广告协会等。可能参与广告管理的政府管理机关主要有：公正交易委员会（公正取引委员会）、文化厅、经济产业省、厚生劳动省、国土交通省、国民生活中心，以及各都道府县的有关部门。①

在法国，烟酒广告是被禁止的。所以，1998 年世界杯足球赛的赞助商之一百威公司是被禁止在球场内做广告的。在加拿大的魁北克，商标与广告中的文字被要求以法语和英语两种语言标出。

---

① 2003 年 4—9 月，笔者在日本电通公司研修和对相关机构访问时获得资料。

第四章 广告业的参与者

广告业有自身的结构和要求，有特定的参与者。广告是生产厂商可以运用的一种促销手段，是一种信息传播的形式。除了广告外，促销手段还包括公共关系、销售促进、辅助性工具等。要成功地卖出产品，生产厂商必须以好的产品作为开始，然后正确定价，接下来将产品通过合适的渠道进行铺货，最后就是促销产品。广告是把各方面要素联系起来的纽带。但是，广告不能将一个次品卖很长时间，广告也很难说服大多数成年人去购买名不副实的商品或服务。没有来自各方面力量的协助，单单凭生产厂家自身，在现代社会往往是很难卖出产品的。为了促销产品和服务，生产厂商进入广告市场，成为广告主。生产者和销售者付费给媒体（一般通过广告公司完成媒体的购买），因为媒体在自己的媒体产品中为广告主提供了促销自己产品和服务的空间与时间。在广告市场和消费者之间也有联系。在消费者市场，人们为了获取信息，支出他们的时间和金钱。消费者其实是用自己的注意力去支持广告，从而换取有趣的电视节目。广告市场和消费者市场的差异，对于消费者所购买的报纸媒体产品而言更为明显。读者买报纸的目的，是要获取其中包含的信息。可是，报纸中有伴随而来的广告。显然，广告主是在向报纸购买空间和读者的注意。作为媒体的报纸，以同一种产品同时服务于两个不同而又有联系的市场。因此，从广义上讲，广告行业包含了四个主要的参与者：广告主、广告公司及相关公司、媒体及相关机构、消费者。当然，消费者并不以组织机构的形式出现，本书将主要介绍前三者。但是，任何从事广告业的人，都应该心中谨记：消费者也是广告行业中一个重要的参与者。

中国广告业进入 21 世纪后规模迅速扩大。2002 年中国的广告营业额近1000 亿元，占 GNP 比例大约是 0.89%。国家工商总局 2012 年 11 月发布的数据显示，中国广告市场总规模已超过德国跃居世界第三位，仅次于美国和日本。2013 年中广协数据进一步显示，2012 年我国广告营业额已突破 4000 亿元，广告营业额占 GDP 比例为 0.9%，比上年增长 0.24%。

2013 年中国广告业营业额比 2013 年增长了 6.84%。该年，中国广告经营额达到 5019.75 亿元，比 2012 年增长 6.84%。广告经营单位 44.5 万户，从业人员 262 万人，成为世界第二大广告市场。该年，中国传统媒体广告经营额均处在下行通道。其中，电视广告经营额比 2012 下降了 2.75%，广播基本持平为 0.09%，报纸下降了 9.17%，期刊增长了 4.73%。2013 年，网络广告经营额达到 638.8 亿元，比 2012 年的 437.97 亿元增长了 45.85%，增长幅度近五成。

在国家产业政策和市场模式的作用下，2014 年中国广告业营业额继续增长。据国家工商行政管理总局公布的数据，2014 年中国广告经营额再创新高，达到 5605.6 亿元，比上一年增长 11.67%。广告是经济的晴雨表，尽管中国经济在该年进入新常态发展，但是来自广告业的数据显示，中国经济已然具有较为坚实的发展基础。

2014 年，全国经营广告业务的电视台数量增加了 30.53%，达到了 3121 家；营业人员达到了 58424 人，增长 17.78%；营业额增长了 16.11%，为 1278.5 亿元。但是，我们也可以注意到，广播电台、报社、期刊社的广告营业额都出现了下降，分别是 132.84 亿元（-5.91%）、501.67 亿元（-0.60%）、81.62 亿元（-6.41%）。传统媒体广告收入的下降，被另一股巨大的力量所弥补，这就是网络广告或者说互联网广告。2014 年，中国互联网广告行业市场规模达 1540 亿元，增幅为 40%。2015 年上半年，互联网广告行业市场规模为 888 亿元，同比增长 38.8%，增速小幅下降。移动互联网市场规模在 2014 年达 297 亿元，增幅高达 122%，占互联网市场规模比重为 19%，表现出移动互联网广告增长强劲的趋势。

2015 年，中国整体广告市场规模出现了负增长。这主要源于电视广告、报纸杂志广告、电台广告等传统广告市场收入规模的大幅下滑，特别是报纸广告。2015 年前三季度，报纸广告经营额下滑幅度达 34.5%。与此同时，基于互联网、社交媒体等的新媒体广告发展迅速，影院视频、互联网两类广告收入增长速度在 2015 年前三季度分别达 56.2% 和 20.9%。

全球广告业规模在 21 世纪处于增长态势中。2013 年全球广告市场规模 4850 亿美元，同比增长 3%。

总体而言，全球广告行业正在经历数字化时代历时性的巨变。一方面总体市场保持继续增长，另一方面此消彼长剧烈变化，电视广告则呈现疲软状态，但仍旧是广告市场最大主体，市场份额占比达40%。纸媒则一路下滑，持续下跌，以美国为例，其传统纸媒广告收入从2000年的650亿美元下滑到2012年的200亿美元，市场份额蒸发70%。而数字化媒体广告保持两位数的增长，市场份额占比达到23%，移动端广告增速高达50%以上。

广告业的发展，得益于行业参与者的发展。换句话说，只有企业（最主要的广告主）、广告公司及相关公司、媒体及相关机构、消费者力量的持续壮大，才能为广告业的发展提供源源不断的动力。

第一节　广告主

广告主[①]是指进行广告活动的主体，通常指发布广告的企业；但也可以是通过媒体发布广告的各种法人、团体或个人。也就是说，从广义上讲，任何发布广告的主体都可以称作广告主。

广告客户[②]一般是指广告公司的主顾。由于广告主通常通过广告公司代理广告业务，所以，广告主在广告业中通常被称为广告客户或简称为客户。在实际的使用中，"广告主"和"广告客户"的说法虽然在内涵上略有细微区别，但基本上是可以通用的。

《中华人民共和国广告法（2015年修订）》所称的广告主，是指为推销商品或者服务，自行或者委托他人设计、制作、发布广告的自然人、法人或者其他组织。这个定义主要是从对广告经营进行管理的角度出发，因此注重对广告活动主体性质作出规定。这一定义的前提，是针对商业广告而言的。

广告经济学关心的是广告市场上供求双方的相互作用，以及广告市场和消费者市场之间的联系。广告主在媒体上做广告，是因为他们希望广告内容能够触达那些被媒体内容吸引的受众，而受众中的一些人则希望从广告中寻找信息。

对于从事广告业的人来说，了解最重要的广告主类型——企业的经营活动以及广告在其经营活动中的地位是非常必要的。作为广告公司客户的任何

---

① "广告主"在英文里对应的单词一般为"advertiser"。
② "广告客户"在英文里对应的单词一般为"client"。

一家企业，首先是作为产品的生产者或服务的提供者存在于社会体系中。广告活动只是企业所有活动中的一部分。

企业主要的经营活动内容包括：制定企业目标，根据目标确定经营战略；确立财务战略、生产战略、人事战略、营销战略。在营销战略中，要进行产品、价格、流通、促销等多种具体战略的制定和执行。在促销战略中，企业要进一步制定销售促进战略、人员销售战略、公关战略、广告战略等。在广告战略的制定和执行中，企业常常寻求广告公司的帮助。在实际工作中，往往由广告公司帮助企业进行具体的广告策划，发布广告并进行效果的评估。当然，对于广告效果和销售效果的评估，企业往往会自己进行或委托第三方执行。有时，由于时间的关系和费用的问题，效果评估往往会根据实际需要而决定是否进行。企业经营活动的流程和广告活动的位置参见图4-1。当然，实际的企业经营活动更为复杂。

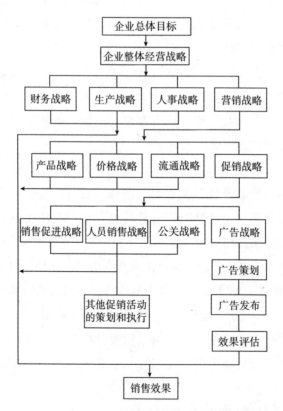

图4-1 企业经营活动的流程和广告活动的位置

从组织结构来看，在广告主内部，管理广告方面业务的部门（或人员）通常有几种情况：（1）由总裁/总经理直接管理，广告部门和销售、生产部门都直辖于企业最高管理层；（2）由营销主管负责，营销部门和生产部门直辖于最高管理层，而广告部门和销售部门直辖于营销部门；（3）在分权事业部的企业中，各事业部分管自己事业部的广告；（4）在集权事业部的企业中，企业广告由最高管理层直接管理，然后在最高战略指导下，各事业部分别管理各事业部的产品广告。

以上四种组织结构从广告经理职能和管理特征上，可大略分为集权型体系与分权型体系两种类型。在集权型体系中，广告经理通常控制着促销活动。广告经理需要进行预算管理、广告策略制定，还要负责对产品营销活动与广告活动进行协调，规划并监管媒体计划的执行。如果广告主的广告活动是外包的，那么广告经理的职责还包括同外部的广告供应商和相关服务机构进行协调。随着公司规模的壮大，或者当新产品、新品牌以及新部门不断出现后，集权型体系会向分权型体系演变。在采用分权型体系的大公司中，各个不同的事业部、产品线或业务服务都配备了相对独立的生产制造、研发、销售以及营销部门。在管理方面，它们可能将一个产品或品牌的经营管理与营销分配给各个产品经理或品牌经理。产品经理或品牌经理全权负责与该产品或品牌相关的策划、预算、销售以及利润核算等工作。宝洁公司是采取分权型体系管理品牌与广告工作的典型。分权型体系可进一步细分出不同的具体类型。有的公司在品牌经理上增设一个管理层，通常设置有品类经理，以协调和管理相关产品组合的品牌经理们的工作。这种组织方式称为品类管理体系。品类经理监督整个产品品类和品牌，其关注重点是品类品牌战略及品类中各品牌的协同竞争关系。分权型体系的优点是每种品牌都可受到专门关注。分权型体系的缺点包括：各品牌经理各自为战，不注重品类战略的统一性。品牌经理也可能更关心短期盈利水平和忽视品牌长期规划。各品牌经理还可能为从高层赢得重视、争取资源而采取各种竞争手段，从而有可能因非生产性竞争导致潜在的资金配置错误。在我国，大多数中小型企业的广告都直辖于企业最高管理层；大型企业的情况则更为多样。在实际的企业运营中，还有更多的管理情况。广告公司人员必须根据实际情况作出正确的判断。

案例

奇瑞试水"事业部"制①

日前,《中国经营报》记者从奇瑞内部了解到,奇瑞正在准备进行大刀阔斧的内部组织体制改革,将对现行结构进行调整,并规划成立开瑞微车事业部、威麟商务车事业部、旗云经济型乘用车事业部和动力总成事业部。

通过改变产品体系的管理模式,进而实现各品牌齐头并进的局面,这是奇瑞的最大初衷。但作为"第一个吃螃蟹"的自主品牌车企业,此举引发的一系列难题也将随之而来。

1. 体系改革

奇瑞即将成立上述四大事业部的消息,本报记者从奇瑞总经理办公室主任金弋波那里得到了确认。

"事业部的成立等于军队中的特种部队,目的是便于各产品线在研发、生产、销售等各环节的顺畅运作。并且每个事业部都有自己的细分市场,能灵活应对市场上出现的新情况,从而提高企业的整体效益。"金弋波表示。

根据奇瑞公司的长期设想,新成立的四个事业部将专注于发展各自的细分市场,并实行独立核算,即赋予各事业部负责人更大的权力,可自由支配本部门的全年预算计划,以便能灵活适应市场上不断出现的新情况。

而成立事业部的最大动力,显然还是来自奇瑞目前产品阵营的表现情况。2009年年初奇瑞公司启动了奇瑞、瑞麒、威麟、开瑞多品牌战略后,产品线空前放大,四个品牌产品数量至2010年已达22款。而根据不同品牌的新产品计划,奇瑞汽车到2010年年底最终产品总数将达到30款之多。

不过,伴随规模数量的扩大,目前部分产品阵营的表现情况却不能完全让奇瑞满意。据全国乘用车联席会发布的数据,2010年1—7月,旗云1和旗云2两款车总销量分别为5252辆和33165辆,距离奇瑞当初制定的旗云系列月销量为15000辆的目标有很大差距。而开瑞品牌的车型上半年销量不足5万辆,能否顺利实现年销量12万辆的目标,也未可知。

---

① 卫小雨、寇建东:《奇瑞试水"事业部"制》,《中国经营报》2010年9月6日。本书作者根据出书需要,对原文稍作改动。

此外，拿被奇瑞寄予厚望的两个中高端品牌瑞麒和威麟来说，瑞麒 M1 自2009 年 4 月份上市后，全年月均销量只有 1800 多辆；而瑞麒 G5 从 2009 年年底上市至今，月均销量只有 200 辆左右，与奇瑞制定的一年 3 万辆的销量目标相去甚远。

汽车业知名分析师张志勇对此表示，随着产品矩阵越来越庞大，奇瑞为了让各品牌各自充分发展，必然要细分、理清内部机构，提升管理效率，"成立事业部后，各部门的独立性会大大增强，少了一个庞大体系下其他环节的牵扯，各事业部就能集中精力专注于自己的细分市场，更有效地进行人才、物资的调配"。

2. 问题待解

显然，成立事业部是奇瑞为应对多品牌战略而对内部进行的一次"大手术"；而实施多品牌战略，目前在自主品牌车企中已不鲜见。

奇瑞的最大竞争对手吉利，在 2008 年便为旗下产品重新规划了品牌体系，分为全球鹰、帝豪及英伦三大品牌，同时，吉利在公司内部建立了各子品牌事业部的营销体系。在由吉利副总裁刘金良亲自挂帅的吉利销售公司下面，分别成立了全球鹰、帝豪及英伦的销售事业部，每个销售事业部均有各自一套完整的管理运营团队。

不过，与吉利事业部不同的是，奇瑞此次将成立的事业部不仅体现在销售端，同时还包括研发、生产等环节，并实行"独立核算"，这一改革模式显然比吉利更为彻底。此外，值得关注的是，奇瑞准备成立的四个事业部，并未像吉利那样完全按照品牌来划分，也并未完全覆盖其目前拥有的全部四个品牌——奇瑞品牌和瑞麒品牌便未成立单独的事业部进行运作。

"不久前，奇瑞汽车将原 QQ6 和 A5 两个车型名称更改为旗云 1 和旗云 3，成为旗云系列的车型。现在，又将旗云品牌剥离成事业部，体现了奇瑞进一步做大做强经济型乘用车的决心和信心，"奇瑞一位市场部人士表示，"从某种层面上讲，旗云代表的就是奇瑞品牌。"

但瑞麒品牌的"落榜"又是为何呢？

对此，张志勇表示，将旗云、开瑞、威麟三大品牌设立成事业部，说明在奇瑞眼里，它们将是公司在未来几年内的主营业务，"而受制于品牌地位等因素，自主品牌中高端轿车的发展难度较大，一旦设立事业部，就意味着要投入更多的资金，奇瑞将面临投入与回报严重不对等的局面，这反而会增加奇瑞的负担"。

然而，对奇瑞而言，目前成立事业部虽然有充足的理由，但由于缺少可借鉴的经验，可能产生的消极作用似乎也将从现在开始挥之不去。

"成立事业部对奇瑞的内部资源整合能力提出了巨大的挑战。"有业内分析人士表示，事实上，事业部制的弊端在欧美汽车企业中也存在，如：在事业部自主权扩大的情况下，容易导致管理失控；横向事业部之间协调难度增大；增加经营管理开支等。

对于这些问题，奇瑞一位内部人士向记者表示，各事业部的自主性虽然增强，但仍须定期向总公司汇报工作，而总公司也会设立相应的监督体制，来监管并辅助事业部的运行。显然，对于事业部制这一新生事物，奇瑞已经上路，但更大的考验也已经来临。

思考与讨论

1. 奇瑞为什么要尝试使用事业部制？
2. 事业部有何优点和弊端？

不论哪种组织形式的广告主，其经营活动对广告的运用情况都受到经济发展水平与广告市场发展程度的影响。国家经济发展水平则通常和广告市场的发展程度具有一定的关系。通常情况下，经济发展水平越高，广告市场越发达。发展中市场的广告支出在 2010 年占全球广告支出的 31.5% 左右。但是，经济发展水平和广告市场的发展程度并不存在严格的正比关系。广告市场的发展程度还受到国家商业传统、政府管制、法律规定以及全球性大企业发展战略的影响。

北美、欧洲、东亚长期以来是世界的三大广告市场。美国是世界上第一广告大国，美国广告也是美洲广告业中的主导力量，德国、英国、法国、意大利等国家的广告业在欧洲广告业中占有重要地位，日本广告市场在东亚广告业和世界广告业中都占有重要地位。由于中国经济的快速发展，中国广告市场在世界广告市场中日益占据重要地位（见表4-1、表4-2）。

表4-1 2010 年世界十大广告市场

广告支出情况（汇率为 2009 年平均汇率）

（单位：百万美元）

序号	广告市场	广告支出
1	美国	151519
2	日本	43267
3	德国	24631
4	中国	22606
5	英国	18047
6	巴西	14243
7	法国	12875
8	意大利	10753
9	澳大利亚	9394
10	加拿大	8867

资料来源：实力传播：《中国经营报》2010 年 12 月 13 日。

表4-2 2009 年和 2010 年世界广告市场中各种媒体的

广告支出（汇率为 2009 年平均汇率） （单位：百万美元）

	2009 年	2010 年
报纸	97237	94199
杂志	43844	43184
电视	165260	180280
广播	31855	31979
电影院	2104	2258
户外广告	28120	29319
互联网	54209	61884
总计	422629	443103

资料来源：实力传播：《中国经营报》2010 年 12 月 13 日。

从世界范围来看，有些城市的广告业非常发达，比如：美国的纽约、日本的东京、英国的伦敦、法国的巴黎、德国的法兰克福、意大利的米兰、澳大利亚的悉尼、巴西的圣保罗、韩国的首尔等。许多世界著名广告公司的总部都设在这些城市。美国的纽约被称为"世界广告之都"。2002年，按照核心广告收入进行排名的世界前十位的广告公司（单体）中，有七家总部设在纽约。另外，有两家总部设在东京，一家总部设在芝加哥。

美国是世界头号经济强国，其经济发展势头虽然有所减弱，但依然是世界经济最为重要的构成部分。因此，美国毫无疑义地将继续保持世界头号广告市场地位。随着其经济占世界经济总量的比重可能会下降，美国广告占世界广告市场的份额也有下降的可能性。因欧盟国家统一货币——欧元的诞生，欧洲统一大市场特征更加明显，客观上为欧洲广告业的发展创造了有利条件。20世纪90年代，亚洲飞速发展的广告业因为日本经济不景气、东南亚金融危机等而大大放慢增长速度，有些国家（包括日本在内）甚至出现负增长。近年来，尽管中国、印度等发展中国家经济发展迅速，但是美国、日本两国的广告业依然在世界广告市场上占据主要地位。今后的发展状况将视各国各地区经济发展情况如何而定。中东和非洲的广告市场占世界广告市场的份额很小，在2%左右。

全球贸易已经被争夺消费者的竞争活动所推动，国际营销也伴随着全球贸易与全球竞争活动而日益被重视。某些市场的人口增长缓慢、市场饱和、竞争激烈、营销环境恶化等原因，使大量企业跨越国门去寻求消费者。马克思在《资本论》中预言的发展趋势在今日世界已经成为现实，"各国人民日益被卷入世界市场网，从而资本主义制度日益具有国际的性质"[①]。同时，资本逐利的性质使消费主义伴随资本的移动与市场的开拓而席卷全球。

20世纪80年代开始，很多企业开始大规模推行全球化战略，开拓国际市场。许多大型全球性公司实力强劲，用"富可敌国"一词来形容绝不会过分。这些企业成为促进世界经济发展的主要力量。广告是参与国际竞争活动的重要手段。在激烈的全球市场竞争中，一些公司逐渐壮大，为了进一步促销其产品与服务，它们纷纷开展花费巨大的广告活动，成为全球市场影响巨大的广告主。尽管在竞争的大海中，有些公司如潮水般起落，但是总体看来，大多数全球性广告主在全球广告市场上长期占据主要地位（见表4-3）。

---

① 《马克思恩格斯全集》第23卷，人民出版社1972年版，第831页。

表4－3　巨型品牌在美国以外市场的广告花费排名情况

排名	广告主（巨型品牌）名称	美国以外的广告花费（百万美元）	变化（%）
1	Unilever	2967	0.7
2	Procter & Gamble Co.	2610	－8.8
3	Nestle	1560	9.8
4	Toyota Motor Corp.	1345	31.2
5	Volkswagen	1290	0.5
6	Coca－Cola Co.	1176	－0.7
7	Ford Moter Co.	1127	3.5
8	General Motors Corp.	1028	－13.1
9	PSA Peugeot Citroen	1004	4.1
10	Fiat	988	19.4
11	Rennault	914	－2.9
12	L'Oreal	913	－11.8
13	Kao Corp.	715	96.1
14	McDonald's Group	694	26.5
15	Mars Inc.	692	0.4
16	Vodafone Group	673	33.7
17	Nissan Motor Co.	665	0.4
18	Henkel	654	3.0
19	Ferrero	633	0.8
20	Sony Corp.	556	－13.1
21	Philip Morris Cos.	541	－14.9
22	Danone Group	539	1.0
23	France Telecom	527	2.5
24	Daimler Chrysler	424	10.3
25	Telefonia	419	8.3

注：随着互联网技术的发展与广泛应用，要获得全球主要广告主的广告花费等最新信息已经很容易了。因此，对竞争格局发生变化的原因的解释，对我们研究广告学来说，其重要程度在某种程度上比考察各企业潮起潮落的排名更为重要。然而，从历史研究的角度来说，记录各企业在全球广告市场中的地位依然有其历史记录价值。表中根据广告主的巨型品牌（megabrand）在美国以外市场的广告花费（ad spending）进行排名。数据的来源包括 AD AGE GLOBAL（2001 年 11 月），ACNielson Co.，Taylor Nelson Sofres' CMR 等多渠道，为 2000 年的数据。广告主广告花费的单位为"百万美元"。巨型品牌（megabrand）是《广告杂志》中的一个定义，它用来指称包含各种产品和服务，但使用同一名称的品牌。

资料来源：参见 Fact Pact（9，2002Edition，A Supplement to Ad Age），*Handy Guide to the Advertising Business*，p.8。

美国长期以来一直是世界上最大的广告市场，拥有一大批实力极为雄厚的企业。2001年，美国市场上的顶级广告主包括一些即使在世界市场上也是赫赫有名的大公司，比如通用汽车、宝洁、福特汽车、百事等公司等（见表4-4）。

表4-4　美国广告市场上广告主的广告总体花费排名情况

排名	广告主	在美国的广告花费（十亿美元）	变化（%）
1	General Motors Corp.	3.37	-14.5
2	Procter & Gamble Co.	2.54	-2.8
3	Ford Moter Co.	2.41	2.7
4	PepsiCo	2.21	4.5
5	Pfizer	2.19	-3.0
6	DaimlerChrysler	1.99	-8.2
7	AOL Time Warner	1.89	6.2
8	Philip Morris Cos.	1.82	-7.7
9	Walt Disney Co.	1.76	-3.4
10	Johnson & Johnson	1.62	1.0

注：表中根据美国广告市场上广告主的广告总体花费进行排名。表中的广告花费包括销售促进和直接营销。数据的来源包括 Ad Age，Taylor Nelson Sofres 'CMR 等多渠道，为2001年的数据。《广告时代》杂志公布数据时间为2002年。广告主广告花费的单位为"十亿美元"。

资料来源：参见 Fact Pact（9，2002Edition，A Supplement to Ad Age），*A Handy Guide to the Advertising Business*，p.5。

2001年，美国广告花费最大的巨型品牌是 AT&T，广告花费（此处指媒体广告发布，不含销售促进和直接营销）达9.97亿美元。[①] 日本、德国、英国、法国、意大利、韩国、巴西、西班牙、加拿大、澳大利亚等国家都有广告投入巨大的广告主，比如日本的丰田公司、英国的联合利华公司、韩国的LG集团等（见表4-5）。

---

① *Advertising Age*，July 22，2002.

表4-5 各广告市场的广告总体花费情况

排名	国家/首位广告主	广告花费
1	日本	**39.7**
	Toyota Motor Corp.	829.5
2	德国	**20.7**
	Deutsche Telekom	379.8
3	英国	**16.5**
	Unilever	239.4
4	法国	**10.7**
	France Telecom	323.8
5	意大利	**8.4**
	Olivetti	675.9
6	韩国	**6.4**
	LG Group	188.1
7	巴西	**6.2**
	Intelig	108.1
8	西班牙	6.0
	Telefonica	293.3
9	加拿大	**5.2**
	General Motors Corp.	227.4
10	澳大利亚	—
	Telstra Corp.	83.8

注：表中显示的是各广告市场的广告总体花费情况以及在每个市场上花费最大的广告主。数据的来源包括 Nielson Media Research，Taylor Nelson Sofres and Zenith Optimedia 等多渠道，为2000年的数据。《广告时代》杂志公布数据时间为2002年。表中，每个市场广告花费的单位为"十亿美元"（深色数字）；广告主广告花费的单位为"百万美元"（浅色数字）。

资料来源：参见 Fact Pact（9，2002Edition，A supplement to Ad Age），*A Handy Guide to the Advertising Business*，p. 9。

近十年来，西方发达国家的主要广告主名单有所变化，但是大多数具有悠久历史的大公司依然是这些国家市场乃至全球市场上的佼佼者。

第二节　广告公司和相关公司

如今，在实际使用中，"广告公司"的内涵和"广告代理公司"的内涵实际上基本是一致的。"广告代理公司"这一说法的由来，是因为早期这种公司的主要职能是为广告主购买媒体、发布广告，因此，被称为广告代理公司。简单说，广告代理公司是指受广告主委托，为广告主拟订广告活动方案，并根据方案购买媒体，创作广告，实施广告活动及相关业务的经营机构。随着广告主、消费者、媒体在广告行业中不断地发生变化，广告代理公司的业务领域和职能也不断发生变化。由于广告代理公司的业务扩展到除媒体代理之外的多个领域，所以现在的广告代理公司也常常被称为广告公司。当然，广告代理公司的说法同样是可用的，现在的"代理"可以理解为除媒体业务之外的多种领域的业务代理。

美国广告商协会给广告代理公司下过这样的定义："一个广告代理公司是由创意人员和营业人员组成的独立的商业性机构，广告代理公司帮助那些为自身产品或服务搜寻顾客的销售者开发、准备并在媒体上发布广告。"[1] 根据美国调查局（U. S. Census Bureau）统计，20 世纪 90 年代末，美国有超过 1 万家广告代理公司在营业。[2] 美国广告界权威杂志《广告时代》每年对美国国内数百家广告公司进行排名。2003 年，美国《广告时代》的广告公司年度报告按照收入列出了前 468 家广告公司的排名。[3] 在我国，2002 年年底有57434家广告公司。[4] 美国广告公司的集中度远远高于我国。美国广告公司总数尽管不及我国的广告公司数量，但其高集中度说明美国广告业发展较为成熟，广告公司的竞争使广告行业朝寡头垄断方向发展。

---

[1] J. Thomas Russell, W. Ronald Lane, *Kleppner's Advertising Procedure*, Prentice Hall, 1999, p. 113.

[2] J. Thomas Russell, W. Ronald Lane, *Kleppner's Advertising Procedure*, Prentice Hall, 1999, p. 113.

[3] *Advertising* Age, April 21, 2003.

[4] 国家工商行政管理局统计。

一、以美国为代表的现代广告公司的发展

现代意义上的广告公司最早是在美国发展起来的。下面，让我们从美国广告公司的早期开始，来看看现代意义上的广告公司是如何一步步发展起来的。按照有些美国学者的观点，美国现代广告公司的发展大致经历了五大阶段：第一个阶段是发展早期（殖民地时期—1917 年）；第二个阶段是无折扣时代（1918—1956 年）；第三个阶段是谈判方式盛行阶段（1956—1990 年）；第四个阶段是再发展时期（1990—2004 年）；第五个阶段是互联网广告兴起时期（2004 年至今）。[①]

在第一个阶段（殖民地时期—1917 年），大致有几个关键时期。（1）未成形的代理业务。有美国学者认为，首先从事广告代理的是美国殖民地时代的邮政总长。殖民地时代，有些时候，在邮政长官的允许下，地方性邮局会受理那些在其他地方的报纸上刊登的广告文稿。"纽约第一份殖民地周刊的出版商威廉姆·巴拉德福特（William Bradford）和 1727 年的邮政总长理查德·尼古拉斯（Richard Nichols）达成协议，那位当时的邮政总长同意在收取一定比例费用的情况下为《纽约报》（*New York Gazette*）受理广告。"[②] 但是，这一事实并没有被众人所熟知，其形式也是附属于其他业务而以较边缘的形式存在的，因此本书称之为"未成形的代理业务"。（2）空间销售。沃尔尼·B. 帕尔默（Volney B. Palmer）是第一个已知以佣金为基础开展代理业务的人。19 世纪 40 年代，他为那些难以从外地获得广告业务的报纸拉广告。帕尔默经常向出版商收取 50% 的佣金，但是在实际执行时，他也懂得精明地变通，常常收取较低的佣金。那个时候，没有一个固定的佣金比例。有时，经过双方讨价还价，开价 500 美元的佣金可能最后变成了 50 美元。帕尔默曾在费城、纽约、波士顿等地开设了自己的办事机构。后来，越来越多的代理人参加进来，他们提供各种各样的服务。（3）批发形式的媒体空间销售。接下来，

---

① J. Thomas Russell, W. Ronald Lane, *Kleppner's Advertising Procedure*, Prentice Hall, 1999, p. 114.

② James Melvin Lee, *History of American Journalism*, rev. ed.（Boston：Houghton Mifflin，1933），p. 74. 转引自 J. Thomas Russell, W. Ronald Lane, *Kleppner's Advertising Procedure*, Prentice Hall, 1999, p. 114。

出现了批发形式的媒体空间销售。19 世纪 50 年代，精明的乔治·P. 罗威尔（George P. Rowell）在费城以现金付款方式，按照很低的折扣从出版商那里购买大量媒体版面，然后以自己的零售折扣卖给客户。他接下来的动作更为大胆——他和 100 家报纸达成协议，每个月买下每家报纸的一栏空间。他把这些报纸的名字列在自己的批发清单中，以每行为单位进行批发。他向客户宣称，100 美元可以在 100 家报纸买下一个月的每家报纸的一英寸空间。这对于希望用最少的钱买到更多媒体空间的客户极富吸引力。这就是当今非常盛行的媒体集群购买形式的雏形。（4）媒体评估的开端。1869 年，乔治·P. 罗威尔开始向客户公布他清单中每家媒体的发行量。这一举动极大地震动了广告界。有些媒体大为恼怒，因为这个乔治·P. 罗威尔暴露了他们的秘密（乔治·P. 罗威尔测算的发行量比他们自己虚报的要低）。不过，乔治·P. 罗威尔仍然坚持了自己的做法。这就是媒体评估的开端。（5）代理公司转变为创意中心。19 世纪 70 年代早期，一个叫卡勒斯·奥斯汀·贝茨（Charles Austin Bates）的作家开始写广告，并把这种服务卖给想要这种服务的广告主或广告代理公司。在他的雇员中，有两个人——伊尔尼斯特·艾默·考尔金斯（Earnest Elmo Calkins）和拉尔夫·豪登（Ralph Holden），这两个人创办了以他们名字命名的考尔金斯与豪登广告公司（Calkins and Holden），这个公司在整整半个世纪的时间内都非常闻名。他们这群人不仅写广告，还将计划、文案以及艺术结合起来，以开展有效的广告运作。他们的努力使单纯的代理公司转变为创意中心，从而奠定了现代意义上的广告公司的基础。（6）无折扣规则。1891 年，美国的科廷斯（Curtis）出版公司宣布，只有广告代理公司同意帮助其从广告主那里获得无折扣的广告，它才会付给广告代理公司佣金。这一规则后来被美国的杂志出版商采用。这一规则是代理行业无折扣规则的一个先导。在大约 50 年的时间内，无折扣规则在代理业扮演了重要的角色。实际上，代理公司从杂志和报纸那里获得的佣金并没有一个确定的比例，但大致在 10% 到 25% 之间。（7）标准佣金（代理费）的出现。1917 年，美国的报纸出版商通过他们的协会，确定了 15% 的标准佣金（代理费）的标准。目前，这一佣金比例在美国仍然有效。但是，地方广告主一般不采用这个佣金比例，因为大多数媒体和地方广告主是直接联系的，不需要经过代理公司。只有在那些获得出版商协会认可的代理公司，这个佣金标准才能得到保证。

广告代理公司获得认可的条件大致有三个。第一个重要条件是代理公司必须从广告主那里帮助媒体获得无折扣的全额广告发布费；第二个重要条件是代理公司必须在广告业务方面具有竞争力；第三个重要条件是代理公司的财务状况必须良好可信。如今，广告代理公司由于帮助客户从媒体那里购买空间，仍然从媒体那里获得佣金。广告代理公司通常把艺术工作和制作工作的成本按照实际的花费报给客户，要求客户支付 17.65% 的服务费。当然，还有通过双方协议而定的其他形式的付费方式。（8）美国广告商协会。在美国，最为重要的广告代理商协会是成立于 1917 年的美国广告代理商协会（有时被称为AAAA 或 4A①）。这个协会一直致力于提高代理公司的服务标准和广告实践。如今，该协会的会员公司的经营额占全美广告经营额的 80% 左右。②

　　第二个阶段是无折扣时代（1918—1956 年）。在这个阶段，有三个重要的事物对广告公司的发展起到重要作用，它们是广播、电视和电子数据处理。广播于 20 世纪 20 年代出现，它使传播信息多了一种新的媒介形式。经过第二次世界大战，广播这一媒介形式得到重要的发展。到 1942 年，美国广告公司的广播广告营业额（1.88 亿美元）超过了报纸广告营业额（1.44 亿美元）。电视的出现和普及应用被第二次世界大战打断。1952 年后，电视开始在美国发展起来。1952—1956 年间，电视成为成长最快的广告媒体。电视成为许多代理公司使用的最主要的媒体形式。广告主在电视上比在其他媒体上花费更多的广告费用。美国电视广告花费从 1950 年的 1.71 亿美元增长到 1956 年的12.25 亿美元。电脑的运用是经由客户部门进入广告业的。到 1956 年，电脑已经改变了广告公司媒体部门、市场营销部门和调研部门的作业方式。广告公司通过调查服务为客户提供更好的服务。调查的发展也促进了广告的发展。1950—1956 年间成为美国广告发展最为迅猛的时期。美国总的广告花费从1950 年的 45 亿美元增长到 1956 年的 99 亿美元，其中 60% 花费在由广告代理公司所做的全国性广告上。

---

　　① 中国最早的一批中外合资广告公司的外资方很多是美国 4A 的著名成员。中国从 20 世纪 90 年代早期开始将中外合资广告公司通称为 4A 公司，究其根源即在于此。这种说法虽然并不准确，但被业界普遍接受，其含义也在渐渐发生演变。

　　② J. Thomas Russell, W. Ronald Lane, *Kleppner's Advertising Procedure*, Prentice Hall, 1999, p. 117.

第三个阶段是谈判方式盛行阶段（1956—1990年）。1956年，广告主和广告代理公司之间的关系出现新的变化。美国司法部认为，媒体协会和代理公司之间的无折扣规定限制了买者与卖者之间的谈判协商能力，限制了商业发展。美国司法部的规定没有对代理费占媒体发布费的15%的代理费制产生根本性的影响，但是让业界对收费方式进行了重新思考，最终形成了以15%为谈判基础的代理费协商方式。

第四个阶段是再发展时期（1990—2004年）。这个阶段中，广告公司的变革与两个重大发展有关，它们是整合服务与互动传播。20世纪90年代开始，美国广告公司开始盛行整合服务的概念。广告公司开始致力于帮助客户协调市场营销组合的各个方面，比如公关、促销、直接营销、包装设计等。有些公司通过增加部门或兼并其他领域的公司来为客户提供各种服务。这种趋势的出现，一方面是由于新时代新媒体不断出现，改变了人们接受信息的方式；另一方面也由于客户将预算花费投入到包括广告在内的各个领域。客户需要广告代理公司帮助其把各个领域的活动整合起来。广告公司的变化是为了适应这种需求。由于近年来卫星传播、电脑技术、有线传播、互联网等技术的大发展，消费者已经进入一个互动的时代。为了适应这种新时代的挑战，广告公司必须对各种新技术和新的交流方式作出尝试，以提高为客户服务的水准。

种种因素促成了美国广告公司的大发展。美国广告公司在世界广告公司中占有重要地位。美国许多著名的广告公司对中国广告公司的发展也产生了深远影响。对中国广告公司影响比较大的美国广告公司包括智威汤逊、李奥·贝纳、麦肯－艾里克森、BBDO、DDB、葛瑞、奥美、福康贝尔丁、扬罗比凯、萨奇（盛世长城）、贝茨、TBWA等著名公司，这些公司长期以来都在美国广告公司中排名前列（见表4－6）。

表4－6　各广告公司在美国的广告收入排名情况

2002排名	2001排名	公司名称	总部	2002年美国收入（百万美元）	2002年全球收入（百万美元）
1	1	智威汤逊（J. Walter Thompson Co. ＊）	纽约	393.3	996.9
2	3	李奥·贝纳（Leo Burnett Worldwide ＊）	芝加哥	379.0	801.9

续表

2002排名	2001排名	公司名称	总部	2002年美国收入（百万美元）	2002年全球收入（百万美元）
3	2	麦肯－艾里克森 （McCann – Erickson Worldwide＊）	纽约	327.1	1 238.5
4	5	BBDO Woeldwide＊	纽约	251.8	1 062.7
5	6	DDB Worldwide Communcations＊	纽约	236.0	815.0
6	7	葛瑞 （Gery Worldwide＊）	纽约	229.4	586.0
7	9	奥美 （Ogilvy Marther Worldwide＊）	纽约	200.2	589.4
8	4	福康贝尔丁 （Foote, Cone Belding Worldwide＊）	纽约	193.2	379.2
9	8	扬罗比凯 （Y&R Advertising＊）	纽约	191.2	442.04
10	10	萨奇（盛世长城） （Saatchi & Sattchi＊）	纽约	176.4	476.5
15	14	贝茨 （Bates USA＊）	纽约	118.1	365.3
16	19	TBWA Worldwide＊	纽约	114.0	665.9

　　说明：星号"＊"表示数据为《广告杂志》估算数据。本表为各广告公司在美国的广告收入排名，不包括非广告收入和下属公司的收入。

　　资料来源：*Advertising Age*, April 21, 2003, S – 4。

　　第五个阶段是互联网广告兴起时期（2004年至今）。这个阶段，互联网得到真正的普及，最重要的变化是社交媒体出现，很大程度上改变了人类的交往方式。一个标志性的事件是FACEBOOK于2004年2月4日上线，从而拉开了社交媒体的时代大幕。社交媒体的出现，对传统广告传播形态构成冲击的逐渐加强。互联网广告在一个新的平台上得到发展，并且形成了不同以往的新的广告信息形态。这最终对美国传统广告公司构成了冲击。互联网平台和社交媒体不仅成为媒介，也具备了广告机构的性质。

二、日本广告公司的发展

日本广告公司是在战后才获得真正的大发展的。日本电通广告公司的第四任社长吉田秀雄提高了日本广告业的地位，促进了日本广告公司的专业化、科学化发展，同时对日本的民间电视广播事业作出了巨大贡献。从 1974 年开始，日本电通广告公司成为世界上最大的单体广告公司。美国《广告时代》杂志在这一年公布世界单体广告公司的营业额，电通的营业额首次排名第一。2003 年，电通（单体）仍然在世界广告公司（单体）中排名首位。2001 年度，在日本广告公司排名中，电通广告公司位居第一，其营业额约是第二位的两倍。2001 年度（2001 年 4 月至 2002 年 3 月），电通集团整体结算，营业额约为 17894 亿日元，单体结算约为 14739 亿日元，约占 2001 年度日本广告费 60580 亿日元的 1/4。① 2001 年度日本广告公司排名显示，日本广告公司的集中度非常高，排名前三位的公司具有左右行业发展的巨大实力（见表 4 - 7）。在日本电通广告公司中，电视广告的营业额占有重要比重。2001 年，电视广告的营业额占电通营业额的 49%（见表 4 - 8）。

表 4 - 7　2001 年度的日本广告公司排名

2001 年度排名	公司名称	营业额（百万日元）
1	电通	1473871
2	博报堂	750907
3	Asatsu - DK	358830
4	东急 Agency	194661
5	大广	162777
6	读卖广告社	122760
7	I&S/BBDO	107883
8	JR 东日本企画	92371
9	麦肯	75331
10	朝日广告社	60543

资料来源：各公司公布的历年营业额（单体）。

---

① 电通公司（电通调查）。

表4-8 电通营业额按业务分类的构成比

2001 年度（2001. 4—2002. 3，单体）	构成比（%）
报纸	15. 5
杂志	5. 1
广播	1. 9
电视	49. 0
促销	8. 9
其他	19. 6

2001 年，电通创立 100 周年，这一年，电通股票在东京证券交易所上市。为了适应上市公司的要求，电通进行了一系列的改革。2002 年，成田丰就任电通第二任会长，俣木盾夫就任电通第十任社长。Bcom3 集团与 Publicis 集团合并为新 Publicis 集团，电通向 Publicis 集团投入了 15% 的资本。2002 年年底，电通搬入位于日本东京汐留的新总部大楼，同一时期，引入了新的 CI 系统，显现出迎接新世纪新挑战的决心。电通公司的发展是日本广告公司的一个缩影，代表了与欧美广告公司截然不同的广告公司经营和发展模式。[①] 欧美系的广告公司所走的壮大之路是寻求快速见效的外部并购；日本广告公司则通常如同电通公司那样，寻求的是根据客户的需要，在内部按需增设相应的部门。

三、中国当代广告公司的发展与现状

中国当代广告公司是随着中国广告业的恢复而发展起来的。20 世纪 70 年代末以来，中国广告公司从整体上看一直处于发展状态，广告公司的数量、从业人员的数量、广告经营额多年来都在增长。截至 2002 年年底，中国广告公司已经发展到 57434 家，从业人员达到 507577 人，营业额达 395. 65 亿元。与 2001 年相比，2002 年广告公司的数量增长了 22. 37%，从业人员增加了 8. 27%，营业额增长了 6. 65%。中国广告公司的发展，逐渐呈现出多种所有制成分共同发展的态势。1995—2002 年 8 月间，中国国有广告企业单位减少 14%，从业人员减少 30%，广告营业额增长了 85%；集体广告企业单位减少 56%，从业人员减少 55%，广告营业额增长了 30%；个体私营广告企业单位

---

① 关于日本电通公司，读者可以进一步阅读拙作《电通如何成为第一》一书。

增长了 5.19 倍，从业人员增加了 5.06 倍，广告营业额增长了 18 倍；外商投资广告企业单位减少 30%，从业人员增加了 11%，广告营业额增长了 2.05 倍；联营广告企业单位增长了 1.84 倍，从业人员增长 9%，广告营业额增长 83%。国有广告企业单位、集体广告企业单位虽然在公司数量上和从业人员数量上都减少了，但广告营业额却都上升了。这是国有广告企业单位、集体广告企业单位走向成熟和规模化的一个象征。外商投资广告单位虽然减少，但其从业人员数量和广告营业额的增长也显示其经营规模的逐渐扩大。个体私营广告企业单位和联营广告企业单位则显示出生机勃勃的成长状态。这两类广告经营单位数量的增长说明了中国广告业存在巨大的发展空间，而这两类广告经营单位的发展也存在巨大的潜力。

广告公司的发展并不简单反映在广告公司的数量上。广告公司的经营额、利润额、纳税额的增长情况，以及每户广告公司的平均规模、作业的专业化和科技含量等指标是衡量广告公司发展程度更为重要的指标。2002 年以来，中国广告公司从单纯的数量上的增加，进一步呈现出规模化经营和专业化经营的特征。2009 年，中国广告经营单位共 204982 家，其中广告公司 124886 家，前 100 家非媒体服务类广告公司的营业额为 4211435 万元，媒体服务类广告公司前 100 名营业额为 2344481 万元，这意味着占 124886 家广告公司中 0.16% 的两百家创造了该年整个广告业 32% 的营业额。[①] 通过与历史数据的比较，我们可以发现，近十年来，中国广告公司在营业额不断增长的同时，依然呈现出很大的稳定性，如：2009 年营业额排名前十的广告公司中，有 7 家在 2001 年、2002 年也处于 10 名之内（见表 4-9、表 4-10）。

表 4-9　2009 年广告公司广告营业额前 10 名排序

2009 年排序	单位名称	2009 年营业额（万元）	2001 年排序	2001 年营业额（万元）
1	智威汤逊-中乔广告有限公司上海分公司	566800	5	94607
2	上海李奥·贝纳广告有限公司	496205	4	109292
3	盛世长城国际广告有限公司	421895	1	140060

———————

① 参见《现代广告》2010 年第 7 期，第 56 页。

续表

2009 年排序	单位名称	2009 年营业额（万元）	2001 年排序	2001 年营业额（万元）
4	麦肯·光明广告有限公司	368590	2	136274
5	北京电通广告有限公司	367416	3	109925
6	北京恒美广告有限公司上海分公司	255596	—	—
7	广东省广告股份有限公司	205024	9	71897
8	上海广告有限公司	131815	10	62802
9	中航文化股份有限公司	111718	—	—
10	福建奥华集团集	100000	—	—

资料来源：《现代广告》2003 年第 7 期及 2010 年第 7 期。

表 4 - 10　2002 年广告公司广告营业额前 10 名排序

2002 年排序	单位名称	2002 年营业额（万元）	2001 年排序	2001 年营业额（万元）	营业额增长率（%）
1	盛世长城国际广告有限公司	219588	1	140060	56.8
2	麦肯·光明广告有限公司	180986	2	136274	32.8
3	上海李奥·贝纳广告有限公司	169305	4	109292	54.9
4	北京电通广告有限公司	154980	3	109925	41.0
5	智威汤逊－中乔广告有限公司	121298	5	94607	28.2
6	北京未来广告公司	108990	6	90836	20.0
7	广东省广告股份有限公司	83000	9	71897	15.4
8	上海广告有限公司	76904	10	62802	22.5
9	上海奥美广告有限公司	64157	8	74258	-13.6
10	北京国安广告总公司（集团）	41000	12	37000	10.8

资料来源：《现代广告》2003 年第 7 期。

中国广告协会的数据（这是截至本书修订时最新最可靠的数据）显示，2013 年度中国广告公司（非媒体服务类）广告营业额前十名如表 4 - 11 所示：

表 4 - 11　2013 年广告公司广告营业额前 10 名排序

2013 年排序	单位全称	广告营业额（万元）
1	上海李奥·贝纳广告有限公司	834381
2	北京恒美广告有限公司上海分公司	603721
3	广东省广告股份有限公司	559090

2013 年排序	单位全称	广告营业额（万元）
4	昌荣传媒有限公司	550000
5	北京电通广告有限公司	519013
6	盛世长城国际广告有限公司	502256
7	北京杰尔思行广告有限公司	311457
8	北京广告有限公司	190000
9	南京银都奥美广告有限公司	179393
10	思美传媒股份有限公司	163849

资料来源：中国广告协会网站，2016 年。

四、世界范围内的广告公司与广告集团近况

广告公司早期的主要职能是为广告主购买媒体，发布广告，因此，被称为广告公司。但是，随着广告主、消费者、媒体在广告行业中不断地发生变化，广告公司的业务领域和职能也不断发生变化。

从广告主方面看，市场观念从以生产为中心逐渐转变为以消费者为中心，这就要求广告公司帮助广告主进行更多、更深入的调查和研究，有时广告公司甚至会参与产品的开发和设计。从消费者角度看，现代社会消费者的生活形态、消费形态日益多样化，这就要求广告公司开发更多、更新的信息传达途径和采取更佳的交流方式。整合传播营销的兴盛和消费者消费形态的变化不无关系。从媒体方面看，有线电视、卫星电视、互联网的迅速发展正改变着整个世界的存在方式。目前，许多广告公司都竭力探索新的传播与沟通领域。

以上这些方面的变化，使广告公司的职能不断扩大。除传统的媒体代理、广告策划创意等业务外，市场调查、促销、公关、新媒体开发、现场广告活动等都成为现代广告公司的重要职能。日本电通广告公司更把自己定义为"全方位信息交流企业"，为广告主提供全方位信息交流服务。

从广告公司的业务运作形式看，欧美的广告公司的业务范围较为集中，公关、制作业务常常由专门的专项公司来做。2002 年，按照世界范围内的核

心广告收入（World Wide Revenue）排名，世界排名前十位的广告公司中有八家是欧美系广告公司（见表4-12）。20世纪80年代末期，欧美出现了巨型广告集团，这些巨型广告集团内包含从事市场调查、促销、公关、新媒体开发、现场广告活动等多方面活动的各种独立公司。截至2002年年底，Omnicom Group，Interpublic Group of Cos.，WPP Group成为世界排名前三位的广告集团（见表4-13）。日本广告公司的业务范围要广泛得多。在我国大陆，则为多种运作方式并存。发展较好的国内本土广告公司有三种：其一是诸如广东省广告公司这样实力强大的综合性广告公司；其二是有特点的小型专业广告公司，它们由于具有优秀的创作和制作能力而具有不可替代性；其三是由媒体成立的大型广告公司（如未来广告公司），这种公司因媒体背景而拥有强大的竞争力。

表4-12　按照2002年全球收入排名世界前十位的广告公司（单体核心广告公司）

2002年排名	2001年排名	广告公司名称	总部	2002年全球收入(百万美元)	2001年全球收入(百万美元)	变化(%)
1	1	Dentsu *	东京	1442.6	1637.2	-11.9
2	2	McCann - Erickson Worldwide *	纽约	1238.5	1346.1	-8.0
3	4	BBDO Woeldwide *	纽约	1062.7	967.6	9.8
4	3	J. Walter Thompson Co. *	纽约	996.9	1030.8	-3.3
5	5	Publicis Worldwide *	纽约	909.9	908.4	0.2
6	6	Hakuhodo	东京	860.8	870.7	-1.1
7	8	DDB Worldwide Communcations *	纽约	815.0	742.8	9.7
8	7	Leo Burnett Worldwide *	芝加哥	801.9	753.1	6.5
9	10	TBWA Worldwide *	纽约	665.9	604.1	10.2
10	9	Ogilvy Marther Worldwide *	纽约	589.4	606.2	-2.9

注：前瞻产业研究院的研究报告显示（非官方数据），2014年，中国十大广告公司是奥美广告公司、分众传媒控股有限公司、盛世长城国际广告有限公司、广东省广告股份有限公司、广州喜马拉雅广告有限公司、阳狮广告（上海）有限公司、安吉斯媒体（上海）、华扬联众数字技术股份有限公司、广东英扬传奇广告有限公司、麦肯·光明广告有限公司。星号"＊"表示为《广告时代》杂志估计数据，收入不包括直接营销、销售促进、事件营销、媒体买卖以及非广告活动。

资料来源：*Advertising Age*，April 21，2003，S-13。

表 4 – 13　是根据 2002 年全球收入排名前三的世界顶级广告机构

排名	机构名称	总部	全球收入（百万美元）
1	Omnicom Group	纽约	7536.3
2	Interpublic Group of Cos.	纽约	6203.6
3	WPP Group	伦敦	57815

资料来源：*Advertising Age*，April 21，2003，S – 13。

从组织和资金运作方式看，目前世界广告公司集团化运作已经进入新的阶段。许多著名的广告公司在集团经营中具有重要的战略性地位，而集团内部的其他公司也以各自领域为基础，尽量发挥整合的优势。在当今激烈的竞争格局中，中国本土广告公司既面临着机会，也面临着前所未有的压力与挑战。

五、广告公司的工作性质及类型

现代广告公司的发展过程决定了广告工作的性质和类型是多种多样的。有些广告公司的工作性质是创作和艺术，有的可能是买卖广告时间和空间。大多数广告从业人员的工作或者发生在广告代理公司，或者发生在广告主的广告部门。另有一些人的工作在媒体的广告部门开展。广告公司试图将广告购买者和媒体组织联系起来。大多数广告主的广告部基本上与广告公司做类似的事情。如今，广告公司提供的最普通服务包括创作服务、媒体购买、调查服务、广告策划。创作服务包括为各种媒体创作广告的过程。媒体购买为广告寻找媒体的出口。调查服务包括市场调查、广告文案调查、广告效果调查等。广告策划整合所有这些服务。在广告业的实际工作环境中，大致有以下几种形式的广告公司。

（一）全面服务型广告公司

所谓全面服务型广告公司，是指为广告客户进行广告策划，创作、制作、发布广告以及进行广告活动评估的代理公司。许多全面服务型广告公司还为客户提供销售促进、公关、直接营销、互联网营销以及客户需要的其他相关的服务。像宝洁这样的大公司，很可能用全面服务型广告公司来策划多种媒体的广告活动。整合营销的时代使全面服务型广告公司在协调利用各种资源方面显示出优势。全面服务型广告公司的服务模式也是多种多样的。但是，几乎所有类型的该类公司都要进行以下几个方面的具体工作：帮助客户进行市场诊断和分析品牌问题；确定目标和发展策略；创作需要传播的讯息；进行媒体计划；制订整体计划；评估广告计划和广告活动；向流通渠道告知广告战役的开展情况并推进广告战役；向客户请款和向媒体付款并实现收益。

（二）专业广告公司

专业广告公司，是指专注于和广告相关的某个特定业务领域的广告公司。专业广告公司常常将业务集中在创作性服务，或者将自己的经营行为限制在几个专门领域。常见的专业广告公司的类型有：广告创意公司、广告设计公司、互联网广告公司（这类公司通常以互动业务供应商的身份出现），电视广告制作公司、邮购广告公司等。对于这些公司来说，代理的概念其实是指除媒体代理之外的专业业务的代理。因此，为了和典型的传统广告公司相区别，在实际的业务中，这些公司常常和印刷厂、摄影工作室、图片社一起，统称为协作公司或下游服务公司（因为主要从事广告业务流程后部的制作方面的工作，所以有这个称呼）。一家专业广告公司的广告经理可能与全面服务型的广告代理公司联系紧密。一家小的邮购广告公司也许在自己公司内部完成大部分工作，并同小型专业广告制作公司签订邮购目录的创作和制作合同。

（三）自营式广告公司或专属广告公司

所谓自营式广告公司或专属广告公司，是指广告主自己投资设立、主要为母公司服务的广告公司。这类公司通常是由广告主全资或控股的。通常情况下，广告主设立这种广告公司，是为了更好地控制广告业务的运作，同时节约广告的花费。当广告主发现从外部购买广告代理服务所做的工作自身也能完成时，常常会建立这类公司。对于一些技术含量很高的企业，使用自己内部的专业人员进行广告策划、创作，往往具有一定的好处，因为外部的广告策划创作人员常常会由于对技术缺乏理解而影响工作的进程。自营式广告公司的缺点表现在：有可能因未经过长期专门的广告活动磨砺而缺乏经验；可能因内部隶属关系而缺乏客观性和灵活性。M. 路易斯·里普利（M. Louise Ripley）研究发现，"创造性的媒体服务是最可能由外部执行的功能，而商品化推销和销售促进则最可能在内部执行"①。

(四) 媒体设立的广告公司

媒体设立的广告公司,是指由媒体机构投资成立的主要从事媒体代理业务的广告公司。媒体设立的广告公司通常有两种:一种是大众媒体机构设立的广告公司,如北京未来广告公司;另一种是专门媒体设立的广告公司,如杭州市公交广告公司。

(五) 专业小型广告媒体购买公司

所谓专业小型广告媒体购买公司,是指专门从事媒体购买的小型专业广告公司。专业小型广告媒体购买公司其实也是一种专业广告公司。但是,由于这种公司提供的服务主要集中在媒体购买方面,为了把这类公司同以创意、设计为主的专业广告相区别,特将它们专划一类。在我国,长期以来,由于媒体资源有限,媒体较为强势。这给许多依赖媒体,专门从事媒体购买的小型专业广告公司提供了生存空间。这类公司一般人数不多,在某一领域或某一市场拥有较强的客户关系,并和媒体有良好的关系。这类公司在我国为数众多,在许多大公司无法确立势力的市场空间中发挥着一定的作用。

(六) 大型广告媒体集中代理公司

所谓大型广告媒体集中代理公司,是指由一家大型全面服务型广告公司或广告集团将媒体部门独立出去,而成立的专门从事媒体集中购买的广告公司,或是由几家全面服务型广告公司或广告集团共同投资成立的专门从事媒体集中购买的广告公司。许多大型的全面服务型广告公司发现,在实际的媒体购买过程中,如果把媒体购买集中进行,就可能节省大量费用,并且可以增加制订最佳媒体计划的可能性。这样,就出现了大型广告媒体集中代理公司。

随着国际市场的发展、整合营销的盛行,各种类型的广告公司往往被大型的全面服务型广告公司或巨大的传播文化公司所收购或合并,发展成为巨大的广告集团。由于广告集团其实是同广告业务相关的众多公司的集合,因

---

① [美] 乔治·贝奇尔、迈克尔·贝尔齐:《广告与促销:整合营销传播视角》(第6版),中国人民大学出版社 2008 年版,第 83 页。

此本书不把它们单列为一种广告公司的类型。和广告相关的业务并不都是由各种形式的广告公司所提供的，也并不都是以公司形式提供的。大量和广告相关的公司或个人或群体，都可能提供和广告相关的服务。这方面的内容在本节的后半部分会有介绍。

六、广告公司的组织机构

广告公司由于公司大小不同，内部的组织机构也会有所不同。小的广告公司人数可能只有几个，而一般大的广告公司人数可能是数百或数千。不同类型、不同发展阶段的广告公司的组织结构会有所不同。

（一）典型传统广告公司的组织结构

广告公司的组织结构并没有一个固定的模式。为了便于说明问题，我们在此先介绍典型传统广告公司的组织结构。一般来说，典型传统广告公司是以部门制为基础的，包括五个方面的职能部门：（1）管理和财务部门；（2）客户部门；（3）市场营销部门；（4）媒体部门；（5）策划和创作部门（见图4－2）。

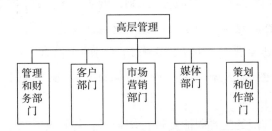

图4－2 典型传统广告公司的组织结构

1. 管理和财务部门

任何一个独立的经营机构，都会有管理和财务方面的部门，广告公司也不例外。管理和财务方面的部门根据各个公司的具体机构，设置的特色也各有不同。这些部门会配置相应的职位。比如，管理部门常见的职位有：首席执行官（CEO），总经理，经理，副经理，人事经理，办公室主任，等等。财务部门常见的职位有：财务副总经理，总会计师，会计师，出纳，等等。

2. 客户部门

客户部门是广告公司和客户之间的桥梁，负责两者之间的沟通。客户部门常见的职位包括客户总监、客户执行（有时也叫客户主管、客户经理）等。

在大型广告公司里，客户总监（有时由公司高层管理者兼任）可能委任一些客户执行去服务于多个不同的客户。客户执行必须和客户保持经常而有效的沟通，要了解客户的需求、客户的义务、客户的销售和利润目标、客户的广告目标，要帮助广告策划人员向客户阐述广告战略、广告预算和整个广告计划，并力争广告公司的计划获得客户的认可，同时满足客户需要，帮助客户解决问题。客户部门是广告公司内部重要的营业部门。

3. 市场营销部门

市场营销部门的主要职能是通过开展营销环境研究、市场研究和消费者研究等工作，为广告创作提供依据。市场营销部门常见的职位有市场研究经理、营销研究经理等。该部门可能还负责公关、促销、直接营销等方面的工作。

4. 媒体部门

媒体部门的主要职能是进行媒体策划和媒体购买。媒体策划常常需要在市场营销研究的基础上进行。媒体策划是指媒体研究、媒体选择、制定媒体目标、拟订媒体计划等一系列工作（媒体策划将在后面的章节中详细介绍）。媒体购买是指根据媒体计划，与有关媒体进行谈判，购买一定的媒体空间或时间，并进行相应的交易工作。媒体部门常见的职位有媒体总监、媒体研究经理、媒体购买经理、媒体计划经理等。由于市场营销部门的工作有一部分涉及媒体研究，因此很多典型的全面服务型广告公司把媒体部门归入该类部门。

5. 策划和创作部门

策划和创作部门的主要职能是进行广告讯息的开发。为了开发出有效的广告讯息，这个部门需要和市场营销部门、媒体部门进行深入的沟通。这种部门常见的职位是策划主管、创作总监、艺术总监、文案、美工等。传统的广告公司一般不专设制作部门，如要执行制作方面的工作，一般只在创作部门内设置设计部，完成平面的设计，而平面广告的制作、电视广告片的制作和绝大部分的广告制品的制作是通过外部的协同公司（有时称下游服务公司、辅助性公司）完成的。全面服务型广告公司的创作总监经常是公司的高级副总裁（见图 4 - 3）。过去，创作总监只是负责广告作品的创作。如今，随着广告运作越来越强调科学性和策略性，创作总监其实已经突破传统创意人的角色，兼具策略者、计划者的角色，甚至还是精明的商业运作人、公关谋略者、新产品的开发者。全面服务型广告公司中的制作部门其实大多充当监制者的角色，在业务协作部门的配合下，负责监控外部协作公司的制作，并最终为广告作品的质量负责。

不管分成几个部门，广告公司内部各部门的人员都是协同起来为客户服务的。这一业务运作特征也导致了典型传统广告公司在原有组织结构基础上不断尝试新的组织结构形式。常见的新的组织结构形式主要有小组制形式和将部门制同小组制融合的部门小组制形式。

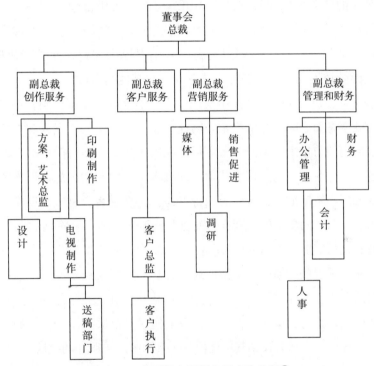

图 4-3 典型的全面服务型广告公司①

（二）小组制形式和部门小组制形式的广告公司结构

广告公司的小组制形式是在全面服务型广告公司的部门制基础上发展起来的。许多大型的全面服务型广告公司在实际的业务操作中发现各个部门由于种种原因，出现工作脱节、沟通障碍或业务混乱。促使小组制形式的出现大致有两种原因。一种原因是：在部门制的体制下，客户主管为一件事，往往需要分头和营销部门、创作部门或媒体部门进行多头沟通。这种沟通的形

① J. Thomas Russell, W. Ronald Lane, *Kleppner's Advertising Procedure*, Prentice Hall, 1999, p. 121.

式可能造成工作效率低下。另一种原因来自全面服务型广告公司客户的增多和业务的增长。当以部门制的组织机构形式服务于多个客户时，往往会造成业务的混乱感，而且由于同一部门中的人员可能服务于不同的客户，容易造成客户业务机密的泄露（尽管大多数情况下是无意的）。这两方面的原因，促使一些全面服务型广告公司实行小组式的组织结构。这种组织结构的特点是：在广告公司的营业部门中设立几个小组，每个小组中都包括客户、创作、媒体、营销等相关人员，他们分别负责一个或几个不在同一领域的客户；高层管理和财务部门、信息支持部门则为所有小组提供支持，并进行协调管理。这些小组因公司不同，可能被称为营业 n 部或其他的名称。

有些广告公司在实际的操作中发现，不论小组制还是部门制，都可能出现沟通方面的壁垒而影响工作的推进。因此，它们将思考的重点放在如何团结各工作职能部门的力量来为客户服务方面；在组织形式上，可能仍然以部门制的形式出现，但是在内在的运作方式上，却融入了小组制的思想，形成了以客户为中心的部门小组制形式。该形式的特点是：在高层客户总监和创作总监的指导下，为客户服务的各部门中所有的关键人员都聚集在一起举行经常性的会议，以保证彼此之间知道工作的进程与内容。索耶·赖利·康普顿公司（Sawyer Riley Compton）采取的"客户服务圈式运作方法"可以说就是部门小组制的组织结构思想的具体表现（见图4－4）。在这个服务圈中，所有高级职员和低级职员都知道彼此之间的工作关系，以及自身工作在整个服务圈中扮演的角色。从理论上讲，客户可以随时找到其中任何一个人了解广告服务的内情。

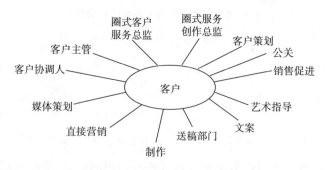

图4—4　索耶·赖利·康普顿公司的"客户服务圈式运作方法"

资料来源：J. Thomas Russell，W. Ronald Lane，*Kleppner's Advertising Procedure*，Prentice Hall，1999，p. 125。

（三）巨型广告公司和广告/媒体集团的组织机构

随着业务的发展，为了适应时代变化和客户的要求，大型全面服务型广告公司的组织结构不断扩大，或是通过收购外部的相关公司来扩充自己的力量，这样就出现了巨型广告公司和广告/媒体集团。从公司性质上来看，巨型广告公司属于全面服务型的广告公司；广告/媒体集团则属于多种形式的广告公司和相关公司的聚合体。巨型广告公司的代表是日本电通公司。1974 年，美国《广告时代》杂志公布的 1973 年世界单体广告公司营业额中，电通的营业额首次排名第一（参见前文）。电通公司至今一直保持单体广告公司的世界第一位。截至 2002 年 9 月 30 日，电通总部的职员数目为 5712 人。① 2002 年，总部在东京的电通公司核心广告收入为 1442.6 百万美元，依旧位居广告公司（单体）收入的世界第一位。② 由于公司规模不断扩大，面临的服务环境也不断变化，电通广告公司的组织结构也不断地变化。自 2002 年成为上市公司以来，电通又经历了一次组织结构上的调整。电通的组织结构庞大而复杂，但同时具有很强的效率和灵活性（见图 4-5）。

电通公司的组织结构的最主要特色是融合了部门制、小组制，同时也融合了以客户为中心的服务思想。电通公司在内部拥有巨大的资源，因此，具有巨大的资源整合力量。这种组织结构虽然巨大，但内部同时也具有非常大的灵活性。对于这种组织结构的管理，需要高超的管理技巧。

2002 年，世界十个最大的广告集团是：Omnicom Group，Interpublic Group of Cos.，WPP Group，Publicis Groupe，Dentsu，Havas，Grey Global Group，Hakuhodo，Cordiant Communcations Group，Asatsu-DK。③ 这些广告集团通常都在多个领域开展业务，拥有庞大的组织结构。本书主要从集团业务领域的构成层面介绍一下奥姆尼康集团（Omnicom Group）的"家族树"。奥姆尼康集团的业务领域主要包括：广告与媒体、公共关系、消费者关系营销（CRM），以及其他一些特殊的业务领域，在这些业务领域，都有若干家公司或公司集团。

---

① 数据来源：日本电通公司。

② *Advertising Age*，April 21，2003，S-13. 原注：收入数字是该杂志估测数据，不包括直接营销、销售促进、现场活动营销、媒体买卖和非广告活动收入。

③ *Advertising Age*，April 21，2003，S-4.

2002 年，奥姆尼康集团的收入为 75.4 亿美元，其中，广告与媒体业务占 43.5%，公共关系收入占 12.2%，CRM 占 32.1%，特殊业务收入约占 12.2%。① 奥姆尼康集团的"家族树"和具体业务收入情况参见图 4 – 6。该集团旗下著名的广告公司有：BBDO 环球广告公司（BBDO Worldwide）、DDB 环球传播公司（DDB Worldwide Communications），以及 TBWA 环球广告公司（TBWA Worldwide）。这三家旗舰公司各自都有一个网络性公司机构（NET-WORK），"家族树"中的旗舰公司代表的是以其为核心的网络性公司机构。

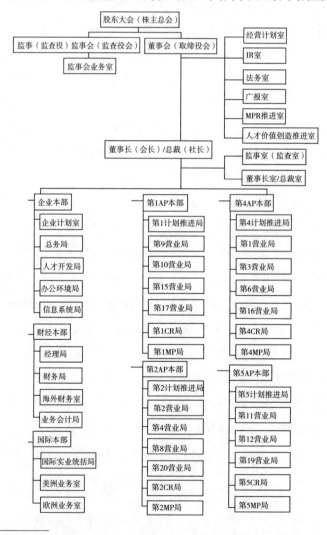

---

① *Advertising Age*，April 21，2003，p. S – 1.

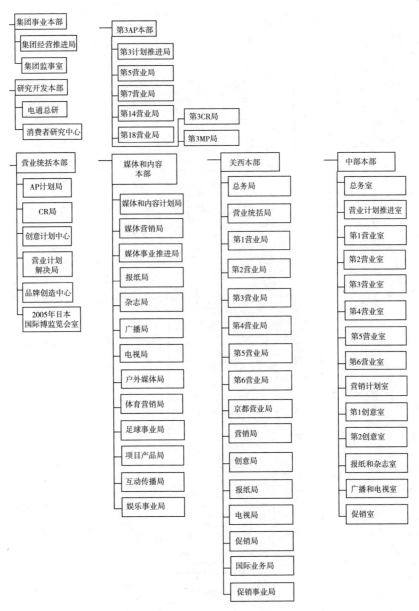

图 4-5 电通的组织结构图（2003 年 4 月 1 日）

注：IR 指投资人关系（investor relation）；MPR 指管理过程改进（management process re-engineering）；AP 指客户计划（account planning）；CR 指创意（creative）；MP 指（marketing & promotion）。

资料来源：日本电通公司。

原注摘要：图中总收入和各业务领域收入数据摘自公司年报，各代理公司的收入为《广告时代》杂志估算数据，以星号（*）表示。
重要图例说明：

图4-6　奥姆尼康集团的"家族树"

资料来源：*Advertising Age*，April 21，2003，S-1。

进入 21 世纪，广告公司为了适应新技术的发展与环境的变化，不仅继续通过并购等方式进行大规模的公司力量重组，而且也在公司内部寻求通过组织结构的改进来提高为客户服务的能力。"从前竞争焦点在于广告创意，而现在的竞争已经扩大到如何能将某个品牌更加深入地植根于品牌文化，并创造效益。"① 这种观点是伴随着信息大爆炸和新技术的飞速发展而出现的。广告公司传统的组织结构因此需要更具有灵活性。客户策划部门、媒体策划部门的工作职责具有了新的内涵。"广告公司不再根据消费者人口统计模型将几种媒体简单组合起来，而是要考虑每种媒体与消费者的相关性和最佳接触点。"② 一些广告公司正试图使媒体购买和媒体策划成为一种全新的战略阵地。渠道策划的概念被广告人提出来，它被定义为客户策划和传统媒体策划的融合。传播被认为既是内容又是接触。如果广告公司想要涉足企业沟通领域，它需要有强大的公关部门和支持部门。如果想要在直接营销方面有所专长，它至少要拥有一个很好的调研部门和创意部门。广告公司还不断进入其他领域，包括：企业标志设计、包装和产品设计、室内设计和环境设计、事件营销和数字互动营销等。这些新发展都影响到广告公司组织结构的架构。

七、广告代理制与广告公司的报酬

广告之所以成为一种职业，很大原因是由于广告代理制的出现。18 世纪上半叶，美国报纸大多数集中于东海岸。后来，西部发展起来，但移民的商品来源仍然依赖远在东部的纽约、费城、波士顿等城市。这些东部城市中的商人希望向西部出售商品，而西部日益勃兴的采矿及制造业也需要在东部的报纸上刊登它们的产品广告。为了服务这些西部制造商，报纸雇用了报纸版面推销员。这些报纸版面推销员代理报纸上的广告，从每一笔广告订单中收取佣金。所谓佣金，也就是广告订单中一部分或一定比例的金额。后来，有的制造商也委托这些代理人撰写广告，所以这些代理人开始为广告主工作，同时也从报社那里获得酬劳。广告代理制就是从这样地位低微的代理人的工作逐渐发展起来的。后来，执行代理业务的角色逐步由单独的受雇人员演变

① ［美］安德鲁·杰夫：《谁主鱼》，知识出版社 2004 年版，第 58 页。
② ［美］安德鲁·杰夫：《谁主鱼》，知识出版社 2004 年版，第 70 页。

为广告公司。现代意义上的广告代理制，简单地说就是广告公司为广告主执行广告发布业务，并根据业务量收取一定比例的广告代理费。在广告活动中，广告公司处于中介位置，为广告客户和媒体提供双向服务，扮演广告专家的角色。后来，广告公司为了增强行业内的竞争力，日益为广告主提供更多的服务，比如市场调研、广告策划、创意效果监测等。近年来，广告主为了激发广告公司的积极性，同时也为了使自己的费用支出有最大的回报，开始尝试各种灵活的付费方式。由于广告公司日益为广告主做更多的事，所以除广告代理费以外，广告公司会以附加费或管理费的方式来为一些额外的服务收钱。比如，有时广告公司为广告主向顾客邮寄一份宣传小册子，从邮费中不能提取佣金，那么，广告主除了负担小册子和邮资的费用之外，还加付广告公司额外的费用来回报其花费的时间和精力。还有其他一些服务，广告公司也是无法赚取代理佣金的，比如，创作设计广告和举办展览，制作产品价目表，帮助广告主在产品设计阶段进行研究工作，制作电视广告，等等。通常在这些情况下，广告主都要为广告公司所花费的时间和精力附加费用，或者给广告公司一定的费用作为管理费。广告公司在帮助客户执行广告计划时，往往需要协同公司的帮助。客户在执行广告计划的时候，也可能邀请包括广告公司在内的有关公司为自己提供服务。广告公司策划的广告，选择的广告媒体，安排的媒体计划，所有这些都须经过广告主的认可才可付诸实现。

广告公司的报酬大致有四类：媒体代理费、差价、酬金以及表现酬金。第一，媒体代理费（或叫媒体佣金）。正如前文介绍，现代意义的广告公司是从专门的媒体代理发展起来的。早期的媒体代理传统确立了当今广告公司媒体代理费的基准。所谓的媒体代理费，是指广告公司和客户经过协商确定的广告公司为客户提供媒体代理服务所应得的收入，它通常占媒体发布费用的一定比例，传统的比例是15%。目前，这个传统比例通常是一个谈判的基础，而不是一个固定的比例。通常情况下，所涉及的媒体发布量越大，广告主所能接受的媒体代理费比例就越小。广告主有时会和广告公司签订媒体代理费随发布量递减的合同。比如，客户花费的第一个1000万元的媒体广告发布费，广告公司可能获得15%的比例，而第二个1000万元，广告公司可能只能获得7%的代理费。代理费的标准和代理费随媒体发布费用递减的比例都可以通过协商签约决定。有时候，媒体也会根据广告公司的广告发布额度作出相应的代理费规定。但是，这实际上可以视为来自媒体方对广告公司完成为广告主代理广告发布业务的奖励。

推行广告代理制以来，中央电视台广告部政策是按照刊例价的八五折将广告时间出售给广告公司。广告公司以此向广告主报价（因为行业操作的透明性报价刨除了媒体给予的优惠额），实际上获得的来自广告主的代理费比例（刊例为分母）极低。央视有时会做广告时间销售的促销，给予广告公司一定的优惠。比如，2003 年，CCTV - 1 曾公布其广告时段的优惠方法：自 2003 年5 月 8 日起至 2003 年 8 月 31 日止，同一代理公司代理同一企业在一个自然月内（每月 1 日至 30 日或 31 日），签订 CCTV - 1 部分时段的同一时间长度的广告达到 16 天（含 16 天）以上时，代理费在原 15% 的基础上有所增加。具体办法如下。（1）CCTV 优惠奖励时段：《新闻 30 分》前、《今日说法》后、少儿节目、《榜上有名》、电视剧后、《名牌时间》前。（2）优惠奖励比例：1）一个自然月内，累积投放 16—20 天，代理费为 16%；2）一个自然月内，累积投放 21—25 天，代理费为 18%；3）一个自然月内，累积投放 26 天以上，代理费为 20%。但此优惠政策与 CCTV - 1 在广告推广方面提出的其他优惠政策不能同时享受；享受此优惠的广告公司，不再计入年终累计奖励范围。[1]以上这段优惠办法的表述中，出现了"代理费"一词，实际上应该被理解为 CCTV - 1 给予广告公司的折扣比例，即以刊例价为分母的折扣比例。如果折扣比例是 20%，广告公司以此向企业报价，企业如果给广告公司实际刊例价格 1% 的代理报酬，那么按 100 元的刊例价发布的广告业务，广告公司实际代理费收入是 1 元，而企业支付给广告公司的是 81 元，广告公司支付给媒体方面的是 80 元，广告公司实收代理费按刊例价 100 元计算是 1%。

表 4 - 14、表 4 - 15 分别是 2013 年 CCTV - 1 综合频道全天时段价格刊例价格表和 CCTV - 1 综合频道栏目刊例价格，可供参考。

---

① 参见《广告大观》2003 年第 6 期，第 93 页。

表 4-14 2013 年 CCTV-1 综合频道全天时段价格刊例价格

（单位：人民币元/次）

时段名称	播出时间	5 秒	10 秒	15 秒	20 秒	25 秒	30 秒
上午精品节目前	约 08：30	20300	30400	38000	51700	60800	68400
第一精选剧场第一集贴片	约 09：23	24000	36000	45000	61200	72000	81000
第一精选剧场第二集贴片	约 10：12	29300	44000	55000	74800	88000	99000
第一精选剧场第三集贴片	约 11：03	33100	49600	62000	84300	99200	111600
上午精品节目后	约 11：54	46900	70400	88000	119700	140800	158400
《新闻 30 分》前	约 11：57	46900	70400	88000	119700	140800	158400
《今日说法》前	约 12：32	48000	72000	90000	122400	144000	162000
《今日说法》后	周一至周五、周日 13：06，周六约 13：28	42700	64000	80000	108800	128000	144000
下午精品节目前	周一至周五、周日 13：10，周六 13：32	40500	60800	76000	103400	121600	136800
第一情感剧场第一集贴片	周一至周五约 14：00，周六、日约 14：22	33100	49600	62000	84300	99200	111600
第一情感剧场第二集贴片	周一至周五约 14：50，周六、日约 15：13	31700	47600	59500	80900	95200	107100
第一情感剧场第三集贴片	周一至周五约 15：40，周六约 16：05，周日约 15：06	30400	45600	57000	77500	91200	102600
下午精品节目一	周一至周六约 16：33，周日约 15：57	27200	40800	51000	69400	81600	91800
下午精品节目二	周一至周五 16：35 至 17：45 之间，周六、日 16：00 至 17：45 之间	27200	40800	51000	69400	81600	91800
下午精品节目三	周一至周五 16：35 至 17：45 之间，周六、日 16：00 至 17：45 之间	27200	40800	51000	69400	81600	91800

时段名称	播出时间	5 秒	10 秒	15 秒	20 秒	25 秒	30 秒
下午精品节目四	周一至周五 16:35 至 17:45 之间,周六、日 16:00 至 17:45 之间	27200	40800	51000	69400	81600	91800
下午精品节目五	约 17:48	27200	40800	51000	69400	81600	91800
18 点精品节目前	约 17:58	33100	49600	62000	84300	99200	111600
黄金档剧场第一集贴片	约 20:01	93900	140800	176000	239400	281600	316800
黄金档剧场第一集下集预告前	约 20:51	87500	131200	164000	223000	262400	295200
黄金档剧场集间	约 20:54	84800	127200	159000	216200	254400	286200
黄金档剧场第二集贴片	约 20:58	86400	129600	162000	220300	259200	291600
黄金档剧场第二集下集预告前	约 21:48	77900	116800	146000	198600	233600	262800
黄金档剧场后	约 21:50	73600	110400	138000	187700	220800	248400
《名牌时间》	约 21:55	71,500	107200	134000	182200	214400	241200
《晚间新闻》前	约 21:58	71500	107200	134000	182200	214400	241200
《晚间新闻》后	周一至周五、周日约 22:30,周六 22:20	64000	96000	120000	163200	192000	216000
22:30 魅力节目前	周一至周五、周日约 22:35,周六 22:25	58700	88000	110000	149600	176000	198000
23:30 精品节目前	周一至周六约 23:33,周日约 23:11	41600	62400	78000	106100	124800	140400
夜间精品节目一	周一至周六约 24:28,周日约 24:10	27300	41000	51200	69600	81900	92200
夜间精品节目二	周一至周六约 25:19,周日约 25:01	24500	36800	46000	62600	73600	82800
夜间精品节目三	周一至周日约 25:50	16000	24000	30000	40800	48000	54000

表 4 - 15　2013 年 CCTV - 1 综合频道栏目刊例价格

（单位：人民币元/次）

栏目名称	播出时间	5 秒	10 秒	15 秒	20 秒	25 秒	30 秒
《生活早参考》广告 1	周一至周五08：30—9：20 广告时间：约 8：35	20800	31200	39000	53000	62400	70200
《生活早参考》广告 2	周一至周五08：30—9：20 广告时间：约 9：17	20800	31200	39000	53000	62400	70200
《今日说法》中插 1	周一至周日 12：35—13：05 广告时间：约 12：37	52300	78400	98000	133300	156800	176400
《今日说法》中插 2	周一至周日 12：35—13：05 广告时间：约 13：03	52300	78400	98000	133300	156800	176400
22：30 魅力节目中插 1	周日至周四 22：40—23：30	58700	88000	110000	149600	176000	198000
22：31 魅力节目中插 2	周日至周四 22：40 - 23：30	58700	88000	110000	149600	176000	198000
22：30 魅力节目中插 1(周末)	周五至周六 22：30 - 23：40	61300	92000	115000	156400	184000	207000
22：30 魅力节目中插 2(周末)	周五至周六 22：30 - 23：40	61300	92000	115000	156400	184000	207000

资料来源：中央电视台，2013。

在提供媒体代理服务的过程中，广告公司往往受广告主委托，为其提供制订广告计划、创作广告、发布广告等一系列全面服务。这些全面服务可能会涉及其他形式的费用，给广告公司带来其他形式的收入。第二，差价（或叫制作佣金）。所谓的差价或制作佣金，是指当广告公司为广告客户提供从外部获得的制作方面的服务时（需从外部公司获得的服务通常包括摄影、画插图等），广告公司要求广告客户以成本为基础，按照一定比例支付的附加报酬，这一比例通常是 17.65%。一般只有当服务是从外部获得并花费一定的费用时，广告公司才有提出广告客户支付差价的理由。第三，酬金。所谓的酬金，是指广告公司和广告客户根据事先签订的合同，广告公司要求广告客户支付的与服务内容和性质相符的报酬。酬金是对媒体代理费的一种补充和调节。有时候，仅仅是媒体代理费，可能对广告公司来说并不合理。比如，当广告公司为了广告主的一项规模较小的业务服务时，它的成本比例就会比它为大业务服务时要大。这种时候，广告公司通常会和广告客户签订合同，约定进行酬金调节。这样，广告公司的报酬就是媒体代理费加上酬金。酬金调整也有很多种，常见的酬金调整包括：成本基准酬金、成本加利润酬金、固定酬金和浮动酬金。成本基准酬金，是指广告公司为客户服务的成本加上差价；成本加利润酬金，是指包含成本和一定固定利润的酬金；固定酬金，是指针对完成某种具体工作（比如，按小时的收费率的文案工作，按使用的人工收费的艺术工作，等等）协商而定的报酬；浮动酬金，是指根据协商确定的一系列的浮动标准给予广告公司补贴报酬。第四，表现酬金。为了争取更好的广告效果，广告主和广告公司通常会签订合同，作出表现酬金的约定。所谓的表现酬金，是指广告主和广告公司事先经过约定，确定具体的业绩目标（比如广告回应率、产品销售数目、市场占有率等），如果广告公司实现了目标，则获得约定的奖励；如果没有实现目标，则扣除一定的报酬（通常是一定比例的媒体代理费）。最后的实际报酬就是表现酬金。比如，当广告公司实现目标时，可能根据约定获得18%的媒体代理费；如果没有实现目标，则可能只能得到比基准15%更低的媒体代理费。表现酬金和上面的普通酬金调节是有区别的，最重要的区别在于，表现酬金是建立在奖惩制度的思想基础上，酬金调节则是对媒体代理费的一种补充。

八、其他形式的广告服务和相关服务

在实际的业务中，与广告相关的业务并不都是由广告公司所提供的，也并不都是以公司形式提供的。大量与广告相关的公司或群体或个人，签约后都可能提供与广告相关的服务。这些其他形式的广告服务或相关服务大致有以下一些：（1）调研服务。自科学广告观念诞生以来，广告策划中调研的重要性日益加强。大量的专业调研公司为广告策划提供专门的调研服务。这些服务大致包括消费者调研、媒体调研、广告调研等方面。（2）广告主内部的广告代理服务。我们常常会发现，在广告公司中有的职位也可能在大公司的广告部门中出现。大公司往往有内部的广告部门，因为它将削减从外购买广告服务花费并能确保对自己的广告有更多的控制。这些公司内部的广告部门除了创作人员外，还有媒体策划和购买人员，在广告主内部为自己的公司提供广告代理服务。如果这些部门发展成为由广告主控股的独立的公司，则演变为"专属广告代理公司"。（3）广告总代理服务。所谓的广告总代理，是指当数家广告公司同为一家广告客户服务时，在购买媒体版面或时段时被客户指定的广告公司。也就是说，当其他的广告公司为客户进行广告服务时，媒体代理方面的工作都要通过广告总代理进行。（4）艺术家团队。有些艺术家组合成为一个半松散的团队，为广告主或广告公司提供广告创作方面的服务。这种艺术家团队在电视广告制作、大型现场活动中常常发挥重要的作用。（5）自由创作人。许多杰出的自由创作人为广告主或广告公司提供广告创作方面的服务。这种服务具有很大的灵活性，有时候被广告主或广告公司所喜爱。尤其是当广告主或广告公司在某一方面有特殊需要时，具有某种专长的自由创作人就能发挥自己独特的优势。（6）设计制作公司。这类设计制作公司和前面提到的专门的广告设计和制作的公司不同，它们不仅仅提供广告设计服务，而且提供各种设计服务，比如：包装设计和制作、书籍设计和制作，甚至是舞台设计、城市设计。（7）影视制作公司。影视制作公司提供各种与影视相关的制作服务，比如电视节目制作、电影制作、MTV的制作、音乐制作等。电视广告制作其实只是它们提供的一种服务。当然，这种影视制作公司提供的广告制作服务不一定就比专业的电视广告制作公司要差。（8）图片社。图片社一般都有大量的摄影图片，这些图片可以在广告制作中用作素材。广告代理公司或广告制作公司常常从图片社购买图片的使用权。（9）摄影公司或工作室。摄影公司或工作室也可为广告制作提供图片素材，但是它们最重要的服务是提供专业的摄影服务，比如模特摄影、艺术摄影、产品摄影。专业广告摄影是摄影公司或工作室可能提供的服务之一。需要强调的是，有些专业的摄影公司或工作室不一定能够提供专业的广告摄影。

　　由于市场的发展和新技术的出现，广告的形式也越来越多样化，广告服务的形式也日益丰富。在新技术环境中，互联网技术公司、通信技术公司等原先和广告业并没有直接关系的公司也加入了为广告提供服务的行列。在现实的广告操作中，存在着许多广告服务形式，也会有更多广告服务形式出现，对此本书在此不赘述。

第三节　媒体机构和相关机构

一、大众媒体机构与其他各类媒体机构

广告主在向目标对象传达自己的信息的过程中，必然借助一定的媒介。个人、书籍、大众媒体、网络、户外广告牌、POP 等都是传播信息的媒介。各种媒介的经营机构则成为广告行业中必不可少的参与者。所谓的广告媒体，是指传播广告信息的载体。经营广告媒体的机构可以称为广告媒体经营机构。从理论上说，任何媒体机构都有可能成为广告媒体经营机构。在广告运作的整个系统中，各种媒体机构需要和广告公司、广告主以及相关机构之间进行各种各样的业务往来。

通常所说的大众媒体，是指报纸、杂志、广播、电视四大传统媒体，它们之所以被称为大众媒体，是因为自诞生之日起，它们就显示出向广大受众传递信息的特点。虽然随着时代的发展，这四大媒体在传播特征上都呈现出向细分目标群传递具体信息的新特征，但是从整体特征来看，它们仍然是名副其实的大众媒体。它们也仍然是社会大众获得信息的最主要的几个渠道。

大众媒体经营机构作为社会系统中的存在体，它们首要的角色是信息的采集者和传递者。发布广告也是大众媒体重要的功能之一。报纸广告、杂志广告、广播广告、电视广告经由大众媒体得以传播。互联网是近年来发展迅猛、引起世界深刻变革的最重要的新媒体。互联网具备了大众媒体和小众媒体的共同特点，日益成为媒体融合的大平台，其所蕴含的潜力也很难作出恰当的估计。毫无疑问，互联网已越来越成为重要的广告媒体。互联网广告的效果一直很难评估，但是广告量近来却在不断增长。微博、微信、博客及其他各类社交网站都为广告传播提供了新的传播渠道。互联网公司也渐渐成为重要的广告业参与者。

自我国当代广告恢复以来，我国的媒体力量也获得明显的增长。尤其是近年来，各类媒体机构的广告营业额不断增加，体现了我国广告业强大的发展潜力。2009 年，中国营业额前 119 家（排名前 100 位，其中有因营业额约数相同而并列者）媒体单位与互联网平台营业总额为 7345856 万元，占 2009

广告学教程

年广告业营业额的36%。① 互联网的高速发展通过互联网媒体机构广告营业额凸显出来。2009 年中国媒体经营单位和互联网平台广告营业额排名前 10 位的媒体机构中，有 5 家左右于 2001 年、2002 年已出现在前 10 位之列（见表 4-16、表 4-17）。从 2009 年开始，以新浪、搜狐为代表的互联网平台开始步入中国广告营收大户的阵营。

表 4-16　2009 年度中国媒体单位和互联网平台广告营业额前 10 名排序

2009 年排序	单位名称	2009 年营业额（万元）	2001 年排序	2001 年营业额（万元）	营业额增长率（%）
1	中央电视台	1610000	1	540000	198
2	上海东方传媒集团有限公司（原上海文广新闻传媒集团）	385200	2	172800	123
3	深圳报业集团	372700	—	—	—
4	湖南电广传媒股份有限公司广告分公司	288063	—	—	—
5	北京电视台	260000	3	155000	67.7
6	广州日报社	215000	4	141000	52.5
7	浙江广播电视集团	205759	9	25700	700.6
8	安徽电视台	155000	—	—	—
9	新浪	138100	—	—	—
10	搜狐	120900	—	—	—

资料来源：《现代广告》2003 年第 7 期及 2010 年第 7 期。

表 4-17　2002 年度中国媒体单位广告营业额前 10 名排序

2002 年排序	单位名称	2002 年营业额（万元）	2001 年排序	2001 年营业额（万元）	营业额增长率（%）
1	中央电视台	638388	1	540000	18.22
2	上海文广新闻传媒集团	211048	2	172800	22.13
3	深圳报业集团	198022	—	—	—
4	广州日报社	150625	4	141000	6.83
5	北京电视台	139000	3	155000	-10.32
6	广东省广播电影电视局	82000	—	—	—
7	北京日报报业集团北京晚报社	75600	9	62000	21.94
8	文汇新民联合报业集团	73715	6	79232	-6.96
9	浙江电视台	63037	30	25700	145.28
10	新华日报报业集团	56694	16	45494	24.62

资料来源：《现代广告》2003 年第 7 期。

① 《现代广告》2010 年第 7 期。

正如前文所说，大众媒体主要通过广告公司的代理为广告客户发布广告，有时它们也直接和广告主联系发布广告。当广告主与媒体机构直接接触时，往往会出现激烈的有关广告价格的谈判，因为当广告主自己运作媒体购买业务时，一般已抱有节约成本的打算。但是，随着近年来中国媒体机构实力的增强，广告主在与媒体机构进行直接谈判时，往往难以如愿以偿。2007 年年底，北京电视台广告价格有大幅度提升，宝洁公司对此难以接受，双方遂展开谈判。北京电视台没有作出让步，谈判失败，宝洁公司广告一度退出北京电视台的各大频道。随着"奥运热"的升温，宝洁公司发现在北京市场没有电视广告支撑不行，于是继续找北京电视台谈判并作出妥协。2008 年年底，上海文广传媒集团各大电视频道广告提价幅度比较大，宝洁公司不接受，与其进行价格谈判。上海文广仿效北京电视台，坚守广告价格，谈判失败，宝洁的广告退出上海电视台各大频道。[①] 以上两个案例显示，广告客户直接与媒体机构展开博弈，可能花费巨大的成本。这从一个侧面说明，广告公司和媒体购买公司在广告业务的运作过程中，由于其专业身份，有其存在的价值。

其他主要的媒体机构包括出版社、直邮机构、电影公司（或文化娱乐公司）、唱片公司等。把它们归入媒体机构范畴，是广义上的归类。这些机构的性质很难定论。比如，直邮公司若主要是为了经营广告而成立的，可归入专业类广告公司；而出版社、电影公司（或文化娱乐公司）、唱片公司等，由于主要是通过制作内容而生成媒体，因此也可把它们归入媒体内容提供商范畴。此外，商品包装、户外广告牌、POP、交通广告等媒体则由各种性质的广告公司或制作公司所运营，所以从某种意义上说，某些性质的广告公司也是这些媒体的经营机构。

二、媒体内容供应商

所谓的媒体内容供应商，是指为媒体生产内容或以某种特定商业运作模式为媒体提供内容的经营机构。主要的媒体内容供应商包括节目制作发行公司、节目买卖公司、电影公司（或文化娱乐公司）、音像制品公司等。

目前，中国的媒体内容供应商主要集中在电波媒体领域，主要包括以下

---

① 郑悦：《宝洁的抉择》，《中国经营报》2009 年 8 月 3 日。

几方面的力量：（1）中央电视台下属和直属的节目制作发行公司，比如中国国际电视总公司和中视传媒；（2）各省级广电集团下属的节目制作发行公司；（3）民间资本参与的媒体内容制作运营机构，比如光线传播①、北京银汉、北京唐龙国际传播机构②。

媒体内容提供商主要以四种形式参与广告业运作并获取利润。第一种形式是通过自己生产节目来换取广告时段，然后出售广告时段来收回投资成本并取得利润。第二种形式是通过购买或节目交换获得节目，然后再用所得节目和电波媒体换取广告时段，最后出售广告时段来收回投资成本并取得利润。第三种形式也是先通过制作、购买或节目交换获得节目，然后再用所得节目和电波媒体换取广告时段，最后用广告时段和企业换取股份，以投资的形式回收成本和获得利润。第四种形式是直接出售自身拥有的节目，这些节目最后可能进入广告市场，成为广告的载体。

中国较大规模的媒体内容供应商的出现，使广告经营出现了许多新的经营模式，影响着广告业的运作理念，同时也使广告交易变得更加复杂和灵活。黄升民等人认为，媒体内容供应商的出现对电波媒体市场本身也产生了非常大的影响，主要表现在：促进电波媒体产业链的成熟和完善，促进电波媒体内部变革等多方面。③ 这些变化进一步影响到中国广告业的运作。

互联网具有一种全媒体特征，视频内容、图片内容、文字内容、声音内容都可以通过互联网进行传递。互联网通过大量的版权交易成为次级媒体内容提供商，为自身平台提供大量的媒体内容。比如，电视剧、电影资源通过版权交易成为互联网上的重要娱乐内容，成为互联网上重要的广告平台。截至 2010 年 12 月底，中国酷六、优酷网等几家主要视频网站的电影、电视剧存储量高达数千部（见表 4 - 18）。近几年，搜狐视频、爱奇艺、腾讯视频、乐视、PPTV、PPS 等平台也大量积累了视频资源，视频广告成为它们重要的收入来源。

---

① 光线传播是目前中国内地主要的民间电视节目制作机构，成立于 1998 年，前身是北京光线电视策划研究中心。其下属机构包括北京光线电视传播有限公司、北京光线广告有限公司、北京光线时代资讯有限公司和上海光线电视传播节目制作机构。其制作的知名节目包括《娱乐现场》《海外娱乐现场》等。

② 北京唐龙国际传播机构是目前中国一家多元化的传播机构，下属公司包括唐龙文化发展有限公司、创新嘉业广告有限公司、唐龙投资管理有限公司等。

③ 黄升民等：《数字化时代的中国广电媒体》，中国轻工业出版社 2003 年版，第 45 页。

表 4-18　中国主要视频网站影视剧存储量情况

视频网站	影视剧总量（部）	电影（部）	电视剧（部）
酷六	7573	3364	4209
优酷网	2945	1738	1207
搜狐视频	1888	1125	763
中国网络电视台	1837	727	1110
奇艺网	1750	872	878
乐视高清	1588	813	775
土豆网	1478	728	750
新浪视频	748	356	392

资料来源：截至 2010 年 12 月 31 日，各视频网站公布库存。参见《媒介》2011 年第 5 期，第 39 页。

如今，个人虽然不是内容供应商，但也加入了内容供应的行列。微信、微博、博客等互联网内容平台使每个上网者都有机会成为内容的生产者和传递者，从而使互联网不仅成为一个信息传递的平台，而且成为一个巨大的、自我内容的"供应商"——其内容很大一部分由上网者自行生产，通过上传，向互联网自身供给。在微信、微博、博客这三种常用社交软件中，博客出现得最早，近年来已经式微。新浪微博于 2009 年 8 月内测，随后推出，迅速获得大量用户。2011 年，新浪微博注册用户达到 2 亿。腾讯微博影响力稍逊于新浪微博。2011 年 1 月，腾讯公司推出微信，随后迅速发展，当年年底注册用户便突破 500 万，发展势头超过微博（微博用户突破 5000 万用了 14 个月，电视用了 13 年，广播用了 38 年）。微信公众号、微信服务号、个人微信号源源不断向微信平台中输入海量内容。互联网，这个巨大的自我内容的"供应商"，因微信的出现，又多分了一份活力。微信，因其强关系特征和较好的口碑传播效果，也很快得到了营销者和广告商的青睐。

三、传媒集团

巨大的传媒集团通常不仅包括媒体机构，还包括媒体内容供应机构。目前，世界上最为主要的传媒集团有美国的时代华纳（Time Warner）、维亚康姆（VIACOM）、新闻集团（News Corporation）、迪士尼（Disney），法国的维旺迪（Vivendi），德国的贝塔斯曼（Bertelsmann），英国的 BBC，日本索尼

（SONY）等。这些传媒集团规模巨大，年营业收入有的高达数百亿美元，每个传媒集团的经营领域或多或少包含了电视、出版、电影娱乐、数字媒体、互联网、通信、广告、电子游戏、主题公园、零售、体育、手机媒体等业务领域中的几项。它们的业务，不仅为广告活动提供了广阔的平台，而且为人们提供了极其丰富的媒体内容。

在我国，继地区性的传媒集团成立后，2001年起又陆续成立了上海文广集团、北京广播电影电视集团、中国广播电影电视集团这三个大型的传媒集团。上海文广集团成立于2001年4月，总资产达170亿元，年运营收入近30亿元。上海文广集团包括五个主要的职能部门、四个子集团以及五家直属单位。上海文广集团的五个主要的职能部门是：综合办公室、事业发展部、人力资源部、计划财务部、技术开发部；四个子集团是：上海文广新闻传媒集团、上海电影集团、上海文广投资有限公司、技术中心；五家直属单位包括：上海京剧院、上海昆剧院、上海交响乐团、上海电影资料馆、国际大型活动办公室。2009年10月，由上海文广新闻传媒集团分拆而成的上海广播电视台、上海东方传媒集团有限公司正式揭牌，上海文广新闻传媒集团也成为全国第一家获得国家广电总局正式批准制播分离改革方案的省级媒体。这一改革的核心变化，乃是一部分事业体制转变为企业体制。上海文广集团改革后，它的播出资源和涉及新闻制作的部门保留在上海广播电视台，后者仍属非营利性质的事业单位。而上海东方传媒集团有限公司将由上海广播电视台控股，主营业务涉及内容制作、广告、投资及媒体相关业务等，包括第一财经频道及周边产品、管理上海时尚频道的星尚传媒集团、五星体育传媒等子公司。上海东方传媒集团有限公司计划从一个地方性电视台和电台逐步发展成为面向全国及海外华语世界的内容提供商、发行商和运营商。2011年1月11日，文广旗下新媒体公司上海百视通借壳上市，成为改革进一步深化的表现。

北京广播电影电视集团成立于2001年5月，总资产达50亿元，主要的构成机构包括北京电视台、北京人民广播电台、紫禁城影业公司、北京歌华文化集团、北京歌华有线电视网络股份有限公司五大部分。中国广播电影电视集团成立于2001年12月，总资产达214亿元，集团内总人数达2万。中国广播电影电视集团包括中央电视台、中央人民广播电台、中国国际广播电台、中国电影集团公司、中国广播电视传输网络有限公司，以及中央广播电视机构内的有关科研院所、艺术团体等。① 北京广播电影电视集团、中国广播电影电视集团等传媒集团也不断在发展道路上进行着新的探索。中国广播电影电视集团旗下的中央电视台于 2009 年、2010 年两年间进行了重大改革。2009年7月，中央电视台整合新闻、文艺、海外、社教、广告五大节目中心采编人员，成立新闻中心，标志着其确定了"新闻立台"的发展方向。2010 年 8月1日起，中央电视台将施行多年的"中心制"转变为"频道制"。此前，央视所有频道的节目都是分别交给新闻中心、文艺中心以及广告经营中心等部门制作，是"中心—部门—科组—栏目"的四级体制，改制后则变成"频道—栏目"的二级体制。二级体制实际上强化了频道的经营能力，弱化了行政中的官僚机制。

中国几大传媒集团的成立和改制，体现了中国政治制度对传媒集团运作的影响，探索的是在宣传部领导下"局管台、台控企"的管理体制，具有鲜明的中国特色，有别于西方国家传媒集团的私有化与完全企业化经营的性质。

四、媒体数据服务机构

媒体数据服务机构主要是指通过调查研究，向媒体、广告公司、企业和有媒体数据需求的用户提供基础媒体资料的服务机构，主要以调查公司、研究所、研究中心等形式出现在广告业中。媒体数据服务机构由于常常以调查为主要工作手段，因此也归属于调查公司的范畴。

商业竞争的日趋激烈，广告主工作效率和效果的提高，广告业科学运作观念的日益发展，这几方面的因素促进了媒体数据服务机构的出现和发展。针对我国而言，有两个具体因素明显促进了我国媒体数据服务机构的发展：其一是媒体市场竞争日益激烈，各媒体为了销售自己的时间和空间，需要有说服力的媒体数据作为销售支持；其二是国际化的广告公司进入我国，带来了科学的运作方法。国际上通行利用专业数据服务机构提供的翔实数据作为广告作业的基础。

中国的媒体数据服务商是在 20 世纪 90 年代中期开始成规模发展起来的。20 世纪 90 年代中期以来，中国国内主要的媒体数据服务商有：央视调查咨询

---

① 黄升民等：《数字化时代的中国广电媒体》，中国轻工业出版社 2003 年版，第106—107 页。

公司（CVSC）、央视—索福瑞媒介研究有限公司（CSM）、AC 尼尔森、慧聪媒体研究中心、新生代 CMMS 等。1995 年，央视调查咨询公司进入媒介与市场研究领域。1996 年，央视—索福瑞媒介研究有限公司正式筹建。同年，AC 尼尔森将电子个人收视记录仪引入中国。

央视—索福瑞服务网络遍及全国 110 多个城市，提供 69 个单独城市和 12 个省网的收视调查数据，对全国近 700 个主要电视频道进行收视监测；AC 尼尔森收视调查覆盖中国大陆 10 个城市以及中国香港、中国台湾地区甚至整个亚太地区，广告监测覆盖全国 49 个城市的 125 个频道及 135 家报刊；慧聪媒体研究中心调研覆盖 40 多个城市的 36 个行业 312 大类产品近 3000 种细类产品；新生代 CMMS 则覆盖全国 30 个重点城市。不同的媒体数据服务商为了发挥竞争优势，在业务重点方面都有所不同。央视—索福瑞侧重电视观众收视调查；央视调查咨询公司侧重全国读者调查、电视观众满意度调查、广告监测、个案研究；AC 尼尔森侧重收视调查研究、全球网络监测；慧聪媒体研究中心侧重报纸广告数据监测；新生代 CMMS 则侧重报刊阅读信息、广播收听信息调查。[①]

五、媒体专家公司（媒体购买公司）

媒体专家公司（Media Specialist Company），是指专门从事媒体信息研究、媒体策划、媒体购买及广告发布执行等与媒体相关的各种业务的公司。由于媒体专家公司的主要业务是进行大规模的媒体计划和媒体购买，因此，其在我国常常被称为媒体购买公司。这些媒体专家公司通过集中购买媒体时间和空间的方式来为客户服务。

从世界范围看，大型的媒体专家公司主要集中在欧美。2002 年，世界排名前十位的媒体专家公司中，六个总部设在纽约，三个总部设在伦敦，还有一个总部设在芝加哥（见表 4 – 19）。

大型的媒体专家公司一般都属于世界性的大型广告集团。Publicis 集团拥有 Starcom Media Vest 和 Zenith Optimedia；Interpublic 集团拥有 Universal Mc-Cann 和 Initiative Media ；WPP 集团拥有 Mindshare 和 Mediaedge：cia；Omni-

---

① 黄升民等：《数字化时代的中国广电媒体》，中国轻工业出版社 2003 年版，第 51 页。

com 集团拥有 OMD 和 PHD；Grey Global 集团拥有 Mediacom；Aegis 集团拥有 Carat；Havas 拥有 MPG。媒体专家公司的服务也是大型广告/媒体集团的主要业务构成部分。

中国大陆的大型媒体专家公司（媒体购买公司）主要有实力媒体（Zenith Media China）、传立媒体（Mindshare China）、电扬广告的通扬媒体（TOTAL Media）、奥美 NETWORK、精信广告的 Mediacom。中国的实力媒体是由盛世长城广告公司与达彼思广告公司于 1996 年 10 月合作成立的，总部设在北京。中国的传立媒体是由智威汤逊（JWT）与奥美合作成立的，总部设在上海。2004 年，WPP 集团在 2003 年收购 Cordiant 集团的基础上，整合旗下媒体购买公司传立、迈势（MAXUS）、尚扬（Mediaedge：cia）等品牌，成立巨型媒体集团群邑媒体（GroupM）。2005 年，为代理同业竞品媒体购买业务而成立的竞立媒体是 WPP 集团下的群邑集团的成员公司，与传立媒体一样是专业媒体购买公司。

表 4-19 根据 2002 年全球营业额对世界顶级媒体专家公司进行的排名情况

2002 年排名	2001 年排名	媒体专家公司	总部	2002 年营业额（十亿美元）	2001 年营业额（十亿美元）	变化（%）
1	3	Starcom MediaVest Worldwide	芝加哥	18.40	17.35	6.0
2	4	Mindshare Worldwide	纽约	18.00	17.13	5.1
3	2	OMD Worldwide	纽约	17.90	17.68	1.2
4	1	Initiative Media Worldwide	纽约	16.85	18.10	-6.9
5	5	Carat	伦敦	16.65	15.54	7.1
6	6	Zenith Optimedia Group	伦敦	16.15	14.94	8.1
7	7	Universal McCann	纽约	14.95	13.78	8.5
8	8	Mediaedge：cia Worldwide	伦敦	13.55	13.17	2.9
9	9	Mediacom	纽约	12.35	10.95	12.8
10	10	MPG	纽约	8.55	8.31	2.9

注：表中数据来源是以巴黎为基地的瑞卡玛研究所。瑞卡玛研究所是唯一进行媒体公司信息收集、分析的全球性独立研究机构。

资料来源：*Advertising Age*，April 21，2003，S-12。

生产厂家寻找媒体购买公司为自己开展媒体购买业务，其中的重要原因是借此以较低成本获得专业媒体购买服务。但是，当生产厂家认为自己开展媒体购买工作的成本更加低廉，并同样能实现媒体购买任务时，它可能会将媒体购买工作收归自己来开展——尽管这种做法常常不能达到好的效果。这方面的一个典型的例子是受 2008 年国际金融危机冲击的宝洁公司。该公司于 2009 年 9 月将旗下舒肤佳、玉兰油等几个品牌的媒体购买业务收回自己运作。① 但是，事实常常证明，广告主自身的运作媒体业务往往在媒体谈判等环节上会耗费更多的成本，从而事与愿违。

---

① 赵正：《谁动了代理公司的奶酪》，《中国经营报》2009 年 8 月 3 日。

第五章　广告与营销

从第五章开始，将用三章的篇幅分别讲解广告与营销、广告与传播、广告与消费者。理解广告与营销、传播、消费者三者之间的关系，是开展广告活动、进行广告策划的思考基础。

广告与企业的各种目的和手段之间存在着多重的复杂关系，其中，有的是经济问题，有的是技术问题。企业在技术开发与广告活动之间进行选择，是经济问题；为达到促销目的而开展各种广告活动，进而将各种广告活动视为一个整体行为，则是技术问题。而在发布电视广告与发布报纸广告两种手段之间进行选择，则又具有经济问题的性质，因为这一选择涉及为了不同目的而对稀缺资源进行配置。说这种选择是"经济问题"，是在媒体选择这一层面说的。现代营销理论与经济学之间的关系，比广告学与经济学之间的关系更为密切。经济学研究的是目的与稀缺资源之间的关系。营销与生产之间的关系，即具有经济性。在企业的经营决策层面，营销、生产、研发等各种经营活动之间，存在着多种目的和多种手段之间所发生的经济问题。正如莱昂内尔·罗宾斯和汉斯·迈尔等经济学家所言，人的行为是相互冲突的心理力量在给定的物质和技术条件下彼此作用的结果，只有一种目的和多种手段时发生技术问题，而有多种目的和多种手段时发生经济问题。① 因此，从经济学视角出发考察营销，进而进行广告策划，有助于广告策划者抓牢广告的经济特质并为企业带来最大的经济利益。

---

① ［英］莱昂内尔·罗宾斯：《经济科学的性质与意义》，商务印书馆 2000 年版，第 34—35 页。

第一节　什么是营销

一、市场与营销观念的发展

营销观念是关于如何满足顾客需要和欲求的商业哲学。营销观念伴随市场的发展，有一个漫长的变化过程。"营销"是一种与市场相关的活动，是和交换相联系的。交换是文明社会的一个重要特征，是人类满足需求的最为重要的实现手段之一。在人类社会中，只要有交换存在，就有营销活动的基础。然而，"营销"（marketing）这个词的现代含义也是在它所指的活动发展到一定的阶段才出现的（在英文里，单词的词源、词根使这一点显而易见）。市场兴起的过程是漫长的。按照约翰·希克斯的说法，市场兴起①的背景可以是习俗经济，也可以是指令经济。② 在典型的习俗经济——古老的农耕经济中③，集会的出现为农民提供了集中交易的机会。在集中交易的过程中，某些农民逐渐形成了亦农亦商的身份。市场的进一步开发，使贸易进一步发展，经纪人开始出现。随后，经纪人变为存货持有人和售卖人，他们的活动基地移到了市场所在地。最终，农耕经济中分离出了专业化的商人。我们可以发现，在最初的市场中，商品生产者与商品售卖者的角色是重叠的，他们是参加集会的农民，或者是早期的"制造业者"——手工业者。随着专业化商人的逐渐形成，商品生产者与商品售卖者的角色逐渐分离。商品生产者与商品购买者及最终消费者不再直接发生面对面的关系。商人逐渐又成长为一个专业化的群体。专业商人在其中扮演着重要的角色，他们会想方设法地将商品售卖出去，他们也逐渐发展出一些促进售卖的技巧、思想及观念。早期商人的售

---

①　关于市场兴起过程的简明而深刻的论述，可参见［英］约翰·希克斯：《经济史理论》，商务印书馆1987年版，第25—39页。

②　关于习俗经济和指令经济的论述，可参见［英］约翰·希克斯：《经济史理论》，商务印书馆1987年版，第11—24页。

③　在游牧社会中，也可以发展出临时性的简单的发生交换活动的集市。但是，问题在于，这种集市难以固定下来，因此，我们可以看到，游牧社会中的商品经济程度远远不如农耕经济中发展得那么顺利。

卖商品的思想与观念，也就是我们所说的早期的"营销"观念。

我们看到，交换的简单形式最初是个体之间进行的交换。随着社会的发展，交换活动从个人的活动发展为以团体为当事人的集体活动，在交换过程中，谋取利润的概念也逐渐清晰起来。当社会化大生产出现时，生产者把注意力集中在生产方面，只重视提高生产效率和产生利润。他们的活动与思考实际上日益远离消费者，渐渐忽视了满足消费者的需要和欲求。这一时期，生产者所持的是一种"生产导向"观念。如果说人类社会早期的个体交换的活动是一种原始的营销活动，那么，这一原始的营销活动中所体现的原始营销观念，到了社会化大生产出现的初期，便让位给了可能忽视消费者需求的生产导向观念。

在 20 世纪的早期，有些企业重新意识到满足消费者需求的重要性，其观念从生产导向观念向现代意义上的营销观念转变，开始重新以消费者需求为导向。但是，直到 20 世纪中期，现代意义上的营销观念才真正出现。在生产导向时代，"硬销售"的思想与技巧被奉为圭臬，此后"软销售"的思想与技巧日现峥嵘。① 在这种转变过程中，一些杰出的经济学家以他们强大的批判力起到了积极的推动作用。莱昂内尔·罗宾斯曾指出，在任何地方和任何时刻，与消费者的需求相一致的大规模生产某种商品而不生产其他商品是有明确限度的，超越了此限度，将把生产力用在生产价值较小的商品上，而且有关的生产企业还会遭受经济损失，从而造成浪费。他对他那个时代的思想进行了有力的批判："现代思想史上的一个怪现象是，当某些行业的发展失调，使经济系统陷入了比以往任何时候都更为严重的混乱时，人们却天真地认为，不管需求条件如何，不管在什么地方，在什么时候，只要能普遍求助于大规模生产，我们便可摆脱困境。这是对崇拜机器的报应，是在充斥着技术人员的世界上智力处于瘫痪状态的表现。"② 生产导向与机器崇拜至今对世界各国的经济活动有着根深蒂固的影响。产能过剩常常使经济与商业的发展进退维谷，更使劳动阶层的就业面临严峻的环境。

---

① 关于"硬销售"与"软销售"的争论，读者可进一步参阅余艳波、张明新：《广告的科学性与艺术性之争：源流与辨析》，《湖北大学学报（哲学社会科学版）》2006 年第 6 期。

② ［英］莱昂内尔·罗宾斯：《经济科学的性质与意义》，商务印书馆 2000 年版，第 45—46 页。

20 世纪 70 年代以来，以消费者为中心的整合营销观念开始出现并日益流行。不过，在目前的社会中，生产导向型的机构和消费者导向型的机构是并存的。企业、学校、政府等既可能是生产导向型，也可能是消费者导向型。由于有巨大的需求市场存在，学校、政府所提供的服务，从供给与需求的关系来看，通常情况下是供不应求。因此，一般来说，学校、政府等组织机构偏向于生产导向型。在我国现阶段，生产导向型的机构实际上远远多于消费者导向型的机构。但是，经济规律告诉我们，消费者导向型的机构将是未来的胜者。

过去，很多公司认为营销就是为了创造交换，如今，很多公司的营销观念认为企业中的任何一个人都是营销的执行者，他们发出的任何信息都可能对利害关系者产生影响。这种营销观念使品牌传播成为营销的重要内容。因为企业（包括每一个员工）的任何一个行为都可能影响到顾客对于企业的品牌认知，所以品牌传播也成为营销领域中一个重要的基本要素。

营销观念的变化与发展被认为是引起广告传播理论发展的重要原因。张金海和程明把 20 世纪广告传播理论的发展分为三个阶段：20 世纪初至 50 年代以产品推销为核心的传统广告理论，20 世纪 60 年代转型期的广告理论，以及 20 世纪 70 年代以来以营销与传播理论为积淀的广告理论。[①] 肖德荣和王珊则注意到消费变迁与广告理论之间的关系，"一个世纪的消费变迁使广告理论不断升华。从 20 世纪初的推销论到 60 年代的品牌论，再到 70 年代的定位论、90 年代的整合营销传播论，广告理论的研究领域由单一向系统发展，关注焦点也由产品向消费者转移"[②]。在充分重视市场与营销观念的影响之下，广告作为一种技术手段，可以被视为具有刺激需求的潜能，是有可能影响消费的因素之一。从这种意义上说，虽然研究具体广告活动如何开展是一种技术问题，但是研究广告主如何在具有经济性的各种行为（包括是否开展广告活动）之间进行选择，以及研究广告如何影响市场需求，则是具有经济意义的问题。

---

① 关于 20 世纪广告传播理论的发展，读者可进一步参阅张金海、程明：《从产品推销到营销与传播整合——20 世纪广告传播理论发展的历史回顾》，《武汉大学学报（人文科学版）》2006 年第 6 期。

② 肖德荣、王珊：《中国当代消费形态下的广告理论述评》，《中南林业科技大学学报（社会科学版）》2008 年第 1 期。

二、营销的概念及一些相关概念

营销是进行广告活动必须了解的重要概念。营销不仅仅是卖东西，而且是一个创造和提供顾客欲求的过程，通过这种过程，使顾客愿意付出金钱、时间或友谊。营销是指对观念、商品及服务进行策划并实施设计、定价、分销和促销的过程，其目的是引起交易，从而满足个人或某个组织的预定的需求、欲望和目标。① 具体而言，营销是一个战略过程，是一连串按照顺序发生的、经过策划的活动或方法，包括：开发产品，制定合适的价格，通过分销渠道使消费者有机会获得产品，以及通过销售和广告活动对产品进行推广。美国学者菲利普·科特勒（Philip Kotler）在《营销管理》中则认为，营销是一个包括分析、计划、执行、控制的战略管理过程，强调了营销资讯系统在营销管理中的重要性。② 对营销的概念的表述还有很多种。比如，美国营销协会给营销下过定义：营销"是一个策划和执行概念、定价、促销的过程，也是一个创意、商品和服务的传递过程，通过这种过程来实现满足个人和组织目标的交换活动"③。各种定义虽然表述不同，但都认同营销的本质不仅仅是卖东西，而且是要通过满足顾客需求实现交换活动。

与营销概念相关的一些重要概念包括：产品、市场、交换、营销过程、营销观念、竞争优势等。产品是指一个组织生产和/或提供的任何形式的商品、服务或想法。在营销范畴中，市场概念更强调买者的一方。市场是指一种产品的实际或潜在的购买者市场。市场有时也可以指一个地理区域，如华东市场、北京市场等。在经济学范畴，市场通常不仅被认为是区域，还包括了物品（产品）或劳务（服务）的一群买者与卖者。比如，马歇尔说，"一个完全的市场就是一个大的或小的区域，在这区域里有许多买者和卖者都是如此密切注意和如此熟悉彼此的情况，以致一样商品的价格在这个区域中实际上总是相同的"④。马歇尔所说的同一市场中商品价格趋同的特征，应当只

① ［美］威廉·阿伦斯：《当代广告学》，华夏出版社 2000 年版，第 13 页。
② ［美］菲利普·科特勒：《营销管理》，上海人民出版社 2003 年版。
③ Peter D. Bennett, *Dictionary of Marketing Term*, Chicago：American Marketing Association, 1988, p. 115.
④ ［英］马歇尔：《经济学原理（上）》，商务印书馆 2005 年版，第 131—132 页。

发生在完全竞争状态下。当代社会的市场类型是竞争市场。竞争市场可根据特征分为完全竞争市场、垄断竞争市场等类型。所谓的竞争市场，是指有许多买者与卖者，以至于每个市场参与者对市场价格的影响都不显著的市场。在进行经济分析时，为了研究方便，大多是从分析完全竞争市场开始的，具体说，又常常从考察完全竞争市场中的买者的行为开始。这就不得不涉及对需求的研究。需求是指顾客愿意购买并能够购买的一种物品（产品）或劳务（服务）的量（后文中，我们将在广告学的知识框架下进一步探讨广告与需求的关系问题）。金钱与产品或服务的交换都发生在市场中。营销中所谓的交换，就是指金钱（或其他形式的价值）与产品或服务的交易，是一种物质形态的交易活动。交换也是一个重要的传播概念，是指信息的分享。为了实现交换，必须有两个或两个以上的参与者，交换各方拥有对于对方有价值的东西，有交换的能力和意愿，并且有彼此为了实现交换而进行沟通的渠道。广告和促销的重要意义在于，可以为参与交换的消费者传递产品和服务信息，使他们相信这些产品和服务能够满足他们的需要或欲求。互动广告的出现，使参与交换的生产者和营销商能够更加便捷地获得消费者的想法，从而可以更加准确地了解消费者的需要或欲求。营销过程是指计划、执行并评估产品在组织和顾客之间交换的一种活动过程。营销观念是适应竞争需要而变化的。竞争优势是指通过为顾客提供比其他公司所能提供的更多或不同的某种东西而创造的市场优越性。

营销的最终目标是实现产品或服务与有此需求的消费者之间的交换，为企业创造利润。广告其实是企业营销活动的一部分，因此广告目标必须为营销目标服务。这一点在后文将会详细讲解。不论哪种营销的定义，性质和目标都是大致相同的。营销的性质和目标决定了作为企业活动内容一部分的广告活动的商业性与其为营利服务的终极目标。

为了实现营销目的，企业必须规划合理的营销组合。营销组合是指营销活动的一些战略领域，这些战略领域包括产品（设计、制造）、价格、渠道（或者称为分销、流通渠道）和促销等，它们组合在一起，称为营销组合。营销商必须对每个要素所包含的问题和备选战略及战术有充分的认识，必须知道如何组合这些要素以制订有效的营销计划。从广义上讲，任何个人、组织或机构，要发展产品或服务，并把它们在市场上进行交换，即构成某种形式的营销系统。甚至在生产导向机构的市场活动中，也存在某种形式的营销系统。

下面，我们来重点讨论营销的四个要素。

一是用于交换的产品或服务。产品是营销活动最重要的基础。产品所具有的商品力是其能否在市场上获得成功的重要因素。所谓的商品力，是指产品的特征能在消费者生活中产生的益处或者说价值，它能够被潜在消费者感知到，从而使产品的客观属性转化为消费者的效用。产品的研发、设计与生产是核心商品力的重要来源。2010 年，中国公布的首批《节能车目录》里的71 款车型中，合资品牌车型数量占有 64% 的市场份额。[①] 这说明在我国汽车的节能车市场中，合资品牌在商品力方面比中国自主品牌更具有优势，而其中一个重要原因是合资品牌的研发投入明显高于中国自主品牌。商业广告、公共关系活动从某种意义上说，是强化产品商品力的活动。有的产品本身即服务行为，比如金融咨询、理发等。有的服务是提高产品附加值、促进消费者购买意愿的方法，可以称为附带服务。按照附带服务提供的时间来分，可以分为售前服务、售时服务、售后服务三种类型。售前服务是指提供购买前的建议及专门指导，指导消费者如何选购商品和如何使用商品可以提高商品的附加价值。售时服务是在消费者进行购买时提供的服务，包括贷款服务、包装服务、送货服务以及以旧换新服务等。售后服务包括产品耐久性保证、保修服务、退货服务、产品责任承担等。在正确认识产品价值与性质的同时，我们应有必要警惕丰裕社会中出现过度商品化的倾向。客观地说，商业社会已经存在着一切被商品化的倾向，其中，文化产品商品化问题非常严重。比如，电视剧、电影这类文化产品往往在艺术品属性之外被附上商品属性。即使电视的收视率也与电视剧一起被所谓的"二次贩卖理论"解释为是可以向客户、观众出售的商品。这种过度商品化的倾向容易导致夸大营销作用、误用营销理论的结果。

---

① 岳伟：《自主品牌忙增"体重"不练"心"》，《中国经营报》2010 年 7 月 12 日。

案例

被营销"绑架"的新版《红楼梦》①

2006 年,当"红楼梦中人"全民选秀拉开了新版《红楼梦》的帷幕时,这个在国人心中印着"经典"二字的《红楼梦》就披上了商业的外衣。

时隔四年,2010 年 9 月 2 日起,在地方频道进行首轮播出后,新版《红楼梦》在全国播出。一时间,《红楼梦》成了媒体、网络热议的重要话题。"像看鬼片""像动态连环画""像青楼志"……对于这部经典名作,主流评论却以戏谑调侃的声音为主。更有网友拿出创意,用网络热歌《爱情买卖》的曲搭配新《红楼梦》的剪辑画面,大唱"带鱼(黛玉)是红牌""两亿砸出废品来",完全将其恶搞成低俗产品。歌尾更直言,该剧"扛着艺术的大招牌,把利字中间摆"。

学者叶匡政发表博客说,新版《红楼梦》道具精致,服装、荷包、托盘、家具都是专门定制的;画面也唯美,造景、特效、细节很讲究;台词、旁白完全忠实原著,就像导演把原著摊在大腿上拍的,完全看不到编剧的痕迹。但把这些因素放在一起,就是让你觉得不对劲。他认为,新版《红楼梦》中,人物形象是模糊的,故事结构是流水账式的。

回顾新版《红楼梦》四年拍摄经历,媒体曝光一直有节奏地出现。从最初的"选秀风波"到主要角色集体整容流言,从导演易主、钗黛演员互换,到"铜钱头""羽毛妆",再到"黛玉裸死"……四年来,利用争议来推高收视率、制造话题,已经成为新版《红楼梦》的主打营销手段。

事实证明,这种手法确实大大提升了该剧的眼球。2010 年 9 月 2 日登陆北京卫视时,首集平均收视率有 9.06%,创下北京电视台电视剧开播最高收视纪录。骂的人越多,看的人也越多,但观众心里自有把衡量的尺。如果开始只是去证实这部剧到底有没有传说中那么"烂"的话,那么一旦证实,观众很快就会拿过遥控器了。据北京电视台一位人士告诉记者,播出几日后,收视率已在下滑。同样情况也出现在首轮地方频道播出中。由于收视太低,

---

① 王佳:《被营销"绑架"的新版〈红楼梦〉》,《中国经营报》2010 年 9 月 13 日。本书作者根据出书需要,对原文稍作改动。

江西地方频道在播出新版《红楼梦》几天后，便改播新剧《活佛济公》。

博盖咨询合伙人高剑锋评价："营销最本质的还是要产品好，如果产品不好，营销就是忽悠。"而新版《红楼梦》就像一个被营销之术"绑架"了的产品，所有商业环节都设计好了，而唯一被忽略的是满足观众的需求。这样的产品很难通过"营销"而真正大红大紫的。最后，我们有必要再来回顾到底什么是好的营销：首先，了解市场需求，创造能满足顾客需求的产品或服务；然后，借助一定的方法来启发顾客需求。营销的本质即满足需求，核心就是产品和服务。

思考与讨论

新版《红楼梦》营销的关键问题出在何处？

二是产品或服务的价格。价格是最古老的营销手段。在以垄断竞争与寡头竞争为特征的现代市场竞争中，对价格的使用只是程度差别而已。定价权基本上由生产厂商主导。生产厂商可以单一产品为主设定价格，也可在考虑整个产品线后设定价格。在多元化流通体制下，或说在大型零售机构出现后，生产厂商对于定价权的控制权被削弱。生产厂商必须对定价权实施必要的控制，方能将预期价格反映于市场。价格虽然随着市场中期或长期变动而调整，但有时会因促销活动而变化，从而出现价格的短期性调整。恰到好处的定价（但不是仅仅以价格高低作为标准）和给予潜在消费者足够的购买理由，会使潜在消费者更加乐于购买。"美即"（MG）面膜作为著名的专业面膜护理品牌，是屈臣氏面膜中最重要的产品。"美即"既是"十元每片"面膜价格创造者，也是该价格概念最大的获益者。"流金丝语"系列贴式面膜背离"美即"面膜"十元每片"的"价格守则"，每片售价高达25元，是"美即"传统贴式面膜产品价格的2.5倍，是同时推出的"泉"系列面膜的1.6倍。"流金丝语"面膜较高的定价并没有影响其销量，实际上，它的销售量远远超过了同时推出的"泉"系列新品（15元每片）。"美即"曾对2009年三大系列新品贴式面膜"汉草理肤""泉""流金丝语"做过市场调研，在未告知测试者面膜价格的情况下，挑选"流金丝语"系列的人占了七成以上。研究显示，测试者是因为看重该系列产品"高品质感的蚕丝载体"与"精美的外包装"

表象。① 这说明商品设计的美感可为商品的较高定价提供有力支持。

三是分销产品的渠道系统（或者说流通渠道）和销售地点。渠道系统是指保障产品或服务被使用和使消费过程能够正常运转的各种相互依存的组织。现代市场的发展使生产厂商与消费者距离变远。需求与供给的调整以及商品在市场上的分配变得更加困难。生产厂商必须借助渠道系统来维持或扩大市场，并随时准备使潜在消费者在想要的时候能够在合适的地方买到商品。因此，生产商场必须选择能够迅速联系消费者的流通渠道，建立完善、高效的流通渠道与流通机制。流通是关于商品的准备（库存、保管等）、运送及分配适当的数量的过程。企业如果能通过广告等方式建立品牌知名度，就可以在渠道争夺战中为自己创造有利因素甚至使自己占据有利地位。像家具等需要体验的产品，传统的营销方式是以大卖场为主。其中，品牌是赢得渠道优势的决定性因素。互联网营销的出现，使生产厂商可以通过互联网脱离实体店与消费者建立联系，从而改变传统的渠道模式。2010 年 8 月，曲美家具在淘宝网上发起"曲亿团"万人团购买活动，给儿童家具业创造了一个网上团购的好例子。该活动在短短 18 天内零售额突破了 6000 万元。"曲美团购半个月销量规模超过了一个品牌一年的销售量，几乎刷新了所有经销商和家具厂商对传统卖场的概念。"② 同年，奔驰公司出品的 SMART 汽车，通过网上团购与折价相结合的方式，也取得了良好的销售业绩。值得强调的是，家具、汽车这类价格较高的产品之所以能实现网上销售的佳绩，往往是因为其有品牌的基础。比较稳妥的渠道战略是建立在强大品牌的基础上，使实体店与互联网渠道相互配合。互联网的影响日深，也促使零售企业开辟网上的销售渠道。③ 网上零售对技术要求很高，要求有强大、稳定、安全的系统，需要的资金也比较多。通常来说，零售企业网上销售的商品定位要与实体店销售的商品定位有所区别，要避免价格冲突，有时也可以外包网上销售业务。比较好

---

① 郭湘黔、周擎：《"流金丝语"井喷的启示》，《国际广告》2010 年第 3 期。
② 庞华玮、卢远香：《互联网颠覆传统渠道》，《中国经营报》2010 年 9 月 13 日。
③ 根据中国社会科学院荆林波研究，2000 年以来，中国市场上的零售企业经历了至少三波高潮：第一波是在 2001 年，主要表现为以北京市西单商场为代表的零售商涉足网上销售；第二波是在 2006 年，表现为王府井百货、国美电器、苏宁电器、家乐福等众多国内外零售企业开始使用网上销售；第三波是 2008 年以来，表现为大量零售企业开始加大对网络购物的投入。

的做法是网上销售与实体店销售相互配合、互相促进。

四是为促进产品销售的某种形式的推广和传播。广告、公共关系、销售促进、人员销售、辅助性工具等都可以归属于广义的促销。需要强调的是，当公共关系作为一种营销工具时，它属于促销范畴，与广告有同样的功能。销售促进是狭义的促销。但是，在实务中，许多营销商和广告商习惯将销售促进简单地称为促销，单独指称广告、公共关系、人员销售等其他促销手段。

公共关系是指评估公众态度，根据公众兴趣明确组织政策和行为，采取行动以获得公众的理解和支持，从而为组织创造良好的生存环境。具体公共关系的目标可以有很多种，为组织在公众心目中建立良好形象只不过是一种常见的公共关系目标而已。公共关系有多种运作手段，包括公关传播、赞助、各类活动等。公关传播常常又被称为公共宣传，其含义是指不直接收费或接受确定赞助而进行的关于组织、产品、服务或观念的传播。传统的公关传播是非人际的，主要指借助传统大众媒体开展宣传。这种传播方式与广告有明显的区别，最主要的区别是不由发起宣传的公司直接付费。它的目的是试图令大众媒体对其产品、服务或观念进行正面报道，从而影响消费者的态度和行为。公关传播的具体方式有新闻发布会、大型活动、招待会、研讨会等。

就销售促进针对的对象分类，可分为消费者导向的销售促进活动和中间商导向的销售促进活动。消费者导向的销售促进以产品和服务的最终使用者为目标。中间商导向的销售促进指向销售促进的中间人（比如批发商、分销商、零售商等），以购买折扣、价格优惠、销售竞赛、商业展示等方式激励他们储存和促销产品。就具体方式而言，销售促进可谓变化万千。根据活动需要，不同的方式使用起来还可有多种组合，可谓取之不尽、用之不竭。常见的销售促进方式有减价优待、随货附赠、折扣券、累积积分或集点赠送、样品赠送等。其中，减价优待常常又包括旧品大清仓、节日大优惠、每日特价品等方式；随货附赠包括包装上的附赠、包装内的附赠、包装外的随赠等；折扣券可分为有条件送出和无条件送出两种；累积积分或集点赠送可分为厂商送出和店头送出；样品赠送包括定点分送、入户投递、邮寄样品、广告截角赠送、零售点分送、商品附赠、媒体分送等方式。广义的促销活动可以通过改变潜在消费者的认识、态度而改变其行为。因此，广义的促销活动可以分为改变认知型、改变态度型、改变行动型。当然，三种促销活动既可以相互配合发生作用，也可以独立发生作用。售点广告有明显改变潜在消费者认知的作用。试用、体验活动、发布会可以改变潜在消费者的态度。提供赠品、累积积分或集点赠送、折扣券、抽奖、"秒杀"等活动可以直接刺激消费者的购买行为。大部分促销方式既可以在实体店使用，也可以经过改造在网络销售中使用。近年来，体验活动日益被企业看重。例如，2014 年，苏格兰百富威士忌将其制作流程搬到了中国台北的街头，让威士忌爱好者深度参加体验活动。结果，一个月（31 天）时间，该活动吸收的会员超过了以往的一年业绩，百富威士忌销售量提高了 9%，挤入了中国台湾地区威士忌市场的前 5 名。在该市场中，它原本的排名在 10 名之后。"秒杀"主要是一种基于互联网开展的促销活动。特别值得强调的是，"秒杀"不仅仅具有促销功能，实际上还是一种很好的传播方式。通过开展"秒杀"活动，企业可以在短时间内吸引大量顾客关注自己的商品。2010 年世界杯期间，淘宝商城与央视合作，在每晚举行"九宫格秒杀"：每晚 23 点和 23 点 45 分在央视一套"球迷狂欢节"节目现场，将球门背板设计成九个格子，由观众射门，足球击中的格子代表的商品品牌于当晚 0 点和 0 点 15 分在淘宝商城举行对应商品的"秒杀"，"秒杀"价格为 1 元。活动第一天，淘宝商城的流量就达 4 万人。其中，在 6 月 11 日，南非足球队与墨西哥足球队首战之后，为了"秒杀"曲美价值 2429 元的曲美双人沙发，上百万用户涌入了曲美在淘宝上的官方商城。① 值得指出的是，以终端消费者为目标采取的直接销售促进活动（比如折扣券）常常与广告活动争夺企业有限的营销预算。过度的销售促进活动会使消费者对价格的敏感度超过对商品品质的敏感度。然而，在成熟的市场中，激烈的竞争促使企业越来越依赖以价格为主要手段的销售促进活动。②

日益增多的传播工具为销售促进提供了更多可能性，企业对销售促进的兴趣越来越大。1980 年，美国的广告花费为 530 亿美元，用于销售促进（包括展示、赠券、打折）的花费为 490 亿美元。到 2002 年，仅北美地区与美国国内广告投入就高达 2400 亿美元，针对消费者和零售商的促销费用（实际上

① 此案例参见姜蓉：《当秒杀变身传播》，《中国经营报》2010 年 6 月 28 日。
② 有数据表明，从 1980 年到 1993 年，全美国发出的优惠券从约 1 亿张增加到超过 3 亿张。数据参见〔美〕葛斯·哈伯：《差异化行销》，内蒙古人民出版社 1998 年版，第 21 页。

是指广告之外的销售促进费用）高涨至 2500 亿美元。① 由此可见，在美国这一世界主要广告市场上企业对销售促进的日益依赖。在竞争日益激烈的中国市场，企业对销售促进的兴趣也与日俱增。2001 年，美国财务会计标准委员会颁布的新的税务规定中确立了一项新的要求，即从此以后，折扣、优惠券、进场、贸易津贴以及其他类似的激励性的促销支出都应该以在总收入中减去的方式来对待。② 此前，有些公司将这些费用作为营销成本的一部分。这种财务会计法方面的变化，尽管对公司的底线盈利能力并无影响，但要求企业改变计算和报告收入的方法。

互联网、移动终端、卫星定位等新技术的融合更进一步使传统促销与新技术促销融合在一起。这些新技术的融合大大增加了促销信息随时接触潜在消费者的机会。比如，以地理信息记录技术为基础的融合互联网社交功能的"签到"，即是在某人到达某地后利用 GPS 定位搜索附近地点并在手机上显示，点击所在地可立即"签到"，签到信息还可以被发布到微博等互联网社交平台。广告商可以利用这种技术，发布广告与促销信息。

人员销售是一种以人际沟通进行促销的方式，因其需要推销员来开展工作，故也被称为人员推销。在这种促销方式中，推销员试图帮助或劝服潜在消费者购买企业的产品或服务，或使潜在消费者接受企业所倡导的某种观念。与广告不同的是，这种方式需要买卖双方进行面对面或通过通信设备的接触与沟通。这种方式的优点是具有交互性和灵活性，卖方可以听见或看见潜在买者的反应并以此调整销售信息，从而有可能根据顾客的特定需要提供必要的信息。人员销售还可以从顾客的反应中即时收集销售展示的效用信息，从而为其他营销活动提供非常有价值的营销信息。人员销售对不同性质的企业、不同性质的产品与服务具有不同的实用性。企业间营销商的业务以大宗、昂贵、交易复杂为特征，因此更加依赖人员销售。有些企业间营销商也善于运用广告的功能，发挥其在建立知名度与声誉方面的特长，从而为销售人员提供良好的销售支持，并为购买产品或服务的顾客提供信誉担保。对于消费品

---

① ［美］乔治·贝尔齐、迈克尔·贝尔齐：《广告与促销：整合营销传播视角》（第 6 版），中国人民大学出版社 2008 年版。

② ［美］唐·舒尔茨等：《重塑消费者：品牌关系》，沈虹、郭嘉等译，机械工业出版社 2015 年版，第 221 页。

营销而言，企业可以借助推销人员在自身与中间商之间建立联系。尽管在这种情况下推销人员不直接与消费者接触，但他们为生产企业开拓了分销渠道，巩固了产品在货架上的位置和所占空间。推销人员还可以推动零售商开展针对消费者的广告和促销活动，鼓励经销商在当地市场经营和促销本品牌。

辅助性工具是指在各种营销活动中所用的宣传册、宣传页、展示牌、折扣券等物质形态的传播介质。因为它们在营销传播活动中主要起辅助传播的作用，故被称为辅助性工具。创造性地使用辅助性工具，常常可以发挥电视广告、报纸广告等传统主打广告形式无法达到的传播效果。

西方的营销学者将以上四个要素总结为：产品（Product）、价格（Price）、渠道（Place）以及促销（Promotion）。因为这四个要素的英文单词头一个字母都是"P"，因此营销组合四要素也被简称为"4P"。4P最早是由美国密歇根州立大学的杰罗姆·麦卡锡（Jerome McCarthy）教授提炼出来的。该观点启发了美国西北大学的菲利普·科特勒（Philip Kotler），并在其营销学名著《营销管理》（*Marketing Management*）一书中得到了体现和阐释。学者们认为，运用营销的四个要素，可直接刺激市场反应。除价格以外，其他几个要素都产生营销费用，因此必须以营销组合战略为基础，对预算进行分配。营销组合的任务，包括组合与改善这些组成要素，使企业在市场上交换产品或服务，达到最佳的利润水平并建立与顾客的良好关系、创建良好的品牌。市场是瞬息万变的。在市场中，有许多企业存在，这些企业会生产出许多产品或提供许多服务，而消费者对于产品或服务的需求也不同。因此，企业要成功地营销其产品或服务，并非一件易事。

 案例

中国制造争夺定价权"美国试验"①

如果中国制造试图撇开沃尔玛等国际零售业巨头，直接将产品销售给国外的消费者，这将意味着什么？

---

① 张亚军：《中国制造争夺定价权"美国试验"》，《中国经营报》2010年8月16日。因篇幅有限，本书作者对原报道进行了缩写。

早在 2008 年，郎咸平提出的"6+1 理论"道出了中国制造的致命尴尬。他经常会以芭比娃娃为例，向人们讲述"6+1 理论"：芭比娃娃在美国沃尔玛的零售价近 10 美元，在这个产业链里，我们只能创造 1 美元的价值，而且还给自身带来了难以避免的环境污染和资源浪费。但美国人通过"6"，获得了 9 倍的价值，而且这 9 倍的价值没有污染、没有浪费。言下之意，如果能绕开国际零售巨头，自己组建起 M2C 模式，那将给中国制造带来革命性变化。

中国制造的革命，最核心的问题在于争夺定价权。国内电子商务龙头企业阿里巴巴与环球市场都在尝试打造夺回定价权的销售平台。然而，M2C 模式面临的却是阻力重重。

1. 绕开沃尔玛，走得通吗？

2010 年 8 月上旬，格兰仕集团第一批针对美国消费者设计的微波炉、电饭煲等几类主打产品正式上线生产，计划下旬完成包装与装箱。"赶在圣诞节前每年 9 月份的销售旺季，首先我们要对直销模式进行市场检验，其次要看看规划的品类是不是适销美国市场。"格兰仕集团电子商务部部长赵志说。这些产品将于月底报关，运到美国威斯康星州密执安湖畔的一间仓库。它们将被摆放在一家制造商直销网络平台 GMCmarket.com 上，直接销售给美国消费者和中小批零商。订单下来后，通过当地的配送渠道，迅速送到买家手上。

早在 2010 年 7 月份，格兰仕与外贸平台商环球市场集团就签订了服务协议，从物流配送，到出口货运，再到海外销售等环节上的操作流程，都将交给这家营销机构来完成。通过这一复杂的流程，将使格兰仕的产品"绕开沃尔玛"直接销售到终端，由此将使得其出厂价格变成终端销售价格，价格可能提高 100% 以上。剔除了供应链成本，其利润将存在极具诱惑力的空间。最重要的是，这样的销售渠道完全由生产厂家控制定价权。这就是被称为 M2C 模式的全球直销平台。

M2C，即生产厂家（manufacturer）直接向消费者（consumer）提供自己生产的产品或服务的一种商业模式。其主旨就在于跳过中间商，实现厂家直销、厂家定价。

目前，国内企业在海外自建销售渠道的，只有海尔、格力等国内制造业巨头。但迄今为止，中国品牌在海外的销售业绩，远不如国外品牌在中国的销售业绩好。当然，这同样意味着，中国品牌也几乎没有谁在国外的业绩比在国内做得好。

国外的零售巨头显现出"翻手为云，覆手为雨"的姿态。在垄断了终端渠道之后，来自中国工人血汗凝聚成的廉价产品成就了沃尔玛近20年来"天天低价"的营销口号，并让这个商业巨头在全世界遍地开花。与之有着类似商业模式的还有Target、Costco、Safeway以及百思买等零售业大腕。

"如果从沃尔玛的货架上取下中国制造商品，便可以把高尔夫球从商店的这一端，推到商店的另一端，而不会击中其他任何东西。"一位考察过沃尔玛的专家如是说。国际零售巨头掌控的巨大市场资源，使之成为近年来许多打着"中国制造"标记的产品无可选择的归宿。也正是因为这样，中国制造被迫冠以"物美价廉"的称号。

与环球市场集团合作尝试M2C模式的已有数十家企业。该集团M2C负责人介绍，目前，在制造商直销网络平台GMCmarket上每天都能收到数十张订单，其中还有一些批零商小批量批发订单。截至2010年8月初，已有100多种产品运达美国，试点"厂家直销"。凡是通过GMC群体品牌认证的制造企业，往往都对M2C充满兴趣。

试图绕过国外零售商建立渠道的不止环球市场集团，阿里巴巴2010年斥资1亿美元打造的小单外贸批发平台——全球"速卖通"（www.aliexpress.com）于2010年4月26日正式上线，"速卖通"按实际成交提成。这样的平台同样为中国制造企业提供了绕开国外零售巨头的渠道，直接将个性化产品销售给小型终端零售商。尽管"速卖通"并非所谓M2C模式，但它同样解决了中国制造企业的定价权问题。在产品销售价格上，直接出售给小零售商的价格可能成倍地高于沃尔玛所规定的供货价。

2. 打破低价的"天花板"

按照郎咸平的"6+1理论"，现在制造商做的是"1"的部分，其他的"6"被国外的知名买家、经销商、分销商吃掉了。这个"6"里面其实就有原材料采购、设计、品牌、渠道等。而制造一块，成为价值链上价值最低的一部分。

有一家位于广东江门的五金制造商李刚（化名），多年来以贴牌方式生产户外炊具，主要销往美国。有一次，李刚听说他们公司贴牌生产的一款八头烧烤炉产品在亚马逊上曾以3000美元以上的价格销售过，这个销售价与出厂价差别非常大。这让他耿耿于怀。金融危机之后，在利润微薄状况的挤压下，李刚的公司希望摆脱贴牌方式。

"八头烧烤炉以前出售给国外渠道商的价格不到700美元。而在亚马逊的销售价格是3990美元。"环球市场集团M2C运营总监罗民说，并表示如果参与环球市场的M2C业务尝试，那么价格可以由制造商自己来定。在与环球市场合作后，李刚的公司开始将八头烧烤炉产品的出厂价定为670美元一台，然后加上其在供应链上的每个节点的费用与成本，这个价格就是在美国销售的价格。不久，李刚打电话说："单价670美元太低了，我们想调整到680元，行不行？"罗民的回答很干脆："好！定价权在你，我并不是压价的买家。"

"显然，做惯了贴牌代工的制造商，在价格上似乎给自己设置了天花板，他们哪怕是提高10美元的价格，都生怕货卖不出去。面对完全可以自主定价的销售渠道，他们的提价行为仍然显得小心翼翼。"罗民说。

后来，李刚的公司在美国市场进行搜索，寻找同款产品的卖价。结果按厂家直销模式，这款产品在美国的批发价是1200美元，零售价是1500美元，而在亚马逊的价格是3990美元。李刚的公司说："定价还是太低了，我们还想涨一些。"于是，双方商议，出厂价最终定价为970美元。加上所有费用，这款产品以1699美元的批发价供应给eBay上的卖家。对于零售商来说，在eBay网上以不到2000美元的零售价便可以卖了。

"对于消费者来说，这个价格太吸引人了。这绝对不是低价和倾销，只是缩短了供应链的费用，节省下来的钱一部分返还给消费者，让他们有更好的购买力，另一部分返还给制造商，让他们有钱继续制造更好的产品，定更高的价格，赚更高的利润。"罗民说。

3. 全球直销考验重重

金融危机之前，海外消费者在享受廉价的"中国制造"产品的时候，似乎毫无节制。由于需求旺盛，国内制造商都拼命生产，薄利多销。当海外消费者经过金融危机后，他们发现，生活应该好好算计，也要注意节省。而零售巨头沃尔玛则将"天天低价"的口号改为"节省金钱，生活更美好"。这种消费变化反映到经销商那里，就变成短期小订单。以往一次订10个柜的货，改为一次只订一个柜的货。

针对这一变化趋势，阿里巴巴于2010年4月底推出了小额在线销售平台"速卖通"。然而，"速卖通"上线不到一个月，就遭到了黑客攻击。"速卖通"业务部负责人吴昊告诉记者，网站被黑客攻击后，他们通过技术分析发现，攻击行为来源于美国，阿里巴巴便在美国报警。有人分析称，这种行为不排除当地竞争对手或者贸易保护主义者幕后操纵，因为"中国制造"直接可以卖到美国，将直接冲击美国本土品牌商和销售商的高利润模式。

相对于阿里巴巴明目张胆地开展B2B2C模式的近终端销售平台，环球市场集团却向来不动声色。自2000年起，环球市场集团开始构思直销模式；2006—2007年，环球市场集团先后收购了两家国际物流公司；2008年，环球市场集团与美国麻省理工学院合作研究M2C具体模式；2010年7月1日，M2C启动上线。其动作不可谓不大。然而，其官网上至今未出现任何关于M2C的业务信息。"关于M2C业务，我们一直主张低调行事，没有做成熟，就不轻易公开推出。"罗民介绍。目前，环球市场集团与国内客户的合作都在线下悄悄进行。在国外市场开拓上，环球市场集团与eBay、PayPal正开始深度合作，并计划1年内组建一个完善的售后网络。"国内制造商只要将产品交给环球市场，我们负责包括物流运输、通关、出口退税、美国的货运、清关、报税、仓储配送等一条龙服务。"罗民说。

实际上，所谓M2C模式，可以理解为M2B2C模式。在这种全球直销模式里，从出厂到到达消费者手里有2200多个节点动作，以前很多人都想实现这种模式，但都知难而退。环球市场之所以迎难而上，就是依靠与已经通过GMC体系认证的群体品牌所囊括的数千家GMC制造商客户的合作。

无论是阿里巴巴，还是环球市场，在开展海外终端销售业务的事业中，等待而来的将是怎样的一场"制造业革命"或者"产业链战争"呢？

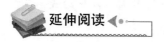

思考与讨论

1. 案例中的几家中国企业通过什么方法争夺定价权？

2. 案例中提到格兰仕的产品"绕开沃尔玛"进行销售，这种销售方式可以称为直销吗？你怎么看？

3. 如果中国企业仅仅通过争夺定价权加强市场力，可能遇到哪些威胁？

延伸阅读

"优惠券一代"在我国发挥消费影响力①

丁璨对打折商品着了迷。她的钱包塞满 30 多张购物折扣卡和数十张优惠券。她的房间里堆满免费赠品，从化妆品试用装到钥匙链。她经常天不亮就起床排队，为的是能买到打折电影票。丁对节约的渴求并不是出于生活拮据，这位 32 岁的软件测试工程师相对而言比较富裕。

这不仅仅是狂热，对中国年轻人来说，购买打折商品正在成为一种生活方式。他们作为"优惠券一代"而出名，正在改变着世界第二大经济体的商业模式。

全球大公司和中国本土知名品牌都在向寻求便宜货的中国人示好。对打折商品的渴望已催生出打折俱乐部、网上团购和散发优惠券的路边小贩。某国际汽车企业原计划为一款新车进行为期 3 周的促销，但活动一天就结束了，原因是每辆车打折 20% 销售，所以不到 4 个小时 200 多辆车就被抢购一空。

这在中国是一个相对新鲜并以年轻人为主体的现象。随着从计划经济转向市场经济，中国的消费主义才刚刚起步。当然了，美国人多年前就开始剪优惠券了。但在中国，这种趋势却对全球经济具有影响。年龄在 18—35 岁之间的 3.5 亿中国人的花钱习惯，被认为对促进世界经济复苏和总有一天帮助中国超越美国，成为世界头号消费市场，具有至关重要的作用。

"这可不是你的祖母或家庭主妇在厨房里剪下星期天优惠券，因为他们（中国年轻人）代表着未来。"业内人士说，"而且他们处在这个国家零售消

---

① 资料来源：《华盛顿邮报》2011 年 1 月 3 日。

费增长的前沿。"地铁、商场和超市里，到处散发优惠券，几乎每个大品牌都在提供打折卡。最近一个晚上，丁璨和一个打折网络论坛的其他会员聚在一家饭馆交流购物心得。甚至连晚餐都是免费的——渴望曝光度的新的小餐馆为丁这类年轻人提供免费晚餐。

中国非常重视节俭，这是贫穷一代中国人的遗产。机灵的消费者受到朋友和家庭的称赞。电视节目也对那些通过团购和促销商品而省下大笔钱的人进行采访。23 岁的单云菲（音）承认，打折令她多花了本不该花的钱，"我上瘾了。不管是在单位还是在家里，总梦想着下一次交易。"

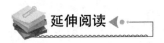

"优惠券一代" 拯救世界经济①

花花绿绿的优惠券似乎正成为拯救全球市场的"无名英雄"。2011 年年初，美联社一篇题为《"优惠券一代"在我国发挥消费影响力》的文章被各国媒体纷纷转载，中国打折消费族忽然间从"抠门族"变成了"救世主"，因为他们肩负着"改变世界第二大经济体商业运作模式"的重任。实际上，中国"优惠券一代"比美国晚出生了近百年，规模也没有北美那么大，但唯有中国人被捧到如此高度，因为在一些外媒看来，中国的需求决定着商品的全球定价，中国的"优惠券一代"是全球消费的推手。使用优惠券已成为各国百姓的消费趋势，互联网等新传播渠道也让折扣消费唾手可得。小小的优惠券真能让顾客、商家皆大欢喜，把金融危机带来的阴霾早日驱散吗？

1. 优惠券已在北美风行百年

在年初这篇有关中国"优惠券一代"的文章中，美联社记者观察到中国出现了钱包里塞着很多张打折卡、优惠券或者喜欢网上团购的群体，他们热衷于以打折或优惠的方式采购大到高档汽车、小到钥匙链的商品，还会天不亮就去排队购买打折的电影票。文章说，"由于中国的计划经济已经走向市场

---

① 黄培昭、丁大伟等：《"优惠券一代"拯救世界经济》，《环球时报》2011 年 1 月 18 日。本书作者根据出书需要，对原文稍作改动。

经济"，这种相对较新的、以年轻人为销售目标的现象在中国出现并开始风行。美联社记者因此断言，"年龄在 18—35 岁之间的 3.5 亿中国人的花钱习惯，对促进世界经济复苏和帮助中国迟早超越美国，成为世界头号消费市场，具有至关重要的作用"。

实际上，美国拥有"优惠券一代"的比例并不比中国低。全球著名的博思艾伦管理咨询公司的报告显示，75%的美国消费者都会在消费前找一找促销用的优惠券。美国优惠券消费的鼻祖据说是可口可乐公司。1887 年，一名可口可乐承销商让推销员随产品分发免费券，后来还把免费券直接邮寄给社区的潜在客户或随附在杂志中。1909 年，美国一家麦片生产商率先推出"1美分优惠券"，凭此券购买其生产的坚果早餐可便宜 1 美分，但当时并没有受到太多人的青睐。1929 年美国爆发经济危机后，人们开始更多精打细算，此类优惠券兴盛一时，并很快传到加拿大和英国。

战后的北美进入超前消费时代，优惠券成了刺激消费的"利器"。据调查，1965 年美国超过半数的家庭使用优惠券消费。加拿大也在 20 世纪 50 年代成立了跨行业的全国性优惠券联盟——"加拿大优惠券协会"，并首创了专门刊登优惠券的月刊。特别是在过去的 20 年中，美国和加拿大两国经历了所谓的"优惠券黄金时代"，互联网也开始出现大量打折消费的信息，同时从网上可以直接下载和打印电子优惠券。"加拿大优惠券"等门户网站还受理有关消费中的投诉。根据加拿大优惠券协会的统计，人口只有 3350 万的加拿大每年竟能散发出 36 亿张各种各样的优惠券。下午茶时间，可以在快餐店、咖啡馆甚至办公室看到加拿大人在剪印各种报刊上的优惠券。

美国近期的一个官方统计显示，全美每年共有 2800 个类别的产品可用优惠券购买，总销售额超过 35 亿美元。美国探索旅游频道最近播出名为《极端优惠券一族》的 12 集纪录片，每集介绍一个堪称极端依赖优惠券消费的美国人，他们向观众展示自己手中优惠券收集册，讲述巧用优惠券的购物攻略。

2. 优惠券消费成为大趋势

北美消费券热潮风行了上百年。而欧洲大陆各国为了显示交易公平，曾认为打折的方式不能随意使用。它们放下购物架子还是这几年的事。2004 年之前，德国几乎没有优惠券的立身之处。早在 1933 年，纳粹政府就制定了所谓的《折扣法》和禁止除小饰品之外赠品的《赠品法》，并一直沿用到 21 世纪初。德国《反不正当竞争法》也规定，平时打折不能超过 3%。曾有一家大商场因为打折特别厉害，而且对使用信用卡的顾客有特殊优惠，还被其他消费者告到法庭，最终被罚 2 亿多欧元。经过激烈讨论，2004 年德国对相关的零售法规进行了修订，允许商店随时进行优惠促销，这被《图片报》等德国媒体称为"消费革命"。

现在，优惠券已成为德国人消费不可缺少的一部分，甚至出现了"陪百克"这样的"优惠券联盟"，旗下会员商店有数十万家。德国零售业联合会的调查发现，自 2004 年放开优惠券政策后，零售商举办大减价活动的次数增加了两倍多，此举挽救了不少商家。该联合会负责人表示，优惠券消费拉动了德国经济约两个百分点，相当于德国的年经济增长率。像前两年推出的 5000 欧元的汽车优惠券，就非常成功。如今，德国各地政府部门非常支持这种消费，甚至还通过立法等方式进行推动。比如，德国政府要求电信、银行、百货连锁店、媒体和电脑商等给 16—30 岁之间的青少年优惠，企业由此可以获得减税。

据柏林工业大学学生麦克介绍，每个大学生第一天到大学注册时就开始"优惠券生活"，学校发给每人一本优惠券，其中包括博物馆和旅游景点的打折券，以及去咖啡馆、餐馆、复印店、专卖店甚至理发店的优惠券。像麦克这样的学生在买手机时还能获得 20%—40% 的优惠，月租费也只要交一半。有很多德国企业把优惠券主动送进高校，为的就是通过优惠价格抓住这批潜在的高收入人群。

西班牙人一直习惯在每年 1 月和 8 月的两次大规模打折季时买廉价商品。只是最近两年，一些大超市才开始在办理会员卡时发送优惠券。2011 年年初，在马德里、穆尔西亚、巴塞罗那等西班牙城市，一家品牌服装店打出"裸着进去，穿着出来"的口号，承诺每天前 100 位穿着内衣进入商店的顾客都可以免费获赠出店时穿上的衣服。这个点子一推出，就受到年轻人的欢迎。在西班牙失业率高达 20%、内需低迷之际，包括发放优惠券在内的各种促销手段显得十分必要。

最近两年的金融危机让英国人的消费观出现了变化。据英国《经济学人》杂志报道，2009 年，年收入在 10 万美元的家庭用的优惠券最多。英国最大优惠券服务供应商伟乐思公司近期做了一项市场研究，结果显示，2010年英国人用优惠券的比例比2009年增加了40%。伟乐思公司欧洲区市场营销主管查尔斯·得奥利表示，考虑到目前的经济状况，商家们不得不继续考虑优惠券这种促销方式。而在英国物价上涨26%、生活成本提高22%的大背景下，人们自然会选择能省就省。调查还显示，使用网上电子优惠券、通过手机短信传递优惠信息在英国也越来越普及。

日本是个消费大国，商家也想尽各种办法促销。在日本，商家把"打折"称为"买得"，意思就是"我让利给你，你买便宜了"的意思。每到元旦，日本的百货、电器商店会限量推出特别优惠的"福袋"，提前排队等候的顾客多达上千人。在日本，优惠券随处可见，电视节目中也专门有家庭主妇介绍如何用各种优惠券或信用卡享受优惠，甚至免费出国旅游。

3. 中国"优惠券一代"让人羡慕

在美国媒体关注中国"优惠券一代"之前，埃及《新东方报》2010年11月初就谈到过中国的这个新现象。文章认为，"折扣消费"在中国年轻人中流行，虽然算不上什么特别的"新生事物"，但对中国的物流建设和经济发展颇有贡献。同样，这两年，埃及人接触到的优惠券也越来越多。在开罗"地铁超市"，有人会往顾客手中塞优惠券，各种商品的打折幅度一般在6—9折之间。埃及《共和国报》的社会版编辑哈桑·里达喜欢用商家提供的优惠券购买手机和电扇等电器，据他介绍，很多埃及人为获取折扣，现在也上网"秒杀"购物。谈到中国人的"优惠券"消费，哈桑说，中国人口多，消费水平也比埃及人高，所以这种消费方式对埃及人的影响远没有对中国人的影响那么大。

对于中国的"优惠券一代"，德国财经网相关评论说，中国年轻人的折扣消费给中国经济带来了活力，这既拉动了中国内需，对其他国家也是一个好消息。就职于德国汽车行业的经济学家福利克博士对《环球时报》记者说，对德国企业来说，中国是全球最重要的市场，甚至比美国还重要。德国企业非常重视中国年轻人这个庞大的消费群体。为此，德国企业正在悄然改变经营模式。比如，在德国消费汽车或电子产品，商家从不送配套产品和礼物，但在中国不这样做就不行。

墨西哥《改革报》2011年1月3日评论说，中国的需求决定了商品的全球定价。中国的"优惠券一代"，成了价格变化的推手。西班牙中国问题专家马埃斯特洛在接受《环球时报》记者采访时表示，中国"优惠券一代"的出现，体现了中国年轻人强烈的消费欲望和对更高生活质量的追求，也是中国拥有庞大内需市场的一个例证。他认为，中国的"优惠券大战"还反映出中国商业领域的竞争非常激烈，行业充满活力。

德国经济学家福利克认为，这种优惠券消费模式对中国的影响要比对欧美国家的影响大。欧美人消费观相对已成熟，即使身处"优惠券时代"，也不会像中国消费者那样容易"一窝蜂"。由于中国市场比欧美市场复杂，很多商家为了抢夺市场，可以说"不择手段"。这很可能导致过度使用优惠券，使很多消费者图便宜买了用不上的物品。此外，中国有关消费的法律法规还有待完善，或者说执法还得跟上。在这方面，欧美管得严格，通过《反不正当竞争法》《折扣法》等进行管理。

4. 真的"买的没有卖的精"？

各国"优惠券族"的构成和内心想法基本相似。德国零售商联合会的调查显示，德国"优惠券一代"占消费者的1/3，主要是16—30岁之间的青年人和30岁以上的家庭主妇。同样，约有31%的英国消费者在购物之前都会找寻各类优惠券，他们并不完全是为了图省钱，很多人还会有"满足感"，觉得自己在理财上很精明。国际市场调查公司尼尔森2010年对全球55个国家的2.7万名消费者进行了一次调查，结果显示，为了削减日常开销，全球57%的消费者选择在打折期间购物，40%使用优惠券，25%选择就近购物。

优惠券消费成为热潮，但提醒人们不要"热过头"的声音也时常可以听到。加拿大CTV电视台曾做过暗访，结果发现，在许多超市提供的用优惠券购买的商品中，夹杂有劣质、过期产品。另外，在网络下载的优惠券，也让一些人上过当。"优惠券"给消费者留下"赚了""省了"的印象，然而结果往往是，消费者认为自己省了钱，却花掉更多的钱。

尽管网络和虚拟优惠券越来越常见，但"老式"的印刷型优惠券还是更容易被人接受。不过，这也造成了巨大浪费。据加拿大优惠券协会统计，每年加全国散发的36亿张优惠券中，真正被顾客使用的只有1/3左右，很多干脆就没人注意过，直接成了垃圾箱中的废纸。

在埃及，对于优惠券的消费方式，也存在"买的没有卖的精"的质疑。《金字塔经济周刊》杂志资深记者艾哈迈德·阿卜杜认为，真正受惠优惠券的是商家，使用者可以得到某种实惠，但其受益不及前者。同时，还有一个问题被提出，即：不习惯使用优惠券的人，尤其是那些腿脚不便的老人或是没有时间去找各种优惠券的人，他们在买同样商品时仍得用原来的价格标准付钱，自然会觉得很不公平。

在营销组合基础上进行的系统的传播活动被称为营销传播[①]，它也可视为在营销一个产品或服务过程中所能够使用的各种传播功能（或称传播工具）的统称。由于每个企业所处的市场环境不同，每个企业所生产或提供的产品或服务都有区别，市场与消费者也处于不断的变化中。不同的企业都可以有自己的营销传播方案。如前所言，传播功能（传播工具）包括广告、公共关系、直接反应营销、销售促进等。这些传播功能/工具也可归入广义的促销范畴。具体来说，传统的营销传播功能/工具包括许多种：大众广告、特殊形式的广告、销售促进、直接反应营销、公共关系、现场活动与赞助、商业展示、售点广告、人员销售、顾客服务、特许经营、包装术、电子商务等。每种功能/工具都有自身独特的作用。根据品牌接触的类型，这些营销传播功能/工具又可归为四类：（1）单向的非个人化接触，如大众广告、销售促进、特许经营、包装术等；（2）双向的个人化接触，如人员销售、直接反应营销等；（3）单向和双向的卷入性接触，如公共关系、现场活动与赞助、商业展示等；（4）以顾客为动力的双向接触，如电子商务、顾客服务等。在一个特定的时机，作为营销过程的一部分，从各种营销传播功能/工具中选择出合适的营销传播功能/工具并加以组合运用，称为营销传播组合。不论是把具体的一些传播功能/工具统称为营销传播，还是把它们归属于广义的促销，进行营销传播组合工作都是为了完成营销任务，同时，也在这一完成任务的过程中，为企业和顾客带来利益。

---

① 英文文献中，中文"营销传播"对应的词包括"MC""marcom"，这两个英文单词，都源于英文"marketing communication"。

三、广告在营销中的角色和地位

我们现在可以看清广告在营销中所扮演的角色和所处的地位——它从本质上说只是一种营销传播功能/工具，或者也可以说，是促销手段的一个构成部分，归属于营销中的促销。促销还包括公共关系、销售促进、人员销售、辅助性工具、直接反应营销等多种营销传播形式。直接反应营销是指组织通过与目标受众进行直接沟通，获得反馈，以达成直接交易为目标。直接反应营销被视为促销的手段之一，乃是传统营销观念的体现。直接反应广告是直接反应营销的重要工具之一，它鼓励消费者直接向生产商购买产品或服务。随着整合营销观念的发展，许多企业将直接反应营销视为整合营销传播中具有独立目标、预算和策略的一部分。

需要强调的是，现代广告已经和营销传播的多种功能/工具混合在一起运用。在进行广告策划时，往往需要考虑到整个营销计划的安排；而制订营销计划过程本身，也是对包括广告在内的多种营销工具进行战略性的整合思考。尤其是在整合营销传播（参见本章第三节）的观念开始出现后，广告和其他营销工具的整合运用更成为一个趋势。

广告作为一种重要的促销手段，由于其对实现企业营销目标的重要作用，几乎具有与营销四要素平起平坐的地位，而常常被提升到企业营销组合层面。因此，在实际操作中，营销四要素（产品、价格、渠道以及促销），再加上销售、服务、广告，就构成了实现企业营销战略最重要的手段。在企业的实际运作中，广告与其他多种促销手段——尤其是与销售促进之间常常会遇到争夺有限预算的情况。这就使对广告与销售促进这两种手段对于销售量的贡献进行的比较研究成为一个重要的研究课题。多年来，在对经济量表及典型的品牌成本结构的研究中，学者们已经发现广告与销售促进对销售量的贡献的一些重要特征（假如还不能称为规律的话）。首先，若仅仅从使用销售促进对销售量增加的促进来看，在比例上，比单独使用广告要高。实际上，大部分促销活动凭借价格降低，确实能引起销售的增加。研究发现，"每降低1%的价格，可增加1.8%的销售量。相比之下，广告对销售量增加影响较小，研究发现每增加 1% 的广告经费，仅能增加 0.2% 的销售量"[1]。但是，我们千万别忘了，在进行这种比较的时候，学者使用的是平均数据。换言之，我们并不能因此否认有些广告可以对销售量的增加作出巨大贡献。实际上，这样的事例非常多。其次，对于制造商而言，价格每降低 1%，其所需要的成本一般高于每增加 1% 的广告预算。因此，3/4 以上的销售促进活动在短期内反而没有利润产生。相比之下，虽然成功的广告带来的销售量的增加并不明显，但制造商反而能够获得更高的利润。[2] 最后，销售促进很少能够产生长期的效果，因此没有长期的回馈可抵消短期销售促进活动所需要的高额成本。相比之下，成功的广告有额外的长期效果，不仅可强化短期内欲达到的广告效果，还可为制造商带来长期的收益。

在现代的商业运作和广告运作中，如果把广告策划和广告活动看成独立的一项活动，或者仅仅把广告活动看成艺术活动行为，都可能造成决策方面的失误。只有合理利用广告以及其他各种营销手段，才能从整体上取得更显著的营销效果。

 案例

沃尔沃策动盛夏攻势[3]

从 6 月到 8 月，从北京到长沙，沃尔沃中国正在我国 28 个重要城市进行着一场声势浩大的盛夏攻势。面对中国这一全球发展潜力最大的汽车市场，稳健的沃尔沃正在用更积极主动的商业战略，用最强力的进攻姿态进入新一轮的中国豪车争夺战中。

1. 完美体验

2010 年 7 月 2—4 日，沃尔沃（Volvo）汽车"创新体验谁不想领驾于先"品牌体验日活动——北京站，在北京朝阳体育中心举行。

北京站活动启动之际，长沙等站活动也相继举行。缘何在盛夏启动声势

① ［美］约翰·菲利普·琼斯：《广告何时有效》，内蒙古人民出版社 1998 年版，第 85 页。
② ［美］约翰·菲利普·琼斯：《广告何时有效》，内蒙古人民出版社 1998 年版，第 85—86 页。
③ 周远征：《沃尔沃策动盛夏攻势》，《中国经营报》2010 年 7 月 12 日。因本书篇幅有限，本书作者对原报道进行了缩写。

浩大的品牌体验活动，沃尔沃中国销售总监史明博表示："沃尔沃汽车品牌体验日旨在全面展示沃尔沃全新的品牌形象与领先的创新科技、深厚的历史底蕴，将使更多消费者认知并喜爱全新的沃尔沃品牌，培育客户忠诚度及品牌归属感。"

事实上，伴随着 2009 年中国成为全球最大的豪华车市场之后，中国的豪华车市场也从"产品时代"跨入了"品牌时代"，消费者越发看重豪华车所带来的品牌附加价值。在我国市场已经奠定了一定品牌号召力的沃尔沃，需要在此时让消费者感受一场完美的品牌体验风暴。

创新科技一直是沃尔沃追求的目标。在八十多年的发展历史中，沃尔沃汽车致力于创新科技的研发与应用，引领着汽车行业在安全、环保、动力及设计等领域的创新和发展。在创新环保科技方面，沃尔沃展现了 DRIVe 零排放环保战略，并陆续推出一系列环保车型，包括柴油超低排放车、插电式混合动力车以及纯电动车，向着未来零排放的愿景目标不断前进。在创新设计方面，沃尔沃经典设计的元素与全新设计 DNA 完美结合，陆续开发出以新款 C30、XC60 和全新 S60 为代表的更加动感时尚的车型。

沃尔沃还是高品质生活理念的引领者，一直传递着积极进取的人生态度，倡导富有品位的高品质生活。沃尔沃汽车已经连续 16 年赞助沃尔沃中国公开赛，代表着积极进取的人生态度和健康、有品位的生活方式。沃尔沃环球帆船赛也于 2009 年登陆中国青岛，这是一项富有激情、挑战生命极限的运动，享有"航海界的珠穆朗玛峰"美誉，这项运动为沃尔沃品牌注入了更多的情感因素。

品牌体验日活动已将沃尔沃"创新科技，创领人生"的品牌宣言展现得淋漓尽致。

2. 积极进攻

让消费者感受一场完美的品牌体验风暴，恰恰是沃尔沃汽车 2010 年积极市场策略的重要组成部分。沃尔沃中国市场总监孙玮表示："现在的沃尔沃改变很多，从车型设计到市场策略都更为积极了！"

沃尔沃汽车公司自 1994 年 1 月 24 日在北京正式成立办事处，于 2008 年在上海正式成立了中国销售公司，着力强化经销商网络建设，并为客户提供更及时、优质、专业的服务。到目前为止，沃尔沃汽车在我国的销售网点已经达到96个，覆盖全国78个城市，在各区域市场大大增强了竞争力。

而在我国汽车业迅猛发展的2009年，沃尔沃中国更是创造了豪华车市场的奇迹。2009年，沃尔沃汽车中国销量为22405台，增长近80%，是豪华车市场中增长最快的品牌。据了解，这一增幅远远高于整体豪华车市场20%的平均增幅（2009年1—11月统计数据）。其中，沃尔沃汽车在12月份的单月销量增幅更是达到121%。在豪华车市场高歌猛进的大环境下，沃尔沃用事实彰显了其在豪华车市场的强大竞争力。

在具体车型方面，S80/S80L车系及XC60表现尤为抢眼。S80/S80L的销量与2008年相比增长达240%，其中，国产加长版S80L功不可没。S80L加长版是沃尔沃专门为中国市场打造的一款车型，轴距加长140毫米，配置更加豪华，以满足国内消费者的消费习惯。国产加长版包括2.5和3.0两个排量共5款车型。

另一销量主力来自中型豪华SUV XC60，它自2009年4月上市以来销量一直不错，成为2009年中型豪华SUV市场中人气最高的车型之一。而在其他车型方面，XC90、S40、C30、C70等其他车型也保持了稳定的增长势头。沃尔沃方面表示，2009年不俗的销量成绩来自其更为年轻时尚的产品方向及愈加丰富的产品线、不断壮大的经销商服务网络，以及积极的市场策略。

2009年获得突飞猛进的沃尔沃并没有满足。2010年，沃尔沃中国确定了更为积极的市场策略。沃尔沃方面透露，根据市场需求，进一步扩大经销商网络，引进更多富有竞争力的车型，创新科技2.0GTDi缸内直喷涡轮增压发动机，同时以更具创意、更丰富多彩的市场活动彰显品牌价值，令广大消费者在沃尔沃的不断发展中尽享尊贵生活品位。这些措施已经显现出极其明显的成效。2010年1—5月，沃尔沃中国取得了销量增长108%的卓越业绩，再次领涨豪华车市。目前，中国已经成为沃尔沃全球第四大市场。在全球范围，沃尔沃汽车2010年1—4月增长26.5%。

3. 豪车竞争

沃尔沃采取积极的市场策略之际，豪车市场的竞争也进入了白热化。2008年金融危机爆发之后，全球奢侈品市场陷入了前所未有的低迷状态。宝马、奔驰、奥迪等品牌在全球都面临着下滑的态势。谁来拯救这些昔日目空一切的豪车品牌呢？

答案只有一个：中国！得中国者得天下！

宝马汽车集团2009年全球销量同比下降约10%，但在中国市场则增长了38%，总销量首次超过9万辆。中国成为宝马汽车全球第四大市场，也是宝马全球增长最快和最具成长性的重要市场。奔驰2009年全球销量同样出现负增长，但在中国市场则增长了77%，达到6.85万辆。

当然，沃尔沃2009年80%的增幅更是让沃尔沃吃下了"中国定心丸"。尝到了甜头的各大豪华车品牌自然不会停滞不前，2010年已经注定成为豪华车品牌白热化竞争的一年。

奥迪、奔驰、宝马等豪华汽车厂家都制订了雄心勃勃的中国发展计划：奥迪计划2010年在中国的销量达到20万辆，奔驰计划2010年在中国的销售目标是10万辆，宝马则拟定了2010年实现12万辆的目标。分析人士认为，各大豪车品牌看上去十分宏伟的销售目标并没有脱离现实，目前豪华车占中国乘用车的比例只有5%，而在成熟的汽车社会这一比例在15%左右。随着中国消费者收入水平的不断提高，中国市场对豪华车的刚性需求将长期存在，豪华车品牌在中国拥有足够巨大的增长空间。

在看到中国市场拥有足够的增长空间的同时，豪华车品牌却不能够忽视两方面的问题：一方面是进一步拓展市场网络；另一方面则是加速国产化。

中国市场对于豪华车品牌而言是一个空间巨大又充满想象力的市场，中国拥有100万人口的城市超过了300个。然而，豪华车品牌在一线城市布局基本完成之后，庞大的二三线市场却存在巨大的空白。截至2009年年底，宝马在中国已经拥有150家授权经销商，却集中在主要城市和省会城市，二三线城市成为宝马的遗憾。为了弥补这一遗憾，宝马2010年将在原来基础上增加25—30家经销网点，覆盖更多的城市，实施渠道下沉。而奔驰也确定了2010年增加25家4S店，主要集中在二三线城市。面对宝马、奔驰咄咄逼人的二三线城市布局策略，沃尔沃也毫不示弱，目前沃尔沃已经展开了积极的二三线城市市场网络建设。

国产化策略也成为豪华车品牌扩大中国市场份额的利器。继奔驰、宝马、奥迪等豪华车品牌在中国生产之后，更多的豪华车品牌把在中国生产视为扩大中国市场份额的最重要的手段。

沃尔沃也在国产化中尝到了甜头。2004 年，沃尔沃中国在中国市场实现销售 5000 辆。而在沃尔沃 S40 和 S80 相继国产之后，沃尔沃在中国的销量大幅度增长，2009 年销量达到了 22405 辆。国产化为沃尔沃中国市场份额扩大立下了汗马功劳。2010 年下半年，配备 2.0GTDi 缸内直喷涡轮增压发动机的 S80L 计划上市。沃尔沃中国首席执行官柯力世表示："沃尔沃还将有更多新产品进入中国！"随着吉利收购沃尔沃的完成，沃尔沃在中国的国产化进程还将加快，沃尔沃将会在中国豪华车市场竞争中占据更为有利的地位。

思考与讨论

1. 在上面这篇报道中，提到了沃尔沃使用了哪些营销工具？试利用课外时间收集这一时期沃尔沃的广告，并分析其广告与其他形式的营销工具是否进行了有效配合。

2. 请在阅读本篇报道之后，利用课外时间收集相关资料，研究宝马、奔驰汽车在中国市场上的营销优势有哪些。

第二节　营销计划的内容和过程

营销计划通常由企业的管理层、决策层制订，包括对观念、商品及服务进行策划，并实施设计、定价、分销和促销等一系列过程。营销计划的内容和过程包括：调查与评价许多有关经营和市场的因素——这是一家企业要获得市场成功所必须做的。在一些潜力大但竞争不激烈的市场中，这种营销调查和评估的重要性并不明显，企业有时即使不做有效的评估，也可以侥幸获得成功。比如，在 20 世纪 70 年代末至 80 年代中期的中国市场中，由于巨大的市场需求刚刚启动，许多企业感到成功似乎唾手可得。但是，随着市场竞争的日趋激烈，无视营销调查与评价的企业的市场风险大大增加了。来自竞争的危机感使企业越来越重视对营销的研究。

有营销学者将营销过程简单划分为五个阶段：分析、战略立案、战术策划（企划）、执行及评估。具体而言，第一阶段要求活用调查内容及市场信息系统来分析现状，并整理出问题点与机会点。市场信息系统是指将资料整理后加以处理的系统，通常借助电脑完成。第二阶段需要有能强化商品力和市场力的战略。商品力战略包括目标消费者的选择、市场定位及商品概念的设立。市场力战略包括价格、流通、销售、广告、促销、服务等目标的设定，预算的设定。第三阶段要求依据战略展开行动策划。第四阶段是对营销战略的执行。第五阶段要求对营销效果进行评估。[①] 这种分阶段方法展现了市场力战略中的各种工具具有共同分析基础与商品力的基础，但是，也因此极易使广告策划与营销策划相混淆。

为了更加深入地阐释营销活动的内涵，同时也为了强调营销策划对广告策划的基础性作用，我们将营销的内容和过程分为以下一些步骤：评估营销环境；制定企业的短期和长期目标；为将来做策略性规划；市场机会分析；选择目标市场；制定营销组合策略；制订正式的营销计划。当营销计划完成后，企业组织力量执行营销计划并对计划的执行情况进行评估与修正，执行、评估及修正都是营销活动的构成部分。对营销计划的内容与过程的分解，主要是为了帮助读者理解各方面的分析工作是如何结合在一起的，而不是因为笔者认为这些步骤应该连续进行。下面就营销的内容和过程作较详细的介绍。

一、评估营销环境

任何营销者都处在一定的环境中，环境对营销者的活动具有深刻的影响，营销者的活动必须适应环境。当营销者的活动与环境因素不协调或抵触时，或者说，当环境因素不利于营销者的活动时，营销者的生存与发展就会面临威胁。营销环境可分为两个层次，即总体环境和个体环境。总体环境由营销者之外的要素、力量、情况和限制所组成。因此，总体环境有时也称为外部环境。总体环境主要包括这样一些要素：（1）社会环境。指该社会中人们的价值观、文化、社会阶层、生活形态以及目标等。（2）自然环境。主要包括自然资源、气候、污染以及人口密度。（3）经济环境。主要指国家宏观经济政策、产业发展情况、市场成长率、通货膨胀程度、原料、投资、融资、利率等。（4）政府政策环境。主要指政府的活动特别是政策法规的变化。政府政策环境往往对整个行业都有影响。比如，2009年年初，中国在全球金融危

---

① 杨朝阳：《广告战略》，内蒙古人民出版社2000年版，第4—6页。

机背景下出台的包括购置税优惠政策等在内的几项刺激汽车的消费的激励措施①，就为当时各汽车企业创造了非常有利的政策环境。据中国汽车工业协会统计，受减征购置税等政策的影响，2009 年 1.6 升及以下排量车型销量在乘用车总体销量中的比重较 2008 年提高了 8 个百分点，达到了 70%。受刺激政策影响，2009 年中国车市整体产销量一举突破 1300 万辆，同比增幅超过45%，中国车市因此超越美国，成为全球第一大汽车消费市场。2011 年，相关刺激政策的逐步退出，则使中国汽车企业的政策环境由有利回归常态。(5)科技环境。主要指人们的知识水平、认知能力以及社会中出现的新发明等。(6) 竞争环境。主要指企业显在和潜在的、直接和间接的、主要和次要的竞争对手的情况。(7) 消费者环境。指产品或服务的使用者、购买者或潜在顾客。个体环境由融资、生产、采购等因素组成，通常称为内部环境。很显然，营销者对个体环境比对总体环境具有较大的控制力。但是，不论怎样，营销者的营销活动总会受到某种限制和约束。通过对营销环境进行考察和评估，营销者可以较好地制定自身发展的目标。

二、确立企业的短期和长期目标

营销者一般都在总体环境和个体环境的限制之内制定其长期目标，然后以此为指导，制定短期的目标。以企业营销者为例，长期目标一般是指企业希望进入的业务领域。在设定长期目标时，企业其实面临的是一个竞争战略问题，而"形成竞争战略的实质就是将一个公司与其环境建立联系"②。迈克尔·波特在其《竞争战略》一书中指出，尽管公司的相关环境的范围广泛，但公司环境的最关键部分就是公司投入竞争的一个或几个产业（迈克尔·波特指出：常用的产业定义是指一个产业是由一群生产相近替代产品的公司组成的，然而如何定义一个或多个产业其实一直是争论不休的主题。如果结构

① 购置税优惠政策指的是 2009 年年初中国出台的《关于减征 1.6 升及以下排量乘用车车辆购置税的通知》（以下简称《减征购置税通知》），最初设定的执行期限是从 2009 年 1 月 20 日至 12 月 31 日，规定"购置 1.6 升及以下排量乘用车，暂减按 5% 的税率征收车辆购置税"，原来的税率为 10%。2009 年年底，国务院又决定将《减征购置税通知》的执行期限延长一年，至 2010 年年底结束，但税率改为 7.5%。2010 年年底到期的还有《汽车摩托车下乡实施方案》《汽车以旧换新实施办法》等优惠政策，不过相关内容修改后延期。
② ［美］迈克尔·波特：《竞争战略》，华夏出版社 1999 年版，第 2 页。

分析将重点放在超越现有对手的广义竞争中，就可以减少如何划定产业界限的争论，这些界限划分本质上只是程度把握问题，与战略选择无关。产业的确定并不等于公司确定了其业务领域。迈克尔·波特的产业结构分析理论构架了一个模型，利用它，可以迅速找出决定某一具体产业竞争特点的关键性结构特征，从而为公司选择进入某一业务领域提供了描绘产业竞争特点的图景）。一个产业内部的竞争状态取决于五种基本竞争力的作用。这五种基本竞争力包括：供方的砍价实力、买方的砍价实力、替代产品或服务的威胁、潜在进入者的威胁、因产业竞争对手存在造成的现有公司之间的争夺。这几种竞争力的合力决定了企业的最终利润潜力（见图 5-1）。① 其中，替代产品或服务的威胁经常被营销者和广告策划人忽视。一种产品能否在市场上获得良好的发展，经常会受到这一因素的影响。20 世纪的最后几年，PDA 在我国市场上发展势头良好，但是，进入 21 世纪后，PDA 的许多功能越来越被手机的功能所取代，其市场也开始走向低迷。范坤芳，这位恒基伟业的创始人之一，曾令商务通在 PDA 市场上获得极大成功，于 2002 年这样说道："以前算是革命性的产品，如今却逐渐被消费者所冷落。"②

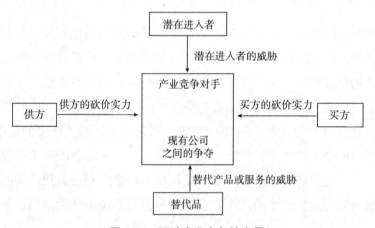

图 5-1 驱动产业竞争的力量

长期目标通常还包括：投资回收期限、投资回报率、企业的社会贡献

① 关于驱动产业竞争的力量的详细论述，读者可以参阅［美］迈克尔·波特的《竞争战略》中的相关章节。
② 《信报》2002 年 10 月 17 日。

（这一点已日益受到一些国际大企业的强烈关注）等。这些目标还可扩展为其他一些目标，如：想进入的地域、想获得的市场占有率、研发的重点和指导方针、生产和营销的整合、企业想获得的成长率。这些都是企业经营的指导方针。

短期目标通常具有更加明确的倾向，比如：未来几年的销售目标、新产品上市、价格的调整以及近期想进入的地域等。

长期目标决定着短期目标的制定，短期目标必须服从于长期目标。不论是长期目标还是短期目标，都会对企业的营销活动产生影响，或者说，大多数营销活动是企业为实现长期目标和短期目标所采取的企业活动的一部分。如果营销者不考虑企业长期目标和短期目标的影响，营销活动就会因缺乏指导而面临失控的危险。

三、为将来做策略性规划

企业要实现其目标，一般必须通过策略性规划来实现。所谓的策略性规划，一般是指评估与衡量一个企业中每一种现有的或拟发展的产品（或企业内经营单元）的市场占有率、成长潜力、获利潜力以及现金投入产出的情况，然后通过对这些产品（或企业内经营单元）进行比较评估，进而决定应该支持、维持、收获或结束哪一或哪些产品（或企业内经营单元）。策略性规划是非常有效的分析决策方法，被许多企业所采用。具体的策略性规划有多种，其中最早出现也是最著名的方法是由波士顿顾问集团提出的"有价证券分析法"——也有人称之为"业务组合分析法"，他们建议公司可以像股票经纪人评估其股票搭配一样去评估公司的策略性经营单元。其中，使用最频繁的是波士顿顾问集团设计的产品搭配分析，其分析过程简述如下：为企业设计的主要视觉化的矩阵，有助于描绘企业经营的范围以及企业策略的主要构成分子。这种矩阵最简单的形式是四方格矩阵图（见图5－2）。企业的每一个产品或经营单元都依据其在该竞争产业中的成长率以及其在该产业中相对的竞争位置来确定（经由市场占有率来评估），每一圆圈的大小则以其在该产业中的比例绘制。

在矩阵的左上象限中的产品或经营单元被称为"明星"。此象限中的产品或经营单元具有高成长率，现金流也比较充足，可代表公司获利最大、成长机会最好的单元。在矩阵的左下象限中的产品或经营单元被称为"金牛"。此象限中的产品或经营单元具有低成长率和高市场占有率，因而较容易建立优势的市场地位，由于成长率对投资需求的金额较少，使其产生大量的多余现金，这些现金能提高企业的举债能力、支付经常性费用的能力，以及提供在其他地方投资的金钱。在矩阵的右下象限中的产品或经营单元被称为"瘦狗"。此象限中的产品或经营单元具有低成长率和低市场占有率，赚不到足够的现金。波士顿顾问集团认为，企业应该尽量放弃或消除这类产品或经营单元。在矩阵的右上象限中的产品或经营单元被称为"野猫"或"问题"。此象限中的产品或经营单元因成长率高，需要的现金就多；同时，由于市场占有率低，现金产生的就少，所以其现金流量状况处于最坏的位置。波士顿顾问集团认为，对它们有两种策略可选：其一，使其成为"明星"；其二，放弃它们。

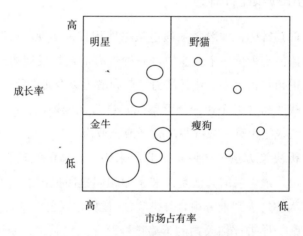

图 5 - 2　波士顿顾问集团的搭配矩阵

企业有了策略性规划，就会对其营销活动提出某些指导。比如，对于"金牛"产品，企业可能就不会投入大量的营销经费；而对于"明星"产品，则可能会投入大量经费加以扶植。广告投入和广告活动的方向，也会因而受到影响。中国胃药斯达舒的成长是一个很好的例子。斯达舒早年销售额只有一两千万元。后来，北京精信广告公司建议斯达舒增大广告投入，因为精信公司认为，止酸药是胃药市场中最大的一块，比消化不良市场大很多，而且，由于种种原因，几个合资企业都没动，这个市场潜力很大。1999 年，斯达舒避开杨森，在其他市场投入了6000万元的广告，当年有1.5亿元左右的销售收入；2000年，广告大约投了1亿元，产品销售达到了5亿—6亿元；2001年投入广告约3.6亿元，销售收入达到9亿元。[①] 在该例子中，斯达舒是一个典型的成长中的"明星"产品。作为广告代理公司，显然选择"明星"能给自己带来最为现实的利益。这是因为，为该类产品服务，广告经营额通常较大，代理费收益相应也更可观。"金牛"可以使广告代理公司的收益稳定，但是由于产品市场成长率不高、收益却大，长期为这类产品服务可能会使广告公司的创造性受到惰性的伤害，从而可能会使企业考虑是否有必要选择新的广告代理以刺激本企业对未来的"明星"产品的培养。如果广告代理公司成功地使"野猫"产品转变为"明星"产品，将会有可能获得客户给予的更多机会，但是，自身也可能面临着挑战。如果广告代理公司成功地使"瘦狗"产品转变为"野猫"产品，进而创造"明星"产品甚至"金牛"产品，则可为自身带来巨大的声誉和利益。

四、市场机会分析

在有了策略性规划后，营销者要进一步分析市场机会。这一过程，通常称为市场机会分析，对于随后的广告策划具有重要的意义。具体而言，市场分析就是从整体的市场开始，以越来越小的市场作为分析对象，详细讨论可能的产品或服务市场，从而决定向市场提供什么样的产品或服务。比如，某个企业通过环境评估，确定了长期目标以及策略性规划，决定进入鞋类市场。那么，在整个鞋类市场中，企业有什么样的市场机会呢？要回答这个问题，营销者就要做许多"功课"。首先，要调查鞋的所有类型和种类以及所处的整体环境。有一些总体情况是要考察的，比如，人口统计资料，不同鞋类在生活中的使用情况，人们对于鞋的看法，流行文化，等等。在此之后，营销者可能从鞋的使用场合选择一类鞋的市场进入，然后进一步分析该类鞋的市场。假如营销者决定进入运动鞋市场，那么就要进一步细分该类，比如专业运动鞋、一般休闲运动鞋，并分析每类细分市场，然后决定进入哪一类。一旦决定了一个类别，营销者就要更精确地确定自己的竞争对手或竞争品牌以及定

---

① 《国际广告》2002年第8期，第34—35页。

位区隔（见图5－3）。比如，营销者认为一般休闲运动鞋的市场需要还没有得到满足，有很大的市场机会，就可能选择进入该市场。

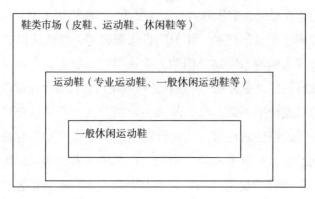

图5－3　市场机会分析

五、选择目标市场

企业确定了将参与竞争的产品类别之后，一定要确定哪个消费者群体是企业和品牌最可能的潜在顾客群。这实际上是一种战略思想，可以称为目标消费者战略。该战略假设消费者能够知觉到某种产品，在此假设基础上，根据消费者知觉来细分市场，并选择最有利的目标消费者，使产品的商品力有充分发挥的可能性。比如，在我国美容护理市场上，仅从市场的高低端特性这方面分析，宝洁SKⅡ的目标市场是高端消费市场，玉兰油是中档消费者市场。宝洁在我国美容市场上的竞争对手——欧莱雅在我国的各种产品也有各自清晰的目标市场：兰蔻、赫莲娜主打高端市场，薇姿、理肤泉主打中档市场，巴黎欧莱雅、卡尼尔羽西则主打低端市场。

从营销的观点来看，选择目标市场最重要的决定因素是看在市场上是否存在一个需求没有得到满足的群体。理论上，每个消费者都有自己心中的理想商品，具体而言，都有各自的理想点。如果将某商品消费者的全体的理想点在市场空间中加以明示，理论上可以分为三种类型：集中型、分散型以及区隔型。如果用图示表示，集中型图中的理想点聚集在很小的一个圈内，分散型图中则是一些毫无规律、近乎均匀分布的理想点，在区隔型图中则可以看到理想点集中在几个相互之间有一定距离的圈内。对于集中型、分散型的理想点，企业营销目标的选择比较简单。区隔型的理想点，则意味着有多个可供选择的目标市场存在。

目标市场通常都是用地理位置、人口统计特征、心理特征或行为特征（如媒体消费形态、对该产品类别以及品牌的购买形态和使用形态）加以界定。因此，细分市场的方法也常常分为地理细分法、人口统计特征细分法、心理细分法、行为细分法、利益细分法等多种细分方法。具体而言，地理细分法是指根据地理位置，将市场分为不同的地理单元，这些单元包括国家、区域、省、市、县等。人口统计特征细分法是根据各种人口统计特征，如年龄、性别、民族或种族、家庭规模、住房状况、婚姻状况、职业特征、社会地位等变量来划分市场。心理细分法是根据人格细分市场。从心理学角度分析，一个特定目标群内的消费者彼此之间在知觉（认知）某特定商品时有相似的特征，商品所激发的感情也有一定的相似性。行为细分法是根据消费者对产品使用方式、忠诚度或购买反应进行市场划分。心理细分法、行为细分法的融合可以形成生活方式细分法。由于人的生活方式常常与其人格、兴趣等心理因素相关，因此，有些学者和实务工作者认为生活方式细分法是心理细分法的一种。另一些人则将人的生活方式视为人的行为的具体体现，因此将生活方式细分法视为行为细分法。利益细分法是根据消费者购买产品或服务时想要满足的特定需要或欲求划分消费人群。在广告策划中提出诉求点的重要基础，正是假设消费者在购买产品或服务时想要满足某种需要或欲求。

至于企业是否选择某一目标市场，则要看自身是否有满足该目标市场的实力与资源，且要看自身能否获利。企业通常运用多个市场的需求趋势和竞争来分析市场机会。营销者要决定用什么样的营销策略去使目标市场的人信服，从而购买并使用自己的产品。一个市场不能被简单理解为必定是一个大的同质化消费者群。实际上，对大多数企业的营销活动而言，一个市场是由许多不同群体或许多有区别的部分组成的。因此，企业在选择目标市场时，大致可以采取三种市场覆盖方案。其一是无差异营销。这种方案不考虑细分市场的差别，只向整个市场提供一种产品或服务。其对待市场的观念是一种集合市场的观念，即将所有潜在消费者视为一个大的市场集合。其二是差异化营销，即为每个细分市场分别制定独立的营销策略，开发不同的广告方案。其三是密集型营销，即选择一个细分市场并力图在这个市场上占领较大的市场份额。目标市场的选择，常常是发展整体营销组合的基本所在。一旦认定目标市场及基本策略之后，就能制定大部分的销售与推广策略。而对于广告活动的策划来说，这一步骤显得尤为重要，如传播什么样的商品概念及相关信息、使用哪些媒体、广告发布的频次等，都要建立在目标消费者基础之上。

六、营销组合策略

前文已经讲过，营销有四个要素，即产品、价格、渠道和促销。这四个要素如何组合，组合得是否合理，往往决定着营销活动的成败。好的产品不一定就会获得市场成功，比如，价格太高可能会令消费者无法接受，分销不利可能造成市场上有广告的声音而没有足够的产品销售。营销要素中的任何一个出了问题，都会导致市场败绩。

一般而言，营销者在发展营销组合时都可能有两种策略可以选择。第一种叫推式策略。运用该策略时，营销者要把重点放在影响分销的通路上，也就是针对零售商与分销商作主要的营销努力，以把产品"推"入分销通路或配销系统。该策略的假设是产品的分销商和零售商会将产品推销给终端消费者。大多数工商业产品以及农产品的营销者都使用这种策略。第二种策略叫拉式策略。运用该策略，就是营销者对消费者直接推广或做广告。该策略的假设是消费者会向零售商要求购买某种产品。因此，营销者假定广告及其他推广努力足以强到可以产生消费者需求，这样就可以把产品从分销系统中"拉"出来，或至少使零售商相信广告和其他推广活动可以创造需求。使用拉式策略，在大多数情况下，消费者会到零售点去寻找此种产品，零售商的人员推销对于消费者的最后决策并不起重要作用。生产包装商品的公司，因其经由超级市场、便民商店销售其产品，因而普遍使用该类型的营销策略。实际上，大部分营销者会同时使用拉式策略和推式策略，只不过可能对策略的偏重程度不同。

至此，营销者经过了环境评估，确定了公司的长期目标和短期目标，决定了怎样把策略性经营单位置于策略性规划之中，作了市场机会分析，选择了目标市场，并且制定了营销组合策略。此后，营销者可将这些资料加以整理，写入正式营销计划。

七、制定正式的营销计划书

规划某一特定的机构的发展，描述全部营销活动，并为各种不同产品确定价格、分销系统及推广活动等决策与计划的文件，称为营销计划书。

营销计划书有很多形式。营销者可以根据实际的情况制定具体的计划格式。一般的营销计划书包括背景、计划、实行以及控制等部分，具体包括以下一些主要项目：公司使命、经营范围以及目标；情况分析；目前的营销组织及其机构；营销目的；营销策略、政策及程序；营销活动；日程表与任务表；人事计划；预算；预估损益；控制和持续。营销计划书的基本架构与金额细节由企业的管理者决定。对于小型零售商店而言，用一张简单的表格，列出该店的目标市场、营销目标、营销活动大纲、销售预测以及预算，就可以了。这是由于零售商知道其组织的细节及其自身希望达到的目标，故其营销计划既可在某些方面写得非常简单，也可将某些部分写得很详细。对于零售商来说，关键的要素是推广日程的具体计划。但是，一些复杂的机构，可能需要对其每一部分进行分析，并寻求事实的支持，以及财务上的理由等信息。因此，虽然一切营销计划都包括某些主题，但一般都是应该结合使用此营销计划的人员的需要而制定的。

典型的营销计划大纲通常由四种基本的财务与营销文件加以支持：该品牌的定价以及利润结构；该品牌目前的损益计算书；所建议的媒体分配日程表；所建议的执行日程表。通常，营销计划最详细的部分，是对为达成该计划目标所要采取的实际行动的描述。广告活动策划者最关心的是营销计划中的整个推广计划（广义的促销计划），这一部分有时也成为营销计划的营销传播部分。这一部分详细描述了促进该产品销售的明确计划、战术，以及要运用的人员推销、广告、销售促进（SP）活动、公关活动及宣传报道等事项。

 案例

BMW 要作国内豪车第一品牌

据了解，2010 年上半年，宝马集团在我国大陆共向客户交付 75615 辆 BMW 和 MINI 汽车，同比实现成倍增长（2009 年同期为 37627 辆），使中国超越英国，成为宝马集团全球第三大市场。然而，华晨宝马公司营销副总裁戴雷博士最看中的是 BMW 5 系在中国的表现。据介绍，上一代 BMW 5 系长轴距版仍然受到消费者的青睐。在 2010 年上半年取得 17108 辆的销售佳绩，与 2009 年同期相比增长 42%。

BMW 5 系长轴距版在华晨宝马中的地位是显而易见的。而从 2010 年开始，BMW 5 系在中国的地位被提升至更高的层面。随着全新 BMW 5 系长轴距版的问世，其不仅已成为合资公司冲量的关键产品，更成为关系宝马在华合资战略能否再上一个台阶的关键因素。可以说，在宝马冲击国内豪车第一品牌过程中，全新 BMW 5 系长轴距版将扮演一个举足轻重的角色。因此，《中国经营报》专访了戴雷博士，以下是采访实录。

1. 高效动力与新能源同行

《中国经营报》：全新 BMW 5 系长轴距版最直接的竞争对手为新奔驰 E 级加长版，您认为全新 BMW 5 系长轴距版相对于该车型或者是相对于今后一两年可能会换代的 A6L，有什么样的优势？

戴雷博士：我们不会过多地评价竞争对手，但我很愿意说一说我们自己的优势。我相信现在全新 BMW 5 系长轴距轿车是市场上最强的一个产品，不管是在操控性，还是性能方面，或者是创新方面，或者是油耗方面，都是最先进的。

比如，在高效动力方面，新 BMW 5 长轴距版有非常明显的进步，它的动力比前代车型平均提高了 10%，油耗和排放有明显降低，比如 BMW 523Li 的油耗和排放降低了 18%，这是一个非常好的例子。新 5 系长轴距版在设计时采用了很多 BMW 高效动力的设计理念和技术，比如 8 档自动变速箱、智能的制动能量回收系统、按需工作的附件管理系统等。

如果说有真正的竞争产品的话，可以说目前的竞争对手已有或将推出的车型和上一代 BMW 5 系长轴距版大概是同一个级别。而全新的 BMW 5 系长轴距版在发动机性能、油耗方面都比竞争对手有很大领先优势，所以我对未来的竞争非常有信心。我觉得全新 BMW 5 系长轴距版是一个非常重要的产品，我们对它未来的销量有很高的期望。

《中国经营报》：宝马有一个传统，就是每个车系都是独立车型并有独立底盘技术，车型和车型之间的技术与零部件很少共享，这是宝马的一个特质。在这种情况下，零部件的采购和一些产品线都是单独的。在节约成本上，你们是如何考虑的？

戴雷博士：每个厂家在研发过程中都会尽量地看看能不能有一些通用的零配件用在不同的车型上，我们也是这样的。比如BMW 7系，它可以说是宝马的旗舰产品，应用了宝马很多最先进的技术，其他车系的先进技术都是从BMW 7系延伸出去的。

《中国经营报》：可以说得具体些吗？

戴雷博士：比如说全新BMW 5系长轴距版的夜视系统和平视显示系统，以及关于安全方面的配置等很多都是和BMW 7系相同的。新一代BMW 7系上很多的配置都会在全新BMW 5系长轴距版上使用，而且是第一次下放到BMW 5系这块细分市场。

《中国经营报》：目前宝马的涡轮增压发动机均配备在大排量车型上，但是竞争对手的小排量车型也出现了涡轮增压发动机，今后华晨宝马会不会将涡轮增压发动机配备在小排量车型上？

戴雷博士：每个企业都有自己的产品生命周期，只是它们的产品生命周期到了，所以适时推出了小排量的新一代涡轮增压发动机。当然，有一个情况没有改变：目前我们的4缸自然吸气发动机动力输出品质依然是同级别发动机中最优秀的，未来我们会有更小排量的发动机。

《中国经营报》：在北京车展时，宝马集团董事长雷瑟夫曾表示要向中国引入一款混合动力车型，请问这一车型何时引入？又是以什么车型为基础的？

戴雷博士：我们的董事长公布了我们明年BMW 5系会有一个混合动力的车型出来，就是"高效全混合动力"，但是具体什么时候把这个车型引进中国，现在还不能说。不过我们现在已考虑在现有的产品线上引入新能源车。我们已开始自己研发，并且大部分的研发工作都会集中在华晨宝马里面。但具体是哪一款产品，现在还不能说。

2. 新5系长轴距版能否再上一个台阶的关键

《中国经营报》：我们知道全新BMW 5系长轴距版是一款垂直换代的产品。我想知道全新BMW 5系长轴距版在华晨宝马的战略路线图上扮演着什么样的角色？从宝马整体层面上讲，它又扮演着什么角色？

戴雷博士：在两个方面都是非常重要的角色。我个人认为，我们华晨宝马到中国，从建立到现在，宝马全新 BMW 5 系长轴距版上市是 7 年中最重要的上市活动。因为除了这块细分市场外，宝马在中国的其他细分市场上都处于领先地位。

宝马的长期目标是在中国成为豪车第一品牌，要实现这个目标，这块细分市场的销量是最关键的。华晨宝马也有一总体目标，就是在 2012 年前超过 10 万台的产量，最关键的就是我们的全新 BMW 5 系长轴距版。

在整个宝马体系里面，我们的目标是未来每三辆在中国销售的宝马车中就有一辆是全新 BMW 5 系长轴距版轿车，所以希望它在明年的销量至少应比上一代要翻一番。全新 BMW 5 系长轴距版在中国肯定是宝马销量最大的一个产品了，包括所有的国产和进口车。我也相信现在的细分市场是最大的。虽然其他的细分市场，如 BMW 3 系和 BMW 1 系都会增长，但是长期来说，我觉得 BMW 5 系长轴距版轿车还是市场增长的主力。

《中国经营报》：可不可以这么理解，华晨宝马在中国能否成功，全新 BMW 5 系长轴距版的成功是关键？如果不成功，那么华晨宝马今后的路就很难走了？

戴雷博士：全新 BMW 5 系长轴距版是非常关键的，我本人也非常同意你的说法，因为在我们前几年的成功之路中，BMW 5 系作出了很重要的贡献。从上一代 BMW 5 系标准轴距版到 2006 年的长轴距车型，华晨宝马的增长都是从 BMW 5 系上体现出来的。

《中国经营报》：之前，宝马集团董事长雷瑟夫曾公开表示，在在建的第二工厂投产后，将引进 BMW X1。我想问一下宝马认为市场发展到什么程度，才会引进下一代车型？

戴雷博士：你说进口的车什么时候国产吗？当然，如果是国产的话，应该超过一个固定的销售量，因为国产的产品还需要一个生产设备的固定投资。但是，每款车型能否国产，其要求不太一样。有的车型如果一年能够达到 2 万辆的销售量，就可以考虑国产，而有的车型可能就需要 4 万辆的年销售量才行，每个车型不太一样。我们现在看到的 BMW X1 从 2009 年年底上市到现在，市场反映特别好，每个月的销量都往上发展。所以我们现在会考虑在第二工厂里面把它作为第一个国产的车型。

《中国经营报》：全新 BMW 5 系长轴距版从性价比和舒适度方面都能满足商务人士的需求，会不会抢占 BMW 7 系的市场份额？有业内人士称其为"小 7 系"，宝马对它们之间的矛盾有没有考虑？

戴雷博士：我最近听过一些人说是不是有一个"小 BMW 7 系"。BMW 7 系在中国非常成功，现在中国是 BMW 7 系全球最大的市场。BMW 7 系在中国的市场也是一个领先的车型，今年上半年排第一。但 BMW 7 系的主要目标客户和全新 BMW 5 系长轴距版的目标客户不一样，所以我们一点儿也不担心。反过来，我们倒是感觉这是促进全新 BMW 5 系长轴距版成长的好机会。

3. 政府采购挑战奥迪

《中国经营报》：在中国的豪华车品牌中，奥迪一直是宝马的主要竞争对手。该品牌 2009 年的销量在 15 万辆左右，宝马 2009 年的销量在 9 万辆左右，您认为全新 BMW 5 系长轴距版是否是超越竞争对手的重要且是唯一砝码？

戴雷博士：全新 BMW 5 系长轴距版当然是宝马超越对手的重要砝码，而且其所在的这块细分市场是目前唯一需要我们提升的市场，因为我们在其他很多细分市场上已经是排第一了，2010 年中国已成为我们很多产品的第一或者是第二大市场，包括 BMW 7 系、BMW X6。2010 年上半年，中国已经成为 BMW 5 系全球最大的市场，也是 BMW 3 系全球第二大市场。我不是说其他的产品不重要，但是在其他大部分的车型上我们已经是比较领先的了。我觉得我们最大的优势是我们基本上每年都会有新的产品出来，开创新的细分市场，而多数对手只能是跟随者。

《中国经营报》：大家知道现在中国豪华乘用车市场最强的是奥迪，它向消费者提供了 50 款汽油车和一款柴油车，而奔驰 E 级加长型现在提供了两款车，全新 BMW 5 系长轴距版有 4 款车，您觉得给消费者提供车型的多少对于开拓市场的销量有怎样的影响？

戴雷博士：我们会在很短的时间内推出更多的车型。大概有多少，现在还不能说，但是年底之前还会有更多的车型。我相信以后我们给客户的选择肯定是最丰富的，在每个细分市场，我们想给客户一些最好的、最有竞争优势的选择。

比如，在全新 BMW 5 系长轴距版之后，我们还会引入进口 BMW 5 系标准轴距版，以满足不同客户的需求，但进口量不会很大，我个人认为这个比例会低于宝马年销量的 5%。

此外，我们的工厂也会更灵活。我们以后肯定会有一些调整——向个性化方面发展的调整，比如，采用部分配置的客户定制模式。

《中国经营报》：宝马会采取什么手段实现"国内豪车第一品牌"的目标？有没有时间表呢？

戴雷博士：这不是一两年的事情，因为我们进入中国的时间稍微晚一点儿，但我们在各个方面已经有了很大的进步，特别是在公路用车方面，BMW 5 系已成为关键的一个细分市场，这两年已经有了很大的突破，从 2008 年开始已经进入了政府采购目录，在警用车领域已经有很大的优势。宝马在全球警用车方面是最领先的一个品牌，大部分全球高性能警用车都是宝马，比如说我们在济南全运会、上海世博会以及其他项目上都有了一些突破。因此，政府采购方面是我们下一步要努力的方向。

全新 BMW 5 系长轴距版是非常舒适的一款车，设计非常出色，除了这两个方面以外，也是非常环保的，性能是非常强的，而油耗与排放也是非常低的，这也是政府非常关注的方面。

《中国经营报》：您希望未来全新 BMW 5 系长轴距版在政府采购方面能占有多大比例？

戴雷博士：这个比例不是最关键的，也很难分清楚，最重要的是政府接受我们的品牌，也接受我们的车。现在已经实现了一个突破，而几年前这个概念还没有完全宣传过呢！

《中国经营报》：冒昧地问一个数据，目前宝马在我国官方的销量能占有多少？比如说，在 2009 年的 9 万辆车中，官方采购比例有多少？

戴雷博士：相对于比例，我们更注重的是品质。质量是最重要的，能让每个客户都满意是非常重要的。

链接

全新 BMW 5 系长轴距上市　宝马中国梦非同凡响①

"天地有大美而不言，四时有明法而不议，万物有成理而不说。"著名演员濮存昕以朗诵庄子《知北游》片段拉开了全新 BMW 5 系长轴距上市活动的序幕。

在上海黄浦江边的地标性建筑"一滴水"举行的发布活动中，华晨宝马推出了四款车型，分别是：BMW535Li 行政型，BMW535Li 豪华型，BMW528Li 豪华型，BMW523Li 豪华型。其全国零售指导价格分别为：48.96 万元、62.56 万元、69.66 万元和 79.16 万元，并于 2010 年 9 月 1 日起开始在全国宝马授权经销商处销售。

参加活动的华晨宝马汽车有限公司总裁兼首席执行官康思远表示："全新 BMW5 系长轴距每一处细节都是为中国客户量身定做的，都更加符合中国客户的需求。"

的确，自 2004 年起，全新 BMW 5 系长轴距与第六代 BMW 5 系同步研发，完成了一个完整的研发过程。在研发过程中，德国宝马总部和华晨宝马沈阳工厂的工程师共同参与，并完成了超过 500 万公里的严格极限测试。

该车型外形在传承宝马经典设计元素的同时，突出了强劲和优雅的气质，大气而不乏个性，更加符合中国用户的审美。内饰设计上更是与中国"行云流水"的审美观不谋而合，创新性地以统一的线条贯穿中控台与前后车门，呈现出更优雅、宽敞的空间感。

新车型 3108 毫米轴距成为同级别中轴距最长的车型，比标准轴距增加 140 毫米，比上代长轴距车型的轴距增加 80 毫米。全新 BMW 5 系长轴距轿车的后排座椅根据中国人的特性进行了重新设计，采用了加长、加厚坐垫，更大的靠背倾角，以及更高档的选材。而这一系列的舒适体验设计来自一位在慕尼黑工作的华裔设计师。

更长的轴距带来的并不是驾驶性能的降低，相反，全新 BMW 5 系长轴距

---

① 岳伟：《BMW 要作国内豪车第一品牌》，《中国经营报》2010 年 8 月 16 日。本书作者根据出书要求对原文稍作改动。

凭借多项创新科技实现了性能的全面提升。

据了解，全新 BMW5 系长轴距可谓是创新科技的集大成者，也是应用高效节能技术的先锋。双叉臂前桥和特别定制的整体式后桥的设计在该细分市场中绝无仅有，标准配备的 8 速自动变速箱是世界上最先进的变速箱，也是在同级别车型中得到率先应用的。宝马双涡管单涡轮增压直列 6 缸发动机是全球首台将涡轮增压技术、VALVETRONIC 电子气门技术和汽油直喷技术相结合的发动机，而集合了 VALVETRONIC 电子气门技术、镁铝合金曲轴箱、带有可变正时系统的轻量化双凸轮轴的自然吸气直列 6 缸发动机更是宝马傲视群雄的资本。

新车型应用的高效动力技术还包括制动能量回收系统、电动冷却液泵、电动转向助力和按需操作的空调压缩机、智能降阻进气格栅以及低阻节能轮胎等。得益于这些技术的综合应用，全新 BMW 5 系长轴距在性能显著提升的同时，比上一代车型的平均油耗和二氧化碳排放降低最高达 18%。

2006 年，宝马集团第一次专门为中国客户开发了 BMW 5 系长轴距轿车。四年来，这一车型取得了巨大成功，累计销售 9 万多辆，成为宝马在中国市场最热销的车型，且每年保持着高速的销售增长。

华晨宝马高级营销副总裁戴雷博士介绍，全新 BMW 5 系长轴距轿车在开始接受预订以来，受到众多客户的欢迎，这款新车在中国的正式上市必将吸引更多的客户，让宝马集团以及华晨宝马汽车有限公司在中国的发展迈上新的台阶。同时，全新 BMW 5 系长轴距的出现也成为宝马冲击国内豪车第一品牌的主要力量，其地位不可替代。

另据了解，为了配合全新 BMW 5 系长轴距轿车的上市，作为主办方的宝马集团对上市活动进行了全新的改造，超越了一味以产品技术为核心诉求的模式，创新性地采用了"与坚持梦想者同行"的情感定位，凸显出新 BMW 5 系长轴距更富内涵与进取精神的品牌价值和用户形象定位。

梁朝伟、濮存昕、王潮歌、王利芬、朱锫作为坚持梦想者的形象代表，分享了追逐梦想、不断进取的心路历程。柳传志、胡葆森、郭广昌、朱新礼和王文京等中国当代最受尊重的商界领袖和众多成功的企业家，以及来自文化、艺术和体育等领域的明星名流也作为坚持梦想的尊贵代表，出席了在上海黄浦江畔举行的发布盛典。

？思考与讨论

1. 按照华晨宝马公司营销副总裁的说法，哪些产品特征构成了 BMW 5 系长轴距车的商品力？它的最大的商品力是什么？

2. 就 BMW 5 系长轴距车而言，华晨宝马公司的短期目标是什么？

3. 全新 BMW 5 系长轴距车是华晨宝马公司的明星产品吗？为什么？

4. 请仔细阅读案例材料，并在此基础上查阅相关资料，分析为什么华晨宝马公司认为 BMW 5 系长轴距车在中国市场会有很大的市场机会。

5. 华晨宝马公司营销副总裁在接受记者采访时反复提到细分市场。请尝试根据有关资料，描述一下 BMW 5 系长轴距车的细分市场。

第三节　整合营销传播与广告

营销领域最重要的新发展是整合营销传播理论的出现和运用。整合营销传播理论兴起于美国，最初由舒尔茨等人以理论化的形式提出①，在 20 世纪 90 年代中后期得到比较广泛的运用，并对世界营销界产生了深远的影响。包括舒尔茨、汤姆·杜肯（Tom Duncan）在内的很多学者不断完善着整合营销传播理论。菲利普·科特勒在 20 世纪 90 年代中期也在其编著的教材中引入"营销传播一体化的组织和管理"这样的说法，内涵也为整合营销传播。乔治·贝尔齐与迈克尔·贝尔齐在《广告与促销：整合营销传播视角》一书中，则将广告与促销的组合视为整合营销传播的中心内容加以探讨。

整合营销传播的内涵是：以利害关系者为核心，重组企业行为和市场行为，综合协调地使用各种形式的传播方式，以统一的目标和统一的传播品牌形象，传递一致的产品信息，实现与利害关系者的双向沟通，迅速树立产品/品牌在利害关系者心目中的地位，建立、保持和发展产品/品牌与利害关系者长期密切的关系。所谓的利害关系者，是指能够对一个组织产生影响或被影响的个体或群体，如：员工、顾客、投资人、供应商、分销渠道的成员、社

---

① Don Schultz, Stanley Tannenbaum and Robert Lauterborn, *Integrated Marketing Communications*, Lincolnwood, IL: NTC Publishing Group, 1993.

区、媒体、特殊利益团体、政府管理部门等。每一个利害关系者都关系到一个组织的命运，决定着这个组织能否成功。

整合营销传播最重要的基础是顾客关系。著名的管理大师彼得·德鲁克（Peter Drucker）多年前就指出顾客关系的重要性。他认为，顾客关系是顾客和企业间的长期接触中发生的一系列互动关系，良好的顾客关系可以为企业创造利润。整合营销传播把顾客关系的思想扩展到更为广泛的领域，认为任何一个组织（如企业）的命运受到所有利害关系者的影响。与整合营销传播相类似的观念有：消费者关系管理（CRM）、关系营销、一对一营销、整合营销、策略性品牌传播等。虽然每一种观念与相应的方法都有各自的侧重点，但是它们都注重顾客关系，强调以消费者为中心，通过高效地获得、保持和发展顾客关系，增加企业和品牌的价值。

数据库是整合营销传播赖以开展的最为重要的工具。电脑技术、互联网技术、信息技术的发展使电脑获取、存储、处理信息的速度变得极快，这就使电脑逐渐拥有了建构数量极为庞大的消费者的多重社会身份的能力。电脑建构消费者多重社会身份的过程，就是数据库形成与发挥作用的过程。"这层意义上的数据库是仔细排列的清单，之所以数据化，是为了利用电脑的电子化速度。纵向分隔这些列表就生成不同的'域'，具有诸如名字、地址、年龄和性别等项，横向分隔就成为'记录'，标注着每一条目。零售商的数据库有不同的域，记录一个人每次所购的物品，随着时间的推移就能描绘出顾客的购物习惯图，这种描绘可以立即进入并与该顾客的其他信息（如住址等）相互参照，并且还可能与键入数据库中的社会保障号或驾驶执照等其他项相互参照。结果，这些电子列表变成了每个人为电脑而构建的额外的社会身份，他们还会因为具体的数据库而被构建为社会行动者。"[①]

在公司中，往往存在多个领域的数据库常见的数据有：产品使用/应用数据（技术支持），消费者/渠道数据（销售），消费者/最终用户数据（市场营销），传统态度数据（研究部），信用卡/金融数据（数据），消费者反馈数据

---

① ［美］马克·波斯特：《第二媒介时代》，南京大学出版社 2005 年版，第 88 页。

（消费者服务）等。① 这些数据库都可为整合营销传播所用。但是，在互联网时代，开展整合营销传播还不能单靠企业自身建立的数据库。在互联网的世界中，有很多巨大的平台正在出现，它们凭借给用户（也是消费者和潜在消费者）提供各类应用服务、海量信息、提供体验吸引了大量用户，并且这些用户具有高黏度。比如，在中国，腾讯、阿里巴巴、百度、新浪是已经成为巨无霸式的平台，它们的数据库对于企业开展整合营销无疑极为宝贵的资源。此外，传统的媒体通过平台化，也在猎取目标用户群，并培养用户黏度。它们也在慢慢建立起自身的数据库。与那些巨无霸平台相比，它们处于劣势。但是，在需求多元化、个性化的互联网时代，它们的数据库也有一定的价值，可为整合营销传播活动所用。

生产厂商与营销工作者非常关心数据库在整合营销传播中的作用，社会学家则对此有更为深入的思考，他们揭示了数据库所造成的消费者作为主体被多重化和去中心化的问题，"电脑能从许多社会场合对主体产生作用，而所涉及的个体却毫不知情，但与此同时，似乎该个体又确实在场，似乎就在电脑里什么地方"②。由此，引发了关于个人隐私与话语权力的更为深入的讨论。对于生产厂商和营销工作者而言，这些问题也因此成为未来营销活动中必须重视并认真对待的问题。

结合汤姆·杜肯等人的看法③，本书认为，整合营销传播是一种以顾客及其他利害关系者关系为核心的营销信息管理和执行过程，这一过程创造、保持并促进品牌价值。具体而言，整合营销传播是指以企业整体战略为指导，通过策略性地控制或影响各种信息的流动，促进数据库的运用，促进企业与顾客及其他利害关系者进行目的明确的沟通，从而创造和培养能够带来利益的企业与顾客及其他利害关系者之间的各种关系，它是一种整合运用多种功能的管理过程。

---

① ［美］唐·舒尔茨等：《重塑消费者：品牌关系》，沈虹、郭嘉等译，机械工业出版社 2015 年版，第 168—172 页。

② ［美］唐·舒尔茨等：《重塑消费者：品牌关系》，沈虹、郭嘉等译，机械工业出版社 2015 年版，第 88 页。关于对数据库的后现代主义批判，有兴趣的读者还可以参阅福柯的《规则与惩罚》等著作。

③ Tom Duncan, *IMC：Using Advertising & Promotion to Build Brands*, NewYork：McGraw - Hill, 2002, p. 8.

　　整合营销传播与传统的营销传播组合虽然可能使用相同的具体营销传播功能/工具，但前者的特点在于，要求整合运用各种合适的营销传播功能、品牌信息以及媒体，使营销传播效果大于多个营销传播功能/工具效果简单相加的总和。因此，整合营销传播要求在营销传播中考虑到员工、顾客、商业伙伴、数据库、企业文化、企业任务等各个方面，进行营销传播的系统性的整合，使企业对内、对外的任何信息传播都不发生冲突，彼此一致。

　　理解整合营销传播的关键是要理解这种观念在看待营销问题上的新视角。传统的营销观念以生产者和产品为中心，强调营销四要素（4P），是一种由内而外的思考。整合营销传播观念以利害关系者为核心，重在沟通，强调整合传播四要素（4C），是一种由外而内的思考。最初提出整合传播四要素理论的是美国北卡罗来纳大学的罗伯特·劳特朗（Robert Lauterborn）教授，在和舒尔茨等人合著的《整合营销传播》一书中，他提出的整合传播四要素理论成为整合营销传播的重要内容。

　　在整合营销传播中，传统的营销四要素组合发展成为新的整合传播四要素组合。所谓的整合传播要素组合，是指顾客（Customer）、成本（Cost）、方便性（Convenience）、沟通（Communication），因为这四个要素的英文单词都以"C"开头，因此也简称为4C。整合营销传播强调4C具体包括四个方面的内涵：（1）强调不要把注意力仅仅一厢情愿地集中在自身所提供的产品或服务上，而要关心消费者的需要和欲求。（2）不要仅仅关心产品或服务的成本，而要关心顾客在购买和使用产品或服务的全过程中需要付出的成本。在具体营销策略上，不要只关注定价策略，还要着重了解消费者的需求是否能够得到满足。（3）不要仅仅单方面地考虑渠道策略，而要考虑如何使消费者最方便地购买产品或服务。（4）不要只一味强调促销，还要进行企业、品牌与消费者之间的双向沟通，建立企业、品牌与消费者之间的良好关系。

　　唐·舒尔茨和海蒂·舒尔茨在2004年出版的《整合营销传播：创造企业价值的五大关键步骤》中进一步强调了"顾客创造价值"的理念，并提出"整合营销传播中的5R"。所谓的"整合营销传播中的5R"指相关力（Relevance）、开放力（Receptivity）、响应力（Response）、识别力（Recognition）和关系力（Relationship）。其中，相关力要素指营销主在给顾客提供其需要和想要的产品和服务时与客户的契合度。开放力要素是营销者希望在现有顾客和潜在顾客最愿意接受各种信息的时刻接触到信息，因此需要营销者的营销具有开放度，以能够满足顾客的方式传播信息。响应力要素是指一方面顾客对于公司所提供的东西作出响应，其容易和方便程度如何；另一方面，企业在感知、适用和响应顾客需求和愿望方面做得如何。识别力是指企业在重要接触点上识别出顾客并将企业知识与顾客的知识关联起来的能力，以及顾客是否有能力从众多品牌中清晰地辨别出并选择该企业旗下的品牌。关系力要素位于以上四个要素的外围，是指企业在数据、分析和传播基础上与顾客建立关系的能力。①

　　美国学者汤姆·杜肯总结了推动整合营销传播出现并盛行的外部趋势和内部趋势以及其他的重要原因。他认为外部趋势包括：（1）品牌和产品的大量增加；（2）产品同质化；（3）品牌忠诚②在降低；（4）价格敏感度增加；（5）需求变得更多，但是信任变得更少；（6）商业信息大量聚集；（7）服务经济发展；（8）营销成本不断高攀，对成本的说明责任变得更加重要。他总结的内部趋势包括：（1）企业变大的过程中，部门化变得更加明显，高度的部门化使整合营销变得必要；（2）各领域的专家是双刃剑，一方面使各领域的运作更加专业，另一方面却造成营销各领域的沟通障碍；（3）企业任务常常会变得空洞，为了解决这一问题，需要整合营销传播以提供支持；（4）对新的沟通技术的错误运用也强化了整合营销传播的必要性。除了外部趋势和内部趋势外，他还指出，社会对于企业诚信的需要也越来越迫切。企业诚信意味着企业要向公众传递诚实、完整的信息。整合营销传播的观念正好和这种趋势相符合。③唐·舒尔茨和海蒂·舒尔茨则指出，21 世纪以来，整合营销传播正在从传播战术走向盈利战略。技术、品牌建设、全球化成为整合营销传播的驱动力。④

　　日本学者也在整合营销传播理论的基础上提出一些新的观点。其中，比

---

　　①　［美］唐·舒尔茨、海蒂·舒尔茨：《整合营销传播：创造企业价值的五大关键步骤》，王苗、顾洁译，清华大学出版社 2013 年版，第 114—116 页。

　　②　品牌忠诚是指消费者对某品牌的忠诚程度，因此也常被称为品牌忠诚度。

　　③　Tom Duncan, *IMC*：*Using Advertising & Promotion to Build Brands*，NewYork：McGraw – Hill，2002，pp. 27 –31.

　　④　［美］唐·舒尔茨、海蒂·舒尔茨：《整合营销传播：创造企业价值的五大关键步骤》，王苗、顾洁译，清华大学出版社 2013 年版，第 9—12 页。

较有代表性的是清水公一的 IMC 动力罗盘模型，他在其著作《广告理论与战略》一书中，在 IMC 基础上提出了 IMC 动力罗盘模型（IMC Dynamic Compass Model），又称为"7C 动力罗盘模型"。所谓的"7C 动力罗盘模型"，是指公司（Company）应该考虑成本（Cost），做充分的沟通（Communication），让生活者采纳理解（Consent），并经由有效率的渠道（Channel）来流通商品，而且要依据无法控制的外部环境（Circumstance）的状况因素来执行营销传播，从而获得生活者的信赖（Confidence）。清水公一的 IMC 动力罗盘模型在传统营销理论和整合营销传播理论的基础上，开拓了营销传播更为广阔的视野。

整合营销传播的理念在近些年已经深刻影响业界，但是，衡量整合营销传播的效果，却一直是一个很大难题。为了衡量整合营销传播的短期和长期效果，唐·舒尔茨提出可以运用顾客贡献（Customer Contribution）、顾客承诺（Customer Commitment）、"冠军"顾客（Customer Champions）三方面的要素来衡量（唐·舒尔茨将上述三个要素称为"3C"，因为这三个要素的英文字头分别都是"C"）。所谓的顾客贡献，是指顾客在短期和长期时间里所带来的收入，以边际贡献作为衡量指标。所谓顾客承诺，是指顾客需求份额或"皮夹子"份额。所谓"冠军"顾客，是指在最大程度上投入该品牌、支持该品牌的忠诚顾客群体。除了"冠军"顾客群体之外，还存在其他顾客群体，他们对该品牌投入程度、支持程度不同。分析的关键是将顾客细分为"冠军"顾客和其他不同的顾客群体。上述三方面要素背后的目标包括三个方面：一是帮助营销管理者理解个体顾客或者不同细分群体的顾客在行为上的变化。二是帮助营销管理者理解顾客消费者所属的具体群体和在不同群体内的迁移情况。三是可以展示通过营销传播活动来改变现有顾客和潜在顾客行为的难度。利用上述三要素进行分析的分析模型（或曰"3C"模型）认为，应该针对每个顾客细分群体在每一年的情况进行分析，以此来确定并理解不同顾客的实际价值。这些顾客群体可以是"冠军"顾客（忠诚顾客）、核心顾客、边缘顾客和被动顾客，以上四类顾客群体中的每个顾客对企业的实际价值

（贡献）依次降低。[①]

　　整合营销传播对于广告提出新的要求。在整合营销传播的时代，广告不仅仅是营销的尖兵，还是整合营销传播的血脉和经络。在现代商业社会中，广告的内涵和功能正在发生变异。传统广告的主要功能是传递产品信息。新形态的广告是进行双向沟通传播，在广告中应该力求与消费者"共谋"。互联网、移动终端、卫星定位等技术的发展，使广告可以依托互联网与产品数据库、案例数据库、富媒体、视频、社会化媒体互动等多种传播工具整合，为客户提供产品、品牌等多方面的传播、沟通、促销服务。广告和各种营销工具已然开始大融合，越来越难以分出明确的界限。

　　由于在执行中理论上的整合营销传播与现实中的广告公司作为独立法人（独立经营单位）的存在现实不一致，所以有效、合理的整合存在很多困难。广告集团通过不断吸收新的公司，进入新的业务领域，来缓解整合营销传播过程中的独立公司之间的障碍和冲突。对于发展历程相对较短的中国广告界来说，整合营销传播过程中的障碍和冲突的任务更加艰巨。

　　针对理论和现实执行之间的冲突，尤其是针对中国广告业的发展情况，笔者在本书前两版中，提出整合广告传播的观念和方法。整合广告传播（Integrated Advertising Communication，IAC）的内涵是在整合营销传播体系中，综合运用各种营销工具，利用各种合适的媒体，进行全方位的信息交流。在整合营销传播体系中，整合广告传播和各种营销工具处在交叉混合状态，所以需要营销策划人和广告策划人非常谨慎与细致地执行。互联网全面崛起，移动终端和社交软件流行后，不同广告形式之间的整合和各类类广告信息的整合成为策划人需要认真考虑的问题。

　　在执行上，尤其是对于发展历程相对较短的中国广告界来说，广告公司可以把整合广告传播看成整合营销传播的一个子系统，在进行战略思考与策划时，先明确整合广告传播这一子系统内的整合，在此基础上再考虑这一子系统与其他营销传播功能的整合。整合广告传播的观念和方法将有助于在现

---

　　① ［美］唐·舒尔茨、海蒂·舒尔茨：《整合营销传播：创造企业价值的五大关键步骤》，王茁、顾洁译，清华大学出版社 2013 年版，第 274—285 页。此书将"customer champions"译为"顾客拥趸"，本书中，我将此短语译为"冠军顾客"。

实执行中顺利而清晰地执行整合营销传播战略。在互联时代，将广告作为一个子系统完成整合，并协调其他信息进行更大范围的整合传播，也有助于我们理清不同传播渠道和平台的价值，评估纯广告和类广告信息的传播效果。

案例

YouTube 计划 2010 年下半年推出可跳式广告①

2010 年 6 月 30 日，YouTube 资深产品经理巴尔基·辛格（Baljeet Singh）表示，YouTube 计划在 2010 年晚些时候推出"可跳过"的广告。

辛格说，新式广告允许用户跳过滚动的广告，这些广告嵌入在视频中；对于跳过的广告，广告主不用付费。他还说："在过去三个季度，我们已经不断测试，效果非常好。"据了解，跳过的比率与广告的品质有很大关系，辛格说："这是一个好信号，因为它促使广告主投资于有吸引力的广告。"

另外，YouTube 还将向用户提供广告选择，辛格称这种选择更倾向于较长的视频。

思考与讨论

以上这个案例中，哪两种广告形式出现了整合？你认为今后网上视频广告会取代电视广告吗？为什么？

第四节　互联网营销与广告

一、互联网营销概况

互联网是通过一系列互相连接的电脑建立起来的一种在世界范围内进行信息交换和交流的方式。互联网可以为我们提供电子邮件、公用网、远程通

---

① 《YouTube 计划下半年推出可跳式广告》，《广告导报》2010 年第 13 期。本书作者根据出书要求对原文稍作改动。

信网、文件传输或超文本传输协议、客户服务、检索、广域信息服务和万维网，它的功能用途之广，几乎达到了令人惊叹的地步。毫无疑问的是，互联网作为一种商业工具，已经广泛应用于企业的营销活动。

互联网的营销可以用于个人消费品市场与行业市场。互联网作为一种交互式媒体，可以让用户非常方便地接收信息、修改信息、进行咨询、获得反馈并实施购买。对于熟悉互联网并有条件利用互联网的人而言，互联网正成为他们生活与工作中不可或缺的一部分。人们通过互联网购物，通过互联网寻找产品信息与评估产品信息，还通过互联网进行关于商品与服务的广泛的信息交流。网上购物已经成为个人消费品市场中的一股主要力量。制造商与各种行业营销商通过多种方式利用互联网。互联网使他们几乎能够随时获得产品销售与售后服务的信息。通过互联网，一个企业可以不用通过电话或等待销售人员登门拜访，就可以随时发出要求提供有关产品或服务的请求。

通常而言，企业进行互联网营销，需要做三个层次的工作：第一，从营销角度建立一个具有销售力的网站，而不是一个好看的网站；第二，系统化地进行网站的推广，让更多的目标客户找到企业的网站；第三，系统化地做好互联网营销管理。

利用互联网开展营销活动，需要企业设定明确的互联网工作目标。首要的工作，就是开发并维护好自身的网站。企业通过网站，可以发布信息，创造认知，让潜在消费者对产品和服务产生兴趣，并可能进一步与消费者建立友好关系，让他们经常性地光顾网站并体验相关产品与服务。金佰利公司的互联网建设是一个非常成功的例子，它的网站超越了单纯发布信息的功能，致力于建立与婴儿父母之间的信赖关系，从而为其主要产品（婴儿产品）创造了良好的营销条件。"维多利亚的秘密"这家著名的内衣公司，也通过互联网与广大女性消费者建立了亲密的关系；它还通过应用软件，为苹果电脑iPad 的用户提供了在移动中对其网站进行完美体验的机会。

好的企业网站应有不断更新的原创内容。互联网营销领域有句备受推崇的话：互联网营销，内容为王。也就是说，内容越丰富，就越有利于进行互联网营销。内容丰富、更新速度快、含有关键词多、原创内容多的网站更容易受到搜索引擎的青睐，更容易被搜索到。许多企业网站内容单一，缺乏更新，不是华而不实，就是乏善可陈，基本是个"死网站"。一个好的企业网站，需要拥有尽量多的原创内容，及时更新和增加新的内容，巧妙地将关键词嵌入相关的页面和内容当中，此外，还要多多增加交换链接，尤其是加强反向链接。

对于很多非资讯类的电子商务网站，例如酒店机票预订类网站，查询结果类网页很难被收录，如果采用合理的搜索优化策略，通过不同的组合，则可以获得更多的流量。例如："城市名到城市名＋打折机票"这类组合词，就可以获得几十万个关键词网页，并且是有着专业内容的网页。

随着互联网技术的发展，互联网营销的方式也日益多样化。利用搜索引擎营销，发布视频广告，利用 SNS 进行品牌信息传播，是近年来发展比较快的互联网营销方式。不同的互联网营销方式有不同的优点。互联网广告的特点是成本较低。搜索引擎营销的优点是传播目标非常精准，成本也比较低。电子邮件营销在成本和精准性方面比搜索引擎营销稍逊一筹。SNS 工具在互动性方面具有明显优势。博客在传播的精准性方面具有明显优势，互动性也较好。于 2010 年兴起的微博营销在互动性、精准性方面很快超越了博客。实际上，互联网广告也已经出现在微博中。① 利用微博，企业可以发起互动话题，推出公益活动、娱乐活动，发布优惠促销信息，既可以为顾客解答问题，也可以发布新产品或与企业活动相关的其他新闻。接下来，我们就几种主要的互联网营销方式进行一些介绍。

二、搜索引擎营销与广告

搜索引擎营销是其他营销的重要组成部分，信息通过搜索引擎让用户接收，具有广告的性质与效果。在互联网时代，搜索引擎营销已经成为企业其他营销与广告工作的重要组成部分，且被认为具有一定的"收网效应"。所谓的收网效应，是指各种方式的营销努力最终通过在搜索引擎营销方面的努力促成消费者的购买行为。

搜索引擎营销是互联网营销的一种重要形式。在我国搜索引擎市场上，竞争非常激烈，主要的搜索引擎有百度、搜狐与阿里巴巴成立的"新搜狗"等。一些主要的搜索引擎如百度等，已经成为广大网民获取信息、分享信息

---

① 在中国，2011 年 3 月，麦当劳广告成为出现在新浪微博中的第一个广告。

的主要入口。互联网人群基数激增和市场细分带来的机会，使各类新搜索引擎纷纷进入市场，越来越多的企业营销人员已经认识到，在其他传统渠道所做的营销，如果能够和搜索引擎媒体结合起来，会实现更好的效果。

搜索引擎营销是一种精准营销形式，在这种营销形式下，用户的真实需求可以通过主动性搜索得到直接体现。搜索引擎营销与传统营销方式有很大的区别。用户主动性明显是搜索引擎营销的主要特征。通过搜索引擎营销，企业可以获得直接的销售反应，在搜索引擎营销费用的投入和效果之间也可以建立较为直接的联系，实现精细化管理。

唐·舒尔茨在《SIVA 范式：搜索引擎触发的营销革命》一书中提出了搜索引擎营销的 SIVA 范式。所谓的 SIVA 方式，包含四个方面：S–解决方案（Solution）：对顾客需求的解决方法；I–信息（Information）：为顾客提供信息；V–价值（Value）：给顾客带来价值；A–途径（Access）：让顾客获取产品的渠道。[①] SIVA 理论适用于各种营销组织，无论是产品制造商，还是服务提供商；无论是使用 B2C（企业对消费者）模式的企业，还是使用 B2B（企业对企业）模式的企业；无论是依靠中间商销售的企业，还是直接面对最终用户销售的企业，都会从中受益。

企业采用搜索引擎营销，要注意以下几点：（1）了解搜索引擎营销特性，掌握好推广时机；（2）根据不同搜索引擎的特点，合理分配预算；（3）选择专业化搜索引擎营销服务公司，获取最大营销效果；（4）将付费排名和免费排名结合，实现搜索整合营销；（5）优化网站质量，提高用户体验；（6）将点击付费广告（PPC）和其他搜索引擎媒体广告产品相结合；（7）将搜索营销和其他营销方式结合，完善营销各个环节，互相促进，提升最终效果。

基于移动客户端的搜索商业模式应用在日本、韩国已经比较普遍，在我国方兴未艾。未来的商业模式，可能是销售分成、佣金返回的模式。随着支付体系的成熟，未来会有越来越多的企业和用户因此而受益。

---

① ［美］唐·舒尔茨，《SIVA 范式：搜索引擎触发的营销革命》，中信出版社 2014 年版，第111—119 页。

案 例

谷歌未老　跨界试水①

"搜索引擎不只是搜索型的广告，客户需要更新认识。"在第九届中国互联网大会上，谷歌全球副总裁刘允说。在谷歌看来，互联网与手机的融合正在永久地改变媒体界和广告界。

2010年以来，谷歌中国退场风波使得中国搜索市场陡然生变。"一是搜索平台越来越集中在百度；二是针对搜索营销的弊端和监管不严，包括恶意点击、假冒伪劣、侵犯品牌权利等现象对搜索营销开始产生负面影响；三是巨大的市场会吸引新的进入者发力，新的专业服务会不断涌现。"中国互联网协会网络营销工作委员会副秘书长、速途网总裁范锋表示。

正如范锋所言，搜索引擎市场正在不断衍生出新的营销模式，谷歌也在不断做新的尝试。刘允认为，在传统的搜索广告之外，展示广告越来越受到重视，同时，移动广告、三网融合将带给用户更多、更好的营销途径。谷歌全球CEO施密特更是清晰地表达自己的预测："谷歌的下一项100亿美元规模的业务很可能出现在展示广告和移动市场。"

1. 更精准的展示广告

展示广告在互联网的发展中发挥了重要的作用。不过，在当前的发展阶段，展示广告的发展面临严峻的挑战。首先，对于广告主来说，通过展示广告很难吸引用户。用户并不会只停留在某一个门户网站上，而是从无数的网站上获得信息。这意味着广告主需要在无数的网站上无数次地投放和管理自己的广告。但结果是，广告主和消费者在网上关注的事物并不完全匹配。同时，广告主需要耗费很多时间去投放、管理和衡量展示广告。其次，对于网站发布商来说，在合适的时机发布合适的广告，并且与无数不同的广告主、广告公司、内容网络沟通，是非常困难的。一个发布在网站中的简单的、几秒钟的展示广告，需要花费好几百个小时、几十个步骤去计划、制作、管理和衡量。

---

① 董军：《谷歌未老　跨界试水》，《中国经营报》2010年8月30日。因本书篇幅有限，本书作者对原报道进行了缩写。

这些挑战意味着目前的展示广告比其应该呈现的规模小得多。在这种复杂的情况下，很多广告主经过众多努力后，并没有得到足够的回报，从而减少或放弃了他们在展示广告上的投放。另外，网站发布商也停止了代售的广告位，或以底价的方式把它们卖出。

如何应对这些现有的挑战？谷歌的三个目标是：（1）简化广告购买和销售系统；（2）提升广告主和广告公司可衡量的效果；（3）开放展示广告系统给新的制作者。谷歌最近的研究显示，展示广告可以增加搜索流量。而研究表明，好的整合搜索和展示广告营销，可以让两者获益，并增加线上和线下的交易量。谷歌的目标是：为创造、计划、服务和衡量在线广告提供完整的解决方案——一站式服务，不管它是搜索广告还是展示广告，或者是两者的结合。

"百度也在尝试展示广告，展示广告和搜索的结合能否成为趋势还不好说，但对于客户来讲，精准、效果、互动是营销的趋势。"范锋总结道。

2. 无限放大的移动市场

2009 年 9 月，谷歌已推出了自己的 Google Places。谷歌的这一服务帮助商户建立自己的网页，并在网页上显示它们的位置、所处街道的景象、客户对服务或商品的评价。无论是比萨店还是干洗店，都能使用这项服务。商家还可以通过自己的 Google Place 网页打广告。

谷歌已为数以百万计的公共场合创建 Place 页面，其中包括各种各样的商户。联系谷歌的企业可以申请一个 Place 网页，对于该网页上的内容拥有更多控制权。它们还可以看到访问它们网页的谷歌用户的背景，并向谷歌搜索和地图服务的用户发布它们的服务广告。

位置服务（LBS）不仅能给消费者带来有用的信息、实在的优惠，同时还是有效的生财之道。位置服务拓展了搜索引擎广告的局限性，让商户有更好的空间做在线广告。当然，这也是与移动业务相结合的最好的一个突破口：通过手机确定用户所在的位置，并向潜在目标客户的手机即时发送广告或是实惠的打折信息。"定位服务是一个很有前途的服务，可能会是移动互联网的主流应用之一。"范锋评价道。

不仅如此，谷歌还非常看好移动广告前景。手机智能终端的普及，会让更多的人转向移动互联网服务。用户越来越多地使用移动互联网，而且在移动互联网上停留的时间越来越长，将来也会有越来越多的广告商认识到手机上做广告的价值。

在谷歌看来，整个亚太地区集中了全世界40%以上的互联网使用者和超过半数的移动电话用户。亚太地区将会是移动广告市场发展最为迅速的地区。谷歌在亚太移动广告领域已经有所尝试，如在日本推出了手机广告。

谷歌开发技术推广部中国市场主管经理栾跃分析了当前全球互联网市场的发展趋势，指出计算机发展的新一代浪潮——移动互联网已经汹涌袭来，全球每天Android手机激活量已达到20万次，就在未来几年之内，移动互联网市场规模将超过传统的桌面设备上网市场。他在演讲中提到，未来手机的新型商业模式包括五大方向：一是基于用户实际地理位置，提供个性化服务；二是透明价格比较模式；三是为用户提供个性化和实时的折价券；四是为用户创造及时的当下满意心理；五是个性化的移动广告。

思考与讨论

展示广告在互联网上面临的问题与挑战是什么？你如何评价谷歌的应对战略？

搜索引擎营销有一些误区。经过十年的发展，互联网营销逐渐被中国企业接受，数据显示至2011年中国企业门户网站的数量已经达到了一百多万个，而搜索引擎更是成为中小企业互联网营销的主要工具，仅百度的广告客户就有几十万家；从事外贸出口的企业也通过电子商务获得了更多的海外订单，如阿里巴巴的诚信通会员就超过了30万个。然而，由于对互联网营销片面的理解，一些中小企业在实施互联网营销的过程中，难免会走入一些误区，造成投入与产出的效果不佳，或多或少地影响了互联网营销的发展。有一些企业以为在互联网营销上，只要投入多，效果就好，因此，它们盲目地购买大量的关键词，在竞价排名上投入高额的费用，但是投入产出比却并不理想。还有一些企业盲目地追求企业网站或者互联网广告的流量和点击量，却忽视了转化率，最终只获得了"叫好不叫座"的结果，对销售没有任何促进。用与自身产品、服务无关的关键词搜索获得靠前的搜索结果，吸引过来的网民几乎是"无用"的用户，其流量也大多成为垃圾流量。国内的一些企业为了达到提升其网站流量的目的，随意地使用了很多关键词，结果流量是上去了，但是对营销几乎毫无帮助，这样其实是与搜索营销的精准化目标相背离的。此外，很多企业对互联网营销的理解就是互联网广告，以为只要广告到达了目标受众，点击率高、流量高，就达到了效果，却忽视了互联网营销的本质是借助网络提升销售，扩大市场占有率，或者是促进沟通，加强企业与消费者的关系，因此，只有点击率和到达率是不够的。

一些企业在互联网营销方面重告知、轻销售。事实上，借助互联网，可以获得潜在的客户资料和数据库，应通过互联网营销分析系统提升转化率，而不是一味地提高点击率。如果做好互联网营销管理工作，以及后续的销售跟踪和人员推广跟进工作，互联网营销对销售的促进作用将是明显的。

搜索引擎优化是搜索引擎营销的一种重要方式。影响搜索引擎排名的因素主要有以下一些：服务器因素，内容设计，标签与辅助性标签设计，网页排版细节，域名和网页地址设计，网站连接构架因素，关键词的密度，关键词的布局，反向链接的因素。按照这九大因素来进行搜索引擎优化，会取得非常好的效果。对于互联网营销而言，建设好网站，通过有效的搜索引擎优化手段让更多的用户浏览网站，仅仅是初级层次的工作；通过互联网营销管理，将潜在的客户转化为真正的客户，才是营销的根本目的，而这需要做好互联网营销分析系统的管理工作。

通过互联网营销分析系统，我们可以看到哪些手段有效果，哪些手段没有效果；流量来自哪些搜索引擎，是哪些关键词带来的流量；用户主要来自哪些地区和国家，他们在网站或者网页上主要浏览了哪些内容，其中的转化率是多少。有了这些详细的数据，就可以不断地优化网络推广方案，将推广效果不好的关键词、搜索引擎剔除掉，用更低的成本达到更好的效果。

客户仅仅浏览了网页和互联网广告，对企业而言是浪费的。对于潜在的客户，如何想办法留住他们的资料，进而进行数据库营销，这才是制胜的根本。一般而言，可以采用免费索取下载有价值的资料、免费在线抽奖活动、免费获得产品试用等办法，让人们留下联系方式和有用的信息。

在企业拥有了大量的高质量的潜在客户数据库之后，就算不再投入一分钱来推广，只要能够把数据库营销做好，销售依然会不断地增长。在获得了潜在用户的数据库后，如果客户销售人员能够每周跟踪一次，通过发手机短信、打电话、电子邮件等方式连续跟踪三个月，营业额一般都可以上升几倍。某国际知名的汽车品牌，通过网站发布试驾等活动获得了大量潜在顾客的数据，在随后的一年中对这些潜在顾客进行数据库营销，竟然带来了30%的销量的提升。

案例

搜索 + 购物 = 新战场[1]

由门户、网络游戏、视频、输入法、浏览器等多项业务构成的搜狐矩阵中，唯有电子商务始终缺席。这一次，搜狐终于结束了门外的徘徊，联手百度最大的竞争对手之一阿里巴巴，试图用"搜索 + 购物"的新模式，寻找至今仍被百度垄断的搜索引擎市场中新的突破口。

一个开发的是人类的第三种能力，另一个是互联网领域增长最为迅猛的黄金市场，当二者叠加起来，将打开搜索引擎新的想象空间。

1. 各取所需

2010年8月9日下午4点，搜狐宣布将旗下的子公司搜狗分拆成独立公司，阿里巴巴及包括马云个人在内的战略投资人将对搜狗进行注资。

根据协议规定，搜狐将以出售优先股形式引入包括阿里巴巴集团和云锋基金在内的战略投资人，作为搜狗在线搜索业务的少数股东。这部分股权共占搜狗公司16%的股份。

此外，搜狐首席执行官张朝阳的投资基金也将购入搜狗16%的股份，搜狐将保留68%的搜狗公司股份。"我个人非常看好搜索引擎未来的市场潜力。就算这并不一定能得到华尔街的认可，但我愿意用自己的钱赌一下搜索引擎。"张朝阳对《中国经营报》记者说。

在下一步的合作计划中，阿里巴巴与搜狗将在更深的业务层面展开合作。

---

[1] 董军、胡雅清：《解密搜索营销 未来新圈地运动》，《中国经营报》2010年8月29日。因本书篇幅有限，本书作者对原报道进行了缩写。

搜狗首席执行官王小川透露，未来一个重要的方向就是电子商务领域，双方在通用搜索和垂直搜索中会探讨可能的合作模式。

其实，这项合作对于阿里巴巴和搜狗来说，将产生协同效应。

谷歌宣布退出中国市场之后，让在二线徘徊的搜索引擎看到了一线曙光。除流向百度外，谷歌空出的市场份额还有一部分被搜狗、拍拍、网易有道和微软必应吸收。

因此，亟待突破的搜狗业务，需要来自阿里巴巴旗下的网络购物数据为其提供数据基础。另外，来自阿里巴巴的流量不可小觑。

而对于阿里巴巴而言，在和百度交恶之后，也需要通过与新的搜索引擎合作，为其打开入口。艾瑞咨询分析师金乃丽认为，淘宝站内的搜索推广（直通车）业务已经获得市场认可。艾瑞咨询的《中国网络广告行业发展报告（2009—2010 年）》数据显示，2009 年，直通车业务收入达到 10 亿元。这使得与搜狗合作，将淘宝的成功模式应用于通用搜索引擎市场成为可能。

2. 打破僵局

尽管百度在中国的绝对垄断地位连谷歌都未曾撼动，但是在中国的互联网市场，"阿里巴巴＋搜狗"的组合无疑将成为其最大的竞争对手。特别是阿里巴巴，在和通用搜索引擎结盟之前，就推出了独立的搜索引擎，对百度正面宣战。

瑞信分析师华莱士·舍尼参与撰写的一份报告中预测，到 2012 年，淘宝在我国付费搜索市场的占有率将提升至 22%，而百度的份额将下降至 36%，谷歌为 32%。

在高度集中的 C2C 市场，淘宝网一家就占据了国内市场 80% 以上的市场份额，其平台内部的站内搜索早就成为网民购物的直接入口。

"百度有啊"的商业规划，也是要完成购物搜索这一完整的产业链：从用户对购物的需求出发，对搜索来源做出识别，然后判断出商品的质量，在索引和权重上做出处理，到最后帮助消费者完成购买行为。

这是从搜索到购物的逆向思维，最终使阿里巴巴与百度都希望蚕食对方占据绝对优势的市场，"搜索＋购物"已经演变成两家公司交火最激烈的战场。

？思考与讨论

阅读以上报道，结合自己的网络购物经验，谈一谈企业基于互联网营销促进销售要注意哪些要点。

三、互联网视频广告

利用互联网平台发布视频广告也是互联网营销的重要方式。互联网视频广告与传统电视广告进行比较，既有相似之处，也有区别。互联网视频广告在形式上具有传统电视广告的特征，也是结合视听两方面的信息。它在内容上甚至完全和电视广告的内容相同。两者在发布环节上也有类似之处，互联网视频广告在发布之前也需要对发布的平台（网站或网页）进行分析，以确定它们的浏览者特征。互联网视频广告与传统电视广告的不同之处，主要在于收看广告的方式方面。浏览者收看互联网视频广告是通过点击方式浏览的，在收看方式上具有主动收看的性质。他们对同一广告的收视时间往往也不在同一个时刻上。这两大特征使我们可以推断，如果对页面浏览者的特征分析准确，互联网视频广告发布有可能实现对潜在目标人群的精准定位；互联网视频广告的效果的发生，不会集中在某个时刻点上，而往往会经过一段时间才能显现出来。

案例

京东网上商城：20 天 2700 万个访问量①

2010 年 7 月，在世界杯期间，京东商城的 15 秒电视广告第一次登上央视的舞台，很多男性网民从互联网上看到了相同版本的 TVC（特指以电视摄像机为工具拍摄的电视广告影片）。所不同的是，互联网上的 TVC 是借助百度 TV，定向追踪 40 个城市的男性网民，向他们精准地进行品牌传播。据悉，百度 TV 业务是通过分析网站的内容，将与用户相关的视频推广内容放到网站相

---

① 赵正：《京东网上商城：20 天 2700 万个访问量》，《中国经营报》2010 年 8 月 30 日。本书作者根据出书要求，对原文稍作改动。

应的页面，从而实现精准投放。

京东网上商城的目标客户主要是男性消费者，而世界杯期间的电视观众中70%以上都是男性观众，这很符合京东网上商城的传播目标。京东网上商城希望自己的品牌形象广告能被更多的网民关注到。

1. 寻找满足"苛刻"条件的新媒体

"和央视投放形象广告追求广泛的覆盖不同，我们在互联网上投放形象广告更看重精准，对投放的时间、区域和频次都有很具体的要求。"京东网上商城副总裁徐雷说。

事实上，京东网上商城在互联网上投放的品牌广告主要针对国内40个城市的男性受众，这40个城市是京东网上商城覆盖和销售比较好的城市，京东网上商城希望在这些城市加强品牌形象，但在频次上有严格的要求，比如在北京、上海这样的一线城市，每个用户锁定的到达频次不超过两次，其他38个城市的目标用户锁定的到达频次不超过3次；而且对投放时间也有具体的要求，就是非周末时间在12∶00—15∶00，18∶00—8∶00，周末时间则全天投放——京东商城就是希望目标受众能在非上班时间看到这条30秒的TVC。

徐雷表示，由于预算等原因，在央视京东网上商城投放的是15秒版广告，但在百度TV上投放的是30秒版本，一方面是因为30秒版本更容易使观众理解广告所传递的信息，另一方面，互联网TVC广告相对更低的投放成本也是京东商城决定此次投放的又一因素。

要找到符合这样要求的网站并不容易。视频网站虽然也可以向网民传达品牌形象，但是很难精准地对目标城市进行规模化的覆盖，而且任何一个视频网站的UV（独立访客，00∶00—24∶00内相同的客户端只被计算一次的访客）数都不够大，因此，要实现全网覆盖，锁定40个城市，比较难。更麻烦的是，国内的视频网站目前都还不能播放30秒长度的视频广告。

"百度TV的模式是依托百度联盟的30多万家联盟网站，可以覆盖很高的PV（访问量，即页面浏览量或点击量，用户每次刷新即被计算一次），而且可以按照目标城市、目标受众和目标频次精准地投放广告，这样的传播模式可以满足京东网上商城的传播需求。"作为百度TV的运营商，随视传媒副总裁崔崧表示。

据调查，百度联盟的 30 万家网站可以覆盖 1.2 亿以上的互联网用户；百度 TV 则可以通过定向精准技术，按区域，按受众群体的类别、兴趣、关注，有针对性地投放视频广告。

"对于这次传播，我们并不太看重 ROI（投资回报率），主要是为电视广告补点。"徐雷说。

2. 三个维度精准找到目标

京东网上商城在时间、地域、频次上设定了三个维度的条件，随视传媒则需要从三个维度去寻找目标受众。崔崧告诉《中国经营报》记者，随视传媒一般会从第三方数据、搜索行为数据和历史投放数据三个维度去找到目标受众所在的网站。

第三方数据主要是根据 DCCI 提供的调查数据，结合男性和城市这两个变量，交叉分析，找出符合条件的网站，汽车类、体育类、财经类、金融类网站成为首选，此外还有部分门户网站和偏男性的社区网站。

在调查了用户搜索电子商务网站的关键词后，随视传媒为京东网上商城设置了"京东""电子商务""IT 产品""3C 产品"等关键词。"我们以往积累的历史数据也很重要，根据以往的经验，找到那些转化率很高的网站，投放广告就会很精准，效果会比较好。"崔崧说。

百度 TV 除了可以从联盟网站上抓取目标网站进行视频广告的投放外，还可以进行实时的监测，这样就可以及时地进行投放的调整。崔崧告诉记者，投放初期的广告点击转化率并不高，只有 2% 左右，经过分析后，认为可能和创意有关，于是在 30 秒的创意中植入了促销的信息，很快点击转化率就达到了 4%，最高的一天竟然达到了 6.2%，这是创意优化的结果。同时，也优化了目标媒体，淘汰了一些传播效果不太好的网站，增加了门户网站和地方网站，这样的动态优化保证了最终的传播效果。

经过 20 天的投放，在京东网上商城的预算范围内，一共获得了 2700 万个 PV、1200 万的 UV，平均到达频次为 2.2 次，符合客户的要求。"帮助电子商务客户找到互联网品牌传播的营销模式，这是我们一次比较成功的尝试。"崔崧表示。

你认为互联网视频广告与传统电视广告的区别在哪里？

四、SNS 营销

在诸多互联网营销方式中，SNS 营销日益受到重视。SNS 营销是一种泛关系营销或弱关系营销。所谓泛关系营销，是指企业借助不同的平台和营销工具，与消费者建立不同层次、不同紧密度的关系，在这些关系基础上实现企业的营销目的，具体方式包括互联网广告、搜索引擎营销、即时沟通工具、SNS 游戏、微博等。弱关系营销是借助电子邮件、会员卡、短信、电话、直邮等方式的营销方式，微博营销及其他一些形式的 SNS 营销被认为是弱关系营销的典型方式。在微博及其他一些 SNS 平台中，人们进行沟通的人际关系压力比较小，人与人可以长期不见面，但仍然保持交流关系，人们也不会在意对方是否即时回应他们在这些平台中的留言，甚至对是否回应并不关心，因此这些 SNS 平台上的人际关系被称为一种弱关系。在这种弱关系平台上开展的营销被称为弱关系营销。以 SNS 游戏为例，在 SNS 平台上，它是主要形式之一。利用 SNS 游戏进行营销，以植入广告为主。游戏植入式广告以场景、环境、道具等方式出现，由于它们是靠应用软件来实现的，因此这种营销方式又被称为应用软件植入式营销。2010 年 8 月，QQ 农场游戏中出现了一个新品种奶牛——"舒化奶牛"。玩家养殖该"舒化奶牛幼崽"至其产奶期，可以虚拟生产"营养舒化奶"产品，该产品可以供玩家进行虚拟售卖，从而获得更多游戏资本。"舒化奶牛"即是伊利植入的广告内容。此后两个月中，领养奶牛次数超过 10 亿人次，领养奶牛人数达到 2.5 亿。百度指数显示，伊利营养舒化奶的用户关注度上升了 1370%。由此可见，就在一个长周期内的信息传播度而言，SNS 已经具备了大众媒体的特征。但是，就信息在特定时刻的单词暴露度而言，SNS 是否具有大众媒体的特征，依然是不确定的。

Pixazza 网络工具是美国出现的利用 SNS 进行营销的一种新形式。借助 Pixazza 网络工具，浏览者可以通过图片链接实现电子商务的交易行为。Pixazza 的营销模式中有三个重要的参与者——图片发布者（publisher）、分析专家（expert）以及广告主（advertiser）。通过 Pixazza 工具实现的广告发布方式与传统广告发布方式的最大区别在于，其广告与其说是由生产厂家或商家发布的，还不如说是由对图片与商品感兴趣的网民帮助生产厂家或商家实现发布的。利用网民的群智群力，是 Pixazza 能够发挥作用的"秘密"所在，这也正是 SNS 平台最为本质的特点。

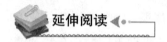

Pixazza 正在"疯了似的增长"①

Pixazza 网络工具与美国时尚人物 Ladygaga 不仅仅在姓名的发音上相似，而且与她一样，成为时下美国的时尚宠儿。Pixazza 虽没有 Ladygaga 那样夸张性感的身姿，也没有她那惊世骇俗的嗓音与突破世俗的穿戴，但它有更加感性的新型网络技术、更加诱人的盈利模式，因此同样受到了网民的追捧。

当王菲在 2010 年春晚忘情地浅唱低吟"只是因为在人群中多看了你一眼，于是无法忘记你容颜"时，无数歌迷除了沉醉在她动人的歌声中外，更注意到她穿的粉色丝袜和色彩斑斓的丝质短裙。据说，王菲的那身打扮，晚会之后立即就成了旺销产品，精明的商家追风之后获得了不菲的回报，淘宝网上类似产品的销售在很长时间内都非常火爆。

在美国，这种视觉冲击已经被一个名为 Pixazza 的网络工具充分利用。它可以让网站上所有的照片都变成展示的商品。比如，新闻网站上发布的一张 Ladygaga 头戴红色发卡、身着黑色晚礼服的图片，如果你喜欢这个发卡，点一下发卡上的小标签，就可以链接看到相关的商品详情，并可以直接在网上购买。同样，如果你喜欢王菲的裙子，在图片上轻松点击，一秒之内就可以搞定。

1. Pixazza 的商业模式

Pixazza 于 2008 年年底被设计出来，就得到了谷歌、August Capital、CMEA Capital 等投资机构，以及 Ron Conway 等天使投资人大约 2000 万美元的

---

① 徐聪：《Pixazza 正在"疯了似的增长"　图片链接时代将到来?》，《中国经营报》2010 年 10 月 9 日。本书作者根据出书要求对原文稍作改动。

投资。美国媒体将它称为"谷歌的图片广告"（Google - Adsense）。

如果说谷歌的 Adsense 是通过文本分析进行的文字链接广告，那么 Pixazza 就是通过图片链接进行直接电子商务的行为。与我们在我国的淘宝网上所看到的图片直接点击不同，Pixazza 是一种颠覆传统互联网广告营销的新模式。

Pixazza 模式中存在三个重要的节点：图片发布者（publisher）、分析专家（expert）以及广告主（advertiser）。

网络中的任何一个热爱图片的网民都可以成为 Pixazza 广告平台的图片发布者，图片既可以发布在一个具有巨大存储空间的图片网站，也可以发布在任何一个个人博客上。但若是图片发布者想把图片变成可以链接到 Pixazza 商铺的商品展示图，就在即将成为商品的图片某个位置上加上一个"小圆点"（或称"黄色的小标签"），使得图片中的产品与希望买到的产品挂钩。图片发布者需要在网站中嵌入 Javascript 代码，而这个代码只需要登录 Pixazza 服务平台，通过注册就能获取。

在图片被纳入 Pixazza 的图片库后，下一步就是对图片进行分析。由于图片库巨大，加上 Pixazza 并没有直接在图片中辨析商品品牌的功能，这就出现了一个新的群体——"分析专家"。

"分析专家"其实就是热心的网民，比如说，他们善于分析出 Ladygaga 提的是 LV 还是 Gucci 包，他们乐于把王菲身上的丝裙与某个购物商城链接起来。当然，这一切热心都不是免费的，但凡有人真的通过他们的链接购买了相关产品，这些"分析专家"也是可以提成的。

比如，对于王菲身着的这条裙子，很有可能会出现不同的链接地点，当有人点击裙子上的小标签时，列出了 n 种链接，如果商家想要购买优先的版位，调高自己的排名，"分析专家"、Pixazza 平台都可以获得再次提成。

在目前情况下，广告主主要是认可了 Pixazza 技术的商家，他们之前和 Pixazza 签了协议，他们可能就是图片发布者或是分析专家和最终的产品供货商，他们利用 Pixazza 这个新工具吸引那些在网上冲浪的网民，达到最终的销售目的。

2. 用图片广告细分市场

在美国，仅 2009 年一年，广告商在网络的旗帜广告以及媒体展示广告中就花费了 80 亿美元。Pixazza 的 CEO 鲍勃·里斯本说："当你问人们，'有多少互联网广告你能记住？'其实，大部分人会顺手关掉这种突然跳出来的'不速之客'，或者直接忽略掉横幅标志性的广告。"

在电子商务中，"黏着力"是一个重要指标，用于衡量网站获得注意力的程度。各个网站也是依靠高"黏着力"吸引海量广告来维持自身运营的。这就是时至今日大家一直引为标准的"互联网广告收费模式"。

电子商务专家房哲认为，Pixazza 彻底让广告主从网站"黏着力"标准中解脱出来。Pixazza 不受广告投放必须以具体网站作为广告投放对象的限制，而是以受众的主动搜索和主动浏览作为卖点。

"图片广告本身就做了市场细分。因为在当今互联网络中，最让厂商伤透脑筋的是如何根据自身的产品和品牌去细分市场，将广告投向相关顾客关注最多、浏览量最大、最有可能购买其产品或服务的网站。同一行业领域的相关网站数以千计，限于财力以及广告运营成本，不可能全范围覆盖。然而，如果只投一两家网站，又不能最大限度地宣传自家产品或服务。Pixazza 可以解决这个问题。"房哲认为。

Pixazza 就是捕捉消费者偏好的关键，因为只有偏好相关领域的消费者才会去浏览或者访问相关领域的网络图片。这对广告主来说是天大的利好，他们不用再担心受众到达度，因为受众就是顾客，他们是自己找上门来的。

3. 在中国是否可行

Pixazza 属于一种全新的商业模式，在以此技术为特点的 Pixazza 网站上，完全没有任何"确定"的商品，它只针对"时尚"这一概念。任何与时尚相关的图片都可以上传到这个网站上。而且根据 Pixazza. com 主页上的显示，全球平均 1.5 秒就新增 1000 个图片被点击。

2010 年第二季度，Pixazza 网站的图片点击的增长率达 60%。Pixazza 的 CEO 里斯本拒绝谈论到底这项新的模式给公司带来了多少收益，但是，他说销售额正在"疯了似的增长"。据外媒报道，以 Pixazza 为技术特性的网站每月可以吸引 2500 万独立访问者，2/3 都来自美国，正在尝试使用 Pixazza 技术的网站包括《美国周刊》以及《接近好莱坞》等网站，而时尚类网站居多。

在中国，这项新的模式似乎并没有形成规模，尽管在淘宝网、瑞丽网、新浪女性网、搜狐女性网上可以看到明星的图片以及相关的产品介绍，但是这种发动全体网民来进行主动搜索以及分账的模式还鲜有出现。

据房哲分析，中国尚未出现该模式，主要源自 Pixazza 技术执行存在难度，这是一项需要众多分析专家参与的活动，Pixazza 技术本身并不能对图片上的商品进行智能识别。

另外，美国一个网络营销专家在发布的文章中表示，Pixazza 说过"大容量、高点击率"的图片才有可能获得链接的优先权，其实这样一种模式很可能使得很多小网站的盈利出现问题，除非一些具有巨大容量的明星网站才有可能盈利。

其实，作为在 2009 年新鲜出炉的商业模式，Pixazza 广告模式也尚未成熟。至于 2010 年它的商业运作能否取得突破，对于国内的商家而言，还需要观察。

但是，从谷歌几次追加对 Pixazza 的投资来看，谷歌试图把存储量巨大的谷歌图片库变成一个网络电子商品库。用 Pixazza 创始人的话说，这种模式一定会成为潮流与趋势，因为它使得消费者和企业共同创造价值，而且真正使得广告成为"众人自发喜爱的产品"。

案例

乐在探索，赢在参与——蒙牛阿拉 2010 年网络整合传播的品牌见证[①]

作为欧洲阿拉福兹公司（Arla Foods）与中国蒙牛集团两大全球乳业巨头共同投资的品牌，蒙牛阿拉具有与生俱来的"奶源、技术"全球性品质保障。蒙牛阿拉"为成长探索无限可能"的国际化育儿观，正是新生代爸爸妈妈的心声。如何依托网络平台，打通"80 后"爸爸妈妈们的心智空间，建立消费者黏性沟通，夯实蒙牛阿拉"北欧品质，关爱成长"的品牌信赖，成为蒙牛阿拉互动营销战略合作伙伴北京涛澜时代北广互动公司 2010 年的核心任务。

针对这个营销思路，蒙牛阿拉 2010 年两大互动营销原则迅速确立起来。

---

① 伍晓峥：《乐在探索，赢在参与》，《广告导报》2010 年第 19—20 期，第 78—79 页。因本书篇幅有限，本书作者对原报道进行了缩写。

第一，网络互动内容与线下营销保持诉求调性的高度统一，突出蒙牛阿拉国际化血统与"为成长探索无限可能"的全球化育儿观。第二，借助网络传播媒体的虚拟互动能力，深度挖掘消费者的沟通乐趣和参与黏性。

1. "宝宝爬"：爬出口碑影响力

第一阶段的活动：蒙牛阿拉将与宝宝的互动锁定在宝宝最原始的探索行为——爬行上，以 2010 年全球盛事——上海世博会为大背景，在网络世界为参赛宝宝制定了从"北京"出发，贯穿 43 个拥有独立世博馆的"国家"，最后到达"上海世博会"的虚拟爬行之旅。

搭乘世博风潮，涛澜团队将活动通过育儿网、太平洋亲子网等垂直门户及搜狐网亲子频道强势推出，在 58 天的时间内迅速激发了年轻妈妈和有宝宝的家庭的参与热情，总参与人数高达 1006172 人次，页面浏览量达到 1841333 次；在传播费用投入低于竞品的情况下，超越了竞品同期举办的世博主题网络活动。究其原因，基于对目标受众网络习惯的精准分析，"趣味沟通、黏性激励、病毒机制、点击玩法"的合理规划发挥了巨大作用。

活动通过积分上线，确保了用户的参与天数，形成黏性的长期参与。同时，具有吸引力的大奖吸引目标消费群体竞相参加活动，增加活动的趣味性和竞争性；辅助每天和每周的奖励设置，保持活动黏着性，激励用户完成游戏全程。例如，当玩家爬行到"丹麦"或者"内蒙古"时，需要到奖励专区回答问题，才能获得更多的积分，在专区内的问题中隐性地植入企业和产品信息，有效地传递给受众。

如今，鼠标点击已是网络行为最简单的方式。通过这种方式让用户参与进来，是网络活动的发展趋势，因为事实证明，网络人群对复杂的活动兴趣普遍不高。"宝宝爬"活动形式简单，只需要每天抽出 5—10 分钟的时间，就有机会获得大奖，是网络人群最爱的游戏方式。

2. "畅游丹麦王国"：童话中的国际品质

第二阶段的活动重点突出蒙牛阿拉的丹麦血统，强调国际品质，增加蒙牛阿拉金婴宝宝俱乐部的会员，使俱乐部成为妈妈们交流的平台。活动设置从作为丹麦最大特色之一的童话入手，因为童话是宝宝接触人类社会的第一门功课。

活动形式简单明了，只需要玩家分享宝宝生活中的童言童语和育儿秘籍，或者回答其他玩家的问题，就可获得积分。同样，简单的参与形式吸引了大量的目标受众参加，在 35 天之间页面浏览量达到 257195 次，网站上的问题量达到 52093 个，回答问题次数高达 113619 次。在"趣味分享、隐性传递主题"的规划下，网站上形成了轻松、愉快的交流氛围。于是，教育宝宝不再是一件"家事"，而是与大家一起克服困难和分享快乐的事情。轻松的气氛让企业与消费者的距离更近，并且深入地了解"80 后"年轻父母的需求和喜好。

活动中，整个页面的风格童趣可爱。涛澜在页面的细节上体现了丹麦的人鱼公主和风车等元素；关卡设计上，四关的剧情和页面展示以童话为立意点；EDM 和硬广上的设计无一例外地突出童话元素。在活动的各个环节都隐性地传递了蒙牛阿拉的丹麦血统和国际品质的理念，潜移默化地影响消费者，最终达成购买。

3. 活动传播方式

硬广——让每一个用户在进入活动网站前充满好奇心，想去了解并进一步参与活动。与育儿网和太平洋亲子网媒体合作，紧密地抓住目标受众。为了配合传播重点和节日气氛，更改了广告创意，为受众带来新鲜感。

病毒传播——在扩散活动影响和人气方面，简单的加法运算永远不如乘法预算来得高效。与其逐一寻找目标用户，不如通过病毒方式传播网罗更广泛的人群。这次活动设计了"邀请好友为宝宝加油"引发病毒传播，从传统的传播方式变为更广泛的人群覆盖。

EDM——通过媒体精准定位目标消费群，直接有效地发送广告信息。

4. 到底解决了什么

（1）提高了品牌曝光率，使受众关注并走近了蒙牛阿拉。

在与太平洋亲子网、育儿网和搜狐网的合作中，通过大量优质广告位的曝光，提高了蒙牛阿拉品牌的知名度与影响力。超百万的目标受众访问了活动页面，约 1.3 万名目标受众直接参与到活动中并积极带动亲朋好友关注活动。通过活动，完成了对约 200 万以上消费者的品牌信息传播，效果显著。

（2）拉近了品牌与消费者的距离，使受众对蒙牛阿拉的丹麦品质有了更深的认知。

通过奖品（试用装/正装）的发放，使用户增加了对产品的体验与真实认知，有利于提升品牌与产品的口碑，为产品销售增加可能。在"世博"大背景下，以游戏互动的形式，帮助消费者轻松完成"宝宝人生的第一次世界环游"的体验，凸显蒙牛阿拉来自丹麦的独特气质，增加消费者对蒙牛阿拉国际化品质的认同。

（3）为蒙牛阿拉积累了大量潜在用户的真实信息。

通过活动，获取了大量网友的真实数据，发掘了一批极有价值的潜在用户，这些用户将成为未来蒙牛阿拉 CRM 用户管理的部分主力营销人群，为今后的市场营销，尤其是精准营销积累了宝贵资源。

思考与讨论

阅读以上报道，你认为蒙牛阿拉在这次传播活动中解决了什么课题，获得了哪些效果？

延伸阅读

微博：加速的公众数字风潮与营销猜想①

继 SNS 和博客之后，微博成为社会化媒体推进过程中迎风矗立的一次新浪潮。如今，微博风暴已经席卷中国，迅速成为中国互联网业界一个炙手可热的焦点。但是，这股"微博之力"到底在改变着什么？人们在微博上做什么？微博是否存在营销机会和空间？2010 年 7—9 月，全球最大的媒介投资管理集团——群邑中国和新生代市场监测机构联合开展了一项针对微博的研究，在北京、上海、广州、沈阳、西安、成都六个城市采取了专家访谈、微博资深用户访谈和定量调查的方法，揭开了中国微博市场的面纱。研究发现，微博是社会化媒体中用户最活跃的平台；微博改变了媒体和信息传播模式，并

---

① 肖明超：《微博：加速的公众数字风潮与营销猜想》，《广告导报》2010 年第 18 期。本书作者根据出书要求，对原文稍作改动。

具有值得挖掘的营销价值。

1. 微博：改变了媒体和信息传播的模式

截至 2010 年 9 月，中国的网民已经达到 4.2 亿，其中包括 3.05 亿城市网民，1.15 亿农村网民，还有 2.77 亿手机网民。在我国互联网发展过程中，这几年最大的变化是从 Web1.0 到 Web2.0 的迅速变革。中国社会化媒体的发展成为不断活跃的互联网的新图景。到 2010 年为止，中国即时通信工具用户 3.04 亿，中国网络游戏用户 2.96 亿，网络视频用户 2.65 亿，社交网站用户 2.1 亿，BBS/论坛用户 1.2 亿，中国博客用户 2.31 亿，而微博在短短一年多时间内也获得了上千万的用户。社会化媒体的发展，推动着传播形态上的一个巨大改变。在传统媒体主导的 Web1.0 时代，基本的形式是先由媒体制造好了内容，再展现给所有受众，因此很多内容可以根据传播者的目的和初衷，对表现的形式加以控制。但是，在社会化媒体发展的时代，传播已经变成了所有人对所有人的传播，每个人都可能成为传播的中心和新闻的源头，这直接推动着媒体传播的变革。

社会化媒体，简单说就是能互动的媒体。社会化媒体普遍具有七种属性特征，分别体现了用户七个方面的利益需求：在网络中展示身份、展示状态、与人会话、参与群组、维系关系、建立声誉、分享所得。

利用这七重属性对当前的主要社会化媒体进行研究，会发现不同的社会化媒体有着鲜明的属性特征。研究发现，BBS/社区更多的是一个群组，这里面的用户是基于共同感兴趣的主题而聚集，然后在 BBS/社区上进行讨论；即时通信工具的核心是会话，用户使用即时通信工具的核心是为了网上交流和沟通；购物类网站的核心属性特征是声誉，因为无论是对于买方还是卖方，诚信都变得非常重要，需要用户和商家付诸精力加以维护；豆瓣或者是视频分享类的网站，则更多体现出一种分享的特征；社交网站（SNS）的核心属性是关系，比如，通过 SNS 维系和同学、朋友的关系。

博客与微博都侧重于状态和分享，但微博的重要属性更在于关注自我，随时随地反映心情和状态：我在想什么、做什么，我知道什么。这就让微博成为所有社会化媒体中最为即时性的信息传播平台。关注社会化媒体的属性，提醒所有利用社会化媒体的人，需要利用社会化媒体的核心属性去和用户进行互动与分享。这其中，微博创造了一种以自我为绝对中心的快速传播方式。在社会化媒体领域，有两个关键词：UGC（用户创造内容）和CGM（消费者产生的媒体）。可以说，微博就是展示了与用户高度相关的内容，并由此激发用户自我传播的媒体。

微博的短小（140字）、发送信息的方便性（用手机短信就可以发送），使微博彻底地改变了媒体和信息传播的模式。任何一个人都可以利用微博来实时传递自己身边的第一手信息。用户掌控一切，这让微博具有强烈的自媒体属性，引发的媒体变革和信息革命是空前的。同时，微博还让那些微弱的信息可能得到加强并得以广泛传播，这也直接颠覆了过去由主流媒体主导传播的格局。

2. 微博的受众与使用动机：社会中坚关注自我的平台

微博的用户有什么样的特征？年轻、高学历的职业人群体是微博的核心用户群体，集中在男性（63.7%），25—34岁（55%），大学本科或以上学历（74%），遍及公司职员到中层管理者（67%）。每天发11条或以上微博信息的微博重度用户，则集中在职场中高层管理者和人均月收入6000元以上的高收入人群中，他们使用微博更为主动，更倾向于向外传播自己的观点，也更具有网络营销的影响力，同时，他们也更具消费潜力。微博吸引了大量的"70后""80后"，他们分别占据了微博用户的29.4%和59.1%；而"90后"尚未步入社会，目前仅占到微博用户的6.8%。可以说，微博成功地抓住了当下中国社会的财富拥有阶层（"70后"）和未来10年中国社会的中坚力量（"80后"）。

对于使用微博的动机，新奇感是核心的驱动力。有74.6%的用户都由于"微博是新事物，所以我想尝试一下"而上微博，但是很多人尝试之后就欲罢不能。而朋友间的相互邀请、朋友的示范效用、名人效用等也都对微博的推广起到了助推作用。其中，又以朋友间的相互邀请作用更加直接有效。除了以上的使用动机之外，微博140字的形式打破了人们的写作障碍，也在一定程度上增加了跃跃欲试者的信心，更方便地实现网络自我传播。

在信息高速发展的时代，生活节奏快而人际沟通减少，人们时常陷于被忽视的感觉中。当个体受到的关注不足时，人们迫切需要建立起自我关注并期望引起别人的关注，微博恰恰提供了一个很好的感情抒发的渠道。调查发现，关注自我是用户使用微博的最主要目的，包括表达自我情感（57.4%）、记录生活与成长（49.7%）和释放情绪（49%）。而在自我关注的需求满足之后，才是通过网络分享信息、学习和关注朋友的近况。

在关注自我的使用态度支配下，微博用户的行为自然也表现出关注自我的特点。研究发现，微博用户发布信息内容以个人为主导，排在前三位的发布内容分别是每日心情（中选率61.3%）、兴趣爱好（中选率52.9%）和发生在自己身边的事件或者新闻（中选率49.7%）。总之，微博受众受好奇心理驱使，会首先关注新鲜、新奇的事物，其次才是社会话题。因此，对于企业而言，具备创新性、新闻感的品牌话题，更具有传播的受众基础。

3. 微博行为图景：新、奇、趣、活跃与熟人效应

微博受众关注的内容涉猎广泛，从社会新闻、名人言论、生活常识、小道消息至朋友动态、生活娱乐，均在关注范围内。但是，被微博用户关注、转发和评论的话题，则都有共同的特征，就是"新、奇、趣"。因此，企业要在微博上与消费者进行沟通和互动，不仅要学会放低身段，用更具亲和力的方式与消费者沟通，而且要做到生动有趣，引发人们的自发关注，这样才能达到更好的传播效果。受众最愿意转发的内容通常是以视频、图片、声音等形式出现，这些内容也是受众经常评论的内容。因此，文字结合动态感觉的微博内容更具传播力。品牌在微博空间中，也需要依托这种有趣的音画形式。

微博用户具有比较高的活跃度，使用频次在社会化媒体当中排在即时通信工具（八成以上的用户每日必用）及社交类网站之后，名列第三。有25.0%的微博用户属于每天发布微博信息在10条以上者，51.4%是每天发布在10条以内者。在本次调查的用户中，微博日均信息发布数量为12条，如果按照目前4000万用户计算，则每天微博用户发布的信息为4.8亿条，这个数量是非常巨大的。

中国人的社交半径较窄，"熟人效应"比较明显，在微博上，这一特点也得到了充分的体现。调查发现，微博用户在微博上的主要关注人群以个人微博为关注焦点，其次是名人和有影响力的人。调查发现，有72%的用户关注朋友，55%关注同事，48%关注名人，42%关注人气王。对于商家和媒体而

言，媒体微博、品牌微博目前的关注度较低。而提升媒体微博、品牌微博的活跃度，以及借助个人微博渠道，引起微博受众朋友圈的关注和转发，将是下一步商家和媒体微博推广的有利方式。

4. 微博群：70/80/90 vs. 创造者与积极分子

"70后"在微博上好为人师，制造深度话题；"80后"对微博的话题参与度及活跃度较高；"90后"基本上就是在娱乐。在微博的使用中，"70后"和"80后"的微博粉丝圈正在彰显着巨大的关系影响力。"'70后'围脖"们视家人尤其珍贵，同事、朋友已成为"我"生命成就的组成部分，客户也是不时联络、加以维护的职业伴侣。对于"80后"而言，同事、朋友是"我"的拥趸者，家人和陌生人也是微博的主力成员，时刻还得关注他人，结交新朋友。"90后"校友群体、共同兴趣爱好群体构成的微博互动人群中的粉丝影响力并不逊色于"80后""70后"，尤其是校友群体，具有良好的雪球效应基础。当"90后"踏入社会后，作用不可小觑。

微博上有5.9%的人是创造者，积极更新自己的微博，其微博被转发度很高，经常会引起圈子内的一番讨论；5.6%的传播者天天"潜水"，积极转发传播，但是不怎么说话；31.8%的积极分子经常更新微博，参与各种讨论；41.4%的人是跟进者，偶尔发一下，或者偶尔评论、转发、跟进一下。

5. 微博的品牌营销机会

相比其他社会化媒体的信息信赖度，微博的信赖度最高。相比较而言，微博更具有网络化口碑营销的先天优势。其中，普通个人微博的信任度最高，企业/媒体微博的进一步发展尚需时日，这无疑为微博创建了良好的品牌营销的基础。

有65%的人曾在微博上追随过品牌，一个是他们看到某品牌有新信息的时候会转发和关注，另外一个是他们会将这个品牌变成自己的关注点，会参与这个品牌发起活动。他们为什么追随某个品牌？74%的比例是因为喜欢某品牌而追随，其次是由于某品牌发起有趣互动的活动（中选率46.5%）——这说明微博营销有基础，而让人们追随品牌。企业也要学会将自己的网络空间建设好。某"80后"上海私营业主表示，"如果好友发了一个品牌，说某某品牌是他关注的，而对于这个品牌我不是很了解，那么我会刻意查一下。

如果查出它有官方网站的信息，我会相信它；而如果查不出，属于乱七八糟的网站，就是跳出很多网页游戏那种，我会很反感"。

如果借助微博来做营销，用户会如何看待？83%的参与调查的微博用户表示在微博中可以接受发布有关产品和品牌的信息，这说明微博用户对于微博中的品牌营销有一定的宽容度，同时也说明微博用户对别人微博里提到的品牌信息的态度基本为正向的。会关注产品和品牌及觉得产品和品牌更具吸引力的用户分别占到了总体的50%与35%。只有10%的人会反感。当然，"围脖"们对于微博上的品牌信息或广告是有要求的，并不是传统的广告都可以照搬到微博上进行复制。在访谈中，有微博用户表示，可以用微博上的明星来传播品牌信息，但是要有度，不能总是让明星传播商业信息，"看见广告并不是坏事，而要看是什么样的营销模式和创意。平庸及伤害眼球的都不喜欢。给予生活趣味、启发、便利性、幽默感的，有美感可寻的，更容易愿意接受"（某"80后"微博用户语）。这对品牌的启示是，微博营销要做得有趣、生动和有意思，用户参与度才会高。而根据"围脖"们的兴趣偏好，富于生活趣味、有幽默感、有启发性、能够被大家追随的创意广告，更易于被"围脖"关注甚至转发。

微博用户最关注的品牌/产品微博包括：（1）科技数码（67%）；（2）家电产品（51%）；（3）食品（49%）；（4）服装（48%）；（5）汽车（48%）。这些品类无疑可以大胆使用微博营销来提升品牌知名度，让人们在微博空间中引发对品牌的讨论，从而实现品牌信息的扩散。正如一个"80后"微博用户所说："我很愿意关注一个产品的品牌微博，比如知名的科技数码品牌，看看又有哪些新品，即便不买，它也肯定是朋友圈/办公室里一个重要的话题/谈资。"

微博已经成为企业互联网营销的一个新的窗口，因为微博把所有其他社会性媒体整合在一起：视频、图片、地图、搜索等，可以成为企业社会化媒体整合营销的中心。调查发现，80%以上的用户使用微博进行过信息搜索，微博上的搜索是聚合新闻和焦点话题的工具；87%的人会在浏览微博的时候主动点击微博上的网站链接，并且转到新链接网站。因此，微博已经成为人们聚合信息、寻找信息和链接的一个新的平台，也是一个引导消费者实现不同平台之间互动的窗口。视频网站上有趣的视频、互联网上最新的新闻、专业人士的博客文章、公司的网站等都可以通过微博来吸引用户，从而实现联动。

6. 微博可以为品牌营销承担的角色

微博到底能为营销做什么？群邑集团旗下迈势媒体的数字总监徐晟对微博的营销价值表示认可。他认为，微博用户的传播价值是可以测算的，这样可以实现 ROI 比较高的营销，"微博可以让我们看到一个用户的影响力，用户的影响力其实说得赤裸裸点，就是跟钱直接挂钩的……如果每个粉丝都换成钱的话，你就知道这个微博的博主有多大价值"。竞立媒体数字总监詹姆斯则认为，微博可以帮企业实现与消费者沟通的角色，"微博能够承担的角色是什么？沟通，永远是沟通"。总结下来，微博可以为营销贡献以下六种功能。

第一，帮助迅速提升品牌知名度。由于微博的传播效率较高，因此如果品牌激发微博用户的主动传播，可以迅速提升品牌知名度。例如，世界杯期间，4399 游戏网站站长蔡文胜发了一条微博："为感谢博友们支持，配合世界杯和大家互动一下。大家可以竞猜世界杯最后四强排名。一、只要评论我这条微博，写出四强顺序，例如：（1）阿根廷；（2）德国；（3）巴西；（4）英格兰。然后转发到你自己的微博留底。二、从现在开始，72 小时内回复有效。会以最先回复时间来计算前 32 位猜中者，送出 32 部 iPhone4。"简单的一个活动，收获了 30 万人参与，同时这几十万人也把蔡文胜和"4399"记住了。

第二，推广新产品和新服务。例如，海底捞通过微博做了一个"火锅外卖"的新服务推广，通过丁丁张微博发布："海底捞提供外送服务，透过网站订餐五环内 1.5 小时可达，看看他们能送来什么：电磁炉、锅子、三把勺子，按人数提供围裙、餐布、大垃圾桶及垃圾袋、相关菜品、底料、蘸料、袋装葱花和袋装香菜，还带了花生米和西瓜。最牛的是锅和电磁炉，送来的人说不要押金了，定好时间来收就好了。"在短短的时间当中，就被上千次地评论和转发，而且转发和评论的都是最有影响力的用户。

第三，中小企业的低成本营销。2010 年 5 月 17 日，新浪微博上出现一个很有意思的 ID：@理想大厦 b1 便利店。这个成立了不到两天的微博账号引发了"小范围"关注。"理想大厦 b1 便利店"发布的第一条 tweet 如下："我是理想大厦 b1 便利店，我开微博了，我会每天更新新品，大家如果有需要的商品，可以给我发私信、@我、给我评论都可以，我们就给大家送上去，格式：商品名称、数量、楼层、分机号等联系方式。"在不到两天时间，就引发了361 次转发和 169 个评论——这对于一个只拥有 470 个好友的"小影响力"账号来说，不是一个太小的数字。

第四，为公关服务。微博既是推手，同时又是快刀和利剑。怎样在别人的快刀当中不被别人砍死？首先，企业可以通过微博建立发出自己企业声音的渠道，建立自己的用户群体；其次，企业可以通过微博与记者、博主以及其他媒体人建立关系，可以通过微博进行危机公关、监测舆情，去发现问题的迹象，并及时解决。例如，中国扶贫基金会收到了一条质疑他们的负面微博私信，还有一条用户的负面微博，他们及时把这个信转发到自己微博上，然后对信息进行回应和解读，使公众从另一个角度感受到中国扶贫基金会在标签里宣称的透明的原则，最后由被动变为主动。很多时候消费者需要的是真实，而不是回避。所以在企业产生危机的时候，利用微博可以反败为胜，关键是看企业是否有这样的意识。

第五，用微博跟踪和整合品牌传播活动。在微博上，很多消费者的回应率和行为都是可以计量的，因此可以使用微博整合企业的线上线下的传播活动。例如，世界杯期间，伊利营养舒化奶开设了"活力宝贝"微博，结合产品特点，与世界杯元素相结合，特设了一系列互动活动，使得球迷的观赛体验变得更加刺激、紧张和精彩。除此之外，为了广大球迷的身体健康，"活力宝贝"还会不定时地提示大家要注意补充体力，保持身体活力。"活力宝贝"微博粉丝的数量在短短一个半月的时间内规模就已超过 7 万。

第六，客户服务。微博可以针对忠诚用户经常反馈一些服务信息。同时，有人抱怨企业的时候，可以跟他进行实时的交流。如能预见到企业的一些小问题时，要及时告诉你的消费者，快速消除他们的抱怨，这样还能使其欣赏你的企业努力解决问题的态度；不要让抱怨在人群中传播。例如，Zappos. com 以网上卖鞋起家，现在已经变成了一个名副其实的网络百货商场。Zappos 的客户是一群年轻并蜗居于网络的人。Zappos 首席执行官托尼以 CEO 的名义开了 Twitter 账户，其拥有 169 万之多的追随者，表明了 Zappos 乐于接近客户、理解客户的态度，给整个公司的品牌带来了积极的影响。

总结起来，企业需要去思考。在当今社会化媒体的时代，信息娱乐化、媒体娱乐化是很重要的传播形态，所以企业要以娱乐的方式跟受众进行沟通，特别是在微博上面。企业要主动发起一些有趣的话题和活动，让消费者介入；企业要学会分析和挖掘人们在微博上谈什么、被什么人关注，寻找"微博传播领袖"；企业要把微博当作一个营销的窗口，实现线下和线上的品牌链动效应；企业要时时关注自己的微博品牌声誉。此外，微博还可以帮助企业实现以小博大的低成本营销。总之，企业要学会巧用社会媒体，利用微博营销，让品牌更具活力。

微博代表了社会化媒体将会带来的新的传播变革。未来的传播时代将是微传播的时代。要利用以微博为代表的社会化的媒体，更多地做在小微博平台上的大营销，实现知识营销、故事营销、对话式营销、深入影响人们心理的营销。

五、互联网与移动终端相结合

互联网服务以及相关移动终端的结合，使基于互联网服务的无线移动营销具有实际应用价值。随着苹果公司 iPad 等终端移动设备在人们生活中的日益流行，企业开始利用终端用户对应用软件的兴趣，开发与自己产品或服务相关的应用软件。耐克公司、"维多利亚的秘密"等企业将包含自己产品或服务信息的应用程序提供给 iPad 的终端用户。如今，通过这些应用软件，人们可以在 iPad 上非常自由地浏览这些品牌的信息。再如，《中国国家地理》杂志也进入了苹果应用软件商店，在客户端上线三个月后，用户便突破 30 万。[1]这些用户，对于《中国国家地理》杂志而言，都是高质量的用户，因为他们首先要拥有硬件，才能下载产品。移动终端设备的价格定位发挥了区分群体的作用。通过新媒体与新技术的结合，《中国国家地理》杂志很容易便获得了一批精准营销目标。

基于位置的服务（Location Based Service），也是无线移动营销的新形式之一。通过基于位置的服务，人们可以在手机地图中标示自己的行动轨迹，与朋友分享当时当地的新鲜事物，还可以利用手机客户端搜索周边地段的小贴士，寻找享受美食和休闲娱乐的好去处。对于生产企业来说，通过分析这种

---

① 洪宇：《进入翻屏浅阅读时代》，《中国经营报》2010 年 11 月 8 日。

服务所收集的数据，可以分析一个人的个人喜好、消费习惯、消费水平，从而为营销提供更加精准的信息支持。商家则可以使用这种技术，通过为该平台上的用户提供特殊优惠，提供广告信息，来吸引他们前来消费。对于零售商和娱乐服务业来说，基于位置的服务可以非常直接地促进营销效果。

可以肯定地说，由于无线移动营销更加具有定向与精准特征，无线移动营销平台上的广告形态也必然呈现出比一般互联网广告更加个性化的特征，它们的目标性将更明确，其形态也将更加多样化。

第五节　整合营销传播策划书

互联网技术在广告与营销传播中的运用深刻地影响着整合营销传播的策划工作。基于整合营销传播理念、整合广告传播理念以及互联网营销的运用特征，本书在传统的整合营销传播策划书的基本框架上作出调整，为读者编制了一份简单的整合营销传播的策划书（见下文），以资参考。请注意营销计划的主要内容、整合传播营销理念、整合广告传播理念、互联网营销理念是如何融入整合营销传播策划书之中的。

例：

××年整合营销传播策划书

××公司

××××年×月×日

目录

第一部分　营销环境分析

1. 总体环境分析（社会环境，自然环境，经济环境，政府环境，科技与知识环境，竞争环境，消费者环境）

2. 个体环境分析（融资，生产，采购，等等）

3. 市场分析（市场成长率，市场构成预测，市场季节性分析，等等）

4. 竞争分析（竞争品牌市场占有率，竞争品牌优势分析，等等。此部分也可融入第 3 点"市场分析"中）

5. 传播分析（本品牌之前的传播分析——表现策略与媒体策略分析；竞

争者品牌表现策略分析；竞争者品牌媒体策略分析——传统四大大众媒体、互联网及其他）

6. 消费者分析（对本品牌的评价分析，使用者品牌转换分析，等等。消费者调查报告可以附件形式呈现）

第二部分　整合营销传播战略

1. 战略问题点、机会点及需要解决的课题

2. 市场战略（市场目标，商品定位，竞争对手设定，等等）

3. 传播战略（传播目标，传播概念设定，整合传播组合——传统四大大众媒体、互联网及其他）

第三部分　广告策划

1. 广告内容及表现策划（方案一，方案二。为使策划书简洁、紧凑，此部分可以附件形式呈现）

2. 媒体策划（媒体目标；媒体策略；媒体计划——媒体排期法及媒体排期表；媒体效果事前评估；媒体效果控制表）

第四部分　销售促进策划

1. 基本策略

2. 销售促进传播策划（传统销售促进与互联网销售促进结合）

第五部分　关系传播策划

1. 关系传播目标

2. 关系传播战略（传统四大大众媒体、互联网及其他）

3. 公共关系策划（传统公共关系策划，基于互联网的公共关系）

4. 事件策划（以大型体育赛事为平台进行的传播，大事件传播，互联网传播，等等）

5. 直接反应营销策划（人员销售，传统直邮，互联网营销，等等）

在本书后面的章节中，我们将继续详论一些整合营销传播策划的具体内容及操作。广告在整合营销传播中所处的位置，读者通过以上这一简单的整合营销传播策划书，大概可以看清楚。当然，在实际策划工作中，策划书应含有以上的内容，却没有必要拘泥于以上的格式。

第六章 广告与传播

第一节 不同传播类型与广告原理

一、作为传播活动的广告

广告是个人或组织在诸多目的之间作出的经济的选择，在实现其终极目的（经济或社会效益）之前，它在传播层面有阶段性目标。当个人或组织决定利用广告活动来维持或改变个人或组织的偏好序列时，就需动用一定的经济资源去实现其传播目的，并力图使该传播目的有利于终极目的的实现。

作为传播活动的广告，是整合营销传播活动的构成部分。个人或组织可以通过各种方式与途径传播信息。新闻稿、产品包装、广告、网站等，是企业传播信息的常用方式。广告如何服务于整合营销传播，是当代广告学研究的重要内容。如果不了解广告的传播过程以及它发生作用的原理，创作广告及刊播广告就可能经常犯一些错误。

传播的本质是信息（information）的传递，是信息发送方与信息接受方之间思想沟通的过程，是一定程度的信息共享过程。在传播学中，信息被认为是传播的材料，传播正是以某种方式传送、分享或处理信息。那么，什么是信息呢？传播学中关于信息的定义承袭了香农和维纳在有关信息理论与控制理论中使用该词的含义，即认为：凡是在一种情况下能减少不确定性的任何事物都叫作信息。[①] 从这种意义上说，广告无疑可被视为人们生活中所能遇到的一类重要的信息，因为广告向人们提供了大量产品或服务信息，减少了人

---

① ［美］威尔伯·施拉姆、威廉·波特：《传播学概论》，新华出版社1984年版，第41页。

们在购买与使用产品或服务过程中的不确定性。

作为传播活动的广告是在一定社会关系中出现的。学者李维指出，广告传播具有一些与其他营销活动不同的特质，包括：广告传播是大众性的公开展示，广告传播具有渗透性，广告传播是一种被强化的表达，广告传播是一种非人际的传播。①例如，一般人会用得自广告传播中的产品形象来知觉该产品的拥有者，认为自己也应具有与产品一致的特质或个性；或者，广告中强烈的戏剧化、强调产品特征的信息，可以带给广告接受者愉悦的感受。广告信息因此必须适当，要针对适当的目标消费者（在传播层面上说就是目标受众），时机要适当，投入的费用要合适；否则，信息的共享程度将受到影响，换句话说，广告信息的传播效果就会受到影响。

在传播学中，还有一个重要的概念叫作讯息（message）。讯息的原意是消息、文告等。传播学中，将讯息定义为：由一组信息符号组成，传达一个具体的内容。在传播过程中，发送者发出讯息，接收者接收讯息，对讯息进行处理并作出反应。

我们可以说，一条广告包含了广告信息、产品信息。由于任何一条广告都是由一组信息符号组成并传达一定的具体内容的，因此，我们也可以说，一条广告是一条讯息，但一般不将一条广告称为一条信息。

基本上，传播研究中有两个主要学派。一个学派可以称为"过程派传播学"。该学派将传播视为信息的传递，关注传讯者和受讯者如何进行编码与解码，关注传播渠道，主要探讨传播效果和正确性问题。按照这种传播学思想，一般的传播过程模型（见图 6-1）中包含以下几个要素：信源（传讯者）、讯息、渠道和信宿（受讯者）。在模型的左端是信源，信源形成观点后，经过编码过程形成讯息，讯息经由渠道传递给信宿。信宿在接触讯息时进行解码以解释讯息。受讯者解释讯息后可能会作出反应，并将新的观点进行新一轮编码，形成新的讯息，经由渠道传递给原来的信源。受讯者对根据信源传出的讯息所作的解释和反应称为反馈过程。另一个学派将传播视为意义的生产与交换，主要讨论信息以及文本如何与人们互动并产生意义，换言之，主要关注文本的文化角色。此学派并不认为误解必然是传播失败的证据，因为误

---

① ［法］贝纳德·格塞雷、罗伯·埃伯格：《广告创意解码》，中国物价出版社 2003 年版，第 41 页。

解可能来自传讯者和受讯者的文化差异。就该学派而言，传播研究就是文化和文本研究，主要研究方法是符号学（Semiotics）。符号学这个名词为美国实用主义哲学家皮尔斯所创，但在 1903 年之前，其有关符号的作品并未广为人知，直到瑞士语言学家索绪尔的《普通语言学教程》一书中用符号学（Semiology）这个名词来命名这一新科学，符号学理论才开始产生深远影响。20 世纪以来，服饰、小说、漫画、好莱坞电影、艺术品等都被纳入符号学的研究对象范畴。广告也没有例外，成为符号学研究的重要对象之一。

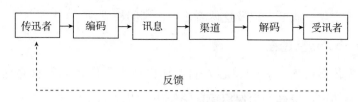

图 6－1　一般的传播过程模型

二、传播类型

广告是要劝服消费者改变态度，对产品或服务产生正面反应的一种特殊方式。研究传播可以帮助我们了解广告是如何发生作用的。保罗·多伊奇曼根据传播过程与传播对象，将传播分为私下传播与公开传播两大类。私下传播又分为面对面的私下传播（两人在饭桌上的交谈）与通过中介物的私下传播（两人通过电话交谈），公开传播又分为面对面的公开传播（公众集会）与通过中介物的公开传播，而通过中介物的公开传播又进一步分为集合的公开传播（在电影院、剧院内看节目）与非集合的公开传播（在家看电视）。通过对这种分类进行分析，威尔伯·施拉姆注意到，大众传播渠道同个人传播渠道之间的区别有时是模糊的，对它们的区分是非常主观、武断的。[①] 比如，面对面传播既可以通过个人对个人的私下传播渠道发生，也可以通过个人对公众集会的公开传播渠道发生。

对于广告研究而言，最关注的问题显然是广告如何经由大众媒介进行传播并产生效果。当然，为了实现整合营销传播，除大众媒介之外的其他媒介

---

① ［美］威尔伯·施拉姆、威廉·波特：《传播学概论》，新华出版社 1984 年版，第 121—122 页。

也逐渐进入广告传播研究的视野。因此，仅从传播的过程（或者说传播的层次）对广告传播进行分类——尽管这种分类方法中也包含了对传播对象的考虑——不失为一种更为明晰的分类法。这样，我们可以看到，有三种类型的传播过程对广告策划人具有重要的参考价值。这三种类型的传播过程是：个人传播过程、人际传播过程及大众传播过程。这种分类法实际上隐藏并承认了一个事实，即：最为复杂的大众传播过程其实包含着人际传播过程与个人传播过程。这样就避免了威尔伯·施拉姆意识到的区分大众传播渠道同个人传播渠道的主观、武断，以及这两者之间区别的模糊性。

（一）个人传播过程

在个人传播层次，我们关心人们怎样选择广告传达的信息并加以注意、知觉，人们的记忆怎样产生保留信息的作用，以及如何保留广告传达的印象，并最终利用所保留的信息的某部分。

读者可能会问，广告不是通过大众媒介进行传播的吗，为什么这里又说是个人传播呢？要回答这个问题，我们必须再次强调，即便是广告通过电视等大众媒介进行传播，但是，当它到达个人时，实际上便产生了个人传播过程。

如果要给个人传播过程下个定义，可以说，个人传播过程是个人从选择信息的刺激开始，接触并注意到一定的信息，解释所注意的信息并形成一定认识（或者说理解）的过程。对应这一传播过程，就个人心理而言，可以划分为选择性注目（对应信息的传达）、选择性知觉（对应信息的处理）、选择性记忆（对应信息的保留）、选择性利用（对应信息的利用）等几个关键的阶段。知觉是个人保持与外界接触的方式，是个人通过各种感官接受刺激并解释它们的过程。与知觉相关的一个概念是感觉。感觉强调一个短暂的心理反应，比如对明暗冷热轻重的反应。知觉则更强调心理的认知过程。感觉与知觉都可以形成刺激。认知心理学谈到心理过程时，经常按照知觉、注意、表象、学习记忆、思维和言语等认知过程进行分析。[1] 在这里，我们将选择性注目放在选择性知觉之前，其中已经包含了一个假设，即认为某人已经具有

---

① 王甦、汪安圣：《认知心理学》，北京大学出版社 1992 年版。

一定的知识经验基础，因此在进行知觉过程之前，知识经验发生作用，影响了其注意的过程，形成选择性注意。①

对于广告传播而言，个人传播过程的几个阶段与对应的心理过程的几个阶段彼此之间存在怎样的关系呢？广告目的可能多种多样，可以是为了加强人们对某个品牌的记忆，可以是为了使人们改变对某个品牌的态度，也可以是为了使人们采取购买行动。不论是哪种目的，广告传播要产生效果，需要有两个先决条件：第一，必须使潜在消费者注意到广告。这一先决条件与信息的传达有关，在广告策划中，主要用对应的媒体计划与广告表现去实现。广告人苏珊·吉勒特说："好广告首先要具有使人驻足欣赏的能力。只有懂得这一点，才能让你的广告替你说话，帮助产品填充读者可能从未意识到的在某方面的那片空白。"② 第二，必须使潜在消费者理解或在一定程度上理解广告。这一先决条件决定着信息知觉的程度与效果，在广告策划中，主要借助广告内容策划与广告表现来实现。对广告信息的保留与利用，以这两个过程为先决条件。

这样便可回溯到一个更基本的问题，即：广告如何达成潜在消费者的注目，或者用心理学术语说，如何达成选择性注目。这就需要对选择信息过程的第一个阶段——选择性注目的达成作专门的详论。毫无疑问，没有接触就没有选择。因此，广告若想利用潜在消费者选择信息过程的心理特征产生效果，首先一定要让人们决定接触所传达的广告信息。人们选择接触信息是怎样发生的呢？这有多种可能性：有可能是人们已经对广告宣传的产品产生了

① 认知心理学将知觉看作感觉信息的组织与解释，也即获得感觉信息的意义的过程。该过程被视为一系列连续阶段的信息加工过程，依赖过去的知识和经验。感觉是对刺激的观察，知觉是将感觉信息组成有意义的对象，即在已有知识经验的参与下，把握刺激的意义。感觉信息是具体的、特殊的；知觉信息是较抽象的、一般的。知觉有直接性质，也有间接性质。有些知觉理论是对立的。比如，知觉的假设考验说认为知觉是在假设、期望等的引导与规则下进行的。刺激物说、知觉生态学等理论与假设考验说相反，主张知觉只具有直接性质，而否认知识经验的作用。争论的焦点在于，现实刺激信息是否需要在过去经验的基础上进行组织才能产生知觉。对于广告传播而言，我们主张刺激与知识经验同时相互发生作用，因为对于大多数商品的潜在消费者来说，他们是已经经过一定社会化的人，具有丰富的知识经验，这些知识经验在参与知觉过程中的作用是相当明显的。对于广告策划与创作而言，我们强调知觉的选择性作用，这本身也是承认经过内容策划的广告能发挥积极作用的重要假设。

② ［美］劳伦斯·明斯基等：《如何做创意：十三位美国杰出创意指导和文案撰稿人的创意观念、方法与作品》，企业管理出版社 2000 年版，第 65 页。

兴趣，这样他们就会主动寻找并接触广告传达的信息；也可能是广告非常独特，突破了媒体的杂乱，冲破了"过滤层"，引起信息接触行为。这就是说，为了突破物理过滤与心理过滤，广告要努力实现选择性暴露，要在消费者最可能接触并寻找广告的媒体上发布，要独特出众，足以吸引消费者接触。

从接触、注意信息到记忆信息，在它们之间，是一个选择性知觉的过程。广告想要让人们在注意的基础上保留传达的广告信息，选择性知觉的效果如何是很关键的。在注意基础上达成理解，是广告传播在个人的心理层面突破知觉障碍并形成记忆的基础。广告有可能因为无法引起潜在消费者的兴趣而不被他们所注意，也可能因潜在消费者对广告产生误解、曲解而无法达到广告传播者期望中的效果。我们在讨论广告传播时所说的刺激，可以是一个广告活动（包含了许多广告或一系列广告）、一个广告或一个广告的一部分。记忆是在广告中使用创意策略的基础。创意策略的基本假设是：媒体环境是杂乱的，记忆能力则是有限的。有效的创意策略的一个基本特征是使广告能够在媒体环境中脱颖而出。

由于在个人传播过程中，可能出现传达信息的损耗、处理信息的损耗、记忆的损耗以及信息利用的损耗，因此，通常来说，创意独特的广告以及满足消费者利益的广告，是在复杂的传播环境与营销环境下最有效的广告。能给一个过着平淡生活的消费者提供乐趣的广告比一个枯燥无味的广告具有更大成功的可能性。但是，对这一针对个人传播层面的广告原理的应用，要避免为艺术而创作广告——这是一个误区，这种广告可能获奖，但对销售贡献往往不大。

（二）人际传播过程

人际传播是一种面对面传播。面对面传播最常发生于人员推销时。然而成功的广告撰稿人员在向其消费者传播信息时，仿佛不是在对大众撰写文稿，而是想象自己是冲着一个人谈话。这些广告人在创作广告时，在传播模型上像面对面地传播，而不是像大众传播的情境。面对面传播的成功有赖信源有能力引出受信者共同的意义与感情。发讯者和受讯者必须要在背景中有某些共同的经验范围（在传播学中被称为"经验域"），才能获得传播的成功（见图6-2）。对于广告创作者来说，重要的是能发现并确认和目标受众共同的经验域。

寻找共同的经验域的一种常用的办法是采取适当的消费者调查研究。但是，许多优秀的创意人员都对他人有自然的感受性、洞察力或移情作用，他们很容易能够从其他人的观点出发去察看事物，能够准确开发受讯者经验域的广告，可以成功地进行传播。

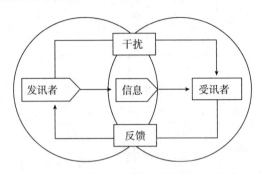

图6-2 面对面传播

面对面传播经常在有"干扰"的背景中进行。广告策划者一定要选择合适的传播环境，以尽量减少干扰。面对面传播中通常也有"反馈"发生。大众传播（它其实包含了无数的类似面对面传播的传播环节）则通常缺乏面对面传播中的直接反馈，而只能通过调查研究才能获得滞后的反馈。对于企业来说，要想获得持续的成功，必须重视已经开展过的广告活动的反馈，并将这种反馈用来指导或改进未来的广告策划和相关活动。广告创作人可以通过预测消费者看到广告的反应来弥补没有获得直接的、立即的反馈的缺憾。广告创作人员在这方面的能力越强，就越可能实现好的传播。

亨利·艾瑟（Henry Assael）曾解释面对面传播的基本结构，并阐释不同的广告传播中不同的参与者必须如何一起工作，才能把广告信息以有效的方式传播给消费者（见图6-3）。艾瑟的模型和面对面传播模型有许多相似之处。艾瑟模型也有反馈环线，而"信息"以"传送"这个术语代替。传送包括了信息以及传送信息的媒体。艾瑟使用了编码和解码的概念。这一模型的特点是明确地表示出了广告传播各过程以及相应的参与者，并且提供了广告如何产生效果的来自传播原理方面的解释，同时指出了可能造成传播障碍的因素。

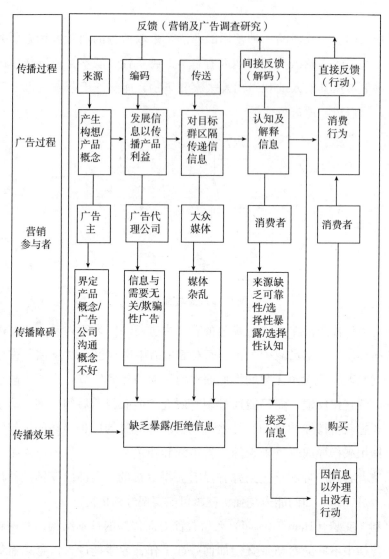

图 6-3 广告传播过程

（三）大众传播过程

在大众传播情境中，我们不大可能像了解自己的朋友或邻居那样了解我们的传播对象；我们在传播中得到的反馈通常也是非常间接的。除了这两个问题外，大众传播同样也会遇到像前两种传播情境中遇到的问题，如：消费者对信息的选择过程，记忆的限制、干扰，以及如何开发共同经验域。大众传播过程中有四个最主要的中介变量，它们是：接触、媒介自身的特性、媒介内容，以及受众态度或心理的预存立场。大众传播中的这四个中介变量最初是由传播学者伊莱休·卡茨和保罗·F. 拉扎斯菲尔德在研究传播的两级流动时比较集中地提出的。[①] 如果仔细审视这四个中介变量，可以发现接触与预存立场两个变量来自信息的接收端（受讯者），媒介自身的特性与媒介内容则来自信息的传送端（发讯者）。对这些变量或因素的研究，都有助于我们阐明媒介劝服的复杂过程是如何发生的。因此，对于广告策划来说，研究大众传播过程中的四个中介变量，对于广告内容策划与媒体策划而言，可以提供极具启发性的参考信息。

最能阐述大众传播过程的模式是"阶段流程模式"。这些模式简单、清晰地描述了信息如何从媒体到一般大众的路径及此过程中所包括的阶段。这些模式对于广告策划者来说帮助很大。利用这些模式，我们可以知道广告在社会环境中如何经过一些阶段，到达最后的目的地——目标消费者。同时，模式也告诉我们，在广告传播的过程中，流经的通道是如何产生影响的。

广告策划与控制是广告步向成功最重要的方法，而阶段性流程模式可以作为描述管理过程的一种重要的工具。在各种阶段流程模式中，对于广告策划者来说，最有参考价值的是多阶段流程模式（见图6－4）。我们可以将传播学中的两级传播理论视为多阶段流程模式的理论核心。在大众传播情境中，控制信息如何被接受要比面对面的传播更困难。

首先，媒介会影响目标受众对信息的最后决定。大众媒介本身可能是广告流经的重要阶段之一。

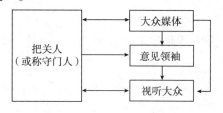

图6－4　多阶段流程模式

① ［英］奥利弗·博伊德－巴雷特、克里斯·纽博尔德编：《媒介研究的进路：经典文献读本》，新华出版社2004年版，第152—154页。

其次，生活中的意见领袖也会影响目标受众对信息的接受。意见领袖是传播学中的一个概念，它是由传播学者伊莱休·卡茨和保罗·F. 拉扎斯菲尔德在对传播的两级流动的研究中专门提出来的。所谓的意见领袖，是指在我们周围，那些由于教育或兴趣的关系而比一般人对某些信息更主动寻求的消费者，他们有先看新闻的倾向，他们也倾向于非常主动地与他人谈及所见所闻。比如，在大学生中，可能会有一些人对流行音乐感兴趣，并且非常愿意和同学或伙伴交流有关流行音乐的消息，而他们的同学或伙伴在这个问题上往往会对他们的意见比较信任。那么，这些在流行音乐问题上有较多知识、信息并乐于发表观点的学生就是这个领域的意见领袖。

我们也必须指出，意见领袖与教育程度并不具有紧密的关系。传播学者伊莱休·卡茨和保罗·F. 拉扎斯菲尔德的研究显示，"意见领袖看上去分布在各种职业群体、社会和经济阶层之中"①。他们通过研究也指出，"可以有把握地说，在任何领域，意见领袖都倾向于比非意见领袖具有更高的媒介接触率"②，"尤其更多地接触与形成他们意见领袖地位有关的内容"③。这一结论为广告通过大众媒介进行消费劝服活动提供了非常有力的实证支持和理论基础。进一步的研究显示，"尽管任何类型的意见领袖都比非意见领袖更多地接触媒介——而且也更有可能因为媒介内容而产生影响；但在将个人决定归功于媒介影响方面，只有时尚领袖显著地超过非时尚领袖"④。这说明，在媒介影响人们决策的过程中，即便是意见领袖，对媒介的这种影响也常常处于不自知的状态。这一结论，为心理学中的行为主义提供了理论支持。这一结论，也为广告经由多频次播出后可以对人产生潜移默化的影响提供了非常有力的支持。

意见领袖对于广告传播非常重要，主要有三个原因。第一，意见领袖对

---

① ［英］奥利弗·博伊德－巴雷特、克里斯·纽博尔德编：《媒介研究的进路：经典文献读本》，新华出版社 2004 年版，第 154 页。

② ［英］奥利弗·博伊德－巴雷特、克里斯·纽博尔德编：《媒介研究的进路：经典文献读本》，新华出版社 2004 年版，第 156 页。

③ ［英］奥利弗·博伊德－巴雷特、克里斯·纽博尔德编：《媒介研究的进路：经典文献读本》，新华出版社 2004 年版，第 156 页。

④ ［英］奥利弗·博伊德－巴雷特、克里斯·纽博尔德编：《媒介研究的进路：经典文献读本》，新华出版社 2004 年版，第 157 页。

人们具有很大的影响。第二，意见领袖不仅传达广告中的信息，而且对广告加以自己的解释。他们不仅解释信息，有时还会曲解信息。第三，意见领袖在某种意义上是媒介的延伸，可能扩大传播的范围和速度。名人广告、证言式广告的典型就是使用名人（并且往往选择可靠的名人）来推销产品。

此外，大众传播中还有其他一些类型的中间媒介，他们对人们接受信息有某种程度的控制。这些中间媒介被称为"把关人"或"守门人"。如：媒体的广告编辑、父母等。

需要强调的是，虽然在多阶段流程模式中，"把关人"与意见领袖之间的信息流向主要是从前者流向后者，但是在现实世界中，"把关人"与意见领袖之间常常是互动的。所以，信息的流向在实际生活中比在模型中要更为复杂。

第二节 广告传播与注意力

正如前文所指出的，最为复杂的大众传播过程其实通常都包含着人际传播过程与个人传播过程。广告，经由大众媒介到达个人，通常也包含了大众传播过程、人际传播过程以及个人传播过程。因此，从传播层面来讨论广告，就不能回避"广告传播如何才能更加有效"这一关键问题。这个问题得不到解决，广告在经济层面的价值就得不到实现。

如何实现广告传播的效果，在传播层面将最终归结到一个焦点，即如何获得注意力。对广告的认知与购买行为则是进一步可能出现的结果。如果广告无法获得注意力，再美丽的花朵也可能无法结出果实。在上文讨论传播过程类型时，我们已经于几处分散地触及了这一问题，下面进行更为详细的讨论。

一、广告在传播过程中捕获注意力要克服的障碍

（一）要尽量突破传播过程中的各种干扰

如今，媒体信息极大丰富，大量新媒体的出现更使人们陷入广告信息的海洋中。以传统的电视广告为例，媒体想要获得广告支持的动机使商业电视广告片的总量有不断增加的趋势。尽管政府常常通过一定的管理法规，对商

业电视广告的时间总量进行规定，但是无法改变商业电视广告片在电视节目中大量"扎堆"的事实。高度集中的商业电视广告片会损害单个广告的效果，包括影响单个广告对注意力的捕获。电视观众对某个电视广告准确的回忆会受到集中播出的大量电视广告片的干扰。因此，通常在选择电视广告插播时间时，如果预算充裕，应尽可能避开诸多插播广告集聚的中间时段。如果事前调查确认广告信息是潜在消费者非常关心的或对消费者具有很大的价值，那么该广告会具有较强的抗干扰能力，即使它出现在诸多插播广告的中间，也可能捕获潜在消费者的注意力。

（二）要尽量防止观众回避广告

人们在接触媒介内容时，一般都有回避广告的倾向性。以观看电视为例，观众可以通过转换电视频道来回避广告。通常来说，拥有有线电视的家庭、多人在家的家庭、有 18 岁以下孩子的家庭、有大学学历成年人的家庭、有录像机或 DVD 机的家庭，切换电视频道的频率都比较高。年轻人要比年龄大的人更喜欢切换频道。这或许是人的天性使然——年轻人通常都比老年人更加喜欢新鲜事物。此外，男人要比女人更频繁地切换频道。在电视节目中切换频道的可能性要比在广告时间段更多。人们在广告时段切换频道，最可能发生在一个电视广告的前 5 秒。因此，电视广告捕获注意力的关键是要在前几秒维持观众的兴趣。在电视广告中提供有用的信息，增加广告的趣味性，创作契合潜在消费者期望和态度的广告，更容易捕获注意力。但是，值得提醒的是，这里谈的只是广告如何捕获注意力的问题，能够捕获注意力并不意味着广告一定会非常有效。

二、广告如何突破传播干扰以及相关原理

广告突破传播干扰的方法主要有以下一些。

（一）在广告中提供有实际用途的信息

对受讯者有用的信息能够获得更多的关注。这个结论基本上是经验性的。在广告中，如果出现具有实际用途的信息，潜在消费者通常并不吝啬付出自己的注意力。广告中出现"怎样选择……""怎样使用……"这样的句子，通常可以增加阅读率或观看率。如果信息对潜在消费者确实有实际用途，则

广告使用长文案并不会造成潜在消费者注意力的流失。广告界中关于广告要简单的说法，并不是绝对的。

（二）在广告中提供有趣的信息

人们通常对自己有兴趣的事物更加注意。这可以称为一个假设。有许多学者为这个假设提供了实证方面的支持。然而，实际上，每个人的经验也足以支持该假设。广告界的实际经验显示，广告内容中如果包含受讯者感兴趣的活动信息，将有助于广告突破传播干扰。

（三）在广告中提供契合潜在消费者原有认识的信息

这个观点很大程度上得益于心理学的研究。心理学方面的假设认为，人们对符合自己原有认识的信息会产生心理上的偏好。这一观点支持了一致性理论，该理论认为，人们在认知事物时倾向于去迎合自己对事物原有的认知，认知上的不一致、相互冲突的认知元素的存在会造成不愉快，而人们将努力减少这种心理上的不快。减少不一致的心理过程即选择性接触，即保留与原有观点一致的信息，回避有分歧的信息。这一心理学方面的理论与传播学中的共同经验域理论有异曲同工之处。心理学中关于选择性接触方面的一致性理论其实没有定论，因为人类的动机过于复杂，比如，欲从信息效用与兴趣因素中将由于一致性产生的选择性接触分离出来就很困难。对于品牌忠诚者提供支持性的广告信息，将有助于实现广告效果。提供奖励、优惠等方法也可以使广告信息突破选择性接触的壁垒。

（四）在广告中提供新颖的内容

这一突破传播干扰的技巧的理论基础是复杂性理论。复杂性理论有许多种，其中对广告传播影响较大的复杂性理论叫作变化理论。该理论认为，人们会追求新颖性、不可预见性、变化和复杂性，是因为其中包含固有的令人满意的东西。该理论有一个经验性的假设，即认为人总是会对旧事物感到厌烦，会被诱发去寻找新颖、不寻常和不同的刺激来减轻厌烦感。刺激之所以吸引人并能捕获注意力，是因为它们的物理特性能引发感觉的复杂性与新颖性。

根据复杂性理论（或者根据经验本身），我们可以得到以下几个推论：（1）广告的规模、强度与位置会影响广告捕获注意力的能力。大的广告规模、鲜艳的色彩以及有利的位置使人更便捷地获得新颖性、复杂性的感受（即便这些广告内容本身可能并不比其他广告更具有这种能力）。一般情况下，大版面的广告要比小版面的广告更能够吸引人的注意力。彩色的广告比黑白的广告更引人注目。报纸或杂志上，左边的、上半部的广告更容易被阅读。杂志的封面、封底、封二、封三广告比一般的插页广告更能够吸引读者的注意力。（2）系列广告（或者叫同一产品或服务的广告群）可以有效增加广告的新颖性。当人们多次看到同一个广告时，由于对它的内容与形式早已经熟悉，因此常常会出现厌倦并表现出规避行为。系列广告的特征是系列中的各条广告各具新元素与新的表现方式，同时又包含彼此的共同元素（比如品牌标志、核心的诉求点、同一人物形象等）。这样的系列广告有助于减少受讯者的厌倦感，也有助于使他们在意识中产生品牌联想与回忆。（3）使广告与周围的广告有不同的表现方式，或使广告内容与受讯者的原有认知有某种不协调。这个推论与属于复杂性理论的适当水平理论有关。适当水平理论认为，决定知觉的不仅有重点刺激，还有上下相关刺激（背景）和残留刺激（过去经历），人们总是将一组刺激与一个参照点或适当的水平相联系，所以当某个事物明显偏离这个水平时，就能捕获注意力，且使用适当程度不一致的元素比使用非常相似的或非常不一致的元素效果要好。

我们可以看到，复杂性理论所暗藏的假设与一致性理论、共同经验域理论所暗藏的假设似乎是矛盾的。按照复杂性理论中的变化理论的假设，人们总会被诱导去寻找那些不支持他们原来观点和不符合他们原来认知的信息。但是，我们同时也能真切地感觉到，这几种理论都有其各自的道理，我们都可以在各自的经验中为它们找到支持的证据。由此可见，妄图用任何单一的理论去完成对人类复杂的心理与动机的解释，是多么武断、多么愚蠢。各种理论，只不过是从多个方面为我们开辟了解释人类心理与动机的路径，而不能因为为了一条路径而堵塞另一条路径。

三、卷入度与接受信息的主动、被动

现在，我们从受讯者的角度来讨论广告与传播的关系问题。我们可以将受讯者分为主动接受者与被动接受者。在讨论主动接受和被动接受之前，我

们先来探讨"卷入"① 这个概念。这个概念可以帮助我们认识人们如何处理所接触到的各种信息（包括广告信息），以及这些信息会怎样影响信息接受者。在学术界，关于"卷入"的定义非常多，学者们的定义各有所侧重。

美国学者朱迪思·泽斯考沃斯基（Judith Zaichkowsky）指出，大多数关于"卷入"的定义都暗含一个潜在的主题，即个人相关性。她提出了一个理解"卷入"概念的框架，该框架包括了三类前提条件或"卷入"的前置变量。其中，第一类前置变量是个人因素，包括个人需要、价值观、兴趣、经验等；第二类前置变量是目标或刺激物，包括刺激物的特性、各选项（如不同的产品类别）之间的区别、传播的信源、传播的内容等；第三类前置变量是情境因素，包括消费者购买产品的场合因素等。这些前置变量的卷入指向可以是广告、产品或购买决策。不同的卷入程度，可导致各种不同的结果。②

就消费者个人因素而言，我们可以说：消费者卷入程度是高或是低。就广告而言，我们可以说：广告可能引起的卷入程度是高或是低。就购买决策而言，我们可以说：作出购买决策的过程卷入程度是高或是低。由于对"卷入"有多种定义，且有多种视角存在，所以关于"卷入"的表述在实际工作中常常含糊不清。

本书认为，就卷入问题而言，首先要考虑的焦点问题应该是产品本身所可能引起的消费者卷入程度。从该角度思考，我们可以用卷入度高低作为标准来给产品分类，而不是给消费者分类。这样，便于我们在产品卷入度与消费者信息接受类型之间建立某种更加清楚的联系，因为根据卷入度对产品进行分类，其实已经蕴含了对消费者在信息处理过程中的卷入度作出基本的判断。

我们将高卷入度产品定义为：对消费者而言非常重要，在购买决策过程中，引起消费者高度卷入，投入大量时间、精力、情感、金钱，以完成购买行为的那些产品。低卷入度产品可以定义为：在购买决策过程中，消费者为完成购买行为，投入的时间、精力、情感、金钱相对较少的那些产品。

___

① 现代广告学中的"卷入"概念源自美国学术界，该词又译为"涉入"。
② ［美］乔治·贝尔奇、迈克尔·贝尔奇：《广告与促销：整合营销传播视角》（第6版），中国人民大学出版社2008年版，第181页。

需要指出的是，一种产品属于高卷入度产品还是低卷入度产品，具有一定的相对性。通常情况下，产品本身的价值以及潜在消费者的可支配收入是影响产品卷入度的重要原因。高级轿车即便对于一般的富有者来说也是高卷入度产品；一款高级相机对于一个年收入达 30 万元的人来说，可能是中等卷入度产品，但是对于一个年收入 6 万元的人来说，则显然是高卷入度产品。

通常而言，为高卷入度产品做广告，提供详细的、理性的信息，有助于消费者作出购买决策；为低卷入度产品做广告，感性的信息有助于消费者作出购买决策。由此，我们仅仅通过对产品卷入度的判断，即可为广告信息的编码方式提供重要的参考。

任何一个人，在接受广告信息的过程中，都可能表现出主动或被动的倾向性。主动或被动寻找信息的过程都是对刺激的注意过程。一个人有时是主动接受者，有时是被动接受者。我们将广告信息的主动接受者定义为：在作出购买决策的过程中，主动寻找产品相关信息，并通过认知对广告信息进行加工处理的人。广告信息的被动接受者可定义为：在作出购买决策的过程中，不主动寻找并加工处理广告信息，而是被动地受广告信息影响的人。

产品对于潜在消费者的重要程度会影响一个人接受信息的倾向及其学习的模式。人们在有目的地选择高卷入度产品时，倾向于非常主动地参与寻求有关那些产品的信息。高卷入度产品包括一些选购品和特殊品，比如：汽车、家具、主要家电、高档相机、运动器材、房屋、医务服务等。通常来说，在选择这些产品时，人们是主动接受者，选择会非常谨慎，一两次广告要劝服他们非常困难。大多数包装商品是低卷入度产品，比如：食品、香皂、饮料等。在看这些产品的广告时，消费者往往是被动学习者，选择性防卫不高。被动学习需要具有创新性的、能够激发消费者兴趣的广告来赢取潜在消费者的注意，或通过高频率的发布，强迫消费者完成被动学习。脑白金令人厌烦的高频次播出就是利用被动接受规律的典型例子，其一系列广告虽然造成大多数受众的反感，被评为恶俗广告①，但是，其传播的目的确实是实现了，并且也确实影响了一些潜在消费者。当然，这种高频次播出的办法不是一种最

---

① 脑白金的"送礼篇"广告（该广告的广告语为"今年过年不收礼，收礼只收脑白金"）被评为 2001 年中国十大恶俗烦心电视广告之首。参见《国际广告》2002 年第 2 期。

好的办法，并不是技艺高超的广告人的明智选择。

第三节 学习过程与广告发生作用的原理

不管是购买高卷入度产品，还是购买低卷入度产品，消费者都会在作出购买决策前进行某种程度的学习。许多学者认为，学习是广告发生作用的基础。关于人们如何学习，有许多理论。学习过程可以被认为是对刺激的解释过程与认识过程。在广告传播中，受讯者如何解释、认知广告信息，是一种特殊的学习过程。对于广告策划者来说，有两种理论非常有参考价值：行为主义者对于学习过程的传统描述非常简单，与被动接受有些相似。认知学习理论则与主动学习更加一致。通过对这两种理论的探讨，我们可以了解人们是如何从广告中学习的。

在行为主义中，主要有两种思想学派。一种是"古典控制"学派。利用这派理论的广告试图使消费者反复暴露在广告之下，从而使消费者联想产品的独有形象或和产品相关联的愉快之处。行为主义的另一种学派叫作"工具性控制"学派。这派的支持者传统上强调使用赏和罚去说服人们作出某些信息传播者所期望的反应。对于广告来说，激发反应的奖赏应该是使用产品的满足感。"工具性控制"的作用是营销概念的基石。营销概念要求营销者确认并满足消费者的需要与欲望。消费者的需求得到满足，就会导致重复购买。

行为主义者常常使人联想到被动接受者。这些消费者容易被控制而作出信息传播者所期望的反应。虽然我们不得不承认，绝大多数的购买情况并不是那么简单，但我们仍能看到一些行为主义的原则使用在广告上。不断地重复，建立欢乐的联想以及不断加强这种联想，这些方法都是广告常用的技巧。

在人们如何从广告中学习的问题上，支持认知学习理论的人与行为主义者的看法很不同。认知学习理论假设人们更倾向于主动地参与学习。这种理论认为消费者是目标导向的人，都会试图主动寻找产品信息及最后能购买到最好的产品以满足其需求。按照这种观点，消费者是倾向理性的，而且性格复杂。

在广告方面，认知主义者将注意力集中于消费者的内心，希望能够了解影响消费者对广告及推广活动产生反应的一系列中介变数。认知、信念、态度、动机及学习是经常被加以研究的变数。

消费行为上的霍华德与谢思模式是认知传统的例子之一。这种行为主义者支持的模式包括四个因素，用来解释暴露于广告之下的学习过程。四个因素是：（1）输入刺激；（2）认知与学习；（3）外部因素；（4）一系列的层级反应——注意、了解、态度、意向及购买。

对于广告学习过程来说，输入刺激包括价格及产品广告等项目。认知与学习包括消费者偏见、注意以及寻找消息等外部因素，包括文化、社会阶层、性格、时间压力以及财务状况等，都会影响消费者的决策。霍华德与谢思模式理论认为，一旦进入刺激被处理阶段，就能产生一系列的层级反应。这一层级假设：在决定购买之前，消费者必须持续注意到实际购买产生的这些反应（对层级问题，将在下文进行更深入的讨论）。

一、广告如何影响消费者行为

在广告研究中，对于认知学习和行为主义的研究常常和消费者行为研究联系在一起。两种不同的认识可能把消费者行为大致分为两种：认知的和行为的。认知的角度关注的是精神过程（如概念和知识），是如何对人们的行为产生影响。行为的方法则关注人们的行为如何被其他人或媒体控制。但是，没有一个信息认知理论或行为理论能够完全解释广告是如何影响人的。

认知方法可简单理解为：假设个体是积极的决策者，他们依靠信息去做理性和有效的决定。广告提供信息以帮助人们选择产品或服务，能够帮助他们满足自己的需要。比如，人们在购买房子时，通常是通过认知的方法。人们会寻找各种关于房屋质量和价格的信息，也可能去搜集居住在某一社区的便利性等信息。这些信息中有不少来自广告。在收集一定量的信息之后，人们将从中选出最符合他们预算、生活水平及生活需要的选择对象。通过这个过程，人们已经理性地收集信息并系统地评价了这些信息。基于这种假设，可认为认知广告的重点应在于为人们提供各种信息。

行为广告直接诉诸人们的感情和想象。它假设环境在人们的生活中扮演了主要的角色。印刷广告比较适合认知广告，电视广告则比较适合行为广告。电视广告常常将产品和一个美妙的时刻联系起来，或是靠使人们去认同一个吸引人的特点的方式来影响消费行为。比如，雪碧利用跳水世界冠军伏明霞做广告，在广告里，表现了伏明霞跳水后饮用雪碧的一幕。这个表现，目的是让观众认同一个明星几乎神话般的经历，而暗含的信息是：观众也许不能像伏明霞一样成为跳水世界冠军，但是他们可以通过饮用雪碧，来体验伏明霞所体验到的感觉。

将某种产品同美妙的时刻等同起来的做法，是常常用到的。广告希望通过这种联系创造出一种生产者想要的消费习惯。这种广告也因此获得"认同性广告"这个称呼。认同性广告以行为为基础，它假设消费者更可能去购买那些能够将快乐的行为同他们自身联系起来的产品。大多数畅销啤酒、可乐其实口味差不多，因此，广告很难在区分口味上做文章，而常常通过情感诉求来创造积极而有特点的产品印象。比如，可口可乐在 2002 年世界杯足球赛期间，主打广告的广告语是"No Reason"——广告希望人们不要想太多的理由，凭着感觉去享受可口可乐。

二、层级法对广告如何发生作用的解释

广告策划的主要活动是围绕制定广告活动的目的展开的。1961 年，赖维奇（R. Lavidge）与史坦勒（J. Steiner）提出了用来制定和评估广告目的的层级构架方案（Hierarchical Approach）。其他一些学者也提出了与他们相似的"层级法"。层级法对广告如何发生作用的假设是：有一系列的步骤，消费者在心理与行为上一定会经历过，其连续的次序是从最初知道一个产品的名字一直到购买该产品。除赖维奇和史坦勒的层级构架方案以外，还有其他一些有代表性的层级理论，在后文探讨传播效果与广告目标的关系时，我们还会进行更为详细的讨论。

赖维奇和史坦勒的层级构架方案认为，消费者在决策过程中会经历这样几个步骤：知名、知道（有时也叫"了解"）→喜欢、偏好→信服、购买。其中，知名、知道属于"学习"层级，喜欢、偏好属于"感受"层级，信服、购买属于"行动"层级。层级法的原理是：广告活动在消费者购买某产品之前，需要令消费者经历一系列认知阶段，最终导致消费者的购买行为。

然而，在有些情况下，消费者可能仅仅在一个广告暴露之后，还未对产品发展出一种态度之前，就立刻购买。这种情况在人们购买许多产品时确实

经常发生。如果消费者是被动接受者，他很可能在层级次序的浅涉层级就会发生直接购买，但他只有在体验产品之后，才能产生一种态度。许多低卷入度产品的广告试图在浅涉层级上发生作用。在浅涉层级作出购买行动，消费者是先学习，然后跟着购买，跟着形成态度。用以解释这种情况的层级理论是归因失谐理论。按照该理论，我们可以认为，当消费者在浅涉层级作出购买行动之后，如果感到不满意，就会出现"失谐"情况。这时，消费者倾向于获取正面信息来肯定自己已经完成的购买行动。这给了我们一个启示：广告主可利用归因失谐理论，在广告推广活动中为已经购买产品的消费者提供加强其信任度的理由。这样，可以帮助消费者减轻失谐现象，加强其对购买行为的肯定，大大提高重购率。

三、广告在社会层面如何发生作用的模式

前面我们的分析重点是广告如何最终影响到个别消费者。现在，我们来探讨一个广告如何同时影响许多人的问题。关于广告对群体的影响的理论主要有两种：扩散理论和议程设置。

扩散理论试图解释新观念和新产品如何在人群中流传的问题。该理论的理论基础是阶段流程模式，但将重点更进一步置于口头传播如何帮助创新事物在社会中传播上。扩散理论的基本组成因素包括：扩散、采用、传播、采用单位、创新以及时间。罗杰斯（Rogers）基于每一群体采用一项创新技术的时间长度，将人们分成五组，分别为：创新者、采用者、早期多数、晚期多数、落后者。这五组人的数目大概是正态分布，即：创新者最少，采用者较少，可归为早期多数和晚期多数两类的人较多，落后者也比较少。在好莱坞电影业的营销模式中，扩散理论经常被加以很好的运用。在好莱坞，新片上映前一般会进行小规模的试映。试映的对象一般都是在电影方面的意见领袖，他们往往是各界人士，能够起到很好的扩散传播作用。

议程设置（或称议题设置）是传播学中的经典理论。1963年，科恩在《报纸与对外政策》中的相关论述从学术上奠定了该理论的基础（此前，在李普曼的著作中已经出现了议程设置的思想）。科恩指出："也许在多数时候，新闻界在告诉人们'怎么想'上并不成功，但在告诉人们'想什么'上却惊

人地成功。"① 在科恩之后，马克斯韦尔·麦考姆斯（Maxwell Mccombs）等学者通过实证方法研究竞选过程中媒介的作用，马克斯韦尔·麦考姆斯与他的合作者通过研究指出，他们的报告尚不足以证实大众媒介的议程设置功能的存在，但这些证据符合产生大众传媒议程设置功能的必要条件。他们的研究至少支持了这样的假设：议程设置要发生作用，大众媒介必须通过新闻的信息量及其编发位置赋予某些话题不同的重要程度，只有这样，受众才可以通过对大众媒介的阅听感受到这种议题的重要程度。议程设置由此渐渐摊开了其理论地图。在科恩、马克斯韦尔·麦考姆斯等学者之后，大量学者的研究也支持了大众媒介议程设置功能的存在。关于该理论的研究一直持续不断，理论的核心基本保持不变，但是其应用与研究的领域，已经从政治、社会领域扩展到商业、金融及文化等多个领域。②

　　传播学中的议程设置理论如今广泛地用于指导广告策划工作。通过媒体做广告，企业确实在告诉人们，在某一时间段内或某一时刻要想些什么。广告通过媒体刊播，为潜在消费者设定了广告议题。按照议程设置的理论，广告可令消费者的注意力集中在某些产品、品牌上，但是并不一定能说服消费者对其怎么想（当然，广告的脚步并不愿停留于此，广告策划人还希望努力通过精心的策划和精彩的创意，来告诉人们应该想什么）。议程设置非常适合浅涉学习，它提示我们，在浅涉层级突出品牌是非常重要的，因为在这一层级，只要认知，即会导致产品的试用。与议程设置相关的一些广告原理将在下一章讨论。

---

　　① ［英］奥利弗·博伊德–巴雷特、克里斯·纽博尔德编：《媒介研究的进路：经典文献读本》，新华出版社2004年版，第185—199页。另可参见［美］斯坦利·巴兰、丹尼斯·戴维斯：《大众传播理论：基础、争鸣与未来》，清华大学出版社2004年版，第307页。关于议程设置，读者还可参见傅蓉：《议程设置的起源、理论框架和应用》，《现代传播》2002年第6期；谢清果、邹洁：《议程设置理论：和谐广告的重要助力》，《徐州工程学院学报（社会科学版）》2008年第6期。
　　② ［美］马克斯韦尔·麦考姆斯：《议程设置：大众媒介与舆论》，北京大学出版社2008年版，第180—181页。

第七章 广告与消费者

在第六章中，我们概述了广告发生作用的原理，讲解了广告怎样向消费者或潜在消费者传播广告信息（或者说讯息）。当开展广告活动时，我们也有必要对消费者进行研究。在这方面，我们关注的重点问题是消费行为。消费行为是指人们为满足需要或欲求而寻找、选择、购买、使用、评价及处置产品或服务时介入的过程与活动。开展广告活动时进行的消费行为研究，最值得关注的问题是消费者的购买决策。对于许多产品和服务来说，购买决策涉及广泛的信息搜集、品牌间的比较和评价等活动。广告主需要尽量了解消费者怎样行动，了解消费者为什么反应或不反应。具体而言，广告策划者需要知道消费者和潜在消费者买什么、他们为什么买、他们怎样购买产品或服务，以及他们购买的次数和频次。

第一节 消费者类型及其对购买的影响

在任何市场中，本质上都有两种类型的购买者：个人购买者和机构购买者。毫无疑问，对于消费产品而言，消费者的购买决策会受到多种因素的影响，但是，在大多数情况下，在购买行为发生时，通常由一个人行使"最后直接购买决策权"。为了避免忽略影响购买决策的多种因素，本书使用了"最后直接购买决策权"的术语，而不是简单说"最后购买决策权"（有些学者使用"最后购买选择权"的说法）。需要强调指出的是，个人购买者有两种类型：一种是购买产品自用的人；另一种是为别人购买产品或服务的人。但是，不管个人购买者购买产品是自用还是为他人购买，其在购买时都具有最后的购买行动权。因此，广告活动经常鼓励购买者去影响使用者，也常常鼓励使用者去影响购买者。比如，在我国，每逢传统节日来临，许多企业都会借机大做广告，在这种典型的情况下，产品一般并非购买者自用或消费，使用者和购买者是分离的。

将消费者置于家庭框架中进行购买角色分析，可以分为五种角色①：提议者、影响者、决策者、购买者、使用者。提议者是家庭购物的发起人，提议购买某种产品或使其他家庭成员对某种产品产生购买兴趣。提议者也称为发起人或把关人。影响者是为购买提供评价标准以及指出哪些产品或品牌符合这些标准，从而影响产品挑选的人。影响者也可以叫参考者。决策者是掌握购买大权，决定购买什么以及何时购买的家庭成员。购买者是实际进行购买的家庭成员，是实际与经销商进行议价并付款的人。使用者是在家庭中实际消费使用所购产品的人。也有学者将家庭购买角色分为信息收集者、影响者、决策制定者、购买者、使用者五类。② 这种分析法与前一种分析法大同小异，即强调了信息收集者的重要性。孩子在家庭购买决策中的重要性也日益受到学者们的关注。

家庭决策可以分为丈夫主导型、妻子主导型、联合（或配合）型以及个人型（自主型）。丈夫主导型决策，一般出现于汽车、酒类产品和人寿保险等产品或服务的购买中。妻子主导型决策则普遍出现在家具、食品和日常用品的购买中。联合型决策常常出现在购买房屋、家具和度假等产品或服务时。2003 年，黄升民、陈素白、吕明杰等学者对中国城市家庭消费进行的调查发现③，中国城市家庭中的男性（指丈夫）虽然参与日常用品购买，但是远不能取代女性（指妻子）的作用；夫妻双方对自己在家庭购买决策中的重要性的主观判断差别较大；在耐用消费品的购买决策中，男性发挥的作用更大。该调查结果还显示，中国家庭中夫妻的消费角色分工越来越模糊，在家电、电脑、手机、住房、娱乐等高卷入度产品或服务的购买决策中，丈夫都是最主要的购买决策者。由此可见，中国社会依然是具有男性集权特征的。此外，

---

① ［美］罗格·D. 布莱克韦尔、保罗·W. 米尼德、詹姆斯·F. 恩格尔：《消费者行为学》，机械工业出版社 2003 年版，第 290 页。

② ［美］德尔·I. 霍金斯、罗格·J. 贝斯特、肯尼思·A. 科尼：《消费者行为学》，机械工业出版社 2000 年版，第 117 页。

③ 黄升民、陈素白、吕明杰：《多种形态的中国城市家庭消费者》，中国轻工业出版社 2006 年版，第 69—96 页。

调查显示，中国城市家庭消费中，妻子倾向于自己做主，为家人购买衣服。在电脑、手机、数码相机等科技含量较高的产品购买中，孩子的决策权开始大幅度上升。

作为机构购买者，一般不止一个人对购买决策产生直接的影响，或者说，"最后直接购买决策权"在机构购买的情况下，是受到多人影响的——即使是由一个人签发订购单。

在实际的生活中，很少有消费者的购买决策会通过一种绝对的、理性的、非情绪的、经济的方法完成。其实，大多数消费产品的购买受到消费者情绪、信息、希望、欲望以及购买环境的影响，而且这些影响往往比产品纯粹价值对消费者产生的影响要大。广告策划者要尽量了解真正的影响因素是什么，以及了解这些因素对广告讯息的成败会产生什么样的影响。

第二节　消费行为的内在影响因素和外在影响因素

一般情况下，对消费者购买行为的影响因素可区分为内在影响因素和外在影响因素。消费行为的内在影响因素是指那些来自个人人格或心理方面的因素。心理因素是多种多样的，包括动机、感觉、认知、信念和态度等。因此，内在影响因素相当复杂。为了便于研究，大多数研究者把它们分为需要（needs）和欲求（wants）。研究需要和欲求是营销与广告中非常重要的内容。当把需要和欲求运用于发展一个广告活动时，两者是有差异的。

需要是指在实际的生存状态与希望的生存状态两者之间所体验到的差距或不一致。需要是一种本质性的愿望。需要有多种，不同的需要对于消费者的重要性也大不相同。一个最为著名的关于需要的理论是马斯洛（Abraham H. Maslow）的"需要层级理论"（Hierarchy of Needs）（见图7-1）。

马斯洛认为，动机是需要的一种结果，人类的一切行动都基于层级需要。在他的需要层级理论中，他强调这些需要都是人与生俱来的。马斯洛认为，当较低级的需要得到满足之后，下一个更高层级的需要即开始出现。关于马斯洛的需要层级理论，在心理学上有很多争论。后来的研究也证明这一理论并不完全正确。目前，有些学者认为，人类的许多需要，特别是有些高层级的需要是人通过学习获得的。也有些学者认为，人类需要的产生和动机的产生并没有严格的层级关系。被大多数研究者称为保证生存需要的东西包括：食物、衣服以及躲避风雨的处所。这些需要是每个人与生俱来的。虽然现在看来，马斯洛的需要层级理论并不完全正确，但这一理论对于营销工作和广告传播来说，仍具有重要的参考价值，因为它简单明了地分析了人们多种多样的需求，并说明了这些需要可能产生的相应的动机。营销策划者和广告策划者可以参考这些不同的需要，开发不同的讯息。

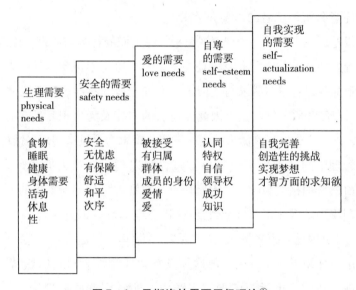

图 7 - 1　马斯洛的需要层级理论①

　　通常情况下，低层级的需要比较容易得到满足，用来满足的事物和方式也比较有限。当一个人的需要进入上一层级之后，就会有更多的方式满足其需要。认识到这一点，对于营销者和广告策划者来说意义重大，因为这意味着，在满足人们高层级需要的时候，可以开发出很多的营销方式和广告方法。

　　马多克和富尔顿提出的动机框架将动机分为五组，分别是：取向动机（如想去某个地方旅行）、生存动机、适应性动机、期望、游戏。② 他们进一

---

①　Abraham H. Maslow, *Motivation and Personality* , Harper Row Publishers Inc. 1954，转引自 Doug Newsom, Judy Vanslyke Turk, Dean Kruckeberg, *This is PR：The Realities of Public Relations* (7th ed)，Wadsworth, 2000, p. 203。本书作者引用了原图的部分内容。

②　R. C. Maddock and R. L. Fulton, *Marketing to the Mind*, Westport, CT：Quorum, 1996. pp. 144 - 145.

步将五组动机分为 11 个层次，但是在动机强弱方面的论述缺乏足够的说服力。尽管如此，他们关于对五组动机的阐释，对于我们了解消费者消费动机有很大启发。

那么，什么是欲求呢？欲求是指人们受到刺激后产生的愿望，也常常被称为欲望。欲求常常通过用来满足需要的具体事物表现出来。在富裕的社会中，营销者主要是试图满足消费者的欲求而非仅限于满足需要。因此，大多数广告的诉求是针对消费者的欲求而非人的需要。在开展广告活动时，我们应该时时注意分析消费者的需要和欲求。

弗洛伊德理论则从另一个理论视角来解释人们的行为与心理。该理论认为，形成人们行为的真正心理因素大多是无意识的，也是不可预见的。人类也有很多欲望受到抑制，有很多需求与生俱来。人本能地拥有通过某种方式获得满足的能力。对产品和服务的消费，因此被与人的本能及无意识联系在一起。支持该理论者，认为广告应以刺激人的潜在欲望与需求为手段来实现促销目的。

来自管理学的"双因素论"也被认为可以用来解释人们的行为和心理。该理论是由赫茨伯格（Frederick Herzberg）在管理科学范畴提出的，其理论的核心乃是利用满意因素对员工产生激励和心理保健，因此也称为"激励—保健论"。组织传播专家米勒认为，"虽然'激励—保健理论'和马斯洛的需要层级理论一样缺乏科学证明，但这并没有动摇管理者对它的热情"[1]。我们可以在管理实践中、市场与广告的实践中普遍看到这两种理论的巨大影响。菲利普·科特勒在《营销管理》一书中利用"双因素论"对消费者动机进行解释。他指出，销售商应尽最大努力防止出现影响购买者的各种不满意因素，应仔细识别消费者购买产品的各种满意因素和激励因素。

心理学家帕卡德则在其《隐藏的说服者》一书中，提出了消费者的八类心理需求：安全感、价值感、自我满足感、情爱感、力量感、创造欲、根基感和不朽感。[2] 帕卡德提出的八类心理需求，和马斯洛提出的各层级的心理需要具有异曲同工之处。

法国学者罗兰·巴特的"神话"分析理论则认为广告发生作用，是因为

---

① ［美］凯瑟琳·米勒：《组织传播》，华夏出版社 2000 年版，第 28 页。
② 龚文庠：《说服学：攻心的学问》，人民出版社 1994 年版，第 151—158 页。

它诉求了人们隐秘的欲求。"今天洗洁剂的广告，旨在讨好一个有关深层的观念：脏不再是从表面剔除，而是从最隐秘处驱逐。美容用品广告也都建立在一种有关亲密隐私性的史诗表现……所以深层的观念很普遍，没有任何广告少得了它。"①

　　可以用来解释影响消费行为的内在因素的理论还有经济理论、学习反应理论、社会理论等。经济理论认为，消费者购买商品，大多是因考虑到商品的实用性与功能性。消费者作出购买决策，总是希望通过最低成本获取最高效用，是理性化的行为选择。这种理论为广告诉求以商品特点为主的创意方法提供了理论支持。学习反应理论认为，消费者的购买行为是习惯性的，即消费者经常按照过去形成的习惯进行消费，具有自发性和例行性。这种理论给广告人提供的启发是，含有提醒性信息的广告可以对消费者心理产生有效的刺激。关于这一理论的详细内容以及广告传播对这一理论的运用，我们在第6章中已经有过讨论，并且还要在此后的章节中从不同的视角继续展开讨论。社会理论认为，消费者购买多属于一种从众行为，人们在心理上期待并追求与社会团体行为保持一致。这一理论实际上将个人心理与外在影响因素结合在一起进行了探讨。团体规范、社会角色、社会地位、流行元素等被认为是经由影响消费行为的内在因素产生影响的。

　　消费者的消费行为还会受到许多外在因素的影响。欲求的大部分也受到外在因素的影响。外在因素有很多，学者们对外在因素的影响都各有见解。大多数研究者认为，外在影响因素由文化、次文化（亚文化）、社会阶层、社会团体、家庭及个人的影响等因素组成。大卫·罗顿（David Loudon）和阿尔伯特·J.戴拉·比特（Albert J. Della Bitta）用一组同心圆来表示这些外在影响因素，他们认为，最为全面的影响因素在最外围，而离个人越近的因素则越和人的本质相关。在他们的同心圆示意图中，从外往内依次是：文化、亚文化、社会阶层、社会团体、家庭、（他人的）亲身影响、意见领袖等因素。需要专门指出的是，在营销与广告策划过程中，亚文化对消费行为的影响是个非常值得深入研究的问题。在我国，亚文化主要有三个影响因素：民族、

---

　　① ［法］罗兰·巴特：《神话——大众文化诠释》，上海人民出版社1999年版，第79页。

宗教、地域。① 随着社会价值观的多元化，年龄、性别、媒体使用方式等也成为亚文化形成的重要因素。

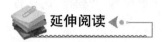 延伸阅读 ◀━━━━━━━

城市小 活得好②
——中国居民休闲与生活方式调查

1. 休闲重要性：67%的人认为工作和休闲都很重要

从调查结果来看，工作和休闲这两个占据人们生活绝大部分时间的活动有着不相上下的重要作用，67%的受访者认为两者都很重要，因为大家既需要工作，同时也需要通过休闲来放松工作中所带来的压力。19%的人认为工作比较重要，可能是因为他们的工作只有维持生计的能力，而缺少休闲的资本。在我国，还是有相当一部分人每天都在为温饱而奔波劳累。相反，认为休闲比较重要的14%的人，比较享受生活，比较富裕，且一线城市居多。

2. 周加班时长：三四线城市基本不加班

加班的人群中，每周加班2—5小时的比重最多（28%），其次是2小时以内（23%）。从来不加班的人群中，三四线城市所占的比重最多，可见三四线城市的生活节奏相对比较轻松，工作压力较小。一线城市的加班比例比其他城市都高，主要是因为企业较多，市场发展较快，相对来说，竞争也比较大，生活节奏较快。

3. 闲暇时娱乐活动：主要是上网和阅读

在闲暇时间，上网是多数人都会去做的事，其次是看电影和听音乐。而在信息高度电子化的今天，阅读仍然是人们休闲时会经常做的事情，主要原因是阅读能让人远离世俗的喧嚣与嘈杂，安静地享受一个人的时光。41%的人会选择做饭作为闲暇时的娱乐活动。16%的人喜欢养宠物。现代人的生活方式已经与10年前有很大的差别。

---

① 倪宁：《广告学教程》，中国人民大学出版社2001年版，第75页。
② 浩顿英菲品牌地图机构：《城市小 活得好》，《中国经营报》2010年10月11日。本书作者根据出书需要，对原文稍作改动。

4. 最常参与的娱乐活动：10%的人经常运动

有33%的受访者最常参加的娱乐活动是上网。另外，运动也拥有10%的最常参与率。作为健康生活的一大基石，人们将越来越多的闲暇时间投入运动中。值得注意的是，做饭对于日渐忙碌的都市人来说也成了闲暇时的娱乐活动，且大家都乐在其中，享受自己创造美食的过程。

5. 参与的运动：足球和排球普及率不高

羽毛球是受访者参与最多的项目，34%的人闲暇时会参加此项运动。另外，30%的人会参加慢跑这项运动。作为国球的乒乓球，也拥有1/4的支持率——作为一项需要特定场地的运动，乒乓球已拥有很高的参与率。在多人参与的运动项目中，足球和排球远不及篮球的普及率高。

6. 家中的休闲方式：上网比看电视的人多

如果待在家中，有89%的人会选择上网作为主要的休闲方式，其次是看电视（71%），也有超过一半（51%）的人会选择看书。随着互联网的发展，中国人的休闲方式已发生很大的变化，上网所占的比重越来越大，超越了所有的传统休闲方式。

7. 最常上的网站：门户网站访问率四线城市最高

在全国范围内，受访者最常上的网站分布比较均匀，社交及购物类网站略高于门户网站和论坛的访问率。社交网站在一线城市的访问率是最高的，主要原因是一线城市汇聚了来自全国各地的人才，人口密度较大，人与人之间的熟悉度较低，因此大家都会通过社交网站去认识更多的朋友并展示自己。购物网站的访问率在全国都较平均，可能是因为网络购物已经较为普遍，人们也越来越接受网购给人带来的便利。门户网站的访问率在四线城市中最高，可能是由于小城市中的人们比较习惯在门户网站中搜索热点新闻。

8. 电视节目类型偏好：年轻人爱看综艺类节目

总体来看，全国人民观看电视节目的喜好相差无几。电视剧是最主要的一个高收视节目，其次是新闻和综艺节目。很多年轻人更偏爱综艺节目，而年长者中有较多人有每天收看新闻的习惯。

月休闲花费：一线城市有18%的人每月休闲花费在1000—2000元。

将近一半（43%）的人每月在休闲上的花费在 500 元以下，另外有 35% 的人在 500—1000 元。四线城市中，月休闲花费在 500 元以下的有 66% 的人，属全国最高。一线城市中有 18% 的人月休闲花费在 1000—2000 元。这主要是因为大城市的人们收入较高，花费相对也较高；而小城市中的人们的收入并不会很高，但生活压力较少，休闲费用也不会很贵，所以月花费相对较少。

第三节　需求、产品生命周期与品牌

经济学家通常会用需求（demand）来解释对消费者购买物品（产品）或劳务（服务）的影响。经济学认为，个人需求的决定因素主要包括个人收入、个人嗜好、个人预期、相关物品或劳务的价格等。需求规律是指在其他条件相同时，一种物品或劳务的价格上升，该物品或劳务的需求量会减少。广告可以对人的嗜好、预期等因素产生影响。经济学则几乎对研究人的嗜好不感兴趣，而试图将嗜好等对需求有影响力的因素都转化为可以用价格标示的人们愿意支付的代价。经济学家喜欢在"其他条件相同"或"其他条件不变"的背景下研究价格与需求的关系。但是，当物品的市场价格已经确定时，广告实际上依然可能影响买者对该物品的需求。广告可以促使人们形成嗜好，可以改变人们对外来收入或未来物品价格的预期。由此可见，广告的作用超出了经济学可研究的范畴，它实际上涉入了充满神秘与不确定性的人们的心理世界，其影响力可以体现在既定价格所包含的买者愿意支付的代价之外，产生新的买者愿意支付的代价。

作为营销者和广告策划人，不能不对需求加以研究。更进一步说，营销者和广告策划人不仅要研究需求问题，还要探寻如何增加需求的方法。因此，广告学者对需求的研究将比经济学家更加具体、细微。在广告学范畴，一般认为，当消费者的需要与欲求发展出来，当各种内在因素和外在因素对那些需要与欲求施加影响时，社会上就会产生对产品或服务的需求。消费者愿意用自己的金钱、劳务去交换自己所不能生产的产品或服务。消费者的欲望越强烈，则需求越强。

经济学中的需求曲线是被人熟知的。需求曲线描述了需求对价格的反应，是一种描述物品价格与需求量之间关系的图形。简单地说，在需求曲线图中，价格越低，需求越大。对于营销和广告策划来说，关键是能否较为准确地测量出市场需求量。市场需求是从个人需求推导出来的，因此，其市场需求量由个人购买者的需求量所决定。这就可以推导出这样的结论：市场需求量不仅取决于一种物品的价格，还取决于一个人的收入、嗜好、预期以及相关物品的价格。

宏观经济周期对需求会有深刻的影响，因为它影响了许许多多个人的收入、预期，甚至使个人在特定时期不得不牺牲自己的嗜好。我们可以看到，宏观经济的影响最终通过个人需求对市场需求量产生影响。经济衰退对需求与消费行为的影响是复杂的。在艰难困苦的日子里，针对不同的消费类别与品牌，消费者会在消费行为上作出许多不同回应（见图7-2）。

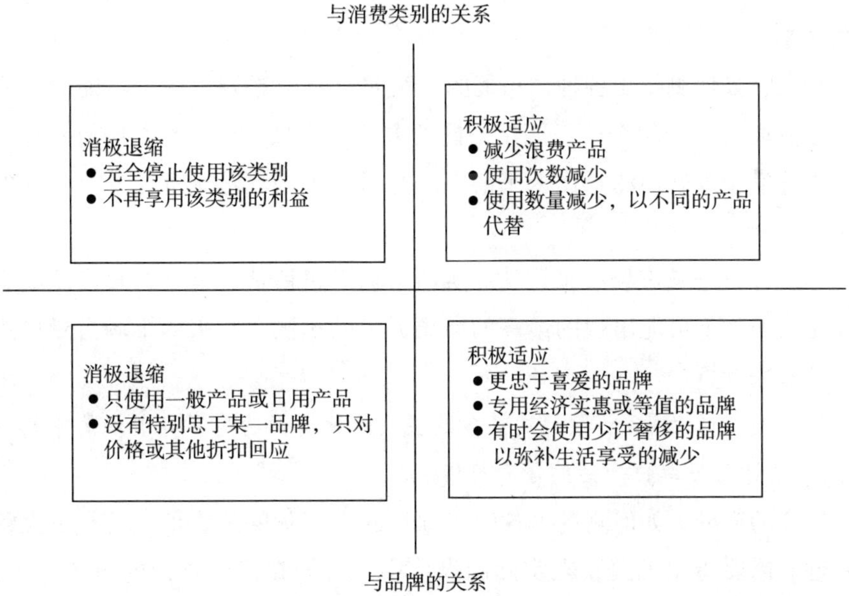

与消费类别的关系

消极退缩
● 完全停止使用该类别
● 不再享用该类别的利益

积极适应
● 减少浪费产品
● 使用次数减少
● 使用数量减少，以不同的产品代替

消极退缩
● 只使用一般产品或日用产品
● 没有特别忠于某一品牌，只对价格或其他折扣回应

积极适应
● 更忠于喜爱的品牌
● 专用经济实惠或等值的品牌
● 有时会使用少许奢侈的品牌以弥补生活享受的减少

与品牌的关系

图7-2　经济衰退期消费者消费行为与消费类别及品牌的关系①

营销者和广告策划人通常对市场需求进行三种方法的测量。

---

① 杨名皓：《艰困日子中稳步成长》，见《奥美的观点Ⅲ》，中国物价出版社2003年版，第43页。

第一种方法是对市场需求总量的评估。市场需求总量是在某一期间、某一地理范围、某种价格水平、某种经济情况下，某个消费者群体购买产品或服务的总数。产品的市场需求总量通常可以用下面这个简单的公式计算：

市场需求总量 = 购买人数 × 购买者平均购买数量 × 每单位产品的价格

第二种方法是通过预测，估计未来的需求。所谓预测需求，是指预测某一消费者群体在确定期间、某一地域范围内、某种经济情况下，以某种价格可能购买的总数。当前需求反映当前的销售情况。在其他因素的配合下，用当前需求可预测未来的需求。虽然预测的未来的需求并不等于实际的销售，但在某种程度上，预测的未来的需求代表可能的销售情况。这就给营销者和广告策划人很大的启发：如果能够刺激需求，则有可能为创造更好的销售业绩提供机会。未来的需求（即未来的市场总量）用下面的公式来计算：

未来的市场总量 = 可能的购买人数 × 可能的购买者平均购买数量 × 可能的每单位产品的价格

但是，如何测量出各种"可能的"变量是一个难题。在"可能的"变量的测量方面，不同的企业可能用不同的方法。但是，很显然，任何一种方法都不可能完全准确地测量出未来的市场总量。市场总量永远是一个估计的近似值。

第三种方法是市场潜量评估。所谓市场潜量评估，是指对某产品或服务在特定的条件下可能出现的最高的市场需求的预测。未来的市场潜量可用下面的公式来计算：

未来的市场潜量 = 预计的最多购买人数 × 预计的购买者最多的平均购买数量 × 预计的每单位产品的最高价格

同样的道理，如何测量出各种"预计的"变量的最大值，具有更大的不确定性。需要指出的是，在实际的操作中，人们在谈到预计的市场总量时，有时常常是指未来的市场潜在总量，即指未来市场需求的最大值。但是，不管用什么名词，关键是必须清楚该词所代表的真正含义，以避免战略性的决策失误和错误。

广告策划者通常还会关心市场占有率，并考察需求和市场占有率的关系。市场占有率是衡量产品在竞争关系方面的重要指标。广告是可改变需求量的因素之一。需求曲线以图形的方式表示在其他所有决定需求的因素不变时，一种物品价格变动，该物品的需求量会发生什么变动。当各种其他决定因素中的一种因素变动时，需求曲线会发生变动。当产品价格已经确定时，为促销该产品而发布的广告如果产生了效果，将使该产品的需求曲线向右移动。或者说，在不变的价格水平上，该产品的市场需求增加了。提醒人们吸烟有害健康的公益广告则是期望在任何既定价格水平减少香烟需求量的一种办法，它与禁止在电视上播出香烟广告类似，如果产生了效果，都可以使香烟的需求曲线向左移动。这种变化产生效果的途径不同于政府通过税收政策提高香烟价格，进而引起需求量减少的途径。政府对香烟征收高额税收，烟草公司就会将税收以高价格形式转嫁给消费者。较高的价格因此鼓励消费者减少香烟消费量。在这种情况下，香烟需求量的减少不是表现为需求曲线的移动，而是表现为需求量沿着同一条需求曲线移动到价格更高而数量较少的一点上。由此可以看出，高额的商业税与促销性质的广告在一般情况下对产品市场需求量产生相反的作用。

需求出现在社会中，会表现为不同的形式。营销者和广告策划者策划一个广告活动，应该了解产品或服务的两种基本需求形式。第一，是对某类产品整个类别的一般需求，或者称为该类产品的需求总量。第二，是对该类产品中某品牌需求量的评估。这一评估，往往比总量评估更为重要，因为营销者和广告策划人的最为主要的任务就是要刺激某一产品类别中某一特定品牌的需求。

基于对需求基本形式的分析，我们发现顾客可以分为三种基本类型（见图7-3）。第一种，非该类产品使用者。第二种，使用竞争产品者，即竞争者的顾客。第三种，特定品牌目前的顾客。

以上三种类型的顾客，无论在何种情况下，都涵盖了某产品的全部现在顾客及潜在顾客。同时，我们也可以认识到，在现实的市场中，某一产品的消费者不会静止地处于某一群体类型中。而且，某些消费者可能同时扮演特定品牌目前的顾客和竞争者的顾客两种类型的角色。

消费者需求的产品或服务并非静止不变。由于消费者需求的变化，每一产品或服务均具有生命周期。一般情况下，需求在产品生命周期的导入期较小，在成长期快速增加，在成熟期相对稳定，此后，对产品的需求变小，可能导致产品步入衰退期。在开展广告活动时，对产品在产品生命周期中的状态的研究非常重要，因为这方面的研究结果关系到运用什么样的广告策略。

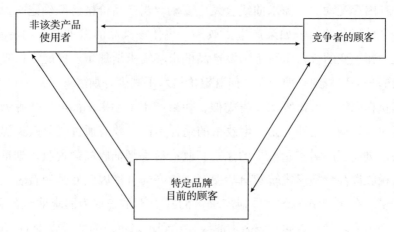

图 7 - 3 顾客的三种基本类型

产品生命周期的概念源自产品销量通常遵循的形态。产品销量通常表现出四阶段周期性特征。产品诞生之后，经过一段时间的低销量导入期。在其后的成长期中，销售量和利润都会上升。在成熟期，销售量一般呈稳定状态，但单位利润通常开始下降。最后，在衰退期，销售量下降（这种产品生命周期内销量和时间的大致关系见图 7 - 4）。在产品生命周期模型中，产品生命周期的长度、各阶段的持续时间以及周期模型中产品发展曲线的形状因产品不同会有很大的差别。

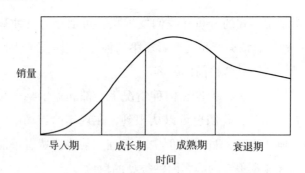

图 7 - 4 一个典型的产品生命周期模型①

美国学者科普勒等人将产品生命周期和广告活动螺旋线结合起来研究。他

---

① J. Thomas Russell, W. Ronald Lane, *Kleppner's Advertising Procedure*, Prentice Hall, 1999, p.65.

们认为，利用广告，可以使某些产品的生命进行多个周期的循环。科普勒等人的广告活动螺旋线包括领先、竞争、维持、新的领先、新的竞争、新的维持等不同阶段，这种螺旋式发展线在很多方面和产品生命周期相吻合。[①] 科普勒等人提出的核心观点是：针对不同生命阶段的产品，要运用不同的广告策略。比如，当产品处于领先阶段（相当于产品生命周期中导入期和成长期的前半阶段）时，应该采取领导性广告策略；如果产品处于竞争阶段（相当于产品生命周期中的成长期的后半阶段和成熟期的前半阶段），可以针对竞争者的消费者群采取竞争性广告策略；如果产品处于维持阶段（相当于产品生命周期中的成熟期的后半阶段和衰退期的前半阶段），产品的广告量可能由于管理方面的决定而减少；如想使产品进入下一个生命周期的循环，除了管理方面的重要措施外，则可以借助创意性广告策略。科普勒等人的广告活动螺旋发展构想其实是把广告战略和产品发展阶段以及消费者需求结合起来的一种复合体，建立了三者之间的思考纽带，对于广告活动的策略性思考很有参考价值。

通过产品改进和创新使产品的生命进行多个周期的循环可以在汽车行业找到许多典型案例。例如，美国福特汽车公司的探险者系列就是一个典型。第一代福特探险者于 1990 年 3 月诞生，作为 1991 年车型出售。第二代福特探险者于 1994 年诞生，作为 1995 年车型出售，在外观与内饰方面做了全面更新。第三代福特探险者于 2002 年诞生，设计上放弃了皮卡的设计元素。第四代福特探险者在第三代福特探险者基础上做了一些调整。2011 年第五代福特探险者推出，追求力量感和粗犷感的同时，更加追求细节。2015 年，福特探险者推出了第六代，沿袭了第五代的整体设计，但是在车的前脸和后车灯、排气管方面做了革新。每一代福特探险者推出过程中，广告都进行了相应的配合。

从某种程度上说，消费者的需求是产品生命周期的决定因素。通常有三种消费者的需求的变化会导致一个产品衰退甚至退出市场：第一，替代产品出现导致的需求消失。第二，更好、更便宜、更方便的同类产品的出现。第三，同类竞争者的产品依靠成功的营销赢得决定性的优势。

---

① J. Thomas Russell, W. Ronald Lane, *Kleppner's Advertising Procedure*, Prentice Hall, 1999, pp. 62 - 66.

由于可口可乐、李维斯、索尼等历史久远的成功品牌的存在，许多研究者提出，生命周期的概念可以适用于产品，但并不适用于品牌。很多实业界的人士也强调不要迷信产品生命周期，认为要相信革新和创意的力量。

研究者们大多同意产品不等于品牌，认为产品是满足消费者需要（needs）的某些事物。一个品牌则是名称、象征性符号、设计或其他一些元素的混合体，这一混合体赋予属于某一特定机构的产品或品牌许多与众不同的特点，从而使之和其他产品或品牌区别开来。品牌依赖消费者的习惯和感觉发生作用。第一，成功的品牌可能获得更高的市场占有率和利润。第二，有研究显示，在较小细分市场上的领导品牌要比在较大市场上的好品牌能够获得更高的利润率。第三，成功的品牌可能比较次的品牌坚持更高的价位。第四，成功的品牌可以获得较高的品牌忠诚和消费者信任。第五，成功的品牌可以获得更多的成长机会。第六，成功的品牌更具竞争力和抗攻击力。

品牌被认为是具有资产的。戴维·阿克认为，品牌资产是与品牌、品牌名称和标志相联系，能够增加或减少企业所销售产品或所提供服务的价值的一系列品牌的资产和负债。品牌资产所基于的资产和负债必须与品牌名称或者品牌标志相联系，这些资产和负债大致可归为五类：品牌忠诚度、品牌知名度、品牌认知度、品牌联想以及品牌资产的其他专有权（专利权、商标、渠道关系等）。[1] 奥美公司认为，品牌具有六大资产：产品，形象，客户，渠道，视觉，商誉。考察一个品牌的资产，可以研究六方面的问题：产品力如何支持品牌；品牌形象是否强大和富有魅力；品牌的客户群是否强大；品牌力量在贸易环境中可否被有效利用；品牌表现是否清晰、持续和差异化；品牌是否有影响力人群和其生存社区的支持。[2] 品牌资产通常可以通过计算品牌名称所产生的溢价获得。计算品牌资产有多种方法。一种常用的方法是将价格作为变量，让消费者在无品牌标志和有品牌标志的同一产品之间进行选择，以此测算某一品牌的资产。另一种常用的方法是权衡分析法，调查时要求消费者对品牌特征作出权衡判断，衡量消费者为购买具有某种特征的（比如上

---

① ［美］戴维·阿克：《管理品牌资产》，机械工业出版社 2007 年版，第 15—16 页。

② ［美］马克·布莱尔、理查德·阿姆斯特朗、迈克·墨菲：《360 度品牌传播与管理》，机械工业出版社 2004 年版，第 15—16 页。

门服务）某个品牌的产品愿意多支付的金钱（其他品牌无类似特征），以获得溢价数据，然后将价格差乘以当年的销量，以确定既定年度品牌名称的价值，之后将合理时间内的现金流量折算为现值，就此确定品牌价值。[①] 芝加哥大学教授卡罗尔·西蒙与玛丽·沙利文根据财务理论开发了一种以股票价格为基础，评价企业品牌资产价值的方法，其理论依据是：股票市场将按照品牌的未来前景调整股票的价值。他们假设，品牌资产的价值是企业拥有品牌的时间与品牌进入市场的顺序、累计广告支出以及现行行业广告份额的函数，并据此开发模型。根据 1985 年 635 家公司的数据，他们按照行业列示了品牌资产占公司有形资产的平均比例。正如人们所料，金属行业和初级建材产品中品牌资产所占比例较低，服装与烟草行业则拥有大量品牌资产。食品、化学制品的品牌资产处于中间水平。[②] 这个模型及其分析结果，为快速消费品企业需要大量广告来支撑其市场竞争力提供了有力证据。《商业周刊》杂志也将品牌资产与企业股票价值等多种可计量指标之间建立联系，从而实现品牌资产的可度量化。

　　由于成功品牌具有的多种优势，它们可以更好地维持、刺激甚至创造消费者的需求。下面是一个品牌成长方向矩阵[③]（见图 7—5），在这个矩阵图中，我们可以看到，品牌可以依靠新技术、新的市场区隔以及拓展全球市场，获得新的市场和消费者需求。

　　戴维·阿克则提出了更多样的品牌再造方法。他通过研究指出，品牌再造有七种常用方法：（1）增加使用量；（2）发现新用途；（3）进入新市场；（4）重新定位品牌；（5）强化产品或服务；（6）废弃现有产品；（7）品牌延伸。增加使用量的战略包括提高使用（消费）频率或提高单次使用（消费）数量。提高使用（消费）频率，可以通过以下一些策略来实现：采用提醒；定位于经常使用；让使用变得容易；提供刺激；减少经常使用的不良后果；在不同的场合或地点使用。提高单次使用（消费）数量可以通过采用提醒式

---

① ［美］戴维·阿克：《管理品牌资产》，机械工业出版社 2007 年版，第 22—23 页。
② ［美］戴维·阿克：《管理品牌资产》，机械工业出版社 2007 年版，第 24—26 页。
③ Peter Doyle，*Building Successful Brand*，*Excellence in Advertising*，Butterworth – Heinemann，1997，p. 11.

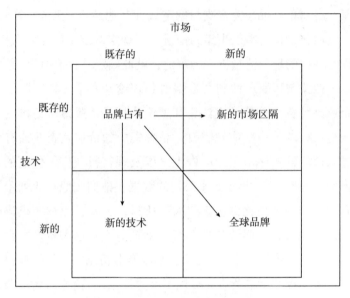

图 7 - 5　品牌成长方向矩阵

沟通、提供刺激、影响标准、减少提高单次使用（消费）数量的不良后果、建立与使用环境的积极联想等策略来实现。发现新用途的办法通常是通过市场调查，确切地掌握消费者是如何确定产品新用途的；或者也可以研究竞争产品的应用领域，基于竞争，开发新用途。进入新市场通常通过改进产品和发现新市场来实现。重新定位品牌通常需要改变消费者联想或创造全新的联想。强化产品或服务则要求企业抓住优势，将产品或服务做得更好，或者做得与众不同。废弃现有产品要求企业有创新眼光，不能沉迷于旧有技术而抵触新技术，不能满足现状。吉列曾在 20 世纪 60 年代早期因拒绝采用不锈钢刀片技术，而使技术创新者——英国的威尔金森公司（Wilkinson）以及美国竞争者威尔·永锋公司（Eversharp）、斯奇克公司（Schick）获得了大量市场份额。[①] 品牌延伸则是企业利用在一类产品中已经创建的品牌名称，进入其他类产品市场。品牌延伸可能引起多种后果：极差的后果是丧失创建新品牌名称的机会；非常差的后果是品牌名称受到损害；较差的后果是品牌名称无助于延伸；好的后果是品牌名称有助于延伸；更好的后果是延伸强化品牌名

---

① ［美］戴维·阿克：《管理品牌资产》，机械工业出版社 2007 年版，第 231—247 页。

称。① 这七种品牌再造方法都会影响到对再造之品牌或新品牌开展的广告活动。因为一旦品牌再造战略开始实施，广告就应在战略上与之配合，在广告诉求点与创意方法等方面进行适当的调整。

需要指出的是，品牌再造不一定能使品牌重新获得巨大的生命力。戴维·阿克提出，品牌再造的替代战略是"挤奶战略"（Milk Strategy，又称为"收获战略"）。采用"挤奶战略"，所利用的品牌资产的基本假设是：（1）品牌裹足不前、竞争激烈或市场需求下滑使现有业务不再具有吸引力；（2）企业有更好地利用资金的途径；（3）所涉品牌不是企业关键品牌，对企业没有决定性影响；（4）由于销售量有序下降，因此"挤奶战略"是可行的。② 戴维·阿克所指的"挤奶战略"，适用于本书前文所说的步向产品生命衰退期的产品，或者也可说适用于"金牛产品"的后期。我们可以看到，在产品或品牌退出市场这个问题上，产品生命周期理论、品牌再造理论以及业务单元矩阵分析法达成了某种程度的契合。

广告实践者为管理与建设品牌开发了很多品牌传播方法，奥美公司所倡导的"360 度品牌传播"是诸多方法中影响较大的一种。"360 度品牌传播的方法在于它不局限于目标消费者接触点的数目，它总在寻找媒体机会，创造行销（营销）活动，无论何时何地都使消费者与品牌的互动最大化。"③ 这种方法被具体化为很多执行过程中的工具，包括品牌扫描、品牌检验、品牌写真、接触点管理等。所谓品牌扫描，是对品牌优势和劣势的评估。品牌检验是记录消费者对品牌的认知，这种认知被进一步解释为感觉、印象、联系、意见、回忆、希望和满足等多个具体方面。品牌写真是要求用一组言辞投射出消费者与品牌间的独特关系。接触点管理是评估品牌与消费者所有的接触点，寻找最佳时间、地点、行为和态度，以将品牌融入消费者的生活中。④ 通过对 360 度品牌传播方法的一般性阐释，我们可以发现，该种品牌传播方法

---

① ［美］戴维·阿克：《管理品牌资产》，机械工业出版社 2007 年版，第 202—203 页。
② ［美］戴维·阿克：《管理品牌资产》，机械工业出版社 2007 年版，第 247—252 页。
③ ［美］马克·布莱尔、理查德·阿姆斯特朗、迈克·墨菲：《360 度品牌传播与管理》，机械工业出版社 2004 年版，第 14 页。
④ ［美］马克·布莱尔、理查德·阿姆斯特朗、迈克·墨菲：《360 度品牌传播与管理》，机械工业出版社 2004 年版，第 15—16 页。

与整合营销传播思想有着密切的联系，从一定程度上说，它是整合营销传播思想在操作方法层面的体现。

案 例

"90 后李宁"的新征程①

2010 年 6 月 30 日，李宁公司正式宣布推出新的 LOGO 和口号，这一"变脸"的背后，是一家带有鲜明中国制造烙印的公司如何变年轻，去迎合"90后"，以及希望更加国际化的雄心。

自 1990 年成立以来，李宁公司的品牌标志一直被质疑与耐克类似。新标志按照李宁公司的说法，是用"更具有国际观感的设计语言"对原标志的经典元素进行了现代化表达，不但传承了原标志经典的视觉资产，还抽象了李宁本人原创的"李宁交叉"动作，以"人"字形来诠释运动价值观，鼓励每个人通过运动表达自我、实现自我。

除更换标志外，此次李宁品牌更启用了全新口号"Make the change"（让改变发生）。尽管多年来李宁品牌的口号"Anything is possible"（一切皆有可能）深入人心，但始终被认为与阿迪达斯的"Nothing is impossible"雷同。

如果说过去的"效仿"源于自己的立场——市场上的"挑战者"，那么此次李宁公司更换口号，则更像是转挑战为竞争，与同级别的国际巨头正面对攻。

如此大张旗鼓地更换品牌标志与口号的，还有一家本土的著名企业——联想。当年，联想启用"lenovo"标志，因为联想当时需要国际化。不过，李宁品牌选择在此时"变脸"，不仅是出于国际化的考虑，更是出于李宁公司对行业发展的新判断、公司策略的新调整的需要。

根据李宁公司 2006—2007 年对消费者的市场调查报告，李宁品牌实际消费人群整体偏大，35—40 岁的人群超过 50%。而对体育用品企业来说，14—25 岁的年轻人群是更为理想的消费者群体。另外，在消费者尤其是年轻消费

① 周海龙：《"90 后李宁"的新征程》，《广告导报》2010 年第 13 期。本书作者根据出书需要，对原文稍作改动。

者对李宁品牌的印象上，"积极向上""有潜力""中国特色""认同度"等方面得分很高，而"酷""时尚""国际感"等特质相较国际品牌则略逊一筹。

李宁公司实际消费人群的偏移，是促使李宁公司着手研究品牌重塑课题、启动品牌重塑工程的起因。对未来劳动力成本上升的判断预估，中国市场消费升级的大趋势，以及应对竞争环境变化的必要性，则是促成本次品牌重塑的动力。

事实上，产品定位不明确和品牌个性不鲜明是阻碍公司快速成长的主要原因，而品牌重塑利于公司重新定位产品及品牌个性。此次更换标志，改变了原有品牌的"老化感"——李宁公司在新的品牌标志中加入更多橙色元素，增添时尚感，重现了品牌的年轻与活力。品牌标语定为"Make the change"，则更多地体现了"90后"不断求变的心理。

近几年，实力强大的中高端竞争对手和逐渐增加的中低端市场进入者不断地挤压着李宁公司的市场份额。而最近国际品牌欲求通过产品降价策略重新巩固中国内陆的市场份额，这无疑也对李宁公司造成巨大的压力。所以，重塑品牌、调整公司经营模式已势在必行。

根据计划，李宁公司2010年拟在北京、上海、广州、深圳等地开设70家第六代旗舰店，这也预示着它将与耐克、阿迪达斯在一线市场展开更为激烈的阵地争夺战。张志勇曾经描绘过这样的一幅画面：我们要建立品牌的个性，让我们的品牌成为消费者心目中一个真正情感溢价的品牌，成为一个时尚、"酷"并具备全球视野的体育品牌。

思考与讨论

请利用课外时间进行一定的调研，分析这一时期李宁公司的品牌策略是否成功。

第四节　消费者决策过程

消费行为的研究焦点很多集中在消费者决策过程这一问题上。许多研究者对消费者决策过程有不同的看法，这一点，我们在第六章中，从传播角度考察个人传播过程时已经简单提到过。在这一节中，我们将从消费者角度分析其决策过程。下面是一个典型的说明消费者决策过程的基本模型①（见图7-6）。这一基本模型显然受到学习理论和层级理论的影响，但是，它为营销者和广告策划者提供了清晰的思路，对思考如何利用营销推广和广告来影响消费者的决策具有很大的参考意义。

A. 消费者决策过程的各阶段

B. 相关的内在心理过程

图7-6　消费者决策过程的基本模型

消费者解决决策问题的方法也会影响消费者对产品和服务的需求。不同的消费者会以不同的方法购买产品和服务。同一消费者在购买不同的产品和服务时，也可能采用不同的购买方法。消费者对某一产品类别中某一特定产品的看法，如认为这一产品是否新产品、是否已经成熟可靠、是否已经过时，会决定消费者的购买方法。

消费者购买非耐用品和耐用品的购买决策过程的特征非常不同。这主要是因为非耐用品和耐用品需求特征非常不同。计量经济学家安格斯·迪顿整理了经济学家们所强调的耐用品需求的多方面特征，对于我们了解消费者购买耐用品的决策过程有很大的启发。耐用品需求遇到的主要问题或特征主要包括以下一些方面：②

（1）区分购买和消费至关重要，购买被认为是增加存量，而消费是造成存量损耗或物理磨损的原因。

（2）超过一期的存量的存在，意味着过去的决策影响现在的行为，正如现在的决策约束了将来的行为。

---

① ［美］乔治·E. 贝尔齐、麦克尔·A. 贝尔齐：《广告与促销》，东北财经大学出版社2000年版，第141页。

② ［英］安格斯·迪顿等：《经济学与消费者行为》，中国人民大学出版社2005年版，第358—359页。

（3）购买决策可以根据新信息提前或延后。

（4）消费者信心、收入和价格预期是购买的重要决定因素。

（5）耐用品购买特别不稳定。

（6）区分新需求和替代需求是有用且重要的。

（7）是否购买某一耐用品是在两个离散的可选项之间做选择。对非耐用品的选择通常是在一个连续范围内进行的。

（8）离散选择导致加总问题困难。

（9）许多耐用品要么是新上市，要么是重大技术变革的结果。因此，关于它们的信息要在消费者中传播需要一些时间。

（10）耐用品存量和习惯"存量"在决定过去、现在和将来是如何联系起来这方面起着相似作用。

（11）耐用品市场通常是不完善的。例如，发达的二手市场并不总是存在，买方和卖方搜拥有的信息也大不相同。这种现象时消费者面临复杂的约束并有可能影响消费者的行为。

（12）调整成本和/或交易成本的存在使实际存质量向意愿存量的调整滞后。

（13）因为购买的易变性，耐用品市场很容易出现超额需求现象。

（14）新旧耐用品市场互相影响的方式很复杂，除非不同批次生产的耐用品根据事先估计是可完全替代。

以上这些要点主要是针对耐用品需求而言。不过，根据选择理论，我们也知道，在任何给定的时间，当前资产与现在和未来的收入必须在当前和未来的非耐用品和耐用品之间配置。[①] 因此，实际上，影响耐用品需求的各种因素，也间接影响了非耐用品的需求。

霍华德根据信息的数量、付出的努力以及消费者作出购买决策时间的长度，将消费者的购买方式分为三种。

第一种是扩展问题解决型。这种类型的情况是消费者在决定是否要购买某一类别的产品时需要大量的信息。消费者在这种情况下，决定相当慢。这种购买方式常出现在消费者对某类产品还不太了解的情况下。当该类产品是

---

① ［英］安格斯·迪顿等：《经济学与消费者行为》，中国人民大学出版社 2005 年版，第 123 页。

高卷入度产品时，消费决策可能更慢。比如，当消费者考虑购买住房，却又对房地产缺乏了解时，其购买方式就可能是扩展问题解决型，需要做大量的信息收集工作和作出较复杂且困难的权衡。

第二种是有限问题解决型。在这种类型的情况下，消费者在判断各种不同的产品时有某种基础或判断标准。这种购买方式通常出现在消费者从熟知的产品类别中选择购买产品时。在这种情况下，消费者需要收集的信息较少，需要用于决策的时间也相对较短。

第三种是例行反应行为型。在这种类型的情况下，消费者通常熟知产品种类、品牌，购买决策可能完全基于价格和其他营销的变数，在决策时考虑不多，决策时间较短。在这种类型的情况下，消费者的购买行为已经是一种习惯。多数消费者在购买经常性购买的产品和服务时会鲜明地表现出其购买习惯。这也是"品牌忠诚"概念的基础。"品牌忠诚"使消费者只是继续去购买过去经常购买的品牌。

从社会学视角看，消费者决策与消费者的知识储备有关。不同的消费者群形成了关于商品知识的不同储备情况，这在很大程度上是广告影响的结果。不同类型的消费者其实是不同商品类别甚至是不同品牌的专家。广告通过商品知识的传递，既创造了不同的消费者群，也创造了各种的消费专家。不同的消费者群的商品知识储备不同，与现代社会的劳动分工遥相呼应。可以说，现代社会的劳动分工要求商品寻找属于自己的消费者群，并进行相应的知识传播。因此，市场区隔和目标市场不仅具有经济学意义，还具有社会学意义。

第五节　市场区隔

由于消费动机、消费者决策过程及行为是非常复杂的，所以营销者必须有某种方法去观察和组合消费者，只有这样，才能形成对市场较为清晰的认识。

营销者对于市场上的消费者大体上持两种看法：一种是市场集合的看法；另一种是市场区隔的看法。这两种看法的假设是不一样的。市场集合假定一切消费者都有些相似，因而一定的产品或服务会吸引消费者中的许多人。因此，营销者与广告策划者会采用单一的营销活动和广告活动，认为这样可以吸引足够的消费者。市场区隔也叫市场细分，市场学中的这一概念是由美国学者温德·R. 史密斯在 20 世纪 50 年代中期首次提出的①（本书中，在提到"市场细分"时，较强调市场区隔的形成过程，提到"市场区隔"时则较强调状态）。市场区隔是指营销者决定将营销努力集中于认定的整个市场中最具潜力的某一区隔。根据市场区隔理念，营销者把一切营销力量用于更为明确的消费者群体。这种理念认为，每个组织不论规模如何，都不可能满足全部市场的需求，所以企业要限定为之服务的市场范围；消费者对商品的需求有分别，有相似需求的消费者会形成自愿消费者群，市场因此会形成若干需求差异很大的消费者集团；企业要想获得良好的收益，必须从注意产品的差别转向注意消费的差别。② 与市场细分相关的还有利基（Niche）营销的概念，"利基营销最典型的就是仅仅在一个非常狭小的范围内提供产品，但是在这个范围内，公司提供相当多的可供选择的产品"③。与此相对应，产生了广告活动必须有"目标市场"的构想。所谓的目标市场，是指广告指向的市场区隔。

在实际的营销和广告策划中，营销者和广告策划人经常采取的是两步的细分市场分析法。第一步是进行市场细分，形成市场区隔；第二步是选择一个或几个市场区隔作为目标市场。有效地选择市场区隔，需要考虑几个重要的因素：第一，市场区隔要能够确认；第二，所选择的市场区隔要足够大，或者其购买潜力足以达到适合执行广告和营销的要求；第三，所选择的市场区隔必须是营销和广告所能达到的；第四，要估计能否从所选市场区隔中获得较为强烈的反应。

以上两种对市场上的消费者的看法都有各自的道理。就目前来看，在世界几大主要市场范围内，以市场区隔为基础的目标营销呈现出很强的生命力，这是因为在这些主要广告市场，许多发达国家的物质水平已达到很高的水平，市场也基本趋于饱和，在这种情况下，目标营销可以增加广告投资的有效性，减少费用在非目标市场上的浪费。

---

① 余明阳、陈先红主编：《广告策划创意学》，复旦大学出版社 2003 年版，第 57 页。
② 余明阳、陈先红主编：《广告策划创意学》，复旦大学出版社 2003 年版，第 57 页。
③ ［美］唐纳德·帕伦特：《广告战略：营销传播策划指南》，中信出版社 2004 年版，第 13—14 页。

但是，如果营销者无法从选定的某个或某几个市场区隔中获得比非目标市场更大的反应，那么所选择的市场区隔就失去了意义。这是因为，这样的结果使投入所能得到的收获比可能得到的收获要小得多。在这种时候，应以市场集合的思路，用大规模的广告活动去接近尽可能大的市场。在当前和未来一段时间的中国，市场集合的思路仍然具有一定的意义，因为中国的市场还远没有达到饱和，许多地方甚至连基本需要也未被满足。

盲目地用单一市场集合思路来开展广告活动是一个误区，盲目地用单一的市场区隔思路来指导广告活动是另一个误区。至于用什么样的思路来指导广告活动，这要借助市场研究和消费者研究。只有在对市场和消费者有清楚认识的基础上，才可能作出较为有效的决策。

营销者和广告策划者试图细分市场，大体上基于能否使特定的广告媒体或广告讯息到达某个或几个目标市场。市场通常可以根据下列一些方法进行区分：地理上的区分，人口统计上的区分，心理图示或生活形态上的区分，媒体使用上的区分，购买及使用上的区分。对于这些区分法，我们之前已经有所介绍。

此外，在具体进行消费者细分时，还有许多不同的分析方法。由社会学社会分层理论延伸出的消费者生活形态分析由于可以生动揭示人们的消费行为特征，日益受到越来越多的重视。比较有影响的社会分层研究，有美国学者沃纳等人在《美国的社会阶层》中提出的美国社会六阶层说，以及雷因沃特的美国社会七阶层说。前者的研究发表于 1949 年，根据职业、收入来源、住房类型与居住地这四个社会经济指标，将美国人分为上上阶层（1.44%）、上下阶层（1.56%）、中上阶层（10.22%）、中下阶层（28.12%）、下上阶层（32.60%）、下下阶层（25.22%），另有 0.84% 没有归入任何阶层（因调查中未回答相关问题）①；后者的研究发表于 1983 年，将美国人分为上上层（0.3%）、上下层（1.2%）、中上层（12.5%）、中产阶级（32%）、工人阶

---

① ［美］丹·E. 舒尔茨：《广告活动策略新论》，中国友谊出版公司 1991 年版，第 80—81 页。同时可参见 ［美］德尔·I. 霍金斯、罗格·J. 贝斯特、肯尼思·A. 科尼：《消费者行为学》，机械工业出版社 2000 年版，第 70 页。两个文献中的数据有微小出入，本书数据引自前者。

级（38%）、下上层（9%）、下下层（7%）。①

参考社会分层理论，营销分析者还提出了细分或区隔消费者的许多不同思路。比如，SRI 国际公司开发的价值观和生活形态细分法（Values and Life Styles，VALS）广泛用于细分美国消费者与预测消费者行为。该方法根据消费者对 35 个生活态度方面的问题和几个人口统计特征问题的回答，将消费者分为 8 个群体：拥有大部分资源的实施者（享受"好的事物"，接受新产品、新技术、新分销方式，质疑广告，经常阅读各种不同的出版物，很少看电视），拥有中等资源的完成者（对形象和名气不感兴趣，家庭用品的高级消费者，热衷于教育和公共事业计划，经常阅读，而且阅读范围广泛）、实现者（喜欢溢价产品，主要目标是各种不同的产品，花在电视上的时间处于平均水平，阅读商业、新闻和自助出版物）、经验者（追求流行时尚，将大量可支配收入花费在社交方面，冲动型购买者，相信广告，喜欢听摇滚乐）、信仰者（购买美国产品，很少改变习惯，寻找便宜货，看电视的时间超过平均水平，阅读休闲、家庭园艺和一般的杂志）、奋斗者（注意形象，拥有有限的可支配收入，但是有信贷余额，收入大部分花费在衣服和个人保健产品方面，喜欢看电视和阅读）、制造者（购买舒适、耐用、有价值的产品，不喜欢奢侈品，购买基本用品，收听广播，阅读汽车、家庭、钓鱼、户外杂志）、拥有小部分资源的拼搏者（品牌忠诚者，使用优惠券，并且留心降价活动，经常看电视，阅读小报和妇女杂志）。② 该方法以两个概念为基础：自我导向和资源；而且根据价值观和生活形态来发展这两个概念，以细分市场和预测消费者行为。该方法实际上承认，消费者行为被某些他们自己可以利用的因素（收入、教育程度、精力和自信等）所影响。价值观和生活形态细分法有很多变体，在此不赘述。黄京华等以 VALS 分析法为参考，将人口统计计量变量变换为定距变量并将变化后的数据标准化，同时对消费者数据进行因子（态度因子）分析，然后以因子得分作为聚类分析指标，用动态聚类方法对消费者进行细分。

---

① ［美］德尔·I. 霍金斯、罗格·J. 贝斯特、肯尼思·A. 科尼：《消费者行为学》，机械工业出版社 2000 年版，第 70 页。

② ［美］唐纳德·帕伦特：《广告战略：营销传播策划指南》，中信出版社 2004 年版，第 52 页。原始资料来源：American Demographics，July 94，p. 3，1994，and VALS，SRI Consulting，Menlo Park，CA，1998。

根据这种方法，他们将中国北京、上海等 21 个城市的消费者分为 7 个消费群：平实型消费人群（约占总人数的 10.5%），潜力消费人群（约占总人数的 16.4%），消极消费人群（约占总人数的 19.0%），实力消费人群（约占总人数的 3.3%），中坚消费人群（约占总人数的 18.1%），弱势消费人群（约占总人数的 14.0%），经济型消费人群（约占总人数的 18.7%）。[①] 7 个消费群在市场中从高到低的地位排序依次是：实力消费人群、潜力消费人群、中坚消费人群、平实型消费人群、经济型消费人群、消极消费人群、弱势消费人群。[②] 再如，格塞雷等根据法国人的生活风格，将 20 世纪 80 年代的法国消费者分为特立独行消费群、自我中心消费群、社会活跃消费群、务实生活消费群、保守倾向消费群五大类。[③] 葛斯·哈伯则认为可以根据不同获利机会来区分消费者，而不是根据消费者人口统计资料、生活形态或态度。[④] 这种细分消费者的思想方法可以在社会学家帕累托那里找到源头，他认为关键性的少数人掌握着绝大多数的影响力（财富等）。葛斯·哈伯以不同获利机会来区分消费者为基础，提出了差异化营销的概念，并指出最常见、最有用的差异化营销利润区隔有四种族群：高、中、低和无获利。[⑤] 很显然，按照这种思路，那些能够给企业带来最大获利机会的人将被视为最有营销价值的消费者。数据库的广泛使用令这种细分方法具有越来越大的可操作性。如今，不仅是奢侈品，即使是许多包装类商品，都可以用这种细分法为自己锁定最主要的营销目标。但是，从社会学与政治学角度看，这种细分方法所导致的营销活动可能在某一方面加剧社会不公平现象，因为基于此逻辑开展的营销活动，将使生产大量向高端消费方面倾斜。尽管高端消费对生产有很大的刺激作用，但这种消费作为一种现象，将在一定时期内加剧人们对社会不公的印象。

---

① 黄京华、杨雪睿、吕明杰：《多种形态的中国城市消费者》，中国轻工业出版社 2003 年版，第 115—139 页。

② 黄京华、杨雪睿、吕明杰：《多种形态的中国城市消费者》，中国轻工业出版社 2003 年版，第 224—226 页。

③ ［法］贝纳德·格塞雷、罗伯·埃伯格：《广告创意解码》，中国物价出版社 2003 年版，第 35 页。

④ ［美］葛斯·哈伯：《差异化行销》，内蒙古人民出版社 1998 年版，第 35 页。

⑤ ［美］葛斯·哈伯：《差异化行销》，内蒙古人民出版社 1998 年版，第 36 页。

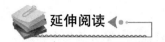

延伸阅读

胡润新贵族消费门槛破1亿　家庭拥有3套房4辆车

2010年8月23日，中国首家私人歌剧院——中国会所"源·私人歌剧院"开幕。歌剧院开幕期间，被称为"中国最权威富豪排名"的《胡润百富榜》的发布机构胡润百富，特别赴蓉发布《2010胡润新贵族消费门槛报告》。

胡润研究院调查了全国多个城市的"新贵族群体"，以财富人士当前固定资产总值和消费总额来确定新贵族消费门槛。2010胡润新贵族消费门槛为1.1亿元，比2009年提高了22%，并首次突破1亿元。报告显示，目前全国有5.5万财富人士具备这样的消费能力，比2009年增加了7.8%。

1. 一年新增消费2400万元，先生新增消费最多

2010年，胡润新贵族消费门槛1.1亿元，用于家庭消费、先生消费、太太消费和孩子消费，其中新增年消费2400万元，主要用于购置新房、新车、收藏和慈善捐款。2009年，中国古代书画的价格提升很快，很多新贵族开始尝试收藏古代书画。2010年，中国各地灾害频发，新贵族也慷慨解囊，新增100万元慈善捐款。此外，2010年新贵族在二代教育、旅游和健康上的花费也比往年更多。2400万元新增消费中，先生新增消费最多，高达840多万元，是太太新增消费的近8倍。

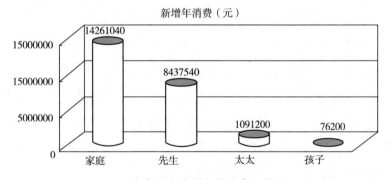

2010年胡润新贵族新增消费示意图

2. 家庭消费包括三套房产，住宅和内饰消费占60%

以一个新贵族为例，家庭消费中包括三套房产：一幢别墅、一套市区的

公寓和一套度假房。

在豪宅中收藏着古董、古代书画和当代艺术品。男主人会邀请熟悉或欣赏的设计师为自己的豪宅设计，选择彰显其品位的家具、家饰精心装饰；女主人则会购置一些出类拔萃的意大利家具来满足自己的审美需要。2010年，房屋和室内装饰的消费比例占新贵族消费门槛的60%，这一比例比2009年又提高了10%。

3. 先生拥有家庭4辆车中的2辆

"2010胡润新贵族消费门槛"中的"他"年龄大约45岁（亿万富豪平均年龄43岁）。由于工作和生活的需要，"他"十分注重自己的形象，穿着高级西服，佩戴名表和配饰；"他"会购买一些高级烟酒来宴请朋友或是满足自己的喜好，同时也更加关注自己的健康，开始喜欢品茶。此外，"他"会精心挑选礼物送给太太、父母和朋友来表达心意。新贵族家庭平均拥有4辆车，其中先生就占有2辆。

4. 太太国内旅游最青睐香港

"2010胡润新贵族消费门槛"中的"她"年龄大约40岁。"她"尊贵高雅，懂得宠爱自己和享受生活。"她"不仅拥有顶级SPA会所的年卡，还雇佣了私人瑜伽教练。香港是"她"最青睐的国内旅游目的地，日本是"她"最青睐的亚洲旅游目的地。"她"会定期参加一些慈善晚宴，积极主动地捐款，以表示自己的爱心。

5. 新贵族"贵"在社会责任感

胡润研究院认为：新贵族"贵"在有强烈的社会责任感，有文化的传承，同时也具有生活格调和品质。他们在做好自己产品和服务的同时，依法纳税，对员工负责，积极参与社会慈善事业。同时，他们也热爱生活，热爱家庭，崇尚"圈子"，从车友会、高尔夫俱乐部，到摄影圈、读书圈、登山圈、品酒圈、雪茄圈，再到马球圈、艺术收藏圈，现在，新贵族有了更新的选择：高雅的歌剧艺术欣赏圈。

6. 关于胡润百富

"2010胡润新贵族消费门槛"中的"他"泛指创造了巨大财富的有家庭的45岁左右成功男士，胡润新贵族消费门槛是他们追求精致生活方式所需要的成本（不包括个人任何其他投资）。调查截止日期为 2010 年 6 月 1 日。调查中所参考的品牌均为调查期内具有普遍代表性的高档品牌和服务。

　　胡润百富始创于 1999 年，《胡润百富榜》现已成为中国最权威的富豪排名，也被认为是中国商界的名人录。继《胡润百富榜》之后，胡润百富每年 5 月发布《胡润慈善榜》，此名单列出慈善捐赠中最慷慨的中国富豪。3 月颁布的《胡润艺术榜》列出前 50 位于过去一年内作品公开拍卖销售额最高的在世中国艺术家。1 月发布的《至尚优品》对中国顶级奢侈品品牌进行排名，而 4 月推出的《胡润财富报告》则公布中国千万富翁的区域分布人数。

　　附：2010 年胡润新贵族新增消费列表

2010 年胡润新贵族消费门槛		1.1 亿元
消费类别	内容	消费金额（元）
家庭	原有消费	总计：75559590
住宅	别墅（汤臣高尔夫别墅一栋 417 平方米） 公寓（翠湖天地御苑一期 140 平方米）	39410000
艺术品	曾梵志面具系列作品一幅	750000
其他	科勒珀特勒按摩浴缸 达·芬奇双人皮质沙发、床等 意大利 Baccarat 水晶灯 Miele 整体厨具	1570590
车	保时捷凯宴	1750000
会所	九龙山马会、雍福会	480000
理财	汇丰和花旗银行外汇私人理财（300 万美元，汇率 1:6.830）中国银行和招商金葵花私人理财（300 万元人民币）	2349100
二代教育	美国寄宿制中学 Philips Exeter 第一年费用（共计 2 年中学＋3 年大学，2010 年的学费）	350000
收藏	古董收藏（一年 2—3 次参加拍卖会）	1000000
宠物	红贵宾	8000
家庭	新增消费	总计：14261040
度假房	海南清水湾 320 平方米（2009 年购买）	7000000
度假	欧洲 8 日游、海南度假 5 日游	250000
慈善	玉树地震和云南干旱慈善捐款	1000000

续表

2010 年胡润新贵族消费门槛		1.1 亿元
健康	体检，包括牙齿保健全身套餐	10000
学习	胡润百富、胡润马道、名校指南系列	1040
家具	为度假房购买意大利家具、家饰，包括装修设计费 10 万元人民币	3000000
收藏	华喦《琵琶仕女》	3000000
先生	原有消费	总计：5225220
教育	中欧国际工商学院 CEO 班	350000
名表	百达翡丽 Nautilus 5712/1A IWC500401 大型飞行员腕表 江诗丹顿纵横四海系列	749700
车	奔驰 G55	1890000
配饰	Bottega Veneta 奢华鳄鱼皮镶编真皮男士旅行袋 百达翡丽 Calatrava5153，Bbulgari 戒指	540520
电子产品	富士通 LifeBook S6520－AC025S0E1	15000
会所	佘山国际高尔夫俱乐部	1680000
先生	新增消费	总计：8437540
服装	布莱奥尼（Brioni）定制男装 2 套、杰尼亚西服一套、Tod's Loafer 鞋	360000
名表	朗格（Lange）1 系列	274000
车	法拉利 California	3480000
社交	与朋友出国观看 2010 年南非世界杯	150000
烟酒茶	大卫杜夫 2 号雪茄 3 盒（2800 元/盒） COHIBA 高希霸 5 盒（1980 元/盒） 拉菲酒庄红葡萄酒 1982 年 4 箱 小拉菲 2003 年（15000 元/瓶）3 箱 拉图 6 箱（1 年 12 箱）	3290000
礼物	给太太（梵克雅宝珠宝表、爱马仕包） 给父母（冬虫夏草，10 万元人民币） 给朋友（男性：五星级酒店会员卡，包括住房、SPA、会所、游泳）	585000
相机	哈苏（Hasselblad）H4D－60	298540
太太	原有消费	总计：1886818
车	BMW（宝马）Z4 COUPE 3.0Si	700000

续表

2010 年胡润新贵族消费门槛		1.1 亿元
名表/珠宝	Tiffany Legacy 钻戒（2 克拉） 积家玫瑰金 Reverso Squadra Lady Duetto 手表 卡地亚白金 Love 手镯一对	760000
服装	Chanel 花呢针织套装 爱马仕限量版 Birkin 包 Jummy Choo 漆皮玻璃蝴蝶晚装包 Prada 晚礼服 Tod's 皮鞋/D&G 休闲鞋各一双	426818
太太	新增消费	总计:1091200
会所	悦榕庄 Spa 卡（年卡）	50000
私人教练	瑜伽（每周 3 次，200 元/次）	31200
旅行	香港 2 次/年、日本 1 次/年	100000
表	卡地亚 Captive 系列珠宝腕表	710000
慈善	慈善晚宴，如巾帼圆桌慈善晚宴	200000
孩子	原有消费	总计:68500
服装	Celine Bicyclette 单车系列成衣 Reebok2009 鞋款 Reverse Jam Y－3 Hemla 秋冬新款高筒运动鞋	5500
车	Fendi Abici Amante Donna 普通版自行车：加载 Fendi 皮具，包括链型锁和钥匙、GPS 定位系统以及一个 Fendi 的文件袋	40000
电子产品	苹果 iPhone 3G 版手机 苹果 iMac 420	23000
孩子	新增消费	总计:76200
手表	豪雅赛车系列手表	34800
电子产品	苹果 iPad	3400
旅行	夏令营（参观英国名校）	38000

资料来源：http://news. dichan. sina. com. cn，20100824。

第六节　影响消费者决策

一、态度和态度改变

我们已经知道，为了促进销售，广告的主要目的之一（阶段性目的），在于帮助消费者获得关于产品或服务的信息，从而可能促成消费者态度上的改变或维持某一态度。广告经由促成态度改变而对于消费行为的影响，可简化为图7-7所示。

图7-7　广告通过影响态度改变行为图示

按照这一逻辑，营销者想要改变消费者态度，首先要影响其态度。在广告活动中，广告策划人希望通过广告讯息激发消费者的某些反应，从而能对他们的行动有所影响，促使他们购买产品或服务。在广告讯息和实际的购买行为之间，虽然存在很多变数，比如，产品本身的特点、产品的价格、流通渠道以及其他一些促销因素，但是，广告所期望的主要效果之一，就是影响消费者对某产品或服务的态度。

马丁·菲什贝恩（Martin Fishbein）和阿杰森（Icek Ajzen）曾将态度定义为是由学习得来的，对有关特定对象的一种持续性地有利或不利的反应举止的预存立场。大多数研究者相信，态度与某一对象有关，态度有其方向、强度与等级，态度有其结构，态度通常是由学习得来的。有关态度和态度如何形成及改变的理论，几乎都基于一个一般的构想，即：力求对诸事物所形成的态度保持内在的和谐一致。于是，在其目前所相信的事物和在其所遭遇的事物之间，个人也不断地努力保持两者的一致。他们形成新态度，以符合他们既存的信念及其所见或所认知的事物，并改变或修正他们的态度，以适应在他们周围的世界所发生的一切。在动机功能理论看来，态度的形成与转变来自深层心理动力，而态度的功能则在于满足个体独特的心理需求。美国社会心理学家麦奎尔（McGuire）从两个维度对人类动机进行分类：一是内在动机—外在动机维度；二是认知取向—情感取向维度。内在动机的目标指向个人；外在动机的目标指向社会。认知取向—情感取向维度则区分了动机是指导性的还是动力性的。[1]

心理学的研究为消费心理中的态度研究提供了指导，并为广告诉求方式提供了理论支持（本书将在后面章节中讨论广告诉求方式与消费心理的关系）。个人对品牌、产品或服务的态度，通常被认为有三种构成要素：认知成分，指个人关于产品或服务的信念和知识；情感成分，指个人情绪上对产品或服务的反应；行为成分，指个人对品牌、产品或服务的实际反应，如：按时购买或在任何情况下都不会作出购买行动。要改变一个人的态度，以上三种构成要素都要加以考虑。

态度及态度改变，是广告要实现的阶段性任务。消费者总是不断努力使自己维持心理平衡，广告则不断打破现存的平衡，又不断鼓励消费者作出行动改变，购买某种产品或服务，以再次回到平衡的心理状态，然后，再制造新一轮的不平衡。从某种程度上说，不变的状态或熟悉的购买会让消费者感到较为舒适，因为在这种情况下，购买决策风险较小，消费者只要例行购买就可以了。这也就是品牌忠诚度的思考基础。因此，有时广告也期望维持好的态度。

对产品或服务所持有的好的甚至是忠诚的态度，对产品销售与保持市场竞争优势是有帮助的。所谓品牌忠诚度，从竞争的角度说，可解释为当你的竞争对手提供更有利的价格、产品或服务时，你的客户继续购买你品牌的程度。[2] 品牌忠诚度的测量方法，常用的有两种：一种是行为测量法，用于考察消费者的实际行为，具体测量指标有重复购买率（拥有某品牌的汽车的人在下次购买汽车时购买原品牌的比例）、购买比率（在顾客最近进行的五次购买中，购买每个品牌的比例）、购买品牌的数量（购买单一品牌、两种品牌、三种品牌的购买者比例分别是多少）。另一种方法是根据品牌忠诚度所形成的转换成本、满意度、喜欢程度以及效忠程度进行测量。

---

① M. Guirdham, *Interpersonal Skills at Work*, New York：Prentice Hall, 1995.

② ［美］马克·布莱尔、理查德·阿姆斯特朗、迈克·墨菲：《360度品牌传播与管理》，机械工业出版社2004年版，第80页。

根据品牌忠诚度不同，消费者可以分为长期忠诚者、品牌转换者、优惠敏感者和价格敏感者。长期忠诚者是指无视价格或者任何其他因素的变化而长期选择一种品牌的消费者。品牌转换者是指购买决策由多种因素推动，而不仅仅是由价格因素推动的，喜欢有规律地在品牌间进行转换的消费者。优惠敏感者是指由具体优惠措施或其他激励因素的影响而在喜欢的品牌间进行转换的消费者。价格敏感者是那些以价格为选购决策原则而在诸多品牌中只购买最便宜的产品的消费者。[①]

二、影响态度的基本方法

广告策划人关心如何维持消费者对品牌、产品或服务的有利态度，或者如何改变消费者的既存态度，以便对品牌、产品或服务更加有利。利用广告诉求维持和改变态度，大致有五种基本方法：（1）把产品和事件相联系；（2）利用突出的特性；（3）变更对产品既存特性的认知；（4）改变对品牌的认知；（5）改变对竞争品牌的认知。

几乎所有的广告活动，都运用以上五种方法中的一种或几种组合的方法去维持或改变消费者的态度。以上几种方法常常既是广告讯息的基础，也是制定广告策略重要的思考基点。基于这些思考点，可以开发出不同类型的广告形式。比如：（1）利用大量信息型广告影响态度。研究发现，大量的信息本身对态度有影响力，因此，从这个角度也说明层级的态度改变模式有很多不同的态度改变路径（比如中央讯息说服路径、边缘讯息说服路径）。（2）利用价格广告影响态度。（3）利用质量广告影响态度。（4）利用认同广告影响态度。还有很多具体的广告表现形式，本书在后面的章节中会详细介绍。

广告如何成功影响消费者态度，也同媒介形式有关。不同的媒体形式对于不同的消费者具有不同的影响力。价格广告通常在印刷广告中是最有效的，因为印刷品可持久保存，这使价格表单能够被剪下来以作长期参考。数字化移动媒体的出现，使广告可以高质量地到达个人。价格广告在这种移动媒体上，对于即时性改变消费者的态度具有潜在的优势。电视则被认为在认同广告方面很有效，这是因为它的视觉属性。在电视上做啤酒广告比在印刷品上

---

① ［美］唐纳德·帕伦特：《广告战略：营销传播策划指南》，中信出版社2004年版，第54—55页。

做啤酒广告更能影响年轻人，因为电视上的视觉形象很容易把喝啤酒同愉快的聚会等情景联系起来。另外，对于同一媒体，并非所有人都能够被有效地触达。因此，大部分的广告活动，尤其是一些大公司的广告活动，往往使用几个不同的媒体来改变消费者的态度。广告公司往往策划不同的媒体组合方案，以便触达不同的受众。这些媒体方面的知识在本书后面的章节中会有详细介绍。

三、影响购买的决策环节

广告用来影响消费者购买决策的一种常用方法，是使自己的品牌进入消费者心智中能够被激发的品牌系列。当消费者感觉需要或欲求某一特定产品类别时，就会基于既存态度，在所记忆的各种产品类别中进行搜寻，并决定购买某类产品。当购买类别确定后，消费者会进一步搜寻其知识、背景以及经验，以求解答可能满足某一特定需要的产品的特征。然后，消费者需要进一步在该类产品中选择能满足自己需要的某一或某些特定品牌。

一些迅速出现在消费者心智中的品牌构成"被激发的品牌系列"。心智中"被激发的品牌系列"是一个人认为可以用来解决某一特定问题的那些品牌。人们通常都是从心智中"被激发的品牌系列"中选择自己要购买的品牌的。当然，在一些非常重要的决策情况下，消费者在利用"扩展问题解决型"①进行决策时，会对更多的产品或品牌加以考虑，即使在这种情况下，心智中"被激发的品牌系列"仍然具有很大的影响力。消费者意图通过使用心智中"被激发的品牌系列"来简化购买决策过程。作为广告策划人来说，影响消费者决策的一个重要办法，就是使自己服务的品牌进入消费者心智中"被激发的品牌系列"。

本书作者曾在课堂上多次做过实验，发现如果"消费者"（在课堂上随机抽取的学生）在回忆某一类别中的具体品牌时，在没有进行长时间刻意回忆和提醒的情况下，其心智中"被激发的品牌系列"中的品牌数目通常不会超

---

① "扩展问题解决型"购买决策模式中，消费者在决定是否购买某一类别产品时需大量信息，甚至会考虑解决产品需求的更多可能性，扩大产品或品牌的选择范围。如：解决"清洁"需求时，不仅考虑扫帚，也考虑吸尘器等。

过 7 个。这个结果与心理学家乔治·米勒（George Miller）于 1956 年提出的短期记忆容量是"神奇的七加减二数目"是相吻合的。①

另一种经常通过广告来影响消费者购买决策的方法是议程设置。消费者经常要在不熟悉的情况下，或者要在一些不熟知或不常购买的品牌或产品中作出购买决策。这种时候，消费者可能没有或只有很少的决策基础。议程设置的构想就是基于这一情境基础。利用议程设置，广告策划人通常力图确认某些范围，在这些范围中，阐明自己服务的品牌相对竞争品牌具有优势，并且使消费者信服这些范围是其作出决策的最佳基础。

四、采用过程和消费者实际的购买行为

发展或改变态度，常常不能自动在产品决策上产生效果，也不能保证某品牌一旦被试用，就会产生重购效应。研究发现，大多数消费者或社会团体在决定试用一新产品或新品牌，或者改变其现在使用的品牌时，都要通过一个步骤，这一步骤被称为"采用过程"。采用过程，大体上分为以下几个步骤：步骤一，对创新知名；步骤二，对创新感兴趣；步骤三，对创新加以评估；步骤四，对创新加以试用；步骤五，对是否采用创新加以决定；步骤六，对采用创新决定加以确认。这些步骤，最初是由研究者罗杰斯在研究原始部落如何采用一个新构想或新概念时使用的。现在，它们被用来描述采用过程的各阶段。虽然人们在采用一种创新时，几乎都会经历这些步骤，但不同的人经历这些步骤的速度是不一样的，也不是所有人都会采用新的创新。

罗杰斯和一些研究者发现，一种新的构想或新的事物在人口中扩散，其人口样本经过测量后实际上构成一条钟状曲线。曲线说明，最初实际上只有少数人采用新事物，群体中采用新事物较慢的是大多数，另外还有一批落后者。事实上，不管时间多长，全体人口不可能都真正采用新事物。从某种程度上讲，任何一次广告活动都类似促进一次创新的扩散和被采纳。这是因为：第一，在开展广告活动时，广告讯息通常包含某些新讯息；第二，新的讯息，只有通过了消费者心智中必要的步骤，才能被采纳。因此，广告策划人在导入新构想、新讯息时，应该将努力集中于创新者，并且通常应把主要的传播

---

① ［美］本杰明·B. 莱希：《心理学导论》，上海人民出版社 2010 年版，第 240 页。

目标设定为提高知名度。同时，广告策划人也要重视重复刊播广告的意义，并应清楚地知道，从广告活动的开始，到产品或品牌在市场上站稳脚跟，多多少少需要一个过程。基于每一群体采用一项创新技术的时间长度，可将人们分成五组，即创新者、采用者、早期多数、晚期多数、落后者。

第八章 广告策划概述

对于希望通过发布广告来促进销售并创造财富的企业，由于其具体的目的是多种多样的，而其为实现不同目的可使用的工具常常又是相对有限的，因此，在广告与其他营销工具之间作出选择，对于广告主来说，就具有经济问题的性质（之前我们已经说过，企业在为营销而开支与为生产、研发等方面而支出之间进行选择，也是事关哪种选择更"经济"的问题）。广告策划，从经济学意义上说，即是为了更好地配置稀缺的资源与手段。广告策划的研究者，需像经济学家那样思考。在各种可使用的营销传播工具之间，广告策划者要作出选择，放弃使用某些工具，将有限的资源（金钱、人力等）用于某些工具上。如果在作出决策之前，广告策划者能够清楚地知道自己在做什么，或者说，清楚地知道自己的选择的合理性，又或者说，对被放弃的营销传播工具及其后果有充分的了解，那么我们就有理由认为，广告策划者所做的决策是"经济的"。

广告策划所包含的广告创意，则具有明显的劝说意图，因此不能简单用经济学思维去思考，而需在另外一些层面进行研究，比如借助社会学、心理学、美学等学科的知识寻找最佳选择，甚至需要作出与伦理、政治有关的价值判断。虽然经济学必须将心理因素考虑进去，但是经济学并不对包含了心理因素的材料（来自现实的材料显然本身具有价值判断的性质）作出价值判断。对广告创意的研究必然超越经济学的范畴，尽管这种研究也考虑了经济因素。对消费者商品估价偏好次序的改变，使广告创意成为经济学家研究对象背后的带有某种神秘色彩的影响力量。经济学家考虑到了这种力量的存在（它常常也与偶然因素、盲目、冲动等影响力量混同在一起），但是他们并不对这种力量作出价值判断。在广告创意层面，广告学无法提供真正的科学法则，因为即使有所谓的"法则"被从创意工作中推导出来，它们也无法被真正精确地量化。如果它们被以实证的方式（这一过程本身在确定的数据所创造的特殊前提下是"科学的”）推导出来，它们可以被称为“法则”，但从根本上说，它们应该是对实践有参考价值的经验性的指导。但是，难道我们可以否定这些“法则”吗？或者说，这些对实践有参考价值的经验性的指导没有意义吗？①

法国社会学家艾德加·莫兰认为，“在生产——分配——消费系统中，广告只是一个组成部分，基本上只起一种媒介的作用；只有在这些系统当中，广告才有自己明确的定义。从另一个意义上说，我们可以看到，广告也能构成一个系统”②。本书已经介绍了广告策划所需要了解的思考基盘，并简单阐述广告策划这一工作所具有的经济性质以及在其他层面所包含的性质。接下来，我们将把讨论的重点移向以自主系统形式存在的广告。我们将探讨如何进行广告策划和写作广告计划。在这方面，企业经理通常会有两种极端的看法：有人认为广告策划是极其困难的事情；也有人认为广告策划非常简单，不过是想一些精彩的广告语或广告口号。这两种看法对于开展有效的广告策划是不利的。不论是广告主，还是广告公司，都有必要以相对客观的态度来进行策划，都有必要了解广告策划的一般技巧并加以科学、灵活地运用。

要开展有效的广告活动，所需要的是审慎而富有创造性的策划。广告活动可定义为一系列用来实现相互关联的目的的广告和有助于创作它们的活动。这一定义仅仅在广告主依赖广告的情形中有效，在多数情况下，广告主将扩大它的促销重点，因此，“将一场广告运动看做是一场营销传播运动可能更准确些”③。由此可见，如果能够在营销传播的基盘上思考广告活动，将很容易使作为自主系统存在的广告扩展为具有更大规模效应的整合营销传播活动。为开展有效广告活动而进行的广告策划，因此也应契合营销传播策划的思考。当然，这一思考过程的目标更加集中于广告。简单地说，广告策划要回答一些基本的问题：（1）为什么要做广告？（2）为什么做广告？（3）向谁做广告？（4）在何时开展广告活动？（5）用什么媒体做广告？（6）要花费多少钱做广告？

那么，怎样进行广告策划才能有效呢？有效的广告策划必须有一些基本

---

① 实际上，我国的广告业急迫地需要大量的该类性质的“法则”，而不是描述性的空论（这类空论，既缺乏纯理论的指导性，也缺乏经验性“法则”的参考价值）。
② ［法］艾德加·莫兰：《社会学思考》，上海人民出版社2001年版，第422页。
③ ［美］唐纳德·帕伦特：《广告战略：营销传播策划指南》，中信出版社2004年版，第21页。

的保证：（1）要有好的产品。只有好的产品才能最终赢得消费者。（2）要有相应的消费者。要知道产品对什么人有价值。（3）要通过合适的媒体发布广告。要知道哪些媒体能有效地触达消费者。（4）要有合适的讯息。要发展合适的讯息，传达产品的利益。（5）要在合适的时机开展广告活动。要知道潜在消费者可能在什么时候会进行购买，并据此安排合适的广告活动。（6）要有合理的预算。过多的预算可能造成浪费或其他一些问题，太少的预算则可能影响广告活动的开展。此外，广告策划人还应该清楚广告是营销的一种工具，也是传播的一种手段，还有很多其他的因素可能影响广告的有效性。广告应保持开放的视野，全面地、仔细地考察可能出现的变数。

第一节　情况分析

进行有效的广告策划，要做一些基本的准备工作。首先要做的是情况分析。情况分析通常要研究以下关键内容：公司、产品和服务、市场、市场方针、以前的广告活动、限制、竞争、背景等。在情况分析过程中往往需要进行一些市场调研或广告调研。

一、了解公司

对于许多消费者来说，自己要购买的产品是由哪家企业生产的可能是一个要加以考虑的重要问题。生产资料的来源也同样重要。因此，许多广告强调产品生产者，以赢得消费者。

作为广告策划人，必须帮助客户思考和整理一些基本问题。关于客户的一些基本问题包括：公司是历史悠久的还是新成立的？公司是否有某些特别专家或设施可以用于广告？公司是否受官方指定或保证向特定的组织或市场提供产品，或者说公司是否有某些特别的公众认知？公司是否有母公司或子公司？如有，彼此之间应该如何协调市场活动？公司是否有足够的资金来开展昂贵的广告活动？公司在哪些市场上开展经营活动？公司在哪些市场上获得主要的收益？公司在不同市场上的活动是如何协调的？公司是否有自己的理念或企业文化？

尤其应该重视的是，公司的产品是以独立品牌进行营销，还是在公司的家族品牌之下进行营销？很显然，以上这些考虑不仅会影响到广告活动的规模，还会影响到广告活动的内容。

许多食品是在家族品牌下进行营销的。通常家族品牌就是公司的名称，所有的产品都用这一品牌进行营销。电器通常也采用这种品牌营销方式。香烟、啤酒等产品则通常有自己的独立品牌，它们和家族品牌或公司名称没有很强的联系，有时产品很出名，而公司却可能不被消费者所熟知。利用一种独立品牌进行营销的公司通常不会在营销活动中建立所谓的家族品牌，来和消费者建立联系。对于分销商来说，他们更加欢迎由一系列成功独立品牌的大公司推出的新产品，这是因为，当大公司开展广告活动时，消费者更加容易接受其独立品牌。一般情况下，当一家公司为某独立品牌做广告时，其广告活动对于其家族内的其他独立品牌（如果有的话）是有帮助作用的，有时甚至对于同类产品或者相关产品也有帮助。所以，经常有公司开展联合的广告活动。不过，当一家公司的广告活动和其他公司的广告活动出现对抗或冲突时，很可能大家的广告效果都会受到影响，从而无法达到预期的效果。

二、分析产品或服务

产品或服务的特点对于决定广告策略、发布广告讯息以及选择媒体发挥着重要的作用。产品或服务的各种特点需加以尽量全面深入的分析。产品的各种特点（比如设计、颜色、原产地、装产品的容器、包装、使用的方法、生产的流程和工艺、名称、价格、质量、质量的保证、售后服务等）都可能对于广告策划有意义。有些时候，服务可能会比有形产品本身更为重要。对于专门提供服务的机构来说，服务就是他们提供给消费者的产品。美国广告人艾德·麦卡比警告说："你没有了解所有东西之前，不要做任何事情。我创作作品时是为自己规定严格期限的，但我在思考产品的诉求概念时，从不为自己限定期限"。[1] 他说自己在创作广告之前有时要用五六个月时间甚至八个

---

① 转引自［美］劳伦斯·明斯基等：《如何做创意：十三位美国杰出创意指导和文案撰稿人的创意观念、方法与作品》，企业管理出版社 2000 年版，第 272 页。

月时间做调研。① 我们无须确定一个绝对的产品调研时间长度，但麦卡比的警告是值得重视的。

有一个基本的、但是很重要的问题经常会被忽视。这就是："产品究竟有何用处？"这个问题通常有两个答案。有些产品只有单一用途，有些产品则有多种用途。为多种用途的产品做广告，可以通过传递多用途的讯息来扩大产品的销量。对于单一用途的产品，广告则通常可以促使目标消费者增加一次性的使用量或增加使用频次。不论是单一用途的产品还是多种用途的产品，都可以利用广告从竞争对手那里争夺消费者，使竞争对手的消费者转换所使用的品牌，或者也可以使原来的非使用者变成本品牌的使用者。产品是否具有多种用途，是由其特点决定的。比如，牙膏通常是单一用途的产品。也许有人认为，牙膏可以用来做清洁剂清除垢物，但是这种用途显然不可能给企业带来足够的利润，因此，这其实并不足以说明牙膏是多种用途的产品。如果想增加牙膏的销量，可以建议现有的每天刷一次牙的消费者养成良好的刷牙习惯，一天刷两次或是刷三次，这样就可以增加产品的销量。当然，也可以给出足够的理由或吸引力，使某些竞争对手的消费者转换品牌，来使用你的产品。

产品的潜在用途有时可能被忽视。有些产品通常被生产者认为只有单一用途，但是其具有多种用途的潜力。例如，相机和胶卷通常被认为只是用来在重要场合进行拍照，但是成功的企业告诉人们，相机和胶卷还可以用来记录你和别人的生活，用来创造能够带来美好回忆的平常瞬间。这样，其实是把产品单一的用途扩展为多用途，虽然这一扩展没有在操作方面做什么变化。邮票可以用来寄信，但对于集邮爱好者则是收藏品和交易品。许多产品除实际的用途外，还可用做礼品。

还有一种重要的产品分析方法是分析其卷入度（参见第 6 章第 2 节），不同的卷入度可能影响消费者的购买方式，对于广告策划也具有重要作用。

三、分析市场

在营销策划过程中，通常已经做了以下几步工作：根据未满足的需要进

---

① 转引自［美］劳伦斯·明斯基等：《如何做创意：十三位美国杰出创意指导和文案撰稿人的创意观念、方法与作品》，企业管理出版社 2000 年版，第 273 页。

行市场识别，进行市场细分，选择目标市场，然后通过营销策略进行市场定位等工作。前面已经提到，营销者对于市场上的消费者大体上持两种看法。一种是市场集合的看法；另一种是市场区隔的看法。不论是哪种看法，都有必要对市场进行深入的分析和研究。在广告策划阶段，市场分析的工作看起来似乎要重新进行一番。为什么呢？在广告策划阶段之前，企业自身往往在营销策划中起到主导作用。在广告策划阶段，市场分析工作则往往需要广告人站在消费者的角度重新进行审视。当然，为广告策划而进行的市场分析有时也与整个营销策划的市场分析混同在一起。有许多办法可以用来分析市场。不论哪种细分法，都是以一种细分变量或几种细分变量为基础。营销商或广告商既可以使用一种细分变量，也可以使用多种细分变量。

四、市场方针选择

在对产品和可能购买此产品的人有了必要的了解之后，广告策划人还要考虑销售和购买的机制。销售的地理范围是首先要弄清楚的。广告策划人要知道销售是在全国展开的，还是以地区性销售为基础，或者是局限于某些地域。许多公司把它们的销售范围划分为不同的销售区。因此，整体的营销可能要考虑到不同的销售区的特点，每个销售区的市场驱动办法也可能不同。在市场开发步骤上，也可能有不同的可供选择的策略。市场开发有时可能同时启动，有时则可能一个接一个地开发。这样，就会进一步影响到广告讯息和媒体的安排。比如，如果不同的销售区域采用不同的市场策略，可能导致在不同的销售区域采用不同的地方性广告策略。有时，可能不以销售区域的地理因素为出发点制定广告策略，而可能根据某一特定细分市场的需要开发广告讯息。广告策划人还要分析公司销售力量的结构。比如：有多少销售代表？销售代表完成一项销售任务的周期有多长？销售代表是依赖零售商还是借助批发商？这些问题都应该加以思考。在市场方针上，通常有两种选择：一种是直接售卖；另一种是间接分销。一家公司如果利用直接售卖的方针，就会寻求直接的反应。

五、研究以前的广告活动

以前的广告活动必须加以仔细研究。广告活动是如何开展的以及获得了什么样的结果，将会对今后的工作产生巨大的帮助。如果不能从过去的广告活动中记录下足够的资料，从某种程度上说，就等于浪费了一部分广告费。仔细研究过去的广告活动，可增加今后计划的有效性，可以用更少的钱办更多的事。

哪些广告媒体被证明是有效的？什么样的创意可以吸引潜在消费者？不同的广告版面大小、不同的位置、不同的色彩、不同的发布频次以及不同长度的广告活动周期可能产生什么样的效果呢？企业是否多年来一直获得较好的广告业绩？对于这些问题，广告策划人需要去寻找答案。广告策划人同样要研究影响消费行为的其他促销活动，以确保在今后的工作中将广告和公共关系、销售促进等其他促销手段有效地结合起来。

在处理以上这些问题时，广告策划人必须知道什么是好的、应该继续的东西，什么是应该在今后的工作中加以避免或解决的。今年的广告计划将成为明年决策的基础。这一过程又与广告策划的最后一步——评估广告活动是直接联系的。当引入新产品的时候，以前没有经验可以参考，这时，一种有效的办法是选择一些可能要用的候选媒体。一旦确定了广告战役的目标，再对这些媒体进行深入的分析。

总之，通过研究以前的广告活动，广告策划者可以吸取好的经验，对于存在的问题可以提高警惕或找到具体的解决办法。研究相关产品以前的广告活动，对于新产品的导入同样可以提供有用的参考意见。

六、考察限制因素

在进行广告策划时，广告策划人必须考虑到现存的和将来可能出现的各种限制因素。限制因素主要来自两方面：一方面来自广告主内部；另一方面来自广告主外部。内部的限制因素通常比较容易察觉到，比如：生产能力的限制、营销费用的限制、广告预算的限制、人力资源的限制等。生产能力的限制决定了广告主满足市场需求的基本能力。有限的营销费用要求营销者和广告策划人必须在有限的费用范围内开展营销活动。广告预算的限制会影响广告活动的规模，并可能对广告创作提出更高的要求。人力资源的限制可能会影响广告主的执行能力和未来的发展状况。外部限制比起内部限制更容易被忽视，但是，这些来自广告主之外的因素，往往会深刻地影响广告主广告活动的开展，有时甚至关系到广告主广告活动的成败。外部限制主要包括法律约束、行业规范以及行业自律。对于广告主而言，每个国家都存在外部限制因素，并且可能各不相同。2002 年，软件巨人微软公司由于在纽约街头、道路上乱贴 MSN 蝶形广告而受到了纽约市政府的通报批评，被指责损害市容、混淆交通标记，并受到了罚款 50 美元的处分。

为了同美国在线的 AOL8.0 服务一决高下，微软公司大打"广告牌"，在纽约街头、道路上张贴广告，极力宣传新近推出的 MSN8.0 网络服务。微软创始人比尔·盖茨夸耀说："我们不惜花费 3 亿美元作广告宣传。"言下颇有志在必得之意。然而，令盖茨没料到的是，微软费尽心思所做的广告不仅惨遭"清除"，还要为此支付赔偿。2002 年 10 月 24 日，微软接到了由纽约交通部签发的 50 美元"罚单"。虽然赔偿只是象征性的，对于微软的声誉却有着不良影响。交通部官员说："这些广告严重地损害了纽约市容，容易混淆交通标记，导致交通意外。微软应该为胡乱张贴广告这种不负责任的、危险的行为负责。"交通部警告说："如果今后再次发生类似行为，微软面对的将不仅仅是罚款，它还将被送上法庭。"蓝色巨人 IBM 就没有这么幸运了。2002 年 4 月，IBM 因乱贴广告而被旧金山市政府罚了 12 万美元。

七、分析竞争

在经济学中，竞争是重要的研究内容。经济学基本原理中的机会成本也与竞争有关。广告可以影响企业甚至行业的竞争状况，从而改变生产可能性边界的形状。所谓的生产可能性边界，是表示一个经济社会在可得到的生产要素与生产技术既定时，所能生产的产品产量的各种组合的图形。生产可能性边界其实是一个简化的经济模型，表明了用一种物品的观点来衡量另一种物品的机会成本，表明了在某一特定时期内生产不同物品之间的交替关系。由于广告可以改变市场对某个产品或某类产品的需求，因此，就有可能在一定程度上改变生产可能性边界的形状。竞争分析，最重要的是确定消费者在他们购买决策中考虑的因素。我们在营销分析中也提到过竞争分析。在进行广告策划时，广告策划人需要着重加以考察的竞争主要是直接竞争和间接竞争。广告策划人必须考虑广告主的直接竞争对手是谁，直接竞争对手的产品和自己所服务的产品比起来怎样，直接竞争对手的广告活动是如何开展的。

广告学教程

回答这些问题，常用的分析工具有感知图法和态度表法。感知图法是在两维度图中表示出一个公司或品牌在什么方面（如："现代的"还是"传统的"，"新潮的"还是"落伍的"）符合消费者对产品类别的认知。态度表法是通过消费者态度测试衡量某一公司或品牌与另一个公司或品牌的不同之处。不论是感知图法还是态度表法，都从不同感知或态度中辨析出消费者决策中最重要的考虑因素既是分析的关键，也是分析的目标。

一个企业的产品在一个市场内所开展的广告宣传，有可能会受到直接竞争对手的广告的干扰。有一个典型的广告案例可以作为证据。20世纪70年代中后期，布赖恩特·梅公司对其出品的斯旺维斯塔牌火柴进行了重新定位，"让更多45岁左右、成熟稳定的男性养成使用斯旺火柴的习惯"被作为广告策划的主要目标。1976—1978年间，公司在英国多个地区推出电视广告。对电视广告促销效果的研究数据显示，除了苏格兰地区电视广告宣传增长并未增进销售额之外，其他地区的广告宣传多少都使销售额出现了不同程度的增长。这种情况出现的原因是当时苏格兰生产的唯一的火柴——蓝羚火柴也在这个地区进行广告宣传。它们提出的广告口号是："蓝羚——苏格兰生产的唯一火柴"。该广告口号吸引了苏格兰的消费者。表8-1中是当时的研究数据。

表8-1　斯旺火柴电视广告促销效果一览（1976—1978年）①

地区	英国商业电视网广告 播出时间（秒）	斯旺火柴销售指标 （以1975年销售额为基准）
约克	5619	117
伦敦	3846	113
泰恩蒂斯	3246	112
兰开夏	2689	110
米德兰斯	2472	111
苏格兰	2236	98
南部地区	1785	108
哈雷兹	979	101

① 孙五三、曾宪植选编：《广告策划技巧20例》，青岛出版社1993年版，第224页。该广告策划的详细资料参见该书第218—225页。

314

有时，间接竞争会显得至关重要。在这种情况下，广告策划人就应该分析间接竞争是来自潜在的竞争对手，还是来自替代产品，并在广告策划中采取相应的策略。

当潜在竞争对手加入某类产品市场时，该类别产品的市场份额的分配由于新品牌的加入可能出现剧烈的波动。来自其他类别产品的营销活动和广告活动影响到某类特定产品的需求，当这种情况发生时，则说明该类特定产品在市场上存在着明显的替代产品的威胁。

八、综合分析内外部环境

企业的营销活动总是在一定的环境中发生的，如果想在市场上生存和发展，就离不开对整体环境中一些重要因素的分析。整体环境的分析主要集中在政治、经济、社会、技术、生态等方面。在分析这些因素时，广告策划人可以利用SWOT分析法对自身的特点加以分析。SWOT（Strength，Weakness，Opportunity，Threat）是优势、弱势、机会、威胁的简称。所谓SWOT分析法，是指为了战略性地进行广告策划，实行企业市场营销的分析手法。它通常从企业内部分析入手，从广泛的视角分析企业（或企业所从事的事业）的优势和弱势是什么；同时，从外部状况入手，分析机会和面临的威胁。

九、决定广告活动如何开始

当我们向世界上形形色色的人们出售为数众多的产品时，该如何着手开展广告活动呢？一个有用并且有效的方法是帕累托分析。具体到广告策划中，是基于优先利益使用帕累托分析法。有些产品、购买者或市场可能比起其他的产品、购买者或市场能够带来更多的利润。如果营销者要在一系列产品中选择产品进行重点营销，显然会针对那些能够带来更多利润的产品进行。同样，对于某一产品或某一市场来说，有一部分消费者可能提供比其他消费者更多的利润。根据帕累托分析法的规律，大约有80%的利润来自20%的购买者或市场，而80%的购买者或市场可能只会提供20%的利润。这样，在广告策划中，就要考虑根据某部分购买者或市场的价值和贡献来合理分配广告花费。很显然，对某产品或某品牌利润贡献越大的消费者，对于广告主就越重要。

有些学者通过对使用量的分析来判定消费者或市场的价值,他们将某类产品的消费者分成大量使用者、中量使用者和小量使用者。他们的分析基本上也符合帕累托规律,即80%左右的消费总量是由小部分消费者提供的。经过这种分析,广告主致力于通过其他因素(如人口统计分析、心理图示、媒体类型)来描述大量使用者,然后通过相应的媒体向他们传递一定的广告讯息。然而,这里存在着一个问题,事实上,许多对例行反应购买行为的研究发现,产品大量使用者往往是最难影响的群体,大量使用者常常难以改变选择习惯或考虑选择其他新品牌。

这就给广告策划人一个启示:针对大量使用者开展的广告活动是确保市场收益的一个有效途径,可能有助于提高大量使用者的品牌忠诚度,但是,对于从竞争者那里争夺顾客可能帮助不大。如果想获得竞争对手的顾客或吸引原来的非使用者,广告活动可能需要更具创意、更具进攻性。但是,这显然要冒得罪大量使用者的风险。广告策划人也应该时刻牢记:市场是时刻在变的。今天的大量使用者可能变为将来的小量使用者。因此,分析市场的趋势、消费的趋势是非常重要的。

帕累托分析意味着需要以前的数据。但是,如果要为一个从未在市场上出现过的革命性的新产品做广告,该如何开始呢?该如何确定潜在消费者群呢?在这种情况下,当然可以利用传统的市场调研方法研究市场,但是,对于革命性的新产品来说,这种调研可能耗费巨大。还有一种办法可以用,即可以把广告当作一种调研的工具,在广泛的候选媒体上发布小的直接反应广告,来寻找反应最为显著的市场。有人把这种办法叫作"霰弹式测试"。通过这种方法,也可以寻找到潜在的目标群体,同时也可以为今后的广告活动找到合适的广告媒体。

第二节 确定广告策略

情况分析完成之后,才可以开始随后的具体策划。但是,在策划广告讯息和选择广告媒体之前,必须设定清楚的广告目标。广告目标的设定,是广告策略规划的主要内容。设定广告目标，要避免一些常见的问题。

有些企业在策划广告活动时，没有根据实际情况设定目标，盲目地希望实现过多的目标，结果可能造成任何一个目标都没有实现。不可否认，有时一个广告活动可能有众多目标，但是，这种情况大多是因为碰巧。在一个供过于求的市场，广告只要传递出去，必然获得一定的效果。然而，在一个竞争激烈的市场上，希望靠碰运气来赢得成功有巨大的风险。广告策划的意义之一，就是通过对广告活动进行有效的管理，尽可能地保证广告效果的有效性。

因为广告预算是有限的，所以广告活动的目标必须具有可行性，要确保广告主能够承担为了实现目标所需支付的金钱。有些广告策划人往往会提出一些好高骛远、不切实际的广告目标，这些目标从其本身看可能是对的，甚至是令人振奋的，但是，广告主可能承担不起实现这些目标所需的经费，结果会导致广告活动半途而废，造成巨大的浪费。对于广告主来说，没有实现广告目标，就意味着广告活动的失败。

广告目标必须是确切的。比如说，"提高企业的形象"这一目标就不够确切。要使这一广告目标变得确切，就必须回答一些基本的问题：要影响或改变谁的看法和观点？目标群现在的看法和观点是怎样的？希望目标群今后持什么样的看法和观点？如果不回答上面这些基本的问题，所谓的广告目标是没有意义的。如果广告目标是可以测量的，对于广告目标的表述应该具体到数字和日期，比如：对于某某群体来说，他们的某种看法和观点要在多长时间内从某个百分比转变为多少百分比。

整体广告活动的目标不要和传播目标混淆。设定传播目标，是在策划广告讯息时所应予以关心的。设定整体广告活动的目标是一件事，创作广告讯息以实现这个目标，则是另一个重要的任务。这两项策划的工作不属于同一阶段。

发起一次广告战役可能有很多原因。下面是一些常见的发起广告战役的原因：提醒当前的购买者；为既存的使用者提供信心；和市场的自然衰退相对抗；告知不断变化着的新顾客；告知市场的变化；克服市场阻力；导入一种新的产品或服务；拓宽分销渠道；刺激既存的分销；提供销售导向；劝说处于未知状态的潜在消费者确认自己的需求；试图建立直邮名单；利用涵盖整个产品系列的整体广告战役来加强单个产品的促销；提升公司形象；和市场销量下降相对抗；提升销售量。

由于市场都处在不断的变化当中，所以在以上发起广告战役的原因中，前四个原因应该放在一起加以考虑。从长远看，任何市场都可能出现自然的衰退；同时，在任何时候，也会有新的消费者进入市场。所以，无论是高卷入度产品或是低卷入度产品，营销者和广告策划人都有必要不断提醒当前的购买者，为既存的使用者提供信心，告知不断变化着的新顾客，并和市场的自然衰退相对抗。

以上这些发起广告战役的原因只是一个大概的说法，如果要把它们发展成为有效的广告目标，必须具体化，以更为确切的方式加以表述。不适当、不充分的表述会导致广告战役的失控，最终导致不完全的结果，甚至导致失败。就像前文已经提到的，"提高企业的形象"这一目标必须具体化，以使其更为确切，其他广告目标也与此类似，必须做到这一点。如果要保证广告战役的有效性，要避免只制定空洞的广告目标——这样的目标通常只能导致过于简单的且没有针对性的解决方案。

下面对"和市场销量下降相对抗""提升销售量"这两个常见的发起广告战役的原因加以说明。

像"和市场销量下降相对抗"这样虚的广告目标是必须避免的，即使在这一虚的目标前加上数字和日期等量化的指标，也还是不够的。如果销售下滑了，就需要弄清楚销售量为什么下滑。如果是由于市场固有原因的自然衰退，那么解决的办法就是要开发新的潜在购买者。销售量的下滑，也可能是由于顾客被竞争对手吸引去了。如果是这种情况，那么广告讯息的制定和广告媒体的选择就要考虑到如何同竞争对手对抗。而如果是产品到了衰退期，那么广告是很难发生作用、制造奇迹的。

与此相类似，对于"提升销售量"也应该加以实际的分析，从而确定有意义的广告目标。在乐观的意图、目的、实际的广告目标以及广告策略之间，是有区别的。发起一次广告战役以提升销售量，只能说是一种乐观的意图。"在某一地域范围内，针对某类消费者群，使某类产品的销售量提升"这一目的提供了更多的指导作用，但是仍然忽视了两个重要的问题：销售量提升多少？在什么时间内完成？（在现实中，许多企业要求将提升销售量和顾客购买量这类目标同广告策划挂钩，但是通常把这定义为市场目标。）真正的广告目标必须更为确切。要实现提升销售量的目标，要保证广告战役的有效性，广告策划人必须提出更为确切的广告目标，并且在此基础上制定相应的广告策略。针对提升销售量这一目标，常见的广告策略可能是促使既存的使用者增加使用量、吸引新的消费者，或者劝服竞争对手的顾客转换品牌。这些不同的策略必然要求选择不同的广告讯息，并选择不同的媒体，以把广告讯息传达给目标消费者。

第三节　确定广告预算

在确定特定的广告目标之后，就要决定用于实现特定广告目标的广告预算。绝大多数的公司都知道广告有其特定的作用，问题不在于是否要做广告，而在于应该花多少钱来做广告。在广告界，被频繁引用的是洛德·莱弗休莫（Lord Leverhulme）说过的一句话："我在广告上的花费有一半被浪费掉了，问题在于我不知道是哪一半被浪费了。"

广告策划人应该尽量保证广告主的广告预算得到有效使用。广告预算其实是一项包含管理、决策、平衡以及控制在内的重要工作。广告策划人必须清楚地知道广告预算，以及这些广告预算在各种广告任务上怎样分配和平衡。广告预算的思考基点不是如何花钱，而是如何有效地进行"投资"。如果公司的管理者认为广告只是一种花费，而否认它的贡献，他们又怎么会支持广告投入呢？由于某些公司的管理者对广告的作用存在保守甚至消极的看法，因此，我们常常可以看到，当某公司经营状况不好的时候，广告预算是最先被削减的部分。对广告持积极看法的企业，则可能将广告视为改善不良经营状况的一种有效工具。广告策划人如果不能使广告主内部的主要管理者相信广告是一种有效投资，并且这种投资可以带来好处，对利润可以作出贡献，广告战役就可能得不到有力的资金支持。广告策划人应对广告持客观、积极的态度，既不夸大广告的作用，也不抹杀广告的作用，以从客户那里获得对广告预算的有力支持。

在广告活动上的花费通常被看作一种"拨款"。因此，广告预算通常被称为：一个给定时间内，在广告方面的总体花费。预算方针的确定通常会在下一个营销年度开始的前三个月内确定。进行广告预算是广告策划的一个关键步骤。在广告预算中，媒体发布费用通常占绝大部分。[①] 广告媒体发布费用直接关系到广告主的投入与产出。广告媒体发布费用是广告预算中最主要的部分。从实际的角度考虑，有两个主要的问题不可忽视。

第一个需要加以考虑的问题是广告预算所涵盖的范围。广告预算的制定者必须清楚地知道自己所要争取的"拨款"花费在哪些方面。在制定广告预算的时候，尤其要注意在预算所涵盖的范围上，是否会和其他部门相重叠。有些时候，由于广告预算和其他部门的预算相重叠，可能会导致执行中的管理混乱和浪费。

第二个需要考虑的问题是预算所针对的时间范围。简单地说，预算的制定者必须清楚广告预算是用在哪段时间里的。大多数的预算是以 12 个月为单位的，有些时候也可能针对更长或更短的时间段来制定预算。在所有预算里，以年度"拨款"的方式最为常见。

制定广告预算的方法大致可以归为几类，每一类中有许多具体方法可以用来制定预算。有些预算的制定方法非常简单，只需借助一张纸、一支笔，用原始手工计算，就可完成。而有些预算的制定方法非常复杂，需要借助电脑。但是，不论哪种方法，基本的思想是相通的。下面是一些制定广告预算的基本思考方法。

我们将要花费多少？许多这类思考方法把预算制定看作一种成本核算，这种核算以过去或预期的销售量为基础，或者以产品的成本为基础。这一类的思考方法关注的是每单位产品需要多少广告预算。这一类的方法还要充分考虑整体预算、不同时期的预算与产品市场生命周期的关系。广告量增加与产品市场生命周期以及企业获利水平的关系，并非简单的线性关系。尽管产品的销售量显然受到广告等诸多因素影响，有些学者却认为衡量广告力度与销售量的关系才最有价值。比如，约翰·菲利普·琼斯认为，"唯一的灵敏度

---

① 大量案例说明，广告费总额的80%—85%都用在媒体发布上，其他部分的广告费用在广告制作、广告调查、广告策划与管理等方面。

较高、精确性较好，从而可以得出可靠结论的衡量标准是购买行为"①。就广告力度与销售量（企业获毛利水平）的一般关系，大多数分析家认为，广告效用是持续递减的。另一种理论观点是：在广告力度较低阶段，边际效用递增；随后，边际效用转为递减。如果用几何图形来表示两种情况，横轴用来衡量广告力度，纵轴用来衡量销售量，那么在所构成的二维坐标系中，前者的关系大致表现为一条较为光滑的曲线（见图 8-1）；后者的关系则大致表现为一条 S 形曲线（见图 8-2），曲线上的拐点表示边际效用由递增转为递减。当然，本书中画出的 S 形曲线并不是反映后一种广告力度与销售量的唯一的形状。② 将这种一般关系与产品市场生命周期结合起来考虑，情况则更加复杂。总之，广告力度和销售量（企业获毛利水平）的具体关系与商品性质及竞争激烈程度有关。包装商品、耐用品的广告力度与销售量的关系可能是不同的。任何商品都在市场上有生命曲线。以一般包装消费品为例，通常情况下，产品在进入成熟期之前，广告投入的增加意味着广告竞争能力的增强，企业获利水平增加；进入成熟期后，广告投入的增加虽然依旧可使广告竞争能力增强，但对销售量增加的贡献可能不明显，因而导致产品单位成本上升，广告费用的效益下降。因此，这一思考方法，对广告预算的核算需要充分考虑整体预算、不同时期的预算与商品生命周期的关系，有时还需要就竞争激烈程度加以考察。

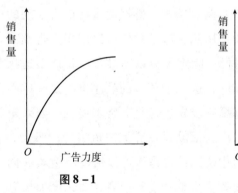

图 8-1

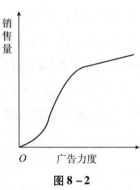

图 8-2

---

① ［英］约翰·菲利普·琼斯：《广告与品牌策划》，机械工业出版社 1999 年版，第 240 页。
② ［英］约翰·菲利普·琼斯：《广告与品牌策划》，机械工业出版社 1999 年版，第 236—238 页。在该书中，琼斯通过大量案例，分析了广告力度水平较低时的收益（效用）递增现象、广告水平较高时的收益递减现象、广告力度水平中等时的收益递减现象，以及规模经济和广告反应函数。他指出，大品牌具有规模效应，因此广告反应函数曲线在坐标轴中的位置要高于小品牌的反应函数曲线的位置。

我们有多少盈余可以花费？该类思考方法也是在边际效用的基础上进行思考的。但是，这类思考方法不是建立起一个预算，然后决定如何去花费它们，而是采用一种更为现实的方法，以收益为基础进行。因此，用这类思考方法来指导预算，通常不会使企业因进行广告投入而导致负收益。

竞争对手花费多少？有些广告策划人也采用竞争导向的预算方法。其中，有些人采用对实际的广告花费进行比较的做法；有些人则采用对"广告声音占有率"进行比较，看彼此广告花费比例是否和彼此市场占有率一致的做法。通过广告花费金额或获得"广告声音占有率"的优势来赢得相对于竞争对手的市场竞争优势，就好比在古希腊拉栖代梦人公民大会上看哪方的呼喊声更大一样。① 这种方法有几个缺点。首先，如果你的竞争对手的广告花费不像你的广告花费这样有效，那么你采用这种方法制定广告预算，意味着你将有一部分金钱要浪费掉了。其次，任何公司都不可能完全相同，不同的公司可能有不同的广告目标。因此，这类思考方法也可能导致被动的、不明智的决策。最后，找出竞争对手准确的预算花费也是非常难的一件事，不准确的数据也可能导致决策的失误。

实现广告目标需要花费多少？目标任务法也是一种常用的广告预算的制定方法。这种方法是先决定要进行什么样的广告活动，然后根据具体要完成的广告任务制定预算；而不是先制定预算，再据此进行广告活动的策划。这种方法经常在公共关系的活动中用到，但是同样可以用于广告预算。无论是什么样的顺序，设定确切的目标、制定预算以及准备广告计划这几个环节是相互联系的。在实际策划工作中，这几个环节的顺序也不是一成不变的。由于这几个环节的相关性，所以哪一步先进行是非常重要的。如果先制定了具体的广告活动建议，但是这一广告活动是预算无法负担的，那么，策划人就必须重新考虑具体的广告活动建议，看看是否可以借助更新颖的创意和合理的媒体计划，使较少的资金发挥更大的功能；或者，要么增加预算，要么降低广告目标的要求。广告计划必须具有可实施性——许多策划人会忽视这一点。

---

① 修昔底德在《伯罗奔尼撒战争史》中记载，拉栖代梦人公民大会的表决方式是根据呼喊声大小，而不是根据得票多少。

有些人希望有一种通用的预算方法可以在任何时候都适用，这种想法是不现实的。即使是用同一种预算方法制定了同样一笔预算，在制定预算和如何利用这一预算及如何支出这些预算方面也会有很多的不同。首先，广告创意的好坏会使同样的预算产生不同的实际效力。杰出的创意可以使有限的资金发挥巨大的效果；在同样预算的情况下，糟糕的创意则可能会导致广告活动的疲软无力。其次，如何有效地支出广告预算，也会使同样一笔预算产生不同的效果。好的媒体计划和严格的媒体执行，加之媒体购买时有效的砍价，可以使有限的预算发挥最大的效果，有时还可能为广告活动挤出备用的资金。

有时候，企业可能需要做的不是单一的一个广告预算，而是同时为系列产品做不同的广告预算。有时候，企业也可能需要做一个附加的广告预算，为母品牌做整体的广告，来支持母品牌之下各产品的销售。有时候，企业也可能因为其他原因，需要分配一部分资金做额外的广告预算。比如，有些公司会和联合制造商或联合供应商做联合广告，因为这些企业发现，在地区范围内做本地性联合广告是很有效的广告办法。如果要做联合广告，在制定广告预算时就要注意同合作者进行协商和共同计划，以制定合理的、现实的、符合双方利益的联合广告预算。

不论哪种预算方法，其思考基础都同经济学中的边际效用有关。正如马歇尔所指出的，"如果一个人有一样东西而能充作几种用途，他会把它如此地分配于这些用途，以使它在一切用途上具有相同的边际效用。因为，如果这样东西在一种用途上比别种用途具有较大的边际效用，他会从前一种用途上取出此物的一部分用于后一用途，因而获得利益"[1]。广告主思考一笔费用是否该用在广告上，自然要在这笔钱可能带来的多种利益之间进行选择，如果他决定要做广告，他一定会力求通过一定的广告投入获得最大的效用总体。

在制定广告预算时，有经验的管理者和广告策划人通常会事先留出一笔不可预计费用。把这笔费用纳入广告预算思考的范畴，有两方面的作用。从消极的方面看，如果在广告活动的执行过程中出现一些意想不到的额外花费，不可预计费用就可以发挥救急作用。从积极的方面看，不可预计费用可以增加广告计划的灵活性和机动性，从而帮助企业在遇到好机会时作出及时的

---

[1] ［英］马歇尔：《经济学原理》，商务印书馆2005年版，第136—137页。

反应。

确定不可预计费用是一件非常困难的事情。一方面，如果这笔费用预留得太少，那么当它不足以应付偶发事件时，精心策划的广告计划的实施就会被打乱。另一方面，如果这笔费用留得太多，则可能造成资金处于不流动状态，造成资金利用率低下。更为糟糕的是，如果有太多的不可预计费用剩下来，很可能造成管理高层对广告预算的科学性持怀疑态度，有可能在以后的年度预算内严格控制广告预算的额度。

有些管理者和广告策划人不是采用事先预留的办法设定不可预计费用，而是随计划推进保留多余费用作为不可预计费用。比如，在媒体购买过程中实施更为积极的购买策略，进行有效的砍价，或者在制作过程中合理控制支出。通过这些环节，广告活动的执行者可能为偶发事件逐渐积累一笔可观的资金。

第四节　广告策划中的连接点

完成情况分析，有了清楚的目标，以及制定了用来实现目标的广告预算之后，就可以开始策划广告讯息和媒体计划了。策划广告讯息和媒体计划的工作有时在广告主内部完成，有时则交给专业的广告代理公司去做。无论由谁来策划广告讯息和媒体计划，都应该认真考虑广告讯息内容、广告媒体与市场的相关性，以及它们之间的彼此联系。

一、营销策略、讯息以及媒体方针

我们已经知道，有许多原因会促使公司去做广告。其中，促进销售是最主要的原因。很多人常常讲，广告最终是为了促进销售，但在具体的执行中却无法做到将广告讯息、广告媒体和市场相联系。

有一种经常用到的市场营销矩阵包含有四种促进销售的方法：（1）促进既存产品在既存市场上的销售；（2）促进既存产品在新市场上的销售；（3）促进新产品在既存市场上的销售；（4）促进新产品在新市场上的销售。从经营角度来说，这四种方法的风险性依次升高，最后一种方法的风险性最大。

这个矩阵对于营销计划来说是适用的，但是对于广告策划却不够完备。

下面将要介绍的思考矩阵加入了广告讯息和广告媒体。这种思考的第一步是先把关注点从增进销售上移开，而代之以考虑增进购买。增进销售和增进购买这两者看起来似乎是一件事，但是思考的出发点大不一样。增进销售是以广告主为思考的出发点和核心，增进购买则是从顾客的立场出发考虑问题。从购买的角度考虑，有三种方法可以增进对既存产品的购买：（1）增进既存顾客的购买。这需要增加市场的价值，而不是去追求扩大购买群体。（2）创造新顾客的购买。这需要扩大市场的范围，增加顾客的人数。（3）吸引竞争者顾客的购买。这需要靠重新细分市场来吸引竞争者的顾客。这三种用来增进对既存产品的购买的方法比之前的思考方法更有利于广告策划，因为它们还考虑了品牌转化的问题。与此类似，从购买的角度考虑，也有三种方法可以用来考虑新产品的情况：（1）增进既存顾客对新产品的购买。在这种情况下，你知道你的顾客是谁，并且知道如何把讯息传达给他们。比如，你可能在以前的经营中建立起顾客资料库，现在有新产品推出，而这一新产品正好是以你资料库中的既存顾客为目标消费群，那么，这时你就很容易把讯息传递给他们。在拥有准确资料库时，你甚至可以利用"点对点"的方式（如直邮、电子邮件、短信、QQ、微博、微信等 SNS 媒体互动）来传达有关讯息。（2）创造新顾客对新产品的购买。如果推出新产品，却没有既存的顾客明显是该新产品的目标消费群，那么你就不可能从已有的顾客关系中获得明显的利益。（3）吸引竞争者的顾客对新产品的购买。在这种情况下，你也没有现成的利益可以获得，而且你还必须和顾客对你竞争者的忠诚度作斗争。

如果是多用途产品，那么以上六种思路的思考矩阵就可以加以扩展，可以在通常的广告战役外附加广告战役，以建议产品的其他用途。

结合市场策略考虑讯息内容、媒体计划的安排，基本上可以总结如表 8 - 2 所示。

表 8－2　营销策略、广告讯息以及媒体方针的关系

营销策略	广告讯息	媒体方针
针对既存产品		
1. 增进既存顾客的购买	在已有的接触和关系基础上，提供新的使用方法或促进更多使用的理由	坚持目前的媒体安排
2. 创造新顾客的购买	解释产品能带来的利益，提醒没有注意到你存在的人：你在为他们提供产品	考虑新媒体
3. 吸引竞争者顾客的购买	告诉竞争者的顾客，你的产品比他们目前用的更好，或者改变他们的购买习惯	关注竞争者的媒体
针对新产品		
4. 增进既存顾客对新产品的购买	在已有的接触和关系基础上，解释产品能带来的利益	坚持目前的媒体安排
5. 创造新顾客对新产品的购买	解释产品能带来的利益和公司在其他领域的良好业绩	考虑新媒体
6. 吸引竞争者的顾客对新产品的购买	解释产品能带来的利益，告诉竞争者的顾客，你的产品比他们目前用的更好，以改变他们的品牌忠诚	关注竞争者的媒体

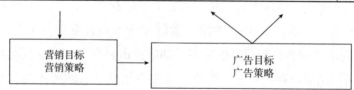

营销目标
营销策略 → 广告目标
广告策略

　　一个广告应该是为了实现特定目标而做的，它很难同时满足其他的目标的需要。针对每一种具体的情况，都应该配之以特定的广告讯息和媒体。在一个针对既存消费者的广告战役中，广告创意的立足点是促使既存消费者使用更多产品，这种讯息可能让其他非使用者无法了解产品的基本特点，也就不可能吸引新的顾客。一个针对潜在顾客的广告战役，其广告讯息通常会强调产品对潜在顾客的根本利益，因而可能让既存顾客感到厌烦，因为既存顾客已经熟悉了其广告讯息。对于竞争者的顾客来说，这种广告讯息可能也不能战胜他们已有的品牌忠诚。同样的道理，一个用来劝服消费者作出品牌转换行为的广告通常强调"我"的产品要比别人的产品更好或更有特色，这种讯息一般也不适用于教育新的消费者，因为这种广告可能把重点放在比较方面。

　　媒体的安排也应该考虑到具体的情况。为了促进既存顾客购买，应该加强目前媒体的力度（当然，前提是这种媒体应该是合适的媒体）；而如果要吸引新的顾客，就应该使用一些新的媒体。如果想争夺竞争者的顾客，那就应该了解竞争者的媒体选择，并选择同样的媒体。和竞争者进行全面精准的对抗是非常困难的，因为完全了解竞争者的媒体选择本身是一件难事。因此，广告战役必须建立在清楚的、详细的营销目标基础之上，必须有广告目标；而广告目标也必须建立在营销目标基础上，为营销目标服务。

　　增进销售的不同途径需要不同的广告讯息和媒体与之相配合。然而，如同许多道理一样，虽然听起来很明白，但是做起来往往很难。从理论上讲，特定的情况都应该配之以特定媒体和广告讯息。但是，在实际的运作中，广告策划人很少能够严格地做到将广告讯息 A 通过媒体 A 传达给新的顾客，将广告讯息 B 通过媒体 B 传达给既存顾客，将广告讯息 C 通过媒体 C 传达给希望中的品牌转换者。无论怎样严格控制，都可能发生重叠现象。

　　需要指出的是，不同的促进销售方法是可以配合使用的。但是，广告策划人在组合这些方法时，应该在广告战役中有意识地组合不同的广告构成讯息，每种构成讯息都应该有特定的针对性。这种做法和用一种广告讯息去实现多个目标是有区别的。在广告战役中采取不同讯息的组合策略，需要很高的技巧，并不是靠巧合就可以成功的。当然，除了增进销售的目标之外，促进销售的方法还与很多其他的目标有关，但是，不管是为了实现哪种目标，都应该考虑制定有针对性的广告讯息和广告媒体策略。

二、讯息和媒体的连接点

　　任何一个广告战役都必须考虑到广告讯息和媒体这两方面内容的集合。在进行具体的、细节性的广告策划之前，应该在两个方面达成共识，并在实际的广告战役中使两方面适应具体情况的变化，不断进行协调。

　　如果要在一个杂志上预定一个整版广告，就意味着要在广告内容和和媒体两个方面作出决策。一方面，要为一个整版的彩色广告作出广告创作方面的决定；另一方面，要在一定的费用范围内制订媒体计划，并根据媒体计划表在该杂志上预定一个整版。广告创意人员必须认识到这两方面的要求，创作相应的广告；媒体人员也必须认识到这两方面的要求，并按计划行事。

此外，创作和媒体这两方面都必须在如何吸引人们注意力方面达成共识。创作出一条广告，然后随便地把它放在合适的媒体上并期望人们能够看到它，这是不够的。广告策划人必须做一些事，以尽量确保广告不仅仅是出现在人们面前，而且使人们能够真正地去看它。

不论是广告创作方面还是媒体策划方面，都有很多方法可以用来吸引人们的注意力。创作方面的办法包括使用可以用来吸引人的大标题和引人注目的图片等。媒体方面的办法包括使用扉页、特定的编辑位置等。有些办法则同时使用创作技巧和媒体技巧，比如，利用彩色和大版面等。不论使用什么办法来吸引人们的注意力，在创作和媒体两方面达成共识是至关重要的。只有这样，广告策划的两个重要方面才能协调发挥作用。

在对广告创作和媒体策划两方面进行协调的过程中，有时候需要以一方面为主，另一方面作出妥协。所以，这两方面的工作为了争夺各自的主导权而常常发生矛盾。比如，当为一个产品创作广告时，创作人员可能认为产品需要展示，而倾向于使用电视广告或者电影广告这些有画面、有声音、有动感的媒体广告，而媒体人员可能认为其他媒体有更有效的覆盖率。在这种情况下，就需要根据实际情况，通过协调作出决定，或以媒体作为导向，或以创意作为导向。但是，任何创意如果不考虑到基本的媒体情况，就是不现实的；同样，任何媒体计划如果不能体现创意的意愿，也是不合适的。不论哪种导向，都必须服从于整体的广告目标。

在最近几年开始盛行的"创意性媒体策划"中，创意活动和媒体策划活动实际上是混合在一起的。例如，耐克公司在巴西推出一个"垃圾箱篮板"广告，标有那个著名"弯钩"标志的"篮板"树立在垃圾箱的后面，以提醒人们要"投准"垃圾。该广告获得了戛纳广告大奖。从创意与媒体方面看，它是一个典型的创意性媒体策划。

第五节　制订广告讯息计划

情况分析、确定目标以及制定总体广告预算是广告策划的三个步骤，应该在制订广告讯息计划之前就加以考虑。如果不能意识到这几步工作的重要性，广告讯息的策划就可能出很多问题。

　　制定广告讯息，应注意以下几点：首先，应清楚地认识到，进行情况分析、确定目标并制定预算不等于制定了广告讯息。其次，广告讯息应该具体、明确。诸如"我们要策划一次引人注意的、有趣的并且能够被人们记住的广告战役"这样的话是没有明确的指导意义的。任何人做广告都会希望获得上面这句话所说的效果，谁也不会希望策划一次枯燥的、沉闷的、转眼被人遗忘的广告战役。此外，还有一点应强调的是，制定广告讯息的出发点应该是消费者。

一、从创意意图视角开发广告讯息

　　前面已经提到，广告中的一些安排是为了确保广告能够被潜在消费者看到，这必然是创意方面和媒体方面联合作用的结果。但是，无论采取什么样的创作技巧，广告策划人都必须清楚广告的创意意图，也就是说，广告到底要说些什么以吸引潜在的消费者。广告要告诉消费者最重要的选择理由。广告策划人应预期潜在消费者看过广告后的反应，比如：广告是为了改变短期态度，还是为了改变消费者的长期消费习惯或生活形态？如果是为了前者，广告讯息通常可从刺激当前较显在的需求入手；如果是后者，广告就可能需要深挖潜在消费者内心隐秘的欲求。

二、从购买的决策过程视角开发广告讯息

　　消费者要购买的是什么？企业要出售什么？这是两个不同的问题。企业所认为的产品的优点不一定是消费者喜欢的。广告人需弄清楚，当你所服务的产品和竞争对手的产品在基本性能与用途方面基本相同时，消费者为什么可能只买你所服务的产品，而不选择对手的产品呢？

　　品牌印象、熟悉程度、获得产品的方便性、服务的持续性等因素就可能提供额外的理由。此外，广告讯息应该为消费者的选择提供重要的购买理由，并且提供进一步的支持性信息。

　　另一个用来开发广告讯息的视角是分析购买的标准。在分析购买决策时，一种有效的办法是制定一个"购买理由的量尺"。根据分析该量尺的刻度值，可找到开发广告讯息的一些基本因素或者方向。下面是一组"购买理由的量

尺"的例子：

经常 ——————— 极少

理性 ——————— 感性

高卷入 ——————— 低卷入

计划性购买 ——————— 冲动性购买

品牌忠诚者 ——————— 随意转换者

个人决定 ——————— 参考意见

这些量尺及具体的刻度值往往需要通过市场调查获得。调查者通常会根据具体需要为量尺标上 1—5 或者 1—7 等不同的刻度，以表示相对的倾向性。

什么是创新和扩散，在前面已经提到过，在广告策划中，也可以利用创新和扩散的特点制定相应的广告讯息，以适应不同的创新扩散阶段，以及不同阶段的不同人群。

三、从传播效果模型与消费者内心过程视角安排和建构广告讯息

当广告策划人开发出了广告讯息时，就需要考虑如何安排和建构这些广告讯息。前面已经分析过不同的传播模型，以及关于消费者内心过程的不同理论。利用这些模型或者理论，可以帮助广告策划者有效地安排和建构广告讯息。下面再介绍几个在广告讯息制定过程中常用的模型。这些模型解释了广告讯息如何产生作用。比如，E. S. 路易斯（E. S. Lewis）于 1898 年提出的 AIDA 模型强调了注意（Attention）、兴趣（Interest）、欲求/欲望（Desire）、行为（Action）四个阶段。20 世纪 20 年代，爱德华·H. 科利（Edward H. Colley）在 AIDA 模型基础上提出的 AIDMA 模型在欲求/欲望之后增加了"记忆"（Memory）这个阶段。此外，还有 1961 年罗赛尔·H. 考利（Russell H. Colley）提出的 DAGMAR 理论，这一理论源自其为全美国广告客户协会所作的名为《为测评广告效果而需明确的广告目标》（Defining Advertising Goals for Measured Advertising Results，DAGMAR）的报告。该理论把广告目标限定在传播的范围内，设定广告传播目标为认知、理解、态度、行动四个阶段。日本电通公司根据互联网时代消费者的商品认知及消费行为模式的特征，提出了 AISAS 模型，即认为消费者的商品认知、购买、消费模式可分为注意（Attention）、兴趣（Interest）、搜索（Search）、行动（Action）、

分享（Share）几个阶段。其中"分享"阶段指消费者对自己感兴趣或已购买的产品，通过消费者自发媒体进行传播分享的行为。这些理论是学者及实务工作者根据各自的研究提出的，从实践方面看，并没有一个好与坏的绝对标准，关键是要针对具体情况加以合适的运用，根据实际的市场情况、产品特性、消费者特征和竞争环境制定相应的广告讯息。比如，以 AIDA 模型为例，该模型强调了注意、兴趣、欲求/欲望、行动四个阶段，那么，广告讯息就应该首先引起受众的注意，接着要引起受众的兴趣和欲求，最后促使潜在消费者产生行动。这些为达到不同反应阶段目的的广告讯息有时可以建构在一个广告作品之内，有时则可以建构在一系列广告作品之内或分阶段的广告活动的事件中。这也从一个侧面再次说明：广告创作应该有具体的创作目标。关于效果模型与广告目标的关系，这里只是做一个概述，后面相关章节将进行更为详细的讨论。

四、通过广告创作开发和制定广告讯息

有一些经典的广告创作方法可以帮助广告策划人制定广告讯息。这些经典的广告创作方法包括：USP 法、品牌形象、定位等其他方法。关于这些经典广告创作方法，将在后面的章节中详细介绍。虽然经典的广告创作方法在"说什么"和"如何说"方面各有各的特点，但它们的共有特点是在策略性的思考基础上进行创作。这就是说，这些经典的方法融合了开发和制定广告讯息的过程。这一点，许多学者和实际广告策划人没有认识到，有的人将这些方法简单归为广告创作的方法，有的人则把它们归入开发广告讯息的过程。

从本质上讲，广告创作并没有固定的法则。但是，历代广告人在长期的实践中积累了一些经验，这些经验为初学者提供了很好的参考，构成了进行广告创作时需要掌握的常见规则。这些规则大致包括以下方面：强调功能、优点以及利益；在一个广告中最好进行单一的诉求；重视品牌的塑造；等等。

五、通过广告制作表现广告讯息

广告制作常常是和广告创作（或叫广告创意）联系在一起。但是，当我们提到"广告制作"时，更侧重"制"的内容和过程。从流程上看，广告制作是广告创作（或叫广告创意）的中后期，广告制作的前期常常和广告创作

（或叫广告创意）的中期混合在一起。所以，有些人提到广告创作（或叫广告创意）时，如果从广义上理解，其实包含了广告制作的内容。在本书中，把广告创作（或叫广告创意）和广告制作视为两个紧密联系的过程，分别是广告讯息战略的构成发展过程和实现过程。广告讯息必须通过广告制作才能表现出来。长期以来，广告人也在广告制作方面积累了大量的经验，发现了一些可供参考的规则。关于广告讯息战略的构成发展与实现过程中的广告创作和广告制作，本书将在后面的章节中做详细的介绍。

第六节　制订广告媒体计划

媒体计划的制订其实可能是和开发广告讯息同步互动进行的。一个吸引人的、有说服力的广告必须通过媒体发布出去才能发挥作用。有许多媒体可以利用，不同的媒体成本和受众是不同的。在不同地区、不同国家之间，媒体的各种指标也是有差异的。制订媒体计划可能需要很多数据。有些时候，获得数据的成本会很高。有些时候，数据会很难获得。即使能够得到数据，这些数据也不可能完完全全地反映媒体的实际情况，因为我们所处的世界正如古希腊的哲学家所言，处于不断的"流变"中。

在做广告策划时，有很多的媒体可供选择。不同媒体的重要性是不一样的。同样的媒体，其重要性也会因处于不同的国家和地区而出现差异。在我国，尽管互联网近年来已经成为一种非常重要的广告媒体，但是电视、报纸、杂志、广播这四种传统大众媒体依然是中国社会的主流媒体，依然是媒体计划可供选择的主要广告媒体。当然，各种媒体获得的广告预算比例会根据特定广告计划的需要而有所不同。值得强调的是，电视长期以来是广告商最重视的广告媒体。电视广告的长度标准会因国家和地区而不同。在电视或其他媒体不发达的国家和地区，广播的重要性会非常明显。此外，由于收听习惯不同，广播在不同国家和地区的重要性有很大差异。不同媒体的售卖方式也是不同的，同一媒体在不同国家和地区的售卖方式也可能有差异。比如，在英国，媒体谈判是媒体购买的重要环节。在我国，媒体购买中的谈判和协商也变得越来越重要，打折的情况非常普遍。然而，在有些国家，法律可能严格限制媒体随意打折。

更具体地说，在进行媒体选择时，广告策划人通常需要考虑以下问题：媒体类别，媒体买卖的单位，媒体的优点和缺点，媒体数据资源，媒体到达受众有何特征以及什么样的产品适合他们，哪些可以成为候选媒体。这些基本问题是进行媒体策划的思考前提。

要选择合适的广告媒体，就必须进行媒体比较分析。媒体比较分析大致包括四个方面的内容。（1）量的标准。媒体的量的标准大致有：媒体受众，媒体达到/送达区域，受众总数，媒体渗透，受众的情况，媒体损耗，可获得的媒体数据量。（2）质的标准。媒体的质的标准主要考虑媒体信息的接触和接受情况。对于广告来说，则重点考虑受众对某媒体中的广告信息的接受情况。许多广告公司的媒体策划其实经过两个阶段：第一个阶段关注媒体量的标准；随着广告客户的要求越来越高，广告公司之间、媒体之间的竞争越来越激烈，媒体策划对媒体质的标准越来越看重。（3）质与量的标准。实际的广告媒体策划其实是对质与量的标准进行混合考察。媒体使用情况同受众对待媒体的态度以及媒体质与量的标准都有关。（4）成本。不论是对量的标准还是对质的标准进行考察，媒体成本都是重要的评估指标。在进行成本评估时，要分析不同媒体的成本、成本与价值的关系、该种媒体广告的制作成本。在以上分析的基础上，广告和媒体策划人才能最终选择广告媒体。

在制订总体广告媒体计划时，一方面要考虑不同市场的权重，把预算在不同市场中作出分配；另一方面，需要考虑预算在不同媒体上的分配如何进行。具体媒体预算的分配，还要根据广告讯息战略的要求进行设定。

在制订广告媒体计划时，要考虑根据广告策划的具体要求作出合适的权变。广告策划具体的要求包括：广告的单元（版面大小或广告片时间长度等）、广告活动持续长度、广告的频次、具体的媒体名单等因素。影响广告媒体计划制订的其他一些因素包括：组合不同大小/长度的广告的需要，重新考虑后的市场权重（如市场潜力、正面的忠诚度及负面的因素如消费者缺乏购买影响的市场弹性）等，以及在不同媒体排期法（持续型、脉冲型）上的权变。在实际的媒体计划中，策划者常常通过媒体组合战役来增加媒体渗透，实现必要的重复覆盖和净增覆盖。关于媒体计划的具体内容和进行媒体计划所需要的基本知识，本书将在后面的章节中详细介绍。

在制订广告媒体计划时，还可能包括对除广告之外的其他环节的考虑，通过选择其他可配合的手段来加强广告效果。常用的配合手段包括公关、销售促进、现场活动等。当广告媒体计划制订后，要经过广告公司的内部审定和广告客户的最终审定，只有在审定之后，广告媒体计划才能进入执行阶段。在执行过程中和执行之后，广告公司、广告客户还常常对广告媒体计划的结果进行评价和评估。

总之，广告媒体计划是市场营销计划的延伸，必须能够反映整体的市场营销策略和创意策略。广告媒体计划是以建议的方式提出的广告主商业投资的一部分。广告主希望通过对广告媒体计划的实施，获得最大的投资回报。当然，尽管成本效益非常重要，但是不能以牺牲广告的有效性为代价。制订广告媒体计划，必须保持开放的思维。狭窄的思路会影响对高效率媒体的采用。广告媒体计划人员对数字要保持高度敏感，但是不能用数字代替思考，做决定还需要情感、勇气、直觉以及决断力。广告媒体计划在实施后，要进行监测评估，确保媒体机构落实广告媒体计划。因此，广告媒体计划人员应和媒体机构保持充分的沟通，彼此之间要坦诚相待。杰出的广告媒体计划人员最大的贡献在于媒体计划与购买中，但不该推卸如下的责任：向广告主推荐可帮助其提高销售的、在市场营销方面具有创造性的好想法。

第七节　广告策划步骤与广告策划书

以上介绍了广告策划的主要内容，也说明了广告策划的核心程序。学界与业界对于整体广告策划的程序还有一些详略不同的分步法。分步法的不同主要源于侧重点的不同。有的分步法侧重从广告策划的内容进行分步，有的则侧重工作开展的流程。对于读者而言，可能希望多了解一些。因此，我们下面列举不同的分步法以资参考。

倪宁将广告策划程序总结为五个步骤：（1）成立策划小组；（2）明确分工，重视调研；（3）会商构想有关战略策略；（4）编制广告策划书；（5）准备参加提案会。① 这种分步法重在对广告策划组织相关工作的流程加以强调，而广告策划的内容包含其间。

孙有为将整体广告策划的程序表述为九个步骤：市场调查，研究分析，确定广告目标，制订广告策略，制作广告计划书，广告创作，广告实施，广告调查，总结报告。② 这种分步法重在对广告策划所涉及的思想与行动的内容过程加以强调。

杨荣刚总结的广告策划程序则更为详细。他将广告策划分为 11 个步骤：第一步，成立专案计划小组；第二步，确定市场目的；第三步，进行市场研究；第四步，进行定位研究；第五步，确定广告目标；第六步，确定广告层次；第七步，确定广告战略和战术；第八步，确定使用媒体的方式；第九步，确定广告预算；第十步，确定广告日期；第十一步，进行广告评估。后来，此 11 个步骤进一步划分为调研、策划、实施、评估四个阶段共 35 个步骤。其中，调研阶段分为：第一步，对产品进行分析，明确产品定位；第二步，对同类产品进行分析，明确竞争对手；第三步，对市场发展机会进行分析，明确潜在市场在哪里；第四步，进行市场定位分析；第五步，对消费者进行分析，明确广告对象。策划阶段分为：第六步，对企业指标进行分析，明确销售策略；第七步，明确广告目标和广告指标；第八步，明确广告目的；第九步，确定广告战略；第十步，决定最佳混合方案；第十一步，明确创意概念；第十二步，决定广告内容；第十三步，决定广告预算；第十四步，明确媒体策略；第十五步，制定实现广告计划的不同方案；第十六步，对不同广告计划方案进行评估；第十七步，决定最佳广告计划方案。实施阶段分为：第十八步，确定广告设计方案；第十九步，明确广告创意要点；第十九步，明确广告创意要点；第二十步，决定广告表现战略；第二十一步，确定广告文案方案；第二十二步，确定广告地区；第二十三步，确定广告媒体选择；第二十四步，确定广告时间；第二十五步，确定广告单位数量；第二十六步，听取各方人士意见，取得广告负责人认可；第二十七步，召开客户参加的提呈会议，取得客户认可；第二十八步，制作广告作品；第二十九步，检查广

---

① 倪宁：《广告学教程》，中国人民大学出版社 2001 年版，第 96—98 页。
② 孙有为：《整体广告策划》，世界知识出版社 1993 年版，第 7 页。

告作品的质量，并进行评议或修改；第三十步，将完成的广告作品送媒体刊登或播放。评估阶段分为：第三十一步，收集广告信息反馈；第三十二步，评估广告效果；第三十三步，总结经验教训；第三十四步，再次做市场检查；第三十五步，制订新的广告计划。① 其中，第二十七步中所言的"提呈"，即现在一般所说的"提案"工作。杨荣刚总结的广告策划程序非常有助于教学与训练的开展；但是，也有过于烦琐之嫌，因为此种极为具体的分步，可能使实际工作者产生僵化的思维与工作模式。

颜伯勤将整体广告策划分为七个阶段共九个小步骤。第一阶段为成立小组，包含第一步：成立小组。第二阶段为研究商品与市场，分为：第二步，商品研究；第三步，市场研究。第三阶段为研究定位与层次，分为：第四步，定位研究；第五步，广告层次研究。第四阶段为研究战略战术，包含第六步：广告战略战术研究。第五阶段为研究选择媒体，包含第七步：媒体选择研究。第六阶段为研究广告预算，包含第八步：广告预算研究。第七阶段为编写计划书，包含第九步：编写广告计划书。其中，广告计划书被认为应该包含八个方面：前言（或广告目的）、市场分析、广告重点（或广告战略）、广告对象（或诉求对象）、广告地区（或诉求地区）、广告进行法（或广告战术）、广告预算分配、广告效果测定。②

通过比较以上几位学者对广告策划程序的分析，我们可以发现，广告策划程序一般都离不开情况分析、确定广告策略、确定广告预算、制定内容战略、制定媒体战略等几方面主要内容；而在不同学者整理的程序中，一些小步骤在广告策划程序中所处的位置有前有后。实际上，在现实的广告策划中，广告策划人往往以更加灵活的方式开展广告策划工作。

在实际工作中，为了更好地组织人员投入广告策划工作，不同的生产企业、不同的广告公司，往往对如何开展广告策划有自己的运作思路。运作思路可以理解为对复杂的策划内容进行简化，以期更好地协调团队的工作。比如，电通公司倡导"计划—执行—检视"（Plan-Do-See）广告策划法，即：将

---

① 杨荣刚：《现代广告学》，经济科学出版社 1987 年版。转引自孙有为：《整体广告策划》，世界知识出版社 1993 年版，第 12—13 页。

② 颜伯勤：《广告学》，台湾三民书局 1985 年版。转引自孙有为：《整体广告策划》，第 14—15 页。

广告策划的运作视为从计划到执行再到反馈的整体过程。[①] 其他常用的广告策划运作思路还有 HITS 法、三阶段可能性追求法等。所谓的 HIST 法，是将广告策划的运作思路分为四个阶段：（1）遇到困难怎么办（How）；（2）主意与方法（Idea）；（3）尝试（Try）；（4）决策（Select）。所谓的三阶段可能性追求法，是指将广告运作思路分为以下三个阶段：（1）发掘可能的需求；（2）整理可能的意见；（3）进行可能性测试。[②]

　　广告策划的主要内容、核心程序以及运作思路最终都会体现在广告策划书中。广告策划书是广告策划的书面表达形式。在营销策划书中，活动目标通常是根据销售额或者市场份额来定义的。而在广告策划书中，各种目标可能与营销策划书中的目标相同，或者目标也可能根据传播层面的指标（比如知名度、偏好度等）来定义。

　　[①]　关于电通公司更为丰富的广告策划思想，可参见何辉：《电通如何成为第一》，中国市场出版社 2005 年版。

　　[②]　黄升民、段晶晶：《广告策划》，中国传媒大学出版社 2006 年版，第 13—14 页。

第九章　广告活动的基础——调查研究

第一节　调查研究与广告调查研究

策划广告活动可用来参考的调查研究包括很多种，大到国民经济的统计调研，小到对消费者关于一条广告的反应的调研活动。但是，通常来说，对开展广告活动最有用的是市场调查和更为狭义的广告调查。广告调查常常归属市场调查的范畴。

一、市场调查

市场调查是指利用科学、系统的方法，对有关产品、服务、企业以及企业所生存的市场环境客观地测定、分析及评价，并以此为营销决策提供依据和帮助解决营销问题。市场调查也常常称为市场调查研究或市场调研，在我国香港、台湾地区常常叫作营销研究或行销研究。

现代市场调查源于美国，大约出现在 19 世纪末。最初的市场调查内容是针对农业机器、纺织品、食品、汽车等行业的广告媒体、销售情况以及分销渠道的调查。在 1929—1931 年的世界性经济危机期间以及此后的一段时间内，企业为了降低经营风险，减少广告预算的浪费，开始重视市场调查技术的运用。同时，社会学、心理学、经济学、统计学获得进一步发展。这些学科的理论成果运用到市场调查中，促进了市场调查方法和技术的发展。

美国在市场调查方面处于世界领先地位。菲利普·科特勒认为，美国的市场调查在 1980 年以前大致经历了六个阶段：（1）1880—1920 年：工业统计阶段。这段时期内，调查以普查为主。打孔卡的发明，开创了机器处理资料的先河。（2）1920—1940 年：随机抽样、问卷调查及行为衡量的阶段。此

时，市场调查人员已了解如何进行有效抽样以及设计更好的问卷。　（3）
1940—1950 年：管理当局自觉阶段。此阶段，管理当局①利用市场调查辅助
营销决策。（4）1950—1960 年：应用实验法阶段。此阶段，调查人员开始使
用实验法。（5）1960—1970 年：应用电脑分析及计算方法阶段。此阶段，调
查人员开始设计各种营销决策模式，并运用电脑分析。（6）1970—1980 年：
消费者理论发展阶段。此阶段，市场调查开始注重通过调查解释并预测消费
行为。

　　中国有学者认为，1980 年以后可以被认为是市场调查的第七个发展阶段，
属营销资讯系统发展阶段。② 该观点认为，市场调查资讯被置于营销资讯系统
中加以系统运用，是该阶段的特征。

　　本书作者认为，20 世纪 90 年代中期以后，由于互联网的兴起、新媒体种
类的迅速增加，以及消费者日益细分化等新情况的出现，市场调查已经进入
一个新的阶段（可以被认为是第八个阶段）。这一新阶段属于重"质"调查
阶段，在这一阶段，市场调查人员日益重视消费者对信息的接受程度以及信
息与消费者生活的相关性。这一新阶段的另一特征是：大量市场调查基于互
联网进行，数据库和软件分析得到普遍运用。

　　由于企业的市场营销活动需要研究大量的问题，因此，从广义上讲，市
场调查的范畴是非常广泛的，凡是与营销问题相关的研究，都可以归属于市
场调查的范畴。主要的市场调查活动包括：市场特性的确认调查，市场潜量
的测定，市场份额分析，销售分析，企业趋势研究，长期预测，短期预测，
竞争产品研究，新产品市场潜量研究，价格研究，等等。

　　有学者将市场调查内容分为七类：（1）产品研究。主要包括新产品的接
受和潜量研究、竞争产品研究、现行产品测试、产品组合研究、包装研究、
价格研究。（2）企业研究。主要包括短期预测（一年以内）、长期预测（一
年以上）、企业趋势研究、出口和国际营销研究、公司内部职工研究。（3）消
费者研究。主要包括消费者行为、使用习惯、态度及品牌市场概念的定量研
究和定性研究。（4）媒体研究。主要包括媒体接触率调查、媒体收视/听率调

---

① 此处指美国的政府管理部门。
② 黄升民、黄京华、王冰：《广告调查》，中国物价出版社 1997 年版，第 8 页。

查、广告监测调查、媒体广告量统计分析、媒体广告效果测试。（5）广告研究。主要包括动机调查、文案调查、广告效果研究。（6）销售与市场研究。主要包括市场潜量的测定、市场份额分析、市场特性的确认调查、销售分析、分销渠道研究、促销活动研究。（7）民意研究。主要包括社会价值和政策研究、生态影响研究、法律限制研究（有关广告、促销等法规）、企业公众形象研究。①

这种市场调查的分类，包含了市场调查的核心内容如市场潜量的测定、市场份额分析、市场特性的确认调查、销售分析等，也包含了市场调查的相关内容，如社会价值和政策研究、生态影响研究等民意研究。在这种分类中，广告调查研究被界定在一个比较狭义的范畴内。

二、广告调查研究

广告调查研究可以是一般性的或是特殊性的。广告调查研究，是指为了给实际的广告策划活动提供参考信息、支持数据、决策基础而进行的应用性调查和研究活动；或是为了从整体上研究广告，探索广告的运作规律等所做的基础性研究。

广告基础研究，是一种一般性的调查研究形式，有时我们习惯把它称为"理论研究"。广告基础研究从整体上研究广告、探索广告的观念。广告基础研究可以为诸如"广告是如何发生作用的"这类问题寻找答案。传播学、心理学、社会学以及美学等其他与广告相关的学科，也都为广告这门边缘性学科提供了许多有用的基本性发现。

广告基础研究的成果通常发布于专业性的学术刊物。在我国目前纯学术性的专门广告刊物不多，大多数广告研究性文章在传播类、管理类的学术期刊上发表。《中国广告》《现代广告》有时会发布一些学术性的文章。北京大学创办的《广告研究》是近年来广告学术研究领域影响较大的刊物，发表了一些有影响的基础性研究成果。我国广告方面的基础性研究成果还远远落后于世界水平。目前中国广告基础研究的基地大多在高校，广告基础研究（或者说广告理论研究）的主题一般是广告研究者根据自己的研究领域、兴趣爱好或业界反映的热点问题开展研究。

---

① 黄升民、黄京华、王冰：《广告调查》，中国物价出版社 1997 年版，第 7 页。

广告界所进行的研究主要是广告应用研究。相对于广告基础研究来说，广告应用研究是直接为应用服务的，它的研究课题比广告基础研究更具实用性，并且，研究课题更个别化、专门化。广告应用研究的课题大多集中于广告活动的某个部分或环节，如媒体选择、文案测试、广告制作等问题。许多广告杂志，如《中国广告》《现代广告》等都会发布这方面的研究成果。广告应用研究包括许多内容，本书在这一章将对广告应用研究做一些介绍。

第二节 常用的广告应用研究

根据已有的数据和事实所做的广告研究，叫作广告次级研究。通过次级研究获得的数据和资料叫作次级资料或二手资料。次级研究是在现成的数据和事实上进行的，研究比较方便，所以研究要投入的成本比较低。

大多数公司因为不可能花费大量的费用进行研究工作，所以一般都采用比较省钱的次级研究。次级研究的关键是要有现成可用的数据和事实。那些现成可用的数据和事实可以成为次级资料。从心理学、社会学、传播学等许多与广告相关领域的研究成果中，我们可以获得很多次级资料。但是，大部分的广告次级资料要通过专业的研究机构才能获得。这些研究机构开展对各种产品和服务的研究，并发表、出售其研究成果。这些研究成果一般是可以被很多广告主或有关组织机构共享的。因此，有时这种研究也被称为联合研究。利用《IMI 消费行为与生活形态年鉴》① 进行的研究，就属于一种利用联

---

① 《IMI 消费行为与生活形态年鉴》是使用大量数据描述中国城市消费者的年鉴，类似的消费者行为和生活方式方面的数据与调查研究在美国、日本、英国已经有 20 年以上的历史。北京广播学院广告学系 IMI 市场信息研究所从 1995 年开始，出版发行中国大陆第一本消费者研究年鉴——《IMI 消费行为与生活形态年鉴（1995—1996 年）》。《IMI 消费行为与生活形态年鉴》在 2002 年有了全新突破。2002 年，IMI 与中国规模最大、最具权威性的收视率调查专业公司央视—索福瑞 CSM 联手，促成 2002 年年鉴新突破。CSM 公司通过了 ISO9002 国际质量体系认证，是中国境内调查业中首家通过该标准的企业。"公正透明，及时准确"是央视—索福瑞公司一贯遵循的质量方针和服务准则。CSM 拥有世界上最大的电视观众收视调查网络，至 2001 年年底，调查网络已遍及 150 多个市（县）2.7 万余户家庭，超过 8 万样本人口。IMI 借助央视—索福瑞庞大的调查网络，优质、高效地完成了全国 21 个城市共计 21000 个样本量的消费行为与生活形态入户问卷调查。《IMI 消费行为与生活形态年鉴》（2002 年版）调查范围由过去的 7 个重点城市扩大为 21 个城市，分别是北京、上海、广州、成都、武汉、西安、沈阳、天津、长春、哈尔滨、南京、杭州、宁波、福州、南昌、青岛、郑州、长沙、深圳、重庆、昆明。每个城市抽取 1000 个样本，21 个城市样本总量共计 21000 个。

合研究提供的次级资料进行的研究。IMI市场信息研究所在出版年鉴过程中所做的研究，并不是专门为某个或某几个广告主服务的。年鉴公开出版和发行，广告公司、广告主、媒体以及有关组织机构都可以从中找到有用的东西。与广告相关的次级研究一般包括两大类：一类是次级市场研究，另一类是次级广告研究。

关于研究内容，前文其实已经说过，包括要制订广告计划，必须了解市场，确定目标消费群等。产品或服务要想在市场上取得成功，就必须了解所面临的市场。广告主当然可以自己来完成市场资料的收集，但是那会花费大量的时间和精力。借助专业研究机构的联合研究获得次级资料，是比较经济的。要制订广告计划，还必须了解竞争对手，进行竞争分析。在竞争分析中，分析研究竞争对手的广告是很重要的一项工作。有很多广告监测公司可以为广告主做这些工作。广告主完全可以借助这些公司的力量来提高效率和监测分析的效果。广告主可以向这些公司购买有关竞争对手所用的电视、报纸、杂志等广告的资料。这些资料会告诉广告主竞争对手的广告在哪些城市出现、在何种媒体上出现、出现次数、发布的时间规律，以及广告预算有多少。

广告活动开始前、发展广告策略时、广告活动全面展开前，广告效果通常都要进行次级研究和初级研究。其中，用得最多的是各种形式的初级研究。

广告初级研究，并不是指在进行这方面的研究时只要一些初级知识就可以了，而是指要研究的资料是从现实中直接获得的有针对性的资料。简单地说，初级研究是指根据特定的研究目标，通过调查，从现实中获得直接的数据和资料。初级研究获得的数据和资料叫作初级资料或一手资料。在这些资料的研究基础上，可以得到用来解答预先设定的问题的答案。所以，也有人把初级研究叫作基本研究。初级研究需要设计特别的、有针对性的计划来获取信息。

初级研究一般比较费钱费时。但是，初级研究可以提供很有针对性的信息，这些信息对广告活动具有重要的指导意义。很多研究机构可以为广告主提供专门的初级研究。广告调查研究中常用的初级研究有四种：（1）探索性的研究或定性的研究。这种研究主要用来界定研究问题、市场以及消费者。定性的研究是指非数量上的调查统计，常常是为了研究被访者某种行为背后的态度和原因，调查的人数通常比较少。这类研究中常用的方法包括：1）密集资料收集法。如：适用于一小群人的焦点小组访谈和针对个人的深度访谈等。焦点小组访谈也叫集体访谈，是定性调查的一种主要方法，指对某一特定的课题找出合适的对象群组（如某商品的目标消费者），以他们为调查对象，把5—8人组成一个小组，让他们集合在一起进行面谈。针对个人的深度访谈是指对单个的被访者分别进行深入的面谈，以收集详细的信息。2）投射法。投射法是把被调查者置于某一情境中，以投射的感觉或经验回答研究者设计的关于产品或品牌的问题。投射法的技术包括词汇联想测试、角色扮演、完成卡通、主题统觉测验等。（2）描述性的研究或定量的研究。定量研究是指量化的调查方法，通常是从大量的调查对象那里收集信息并对信息结果进行统计处理。这种研究方式在广告活动中运用最为广泛。这类研究常用的方法包括：1）观察法；2）调查法。而在调查法中又有亲身访问调查、直邮调查、电话访问、互联网调查、固定样本调查等很多种。亲身访问调查由于常常是面对面进行的，所以又叫作面谈调查，是指由调查人员填写、提交调查问卷的一种方法。具体来说，由调查人员直接访问被指定的调查对象，按调查问卷所设定的项目进行提问，并将回答结果记录下来，填写在调查问卷上。直邮调查也叫邮寄调查，是指将调查表寄给调查对象，请对方填好后寄回的调查方法。电话访问也叫电话调查，是指由调查人员利用电话对被访者进行市场调查的方法，这种方法能以一个较大区域为调查地区并在短时间内收集信息。互联网调查是指利用互联网平台进行的调查。固定样本调查是指长时间地、持续地对特定的调查对象进行调查的方法。这些被调查的对象群体称为固定样本。（3）实验性的研究。这种研究常常在实验室中进行，利用仪器进行研究。（4）跟踪研究或执行效果研究。这种研究常常用于广告效果的评估。

第三节　广告活动进程中的研究

让我们将讨论的焦点更集中一点——专门就广告活动进程中的广告研究展开讨论。本书后面的章节将提到广告创意策略的开发，那么开发广告创意策略的根据是什么呢？这就需要对广告活动进程进行相关的研究。

一、广告活动开始前的研究

广告成功的种子往往早就埋在产品或服务、市场以及消费者的心中。因此，在开展广告活动之前，研究项目通常包括产品或服务本身、潜在消费者以及目标市场。广告活动开始前的调查研究主要有以下几个方面。

（一）关于产品或服务的调查研究

调查研究产品或服务，主要目的是研究产品或服务与消费者的需求有何种对应关系。有时候，如果调查发现产品或服务不能满足消费者新的或更高的需求，广告的压力就会很大。为了使产品或服务能和消费者的需求产生对应关系，我们常常会听到"广告创造需求"的说法。

（二）消费者研究

消费者研究（如消费者动机调查）的常用调查技术有：购物点拦截式调查法，一对一深度访谈调查法，小组面谈调查法（也叫焦点小组调查法），消费者心理投射调查法。最主要的消费者研究内容是消费者的动机研究。心理学认为，人的许多行为是动机的结果。人们购买某物或某种服务，通常有一定的动机。动机研究的任务就是寻找人们行为发生、态度改变背后的心理原因。动机研究是市场营销调查的一个组成部分，是为了了解消费者对产品、品牌的选择动机，购买行为背后有意或无意的动机而进行的调查。动机研究兴起于20世纪60年代的美国。当时，广告主和广告公司意识到，要想有效劝导人们购买，必须先深入了解消费者的购买动机和行为。动机研究的权威——美国奥地利裔学者厄尼斯特·迪希特（Ernest Dichter）的动机研究曾深受瞩目。他的动机研究包括两个方面：一是找出人们行为的原因；二是探讨促成消费者做某事的方法。他在《欲望之策》一书中表示，自己的工作目标是还人类行为之本来面目。① 在厄尼斯特·迪希特之后，各种消费者研究获得了很大的发展。

（三）市场研究

仅仅调查研究消费者还不够，广告主还必须了解消费者所身处的市场，

---

① 傅惠芬：《西方广告世界》，人民出版社1993年版。

因而必须进行市场研究。市场研究包括许多方面。作为广告活动的策划者，必须了解整体的经济情况，比如：是通货膨胀还是通货紧缩，失业程度如何，消费者对于经济形势的态度，等等。在了解全局情况后，策划者还应该了解该类别产品的市场销售总额、产品销售趋势、品牌份额等。产品的定价、产品的销售渠道、销售本产品的零售商类型、零售商的折扣方式、推销人员的类型和常用推销方式，以及品牌在零售商与消费者等各方面的声誉等，也是应该加以调查和研究的。在市场研究中，常常利用"指数"来分析产品在不同市场中的位置。常用的指数有"类别发展指数"和"品牌发展指数"等。这些指数可以帮助确认最好的市场或者配销百分比。

（四）竞争者研究

市场上几乎所有的产品和服务都是为了竞争消费者口袋里有限的金钱，所以，广告主不得不对竞争有一个必要的了解。广告主应该通过调查研究了解竞争者的产品，分析它们的优点和缺点、它们的定价、它们的重点销售讯息、它们的流通渠道以及它们的消费者。"知己知彼，百战不殆"，广告主对竞争者了解越多，广告主的胜算就越大。

（五）广告策略研究

在广告策略的发展过程中，常常也要进行研究。这些研究称为主题研究、文案纲要研究或者广告策略研究。这些研究是为了帮助广告活动的策划者寻找发展广告策略、创意策略的指导方针。这些研究常用的方法包括：（1）焦点小组访谈法；（2）知觉地图法或品牌地图法；（3）用途研究；（4）动机研究；（5）利益区格；等等。这些方法可以帮助广告主了解重要的销售讯息，进行产品定位，对消费者进行最重要的利益诉求，以及确定广告概念。在这些研究的基础上，可以制定出广告策略和创意指导性清单。

二、广告活动全面展开前的调查研究

广告活动全面展开前的调查研究主要指广告制作前的调查研究。广告制作前的调查研究的主要目的是研究广告表现策略是否合适，广告概念是否清晰有力，广告文案是否有力，广告影片或平面是否可能有好的效果。这方面的广告研究主要使用的方法有：广告喜爱度列序测试，广告喜爱度一对一比较测试，词语或语句填空法，文案及影片测验，等等。

有时，把广告活动全面展开前针对广告方案的调查研究统称为广告文案测试。广义的广告文案测试是指对广告文案的诉求价值和广告表现效果进行的调查，广告文案包括各种媒体形式的广告作品。狭义的广告文案测试是指对广告文案的诉求价值的测试。

广告界对是否有必要和是否应该进行广告全面展开前的调查研究，一直存在争论。广告投资者通常会举双手赞成，因为任何人都不希望自己的钱会"打水漂"。但是，广告创意人通常会对广告全面展开前的调查研究嗤之以鼻，因为他们认为，把一个创意和其他几个创意进行评比是一件愚蠢的事。在他们看来，广告全面展开前的调查研究通常会把优秀的广告创意扼杀掉，因为许多原创性很强的广告通常会出人意料、令人震惊或者令人在第一次接触时反感并抵触。

无论如何争论，广告全面展开前的调查研究在通常情况下的确可以防止广告活动出现灾难性的失败。不过，在风险降低的同时，广告主可能也失去了获得巨大成功的机会。正如人们常说的，"风险越大，收益可能越大"。何去何从，常常要看决策人的胆识了。

三、广告活动效果的调查研究

在广告活动开始之前，在广告活动的过程中，广告主都要进行调查研究。不论是事前调查还是过程中的文案测试等，都是对可能发生的事情所作出的预测。但是，广告活动效果调查研究则是对正在发生的事情或已经发生的事情作出评估。关于广告活动效果调查研究的具体内容，本书将在后面的章节中专门介绍。

第四节　如何对待广告调研获得的数据

从众多枯燥的数据中寻找对决策有用的信息，并非易事。虽然阿拉伯数字对于人类文明的进程有着不可低估的作用，但是许多广告人（特别是广告创作人）并不对由阿拉伯数字组成的那些枯燥的数据抱有多少好感。然而，在我们的生活和工作中，数据所承载的信息已经汇聚成一股不可忽视的力量，如果对它们置之不理，显然不是明智之举。

作为一个广告策划和创作人员，应该明白，市场和消费者时刻处于希腊哲学家所说的"流变"之中。我们也可能常常问自己，既然一个人不能第二次踏入同一条河流，那么，调查市场和消费者的意义又何在呢？当运用所获得的数据的时候，我们所面对的消费者和市场也许早已经变化，因为调查的时刻早已经随光阴逝去。那么，已得的数据的意义究竟何在呢？

从某种意义上说，僵死的数据本身并无意义。数据之所以有价值，是因为我们可以从它们之中追寻意义。数据意义的生成，来自它们和事物之间存在的某种联系。当我们从数据中寻找那些原本存在于客观现实中的事物之间的联系之时，我们将不再拘泥于僵死的数据本身，我们将向事物的本原和发展的规律靠近。也许，只有如此，我们方能不被光阴"流变"的表象所迷惑，而在过去、现在、将来之间建构有意义的联系，从而为决策提供有效的参考。

随着企业广告活动投入的日趋理性化，广告公司面临的生存压力越来越大，对于数据信息的掌握程度越来越成为公司竞争中最有力的支持之一。更多的企业在选择广告代理公司时，开始注重数据化的、具有说服力的方案和策略。要提供理性的、有说服力的策划方案，没有集中的、有针对性的数据作为支持，简直是一件不可思议的事。

我们不仅要获取数据，更重要的是还要分析数据，摆脱对数据的盲从，学会运用分析和洞察力作出决策。现在，有很多调研公司推出自己的数据处理系统。如果说，基础的、原始的数据是"决策帮手"——可以为用户决策提供具有参考价值的数据信息，充当"决策帮手"的重要角色，那么，在某种意义上，各种数据分析系统就是"高效决策的帮手"，借助它们，不论是企业、媒体，还是广告公司或各种咨询机构，都可以用较低的成本，极大地提高获取有效市场信息的效率，从而节省时间，赢得竞争优势。如果留着原始数据不加处理，那就等于"宝山空置"，就等于放着浓缩的"信息处理中心"或是一个浓缩的"市场调研部"而不加以有效利用。同样的一批原始数据，为什么有的人能利用它们创造巨大的价值，而有些人却不能？区别之处就是有的人从原始数据中看到了更多的意义。而现在，许多数据分析系统正好为我们提供了追寻数据意义的机会。

数据究竟能帮助我们解决什么问题呢？仅仅拥有庞大的数据库，并不代表我们已经拥有了数据的力量。数据越多、越复杂，追寻有用的信息往往就越难。如今，许多企业、媒体、广告公司由于缺乏专业的数据分析人员，有时即使购买了原始数据，也对它们敬而远之，因为根本没有人能对数据进一步处理（或者在处理原始数据的难度和烦琐之前望而却步）。以广告公司为例，有调查显示，消费行为和生活态度的调查数据，有70%应用于广告公司开发客户和为客户服务之中。然而，真正有效使用数据，对原始数据进行深度分析的广告公司还不到10%（这个数字也许更低）。

万事皆难完美，数据分析系统也有某些不足之处。明显的不足有两个。第一个不足是：任何一个数据库都不能完全准确、全面地反映市场情况。第二个不足是：各种数据分析系统都不能融入经验和直觉判断的智能。从这个角度看，人永远有其自身的价值。

不过，虽然有不足存在，各种数据分析系统却极大地提高了数据处理的效率，降低了信息搜寻的成本。更重要的是，它们可以帮助我们轻松地建立数据之间的联系，更好地透视数据背后的意义。更进一步说，各种数据分析系统的推出，在一定程度上实现了数据专业分析过程的大众化，揭开了数据深度分析的神秘面纱。即使是对枯燥的数据不抱有多少好感的人，也可以轻松借助各种数据分析系统对数据进行深度分析，而不至于"影响食欲，倒了胃口"。毫无疑问，如果在企业界、广告界、传媒界，有更多的人能够追寻并抓住数据的意义，一定可以开创更好的市场局面，并在更健全的信息环境中实现多赢。

第十章　广告目标的确定

社会学家杰弗里·C. 亚历山大相信看待行动的观点在社会学理论中发挥着真正的预设作用，决定着一个行动在工具性计算的意义上是不是以及在多大程度上是合理性的。他指出，按照这种认识论，假定行动是工具合理性的，也就是认为行动是由纯粹功效的目的指引的，那么意味着"目标是在一定的外在强制条件下被计算成以最有效的方式达到更广泛的规范意图的可能性"，可以"被看成是执行着类似手段的功能"；因此，这样一来，"观念的目标被化约为物质导向的手段"，"行动被看作是致力于节省、计算，亦即'理性化'的一种持续的作用"。[①] 杰弗里·C. 亚历山大指出，社会思想中带有理性主义传统的主要流派之一——功利主义来源于休谟，边沁的理论则更具有享乐主义的观念。这些社会思想，都论述了人类行动倾向于用手段代替任何一种真正的非工具性的、终极目的的概念。广告，作为一种典型的社会行动，也具有经过计算的"理性化"特征，并像社会学家所揭示的那样，通常力求通过各种手段将自身具体化。在前面的章节中，我们已经从广告策划整体思考过程的视角简单提到了广告目标问题，本章将进一步详细探讨这方面的问题，以期进一步阐明广告目标的理性化在实际广告策划中的意义，并全面讨论如何制定理性化的广告目标。

第一节　目标的功能

目标管理是现代管理的重要内容。在现代管理中，目标的功能有以下几个方面：第一，作为沟通和协调的工具。对广告运作来说，目标为广告主、

---

① ［美］杰弗里·C. 亚历山大：《社会学的理论逻辑（第一卷）：实证主义、预设与当前的争论》，商务印书馆 2008 年版，第 92—93 页。

广告公司的管理人员以及创意团体提供了一种沟通工具。同时，目标也可以协调诸如广告撰稿人、广播广告专家、广告主和专家等不同人群之间的工作。第二，为决策提供衡量标准。如果有两个广告活动方案，那么就需要从中选出一个。与其依靠决策者的主观判断，还不如通过目标去寻求最适当的评判标准。目标的第三项功能是对结果的评价。要实现这一功能，就需要有一个类似市场占有率或品牌知名度的指标作为相应的标准。在一个广告活动结束后，预先设定的标准将被用来对广告活动是否成功进行评估，通常这将决定广告公司会获得什么样的报酬，并为未来的广告活动提供有价值的参考。

广告目标和营销目标是有区别的。营销目标是广告目标的基础和指导。广告目标为营销目标服务，必须体现营销目标实现的基础。营销的终极目标是引起销售，为企业创造利润，因此，广告的终极目标和营销的终极目标是一致的，都是以促进销售作为终极目标。目标是市场战略的重要构成部分。正如美国著名广告人汤姆·伯瑞尔所说："广告既要有效，又要有创意。它必须以达到一定的目标为基础。很多时候，你能从广告中判断出广告的目标是什么。"① 在他看来，好的广告是建立在有效的市场战略基础上的。

从现实的操作层面看，广告的目标常常需要在促进销售这一终极目标之下加以具体化。与组织目标一样，广告目标应当是可行的。目标应当为决策提供有效的指标，并为结果的比较提供标准。更进一步说，目标应当是有效的沟通工具，为战略决策与战术决策间的衔接提供途径。

一个方便和有吸引力的广告目标常常与销售目标具有很强的相关性。很明显，在某些情况下，如在邮购广告或一些零售广告中，即时销售的目标是一个较好的可操作目标，而在其他一些广告活动中，即时销售的目标则只具有指导意义。但是，即时销售的目标在许多情况下并不容易实现，这主要出于两方面的原因：一是由于广告仅仅是影响销售的众多因素之一，难以将其作用从其他因素的作用中独立地分离出来加以考虑；二是广告的作用有时要经过一个较长的时期才能体现出来。

下面，先来分析第一个原因。正如本书前面曾经讨论过的，广告只是影

---

① 转引自［美］劳伦斯·明斯基等：《如何做创意：十三位美国杰出创意指导和文案撰稿人的创意观念、方法与作品》，企业管理出版社 2000 年版，第 195 页。

响销售的众多因素之一，其他因素包括价格、渠道（或称分销）、人员销售、公关、产品特性等。在这些因素的影响下，将广告的作用分离出来是非常困难的。例如，一个日化公司推出一种新的洗发水，但销售不理想，这可能是因为广告活动不成功，但并不一定完全是广告方面的问题。而且，即使广告活动很成功，但由于其他因素的配合不理想，也会导致销售方面的不良表现。比如，一个潜在消费者某天看了某洗发水的广告，碰巧家里的洗发水用完了，于是第二天去商场购买广告中的洗发水，结果发现商场的货架上没有该品牌的洗发水，在这种情况下，该消费者就可能换另一家商场买该品牌的洗发水。如果换了一家商场，但因为服务小姐态度很差，而使他未购买就离开了商场，那么购买行为仍然没有发生。广告好不好呢？当然是好的，因为广告促使潜在消费者跑了两家商场去购买广告中的产品。但是，实现销售了吗？非常遗憾，好的广告不一定导致销售行为的最后发生。在这个例子中，是因为销售渠道和终端销售出了问题，而导致销售失败。广告确实可能将潜在的购买者吸引到销售商那里，但其他问题，如产品的质量、价格或训练不良的销售人员则都可能成为最终没有实现购买的原因。在这种情况下，以产品的销售数量来衡量广告的成功与否是不公平的。这种情况在日产汽车公司推出其新的豪华汽车"无限"时确实发生过——许多人认为，在最初一个月中销售数量不多是由于广告的失败，但实际上广告吸引了相当多的人索取有关资料和走访经销商。许多人不买这种汽车，是由于经销的问题，广告实在不能为此承担责任。如果单纯以销售作为评价广告的唯一标准，就如同将一个足球队的成功或失败都归因于前锋。而事实上，其他许多因素也会影响到球队的成绩，这些因素可能包括其他队员、比赛对手、场地、比赛的天气，甚至是球的反弹情况等。按理，应当以前锋独立形成的结果来评价他的表现，如他的跑位、传球、射门等。在除广告之外的所有其他因素都确定的状态下（例如，竞争活动是静态的），主要依据销售来衡量广告效果就是可行的。但实际上这一状态并不存在，在多数情况下，我们必须面对与广告直接相关的各种反应变量。

第二个原因与广告对销售的长期影响有关。如果我们相信广告对销售影响的滞后作用较大，那么一个广告活动的确切影响通常要等待一个时期，而这一时期可能非常长久。例如，一个历时6个月的广告活动的重要贡献可能是产生12个月的影响。调查研究表明，对于需要经常购买的非耐用消费品，一个广告的效果可长达 9 个月。广告可吸引购买者并把他们培养成为多年的忠诚顾客。广告也可通过培育积极态度和增加品牌价格，使商品在日后达到销售高峰。根据销售数据，即使是根据通过实地调查得到的数据来评定广告效果，等待的时间可能也远远超出广告活动所持续的时间。这里可能产生两个问题：首先，在广告费花出后到销售相应增长这一段时间中，独立判断广告对销售变化的影响将变得更加困难，然而通常情况下，决策必须立即制定，无法等待这些数据；其次，为获得更加及时和准确的信息，必须寻求能更快反映广告投入效果的变量。

这样，由于不能为决策提供实际的指导，强调销售的广告目标通常并不十分具有可操作性。没有人否认获得销售增长的愿望，但要分清楚是哪一个因素造成销售增长则是非常困难的。如果一个标准无法提供有用的指标以支持相应的决策，那么这一标准将无法满足实现其基本目标的要求。

在绝大多数情况下，如果即时销售无法成为可操作目标的基础，我们又将怎么办呢？作为广告策划者，应该思考以下问题：谁是广告目标消费者？在某一细分市场中，广告试图预期、驱动、改变或影响的最终行为是什么？通向所希望的行为的过程是什么？在这一过程中，广告扮演着什么角色？是否有必要创造品牌认知，传播信息，创造一种形象或态度，建立长期的品牌信誉或品牌关联，或是将感觉或用户的某种个性与一个品牌结合起来？在这些问题中，广告目标制定者可以找到部分答案。通过仔细、系统地分析这些问题，广告目标制定者常常可以获得有用并且有效的目标。

确定具有可操作性的广告目标，通常要经过以下几个思考和分析步骤。第一步是确定目标群体（从广告传播角度也叫目标受众，从营销和消费者分析角度常叫目标市场）。目标群体（通常指希望购买产品或服务的消费群）也被称为目标对象，对于广告来说，是指诉求的目标对象。目标群体通常是最终消费者，但也并非总是如此。当一个公司期望了解和激励员工（例如寿险推销员或营销人员）时，或期望减少产品推销的中间分销渠道时，或期望增加诸如金融股票分析师、政府管理人员、股东等相关人员的好感时，就会产生例外。当最后的考虑是最终消费者时，目标群体（例如立体声设备的购买者）应当成为市场目标的一部分。但是，在广告策划中，目标群体需要进一步定义。第二步包括最终需求行为分析，例如：新顾客的尝试性购买，保持已有的顾客的忠诚性，创造更加主动的使用，缩短购买间隔，提升使用速度，或是决定走访零售商，等等。对目标和目标设定的分析，应包含对需求行为给企业带来长期影响的估计。比如，广告策划者应该考虑顾客需求行为的价值到底有多大？某品牌忠诚顾客的终生价值有多大？吸引一个新顾客的成本有多大？各种不同的目标对吸引顾客的成本会有什么影响？哪一个目标细分市场的哪些行为变化将给企业带来最大的市场投资回报？第三步要分析导致目标细分市场需求行为的传播和决策过程。在具体应用过程中，通常在刺激（主要指广告）的影响与最终的行为反应（具体的购买决定）之间设定广告反应的具体衡量标准。这些具体衡量标准是一些中间变量，如认知、品牌知识、情感及态度等。这样，吸引一个顾客购买某品牌的一个关键因素可能是对其灌输高层次的品牌认知；使其保持忠诚的最好方法可能是强化其某种态度。即使最终的目标是促成购买行为，实际的广告目标也将表现为中间变量的一种或多种形式。判断哪一种中间变量与需求行为具有最良好的联系，以及哪一种中间变量会对广告产生最为经济的影响，是确定具有可操作性广告目标的关键。

下面，我们先分析广告目标与需求行为的关系，之后对广告反应变量进行探讨，最后我们将讨论确定广告目标的程序以及理论框架。

第二节 广告目标与需求行为分析

我们在前面的章节中已经简单介绍了行为主义理论以及消费者决策过程对广告决策的影响。在这一节，我们将把焦点放在对行为动力学的运用上。从行为动力学角度理解市场动力，对于分析广告所着眼的最终行为是非常必要的。增加销售，或者更普遍地增加产品使用，一般有两种途径：（1）吸引新顾客第一次购买该品牌的产品；（2）使已有顾客更多地使用该品牌的产品。当然，新顾客中包括原来的非使用者和竞争对手的顾客。产品使用的增加既可以是用量的增加，也可以是顾客在新的场合或解决新问题时使用这一产品。

结合广告的运作，利用行为动力学，通过进行需求行为分析，我们通常可以有以下广告目标的思考方向。

一、从其他品牌那里吸引新顾客

一个群体可能包含现在购买我们品牌的顾客。在这些人中，有人只购买我们的品牌，但也可能购买其他的品牌。这一方面可能因为一些品牌差别不大，另一方面可能因为这些人对不同的应用倾向于选择不同的品牌。一个群体也可能包含只购买其他的品牌而不购买我们的品牌的人。例如，一些人忠诚于其他某种品牌，另一些人在其他不同品牌间转换，但都不购买我们的品牌。很少用我们品牌的顾客和不用我们品牌的顾客都是我们主要的争夺目标。广告活动可以以此为目标。另外，我们应当尝试吸收那些在未来几年中销售最有可能增长的竞争对手的顾客，或者利润最丰厚的竞争对手的顾客。对于许多产品而言，大约20%的顾客（重度消费者或者叫作主要顾客）形成大部分的销售量和利润。很明显，我们值得投入注意力去争取这些顾客，使之成为我们品牌的新用户。

二、从其他产品那里吸引新顾客

吸引新顾客的另一种途径是从目前不使用我们产品的群体中吸引顾客。例如，百事可乐公司认为，吸引那些在早晨喝非可乐的年轻人改喝百事可乐，比从可口可乐的消费群中吸引顾客更加容易。实际上，百事可乐公司确实开发出一种含咖啡因更多的可乐品种，称为"早间百事"。再如，在我国市场，"康师傅""娃哈哈""统一"等品牌的茶饮料就常常希望夺取非该类产品的使用者。

吸引消费者从使用一种产品转变为使用另一种相似的替代产品的广告方法常被称为"刺激基本需求的方法"，这种广告方法对占有主要地位的大公司尤其有价值。与小公司相比，行业中的这种公司拥有更大的市场份额、更广的分销渠道、更强的销售力量和更高的市场认知度，当它们的某类产品推出时，最容易为消费者接受。相反，这种战略对小公司并不适用，因为小公司采取这种战略要冒该群体顾客被其他更大的竞争者吸引走的风险。例如，一个生产移动电话的小公司，如果做广告宣传移动电话对个人事务和商业事务的用途，可能只是浪费金钱，而没有什么效果。一个顾客在看过广告之后，可能认为自己确实需要一部移动电话，但结果他可能购买像诺基亚或摩托罗拉那样知名度更高的品牌。因此，小公司应让大公司去吸引这种群体的顾客，自己则尽力集中宣传本公司的电话比摩托罗拉或其他品牌的电话更好。当然，这类顾客群体的价值取决于有多少此类产品的购买者最终可能成为广告主的顾客，以及这些购买者在广告主的顾客总体中占多大的比例。

三、刺激顾客对某品牌的需求

一些顾客可能不断地变换使用我们的品牌和其他品牌。在许多产品类别中，顾客不只有一个喜爱的品牌，他们在一定程度上以购买习惯、购买当时的价格折扣或其他因素为基础，将需求在不同品牌中进行分配。他们确实有自己的保留品牌或偏爱品牌，但通常并不只有一个。在这种情况下，我们就有可能采用一些办法，使这种顾客对我们的品牌更加忠诚。例如，一个顾客可能在一个月中使用三种不同品牌的香皂，或以三种不同的信用卡购物。这样，某一信用卡公司尽力使自己的信用卡的使用程度增加就很有意义。诸如A银行可以开展抽奖促销活动："每使用A卡一次，您就自动参加我们的抽奖，用我们的信用卡吧！"这个广告的任务不是吸引新顾客，而是使已有顾客的需求份额向某一特定品牌倾斜。

如果某一品牌确实具有顾客尚未了解的优点，这种方法就是可行的。但是，如果顾客坚持认为几个品牌没有什么差别，则上述努力将是困难并且成本较大的。引起需求行为反应所花费的成本必须与未来销售所得进行比较。

四、增加顾客的品牌忠诚度，减少品牌转换和降低价格的弹性

采取防御性的战略也是可能的。并非只有我们利用广告，在任何时候，我们所有的竞争者都在力图抢走我们的顾客。因此，意识到广告有助于强化品牌目前顾客的忠诚度这一点非常重要。大卫·奥格威曾说过，广告是对品牌的长程投资。这一说法在强调提高品牌忠诚度方面是非常贴切的。有研究表明，广告的较大效果不是获得新的尝试者，而是加强已有用户的忠诚度。

如果发现选择我们的品牌的顾客存在特别高的转向选择其他品牌的转换率（例如，较低的再购买率），我们就要努力行动，减少我们的顾客向其他品牌的流动。我们还要留心我们的顾客转向选择另一种替代产品。

有一些顾客非常忠诚，很少或从不自我们的竞争对手那里购买。对于这

些顾客，广告目标是要使他们保持忠诚，保持再购买率，减少他们购买其他品牌产品甚至流向其他产品的概率。这时，广告目标应尽力向他们表明我们品牌产品的重要特征或是强调使用经验。

另外，可以利用一些特定的促销方法，例如，提供多种购买的优惠。一个长期选择某品牌的顾客获得奖品，可以作为对其忠于该品牌的奖励，同时加强其产品使用经验。通过数据营销技术，其他信息传播战略，如"频繁购买"项目也可以加以应用。另外，公司可以为顾客创造"转换成本"，以减少顾客转换品牌。

一个与增加顾客忠诚度相关的目标是降低顾客的价格敏感度。有观点认为，高层次的广告不应导致价格竞争，而应当降低价格弹性。价格竞争（比如大量的促销活动）可能制造一批无法为企业带来利润的忠诚消费者，这部分忠诚消费者可能被企业视为没有价值的客户。但也有观点认为，高水平的广告使顾客在购物时能更大程度地进行价格比较，这实际上是提高而不是降低了价格弹性。这两种观点均有实际的佐证。因此，唯一的有效办法可能是根据实际情况制定合适的广告目标。

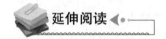
延伸阅读

哪些客户应该放弃①

商场里做打折促销，吸引了大量的顾客，看上去繁荣无比。但实际上，在这些顾客群体中，有一部分是没有价值的，虽然这些顾客也是属于忠诚度比较高的顾客，但对于商场来说，却是忠诚而无价值的客户。

"并非所有的忠诚度客户都是有价值的客户"，这是益普索满意度与忠诚度研究全球首席执行官 Liz 的观点。她表示，企业应该放弃那些忠诚度很高却没价值的客户；只有能够带来盈利的忠诚度，才能给企业真正带来价值。

1. 企业有20%的客户可以放弃

有很多公司认为，在企业经营过程中，客户的忠诚度是非常重要的因素。

---

① 厉林：《哪些客户应该放弃》，《中国经营报》2010年9月13日。本书作者根据出书需要，对原文稍作改动。

因此，要付出极大的投入去维系客户的忠诚度。实际上，在这个过程中，企业可能花了冤枉钱。这是因为，这其中有一些客户的忠诚度只是虚幻的繁荣。

Liz 指出，通过对很多企业客户行为分析发现，其中有 20% 的客户贡献了 300% 的利润，有 20% 的客户消耗了 200% 的资源，另外 60% 的客户对于企业来说是既不赔钱也不太赚钱的客户。

以美国的家电零售企业百思买为例。有这样一群顾客，他们只在打折时购买产品，且只购买打折产品。但是，这类顾客与其他顾客一样消耗了百思买的店面服务及人力资源。益普索大中华区高级副总裁刘晓葵也举了一个银行的例子，在很多银行会有这样一批客户，他们可能只在银行领取养老金，却不购买任何金融产品，也没有存款、贷款等行为，却也占用了银行的窗口和服务资源。

实际上，在各个企业都存在这样的非盈利性的忠诚客户。Liz 指出，这样的客户应该被放弃。在美国，曾经有一家银行，总在做各种促销活动，却总处于亏损状态。经过对客户忠诚度的分析，Liz 发现这家银行有大量的客户是为了得到促销好处而来。因此，Liz 说服了这家银行立刻停止了促销，放弃了那些非盈利性的忠诚客户。这是一个很好的止损手段。

2. 忠诚度研究带来多维度细分

认识到客户忠诚度与盈利性的关系，就能够帮助企业在营销策略上进行调整，以优化客户，降低成本，获得更好的收益。

刘晓葵表示，在我国的银行业里，有些商业银行已经开始意识到将高价值忠诚客户区分出来。但是，实际上，这种区分并非一件单维度的事，而是一个多维度细分客户的过程。

在实际操作中往往会有这样的情况：有些客户是有价值和潜力的，但是忠诚度一般，在企业客户中属于那 60% 的客户。以银行业为例，这些客户可能在某银行和其他银行都有存款或者金融产品的购买。也可能在某银行的存款很少，但在其他银行的存款很多。还有一种情况是，这些客户在某银行存款不多，但是从事业发展周期来看，这些客户可能是某银行未来的有价值的忠诚客户。刘晓葵说，益普索的忠诚度研究是一个模型，在这个模型中，客户的行为被分解后，细分出各种用户类型。

3. 忠诚度指导企业策略

在忠诚度模型中，除了放弃那部分20%的非盈利性忠诚客户外。最重要的是要将那60%的中等价值的客户转化成高价值的客户，这是忠诚度研究的最终目的。

还有一种类型的客户属于潜在高价值忠诚度的客户。比如一些刚工作不久的白领，其职业发展的收入水平稳步上升，这样的客户是将来高价值忠诚度的潜在客户。银行应该针对他们设计一些服务，使他们提高对该银行的忠诚度。

刘晓葵指出，在我国，中国移动对于潜在的忠诚客户的一个最好的维护就是动感地带的推出。实际上，动感地带对中国移动的价值贡献并不高，但动感地带针对的主要是年轻人，这些人建立了忠诚度之后，随着事业的发展，在变成全球通客户时就成为了高价值忠诚客户。

Liz指出，忠诚度与客户价值在各种行业都是适用的，都可以帮助企业调整策略，甚至可以指导企业内部人力资源分配和管理。比如，企业认为不断推出新品可能会增加客户的忠诚度，而实际上，研究发现，那些有高价值但并不十分忠诚的客户可能更注重售后服务。根据这一需求，企业减少新品投入而增加售后服务，将有可能会获得更多的高价值客户的忠诚。

五、增加产品使用度，培养顾客的长期行为模式

我们也可以增加已有顾客对某类产品的使用度，以培养他们对某类产品的长期行为模式。这对于那些食品和饮料行业的领导品牌来说，尤为可行。对于其他日常消费品类也是如此。通常而言，这样的广告目标是使消费者增加每次使用产品的消耗数量或增加产品使用的机会。广告主的注意力不能只集中于吸引顾客购买更多的产品，还应注意培养顾客的长期行为模式。很明显，如果产品使用度的增加持续较长时候，广告的价值将增加。

六、以顾客行为或行动作为广告目标

广告目标可以刺激顾客行为或行动为目标。这往往需要对市场动力进行有效的分析。通常这种分析需要进行行为度量。行为度量可作为行为目标的

基础。如果广告的目标是增加新顾客人数，那么对采取购买行为的新顾客的估算就是必须做的工作。这通常可通过顾客问卷来估算。在广告中夹带优惠券也可以用来测试顾客的行动，只要通过对优惠券的使用情况进行统计就可以了。这种以直接刺激行动为目标的广告通常和促销活动结合在一起，或者在直接邮寄广告活动中运用。

　　具体广告目标需要审慎地设定，要注意说明不同广告目标思考方向之间的细微差别，因为这些细微差别反映在创作中，很可能导致完全不同的表现。有些具体的广告目标思考方向如不进行仔细说明，可能会让人觉得区别不大。比如，刺激对特定品牌的需求、增加品牌忠诚、增加使用度及培养行为模式这几个思考方向似乎区别不大，但是仍然有重要区别：刺激对特定品牌的需求是一种进攻性广告目标战略，而增加品牌忠诚更倾向于一种防守性广告目标战略，增加使用度及培养行为模式则强调对长期行为模式的培养。以这些广告目标思考方向（当然，可能还有更多的思考方向）为引导，广告策划者可以进一步设定更为具体的广告目标。

第三节　广告目标与设定广告反应变量

　　广告目标通常也可以通过设定广告反应变量来确定。通常广告并不直接导致预期的行为，而是在传播信息、建立联想或改变态度方面的作用更大。经由这些中间变化，广告最终可能促成预期的行动效果。

　　传播产品信息可以使受众知道一些新东西，或对某些东西获得进一步的了解，或是增进对一些事实的记忆。建立联想是将一种品牌同一些概念联系起来。这些概念可以是某一类人，或产品的某一使用场合，或是一种感觉。例如，柯达胶卷在我国市场的广告片将胶卷和生活中点点滴滴的平凡但有趣的画面相连，给人一种快乐、温馨的感觉。改变态度包括针对某一目标创造或改变某种态度。例如，欧米伽手表的广告以"我的选择"为主题，就是希望通过广告来创造一种态度。

　　确定及选择最好的广告反应变量并根据它确立目标并不容易，在这一过程中还有很多其他问题。确定和利用广告反应变量的关键问题是：（1）什么样的信息传播、建立联想或其他工作有可能产生希望的结果？（2）这些工作如何概念化和衡量？在第一个问题中，有一系列的有关变量经常发生作用。这些变量包括品牌认知、品牌理解、品牌形象或个性、品牌态度、重要相关群体对品牌的评价，以及重要相关群体对一个品牌或使用经验的综合感觉。

一、品牌知名与知名度

品牌知名，有时又称为品牌认知（Brand Recognition），其中最低的一个知名（认知）层级是品牌识别。戴维·阿克指出，"品牌知名度是从品牌识别的不确定状态到确信品牌是该类产品的唯一品牌的连续统一体"[1]。从统计上说，所谓品牌名称知名度（Brand Name Recognition Rate），是指知道一个品牌名称的人的比例，常用百分比表示。戴维·阿克的品牌知名度金字塔显示了从"不知道该品牌"依次上升至"品牌识别""品牌回想""铭记在心"等不同层级的过程。[2]

广告的一个基本任务是创造品牌知名度，品牌知名度对吸引新顾客的目标尤为有用。广告创造新品牌认知，认知产生尝试性购买，在此之后，品牌被人们接受。品牌知名度可以通过多种市场调查方法获得。比如，我们可以利用电话调查来进行较为快捷的测试。[3] 在电话中询问人们是否听说过某一新品牌，是否知道这一品牌的商品是哪一类商品。被调查的人可能会说："是的，我听说过康师傅冰红茶。""是"与"否"的回答是常见的一种品牌认知的量度。品牌知名度的量度还可能是：从一系列已经提供的品牌中选择首选品牌，以及其他未经辅助的认知等。在调查上，"品牌识别"对应的问题可能是："你听说过以下这些品牌吗？"（给出某类商品的一些品牌）"品牌回想"对应的问题可能是："某类商品中，你用过哪些品牌？""铭记在心"对应的问题可能是："该类商品中，你最喜欢的品牌是哪个？"因此，品牌知名度具体的含义是与进行调查时设计的问题相关的。

品牌知名度至少可以通过以下四种途径创造价值：能赋予品牌其他联想；

---

[1]　［美］戴维·阿克：《管理品牌资产》，机械工业出版社 2007 年版，第 59 页。
[2]　［美］戴维·阿克：《管理品牌资产》，机械工业出版社 2007 年版，第 59 页。
[3]　一些学术机构和调查公司设有可资使用的调查系统。比如，中国传媒大学广告学院的实验室就设有可以迅速获得产品知名度的电话调查系统。

制造顾客熟悉甚至喜欢品牌的积极反应；使品牌成为可信任的象征；使品牌成为顾客购买时可考虑的对象。认知还可以作为广告反应的量度，被应用于增加顾客对品牌的忠诚度。人们在购买一些不太重要的产品，如口香糖、香皂或啤酒时，选择品牌的依据经常是看哪一个品牌最流行。

广告的一个重要任务就是使一个品牌在人们的意识中的位置更突出，将人们的购买选择变为不需经过刻意思考的选择；换句话说，也就是使产品品牌进入消费者心智中能被激发印象的品牌系列。在这种情况下，广告的目标可以定为使品牌成为首选品牌，因此，广告应该尽量使产品品牌被人们熟悉。

品牌知名度对消费者购买决策具有重要影响。有研究表明，无论消费者接触到的是抽象的图画、名称、音乐还是其他东西，接触的次数与喜欢程度呈正相关关系。① 另一项研究表明，当事先确定某个品牌为主要品牌后，尽管人们对该品牌的喜欢程度无变化，但是选择购买该品牌的比例会上升；在小类中确定次要品牌，也会间接增强人们对主要品牌的回想。② 还有一项研究表明，广告通过对品牌知名度与态度的影响间接影响市场占有率，品牌知名度变化的影响与态度变化的影响并驾齐驱，该结果也暗示受剩余广告影响的知名度可以影响购买决策。③ 波士顿咨询集团的一项研究则显示，老品牌具有巨大生命力。它的一项研究比较了 1925 年与 1985 年在 22 类产品中占据首位的品牌。在 19 类产品中占据首位的品牌是相同的；在另外 3 类产品中，以前占据首位的品牌依然活跃在市场上。④

二、品牌理解

从更广泛的意义上说，品牌认知还有更为丰富的内涵，比如对产品特性、产品功能、品牌性格的理解。品牌理解（Brand Perceptions）有时被定义为针对特定指标的品牌认知。品牌理解中最重要的是对品牌品质的理解度。戴维·阿克等学者将品质理解度定义为"消费者根据特定目的、与备选方案相

---

① ［美］戴维·阿克：《管理品牌资产》，机械工业出版社 2007 年版，第 62 页。转引自 RB. Zajonc，"Feeling and Thinking"，*American Psychologist*，February，1980，pp. 151 – 175。
② ［美］戴维·阿克：《管理品牌资产》，机械工业出版社 2007 年版，第 63 页。
③ ［美］戴维·阿克：《管理品牌资产》，机械工业出版社 2007 年版，第 64 页。
④ ［美］戴维·阿克：《管理品牌资产》，机械工业出版社 2007 年版，第 67 页。

比，对产品或服务的全面质量或优越程度的感知"①。

广告也可以把增进品牌理解设定为广告目标。在这种情况下，广告的任务是传达品牌的实际情况，特别是品牌的特点。广告受众对这些特点的感觉将会影响到其对品牌的理解。比如，Windows 95 软件在我国市场推广之初，就是强调该软件的使用简单。② 为一个新品牌做广告策划，吸引尝试性购买，并不一定完全依赖品牌名称的认知，同时也可依赖促使人们了解品牌的关键特征。

衡量人们对品牌特征的认识程度，可以要求被调查者说明是否同意产品具有某一特征。通过市场调查，可获得相关市场意见。在调查中，常用到类似下面的度量标尺：

完全同意 $\underline{\quad +3 \quad +2 \quad +1 \quad 0 \quad -1 \quad -2 \quad -3 \quad}$ 完全不同意

广告活动传达品牌产品的新用途，是一种增进品牌理解的重要方法。利用这种方法，也可以增加产品的使用量。广告活动可以和人员销售相互配合来增进品牌理解。这也是支持销售活动的重要方法。

三、品牌形象和个性

创造独特的品牌形象和个性，也可以成为广告目标。大卫·奥格威是广告应塑造品牌形象的重要倡导者。品牌形象和个性主要是指品牌与某类人或某类事物的联系。具体来说，品牌形象是消费者对品牌具有的印象，对消费者而言，这种印象往往成为某品牌的代表，并常常可以用如"亲切感""信赖感"等感性词汇加以评价。品牌个性是指由品牌联想到的商品本身所表现出来的类似人的某些特性，它不仅可以表现为青春活泼、勇敢、机敏等人格特征，还可以包含性别、年龄、社会地位等特性。戴维·阿克认为品牌联想是定位决策的关键。他总结了 11 种类型的品牌联想：（1）产品品质；（2）无形特征；（3）消费者利益；（4）相对价格；（5）使用/应用；（6）使用者/消费者；（7）社会名流/普通人；（8）生活方式/个性；（9）产品类别；（10）竞

---

① ［美］戴维·阿克：《管理品牌资产》，机械工业出版社 2007 年版，第 67 页。
② 何辉：《从分析作品开始学做广告》，中国广播电视出版社 2000 年版，第 73—80 页。

争对手；（11）国家/地理区域。① 这些类型的品牌联想，往往并非单独发生。当这些联想活动发生时，其实都向品牌形象输入了形象元素。品牌形象和个性往往又是混合在一起的。因此，广告在以品牌形象和个性为主要表现目标时，通常需要某种独特性的符号，以唤起诸多有价值的品牌联想。

为了实现有价值的品牌联想，广告策划人在以创建品牌形象和个性为广告目标时，常常采用品牌形象和个性识别战略，即希望消费者认知某一特定品牌的战略。比如，李奥·贝纳公司为万宝路创造了独特、鲜明的品牌形象。正是凭借粗犷、富有男人魅力的形象和个性，万宝路才在市场上获得巨大的成功。再如，POLO轿车的广告为该车塑造了积极奋斗的形象和个性，从而获得潜在消费群的认可。品牌形象和个性识别战略是品牌战略的一个构成部分。所谓品牌战略，是指维持和提高品牌价值的市场战略的总称。

四、品牌态度

品牌态度代表对一个品牌的喜爱或不喜爱的感觉。态度可以通过多种方式衡量，其中一种方法是基于对品牌的理解进行量度，即在对品牌的特殊作用和特点了解的基础上，进一步调查消费者对品牌的喜好；另一种方法是基于对品牌喜爱或不喜爱的程度进行量度。品牌态度同样可以通过市场调查中的度量标尺来获得，比如：

不喜爱 $\dfrac{\quad\quad\quad\quad\quad\quad\quad}{-3\quad -2\quad -1\quad 0\quad +1\quad +2\quad +3}$ 喜爱

还有一种可供选择的方法是基于行为意图，也就是通过"绝对会"或"可能会"的判断来评估消费者对品牌的态度。

五、品牌感觉和使用经验

广告的目标有时是创造感觉（这种感觉可以是温暖、热情、兴趣、期望、恐惧或关心等），并且将这些感觉和品牌及使用经验联系起来。这种广告活动是对行为主义学派中古典控制理论的一种有效实践。麦当劳在我国的广告活动就是试图建立一种家庭或朋友非正式聚会时欢乐、轻松的感觉。

目前，人们对感觉在广告中的作用的研究还很不成熟，或者说，人们还

---

① ［美］戴维·阿克：《管理品牌资产》，机械工业出版社2007年版，第108—123页。

远未了解感觉如何发挥作用甚至是否发挥作用。许多研究者指出，除了要了解受众对商业广告的感觉外，还要了解他们是否喜欢相关广告以及对于广告所宣传的品牌的印象。如果感觉广告（至少是积极感觉广告）是有效的，那么我们认为广告可能会影响使用经验。

六、更复杂的模型和多种目标

在许多情况下，我们所希望的行为发生，需要两个或更多的广告反应。潜在消费者可以同时因为品牌名称认知、品牌理解、品牌形象和品牌感觉的影响而产生购买行为。因此，在设定这些广告目标时——至少在实际的广告策划中——并没有严格的先后顺序。

当广告活动能够设定单独的、定义明确的目标时，策划就会容易一些。当涉及多个目标时，就需要广告人有高超的广告讯息构成技巧和媒体策划技巧，否则就容易面临面面俱到却最终导致广告活动无效的危险。

广告创作人通常认为，"简单"在广告中是至关重要的：广告如果试图说得太多，就可能会失去重点，从而变得没有效果。这里有必要强调：整体广告活动的目标应该尽量明确，不要太多、太虚（这在前文已经强调过了）。对于具体的广告作品的传播目标而言，如果处理得当，其实并不存在多重广告传播目标的必然矛盾。一个广告借助复杂、高超的讯息构成技巧，同样可以传达极为简单的广告概念。许多广告大师善于运用图片和长文案相结合的技巧，正是对这一点的有力说明。

另外，研究表明，着眼于一个目标效果最大的广告在其他目标上常常效果不佳。例如，一个在吸引人们的注意力方面很成功的广告（如创造焦虑或恐惧情绪）可能在劝导方面并不理想（因为人们可能在这种焦虑或恐惧情绪面前变得防御性更强）。另外，有例子显示，广告使用一个著名的代言人，可能会吸引更多人的注意，但宣传效果却不一定好。这是因为，看这个广告的人可能更多地注意那个代言人，从而分散了对产品的注意力，较少注意到广告的内容。

心理学家威廉姆·麦克魁尔将这种广告反应现象称为"补偿原则"。他指出，某一独立的广告所着眼的目标不应超过一个，如果有多个目标，就要制作不同或补充的广告，这些广告各自都作为广告活动的一部分。这正是我们所说的广告讯息构成技巧。

因而，当有必要实现多个目标的时候，就需要多条广告，它们将各自作为广告活动的一部分。多个目标可能针对多种目标受众。例如，一个计算机公司可能需要在一个消费群中获得认知，并向另一个消费群宣传产品的存在。或者多个目标对于同一群体有两个宣传任务，如：一个化工企业，可能需要其销售人员在实现销售额领先的同时，还要树立公司稳固的形象。

总的说来，在建立多重广告目标时，可以从三个层面考虑。第一个层面是多个广告活动层面。在这一层面，可以针对不同群体开展完全不同的广告活动，来达成不同的广告目标。第二个层面可以是一个整体广告活动层面。在这一层面，可考虑利用不同时间段来实现不同的广告目标，也可以利用不同的媒体安排来实现不同的广告目标。第三个层面是单个广告目标层面。在这一层面，可通过在单个广告中运用复杂、高超的讯息构成技巧来实现单个广告中的多个广告目标（主要是传播层面的目标，比如：引起注意、让人好奇、令人震惊等）。

第四节　广告目标与目标群体

广告目标和目标群体是紧密关联的。目标确定过程中的一个基本问题是明确目标群体。应当自问：广告是针对谁的？目标群体（目标受众）可以通过多种方法确定。在前文我们已介绍过细分市场的一些常用方法和细分市场变量，这里不再赘述。

除前文提到的常用细分方法（也是消费者分析的方法）之外，在具体的广告策划中，还常常用到下面一些思路和技巧。目标确定过程与选择目标群体密切相关。目标群体常常进一步划分为"次级目标群体"。例如，向小型银行推销计算机系统，可以向银行总经理宣传节省费用的计算机类型，向行政人员宣传可靠的软件，而不用去管那些信贷人员。在这一广告活动中，虽然总的广告战略涉及银行中的各种工作，但广告目标可以进一步细化，这就需要将目标群体分解为不同的"次级目标群体"。

本章讨论的诸如"满意度"和"态度"这样的行为测量也可以用来确定

目标群体。一个目标群体可以是大量使用者、非使用者，或是我们品牌的忠诚使用者，或是其他品牌的忠诚使用者。此外，利用产品带来的利益也可以细分目标群体，这样划分出的群体叫产品的"利益目标群体"。例如，计算机的目标群体既可以是非常关心计算机使用成本的目标群体，也可以是对计算机的运行速度更关心的目标群体。

　　在广告活动中，广告反应指标可能是那些特别有用的目标群体变量。这样的目标群体（通常指新的潜在消费者）经常被定义为尚不知道我们品牌的人，不了解或不确定品牌关键特点的人，或是没有积极态度的人。这些目标群体中的一个或多个群体可以选择作为基本目标群体。选择这些目标群体，可使广告更加有效。实际上，在广告策划中提到目标群体时，已经包含了一个假设（或者说是期望），即认为该目标群体可在未来给企业带来利益。由于一些成熟的产品和服务已经拥有一批老顾客，所以广告的目标也可以是为了维系老顾客。在这种情况下，这些老顾客可被称为"既存目标群体"或"已有的目标群体"①。

 案 例

碧欧泉，如何掌控下一个十年②

　　夏季，本是护肤行业的淡季，但男性护肤市场的崛起逐渐改写了这一规则，这个季节恰好成为传播男性洁肤、保湿理念的最佳时令。炎炎夏日，人流高密度的地铁里，金城武勾魂摄魄、挥汗如雨的广告一下子就吸引了众多女性和男性的目光。金城武这幅广告与目前流行的一些男性护肤品广告有所不同，他没有轻拍面部或撩起水波的阴柔感，而是于酣畅淋漓间表现出男性应有的坚定和刚毅，甚至很多男性也不免赞叹——"同性的盛赞，说明真的很帅！"这样的关注让广告主碧欧泉在赚足眼球的同时，名利双收——碧欧泉

――――――――――

　　① 在现实中（包括在大多数已出版的印刷物中），关于"目标群体"这个术语的使用比较随意，不会被加上专门的定语，尽管广告策划者在提到这个术语的时候心里清楚是"新的目标群体"或"既存目标群体"，或者两者兼而有之。

　　② 觐言：《碧欧泉，如何掌控下一个十年》，《广告导报》2010 年第 14—15 期。本书作者根据出书需要，对原文稍作修改。

在我国已稳占男性高端护肤品市场 2/3 的份额。细数碧欧泉进入中国的时间，不觉已有十年。

如今，众多品牌发觉男性护肤市场的潜力，并开始涉足这一领域，甚至不乏对高端市场的觊觎。在烽烟渐浓的男性护肤市场，下一个十年，碧欧泉是否仍能保持这样领先的势头？

碧欧泉是全球最早关注男性护肤概念的品牌之一。早在 20 世纪 80 年代中期，碧欧泉已经开始推出为男性量身打造的独特配方产品。在中国市场，碧欧泉主打的产品售价通常在 200 元以上，精华素系列则在 500 元左右，属于男性护肤品牌中的高端品牌。为了与其形象匹配，采用国际明星代言是碧欧泉近年来一直坚持的策略。

碧欧泉作为国内男性护肤品第一品牌，在代言人选择上，除了刚毅、卓越、自然的男士本色精神外，为中国消费者熟知和喜爱的国际明星也是其代言人选择的一个重要标准。因此，碧欧泉很讨巧地将选定的范围设定在混血明星的范畴——有着所在国家消费者熟悉的亚裔面孔，但同时又有着因混血带来的帅气。正如碧欧泉在韩国聘请的是红透韩国的韩印混血模特丹尼尔·海尼一样，碧欧泉在中国选择了有着中日混血特质的明星金城武。

法国阳狮广告集团全球客户总监 Louis - Sébastien Ohl 先生这样评价：金城武确实拥有自然的高贵气息，并很有魅力。而且他不追求某一个目标，自然、随性地生活，这一点正代表了碧欧泉主张的现代都市男性应该具备的特质——崇尚自然，积极进取，充满活力，了解自己的追求，非常酷，也很男人。2005 年至今，碧欧泉已连续 5 年签约金城武。

随着网络的崛起，碧欧泉所面对的精英男士在媒介消费习惯上也已发生明显改变。他们在网络上停留的时间远远多于在电视等传统媒体上花费的时间。因此，除了坚持在各时尚类杂志和男性读物上做广告外，碧欧泉开始将传播方式向网络偏移，最大限度地贴近目标人群。

官网是碧欧泉在网络上最稳定的营销传播阵地，通过它，不仅可以全方位地传播品牌动向，同时还能以各种营销活动聚拢人气。例如，2010 年年初，碧欧泉巧妙地在官网上发布"掌控下一个十年"活动，在提请目标群体关注未来的同时，也暗示了碧欧泉在中国已有十年的荣耀历史，而且还通过提醒消费者努力实现理想，投射出碧欧泉对自身品牌未来前景的关注。"过去十年，在事业和人生道路上经历了多少成功和失意，时间沉淀丰富了我们！未来十年，不要蹉跎，不要浪费，我要实现自己的理想——也许是宏伟的目标，也许是小小的幸福，让我们从5个小问题开始规划未来十年内一定想做到的事……"

除了进行常规网站建设外，碧欧泉还尝试通过博客、论坛以及精准营销维护自己的地盘。在线观看影视节目是当今网络媒介消费最主要的内容，而在观看影视节目的人群中，男性所占的比重高于女性。基于这样的媒介消费洞察，碧欧泉将视线对准人气网站——各大高清正版视频网站，进行广告投放。通过这类网站，碧欧泉不仅可以较大范围地接触到自己的目标人群，还可以结合网络环境，最大限度地发挥传统影视广告所具备的视觉冲击力。

2010年5月底，碧欧泉在全球最大的影视点播平台——风行网投放品牌广告。据了解，碧欧泉这样选择，主要是考虑到风行网1.35亿可观的用户基数，以及用户为25—40岁、中高收入人群的特质。此外，风行网干净、无干扰的广告投放环境，以及可选择定向投放广告，也吸引了碧欧泉。例如，碧欧泉在风行网上选择了男性喜欢的动作片、战争片、纪录片等影片，进行定向广告投放，并获得了积极反馈。2010年5月24日到5月30日，仅4天时间，浏览过碧欧泉广告的风行用户总计达到230多万，点击量47000余次，独立访客的浏览量达到140多万次。

从碧欧泉的营销活动来看，国际巨星及网络营销都是其欲掌控未来、努力坚持的策略和方向。除此之外，关注精英人士需求以及产品功效，仍是其能够立于不败之地的营销基石。未来，男性护肤品市场的竞争会愈演愈烈，碧欧泉是否仍能稳居男性高端护肤品市场的霸主地位，仍有待时间考验。

思考与讨论

1. 请描述碧欧泉的目标群体。

2. 碧欧泉的互联网广告为什么可以获得一定的到达效果？

3. 根据以上报道，碧欧泉的互联网广告效果是否得到了充分证明，为什么？如果要有更加精确的广告效果报告，可以采用哪些方法？

第五节 确定广告目标的重要理论
——DAGMAR 理论及其他

本节将介绍广告目标确定方面的重要理论，这将为介绍广告反应指标和在一定时期内衡量这些指标的概念提供理论基础与标准。对确定广告目标的相关理论的历史沿革进行探讨，有两方面的原因：首先，这些方法的历史渊源不仅有趣，而且有助于我们对问题进行深入和广泛的理解；其次，一些传统的观点仍然有用并且有效。

1961 年，罗赛尔·H. 考利为全美广告客户协会作了名为《为测评广告效果而需明确的广告目标》的报告。报告中介绍了后来被称作"为测评广告效果而需明确的广告目标"（Defining Advertising Goals for Measured Advertising Results，DAGMAR）的理论，它包括选择和确定目标以及应用这些目标衡量广告效果的精确方法。20 世纪 60 年代，广告效果的衡量是广告经理们非常关心的问题，这些经理在增加广告的可控性上遇到了挫折，他们希望有更好的方法来评估和控制广告效果。

DAGMAR 理论常常被称为达格玛理论。该理论把广告目标限定在传播的范围内，设定广告传播目标为认知、理解、态度、行动四个阶段。该理论指出，事先设定每个阶段的目标，便可明确地测定广告效果。所以，该理论可简要概括为"为测评广告效果而确定明确的广告目标"。一个广告目标由此被界定为通过广告活动应该达到的具体目标，是在一个给定时期内，针对特定观众所确定的特定传播任务。广告目标需要明确地规定实现的时间以及应该达到的具体水平。该理论强调要注意广告目标与营销目标的不同，广告目标是特定的，包含有明确的任务、确定的受众、确定的时间期限。

DAGMAR 理论的第一要点是：具体的广告目标通常应该包括一个传播任务，这一任务应当是在合理范围内广告所能完成的。

在 DAGMAR 理论中，传播任务可描述为基于传播过程的一个特定模型。模型显示，在一个品牌或产品获得接受的过程中有一系列的意识阶段。受众在开始阶段，不知道市场中有这样一个品牌或产品的存在。传播过程的第一步是增加受众对品牌的认知，使品牌在意识阶段上升到更高的一层。传播过程的第二步是增加受众对品牌的理解，也就是使受众对品牌有所了解。品牌的特性和吸引力包括哪些相关的形象与感觉？品牌与其他竞争者在哪些方面不同？品牌对哪些消费者的益处最大？第三步是促使受众表明态度（确信或信服），它处于受众理解和采取最后的购买行动之间。第四步是促成受众采取行动，主要指购买者采取一些明显的行动，例如，第一次尝试使用该品牌产品或服务，参观展示或索取信息材料，等等。DAGMAR 模型认为，受众购买行为的实现将按顺序经历上述一系列步骤。因此，该模型是一种"效果层次模型"。

根据广告目标与效果发生的关系建立的模型还有很多。如 AIDA 模型、AIDMA 模型；再如由社会学家提出的"新采纳者层次模型"（New Adopter Hierarchy Model），总结出五个阶段，即认知、兴趣、评估、适用和采纳。此外，还有由赖维奇和史坦勒于 1961 年提出的层级效果模型。他们的模型包括六个阶段：知名、知道、喜欢、偏好、信服和购买。美国广告调查财团（ARF）提出的模型则包括媒体普及、媒体暴露、广告暴露、广告知觉、广告沟通、销售反应六个阶段。以上这些分析模型，侧重分析广告目标与效果发生的关系。当然，这些模型也解析了消费者心理的过程。

DAGMAR 理论的第二要点是：广告目标是特定的、具体的，它应当是一个书面的、可量度的任务，包括起始点、确定的受众和固定的一段时间。

在有了实际目标之后，DAGMAR 理论应当非常具体，例如，有必要精确指明要宣传什么样的要求和形象。进一步说，应当包括度量程序的方法。如果某种品牌高蛋白麦片产品试图在目标受众中增进品牌理解，那么广告经理可以决定宣传产品的蛋白质含量。但是，如果仅仅提到蛋白质含量也是不够的，且容易造成不同的理解：某品牌的麦片粥是否包含人一天所需的能量呢？是否有助于抗病、防病呢？是否比其他品牌的麦片粥能量更高呢？因此，在度量方面就需要更深入具体的内容。比如，如果消费者调查表中包含"根据蛋白质含量排序"的内容，那么受众对品牌的理解就可以通过计算将本品牌列为第一位的人数的百分比来衡量。

确立一个目标并选择广告活动去实现这一目标，一个基本的要求就是要了解初始状态。没有基准，优化目标的决定就非常困难。林肯说过："我们如果首先知道自己身在何处，以及我们的倾向如何，就能更好地判断去做什么和如何去做。"如果品牌认知已经相当高了，但仍选择认知作为目标，就可能是错误的。秦池酒靠第一次竞标获得"标王"称号，已经获得了很高的知名度，其最后一次仍以巨大的代价再次获得"标王"的称号，就显得目标盲目了。这也正是秦池酒的重大失误所在。没有衡量基准，广告实现目标的情况就不可能被量化处理。另外，基准可以指明如何更好地实现某一目标。例如，要了解目前的形象是否需要改变或加强，以及如果形象需要改变，是要变得抽象一些，还是要变得具体一些，等等，使用基准都非常有用。基准同时也是衡量最终结果的标准。尤其是在 DAGMAR 理论中，基准更是项目计划的不可缺少的部分。在确定目标前确立基准的意义是很明显的，但这一点常常被忽视。

　　DAGMAR 理论的一个关键之处是恰当地确定目标群体。如果目标是增加目标群体的认知，就有必要准确了解目标群体。比如说，我们的目标群体可以是某一时期占总使用量 25%—60% 的主要使用群体。没有确定目标群体，基准衡量就无法实施。另外，广告活动的实施也依靠目标群体的确定。

　　目标应包含具体的时期，如 6 个月或 1 年。时期确定后，就有望制定一系列指标。所有参与者都要理解这些指标，以便对当前的广告活动进行评估，判断当前的工作应当有什么变动。时期的长短要受诸如本公司和广告代理公司计划周期等条件的限制，同时也要考虑我们希望获得认识反应所必需的适当时间。

　　最后，目标应当付诸文字，加以表述。通过文字表述，我们往往可以发现暴露出来的一些基本的不足和误解，可以更容易地判断目标是否包含了 DAGMAR 理论的重要方面。

　　让我们来看几个运用 DAGMAR 理论的案例。首先，来看一家航空公司的案例。该航空公司在美国几十个竞争海外航线乘客的航空公司中只是一个小公司，被认为在广告的数量方面与那些巨型航空公司无法竞争，公司的预算状况不允许公司在广告方面达到大公司那样广泛、频繁和众多的水平。因此，该公司媒体战略目标决定集中于特定的目标群体，文案和艺术表现高度针对目标群体的特点。这一特定目标群体选定为经验丰富的世界旅行者，广告所传递的信息就针对这些独特的、有鉴别力的并精于旅行的世界旅行者。另外，经验和判断证明，针对季节性的旅客是明智之举：他们不仅是有经验的顾客，而且其建议和习惯对新顾客常常具有示范效应。广告通过风格独特的艺术表现和文案，直接吸引经验老练的世界旅行者的注意力和兴趣。广告不着眼于吸引普通旅行者的注意力，而是力图形成一种与众不同的艺术风格和兴趣。鉴于面向大众的航空公司注重硬件改善（安全和速度），该公司并不突出安全和速度问题，而是强调装饰、舒适、美食和服务等特色项目。除了通常的广告效果报告（这些报告来自调查以及售票处的意见）外，公司还进行了一项花费不大的态度调查，选定一些城市的旅行社，记下了海外旅客（超过两次旅行以上）的姓名和住址，然后向其中有代表性的几百人定期邮送调查问卷，提出以下问题。认知方面的问题：你可以说出哪些提供全程喷气式机客运的航空公司？形象方面的问题：在这些航空公司中，你认为哪一个在下表中列出的项目中表现突出？偏好方面的问题：在你的下次海外旅行中，你会认真考虑哪一家公司？为什么？有关公司提供了一个国际旅行者感兴趣的小册子，问卷返还率异乎寻常的高，调查费用也不是很高。调查的结果显示：认知稳步上升，形象在变好，顾客偏好有所增加。这充分表明，广告传递明确的信息给所选择的受众，已经获得了成功。

另一案例研究的是电器用品，但对于其他耐用品，如汽车和家具的广告驱动研究，也同样具有参考价值。在这个案例中，从逻辑上推测市场上有2600万个家庭，这2600万个家庭中包括拥有电器超过3年的家庭，加上新婚家庭和迁入新居、需要布置的家庭。最初设定的目标包括：（1）营销目标。营销目标是发动销售攻势，在本季度内销售大量电器用品，减少主要分销商和生活者的库存。（2）广告目标。广告目标是引发立即的购买行为。品牌名称和产品优点在持续有效的广告作用下已经广为人知。在这一基础上，广告的任务是劝导家庭主妇走访分销商，到他们的展厅去参观产品展示。一个特别的冰块托盘当作诱导用的奖励品。（3）具体的广告目标。具体的广告目标是劝导40万个家庭主妇在4周内走访1万个分销商，平均每个分销商展厅吸引40人。结果从几个不同的角度衡量，广告借助针对特别受众的电视节目进行投放。该项广告活动的结果是：两套电视节目面向8400万人，约18%即1500万人可能接受广告信息，其中将近50万人会采取即时的行动，如走进分销商的展厅并购买商品。广告完成了其吸引消费者至分销商展厅的任务。分销商确实凭借这一特别促销手段卖出了大量的电器。当然，这也不能完全归功于广告，因为广告只是销售宣传中的一个因素。

再来看看 IBM：CODERNAUTS ①的故事。IBM 面临着这样一个问题，它每年在软件方面的销售额达上亿美元，但它并不被认为是一个软件制造商。如何传递信息并利用杠杆作用显著地提升 IBM 软件品牌业务矩阵的价值，以赶上该品类中的领先者，是 IBM 品牌所面临的现实挑战。而问题的关键在于改变目标群的认知。虽然广告策划人员并没有声称自己运用了 DAGMAR 理论，但在实际的广告策划中，他们确实以 DAGMAR 理论中的一个层级作为广告战役的目标。负责策划的奥美广告公司洞察了顾客内在的需求：所有的软件顾客都有一个共同的需求——他们要寻找一种方法，以通过技术改善他们的工作或业务表现。广告公司的创意思想是：创造了来自另一个宇宙的电脑程序员（CODERNAUTS），他们正在寻找更好的软件。以这一创意为核心，奥美展开360度广告战役：广告策划人首先在网络上诱发 IT 业界的兴趣，IT 业界人士是这场广告战役的首要目标对象。然后，电视广告建立起故事的背景和前提以及巨大的认知，同时使问题戏剧化。印刷广告详细讲述并扩展了CODERNAUTS 的故事，并且定义了 IBM 能够解决的问题。墙画、室外招贴、公用电话亭、商业展览和产品本身，同 CODERNAUTS 的公众形象一样，都大大提高了顾客的认知、兴趣和参与度。网络条幅广告将顾客直接吸引到以顾客为中心的网络站点，并且进一步转给销售人员。内部沟通使得销售速度大大加快。通过每一条特定讯息针对某一群特定目标对象发挥特定作用，CODERNAUTS 在各种媒体上都发挥了很好的作用，一步一步地使潜在消费者获得更多的信息，进行更多的对话，以及实现更多的接触。广告战役取得非常好的成果：认为 IBM 是一个软件公司的认知度上升了125%。广告战役开始仅7个月，就提前实现了最初设定的年度目标。

DAGMAR 理论确实改革了设定广告目标的方式，也改变了测量广告效果的方式。它引入了传播目标的概念，如认知、理解、形象和态度。关键是，这样设定的目标比销售额更加合适，因为影响销售额的因素非常多。在介绍广告目标时，态度模型等行为科学的结构和模型得以应用。DAGMAR 理论也

---

① Ogilvy & Mather Worldwide, *Ogilvy on Ogilvy：A Review of Ideas and Work*, 2003, p. 9.

注重进行量度，鼓励人们建立具体的、可操作的和可衡量的目标，正因为如此，DAGMAR 理论增进了广告创作人员和广告主之间的沟通。

考察一种观点的重要性，办法之一是看一看这种观点所引发的理论上和实践上的争论的激烈程度。以此为标准，DAGMAR 理论可以算是广告目标问题方面最为重要的一种理论。以下是对 DAGMAR 理论的六个方面的挑战。

第一，关于销售额目标和广告目标。有人认为，广告效果只有用销售额量度才是有意义的。持这种观点的人质疑：即使广告事实上确实增加了品牌认知并建立了消费者对公司的良好态度，但又有什么根据因此而增加公司的广告资金投入呢？他们指出其中存在的悖论。例如，如果认知不影响销售，为什么要费心去衡量它呢？如果认知与销售密切相关，那为什么不直接衡量销售呢？这种观点近年来获得了较多的支持，因为现在通过应用电脑数据检索方法的受控实验，可以比较精确地量度广告对商品短期销售的影响。但是，即使这种方法也不能对广告的长期效果进行合理估计。在销售额目标和广告目标方面，提出批评的第二种观点是：测量销售效果是有缺陷的，使用中间目标同样也有缺陷。例如，像 DAGMARM 理论那样，使用中间目标，涉及销售与中间目标存在正向关系的假设，但显然这种假设可能不适用于所有情况。

第二，关于可操作性。DAGMAR 理论在实践方面也受到很多质疑。有人认为，这种方法在应用上有许多困难。持这种观点的人认为，考利提供的框架非常宽泛，就像描绘飞龙一样，尽管提出了翅膀动作和飞翔的关系推断，但当被询问具体细节时，他会回答："我会给你大思路，你自己去构造细节问题吧。"应用 DAGMAR 理论，必须要从层次中选择需要针对的基准水平，并对之发动可使其受到影响的广告活动，但这点并不容易做到。

第三，关于度量问题。当我们谈到态度、认知和品牌理解时，我们真正要去衡量的到底是什么呢？这其中存在着重要的概念问题和度量问题。人们对于许多概念性的东西，很难在头脑中达到完全意义上的共识。

第四，关于层次模型中的扰动。这一问题也存在于其他涉及即时销售的更简单的反应模型之中。我们已经知道，许多除广告外的其他因素都可能影响销售。在更复杂的模型中，还论及许多除广告外的其他因素决定认知，例如，竞争促销和无计划的公开展示都会影响认知活动。所以，许多认知并不由广告活动创造。

第五，对良好创意的阻碍。"好创意"是许多广告创作人的梦想和希望，DAGMAR 理论基本上是一个合理的、有计划的方法，为有创造性的人们提供了一定的指导。问题是，如果这一理论确实影响到人们的创作工作，也就必然对其努力形成抑制。当文案作者和艺术指导者的创造性被抑制时，就不太可能产生好主意，广告活动单调、沉闷的可能性就变得更大。当然，在此种情况下，广告活动完全无效的可能性也较小。例如，金宝汤品公司的"汤是一种好食品"的广告活动，力图改变金宝红白汤十年来人均消费下降的状况。活动的目标是通过宣传，使人们改变对汤的看法并增加消费。起初，金宝汤品公司的这一广告在劝导方面的得分（通过衡量广告对人们态度和意图的影响得到）是其所有广告中最低的，但这一广告刺激了其销售额在三年中不断上升。显然，该广告设计并不是在最初阶段造成影响的，而是通过大量的长时间重复发挥作用的。由此我们看到，完全机械地依赖基于层次模型（或其他任何单一的概念）的测试是危险的。

第六，关于 DAGMAR 理论的基本的层次模型。这一模型假定了一系列的顺序步骤：认知、理解、态度、行动。反对意见认为，还存在其他层级反应的可能性，在任何时候都应用 DAGMAR 理论是机械的危险行为。例如，在推进一种低卷入产品采购的情况下，行动可能优于态度的形成，甚至优于理解。事实上，人们普遍认为，模型是否适当，取决于具体情况。

在许多情况下，问题的关键就是要采用什么模型。有其他几种模型可以在设定广告目标时作为参考，比如李奥·贝纳广告公司提出的 CAPP。CAPP 是"持续广告计划项目"（Continuous Advertising Planning Program）的缩写，其中的层级包括不知、认知、接受、偏好、品牌购买和品牌满意度。CAPP 层级的一个独特的因素是品牌满意度，反映了品牌在购买后的表现以及再次购买的情况。有关 CAPP 层级的知识在我们选择目标水平时如何才能发挥作用呢？玛罗尼提出了层次模式的检验，他指出，对层次中相邻的水平要特别加以注意。例如，如果有一小部分人知道一个品牌（相对总用户而言），那么增加认知就可能是一个有价值的目标。而如果相当多的人接受这一品牌，但只有少数人偏好它，我们也许就需要使品牌在某些方面的形象变得鲜明一些。另外，如果品牌被广为接受，但最终购买者很少，就有必要刺激尝试性购买。如果与购买相比，品牌满意度较低，那么根本问题可能在于品牌本身，就需要在考虑品牌如何满足顾客需求方面提出具体问题。有必要考虑相邻水平的状况和比率，例如，用对品牌满意的人数去除以购买此品牌的人数，就可以获得一个比率。一个好的目标水平是与下一层水平相比比率较高的水平。通用汽车公司所用的层级模型是一种考虑类别层次的模型，这种模型把人们对品牌的看法与品牌建立关系，分为认知类别（知道并了解某品牌）、可购买类别、考虑类别和第一选择四个层级。"认知类别"指被调查者只表示知道某品牌，但无进一步评价。如果被调查者认为某品牌与他实际考虑购买的品牌相似或具有竞争力，则该被调查者就属于"可购买类别"这一类。如果被调查者表示在下次进入市场时会较认真地考虑这一品牌，则他属于"考虑类别"这一类。这些答案将通过开放式的问题获得。"第一选择"是指被调查者在进行选择时，表示将会购买的品牌。我们可以把通用汽车公司所用的这几个层级看成考察品牌在消费者心目中的地位的有效方法。这种方法对于预测未来需求具有很大的参考价值。如果一个人从"考虑类别"转为"第一选择"这一类，则其购买的可能性就增加了。在采用这种广告目标设定方法时，还需要考虑两个因素：（1）类别层次水平人数；（2）将他们移向"第一选择"所要进行的广告活动的成本和效果。

第十一章　广告创意策略的发展

第一节　广告创意

一、创意与广告创意

"创意"这个词在广告界似乎已经成为陈词滥调（甚至在其他领域也被滥用），但是，对于什么是广告创意，却无定论。正因为广告界对什么是广告创意各持己见，所以也给广告学习者带来了认识方面的困难和障碍。好的广告创意不是从某个地方突然冒出来的，它们绝大多数以质量、价格或具有竞争力的优点的形式存在于产品或服务中。创意也可能藏身于目标市场之中——比如消费者的需要、希望、梦想，以及他们的恐惧，都可能是创意的源头。好的广告创意常常不是立刻就可以显现的。

什么是创意呢？创意这个概念常与"创造""创作"这两个概念相联系，有时可以互换使用。在艺术领域，"创意"这个词较少用，用得更多的是"创造"或"创作"。在英文里，"创造""创作"和"创意"都可以是同一个词：create。根据《韦氏大辞典》的解释，"创造"的意思是"赋予存在"（to bring into existence），具有"无中生有""原创"的意思。由此看来，"创意"是指创造性的意念、巧妙的构思，也可指创造性的思维活动。一般在艺术领域，艺术作品的创作者可以把自己的价值观、世界观、人生观、审美意识等自由地表现在自己的作品中。艺术作品正是因为张扬了创作者的个性和创作姿态，才有其独特的地位。

艺术创作会受到很多不利因素的影响。黑格尔认为，"艺术兴趣和艺术创作通常更需要的是一种生气，在这种生气之中，普遍的东西不是作为规则和规箴而存在，而是与心境和情感契合为一体而发生效用，正如在想象中，普遍的和理性的东西也须和一种具体的感性现象融成一体才行。因此，我们现时代的一般情况是不利于艺术的"①。马克思也在《剩余价值学说史》中论述了资本主义的生产方式不利于诗和艺术。如今，在我们所处的时代，黑格尔、马克思所言的对艺术创作的不利因素更多了。广告作为商业行为，也不利于纯粹艺术的发展，因为在当代的广告运作过程中，科学的方法逐渐占据了主流，许许多多的规则在很大程度上制约了传统意义上的纯粹的艺术创作。即便是达·芬奇和凡高在我们这个时代复活，他们也不一定能够成为广告大师——尽管后人可以利用他们的伟大作品来做广告。

　　广告作品当然也有成为艺术品的可能。当广告可以感动人并使人卷入它创造的世界时，它便具备了艺术的特质。因为在这一过程中，人产生了艺术的审美，广告作品在这种情况下成为审美对象。正如伽达默尔与杜特谈论美学时所说："当一件作品打动了我们，那么它就不再是一个客体，就不再是一个我们面对着的东西，一个我们可以俯视的东西，我们不能将它看成一个概念性的意义指向。情况正相反：作品是一个事件。它给我们一个撞击，它撞翻了我们，借此它建立起一个自己的世界，我们仿佛被卷入进这一世界。"②伽达默尔道出了艺术审美的过程中人被作品卷入的特征。人们有时候不是也被广告打动了吗？使广告作品常常远离艺术品的重要原因之一，是广告创作者并没有使广告作品被长期保存与鉴赏的动机。广告作品很难在人们的生活与记忆中"常在"，很难做到"必须是在那儿"（"一件艺术品必须是在那儿。"③——伽达默尔语）。杜特在与伽达默尔谈论艺术审美时，也对艺术审美所需的"驻留"是否会消失流露出忧虑："通过录像技术和所谓私营电视，对消费者的持续轰炸实际上已经成为可能。媚美④爆炸之发生不像以前那样有

---

　　① ［德］黑格尔：《美学》，商务印书馆 1996 年版，第 14 页。

　　② ［德］伽达默尔、杜特：《解释学美学实践哲学：伽达默尔与杜特对谈录》，商务印书馆 2005 年版，第 57 页。

　　③ ［德］伽达默尔、杜特：《解释学美学实践哲学：伽达默尔与杜特对谈录》，商务印书馆 2005 年版，第 56 页。

　　④ 媚美，指感官刺激的美。传统美学将美的形态划分为优美、壮美和媚美，参见叔本华：《作为意志和表象的世界》第三卷。也可参见《解释学美学实践哲学：伽达默尔与杜特对谈录》第 65 页金惠敏对"媚美"的译注。

所间歇。再者，如果人们挖空心思，以将一个后现代的合法性，赋予当前所发生的事变，那么驻留在中间将不复有其位置……驻留会消失吗？"① 伽达默尔看起来比较乐观，他说："这有可能——不过，不会这样的。"在这一点上，本书作者非常赞同伽达默尔。即便是广告，难道不是也常常令人驻留并发出"请停留一下吧，你多么美呀！"② 这样的惊叹吗？

"广告创意"和"创意"的区别首先是在运用范畴上的区别。广告创意是"戴着镣铐跳舞"，不是创意人员思想的天马行空。广告创意是广告人对广告活动展开创造性的思维活动与表现活动。广告创意是广告活动的一个环节，而广告活动是具有商业目的与目标的，是有计划性和程序性的，所以广告创意必然受到各种条件的约束。广告创意人员必须在有限制的自由空间内发挥自己无限的创作潜能。

二、关于"什么是广告创意"的一些代表性观点

美国著名的广告创意指导戈登·E. 怀特（Gorden E. White）将创意比喻为广告策划中的 X 因子，这是因为，与媒体策划和广告预算等不同，各种广告创意方法的潜在效力不像其他广告活动决策那样比较容易确定。戈登·E. 怀特的比喻揭示了广告创意依赖创造力的一面，正是因为创造力使广告创意看起来像一个不确定的 X 因子。同时，他的比喻也强调了不同广告创意方法彼此很难进行有效的比较。这也就是为什么许多杰出的广告几乎胎死腹中的原因。许多被客户否定的广告创意是否会有效，也都将成为永远无法解开的谜。美国广告大师李奥·贝纳认为，所谓创意的真正关键是如何运用有关的、可信的、品调高的方式，与以前无关的事物之间建立一种新的、有意义的关系，而这种新的关系可以把商品某种新鲜的见解表现出来。中国学者丁俊杰认为，广告创意最不可忽视的本质是"讯息"，广告创意是使广告讯息得到更好的传达、使广告对诉求对象起到更好的作用的手段。好的创意，必须有明确的讯息策略的指导。不包含讯息的广告创意，即便表现奇特，也很难成为

---

① ［德］伽达默尔、杜特：《解释学美学实践哲学：伽达默尔与杜特对谈录》，商务印书馆 2005 年版，第 65 页。

② 歌德《浮士德》中的名句，常被用来说明艺术审美中的"驻留"。

好的创意。他用一个公式来概括广告创意：广告创意＝创异＋创益。这个公式揭示了广告创意的讯息传播本质和获利本质。创异，就是要使广告与众不同。为什么要做到与众不同呢？这就是广告创意的讯息传播方面的任务。广告只有与众不同，才能在广告泛滥的世界中引起消费者的注意。有人说，我们的时代已经进入了注意力时代，注意力是财富和力量。这种说法，用于广告方面，是再合适不过了。广告要获得成功的第一步是引起消费者的注意。"创异"的首要目的就是吸引注意力。这一点，随着网络的出现和普及，已经显得越来越重要。互联网广告如果不吸引人，上网的潜在消费者就可能对其视而不见，甚至绕道而行。注意力的流失，是广告失败的主要原因之一。创益，就是要使广告产生效益。大多数广告是商业广告。企业做广告的目的是获利。一条广告如果不能给企业带来效益，就不算是成功的广告。然而，在依靠广告进行品牌的建设中，广告的效益却得不到准确的计算。广告对品牌作出的贡献所能带来的利润往往隐而难现。这种情况，使许多企业内的人员把广告视为一种支出。这种认识使许多企业越来越依赖促销。为促销所做的广告，广告的"创意"通常被等同为短期的"创益"。对短期利润的追求是否会有损于长期利润，长期以来一直是个存在争论的话题。然而，已经有不少的案例正显现出追求短期利润对品牌的侵蚀。关键的问题是，众多企业为了生存或获得更好的财务报表而追求短期利润，正形成一种不可逆转的恶性趋势，即便它们明明知道长此以往，企业的利润必将受到损害。透视这种现象，不难发现，当广告创意没有力量时，借助促销追求短期"创益"的倾向就可能加强。广告创意如果对自己的"创益"能力缺乏自信，势必借助较易获取短期利益的促销。反过来，更多的促销广告将会提高消费者的价格敏感性，从而又会影响对消费者心灵诉求、价值诉求的广告创意的"创益"力。如此，便可能形成恶性循环。如果企业无限制地利用促销，不仅广告创意事业会受到损害，消费者的利益也有受损的危险。消费者在商品促销期间兴致冲天地买下一大堆名牌衣服，可能会在冷静下来后发现其中有一半是不适合自己的。然而，当时为什么买呢？只是因为看到价格便宜。

除以上提到的一些广告创意观点之外，有的学者还从视觉艺术与形象思维的角度给广告创意下定义。比如，程宇宁认为，"广告创意是广告人员根据传播策略，对抽象的商品（品牌）诉求概念加以提炼为物质层面的功能特征或精神层面的价值观念，并将之转换为具象的视觉符号，以求达成理想的传播效果的创造性的形象思维活动"①。此定义将广告创意定义为一种形象思维活动，这值得商榷。其所强调的广告创意与传播的关系，确实是广告创意所具有的重要特征，对此应予以肯定。但是，这一定义尚未揭示广告创意与产品销售之间的关系，从而使广告创意最为重要的促销功能未得到充分的强调。

本书认为，广告创意是在广告创意策略的指导下，围绕最重要的产品销售讯息，凭借直觉力和技能，利用所获取的各种创造元素进行筛选、提炼、组合、转化并加以原创性表现的过程。② 关于这个定义，有几个要点：（1）广告创意策略是广告创意的指南。（2）广告创意必须以传达最重要的产品销售讯息为核心。（3）广告创意在某种程度上必须依靠直觉力。但是，广告创意也要具备一定的技巧，这种技巧要通过长期的学习和实践获得。（4）各种创造元素来自无意识的积累和有意识的学习。任何学科的知识、任何方面的经验都可能成为广告创意所需的创造元素。（5）广告创意是一个动态的过程。（6）广告创意应该是具有原创性的。（7）广告创意含有表现的成分。

广告创意在整个广告活动中是不可缺少的重要环节。经验丰富的美国著名广告人罗伊·格雷斯几乎有些绝对地说，"广告的根本动力在于创意，这一点是不会变的"③。广告创意对广告活动的重要性由此可见一斑。广告创意工作通常在客户定向说明会之后开始。客户主管作为广告公司代表，在参加广告客户召开的定向说明会之后，向广告公司内部汇报定向说明会的内容，同时组建由市场营销、创意等部门组成的项目小组，进行综合性广告方案的策划。广告创意是综合性广告方案策划中的关键一环。

通常所说的广告创意是狭义的广告创意。狭义的广告创意通常和广告表现联系在一起。用形象一点的说法，广告创意就像是广告作品的灵魂，广告表现就像是广告作品的肉体。广告作品是可以看得见的，广告创意则是在视觉形象和各种符号背后的思想。视觉形象和各种符号是广告创意的外显，它们构成了广告作品。广义的广告创意可以体现在整个广告活动中，它可以包

---

① 程宇宁：《广告创意：从抽象到具象的形象思维》，中国传媒大学出版社2010年版，第4页。
② 有关内容可参见何辉：《从分析作品开始学做广告》，中国广播电视出版社2000年版。
③ 转引自［美］劳伦斯·明斯基等：《如何做创意：十三位美国杰出创意指导和文案撰稿人的创意观念、方法与作品》，企业管理出版社2000年版，第143页。

括媒体创意、促销创意、公关创意等。在实际操作中，广告创意的思想往往渗透于整个广告活动。值得注意的是，随着近年来企业对促销重视程度的提高，越来越多的广告创意正演变为一种促销创意。对促销的日益看重，其积极与否一直处在争论中。众多的学者和实践者从不同的角度、不同的立场对这一现象提出了不同的看法。但是，毋庸置疑的是，这种趋势的确对广告创意人员产生了影响。不论是狭义的广告创意还是广义的广告创意，都有一种广告创意被人们称为"大创意"。所谓的"大创意"，是指广告创意的核心策略在横向和纵向上都具有延展性。

三、广告创意的作用

广告创意的作用何在？许多人会对此提出疑问。我们已经知道，广告是一种信息传播活动，然而，传播效果却是一个变量。不论从哪个角度检视，广告创意都是影响传播效果这一变量的重要因素。

广告创意必须使广告客户的信息有效地发送出去，而且仅仅发送出去还不够，广告创意还必须使信息的接受者乐于接受信息。只有完成这种任务，广告才有可能影响消费者的认知、偏好以及具体的购买行为。广告创意人员置身于广告客户和消费者之间。广告创意人员必须基于广告客户的产品和服务，从消费者的角度进行思考。哈尔·斯特宾思说："广告创意者是这样一种人：他们对事实进行加工，将其化为一种创意构思，注入感情，让感情打动大众，促使大众去购买。"打动大众的方法有多种，既可以利用感性诉求，又可以利用理性诉求。因此，哈氏的这种看法有偏颇之处。但是，广告创意的作用是"打动大众，促使大众去购买"的说法则非常准确地揭示了广告创意的任务。

四、广告创意之前的准备工作

在开始广告创意之前，必须明确广告任务，开发销售信息。如果广告销售信息不明确，或者没有提供给消费者明显的利益，或者无法解决潜在消费者遇到的问题，则这样的广告几乎不可能成功。

开发销售信息并不等于广告创意的必定成功。但是，开发有效的、有利的销售信息却是广告创意成功不可缺少的保证之一。没有一个公式可以帮助广告人产生奇妙的创意，却有一套科学有效的、系统的方法来帮助广告人开发有用的销售信息。这些有用的销售信息运用于广告，成为向消费者传达的广告信息。

如果想产生有用的广告创意，广告创意人员必须对营销原理有所了解，同时，必须从传播的角度去思考问题。广告创意人员不一定要是营销专家或是传播学者，但是必须了解自己的消费者，了解自己的广告要针对谁。广告创意人员不一定要能说会道，但是必须懂得传播沟通。如果广告创意人不能实现有效的传播沟通，则广告是不可能成功的。广告创意人员一定要对需要做广告的产品或服务充分了解。如果是适合自己使用的个人消费品，广告创意人员要尽量去尝试使用它们，去体验消费者使用它们的真实感受。这一点说起来简单，做起来却实在不易。广告创意人员同时也要分析竞争对手的情况，了解他们的产品或服务有何优点和缺点，了解他们的广告是如何做的，这样才能为自己的创意找一个恰当的方向，选择一种合适的策略——或是正面对抗，或是侧翼进攻，或是另辟蹊径。广告创意人员在筛选提取销售信息时，必须考虑如果消费者看到这项或那项销售信息时，会有什么反应和行动。同时，广告创意人员应思考：消费者为什么会有这样或那样的反应和行动。消费者在看了广告后，是不是开始喜欢某个产品了呢？他们会去商场买这个产品吗？他们会直接通过广告邮购吗？他们看了某则互联网广告后，会立即在网上订购吗？广告创意人员应该尽量把可能出现的情况预先想到，并从中作出最好的选择。广告创意人员还应该想一想广告预算的多少。商业广告是一种付费的传播。广告创意人员必须在广告预算限定的范围内施展创意，否则，广告创意是无法得以实现的。尤其是电视广告的制作花费巨大，动辄几十万、几百万元，广告创意人员必须对自己的创意要花多少钱有个估计。广告预算是对广告创意人在使用金钱方面的限制，并不是对创意的限制。很少的预算同样可能产生好的创意。

总之，广告创意人员在施展创意之前必须多多考虑各种因素，尽量全面地掌握各方面的材料。当然，各种材料并不一定是靠个人获得的，它们往往是全体广告策划人员共同分析整理出来的，而且通常都经过客户的审核。

五、创意指导性清单

在经过调查研究，广告策略已制定之后，广告创意人员就必须反复咀嚼广告策略的分析过程，然后在前面广告策略文本基础上拟订一份创意指导性清单。有时，广告策略文本本身就包含创意指导性清单。但是，广告创意人员最好花点时间再细致地整理一遍。

大多数著名广告公司在长期的实践中都开发出发展创意策略的程序或方法，有的还制定了相对固定的策略发展模式。例如，世界著名广告公司日本电通公司就曾使用过"SWOT 分析""核心表格"① 等，用于指导实践的创意策略的程序或方法。

为什么这些著名广告公司要制定发展创意策略的程序或方法，甚至是看起来很死板的格式呢？这主要有以下几个原因：（1）一套相对稳定的发展创意策略的程序或方法，能够为广告创意提供指导，发挥指南作用，广告创意就有可能沿正确的方向发展。（2）一套相对稳定的发展创意策略的程序或方法，能够使参加开发广告创意的人员在目标市场、销售信息等方面达成共识。（3）一套相对稳定的发展创意策略的程序或方法，可以使广告创意人员以全面的视角看问题，同时保证广告信息是从消费者的角度发展出来，而不是从广告主的角度发展出来。（4）一套相对稳定的发展创意策略的程序或方法，可以为广告活动的展开和控制提供蓝本，同时也有利于在实施过程中最迅速地对问题加以调整。这是因为，最精细的计划也不可能面面俱到、十全十美，更何况市场和人心皆处于流变之中。

下面是创意指导性清单的格式之一（需要指出的是，以下格式中的内容都是描述性的。换句话说，广告策划到了这一步，应该在前面调查、分析、研究的基础上得出某些中间性的结论，在清单式的文本中对它们加以描述。在此之前的文本中可能已包含以下内容，但是，现在要做的是把它们清楚地列出来）：

---

① 这两个是日本电通公司两个阶段的策划/创意指导性方法的名称。电通公司不断对自己公司内部的策划/创意指导性方法进行改进，力求简单、明了、实用，以发展出公司内团队工作时共同的思考平台。

　　一是关键事实。在这一部分，要从消费者的视角出发，把一切有关产品、市场、竞争、用途等资料整理出来，加以系统陈述。关键之处是要发现是什么原因使消费者不购买本产品或选择本服务，或者发现是什么原因使消费者转换了品牌。在这里，一定要确认广告可解决的问题是什么，必须提取出一个也是唯一需要加以解决的问题；并且，这一问题应以消费者的观点加以陈述，而不要从广告主想当然的立场出发。

　　二是首要的营销问题。在这一部分，要从营销角度出发，以营销者的观点加以陈述。这个营销问题可能是一个产品认知问题、一个市场上的问题或一个竞争上的问题，但是它一定要是广告可以施加影响的问题。有些问题是广告无法解决的。一定要明确广告可以做什么、不可以做什么。

　　三是广告目的。在这一部分，要将期望广告对目标消费者产生的影响作一个简明的描述。通常，广告目的是改变知名度、偏好度、信服度等传播方面的效果。比如，"提高某某产品的知名度"就是一个广告目的。

　　四是广告目标。广告目标是广告目的的量化。比如，"在未来三个月内使某某产品的知名度达到百分之多少"就是一个广告目标。

　　五是创意策略。首先，创意策略中要确认目标市场。描述目标市场要尽量仔细、完整。描述大致要包括以下几个方面的内容：（1）目标市场规模。应该描述一下目标市场大概有多少人。（2）目标市场的地理特征和地域性特征。不仅要描述目标市场处于什么地方，比如哪个省、哪个市，还要说明那个地方的具体细节，比如一级城市或三级城市等。描述越具体越好，因为这些信息对于创意人员的创意可能具有巨大帮助。（3）目标市场的季节性差异。不同的季节会对消费产生不同的影响，有些产品的消费受季节性影响很大。而且，由于我国地域宽广，跨越多个气候区，即使在同一个季节，各地的气候状况也不同，目标市场也存在着差异。对这个因素，广告创意人员必须加以考虑。（4）人口统计学特征。包括年龄、性别、收入、婚姻状况、教育程度等。（5）心理特征。包括气质、个性等。（6）媒体接触特点。可以通过列表的形式把消费者所接触的媒体列出来。这些媒体是消费者接触的媒体，不是媒体计划一定要加以使用的媒体。媒体接触的特点可细致到具体的媒体种类、电视广播的时段，甚至是具体的版面属性或节目。媒体接触的频次也是应加以描述的因素。（7）消费行为特点。主要指关于购物习惯、购物地点、使用习惯等消费者行为方面的特征。其次，创意策略中应该说明定位或区隔。在这一部分，不是要把属于这一种类的每一种产品或品牌都列出来，而是为了广告创意而确认本产品或品牌所要竞争的市场区隔或范围。广告创意人员必须清楚地知道竞争对手给消费者的承诺是什么，以便清楚地说明本产品或品牌有什么独特之处，如此才能为本产品或品牌在市场和消费者心智中找到属于自己的位置。最后，创意策略中应包含对承诺的确定。通常是把产品或服务能为消费者提供的最为重要的利益用简练和明晰的一句话加以表述。一个广告承诺应该注意以下几点：（1）这个承诺必须提供消费者利益或能够解决消费者的问题。（2）这个承诺所提供的利益或所解决的问题对于潜在消费者来说必须是重要的，并且是他们所欲求的。（3）这个承诺必须可同产品或品牌相融合。（4）如果广告采用竞争策略，承诺一定要具有明确的竞争性。

第二节　经典创意法和广告大师

广告创意方法是多种多样的。下面介绍几种经典的广告创意方法和几位著名的广告大师。这些广告大师在世界广告界享有盛誉，他们的创意思想对许多广告创意人产生了巨大而深远的影响。

一、李奥·贝纳的固有刺激法（或叫内在戏剧性诉求法）

李奥·贝纳（Leo Burnett，1892—1971 年）作为世界顶级广告公司的创建者，其广告思想影响了许多广告人。1891 年，李奥·贝纳出生在美国密歇根州的一个小镇，在那里一直生活到 79 岁。他说自己的名字本来应该是George，可是因为他的父亲喜欢简化，再加上其拙劣的书法，"Geo"变成了"Leo"，而这个名字后来便固定了下来。他的父母亲在密歇根拥有一个小商店。他的最初的广告记忆是在小店货车的伞下看商店的名字和标语。李奥·贝纳不是一个英俊的社交型广告人。他性格内向，个子矮小，有点驼背，肚子比较大，前额秃着，脸上长满雀斑。据说，他的衣领经常沾着万宝路香烟的烟灰。他最引人注目的特点恐怕是他的下嘴唇，他越感到不高兴，他的下嘴唇便越突出。

李奥·贝纳早年在芝加哥的欧文广告公司任职。1935 年，他离开了欧文广告公司，创办了自己的广告公司，那时他 44 岁。后来，他又创办了芝加哥广告学校。李奥·贝纳以其特有的广告哲学闻名，他和他的追随者们被称为"芝加哥学派"。对于李奥·贝纳来说，最有力量的创意是不需要语言的。他认为，真正的意念太深，以至于难以表达，比如万宝路广告中骑马的形象。李奥·贝纳说，一个成功的广告不是让受众说"这是一个伟大的广告"，而是说"这是一个伟大的产品"。

李奥·贝纳说，最重要的是发现产品中内在的戏剧性并且将它表现出来。他的创意给人印象深刻。他通过热情、激情和经验，创造广告文案的"内在戏剧性效果"。他认为，成功广告的创意秘诀在于发掘产品本身内在的、固有的刺激。他将这种刺激称为：内在的戏剧性。他认为，广告创意最重要的任务是把产品本身内在的、固有的刺激发掘出来并加以利用。他指出，所谓固有刺激法，是指要发现企业生产某种产品的原因，以及消费者要购买这种产品的原因。如果没有内在的戏剧性被发现，它就必须被创造出来。通常，这种创造可以通过"借用兴趣"这个概念来实现，它既可以从某个人那里寻找戏剧性，也可以从某些事物中寻找。

产品本身内在的、固有的刺激的产生，是建立在消费者的欲求和兴趣基础之上的。但是，此种创意方法的出发点是产品，从产品出发，去寻找消费者心中对应的兴趣点，即认为产品中必然包含消费者感兴趣的东西。我们可以认为，这种创意的方法带有产品至上年代的思考特征。但是，从另一方面看，这种创意方法也包含了以消费者为思考中心的萌芽。

李奥·贝纳认为，一般情况下，根据产品和消费者的情况，要做到恰当，只有一个名词能够表示它，只有一个动词可以使它动，只有一个形容词可以准确描述它。对于创意人员来说，一定要找到那个名词、那个动词以及那个形容词。换句话说，李奥·贝纳的意思是，你必须找到传达产品和服务内在特点的最为准确的方式，而只有一种方式可以使广告对于消费者来说具有最大的戏剧性效果。他鼓励广告创意人员永远不要对"差不多"感到满足，永远不要依赖欺骗（即使是聪明的欺骗手段也不要用）去逃避困难，也不要依赖闪烁的言辞去逃避困难。李奥·贝纳和他的公司利用此创意理念，汲取内心的激情，创作出许多著名的广告，造就了许多著名的品牌，比如"绿色巨人乔利""炸面包人皮尔斯伯里""金枪鱼查理",以及凯洛格食品公司的"老虎托尼"。

下面,我们以李奥·贝纳创作的"绿色青豆巨人"这个广告来说明固有刺激法。这则广告是李奥·贝纳为绿巨人公司创作的。当时,那家公司的名称还叫作明尼苏达流域罐头公司。广告的标题是:月光下的收成。文案是:"无论日间或夜晚,青豆巨人的豌豆都在转瞬间选妥,风味绝佳……从产地到装罐不超过三个小时。"李奥·贝纳解释道,如果用新罐装做标题是非常容易说的,但是"月光下的收成"则兼具新鲜的价值和浪漫的气氛,并包含着特种的关切。"月光下的收成"——这在罐装豌豆广告中的确是难得一见的妙语。

在一次演讲中,李奥·贝纳自己以该广告为例,论述了三种可能出现的背离固有刺激创意法的做法:(1)用许多不证自明的事实作成一篇无趣味的、自吹自擂的文章。这种人可能会这样写广告——"如果你想要最好的豌豆,你就要青豆巨人。青豆巨人经过精心种植与罐装,保证你最后对味道满意。因为它们是同类产品中最好的,所以这些大而嫩的豌豆在美国最畅销。今天就在你买东西的食品店中买一些吧。"(2)用明显的夸大之词构成夸张的狂想曲。李奥·贝纳指出,有这样倾向的创意人员可能会醉心于这样的文案——"在蔬菜王国中的大颗绿宝石。你从来不会知道一颗豌豆能够像这样的——似露的甜蜜,像六月清晨那么新鲜并洋溢着丰富的豌豆的芬芳。把它端到烛光照射的餐桌上,如果你丈夫把你的手握得更紧一点也不足为奇。"(3)炫耀才华,舞文弄墨。这类创意人可能会这样写下去——"这种豌豆计划永远终止蔬菜战争。青豆巨人,它不过像玉米粒那么大,剥豌豆的人能够剥下。青豆巨人有一个保证豌豆永存于世的计划——豌豆在大地,善意满人间。"

李奥·贝纳在他60岁的时候,仍以惊人的精力努力工作。大卫·奥格威说,他曾拒绝了李奥·贝纳合并公司的建议,因为李奥·贝纳是他所认识的唯一一个比他工作还要努力的人。"李奥竟然在纽约凌晨两点钟的时候给我打电话,并邀请我在芝加哥与他会面、共进早餐,为的是和他讨论一个新鲜的广告创意。他这种想法是我难以接受的。"李奥·贝纳继续努力工作,一直到70多岁。他对客户异常忠诚。当他因为低血糖而身体很虚弱的时候,别人要给他找糖果,他哑着喉咙嚷道:"一定要雀巢的。"

二、罗瑟·瑞夫斯的独特销售说辞

罗瑟·瑞夫斯（Rosser Reeves，1910—1984 年）提出了"Unique Selling Proposition"（USP），中文意为"独特销售说辞"（也有人翻译为"独特销售主张"）。所谓的"独特销售说辞"，简单地说，就是产品或服务的独特之处，这种独特之处可以用来作为广告重点，以有效推销产品或服务。罗瑟·瑞夫斯曾经是弗吉尼亚银行的一个文员。在移居纽约后，他开始在广告公司工作。1940 年，他加入了贝茨公司。在长期的实践中，他不断发展自己的创意哲学。他强调研究产品的卖点，对家庭消费非常看重。他帮助总督香烟、高露洁牙膏重塑了形象。1952 年，罗瑟·瑞夫斯为德怀特·艾森豪威尔所做的竞选总统的电视广告宣传计划被采纳，对美国政治广告活动产生巨大的影响。

1961 年，在达彼思广告公司任职的罗瑟·瑞夫斯写了《实效的广告》（Reality in Advertising）一书，此书极为畅销，对于广告界影响巨大。在这本书中，罗瑟·瑞夫斯提出了"独特销售说辞"的广告创意理念。罗瑟·瑞夫斯的"独特销售说辞"包含三部分的内容：（1）每一个广告都必须向消费者提出一个说辞。说辞不是光依赖文字，不只是对产品的吹嘘，也不只是巨幅的画面。每则广告一定要对一个广告信息接受者说："买这个产品，你将从中获得这种明确的利益……"（2）提出的这个销售说辞必须是竞争对手没有提出或无法提出的，并且无论在品牌方面还是在承诺方面都要独具一格。（3）提出的销售说辞必须要有足够的力量吸引众多的消费者，也就是说，销售说辞应该有足够的力量为你的品牌招来新的消费者。罗瑟·瑞夫斯认为，一旦找到"独特销售说辞"，就必须把这个独特的说辞贯穿整个广告活动，必须在广告活动中的各个广告中都加以体现。

"独特销售说辞"的著名案例之一是罗瑟·瑞夫斯为 M&M 巧克力所做的广告。这个广告创意的诞生颇具传奇色彩。1954 年的一天，M&M 糖果公司的总经理约翰·麦克纳马拉（John MacNamara）来到罗瑟·瑞夫斯的办公室找他。约翰·麦克纳马拉认为原来的广告并不成功，他想让罗瑟·瑞夫斯为自己的巧克力做一个广告，广告创意必须能为他招来更多的消费者。于是，双方进行了一番谈话，在谈话进行了十分钟之后（注意，广告客户的定向说明会常以非正式的方式出现。这种谈话的性质正是一种关于产品独特性的定向说明），罗瑟·瑞夫斯认为在这个产品之中，他已经找到了客户想要的创意。当时，M&M 巧克力是美国唯一一种用糖衣包裹的巧克力。罗瑟·瑞夫斯认为独特的销售说辞正在于此。怎样把这一独特的销售说辞体现在广告中呢？最后，在 M&M 巧克力的广告中，罗瑟·瑞夫斯把两只手摆在画面中，然后说："哪只手里有 M&M 巧克力呢？不是这只脏手，而是这只手。因为，M&M 巧克力——只溶在口，不溶在手。"

我们不难发现，罗瑟·瑞夫斯的"独特销售说辞"和李奥·贝纳的固有刺激法有一个相似之处，即：一开始把很大的重点落在产品之上，先找到产品的独有的特点，再以不同的方法引起消费者的兴趣。产品同质化的现象使寻找"独特销售说辞"的工作越来越难，但是，毫无疑问，"独特销售说辞"仍是广告创意重要的思考方法之一。

三、大卫·奥格威的品牌形象法

大卫·奥格威（David Ogilvy，1911—1999 年），这个富有传奇色彩的广告大师以创作简洁、富有冲击力的广告而闻名于世。他是奥美广告公司的创办人。他的广告作品的特点是：文辞华丽，却又切合实际；尊重消费者，而不失幽默机敏。他为世人留下了许多杰出的广告创意，比较著名的有哈撒韦衬衫、壳牌石油、西尔斯连锁零售点、IBM、罗尔斯—罗依斯汽车、运通卡、国际纸业等公司或品牌的广告。大卫·奥格威同时也擅长于以事实为依据的长文案，他发展了拉斯克尔的"印刷推销术"的理论。他的品牌形象法是随着他所写的《一个广告人的自白》一书而于 20 世纪 60 年代开始在广告界风行的。

大卫·奥格威认为，每一个广告都是对整个品牌的长程投资，任何产品的品牌形象都可以依靠广告建立起来。他认为，品牌形象并不是产品固有的，而是产品的质量、价格、历史等，这些东西在外在因素的诱导、辅助下形成的。这就是通常所说的品牌形象法。根据品牌形象法，一个产品具有它的品牌形象，消费者所购买的是产品能够提供的物质利益和心理利益，而不是产品本身。因此，广告活动应该以树立和保持品牌形象这种长期投资为基础。关于将广告视为一种投资，主要是一种营销、广告的观念。在财务会计方面，存在反对将广告和其他传播活动资本化的力量，反对的主要原因是认为这些活动不可预知。一个典型的例子是美国在线迫于美国证券交易委员会的压力停止了将用于新客户促销的花费资本化，因此还支付了 350 万美元的民事罚款。①

品牌形象法在提出后，在广告界产生了巨大的影响，这就像一场广告观念的变革。而产生巨大影响的原因是这种广告创意法把对产品品牌的长期投资放在首要地位。一旦以长期投资为目标，企业在有些时候就必须牺牲短期利润。按照大卫·奥格威的看法，产品的品牌形象一旦培植到出众的地位，生产该产品的企业将会以最高利润获得最大的市场份额。

然而，随着竞争的日趋激烈，维持品牌形象的活力和领导地位的广告费用越来越多，企业的利润开始降低，许多企业把广告作为开支来看待，为了保证利润，广告预算成为削减计划首选"开刀"对象。愈演愈烈的促销战等短期获利行为使许多企业对长程投资望洋兴叹。即使许多著名的大品牌，也在为经过长期投资建立起来的品牌形象是否会受到侵蚀而惴惴不安。

利用品牌形象法获得成功的著名案例是万宝路香烟。万宝路一度曾是带有明显女性诉求的过滤嘴香烟。自 20 世纪 50 年代中期开始，万宝路香烟开始和"牛仔""骏马""草原"的形象结合在一起，从此，万宝路香烟在世界上的份额逐步扩大，获得了前所未有的成功。万宝路的粗犷、豪迈的形象从此深入人心。有趣的是，万宝路的广告代理是李奥·贝纳广告公司。由此也可见大卫·奥格威倡导的品牌形象法的影响之大。

四、威廉·伯恩巴克的实施过程重心法

威廉·伯恩巴克（William Bernbach，1911—1982 年）可能是时至今日在广告创意领域最有影响的人物。在美国《广告时代》20 世纪末的评选中，他被推选为广告业最有影响力的人物的第一位。

1939 年以前，伯恩巴克在多个广告公司任过职。1945 年，他加入葛瑞广告公司并迅速成为创意副总监。1949 年，他和多伊尔以及马克斯韦尔·戴恩成立了多伊尔·戴恩·伯恩巴克（DDB）广告公司。

---

① ［美］唐·舒尔茨等：《重塑消费者：品牌关系》，沈虹、郭嘉等译，机械工业出版社 2015 年版，第 220 页。

伯恩巴克赞同这样的创意过程：将客户的产品与消费者联系起来，明确人类的品质与感情扮演怎样的角色，然后决定如何利用电视或平面形式的广告向消费者传递信息并赢得他们。伯恩巴克认为，广告信息策略的"如何说"这个实施的部分可以独立成为一个过程，形成自己的内容。这就是所谓的实施过程重心法。

"我警告你们，不要相信广告是科学。"伯恩巴克就是采用这样自信而绝对的说法来强调自己的广告哲学的。他首倡美术指导和文案人员的协作。他认为，广告的秘诀不在于"说什么"，而在于"如何说"。但是，他其实并不否定研究和分析的重要性。尽管他说"逻辑与过分的分析使创意失去灵性和毫无作用"，但他的实际意思是不要把研究和分析当作救命稻草，不要让创意被数字束缚灵活性。

伯恩巴克认为，周密的创意实施过程离不开以下四点：（1）要尊重消费者。广告不能以居高临下的口吻与交流对象说话。（2）广告手法必须明确、简洁。广告必须把要告诉消费者的内容浓缩成单一的目的、单一的主题，否则广告就不具有创新性。（3）广告必须与众不同，必须有自己的个性和风格。广告最重要的东西是要有原创性和新奇性。（4）不要忽视幽默的力量。幽默可以有效地吸引人的注意力，使人得到一种收听、收看和阅读的补偿。

伯恩巴克利用实施过程重心法的著名作品是为大众金龟车所做的系列广告。金龟车初次介绍到美国市场时，被认为具备四个特征：外观不漂亮；小；后引擎驱动；外国制造。这四个特征皆不被看好。在此之前，美国所有的汽车广告都是展现富丽堂皇或赏心悦目的图景。然而，伯恩巴克却在产品特点的基础上，抛弃传统的诉求方式，以幽默和别致的创意创造了广告史上的奇迹。

金龟车的系列广告画面都很简洁，只是单纯的金龟车，通常是黑白两色，主标题是"想一想小"（Think Small）。标题简单，却富有深意。下面，让我们来看几则金龟车的广告。

柠檬篇。这则广告以"柠檬"（lemon，俚语意为"不合格、被剔除的产品"）为标题。画面上是一辆看不出任何瑕疵的金龟车，那么，为什么说它是"柠檬"呢？广告文案写道："这部车子没有赶上装船，因为某个零件需要更换。你可能不会发现那个零件的问题，但是我们的品质管理人员却能检查出来。在工厂里，有3389人只负责一件事，就是在金龟车生产的每一道程序严格检验。每天生产线上有3000个员工，而我们的品质管理人员却超过了生产人员。任何避震器都要测试，任何雨刷都要检查……最后的检验更是慎重严格。每部车经过189个检查点，在刹车检查中就有一辆不合格。因此，我们剔除'柠檬'，而你得到好车。"

蛋壳篇。这则广告的标题是"某种外形很难再改良"。广告文案是这样的："问任何一只母鸡都知道，你实在无法再设计出比鸡蛋更具功能的外形，对金龟车来说也如此。别以为我们没有试过（事实上，金龟车的改变将近3000次），但是我们不能改变基本的外观设计，就像蛋形是它内容物最合适的包装。因此，内部才是我们改变的地方，如：马力加强而不耗油，一档增加齿轮同步器，改善暖气，诸如此类的事。结果，我们的车体可容纳四个大人和他们的行李，一加仑可跑大约32英里，一组轮胎可跑4万英里。当然，我们也在外形上做了一些改变，如按钮门把，这一点就强过鸡蛋。"

遗嘱篇。金龟车的这则电视广告显示了幽默的力量。广告影片讲述的故事是一位亿万富翁通过遗嘱，把一千亿美元的财产留给了拥有一部金龟车、持"省一分钱就是赚一分钱"想法的侄子，而对于那些不知道一块钱价值的亲属，他的遗嘱上写道："我只留给他们一块钱。"对于他的那位座右铭是"花、花、花"的事业伙伴，他说："我给他留的是零、零、零。"这个电视广告片通过幽默和夸张的表现，在当时崇尚奢华的美国社会，阐述了金龟车所倡导的一种全新的克勤克俭精神，获得了巨大的成功。

五、阿尔·里斯和杰克·特劳特的定位法

阿尔·里斯（Al Ries）和杰克·特劳特（Jack Trout）于1969年在《产业营销》（*Industrial Marketing*）和《广告时代》（*Advertising Age*）上发表了一系列文章，提出了"定位"（Positioning）这一概念。20世纪70年代后，他们又相继出版《定位》等著作，深入介绍和阐述了"定位"观念。1996年，杰克·特劳特出版了《新定位》一书，进一步阐发定位理论。[①] 这种理论自

---

① Jack Trout with Steve Rivkin, "*The New Positioning: The Latest on the World's*", *Busimiess Strategy*, The McCraw – Hill Companies, 1996.

提出后，不断加以修正和发展，时至今日已经成为一种最为基本的广告创意方法，也是一种最重要的营销方法。

阿尔·里斯和杰克·特劳特认为，广告应该为竞争中的产品确立一个独特的位置。所谓的定位，就是利用广告，为产品在消费者的心智中找到并确立一个位置。一旦定位成功，当消费者面临某一需要解决的特定问题时，他就会自动想到这个产品。定位法可以说是现代社会"信息爆炸"的产物。这种方法，实际上乃是帮助消费者在商品信息过度充斥的社会中对信息进行简单化处理，从而减少信息搜索成本，降低购买决策过程中由于信息超载引起的决策风险。在1996年出版的《新定位》中，特劳特更确信过度的信息交流已经改变了交流规则，过多的刺激和信息带来了烦琐与厌倦等负面作用；在信息过度的情况下，最具有冲击力的计划是由几个简单词汇可以传达的计划。①

里斯和特劳特用安飞士租车公司（Avis）的"我们第二，但更努力"的广告以及米歇罗伯啤酒（Michelob）的"第一家美国造特佳啤酒"的承诺作为自己理论的证据。七喜（7up）的"非可乐"定位也是定位法的经典案例。

安飞士租车公司的"我们第二，但更努力"的广告是由威廉·伯恩巴克创作的，这一主题的广告使几乎破产的安飞士有效地对抗住了出租车的老大赫兹（Hertz）并取得了自己的独特地位。威廉·伯恩巴克的"我们第二，但更努力"的作品是典型的"如何说"的创意思路，因为从"说什么"的角度考虑，"第二"是一个并不值得宣扬的特征。然而，这则广告也成为"定位"创意策略的经典。这说明，各种广告创意方法有时是相互交融的。方法的分类只是为了更好地理解创作思路。1999年，中国企业蒙牛乳业股份有限公司花350万元购买了呼和浩特市内3个月的路边灯箱广告。其灯箱广告的广告语是："蒙牛乳业——创内蒙乳业第二品牌"。该广告显然也使用了定位法，其创意点与安飞士租车公司的"我们第二，但更努力"的广告可谓异曲同工。

定位法常常与品牌形象法难以区分。然而，可以说，定位法更注重逻辑的分析，注重在逻辑的基础上设计产品在消费者心智中的区隔。阿尔·里斯

---

① 读者可进一步参阅特劳特的《新定位》相关章节。Jack Trout with Steve Rivkin, "The New Positioning: The Latest on the World's", *Busindss Strategy*, The McCraw - Hill Companies, 1995.

和杰克·特劳特提出定位理论后，不断加以丰富和发展。目前，定位的一些重要指标有：（1）以产品特征和消费者利益定位。（2）以"价格—质量"关系定位。（3）以使用方式定位。（4）以产品实际消费者定位。（5）以产品种类定位。（6）以文化象征定位。（7）以相对于竞争对手的位置定位。

在以上五种最经典的广告创意方法中，威廉·伯恩巴克的实施过程重心法特别强调"如何说"。其他四种创意方法虽然也注重"如何说"（他们的代表人物在这方面的表现也相当杰出），但它们却倾向于认为"说什么"将决定一个广告的成败。

美国学者帕蒂和弗雷泽曾总结了七种常用的创意方法：一般战略（没有优先权声明的产品或利益主张）、优先权声明（优先声明的一般主张）、独特销售建议、品牌形象战略、产品定位、共鸣方法（试图唤起潜在客户的经历，赋予产品相关的含义或者意义）、情感战略（试图通过模糊的、幽默的或者类似的东西来激发涉入或情感）。[①] 这七种方法中，与前面提到的五种经典创意方法重叠的有四种。优先权声明其实与固有刺激法异曲同工，而共鸣方法、情感战略、一般战略则可与实施过程重心法互相诠释。除以上创意方法之外，还有理查德·沃恩（Richard Vaughn）的讯息模式法（认为高卷入度、低卷入度产品与消费者的思维、感觉之间会产生不同的关联性，因此应有不同创意形式与之相适应，有很强的模式化特色）[②]、品牌性格法（认为广告创意可以通过将产品、定位、个性相加，形成品牌个性）、企业识别法（认为广告内容必须与企业识别战略所规划的整体形象相适应）等方法。[③] 这些方法从性质上看，或偏重于对产品卷入度与思维关系的分析，或过于偏重于对品牌个性及企业识别这些较为单一因素的强调，作为创意方法而言，它们的经典性并未获得广泛认同，故本书不赘论。

---

① 关于这七种常用的创意战略的详细描述，读者可参见［美］唐纳德·帕伦特：《广告战略：营销传播策划指南》，中信出版社 2004 年版，第 186—192 页。
② 关于理查德·沃恩的讯息模式法，参见丁俊杰、康瑾：《现代广告通论》，中国传媒大学出版社 2007 年版，第 294—295 页。理查德·沃恩（Richard Vaughn），原书译为理查德·伍甘。
③ 余明阳、陈先红主编：《广告策划创意学》，复旦大学出版社 2003 年版，第 200—204 页。

第三节 广告创意的核心过程

在有了创意策略之后，就明确了广告该"说什么"。但是，广告怎样把要说的说出来呢？这就进入了广告创意的核心过程，即"怎么说"。虽然有许多规律性的方法可以帮助这个核心过程中的创作，但是此过程就像一个神秘的黑匣子，没有任何确定的公式或方程能够完全解释其中的真正奥秘。然而，也许正是因为有一定的无法揭开的不可知性，所以核心的创意过程才会令无数人为之着迷。

一、创造性思维与构思能力

广告创意是一种创作活动，所以一般意义上的创作构思方法对于广告创意是适用的。就思维方法而言，适用于广告创意的思维方法并无特别之处，只不过构思需在策略限定下进行。常用的思维方法有这样一些：（1）发散性思维。从多角度观察和思考问题。（2）逆向思考法。从相反的角度思考问题。（3）联系和比较。把需要解决的问题与其他事物进行联系和比较。（4）分解和组合。（5）联想法。

广告创意人要提高创意构思能力，就要加强各方面的学习，多想多练，尤其要不断加强对创造性思维的训练。本书作者认为，所谓的创造性思维，就是"能创造具有'关节点'性质的新的确定性的思维活动"[1]，"要创造思维中的'关节点'，必须要经过强烈的、自觉的努力"[2]。汤姆·伯瑞尔说："你必须有一个广告之外的生活，你必须知道正在流行什么，意识到正在发生的一切。因为没有一个广告之外的生活，你就没有东西可注入你的广告。"[3]我们也可以从广告人斯坦·理查兹的叙述中看到思维中"关节点"的存在。他这样说道："我可以捡起一本杂志、一本年鉴或是一本黄页，通过一些文字

---

[1] 何辉：《关于创造的思考》，中国戏剧出版社1998年版，第121页。
[2] 何辉：《关于创造的思考》，中国戏剧出版社1998年版，第117页。
[3] 转引自［美］劳伦斯·明斯基等：《如何做创意：十三位美国杰出创意指导和文案撰稿人的创意观念、方法与作品》，企业管理出版2000年版，第197页。

上的联想来启动一个思考过程。某些事情会触发一整套的思维，将你引入一个新领域。而你如果不是这么做，你就不会进入那个领域。"① 美国广告人艾米尔·加格诺则指出掌握丰富人文知识对创造性思维的重要性。"在学校时，我对文科课程像对艺术课程一样感兴趣，"他说，"文科教育能为任何一位广告人打下良好的基础。因为在你的广告生涯中，它会对你遇到的各种各样的问题有所帮助。你需要一个宽阔的知识面以有效地对问题作出反应。而文科教育则能拓展你的知识面。"② 他同时也提道："生活本身和我对生活的观察常常能激发我的灵感。"③

广告创意人员的构思能力强弱与思维、直觉力、个性、视觉感受力、文字表达能力等因素都有密切的关系。曾任李奥·贝纳广告公司美国地区总裁兼总监的泰德·贝尔说，好的文案人员应该有很强的视觉感受力，而好的艺术指导应该有很强的文字概括能力，要有抓住第一感的能力，而且需要有常识和独创性的视角。④ 他还说，"创意人所必备的能力是智慧、品位和想象力。如果您具备这些素质，就能成为一个出色的创意人"⑤。美国著名广告创意人唐·伊斯顿说，"杰出创意人与平庸创意人最大的不同，不一定在于天赋，而在于发现并相信自己的直觉能力"⑥。他提醒道，"好的广告人应该自信并有胆气拿出一些与众不同的东西来。当你拿出一个全新的东西时，就像是把自己赤裸裸地展示出来——这会使你感到很窘迫。一个新鲜的点子很容易被抹杀。任何一件新鲜事物在一个消极考虑问题的环境里都不会有发展的。积极

① 转引自［美］劳伦斯·明斯基等：《如何做创意：十三位美国杰出创意指导和文案撰稿人的创意观念、方法与作品》，企业管理出版 2000 年版，第 221 页。

② 转引自［美］劳伦斯·明斯基等：《如何做创意：十三位美国杰出创意指导和文案撰稿人的创意观念、方法与作品》，企业管理出版 2000 年版，第 247 页。

③ 转引自［美］劳伦斯·明斯基等：《如何做创意：十三位美国杰出创意指导和文案撰稿人的创意观念、方法与作品》，企业管理出版 2000 年版，第 249 页。

④ 转引自［美］劳伦斯·明斯基等：《如何做创意：十三位美国杰出创意指导和文案撰稿人的创意观念、方法与作品》，企业管理出版 2000 年版，第 33—34 页。

⑤ 转引自［美］斯科特·珀维斯：《创意的竞赛：广告冲击力评估训练》，中国财政经济出版社 2004 年版，第 31 页。

⑥ 转引自［美］劳伦斯·明斯基等：《如何做创意：十三位美国杰出创意指导和文案撰稿人的创意观念、方法与作品》，企业管理出版社 2000 年版，第 116 页。

思维，并与积极向上的人为伍"①。需要指出的是，我们很难说某人具有某种个性特征，就一定适合或不适合做广告创意。实际上，不同的人对于同一个人的个性特征的评价也往往会不一样，一个人对他人的个性特征评价也可能与那人对自己的评价不同。但是，富有想象力是广告创意人员所具有的一个共有特征。在广告创意方面取得骄人成绩的 DDB 广告公司的苏珊·吉勒特看来，具有创造力的人是"那些目光敏锐，不空想的人"②。而《如何做创意：十三位美国杰出创意指导和文案撰稿人的创意观念、方法与作品》一书的作者劳伦斯·明斯基对苏珊·吉勒特的评价则是："具有创意人才的典型个性：好幻想，专心，健忘，严于律己"③。"不空想"与"好幻想"并不一定是矛盾的——"好幻想"当然可以是"不空想"。

二、创造力及对它的测试

优秀广告从业者的创作故事、职业体验给想要从事广告事业的人以很大启发，因为听故事的人可以从优秀广告从业者的个体经验中获得提高广告创作力、构思能力的方法。然而，较为系统的构思训练方法却需要从训练创造力的系统方法中寻找到路径。关于创造力的定义异常丰富。J. 霍尔曼曾对创造力的许多定义作过概述：创造力是感觉的重新融合（麦凯勒语），是发现事物间新联系的能力（库比语），是新关系的产生（罗杰斯语），是数组合的出现（默里语），是从事和承认革新的努力（拉斯韦尔语），是产生新见识的思维活动（杰拉尔德语），是对经验的重新整合（泰勒语），新的意义群集的呈现（吉斯林语）。④ J. 霍尔曼只是概述了创造力定义的一部分。不过，从这一概述中，读者大致可对何谓创造力形成一定的概念。创造力的评估因此成为训练创造力必须解决的问题。如果无法对创造力加以测量，人们就无法肯定某种训练是否有助于创造力的开发和提高。如果我们承认创造力是可以被

---

① 转引自［美］劳伦斯·明斯基等：《如何做创意：十三位美国杰出创意指导和文案撰稿人的创意观念、方法与作品》，企业管理出版社 2000 年版，第 118 页。

② 转引自［美］劳伦斯·明斯基等：《如何做创意：十三位美国杰出创意指导和文案撰稿人的创意观念、方法与作品》，企业管理出版社 2000 年版，第 73 页。

③ 转引自［美］劳伦斯·明斯基等：《如何做创意：十三位美国杰出创意指导和文案撰稿人的创意观念、方法与作品》，企业管理出版社 2000 年版，第 49 页。

④ 俞国良：《创造力心理学》，浙江人民出版社 1996 年版，第 5 页。

测量的，就可承认广告创意的构思能力也可以通过有目的的系统训练获得。创造力可以加以测量吗？实际上，为了测量创造力，心理学家进行了许多尝试。关于测量创造力的工具，早在 1896 年，法国心理学家 A. 比纳就曾编制无固定答案、有多种解决方法的开放性测验题目，这为早期的创造力研究者所接受和仿效。总的来说，测量创造力用得最多的方法是测验法。其中，比较著名的测验法有南加利福尼亚大学测验、托兰斯创造思维测验、芝加哥大学创造力测验等。

南加利福尼亚大学测验是智力研究的副产品。1957 年，吉尔福特提出著名的三维智力结构，并通过因素分析，逐步编制了一系列发散思维测验。他认为，发散思维是创造力的外在表现。由此，他开发出一套主要用于测量发散性思维的测验法，即南加利福尼亚大学测验。该测验法分言语测验和图形测验两部分，共 14 个项目。言语测验部分包括 10 个项目：（1）字词流畅。迅速列举包含一个指定字母的单词。（2）观念流畅。迅速列举某一种类的事物名称。（3）联想流畅。列举近义词。（4）表达流畅。列举每个词都以指定字母开头的四个词句。（5）多种用途。给一指定事物，要求尽量列举该事物的各种不寻常的用途。（6）解释比喻。给出包含比喻的一些不完整的句子，要求用不同方式完成。（7）效用测验。要求尽可能多地列举事物的用途。（8）故事命题。要求对每一篇小故事进行多种命题。（9）推断结果。假设一可能事件发生，要求列举出该事件造成的各种可能后果。（10）职业象征。给出一个物体，要求尽量列举出与之有关的或其所象征的职业。图形测验部分四个项目：（1）作图。给定一组图形，要求用它们画出各种事物，各种图形的运用次数不限。（2）略图。把简单图形复杂化，组成尽可能多的可辨认物体的略图。（3）火柴问题。用火柴棍组成一定图形，要求移动指定数量的火柴棍，使剩下的图形达到指定的要求。（4）装饰。给出一般物体的轮廓图，要求以尽可能多的不同设计方法加以修饰。南加利福尼亚大学测验后来发展出用于测量不同年龄的人的创造力测试常模，都依照记分手册的记分标准进行打分。

托兰斯创造思维测验于 1966 年编制，是影响较大、应用较广泛的测验法，从幼儿园到研究生院都适用。该测验法由言语创造思维测验、图画创造思维测验以及声音和词的创造思维测验三部分构成，每部分都有两个副本，以满足在研究中对创造力进行初测和复测的需要。言语创造思维测验由七个分测验构成，其中，前三个分测验是根据一张图画（画中有一个小精灵正看他在溪水里的影子）推演而来。七个分测验分别是：（1）提问题。要求被试者列出他就图画内容所想到的一切问题。（2）猜原因。要求被试者列出图画事件的可能原因。（3）猜后果。要求被试者列出图画中所发生的事件的各种可能后果。（4）产品改造。要求被试者就一个玩具图形列出所有可能的改造方法。（5）非常用途。其原理与南加利福尼亚大学测验的言语测验部分第五个项目相同。（6）非常问题。要求被试者就同一物体提出尽可能多的不同寻常的问题。（7）假想。与南加利福尼亚大学测验的言语测验部分第九个项目相似，要求被试者推断一种不可能发生的事件将出现的各种可能后果。图画创造思维测验分为三个分测验：（1）图画构造。呈现一个蛋形彩图，让被试者以此为基础，去构造富有想象力的图画。（2）未完成图画。向被试者提供由10个简单线条勾画出的抽象图形，让他们完成这些图形并命名。（3）圆圈（或平行线）测验。共包括30个圆圈（或30对平行线），要求被试者据此尽可能多地画出互不相同的图画。声音和词的创造思维测验包括：（1）音响想象。采用四个被试熟悉和不熟悉的音响系列，各呈现三次，让被试者分别写出所联想到的物体或活动。（2）象声词想象。用10个模仿自然声响的象声词各呈现三次，也让被试者分别写出所联想到的事物。三部分创造思维测验，记分分别从不同方面进行。言语创造思维测验从流畅性、变通性和独特性三方面打分；声音和词的创造思维测验只记独特性得分。托兰斯创造思维测验为消除被试者的紧张情绪，把测验称为"活动"，以游戏的形式组织开展。

芝加哥大学创造力测验是由心理学家盖策尔斯（J. W. Getzels）和杰克森（P. W. Jackson）于20世纪60年代初编制的，分五项分测验，其中有的来自南加利福尼亚大学测验：（1）语词联想。要求被试者对"螺丝""口袋"一类普通词汇尽可能多地下定义，根据定义数目和类别记分。（2）用途测验。要求被试者对五个普通物品说出尽可能多的不同的用途，根据用途的数目和独特性记分。（3）隐蔽图形。向被试者呈现18张画有简单集合图形的图片，要求被试者找出隐蔽其中的复杂图形。（4）完成寓言。呈现四段无结尾短寓言，要求被试者给每个寓言都续上三种不同的结尾——"道德的""幽默的""悲伤的"。根据结尾的数目、恰当性和独特性记分。（5）组成问题。向被试者呈现四篇复杂的短文，内容都是关于买房子、建游泳池等有关数学的问题，要求被试者根据所提供的信息，尽可能多地组成从文中能找到答案的数学问题。根据问题的数目、恰当性和独创性记分。该测验法一般适用于小学高年级至高中阶段的学生。

　　除以上三种影响较大的测验法 ① 之外，还有许多心理学家开发的测验方法，有的侧重测验联想创造性思维，有的侧重测验想象创造性思维，有的侧重测验推理和隐喻的能力。从诸多创造力测验法中，广告人也一定可以获得诸多启迪。实际上，词语联想、非常问题、多种用途、非常用途等训练方法已经广泛运用于广告创意的头脑风暴法之中。

三、创造性活动的发展阶段

　　关于创造性活动的发展阶段，较有代表性的是英国心理学家沃拉斯（G. Wallas）于 1926 年提出的创造过程"四阶段论"②。其后，许多学者也提出各种划分方法，但基本上都是对沃拉斯四阶段模式的演变和发展。沃拉斯根据前人的研究（包括科学家的传记和回忆录）认为，创造活动的过程都包括准备阶段、酝酿阶段、明朗阶段和验证阶段。（1）准备阶段：创造性主体明确所要解决的问题，围绕这个问题收集资料信息，并试图使之概括化和系统化，形成自己的知识，了解问题的性质，澄清疑难，同时尝试寻找初步的解决方法，但往往问题解决出现僵持状态。（2）酝酿阶段：这一阶段最大的特点是潜意识活动。对创造主体而言，需要解决的问题被暂时搁置，主体并没有做有意识的工作，但潜意识中还是在思索解决问题的方法。这一阶段又被称为潜伏期、孕育期。（3）明朗阶段：进入这一阶段，问题的解决一下子变得豁然开朗。这一阶段常被称为灵感期、顿悟期。（4）验证阶段：这是创造主体对整个创造过程进行反思，检验解决方法是否正确的阶段。这一阶段又被称为验证期。

　　我们可以从广告创意大师詹姆士·韦伯·扬的经验中看到广告创意过程

---

　　①　关于以上三种创造力测验法的详细介绍，可参见俞国良：《创造力心理学》，浙江人民出版社1996 年版，第 157—162 页。

　　②　俞国良：《创造力心理学》，浙江人民出版社 1996 年版，第 25—26 页。英国心理学家沃拉斯（G. Wallas），原书中翻译为华莱士。

与一般创造性活动过程的相似性。他这样比喻创意的产生："我想，创意应该具有类似冒险故事里的神秘特质，就像在南海上骤然出现的魔岛一般。"但是，在经过长期的思考并且密切观察所结交的创意人员后，他提出了这样的看法："创意发想的过程就与福特装配线上生产汽车一样；也就是说在创意的发想过程中，心智是遵循着一种可学习、可控制的操作技巧运作的，这些技巧经过熟练的操作后，就跟你使用其他任何工具一样。"① 詹姆士·韦伯·扬通过对自己的经验的总结和分析，认为产生广告创意大致包括五个过程：（1）收集资料——当前相关问题的资料以及将来会增长你一般知识的资料。（2）在你的脑海中消化这些资料。（3）孵卵阶段，将一些东西丢入潜意识中进行合成工作。（4）创意出生阶段——可高呼"我找到了"的阶段。（5）最后整修及改进，使创意（点子）可以被有效地运用。詹姆士·韦伯·扬写过一本小册子，名叫《产生创意的技巧》（*A Technique for Producing Ideas*），对广告界的创意思想产生了深远的影响。

广告创意人应该养成在平时积累创意资料的习惯。泰德·贝尔说："如果我在看电影时发现有趣的情节，或是在街道碰到有意思的事，我就记录下来。就像作家听到有趣的对话就马上记下来一样。他并不知道要把它用在什么地方。但不知什么时候，你可能就会在某本小说中读到那段对话。你会惊奇地发现，许多伟大的广告创意最初都是写在某个鸡尾酒会的餐巾上的。"② 他的说法，说明广告创意之前收集资料的过程可能是非常漫长的，也有可能带有某种偶然性。他的经验，同样也符合沃拉斯总结的创造性活动过程的特征。

四、广告创意的管理

如果能进行有效的广告创意管理，必然会有助于成功广告创意的诞生。在广告公司里，人们常常运用头脑风暴法（Brain Storming）来激发广告创意并进行对广告创意的有效管理。所谓的"头脑风暴法"，就是把一群创意人员（有时也包含特邀的专家、学者甚至消费者等人）集中在一起思考创意。在这

---

① ［美］詹姆士·韦伯·扬：《广告传奇与创意妙招》，内蒙古人民出版社 1998 年版，第 138 页。
② 转引自［美］劳伦斯·明斯基等：《如何做创意：十三位美国杰出创意指导和文案撰稿人的创意观念、方法与作品》，企业管理出版社 2000 年版，第 32 页。

个过程中，不对提出的想法进行批评，大家相互激发创意。头脑风暴法通常有三个步骤：（1）会议主持者提前数日，将议题通知参加者预先准备；（2）召开头脑风暴会议，进行头脑激荡，遵循自由畅想、延迟批评、结合改善、以量生质等原则①，组织讨论与联想；（3）在诸多创想中进行筛选评估，挑出有可操作性的创意并使之完善。

在广告创意的管理方面，奥美环球广告公司的思想与方法有很好的借鉴意义。奥美环球广告公司总裁肯纳斯·罗曼认为："把握创意，首先要遵循容忍过失的原则"，"出色的创意工作无论在概念还是实施上都独一无二。所谓独一无二，就意味着从未有人尝试，因而要冒一点儿风险"。在奥美环球广告公司，罗曼的创意冒险哲学通过以下几种管理原则加以实现：（1）保护新创意。创意就像一个初生的婴儿——小小的、不成熟、尚不成型，所以广告公司和广告主要保护这些创意，直到它们成熟为止，因为世上没有哪个创意毫无意义，或者产生之时就完美无缺。（2）准备受惊。独出心裁的标准之一便是"惊异效果"。创意代表着变化且常常向某个固有成见挑战。创意越别具一格，就越显得在干"出格"的事。（3）寻找"魔术师"和"管道工"。广告公司既需要那些能提出创意的人，也需要那些能确保创意实施的人。（4）为创意创造一个环境。尽量倾听，将创意的评估与创意的产生区分开。（5）勿将调查与创新混淆起来。人们往往错误地运用调查。调查有助于创意的产生，但其本身却极少产生创意。（6）保持和谐。与外界保持和谐，创意的产生常出自偶然，而那些早有准备的人会抓住它不放。（7）将资料转换成意义，再将意义转换成战略。我们处于各种统计数字的包围之中，我们必须超越这些数字，从中发现它们对消费者的意义。（8）重新制作"车轮"。寻找一条重新考虑创意的途径，广告业中跑得最好、最快的"车轮"便是你觉得由你自己制作的那个。（9）微笑。许多创意具有较强的幽默感，请和它们一起微笑。奥美环球广告公司在自己的创意管理之下，创作出许多成功的广告。许多著名的广告公司都有各自的创意管理办法。比如，DDB 广告公司认为可以用相关性（relevance）、原创性（originality）以及冲击性（impact）来考察一个广

---

① 余明阳、陈先红主编：《广告策划创意学》，复旦大学出版社 2003 年版，第 215—216 页。

告创意是否是好创意。① 相关性强调产品的特点。为了生动、形象地表达产品的个性特征，广告常常需要为产品找到一个关联体，将产品的有关特征从关联体身上体现出来。关联体应该是生活中常见的，其形象应是生动的并为大众所喜爱。原创性可从反传统的角色、反传统的观念、反传统的表现、独特的销售主张、新旧元素组合、生活化等方面体现。冲击性是要求广告创意具有震撼人心的力量。各种核心创意管理办法对于激发核心创意过程具有巨大的意义。

---

① 相关性、原创性以及冲击性的英文分别是 relevance、originality、impact，因此对这三种特征的强调在广告界常常简称为 ROI 原则。

第十二章　广告表现与制作：
广告创意的实现

　　广告创意的实现是广告创意过程的具体体现和具体执行。这样说，并不是说前面的创意策略就不重要了，而是为了强调广告创意的过程具有一定的阶段性。广告创意的实现是指广告创意通过具体形式表现出来的过程。

第一节　核心创意的执行者——创意小组

　　在广告公司中，进行广告创意工作的是创意部。创意部的广告创意工作，通常是以创意小组的形式进行的。在参加客户的定向说明会时，创意小组中通常会有人和市场研究人员、媒体策划人员、促销策划人员一起参加。

　　广告创意小组一般是以创意总监为中心，在创意总监的带领和指导下开展工作。他们受创意总监的领导。创意小组最基本的人员构成包括：艺术总监和广告文案撰稿人。在日本的广告公司中，通常还包括商业讯息策划人。有些时候，还会有创意制作人或代理制作人配合创意总监开展工作，他们有时承担广告制片人的角色。这些创意成员的工作关系见图 12 – 1。

图 12 – 1　创意小组概念图

　　创意总监是创意工作的负责人，担负广告客户委托的有关广告的策划和创意工作，是指导广告战略者。创意总监负责所主管的广告客户的广告从战略方针的制定到广告表现的实施的整个创意作业流程。从原则上讲，创意的最终负责人是创意总监。通常，在一些大型的国际广告公司，会有高级创意总监，在高级创意总监下，又会有许多创意总监。在世界上最大的单体广告公司日本电通公司内部，有创意人员 850 名左右，其中，有创意总监 100 名左右，有的创意总监只负责一个客户，有的则负责大约 20 个客户。[①]

艺术总监负责广告表现的视觉形象的创意和制作。在日本的广告公司中，有时艺术总监主要负责印刷媒体的广告表现。在这种情况下，广播、电视广告的表现策划和制作通常由商业讯息策划人（CM Planner）负责。

广告文案撰稿人负责广告表现用语、文案的写作。广告文案包括印刷广告的文字文案以及广播、电视广告的声音和音响文案。在日本的广告公司中，有时广告文案撰稿人主要负责印刷媒体的广告表现用语、文案的写作。在这种情况下，广播、电视广告的文案表现策划和制作通常由商业讯息策划人负责带领专门的人员实施。

商业讯息策划人是广播、电视广告的表现的策划人。在日本电通公司中，商业讯息策划人是电视广告片的主要负责人，商业讯息策划人有时由广告公司的人担当，有时则由制作公司的人担当。商业讯息策划人不仅要和广告公司内部的创意人员进行沟通，同时还要和制作公司及客户进行协调。

在制作方面，通常还会有一个商业影片制作人，有时也称作制作总监、创意制作人或代理制作人。商业影片制作人是制作实施方面的负责人，是商业影片的制作责任者，主要负责由创意总监领导的创意小组的策划和创意工作，实施制作任务，主要进行制作、制作品质管理、制作成本控制。商业影片制作人通常还会有一个叫作制作经理/主任的执行助理。具体的电视广告片拍摄工作则由电视广告导演负责。在我国广告界实际的广告制作中，制作方面的分工可能没有这么细，通常广告公司会将制作任务委托给制作公司或某个导演，采取较为简单的制作公司或导演负责制。

---

① 日本电通公司，2003 年。

第二节 广告诉求

一、广告诉求的含义

广告创意策略形成后，一个迈向创意表现的关键步骤是广告诉求的提炼。创意小组可能会在广告诉求的提炼环节进行大量的讨论，并从诸多方案中选出合适的诉求。广告诉求指用于吸引消费者注意力和影响他们对产品或服务的感受的一种方式，它也可以被认为是一种能打动人们、创造人们需要或需求并激发他们兴趣的行为。创作表现方式指将具体诉求转变成广告讯息的一种方式。广告诉求和创作表现方式之间是相互独立的，也就是说，具体广告诉求可由多种创作表现方式来表现，而一种创作表现方式也可用于多种广告诉求。广告诉求趋向于使自身适应所有的媒体，而某些表现方式却更适合某一类媒体。

广告诉求通常被视为广告战略的重要组成部分。在广告战略上找到影响消费者购买决策的途径正是通过广告诉求来实现的。德国的安德雷亚斯·布霍尔茨与沃尔夫兰·维德曼总结出了影响购买决定的五大动机问题：价值、规范、习惯、身份、情感。针对每个动机，他们提炼出三到五种广告战略（诉求方式）。例如：针对寻求价值的动机，他们提出了需求广告战略、诉诸指标的战略、诉诸情感的战略、诉诸引导的战略；针对与规范相关的动机，他们提出了合乎规范战略、良心战略、惩罚战略、不和谐战略、冲破常规战略；针对与习惯相关的动机，他们提出了分类广告战略、分级广告战略、替代广告战略、新目标广告战略、情景化广告战略；针对显示身份的动机，他们提出了信条广告战略、性格广告战略、明星广告战略；针对情感动机，他们提出了情感迁移广告战略、憧憬广告战略、生活方式广告战略、小说式广告战略。他们将由此建构出的一种模式称为"购买决定的五个动机圈和21种广告战略模式"①。在此模式中，我们可以看到心理学成果的明显痕迹。其中的各种广告战略，实际上即可具体化为广告诉求的方式。如果篇幅允许，我们还可以从各种文献中整理出数百种不同的广告诉求，这数百种不同的广告诉求可以用作广告讯息的基础。然而，从广义上讲，这些方式通常分为两类：理性诉求和感性诉求。接下来，我们将着重论述将理论诉求和感性诉求作为创作战略组成部分的若干种方法，我们也将谈及考察理性诉求和感性诉求在广告讯息的形成过程中是如何有机地结合起来的。

二、理性诉求

理性诉求强调消费者对产品或服务实际的、功能性的或实用的需求，并且强调产品或服务的特征和消费者拥有或使用某一具体品牌的好处或原因。这些讯息的内容强调了事实、认识和说服的逻辑性。与理性诉求相似的一个概念是"硬诉求"。硬诉求的目标是引起广告受众的理性思考。② 麦奎尔的动机理论可为理性诉求能够发生作用提供理论支持。麦奎尔的动机理论中的动机区分维度之一认为，动机的认知取向对人的行动具有指导性作用。

鉴于理性诉求倾向于信息化，使用理性诉求的广告主通常都试图向消费者证明他们的产品或服务有特别的属性或是提供了满足消费者需求的具体用途，他们的目标是说服目标受众购买这种品牌，其理由是该产品或服务是现有最好的，或者该产品或服务能最大限度地满足消费者的需求。例如，桂格麦片公司（Quaker）便运用理性诉求来说明燕麦的纤维有助于降低心脏病的发病率。许多理性动机都能用作广告诉求的基础，这些动机包括舒适、方便、经济、健康以及诸如在触觉、味觉、嗅觉等感官上得到好处。广告中常用的其他理性动机或购买标准还有质量、依赖度、耐久性、效率、功效和使用情况。通常，对消费者有价值且能作为理性诉求基础的那些具体的特征、用途或有价值的标准不仅随着各种细分市场的不同而不同，还随着产品或服务种

---

① ［德］安德雷亚斯·布霍尔茨、沃尔夫兰·维德曼：《营造名牌的 21 种模式》，中信出版社1999 年版。他们提出的21 种模式，是以对全球 480 个成功品牌的研究报告为基础的。在此书中，每个模式下面都列举了典型的成功品牌的广告活动。

② 关于硬诉求，可参阅 Barbara Mueller, "Reflections of Culture：An Analysis of Japanese and American Advertising Appeals", *Journal of Advertising Research*, NO. 3, Vol. 27 (1987), pp. 51－59。

类的不同而不同。

威尔巴切尔（Weilbacher）区分出了理性方式下几种类型的广告诉求，包括产品特征诉求、价格诉求、新闻诉求、产品/服务普及性诉求、竞争优势诉求。这些广告诉求所使用的诉求点依赖消费者的认知动机发生作用。

1. 产品特征诉求

采用产品特征诉求的广告强调产品或服务的优势特征。这类广告趋向于高度的告知性，并向顾客展示许多重要的产品属性或特征。广告创作人希望这些特征会引起人们对产品的好感，并能作为理性购买决策的基础。技术性产品和具有高卷入度的产品常常使用这种广告诉求方式。同时，这种类型的诉求也可用于服务业。美国的大陆航空公司在其一条广告中就曾强调了其商务一等舱服务的各种特征。

2. 价格诉求

由于价格本身是产品特征之一，所以价格诉求也可以算是产品特征诉求中的一种。但是，价格在广告中常常作为一个相对独立的因素加以考虑，所以也常常作为一个相对独立的诉求内容。诱人的价格诉求以价格作为广告讯息的焦点。价格诉求广告经常被零售商用来宣传销售特殊产品或服务，或者用来强调较低的每日价格。价格诉求广告还常在经济萧条时期被全国性的广告主采用。许多快餐连锁店通过强调实惠的价格作为促销手段，而使价格成为它们营销战略的重要组成部分，并且设计广告战略来传播这一讯息。比如，麦当劳的快餐店内随食品奉送配有精美图片的价格谱，就是常规性做法。此外，麦当劳的电视广告也经常用价格作为重要的广告诉求点。

3. 新闻诉求

新闻诉求是指可以突出广告优势的，关于产品、服务或公司的某种新闻或宣传。这种诉求可用于新型的产品或服务，或者用于要把重大的改进或改良告知消费者的广告活动中。当公司获得了它想向其目标市场传播的重要新闻时，这种诉求是最有效的。美国的桂格燕麦片在其一个广告中宣布了来自食品与药品管理局的关于食用燕麦有利于健康的消息。广告中的消息显然具有新闻性，并且和目标消费者的利益紧密相关。企业有时也可借助与自己没有直接关系的新闻大事件进行诉求。比如，2003 年伊拉克战争期间，"统一"

润滑油用"多一些润滑，少一些摩擦"这一广告口号打动了人心，引起了社会的广泛关注。

4. 产品/服务普及性诉求

产品/服务普及性诉求是通过指出使用某品牌的消费者数量，或者指出从使用其他品牌转换为使用某品牌的消费者数量，或者指出某品牌在市场中的领先地位，来强调产品或服务的普及性。这种广告诉求的要点是展示某品牌的广泛使用，证明它的优良品质或价值，以及说服其他消费者使用它。

5. 竞争优势诉求

许多国家允许正当的竞争性广告。当采用竞争优势诉求时，一般直接或间接地将广告主的品牌同另一种品牌（或另一些品牌）进行对比，并声称自己的品牌在一种特征或多种特性方面占据优势。

三、感性诉求

另外一种常用的诉求方法是感性诉求。感性诉求与消费者购买产品或服务的社会需求及心理需求有关。与感性诉求相似的概念是"软诉求"。"软诉求"的目标是引起广告受众积极的情感反应。① 感性诉求的两种细分方式也可以在麦奎尔的动机理论中找到理论支持点。麦奎尔的动机理论中的动机区分维度之一认为，人的动机可分为内在动机与外在动机，内在动机的目标指向个人，外在动机的目标指向社会。

许多感受或需求都可以成为广告诉求的基础，并在某一情感层面上影响消费者。这些诉求既基于人的自我性定位的心理状态或感觉（诸如快乐或激动），也基于社会性定位的心理状态或感觉（诸如地位或认同）。许多消费者在作出其购买决策时，对某一品牌的感觉可能比对这种产品的特征或属性的考虑更为重要。许多产品和服务的广告主都认为，理性诉求是单调乏味的。他们认为，在销售那些与竞争品牌无重大差异的品牌时，既然理性的差异难以辨认，那么吸引消费者情感方面的诉求就会起到更好的作用。

---

① 关于软诉求，可参阅 Barbara Mueller, "Reflections of Culture：An Analysis of Japanese and American Advertising Appeals", *Journal of Advertising Research*, NO. 3, Vol. 27 (1987), pp. 51 - 59。

　　美国的雪佛兰卡车用"坚若磐石"的广告理念唤起潜在消费者的荣誉感，就是依靠了一种感性诉求。1990年，雪佛兰（通用汽车公司的下属公司）的卡车生产线正在为生存而战，其销量下降，工厂即将关闭。雪佛兰卡车的广告经理及其广告公司知道他们必须找到能支撑雪佛兰卡车生产线的出路，因为这条生产线占雪佛兰所有销售量的一半以上。市场研究表明，雪佛兰卡车跑得不错，而且外形也美观，但总是被人们认为不值得信赖、不耐用并且很脆弱。广告策划人员认为，这些观念必须改变才行。经过艰苦思考，他们一直没有找到好办法，这时他们发现了鲍勃·西格（Bob Seger）的一盘老歌带，歌带的封面上写着"坚若磐石"（Like a Rock），他们马上意识到这正是他们想要的。于是，他们用那首歌的老录像带拼凑成了商业广告脚本，并且把它火速送往加利福尼亚，进行焦点小组方式的测试。木匠弗雷德是座谈的参与者之一。在该广告展示之前的面谈中，弗雷德称自己是美国卡车最坦率的批评者，他认为它们是以次充好。然而，在看了这个商业广告脚本后，弗雷德完全改变了。他喊道："你们完全把我征服了！"他和焦点小组的其他人都说，如果不是这次看了雪佛兰卡车，他们可能再也不会买卡车了。广告策划人员从其他焦点小组座谈的测试中也得到了同样的反应。此后，广告策划人员经过努力，获得了歌曲作者的支持，制作并播出了该广告。他们制作了一则伟大的商业广告，还使它得到了观众和听众们经久不息的喝彩声。那首《坚若磐石》的歌曲已与汽车业广告中最成功、最持久的广告活动之一并驾齐驱，并成为整个雪佛兰卡车部门的宣言。雪佛兰卡车的经理说："这不仅仅是一次营销活动。它捕捉到了这一品牌的灵魂所在。"此后几年，通用汽车公司一直都以它的全部或接近全部的生产能力生产雪佛兰卡车，雪佛兰卡车的年销售额增长了33%。营销和战略顾问杰克·特劳特提起这次广告活动时说："在汽车业里有许多精彩的市场定位理念，如沃尔车和安全、宝马车和驾驶。而这个广告也是它们中的一个：雪佛兰卡车，坚若磐石。我永远也不会轻易改变这一理念。"

　　感性诉求广告的目标是要唤起一种积极的情感反应（如骄傲或伤感），进而将这种反应转移到产品上来。广告主们在战略中的许多方面都能够运用感性诉求。坎普（Kamp）和麦金尼斯（Macinnis）注意到商业广告常常依赖情感整合的观念，借此来描绘广告中的人物通过使用产品或服务而得到情感上的利益或收获。使用幽默或其他令人愉快或激动的广告能够影响消费者的情感，并将其置于一种赞同的心理状态；同时，许多电视广告主也采用令人心酸的广告来使观众回忆起痛楚的经历。AT&T、柯达和麦当劳常常制作这类商业广告，从而激发消费者温馨的感觉、思乡的感觉或其他伤感之情。研究表明，感性广告比非感性广告更容易被观众和听众记住（但并非意味着一定对销售有贡献）。

使用感性诉求的另一原因是要影响消费者对产品使用经历的解释，这种做法的方式之一是运用所谓转换性广告。转换性广告指一种将使用广告中的品牌的经历与一套独特的心理特征联系起来的广告。如果不接触广告的话，那么这种心理特征一般是不会与品牌使用者的经历联系起来，并达到如广告所期望的那样一种程度。转换性广告，"转换使用经历，使品牌的使用者感觉（例如）更高雅、更惊险刺激或更温暖，这样就潜在地为消费者增加了价值"[①]。转换性广告创造了与产品或服务相关的感觉、形象、含义和信仰，当消费者使用产品或服务时，它们便被激发起来，从而形成消费者对使用经历的阐释。克里斯托弗·波图（Christopher Puto）和威廉姆·韦尔斯（William Wells）认为，转换性广告有两个特征：（1）它必须使采用某一产品的经历，比仅仅来自广告品牌的客观描述更加丰富、温暖、令人激动和/或更加愉快；（2）它必须把广告的经历与使用品牌的经历紧密地联系起来，因为消费者如果不能回忆起广告所带来的经历，他们也就不能记起广告所宣传的那一品牌。转换性广告通过消费者的经历，来更加愉快地制造产品或服务的差异性。AT&T用多年的"打电话与他人联系"的广告活动鼓励消费者与家人、朋友通过电话保持联系，这就是转换性广告成功应用的例子之一。麦当劳也非常有效地使用转换性广告，把它自己定位成父母（或祖父母）能与孩子们一道享受温暖、愉快经历的快餐连锁店。美国住宅金融有限公司开展的"用我们的钱创造最美的生活"的广告活动，则是希望一次一次地减少贷款人申请贷款的不愉快感觉。

---

① ［美］戴维·阿克：《管理品牌资产》，机械工业出版社2007年版，第157页。

四、理性诉求与感性诉求的结合

在许多情况下，广告创作人员所面临的决策都不是到底应该采用感性诉求还是理性诉求，而是如何将这二者结合起来。正如著名的广告文案撰写人员大卫·奥格威和乔尔·拉菲尔森（Joal Raphaelson）所说：几乎没有一种购买行为是完全基于理性原因的。即使是一种纯粹的功能性产品（如洗衣机、洗衣粉等），也可以提供那种所谓的情感利益。比如，我国的威力洗衣机就曾利用母女情来作为广告诉求并取得了非常好的广告效果。再如，许多洗衣粉广告用母亲看到穿着洁净衣服的孩子时候的满足感来作为广告中的重要诉求。有些类别（品类）的产品，消费者在购买决策过程中的理性因素较少。这样的产品包括软饮料、啤酒、化妆品、某些个人保健用品等。

消费者的购买决策常常是在感性和理性两种动机之上作出的。因此，为了创作出有效的广告，常常要对这两种动机加以协同的考虑。广告研究人员和广告代理公司对消费者做决策时基于的理性与感性动机之间的关系以及广告如何对二者产生影响这两方面的问题进行了大量的思考。有研究证明，在所考察的案例中，纯理性诉求优于纯感性诉求，将对消费者的理性利益与心理利益结合在一起的品牌概念具有明显的、有实际意义的优势。[①] 进一步说，如果心理利益伴以理性利益，则效果更好。此外，有研究发现，不论硬诉求（理性诉求）还是软诉求（感性诉求），在现实广告中的诉求实际上往往是多维度的，而且消费者对不同维度的诉求点感受的程度高低不同[②]，这为感性与理性相混合的诉求方式提供了支持。广告创意者强调一个广告中诉求点的单一与简洁，似乎与该发现相互矛盾，但实际上并非如此——对单一与简洁诉求的强调，可以理解为在多维度诉求中突出重点。

美国公司麦肯—埃里克森（McCann – Erickson Worldwide）和广告教授迈

---

① ［美］戴维·阿克：《管理品牌资产》，机械工业出版社 2007 年版，第 15—16 页。转引自 Stuart Agres, *Emotion in Advertising ：An Agency's View*, The Marschalk Company, 1986。Also See a Selection by the same title which appears in Stuart J. Agres, Julie A. Edell, and Tony M. Dubitshy, *Emotion in Adveritsing ：The Critical or Practical Explorations*, New York：Quorumm, pp. 3 – 18.

② Shintaro Okazaki, Barbara Mueller, and Charles R. Taylor, "Measuring Soft – Sell Versus Hard – Sell Advertsing Appeals", *The Journal of Advertising*, Volume 39, Number 2, 2010, pp. 5 – 18.

克尔·雷（Michael Ray）共同开发了一种名为"情感式捆绑"的专利研究技术，这一技术评价了消费者对品牌的感觉及他们对品牌所产生的任何感性属性。"情感式捆绑"的基本概念是认为消费者有着逐步发展的、与品牌相关的三个阶段。最基本的阶段是消费者如何考虑与产品利益相关的品牌，这在最大程度上通过一个理性的认识过程来实现，并且通过广告传播的产品信息进行测量。这一阶段的消费者不是完全的品牌忠诚者，品牌转换是经常发生的。接着，在第二阶段，消费者赋予品牌以个性。例如，品牌可以被认为是自信的、有进取心的、有冒险精神的，或者是与此相反的、顺从的和怯懦的。在这一阶段，消费者对品牌的判断已经超出品牌自身的属性和产品（服务）的用途。在大多数情况下，消费者是基于广告所提供的显性或隐性提示的评价基础来判断品牌个性的。第三个阶段是消费者和品牌建立了感觉或情感关系。麦肯—埃里克森的研究人员认为，品牌与消费者之间最牢固的关系是基于消费者对品牌的感觉或情感的。消费者发展了与某些品牌的情感式捆绑关系，它引导消费者朝着有利于品牌的方向开展各种心理活动。根据这一情感式捆绑理论，营销人员的目标是开发并丰富消费者与品牌之间的情感联系。麦肯—埃里克森和它的下属广告代理公司使用情感式捆绑研究的成果，将这一理念融入广告创作过程中，期望确定广告与消费者之间的沟通。

五、其他诉求方式

除了以上三种典型的广告诉求方式之外，还有其他一些非典型的广告诉求方式。我们可以发现，并非每个广告诉求都非常明确地属于理性诉求或者感性诉求。有些广告诉求很难被归属于感性诉求或理性诉求。非典型的广告诉求方式也包括好多种。下面介绍几种非典型诉求方式中的较为常见的形式。

（一）提醒式广告

提醒式广告没有清晰地属于任何一种具体类型的诉求方式，它唯一的目标是使消费者或受众将这一品牌名称牢记在心。著名品牌和市场领先者常常使用提醒式广告，尤其是对于那些具有季节性消费特点的产品和服务。在我国，许多品牌在电视媒体上播出5秒的标版广告，这些标版广告中的绝大多数是提醒式广告。当然，也有例外，例如"浪沙"丝袜的5秒标版广告是从其 15 秒广告中剪辑出来的，广告画面是一美貌女郎款款而行，广告语用的是"不只是吸引"，这就属于感性诉求方式。15 秒和 30 秒的电视广告中也有典型的提醒式广告，比如，恒源祥的一条电视广告重复了三次同样的广告语"羊、羊、羊"，这也是种提醒式广告。提醒式广告的理论基础之一是前文已经介绍过的行为主义理论中的古典控制学说，即强调信息重复的重要性和有效性。当然，绝妙的广告创意可以大大减少重复的次数而达到很好的效果。米勒啤酒的系列广告从意图和形式上看，可以算是提醒式广告，但是系列广告诙谐、幽默，创意表现精彩异常。其中有一条广告表现的是一个大胖子盯着一瓶未开盖的米勒啤酒，不断扭动身体，广告最后的镜头停留在啤酒瓶的瓶盖上，原来，盖子上写着"扭动即可打开"。这种充满情趣的提醒式广告有时会被归入感性诉求。但是，如果广告有明显的提醒意图，则归入提醒式广告为宜。

（二）悬念式广告或挑逗式广告

引进新产品的广告主常常采用悬念式广告或挑逗式广告，此类广告常常是仅仅提到品牌，但并不完全表现出来，以增强人们对产品或品牌的好奇感、兴趣和兴奋之情。悬念式广告或挑逗式广告常用在新产品（比如，新的电影或电视节目）推出的时候。有时，从单一的广告作品来看，广告主的名称可能暂时不出现，但是从整体的广告活动来看，广告主的身份仍然是可以确认的。

汽车业常常用到此类诉求方式。当汽车广告主推出新型轿车时，采用这种广告是很流行的做法。例如，克莱斯勒公司几年前便采用了一系列悬念式广告或挑逗式广告来推出它的 Neon 袖珍型轿车。这些悬念式广告或挑逗式广告是轻松、诙谐的，并且很好地帮助品牌进行了市场定位。其中有一个广告表现的是一架带着一个柳条箱的直升机正在降落，当柳条箱打开以后，里面却是空的。在另外一个采用悬念式广告或挑逗式广告的全国性广告活动中，广告的主角是一辆被恶作剧的小型轿车，车上就写着这样的一个字"嗨!"。悬念式广告或挑逗式广告也被营销人员用来引起人们对即将开始的广告活动的关注，使广告活动产生公开宣传效应。例如，1995 年，Taco Bell 公司使用挑逗式广告，以篮球明星奥尼尔和奥拉朱旺为代言人，来推出其新的双层 Taco（一种食品品牌）。这一广告在奥尼尔所在的奥兰多魔术队于 NBA 决赛中输给奥拉朱旺所在的休斯敦火箭队之后几周内推出。第一个悬念式广告或挑逗式广告是奥尼尔给奥拉朱旺的一封信，奥尼尔在信中写道："你我之间不会结束"，并向奥拉朱旺提出挑战，希望进行一场一对一的比赛。奥拉朱旺在回信中写道："无论何地、何时、何种方式，我都奉陪。"这两个匿名的整版广告登载在《今日美国》《纽约时报》和其他几家报纸上，使球迷对媒体狂热起来。电话潮水般涌到 NBA 办公室和 Taco Bell，同时也打到百事可乐公司和锐步公司——因为它们也使用奥尼尔做广告。每个人都想知道广告是谁做的，以及两位超级巨星是否会来一场一对一的篮球比赛。当谜底公布时，大家才知道这一挑战是一场吃 Taco 的比赛而不是篮球比赛。然而，Taco Bell 公司花费在这次悬念式广告或挑逗式广告活动的 25 万美元的价值，据估计相当于花费 1000 万美元做的广告的价值，因为在整个过程中，许多媒体出现了衍生报道。这一广告活动和联想网站的广告活动有异曲同工之妙。悬念式广告或挑逗式广告活动能激发消费者对新产品的兴趣，但广告主必须注意不要使它们存在太长时间，否则就会失效。此外，还要防止竞争对手或"局外搭车人"趁机搭车做广告。

（三）公司形象广告

公司形象广告并非用来直接帮助销售产品或服务，而是直接用来帮助提升公司形象，或者满足诸如吸引投资或招募新员工之类的其他公司目标。所谓的公司形象，是指与公司有利害关系的人对公司的主观印象、概念以及价值判断。我们可以把公司形象广告定义为：在经营方针、业务范围、公司历史、规模、技术研究能力、公司文化、信念、理念方面，以及在公司对社会和世界的贡献等方面表明公司对社会与消费者的态度的广告，是希望获得消费者、公众、应聘者、公司员工、股东、金融界以及社会全体成员支持的广告。这类广告也很难简单地归入理性诉求方式或感性诉求方式。公司形象广告在我国也是较为常见的一种广告诉求方式。比如，红塔集团的广告诉求是企业的雄厚实力和志存高远、不断进取的企业理念，其主要广告语之一是"山外有山"。武汉红金龙集团的广告表现的是企业的宏大气魄，其主要的广告语是"日出东方红金龙"。

根据不同的诉求分类思路，还有其他一些诉求类型。比如，格塞雷以沟通方式为分析视角，提出了九类诉求，分别是：本体诉求，自夸诉求，唯美诉求，分类诉求，悲剧诉求，喜剧诉求，实用诉求，地位诉求，享乐诉求。本体诉求表达传播者（广告主）对广告标的（产品或服务）的看法，不顾及受众日常生活中所关注的琐碎问题；附加价值的沟通偏功能型，强调生产者及产品所具有的不容置疑的观念、成分、原料、生产技术等内在品质，一般采用说理性的语言。自夸诉求也是表达传播者（广告主）对广告标的（产品或服务）的看法，附加价值的沟通是社会型的，强调广告标的的历史、乡土感、国际化等。唯美诉求对附加价值的沟通偏心理型，充分发挥美学上的力量，让受众在想象中获得启发。分类诉求将产品或服务归于某一类型，如适合年轻女性的产品、适合孩子的产品等；附加价值的沟通是偏功能型的。悲剧诉求的提法有些耸人听闻，强调利用受众生活中的困扰作为诉求，比如：洗衣服不干净、蟑螂难以灭绝等，同时表示产品或服务能够消除这些困扰。该种诉求具有社会型特征。喜剧诉求的附加价值沟通是心理型的，广告中充满奇妙、好玩或有趣。实用诉求的附加价值沟通是功能型的，强调产品在受众生活中的用途。地位诉求的附加价值沟通是社会型的，强调产品能够带给拥有者的社会型价值，比如获得社会的肯定与公认。享乐诉求的附加价值沟通是心理型的，强调产品带给消费者的满足感超过其实际的功能。[①]

因篇幅有限，本书无法对丰富多彩的诉求方式一一进行介绍。在创作广告时，采用哪种具体的诉求方式没有一个固定的法则，关键是要根据广告策划的要求选择合适的诉求方式。

第三节　广告表现

寻找和确定广告诉求，是广告创作过程中的重要阶段。广告诉求是广告讯息的基础与核心。具体广告诉求确定下来后，广告创作人员就可以进入广告的表现阶段。广告表现和广告诉求之间存在什么样的关系呢？广告表现是

[①] ［法］贝纳德·格塞雷、罗伯·埃伯格：《广告创意解码》，中国物价出版社 2003 年版，第 44—50 页。

指展现广告诉求的方式。广告表现是以广告诉求为核心的广告创意的外化过程，是广告创意的一个特定阶段。因此，广告的表现方式同样也是非常重要的。好的广告表现可以有效传达一个杰出的广告诉求和有意义的广告讯息，从而有助于广告与消费者的沟通。反之，一个糟糕的或是不合适的广告表现则有可能无法实现广告讯息的有效传达，可能使好的广告诉求变得模糊不清，在最坏的情形下，甚至可能扭曲广告创作人员想要传达的广告讯息，从而毁掉一个好创意并最终损害与消费者的有效沟通。

在广告创作表现的倡导者中，最著名的一位是多伊尔·戴恩·伯恩巴克（Doyle Dane Bernbach）广告公司（即 DDB 广告公司）的创始人威廉·伯恩巴克。马丁·梅耶（Martin Mayer）在他的关于广告行业的著作《麦迪逊大道》一书中，谈到了威廉·伯恩巴克对广告文案撰写大师大卫·奥格威所提出的规则（即"在广告中你说什么比你怎么说要重要得多"）的评论。威廉·伯恩巴克的评论是："创作表现可以成为广告文案的一部分，它可能与你说什么具有同样重要的地位。一个病人可能说了一些事，但结果什么也没发生；而一个健康的、充满勃勃生机的人说同样的事，结果就可能震撼整个世界。"

广告讯息必须依靠广告表现才能呈现出来。广告表现有很多方式。常见的表现方式有：直接/实实在在地表现讯息、科学性/技术性证据、展示/演示/举例、对比、证言、生活片断、动画、人格化象征、幻想、戏剧化、幽默、组合式等。有些学者和实务界人士还从其他各种角度来对广告表现方式加以归类。下面，我们就几种常见的表现方式加以介绍。

一、较适合理性诉求的表现方式

首先，我们来看一些较适合理性诉求的表现方式。

（一）直接/实实在在地表现讯息

广告创作的最基本的表现方式之一就是直接地、实实在在地表现广告讯息。这种方式也称为单刀直入的表现方式。这类广告直接表现与产品或服务有关的具体信息。由于直接表现具体产品或服务信息，所以这种表现方式常常用于理性诉求，其广告信息的核心和焦点是产品或服务本身以及产品或服务具体的属性或用途。这种表现方式通常在印刷广告中较多地加以利用。在报纸广告或杂志广告中，产品或服务的图片占据了该类广告的一部分，实际的广告文案则占据了其余的空间。当然，这类广告表现方式也可用于电视广告中。当产品/服务出现在屏幕上的时候，播音员便播出销售讯息。消费者卷入度高的产品、工业产品和其他企业间产品广告常常使用这种表现方式。

（二）科学性/技术性证据

科学性/技术性证据表现方式是上一种广告表现方式的变体。在这类广告中，常常引用各种技术性指标、科学或实验研究的研究结果，这些都用作对广告核心诉求的支持。例如，美国口腔治疗协会关于氟有助于抑制蛀牙的信息便成为一次广告活动的基础，这次广告活动使佳洁士牙膏成为牙膏市场的领先品牌。

（三）展示/演示/举例

在利用展示/演示/举例作为表现方式的广告中，通常通过展现产品或服务的实际使用情况或一些使用情境来展示产品或服务的关键优点。这种表现方式的广告在促使消费者信服其产品或服务的功能或质量，以及强调拥有这一品牌的利益方面，是非常有效的。这种表现方式可以促进广告受众对广告中的展示内容产生程序性的长时记忆。[①] 所谓的程序性的长时记忆，是指对动作行为和技能的记忆。电视特别适合使用这一表现方式，因为产品的好处或优点可以直接从电视画面上反映出来。Iphone 6 和 Iphone 6S 的电视广告就是典型的展示，演示通过广告，向潜在消费者展示了 Iphone 的各种重要功能。尽管印刷广告也许不如电视那么具有戏剧性，但在印刷品中如果这种表现方式使用得当，仍然可以发挥很好的作用。

（四）对比

对比表现方式对于从竞争对手那里争取潜在消费者是非常有效的。由于对比表现方式能以一种直接的方式来传播本公司品牌相对于竞争者品牌的独特优势，或者能利用行业中的领袖产品来定位一种新的或鲜为人知的品牌，所以这种表现方式在自己的产品具有领先优势或独有特点时能较好地发挥作用。

① 心理学家图灵（Tulving）自 1972 年以来，曾认为存在着程序性、情节性与语义性等三种长时记忆存储。参见［美］本杰明·B. 莱希：《心理学导论》，上海人民出版社 2010 年版，第 243 页。

（五）证言

许多广告主愿意采用证言表现方式来传播他们的讯息。这种方式通常表现为：消费者在他使用产品或服务的个人经历的基础上称赞某一品牌。证言表现方式可以请对产品或服务满意的普通消费者来讲述他们使用某一品牌的亲身经历以及使用该品牌的好处。当发表证言的人是意见领袖、名人或者是目标受众能认出的人，并且他们有一段有趣的经历要讲述时，这种方式是非常有效的。证言广告必须注重真实性，广告表现也最好采用纪实的手法。为了避免引起法律问题，证言必须基于产品或服务的实际使用情况，并且发言人必须是值得信任的。当证言出自一个已被认同或受欢迎的信源时，它可能特别有效。这种表现方式可促使广告受众对广告中的证言产生语义性的长时记忆。语义记忆指没有参照学习的时间与地点而产生的对意义的记忆。需要强调的是，利用名人或其他人作为广告代言人可以是证言表现方式，也可以不是该种表现方式。某一著名的或受人尊重的人（比如，在相关产品或服务领域的名人或专家）代表公司或品牌来发言时，他们所传播的讯息不一定非要基于他们的个人经历。比如，婷美内衣选用著名的香港明星张柏芝作为广告代言人，雪碧饮料选用奥运会冠军伏明霞做广告主角，就是有关证明。

二、较适合感性诉求的表现方式

下面，再来看几种较适合感性诉求的表现方式。

（一）生活片段

生活片段表现方式通常基于一个问题及其解决方式，它首先描述消费者在日常生活中可能面临的问题或冲突，接着进一步表现广告中的产品或服务是如何解决这些问题的。生活片段表现方式基于人们的常识，可以获得生活在同一环境或类似环境下的许许多多的人的认同。正如美国心理学家彼得·伯格与托马斯·卢克曼所说，"自然态度可说是常识态度，因为它是生活在同一环境下许许多多人的共识。常识性知识就是我与他人在日常生活中那些处在正常状态或是不证自明的例行事物上共享的知识"[①]。生活片段广告通过不

[①] ［美］彼得·伯格、托马斯·卢克曼：《现实的社会构建》，北京大学出版社2009年版，第21页。

断播出，可以在目标消费群心中创造出一种共识，使这种生活片段成为一种常识，而广告产品自然也成为常识的一部分。生活片段表现方式也是一种广泛采用的广告表现方式，这种表现方式对于包装产品广告尤其有效。但是，生活片段表现方式常常由于看起来不真实和令人不愉快而受到谴责，因为它常常被用来提醒消费者注意一些有关个人天生特点的烦恼（如头皮屑、口臭、体味等问题）。同时，这些广告常常产生诸如愚弄、冒犯消费者的效果。尽管如此，许多广告主仍然喜欢采用这一方法。多年来，宝洁一直是使用生活片段表现方式的公司。1980 年，这家公司 2/3 的商业广告都采用了生活片段表现方式或者证言表现方式。然而，宝洁公司现在已经开始采用幽默、动画及其他非传统的广告表现方式了。目前，该公司只有 1/4 的商业广告采用生活片段表现方式或者证言表现方式。

生活片段表现方式或证言表现方式并不限于消费品广告，许多企业间营销人员也采用并改良这一方式来展示他们的产品或服务是如何解决其客户（企业）的问题的。IBM 在其系列广告中就有很多是表现想象中的企业困境，同时强调自己能给客户提供量身定做的优秀服务。20 世纪 80 年代初，一种新型广告方式变得流行起来，一些广告人将之称为"死亡体验"。一个著名的例子是 AT&T 商务系统使用的"商界写真"广告活动，该广告的目标对象是为公司购买电话系统的商人。AT&T 的广告指导说："商人之间并不总是温文尔雅的。他们在混乱的环境中工作，决策对于他们的生涯来说是至关重要的。因此，我们说的就是不要犯错误。""死亡体验"也被其他的广告主用来制作 B2B 广告（企业间广告）。比如苹果电脑和联邦快递。

（二）动画

运用动画这种方式，由美术家绘制由计算机制作的生动画面，包括卡通、木偶或者其他类型的虚构人物，可能在广告过程中被采用。卡通动画对于针对小孩的商业广告来说尤其受欢迎。美国李奥·贝纳广告公司曾把生动的卡通人物成功地运用于绿色巨人蔬菜的广告活动中。在我国，优秀的动画表现广告也日益增多。比如，光明牛奶的电视广告就通过电脑制作表现了一群奶牛经过严格的体检和考验，从而诙谐、幽默地传达了光明牛奶健康卫生的诉求。

由于创作专家发现了计算机画图及其他技术的革新的可能性，动画作为一种表现方式的感染力会得到增强。分解拍摄的开发者威尔·文顿（Will Vinton）想出了一种称为多维动画的新技术，该技术把下面三种制作方式结合起来：分解拍摄、调整拍摄动画和计算机动画。美国加州葡萄干开发委员会制作的广告动画成功地运用分解拍摄技术制作了会跳舞的葡萄干。耐克公司运用这种方式开发了许多具有开创性、娱乐性的商业广告，其中一则广告以迈克尔·乔丹和小虫伯尼为特征人物，他们在篮球场上痛打了一群可恶的、恃强凌弱的小流氓，这则广告的灵感来自影片《大灌篮》。

（三）人格化象征

还有一种类型的广告表现方式是制作一位能传递广告讯息的中心人物或人格化象征，并且使消费者意识到该中心人物或人格化象征就是该产品或服务的代表，或者使消费者可以通过中心人物或人格化象征辨别出该产品或服务。在这种表现方式中，人物既可以是真人，也可以是动画制作的卡通形象（人物或动物都可以）。比如，高乐高推出的电视广告制作了一个代表锌的蓝色小人形象，用以吸引小孩子的注意，同时强调了产品的特点。美国 Box 快餐连锁店的广告使用了"杰克"这一人物，他有一个巨大的塑料小丑脑袋，被描述成公司的首席执行官。"杰克回来了"的广告活动在创立 Box 快餐连锁店牢固形象，以及增加其销售方面取得了非常有效的成果。

视觉形象人格化象征可能使人们对产品（尤其是低卷入度产品）产生兴趣。挑食的猫科动物莫里斯（Morris）自 1969 年以来就一直为一种猫食作促销；金枪鱼卡利莱（Charile）在 1961 年开始的斯塔基斯特（Starkist）金枪鱼商业广告中便开始欺骗渔夫来抓它；东尼虎 30 年来一直兜售家乐氏甜脆麦片。最流行的广告人格化象征是一只名叫斯巴德（Spuds）的卡通雄性猎狗——多年来，它一直被用来促销百威低度啤酒。然而，百威啤酒公司不得不应付来自一些团体的谴责，这些团体谴责百威啤酒公司正在使用斯巴德来吸引未成年人，但百威啤酒公司强烈否认这一谴责。实际上，关于斯巴德的争吵与关于老乔（Old Joe）的争吵比起来，要温和得多。老乔是在骆驼牌香烟广告中的一只卡通骆驼。围绕骆驼牌香烟的"温和性情"这一广告活动的争论一直持续不断。2009 年，LG 首款安卓（Android）系统智能手机 LG GW620启动了全球宣传活动，活动涉及电视、平面以及数字媒体，其中的主角是可爱的 LG 玩偶，它们分别代表了 LG 智能手机的各种应用程序。LG 玩偶们是此次宣传活动的核心，它们用非常人性化的方式展示了 LG 手机的功能。妙趣横生的 LG 玩偶家族新成员们充分展示了使用 LG 智能手机和亲朋好友保持联络的简单与有趣，充分展示了 LG GW620 在社交方面的巨大优势。

（四）幻想

利用幻想表现方式做广告，对消费者来说，几近于是创造了另一种现实。如果说生活片段广告可以帮助受众回忆起日常生活中看到过、听到过或亲身经历过的某个场景，那么可以说，幻想式广告可以让受众体验到从一种现实进入另一种现实的感觉。这种体验，可以从现象学理论中找到理论支持。美国心理学家彼得·伯格和托马斯·卢克曼指出："'我'知道世界是由多种多样的现实组成的。当'我'从一种现实进入另一种现实时，'我'会体验到一种像休克一样的震荡。这种震荡可被理解为是由注意力转换所致。"[1] 幻想式广告创造的是一种"广告现实"，它为受众提供了一个新奇的体验空间。从某种意义上说，它也融入了伯格所说的"日常生活中知识的基础"，也成为"一种主观过程（与意义）的客观化"[2]。幻想表现方式广泛运用于感性诉求的表现中，如用于形象广告。幻想表现方式特别适合电视商业广告，它可以在 30 秒的广告中使收视者逃避现实，走进另一种生活方式。产品或服务是广告主运用这种表现方式所营造的情景的中心部分。化妆品广告常常使用幻想表现来创造与该品牌有关的形象和特征。

（五）戏剧化

还有一种特别适合电视的广告表现方式是戏剧化表现方式。该表现方式的重点是讲述一个关于产品或服务的简短的小故事。戏剧化表现方式常常同时使用问题/解决方式，所以这一表现方式有点类似生活片段表现方式，但它在讲述故事时更多使用了令人激动的情节和悬念。使用戏剧化表现方式，目的是把观众带入剧情所描绘的故事中去。戏剧化的广告非常有利于形成情节性长时记忆。情节记忆指对于能够用事件和地点等术语来定义的特殊经验的

---

① ［美］彼得·伯格、托马斯·卢克曼：《现实的社会构建》，北京大学出版社 2009 年版，第 19 页。
② ［美］彼得·伯格、托马斯·卢克曼：《现实的社会构建》，北京大学出版社 2009 年版，第 18 页。

记忆。戏剧化表现方式的倡导者们认为，当这种方式取得成功的时候，观众会沉迷于剧情，经历着剧中人物的思维与感受。桑德拉·莫里亚蒂（Sandra Moriarty）认为，戏剧化商业广告包括以下五个基本阶段：第一阶段是解说，这是为即将展开的情节铺陈发生的背景。第二阶段会出现冲突。第三阶段是剧情结构的中心，在该阶段，剧情活动增多，故事在发展，冲突在加剧，悬念在增强。第四阶段是高潮，即问题得到了解决。第五阶段是结局，这时，整个故事进入了尾声。在广告中，整个过程既包括了对产品的确认，又包括了对消费者购买欲望的激发。创作小组所面临的真正挑战是如何将所有这些因素融入一个 30 秒、15 秒甚至是 5 秒的商业广告中。

（六）幽默

幽默这种表现方式其实可以融入任何一种表现方式。有时，也有人建议可以把幽默视为一种诉求方式。本书建议将幽默视为一种表现方式较为合适，因为幽默毕竟是一种表现诉求的手段和形式，而不是目的本身。不论是印刷广告，还是电视广告，或是其他形式的广告，都可以采取幽默这种表现方式。许多学者对广告中运用幽默进行了研究。斯坦恩太尔和卡瑞格于 1973 年总结认为，幽默可以吸引注意力，但也可以破坏受众对广告的理解。麦德恩和韦恩伯格于 1984 年调查了美国前 150 名广告公司的市场调研总监和创意总监对幽默的看法，得出三个结论：第一，电视和广播更适合使用幽默；第二，非耐用品更适合使用幽默；第三，与产品本身相关的幽默广告使用最有效。斯沃德和福瑞斯通过研究则认为，幽默提升了受众对广告的理解。此后，斯派克于 1991 年指出，在幽默广告中有三种相关性：（1）有意相关性——幽默与信息种类和加工的关系；（2）主题相关性——幽默与产品主题的关系；（3）结构相关性——幽默的句法功能。① 总之，幽默是广告表现的一种有效的方式，但是，在不同的媒体上、针对不同的产品属性，有不同的表现效果。电视和广播的幽默广告运用较多。不同产品类别的风险性和购买动机影响幽默的使用，高风险的商品使用幽默广告的概率低，低风险的商品使用幽默广告的概率较高。创意本身也会影响幽默广告的效果，杰出的幽默广告可以突破

---

① 王群编译：《幽默在不同广告媒介中的使用和效果》，《中国广告》2003 年第 6 期。

媒体和产品属性的限制。

（七）组合式

许多表现方式都可以组合起来表达某一广告讯息。例如，动画常用来创造人格化的象征或者表现一个幻想，生活体验表现方式也常用来展示一种产品或服务。对比方式有时会采用幽默的方式来表达。例如，联邦快递使用"死亡体验"方式的幽默表现，描述了当商人们采用另外一种递送服务，而一份重要文件没有及时送达时，他们所面临的那种悲惨后果。确定在开发广告时是否应该使用更多的表现方式，是由创作人员决定的。

当然，广告表现形式并不等于创作的技巧。透过大量优秀的广告作品，我们可以看到各种各样的创作和表现的技巧。

第四节　几种常见广告类型的创作

一、平面广告创作

所谓的平面广告创作，广义上讲，包括报纸广告、杂志广告在内的任何以平面形式表现的广告；狭义上讲，指报纸广告和杂志广告创作，以及与此类似的广告创作。下面，我们来介绍一下平面广告创作的常识。

首先要掌握的是创意视觉化。创意视觉化并不局限于平面广告。亚里士多德在其名著《形而上学》中有一段关于视觉重要性的经典论述："求知是人类的本性。我们乐于使用我们的感觉就是一个说明；即使并无实用，人们总爱好感觉，而在诸感觉中，尤重视觉。无论我们将有所作为，或竟是无所作为，较之其他感觉，我们都特爱观看。理由是：能使我们识知事物，并显明事物之间的许多差别，此于五官之中，以得于视觉者为多。"① 当我们谈论电视广告时强调视觉化，可能很容易理解。实际上，在平面广告创作中，视觉化的重要性并不逊于电视广告创作过程中的视觉化。从便于讨论的角度出发，在此我们仅对视觉形象问题进行集中讨论，而没有必要在讨论其他类型的广

---

① ［古希腊］亚里士多德：《形而上学》，商务印书馆1959年版，第1页。

告创作时进行重复。关于视觉形象在广告中的作用，一种有代表性的观点认为：视觉形象可通过模拟某一真实的人或物引发人们的情感；视觉形象还可以作为说明事情确实发生了并被拍摄记录下来的证据；视觉形象还可以在推销的商品与其他形象之间建立起一种隐含的联系。读者可能对以上第二个作用表示质疑。[①] 显然，这是因为证据本身可能并不可靠，因为电脑可以轻而易举地加工图片与影像。但是，正如这种观点的提出者所言，该作用只是指出广告视觉形象所发挥的功能，而并非对这些功能的基础提出质疑。[②] 也就是说，该观点的提出者认识到一个事实：广告的视觉形象可以让人觉得事情确实发生了并被拍摄记录下来，这是一种可能发生的效果。

创意视觉化是平面广告创作中的重要技巧。要做到创意视觉化，广告创作者需要寻找视觉元素。如果要创作一个印刷广告，你就得考虑大标题应该在哪里，它要占据多大的地方。你可能还需要一个副标题，还有正文。你需要写多少字？文案并不仅仅是文字，它也是视觉性的元素，因为它占据空间。这些都涉及广告的布局。大家所熟悉的传统布局是竖长方形或横长方形的——图片通常被放在长方形的上部，下面是广告标题和正文，以及一些小的图片。许多广告专家批评这种布局没有创意。但是，最重要的是创意。如果广告概念和文案是具有创意性的，那么没有一个有创意的创意总监会对布局有任何非议。无论你想在布局上出什么样的新招，千万要记住，让布局从创意出发。

在印刷广告（包括报纸广告、杂志广告等）中，标题是一个很关键的因素。广告如果有一个好的标题，就有可能让人读下去。有时，广告还可能需要副标题。副标题的作用是进一步引起读者的注意，让读者有读下去的兴趣。在开始写标题和副标题之前，要根据创意想一想广告在完成后的大概样子，确定一下广告的基调和风格，考虑一下是需要写长文案还是短文案，采取哪种文体，使用何种文风。广告的基调是指广告表现的调性，通常可以用一两个形容词来说明，比如：明亮、晦暗、轻松、沉重、现代、古典、前卫、复古、现实、奇幻、权威、亲切、动感、沉静、冷淡、温暖、硬、软、快、慢

---

① ［美］保罗·梅萨里：《视觉说服：形象在广告中的作用》，新华出版社 2004 年版，第 3 页。
② ［美］保罗·梅萨里：《视觉说服：形象在广告中的作用》，新华出版社 2004 年版，第 2 页。

等。在作出这些选择的时候，千万要想着目标消费群，广告是在对他们说话。并且，创意人应该想象一下目标消费群当中的一个人就坐在自己面前，广告是要同他说话。内容空泛、笼统的标题通常是毫无效果的。标题的信息应该准确、具体、突出、易懂，避免引起歧义。标题如果能够将有趣的东西转化为重要的消费者利益，那么广告不仅能够被读者记住，而且会最终说服读者，使其产生购买欲望。若将具体的标题安排于版面的视觉中心，信息的沟通就会畅通无阻。

　　写出了标题，并非意味着大功告成。如果广告正文没有力量，标题也会成为一个空中楼阁，成为一个空洞的噱头。本书作者研究过 1988—1997 年《北京晚报》《新民晚报》《羊城晚报》等报纸上的数千条广告，发现许多广告的大标题犯了这个毛病。要克服这个毛病，一定要牢记：创意是核心，但创意并不是要噱头。创意一定要使潜在消费者意识到他们会得到利益。

　　对于文案是长好还是短好，广告人历来都各有己见。文案长短并无定则，关键是要根据创意的需要而定。比如，针对受过较高层次教育的人，长文案、理性诉求往往是有效的，因为他们希望对事实作出自己的判断。广告人甚至可以在长文案中列数优点之后，把产品的缺点告诉那些受过较高层次教育的人，因为他们的理性会告诉他们万事无完美，有时缺点反而会成为使人强化购买的动力。他们会认为，敢承认缺点的产品是自信、诚实的产品，更何况这些缺点的确无足轻重。长文案往往可用于高卷入度的产品，如汽车、住房等。安德鲁·约瑟夫·拜伦在谈到文案风格时强调简洁、清晰的重要性，他说，"简单、清晰、直接——短词、短句、短小的段落，我可没说短文案……古宁—穆勒清晰写作研究所的道格拉斯·穆勒的建议，'他提醒我们，《华尔街日报》采用初中生都能看懂的语言报道复杂的主题，除了头版，它的文章连高中新生都能看懂。《新闻周刊》和《美国新闻》等其他刊物也采用同样的标准'"。他还推荐了纳撒尼尔·霍桑的话："最应推崇的风格，当然应当是让语言完全融入思想之中，丝毫不现"。①

　　文案中的利益说明或有利的产品视觉演示能够产生说服力。产品的特点

---

　　① 转引自［美］斯科特·珀维斯：《创意的竞赛：广告冲击力评估训练》，中国财政经济出版社 2004 年版，第 54 页。

越不明确，越难以理解，广告的回忆率就越低；产品和产品利益越是清楚，广告的回忆率就越高。缺乏这些要素的广告也能产生较高的记忆率，但常常缺乏可信性，甚至无法使读者清楚地了解产品利益。如果广告的所有构成要素协调统一，共同传达产品信息，这则广告就会产生良好的回忆率、理解度和说服力。

在实际写文案正文时，不仅要有清晰的逻辑（尽管有时需要文案在语言呈现上呈现逻辑的特征，但是在这种文案背后，创作者自身的逻辑应该是清晰的，即明白为何要这样或那样表现），而且一定要投入自己的感情，尽量使它有足够的卖点，并且尽量有趣、有告知性、具有感染力。美国杰出的文案指导泰德·贝尔说："创造惊奇和新鲜感就是创意的诀窍，你必须在情感上吸引人。必须为他们提供信息，并使他们以一种新的方式看待你所说的东西。"[1]苏珊·吉勒特也表达了同样的观点："广告应该坚持不懈到力争使人们惊奇、愉悦他们并感动他们"[2]，"艺术性、娱乐价值和简练前所未有地重要"[3]。麦克·考克则更为具体地建议如何写长句子，他说："人们的眼睛总会避开那些冗长的句子，但有时，他们心里又渴望看到一条提供信息的长句。你不要写像事实、事实、事实这样的句子。但你却可以写像事实、魅力、魅力、事实、魅力、魅力这样的句子。"[4] 广告人史蒂夫·海登将他热衷于广告归功于亚历山大教皇那句很有影响的老话："真正的智慧是不露锋芒的本性，是那种经常被想到而从未被很好表达的东西。"[5] 海登说："我看重那些精心撰写的文案，那些启发人想象力的文案……我喜欢能表现出背后的人性的那种惊奇感。我

---

① 转引自 [美] 劳伦斯·明斯基等：《如何做创意：十三位美国杰出创意指导和文案撰稿人的创意观念、方法与作品》，企业管理出版社 2000 年版，第 30 页。

② 转引自 [美] 劳伦斯·明斯基等：《如何做创意：十三位美国杰出创意指导和文案撰稿人的创意观念、方法与作品》，企业管理出版社 2000 年版，第 68 页。

③ 转引自 [美] 劳伦斯·明斯基等：《如何做创意：十三位美国杰出创意指导和文案撰稿人的创意观念、方法与作品》，企业管理出版社 2000 年版，第 73 页。

④ 转引自 [美] 劳伦斯·明斯基等：《如何做创意：十三位美国杰出创意指导和文案撰稿人的创意观念、方法与作品》，企业管理出版社 2000 年版，第 88 页。

⑤ 转引自 [美] 劳伦斯·明斯基等：《如何做创意：十三位美国杰出创意指导和文案撰稿人的创意观念、方法与作品》，企业管理出版社 2000 年版，第 174 页。

看重的是那些能投射出人的本质的能力。"① 我们可以看到，以上这些著名的广告人对创意与创作文稿的建议，都强调了理性与情感的统一、信息与娱乐的协同对于广告文案的价值，都强调了广告文案创作是一项需要巨大能动性的创造性活动。

如果打算写长文案，最好在文案中安排几个小标题来分割内容。广告不同于书本，有些书是需要人坐下来慢慢深究的。小标题通常用粗黑字体，比正文字体大一点儿。但是，千万别让小标题看起来花里胡哨的，否则它们反而会分散读者对核心信息的注意力。

小标题有这样四个作用：（1）它们可以抓住尽量多的潜在消费者。（2）它们使正文看起来轻松易读、饶有趣味。一大片文字会使许多读者不愿看下去。（3）它们可以调节读者在阅读中的阅读动力。（4）它们使读者可以有选择地读文案，因为许多读者没有那么多时间去读所有的文字。小标题应该是连续的、有逻辑的安排，这并不是说小标题要枯燥、单调无味，相反，它们应具有和整体相符合的风格，为文案增光添彩。

鲁迅曾谈过文章修改的重要性。修改对于广告来说同样重要。良好的表达对于广告文案创作而言好比琢玉。对文案进行修改，是实现良好表达的重要的思想过程与写作过程。删减常常是修改中最重要的工作。删减，从某种意义上说，是使广告卖点更有冲击力。删减不是要删除任何重要的东西，而是一个浓缩和提炼的过程。

印刷广告的插图艺术长期受到来自美术界的影响。19 世纪 80 年代，英国的美术工艺运动对材料质量、印刷格式、印刷设计、印刷工艺显现出来的新观念曾经长时间、大规模地影响过广告的设计和外观。大约在同一时期，倡导自然浪漫的新艺术运动以及讲究造型和轮廓的英国民间美术工艺运动也影响了英美等国的广告海报招贴的创作风格。在整个 20 世纪，装饰主义运动、结构主义、立体主义、超现实主义、达达派以及各种流派的艺术都不同程度地参与了世界广告的创作。

广告常常会需要插图或照片，这就需要美工和艺术指导的配合，他们会

---

① 转引自［美］劳伦斯·明斯基等：《如何做创意：十三位美国杰出创意指导和文案撰稿人的创意观念、方法与作品》，企业管理出版社 2000 年版，第 175 页。

用视觉性元素配合文字。创意总监会把握文字和视觉性元素的协同工作。如果做不到这一点，艺术的成分往往会远离广告的传播任务。2009 年，日立集团（Hitachi）在我国推出"食梦貘"作为其最新企业形象的代表性元素。新企业形象广告采用了日本新一代著名插画艺术家加藤彩的作品。新日立广告构图精美、色彩绚丽，制造了奇幻浪漫的意境。在人们固有的印象中，日系品牌是严谨而显得单调的，它们的广告因为过于理性和强调策略至上，而往往看起来显得创意不足。日立此次的形象片颠覆了人们头脑中的这一固有印象。"食梦貘"元素的运用，更体现了日立在我国本土化的用心良苦。美国广告人苏珊·吉勒特提到她在 DDB 广告公司学到的创作公式："一幅画面传达一个信息，文字传达另一个信息，二者结合传达第三个信息。"① 这个创作公式看起来虽有些死板，但是毫无疑问，它为广告人创作广告作品提供了文字与视觉性元素如何配合的简单思路。

　　笔者通过对 1988—1997 年《北京晚报》《新民晚报》《羊城晚报》三份报纸上大量消费品广告进行个案研究，同时通过大规模的抽样对 1988—1997 年这三份报纸上的 4389 条消费品广告进行内容分析，发现②：（1）1988—1994 年间，中国报纸广告从广告构成要素之间关系的视角看，广告文本全部由文字构成，文字内容独立、直接地称述产品或服务信息一直占主流地位（高点：1989 年，占样本比例的 89%；低点：1994 年，占样本比例的 42%）。（2）从 1990 年开始，文字内容和视觉内容并重，互补传递信息的创作思想一直保持上升趋势（高点：1997 年，占样本比例的 66%；低点：1990 年，占样本比例的 6%）。到了 1995 年，这种创作思想代替了用文字内容独立、直接地称述产品或服务信息的创作思想而占据主流地位（1995 年，占样本比例的 55%）。（3）从广告基本形式的视角看，产品信息型广告在 1988—1997 年间一直占据主流地位（占样本比例一直在 90% 以上）。研究同时还发现，广告在艺术表现形式上非常单调、死板。对十年来的一些电视广告的研究也发现了广告表现形式方面存在严重的模式化特征。中国广告的模式化特征暴露了

---

① 转引自［美］斯科特·珀维斯：《创意的竞赛：广告冲击力评估训练》，中国财政经济出版社 2004 年版，第 51 页。
② 何辉：《1988—1997 中国报纸广告主流创作思想发展变化之研究》，见何辉：《从分析作品开始学做广告》，中国广播电视出版社 2000 年版。

创意的开发精神的匮乏。正如第 47 届戛纳国际广告节亚洲区评委王永辉先生所说："一般创意人在创意思维的探索深度方面似乎还有待进一步加强。"①

大量广告测试显示，超大尺寸或大于实物的插图常常会震撼读者，具有极高的记忆度（回忆率）。如果同时突出产品，会立即引起读者的兴趣。展示产品能够迅速抓住读者的兴趣，使广告易于理解并增强说服力。突出产品或展现产品的多样性，会吸引读者浏览广告，回忆率一般高于平均水平。但是，同时应注意，没有视觉中心的广告很容易被读者忽视。醒目的标志便于读者识别广告主。一般来说，采用视觉对比手法的插图，吸引力高于平均水平。当然，插图应该是易于理解的。将概念形象化，便于读者理解信息，通常可以产生较高的回忆率和传达率。表现情节或情景的插图通常比呆板乏味的插图更令人难忘。插图中的气氛表现（比如浪漫、怀旧、激动或其他情绪），常常可以赢得读者的注意。奇巧的构思可以增加广告的趣味和特色，使读者对广告更加喜欢。毫不晦涩的幽默可以使广告妙趣横生，使读者产生愉快反应。但是，要注意的是，不论是情节、气氛还是构思的奇巧、幽默的表现，有时可能喧宾夺主，弱化产品在广告中的地位。所以一定要保证所营造的气氛和产品本身有本质的内在联系。广告构成要素过于复杂且无法相互协调，读者难以理解时，广告的记忆率会下降。仅仅为了引人注意而采用兴趣或象征，但又与产品利益关联甚微，就可能令人摸不着头脑，对广告失去兴趣。提出问题—解决问题的广告手法常常产生高于平均水平的回忆率。如果使用这种手法，产品或服务应该作为解决问题的手段出现。

要制作好的广告照片，需要一个好的摄影师的配合。每个摄影师都有各自的专长，有的擅长照人物，有的擅长拍物品和食品，有的擅长拍风景。艺术指导会选择一个好的摄影师。很多印刷广告都是偷懒结出的果子，许多广告图片直接取自图片库，更有粗糙者直接从杂志上复制图片，所以这些广告的图片和文案看起来牵强附会甚至图不对题。

在平面上实现广告表现的户外广告，是平面广告的一种特殊类型。这种户外广告看起来简单，却往往是最难处理的广告。使户外广告如此难做的原因是：受众把注意力集中在开车或行路上，而非读广告上。当汽车高速掠过

① 王永辉：《我们从戛纳学到了什么》，《国际广告》2000 年第 9 期。

广告牌时，如果广告真引起了司机的注意，这种注意也只能持续两三秒钟。在如此仓促的时间内，通过平面传播一条讯息，实在是种挑战。关于户外广告创作的规则，有些专家建议说，广告牌信息应该大得足以看见，而且使用尽可能少的文字。他们认为，户外路牌广告最好不要超过九个词（指英文）。户外广告最重要的是醒目和简洁，只有这样，才可能有视觉冲击力。当然，不能缺少创意。

平面广告设计与制作要考虑广告表现所产生的物理刺激的效果。所谓的广告物理刺激，是指广告对视觉所产生的颜色、形状、规模、构造的刺激及对听觉所产生的音量、音色与音调的刺激。这种刺激可利用广告的大小、版面及刊载的位置与广告表现设计来实现。平面广告的物理刺激对注目率所产生的影响，经由尺寸效果、空间效果及位置效果发生。以广告尺寸大小为例，研究发现，广告尺寸的增加可以使注目率提高；但是，广告尺寸过大，则设计效果有减弱倾向，因为尺寸过大，使视觉焦点无法集中，从而导致注目率下降。广告位置也会影响广告的注目率。下面介绍一些实证研究成果。日本《朝日新闻》曾就尺寸大小、空间、位置对报纸广告的注目率所产生的影响进行过调查。① 该调查发现，一般最大尺寸的广告的平均注目率是 52.4%；而最小尺寸的广告的平均注目率是 26%，大约是最大尺寸的广告的一半。该调查同时发现，在报头下的广告与整版广告的注目率几乎没有差别，大约是40%。报纸左页位置的广告注目率为 41.2%，右页的广告注目率是 39.6%，左边产生的广告注目率略高于右页，但是差别不显著。对位置效果的调查发现，晚报社会新闻版面的广告注目率最高，为 50% 左右。色彩也能够对受众产生强烈的视觉刺激。色彩的原理与运用技巧是广告创意人和设计者必须掌握的。色彩的基本原理包括三原色（红、黄、蓝）、四间色（橙、绿、紫、黑）、色彩要素（色相、明度、纯度）、色彩的对比与调和、色彩的象征意义等。利用色彩，可以引人注意，突出主题，展示产品和人物，暗示商品特性、品质与档次，以及为受众提供视觉愉悦。

平面广告的制作根据发布媒体的不同，制作工艺会有所不同。制作工艺是一门专门的学问，读者可以从相关的书籍中了解到。平面广告设计与制作

---

① 杨朝阳：《广告战略与广告企划（1）》，内蒙古人民出版社 2000 年版，第 148—151 页。

的详细知识并非本书论述的重点，故不赘述。

二、广播广告创作

广播广告借助声音来传播信息，却要借助视觉来发挥广告作用。认识到这一点，相当重要。当人们听广播时，必须借助自己的想象力去创造画面，在自己的头脑中描绘听到的声音发出的环境、说话人的声音等画面。不要低估想象力的能量，只有借助想象力，才能使声音发挥威力，使广播广告产生巨大的感染力和影响力。

声音选择是创作广播广告要做的重要工作。声音的选择主要考虑以下几个因素：（1）广告中人物的性别；（2）广告中人物的年龄；（3）广告中人物的职业；（4）广告中人物的社会角色；（5）广告中人物的口音；（6）广告中人物的态度；（7）广告中背景音的选择；（8）广告中的音乐。背景中的音效和音乐的选择，可以使听者利用想象力想象时间、地点、环境，并把时间、地点等抽象的因素转化为具体的情景等形象化的因素，广播广告因此可以更具感染力。

在广播中，除常用的 15 秒、30 秒的广告外，也可能有 60 秒的广告。究竟哪种长度的广播广告效果最佳（广告主同样关心哪种长度的电视广告效果最佳），对于这样的问题不能简单作答。短的广播广告信息含量少，人的心理倾向于更依赖物理刺激产生知觉。长的广播广告信息含量大，人的心理倾向于更依赖知识经验进行知觉。也就是说，在创作较长的广播广告时融入较多的商品信息，是有助于听众进行知觉的。需要强调的是，尽管广告效果和知觉结果都与信息的编码和解释有关，但是广告效果和知觉结果并不能完全等同。

就广播广告文案的长短而言，广告创意人员必须精心考虑，因为广播广告文案的时间是有限的。下面是一些广播广告文案时间控制的技巧：（1）职业的播音员通常比未经专业训练的人在大声读作品时语速慢得多。对这一点，广播广告创作人常常忽视。通常情况下，千万不要为广播广告写太长的文案。（2）播音员需要时间去表现广告中人物的性格，以加快或变慢的语速来强调卖点。（3）在一个 60 秒的广播广告中，要诵读的文案时间不要超过 50 秒；30 秒的广播广告中，要诵读的文案时间不要超过 25 秒。（4）如果广播广告中使用音乐，要诵读的文案在 60 秒广告中通常情况下不要超过 45 秒，在 30 秒广告中不要超过 22 秒。（5）广播广告中也要为音效安排出时间。

三、电视广告创作

在我国，一条 30 秒的电视广告的平均制作费用大概在 35 万元，也就是说，每一秒钟的制作费用要花 1.17 万元左右。在日本，有资料显示，每一条电视广告片的平均制作费是 1682 万日元（约 13 万美元）。[①] 常见的电视广告长度有 5 秒、15 秒、30 秒和 60 秒。哪种长度的电视广告效果最好，同样没有定论。认知心理学对视觉信息的处理进行了大量研究。心理学家格雷戈里推算，人的视觉系统接收外界信息的极限约为每秒 12 比特，同时发现，仅仅依靠从对较小知觉单元进行分析转向对较大知觉单元进行分析（可称为自下而上的加工信息），是难以应付一些刺激所具有的双关性质或不确定性的。[②] 这一发现，对广告创作与传播有很大的启发。基于心理学的这一发现，我们可以认为，短的电视广告中采用简单物理刺激，即可形成有效果的知觉，所以 5 秒的电视广告必须简单，图形、色彩以简单、清晰、悦目为佳。同样，在 15 秒、30 秒、60 秒这些较长的电视广告中，提供一般知识将有助于促成自上而下的知觉，也就是说，有助于观众在心理上发挥知识经验的作用，进行知觉加工。

在电视广告的前期创作中，创作故事板是一项关键工作。故事板是一种意图的陈述、一种传达创意的途径。故事板对于电视广告制作而言，就如同用粗略的设计说明印刷完成后的成品。故事板不能从字面理解，因为它实际上不能做电视所做的事：它不能有运动，不能有歌声，因为它显示的是一系列无运动的镜头；它不能有连续的表演。故事板帮助广告创意人员向导演和项目经理等有关人员确切地表述创意，一旦他们同意了，广告创意人员就可以用故事板向客户解释创意。这从来就不容易，因为客户常常并没有经历过对视觉语言使用方法的训练，缺少想象力。因此，故事板要清晰，使人信服，并且有趣。一个故事板通常应具备以下一些内容：想拍多少种场景；一共有

---

① 日本电通公司，2003。

② R. L Gregory, *The Intelligent Eye*, New York：McGraw－Hill，1970.

多少场景；场景的展示按什么顺序；主要演员是哪些人；演员看起来会怎样；每个场景会有什么动作；每个场景需要多长时间；演员在荧屏上会说什么台词；画外音说些什么；每个场景需要什么音效；将会有什么样的音乐；将会在哪里用到什么特技；跑龙套的角色有哪些。电视广告中的画外音是指发声的人并不出现在画面中，声音对广告画面起辅助解释、补充说明的作用。有些媒介文化批评家将画外音比喻成一种超我般的权威，认为它对广告受众具有潜在的类权威的影响。故事板应该能完整有效地说明问题，不需要广告创意人员在旁边解释个没完没了。故事板除了能明确传达信息外，还应该看起来富有娱乐性。要确保有制作手段可以实现故事板所表现的内容，不要天马行空。在导演、经理和客户同意之后，故事板有时还要到客户公司的法律部门审核。保险起见，广告创意人员还可以将故事板送到广告审查机构，让审查人员看看。

故事板可以帮助制片公司了解需要多少花费来做这个广告，这使制片公司可以提出制片的价格。制片公司借助故事板，预计他们的导演需要多少拍摄时间、哪些场景需要在当地选、哪些最好搭景，然后计算出需要多少胶片或录音带、胶片的花费是多少。制片公司还要制定剪辑的预算。他们要计算所需设备的开支，导演要给演员多少附加费用，设备装置、道具服装的开支，场地的费用，还有照明需要多少电力。他们还要计算需要多少人，并列出工资单。他们还要预算整个小组和制片公司、代理人、客户的早餐与午餐的费用。

有时还需要关键镜头板。这种故事板只显示一张图，这一张图就是整个视觉效果的关键。在这张图下，广告创意人员需要写上画面说明、声音说明、音效以及音乐的说明。工作故事板则是最普遍的使用格式，它通常包含一些长方形的画框，这些画框是图片出现的地方。画框的旁边或下面是画面说明和文案，还有一边是声音说明、音效以及音乐说明。说明画面间变幻的用语通常有这样几个：切换；渐隐渐显（或叫淡入淡出）；慢速渐隐渐显（或叫慢速淡入淡出）；快速渐隐渐显（或叫快速淡入淡出，也叫软切换）。有些客户要求广告公司制作演示图片动画，来阐述广告创意。

创作平面广告的许多原则对于电视广告同样适用。下面是一些从实际工作中得到的经验。（1）好的电视广告一定要有好的构思，不要把希望押在制作手段和特技上。电视广告文案的工作在有了一个构思之后，其实刚刚开始，这只是一条长路的开始。在开始制作之前，要多动脑筋，要让构思尽量富有冲击力和说服力。这样，广告创意人员可以充满信心和兴趣地去完成以后的工作。（2）在开始创作之前，广告创意人员还应该弄清楚广告主愿意花多少制作费，这样，创作力才能在考虑到资金的因素的情况下不被滥用，从而也避免了精力的浪费。广告创意人员可以通过客户经理去了解客户到底有多少制作费。（3）学会用视觉的手段解决问题。电视是视觉性的媒介，广告创意人员必须学会用视觉语言、视觉手段解决问题。尝试着不用语言进行诉求。不要向消费者唠唠叨叨，而要用画面对他们讲故事。（4）用制作技巧为广告构思、为广告创意服务。了解最新、最好的制作手段、制作技巧。同时，要为广告构思，为广告创意寻找最合适的制作技巧。（5）学会从简单中寻找伟大。广告制作费少的时候，是检验广告创意人员创意能力的好机会。（6）如果能在电视上演示产品，就应该让事实说话。眼见为实，没有什么比亲眼看到的东西更让人信服了。（7）如果能在一秒钟之内让广告抓住观众的眼球，就不要用两秒钟。（8）一条电视广告最好从头到尾都富有娱乐性，在最后一秒钟仍然让观众圆睁双眼。认为电视广告有一个出人意料的结尾就够了，这是一种误解。好的广告应该让消费者百看不厌。（9）不要勉强地让电视广告看起来和印刷广告一样。其实，要追求的是使所有媒介传达的讯息一致、声音一致。注意：是一致，而不是一模一样。不同的媒介有时需要不同的表现手段。（10）要战略性地思考问题。电视广告应该有延续的潜力。（11）画面上正在表现的就不要再用语言来解释了。语言解释的东西应该为画面赋予额外的意义。

如果要开始制作电视广告，创作组要做的第一件事是和广告代理公司的制片人接触。广告创意人要把故事板给制片人看，解释广告内容、基调等情况。通过这次接触，广告创意人员和制片人会就挑选演员的细节问题、外景地、布景、服装、视觉效果、音乐设置和广告制作中的其他要素等问题达成清楚的共识。制片人往往会推荐合适的导演和制片公司，并安排相关人员看一些导演的作品。对于这些作品，一定要仔细看看、评价，分析其中的摄影技巧等。广告创意人员会接触到很多导演，他们各有所长，有善于拍人物的，也有善于拍美食的，但这并不意味着他们只会行使其专长，事实上，他们都能作出几乎所有你想要的效果，但不可能和你设想的一模一样。导演通常会决定具体需要什么人，如：摄影助手、灯光师、舞美、静物摄影员、化妆师、道具员等。下面一些事项是广告创意人员需要关注的：尽早和制作人员接触；寻找合适的导演，开价高的不一定就好；每个导演都有自己的拍摄风格，都擅长某种题材的拍摄；要像向客户解释创意一样，向导演阐述创意；向导演尽量描述自己想要看到的电视广告的样子以及演员的风格、电视广告的基调等。

广告节目演员的挑选工作常常也颇为复杂，一般先有试镜，让候选者讲一段台词或进行一段表演，若是导演觉得还不错，便会给候选者复试的机会。第二次挑选后，若是导演认为这个人非常有潜质或能充分传达广告意图，便会敲定他做该广告的演员。为电视广告选择演员，要找那些能演的演员。如果想用名人，须确保该名人和产品利益点有关联。不要忘了选择画外音的配音演员。选择配音演员是广告创意人员检验文案的又一次机会。

在制作广告节目前，要尽量完善脚本。拍摄前的会议是很重要的。制作前的筹备工作，是要确保该项工作的每一个参与者都对工作有非常清楚的概念。除了工作人员以外，客户代表也应出席。在广告代理公司这边，广告制片人、创作总监等重要人物也应参加。

在拍摄开始后，广告创意人员要注意和广告制片人保持步调一致。广告创意人员要通过导演和演员说话。当创意人员不同意导演的时候，要说出来，但是最好把导演拉到一边说。要尊重导演的专业角色。电视广告片的拍摄过程类似电影的拍摄过程。一个电视广告片的拍摄往往需要众多的拍摄工作人员。在较大规模的拍摄情况下，工作人员的人数可能需要数十人甚至更多。拍摄时间根据具体的创意会有所不同，一般在一周到一个月之间。在拍摄时，信息渠道要保持开放，以准备应付变化。

在后期制作中，主要应该注意以下几点：（1）为广告寻找出最合适的剪辑师。（2）为广告选择合适的音乐，必要的时候，请作曲家进行专门创作。（3）注意合成时一定要精细和到位。（4）为客户复制可在家用机上播放的录像演示带。（5）广告创意人员为自己保留第一版的带子。

四、互联网广告创作

由于互联网广告兼具平面广告和电波广告的特性，因此，在理想状态下，平面广告和电波广告的创作方法应该同样适用于互联网广告的创作。虽然如此，互联网广告对注意力的吸引比平面广告和电波广告却要更加困难。可以想象一下，当你打开电视（只要你打开）时，如果你不马上去洗手间的话，电视广告绚丽的画面就会闯入你的眼帘，悦耳动听的声音就会闯入你的耳朵。在高闯入性的电视广告面前，你反抗无力，甚至你根本不会反抗。互联网上的视频内容（如电影、电视剧）插播广告实际上是电视广告在网上视频中的翻版，同样具有闯入性、强制性。而报纸广告的闯入性虽然比电视广告要弱，但大版面与诱人的标题也会让你把注意力慷慨奉送。在网络上，情况却不一样，许多人都有明显回避广告的倾向，除非他们主动去搜索这方面的广告信息。互联网广告较难吸引注意力，主要有两个原因：（1）网上信息过于冗杂；（2）上网者上网时的主要目的通常不是看广告，他们希望尽快地找到想要的信息，广告往往被认为占用了宝贵的时间。

互联网广告创作的首要任务是吸引注意力、增加点击率。因此，在互联网广告的创作中，设计的重要性增强了。但是，互联网广告的创作仍然离不开两个要点：（1）本身有吸引力的讯息；（2）吸引人的设计。现在正在出现许多新的增加点击率的办法。随着网络的发展和人们对网络生活的熟悉与观念的演进，各类网上广告开始盛行。将互联网广告的浏览和电子购物相结合的广告形式已经出现，这些互联网广告发挥了强大的网上促销效果。

网络的发展可以用"一日千里"来形容。也许，下一秒钟的网络世界会和这一秒钟的网络世界面目全非。所以，也许掌握发展规律比记住简单的事实更为重要。互联网广告的创作无可置疑地要接受发展规律的洗礼。除传统形式的互联网广告外，由于各种电脑制作技术的运用，互联网的特点正用于和广告创意相结合。碧欧泉（BIOTHERM）是欧莱雅旗下的化妆品品牌，该产品中富含的矿泉有机活性因子是一大卖点。互联网广告制作者用 FLASH ACTIONS 程序生成了很多气泡，从页面的下部慢慢上升到画面上部，掠过模特的脸庞，很好地制造了空间感和肌肤水嫩的感觉。互联网广告的广告语是"缔造肌肤，灵动之美"。2002 年，倩碧（CLINIQUE）推出早春美白产品：

亮泽美白护肤及化妆系列，强调"有效地抑制肌肤产生过多的黑色素，全面淡化黑色素"。该产品在传统媒体中打出"打击黑斑"概念。在互联网广告中，创作者利用 FLASH 技术制作了带有游戏性质的在线广告。广告中不断跑出小黑斑，如果在线者用广告画面中显示的小拳击手套连续点击黑斑 6 次，画面上就会出现广告代言人和产品图片。Nokia3510 是属于 Nokia2002 "真我风采"系列的一款手机。该手机提供五种个性机壳。在线广告的创作者用FLASH 技术制造了五种不同的彩壳画面，用以吸引不同个性的上网者。该在线广告还建议点击广告者把有关的信息发给网友，充分利用族群区隔技术来增强广告效果。

第十三章　媒体策划

媒体策划的目标是要找到一种媒体组合，利用这些合适的媒体，将广告讯息以最有效的方式、最低的成本传播给尽可能多的潜在顾客。要进行优秀的媒体策划，策划人员必须先熟悉一些媒体策划的常识。

第一节　媒体的基本观念

媒体策划是广告策划的一个构成部分，这一部分和广告讯息的策划同样重要。只有实现了广告讯息策划与媒体策划之间的协调和配合，才能作出优秀的广告策划。媒体策划中有一些基本观念，这些基本观念通过几个重要的术语表现出来。通过介绍这些术语，我们可以了解媒体计划的基本观念和方法。但是，读者也需要明白，在实际的媒体策划和媒体调研中，由于各个媒体公司的调查方法并非完全一样，有些术语的使用可能并非完全相同，对于同样名称的术语，可能不同的人也会有理解上的细微差异。

一、视听率

视听率（Audience Rating）是暴露于印刷媒体、广播或电视等广告媒体的某期、某日或某次下特定人口的百分比。计算视听率，所要评估的群体必须加以界定，但任何目标视听众都可被作为评估群体（妇女、男人、孩童、家庭等均可）。表 13－1 是对视听率（对于报纸或杂志，也可具体称为"阅读率"）的一个说明。

表 13 - 1　视听率（针对某一特定群体）

	女性总数	女性（18—29 岁）
某地区人口	100.0 百万人	30.0 百万人
A 杂志读者	30.0 百万人	10.0 百万人
A 杂志视听率	30%	33.3%

说明：表中数据为虚拟数据。

电视节目、广播节目的目标视听众、报纸读者，以及与户外广告相关的交通量等都可用视听率来表示。实际上，任何媒体的视听众都能以视听率表示出来。根据媒体的不同，有些时候，专业人员可能针对电视节目使用"收视率"，针对广播节目说"收听率"，而针对报纸、杂志说"阅读率"。

与视听率关系紧密的是覆盖率（coverage）。在广告业中，所谓的覆盖率，在涉及不同媒体时意义略有不同：对于电波媒体而言，是指电台或电视台的整体传播覆盖率；在报业中，指报纸的发行普及状态；对于杂志而言，则是指杂志拥有的读者群（readship）（读者群可能大于该杂志的发行量）；对于流通而言，则指在有可能销售商品的店铺中，有多少店铺经销了该商品。

关于视听率和覆盖率的名词使用，广告策划人大致可以遵循一个规律。视听率通常用于说明某一特定广告时间或广告空间的广告价值；覆盖率则一般用来说明某个媒体机构的媒体力量，如：某电视台的整体节目的覆盖率或某杂志拥有多少读者。

二、毛评点

在广告媒体排期表中的个别视听率的总数称为毛评点（Gross Rating Points，GRP）。GRP 是一种测量媒体计划总强度（Total Intensity）或总压力（Total Pressure）的方法。GRP 的数值表现形式通常是一个没有单位的、去掉百分号的百分比。GRP 所代表的期间应该加以确定，通常时间长度是广告活动所延续的时间。

在表 13 - 2 中，电视节目与杂志的目标受众视听率在广告排期表上的总和为 220 个 GRP。

表 13 - 2　媒体广告排期表实例

	视听率（目标受众）	刊播次数	GRP
电视节目			
A	30	2	60
B	10	4	40
C	8	5	40
D	6	2	12
E	4	2	8
杂志			
1	30	1	30
2	20	1	20
3	10	1	10
总 GRP			220

说明：表中数据为虚拟数据。

三、到达率

通过 GRP 可以看出广告讯息所预期的总强度或总压力是多少，但不能看出有多少不同的受众暴露于讯息之下。在广告排期表中，在一定时期内，特定受众至少有一次暴露于特定广告讯息下的人口（或家庭）的绝对数值或百分比是"到达率"或"到达"（reach）。所"到达"听众有时也被叫作累积视听众（Cumulative Audience）、净视听众（Net Audience）或无重叠视听众（Unduplicated Audience）。

非累积到达率和累积到达率都是很重要的，非累积到达率表明潜在的新接触，累积到达率则包含了对接触频率的估计。

广告排期表的到达率、覆盖率与频次，由所使用的广播电视时段、节目、杂志或媒体性质等决定。例如，当大多数人从写字楼、学校或其他活动场所回到家时，就可能有最多的电视视听众，因此，到达率通常在夜晚达到最高的水平。对于晚间在家休息的潜在受众来说，广告商可以在晚间播出电视广告，从而增加这部分人群的电视广告的到达率。同样，如果在清晨、下午播出广告，可使那些晚间工作者能够在清晨、下午看到电视广告，从而增加电视广告的到达率。

由于杂志通常针对特定群体诉求，所以在广告活动中使用不同的杂志数目越多，则广告的到达率就会越大。杂志的规模大小也极为重要。发行量大的杂志，如《读者》，就比专门化的杂志到达更多的人。

GRP除以到达率，就得到平均频次（Average Frequency），这是一个测量广告活动深度的方法。频次是一个人反复看到某个广告讯息的次数。平均频次是指在某一时期，广告受众每个人反复看到某个广告讯息的平均次数。在表13-2中220GRP的事例中，假定有44%的男性至少暴露于一次讯息之下，则这群受众的平均频次为5次。具体计算方法如下：

GRP÷到达率=平均频次

220÷44=5

通过以上的计算公式，我们可以看到，GRP总量也可以用GRP=R（到达率）×F（平均频次）这个公式来计算。为便利计算，广告专业人员开发出"到达率与频次表"，并常用电脑来产生这些数字。

不同的时段组合会影响一个广告排期表的到达率与频次。广告插播的节目种类越多，到达率就越高，但平均频次将下降。因此，在希望达到一定的GRP的条件下，电视媒体的策划人员必须在追求到达率和追求平均频次之间作出选择。广播媒体的策划与电视媒体类似。

对于杂志而言，如果所选杂志的数目增加时，到达率就会增加。在既定预算的情况下，就要降低广告刊出的平均频次。如果所选的杂志不仅数目增加，这些杂志的编辑内容之间的差异也增加时，广告的到达率就会更大。

到达率与频次有助于计划时评价可选的广告排期表。如果到达率是最重要的判断标准，就要选定能产生最大到达率的广告排期表。如果暴露次数更为重要，则一定要集中于有最大暴露优势的广告排期表。在一个指定预算范围内，如果确定了GRP目标，则有必要对到达率与频次的要求进行分析，这与达成广告计划目标密切相关。

广告主常常要在到达率与频次之间进行权衡，决定是让更多的人看到或听到广告（到达率），还是让更少的人更经常地看到或听到广告（频次）。

四、"以千为单位的成本"及相关分析指标

计算媒体效率的常用方法是"以千为单位的成本"（简称CPT或CPM，即cost per thousand/mill）。所谓的"以千为单位的成本"，是指一个媒体或一

个媒体计划向每 1000 人或 1000 户家庭传递广告讯息所需的广告成本。有人也把"以千为单位的成本"表述为使 1000 人或 1000 户家庭产生暴露度（Impressions）的成本。由于最常用的"以千为单位的成本"是每千人计算的广告传播成本，所以 CPM 在我国广告界常常被称为"千人成本"（见表 13-3）。

视听众暴露度是所有广告暴露次数的总和，等同于 GRP 和目标视听率总和（Target Rating Points，TRP），只不过它以人数或家庭数的绝对数值而不是百分比来表述。视听众暴露度有两种计算办法。方法一：用每一媒体的受众人数乘以广告次数，然后把乘积相加。方法二：计算 GRP 值（视听率乘以广告次数，这是一个百分数），然后乘以市场人数。

常用的 CPM 的计算公式为：

CPM = 成本（元）÷ 视听众暴露度或人数（以千人为单位）

表 13-3　CPM 的计算（针对某一目标人群）

	成本（元）	视听众暴露度（千人）	计算
电视广告 A 时段（30 秒）	20000	20000	20000÷20000
电视广告 B 时段（30 秒）	8000	4000	8000÷4000
杂志广告 C	10000	5000	10000÷5000

说明：表中数据为虚拟数据。

为什么要用"千人"为计算单位呢？为什么是计算每千人成本而不是计算每人成本呢？我们已知道了广告的定义，其中一个要点就是"非人员性的陈述和推广"。"非人员性"即意味着是借助非人员的媒体，尤其是大众媒体。利用大众媒体传播广告讯息，传播成本非常低，如果以每人的花费来表述的话，会非常麻烦，比如，每人的广告成本可能是 0.005 元。用千人成本计算和表述，就方便多了，比如，每千人成本 5 元。

电波媒体、印刷媒体和户外媒体常常采用不同的成本分析方法。甚至，即使是同属于印刷媒体的报纸、杂志，也常常采用不同的成本分析方法。

杂志行业多年来一直在所到达的每千人成本基础上进行成本分析，计算公式如下：

CPM = 广告版面成本（绝对成本）/ 发行量 × 1000

电波媒体有时用一种与众不同的成本分析方法，即百分点收视成本

（CPRP）。

CPRP＝电视广告时间成本/节目视听率

对于报纸来说，有效成本分析可能利用报纸每寸空间或每栏目的成本。像杂志一样，报纸现在也常使用千人成本来确定相对成本。

我们很难在各种媒体间进行比较（如果错误运用，是没有意义的）。在试图把不同媒体的相对成本计算过程标准化方面，电波和报纸媒体用下列具体的公式提供千人成本：

CPM（电视）＝（单位时间成本/节目视听率）×1000

CPM（报纸）＝（广告版面成本/发行量）×1000

虽然在千人成本基础上媒体之间的比较是很重要的，但媒体之间的比较可能具有误导性。媒体计划者应该恰当运用千人成本数字，同时必须考虑到每种媒体的具体特性。

千人成本可能高估或低估实际的成本效果。如果广告讯息所到达的人群不是产品的潜在消费者，就可能导致实际千人成本的大大低估。如果采用的是目标市场的潜在到达率，而不是全部覆盖数字，即使其千人成本相对较高，但成本效果可能同样较好。CPM也可能低估成本效率，某一期杂志广告版面的阅读者并不仅限于购买者本人，所以，实际的到达率可能被低估。传阅率成为考察杂志广告价值的重要因素。

任何媒体、任何目标群、任何总的媒体成本都可以计算每千人成本。CPM可以使我们把一种媒体和另一种媒体的相对成本、一个媒体计划和另一个媒体计划的相对成本进行比较。计算出CPM，可以帮助广告媒体策划人员列出各种候选媒体的成本效益。媒体的成本效益越高，每一块钱所传递的受众就越多。

在比较两种媒介工具或两个媒体计划时，一定要明确CPM是针对同一个人群的。比如，把电视节目A在18—29岁女性中的CPM同电视节目B在18—29岁男性中的CPM作比较，是毫无意义的，因为不同人群的CPM的高低，可能是由于不同人群的广告价值不同、媒体价值也不相同所致。在实际的操作中，许多广告主并不仅仅因为CPM低，就一定购买。媒体策划已经进入追求质的阶段。有证据显示，广告主愿意为了好的节目支付更多的费用。

2003年的第一个季度，广告主在美国电视广播网（Broadcast Network）的

10 个黄金节目时间中发布了价格最为高昂的电视广告片，他们支付了 35 美元的每千人成本（针对18—49 岁的目标群）。而同一时期，在 10 个 CPM（18—49 岁的目标群）最低的节目中，CPM 只需 14 美元。Publicis 集团的道格·西伊（Doug Seay）说："需求高的节目具有高 CPM。低需求节目具有低 CPM。收视率越高，CPM 越高，这是某种形式的公理。"根据尼尔森收视率和《广告时代》的价格调查，2002 年后两个季度到 2003 年第一季度这段时间内，在美国，广告主为购买单价在 20 万美元以上的插播广告（例如，热门节目《朋友》的插播广告的报价是 455700 美元）所支付的 CPM 大约要比平均 CPM 多支付 23% 的额外成本。[①]

五、有效到达率和有效频次

所谓有效到达率（Effective Reach），是指广告为了实现效果，所需的最低限度的到达率。这是媒体界最常使用的精确到达率概念。这个概念有时被人误解，而常常让人想到有效频次（Effective Frequency）。有效到达率这个术语用于寻求"多少广告才能到达足够多的潜在消费者"这个老问题的答案。有效频次则是指受众能有效地接收广告并了解广告讯息所需的最低限度的接触次数，这个指标探讨的是有多少人因接受到足够的广告频次，而知道这一广告讯息并了解其内容。

为任何产品做广告，要达到其最适宜程度的频次，受许多因素影响，这些影响因素包括产品购买周期、讯息的复杂程度、竞争的地位、品牌知名度以及个别广告媒体的传播特性（以后将更充分地加以探讨）。有学者对最佳程度的广告频次做了很多的研究，对这些研究结果的各种阐释最终可能导致这样的结论：依情况而定。

一般情况下，新产品的广告战役都要求实现产品或品牌的认知。知道产品或品牌的人越多，就有越多的人可能转移到消费者决策过程的下一个阶段。要使人们知道某一种产品或品牌，就必须满足一定的到达率。新产品或新品牌需要高到达率。

① Bradley Johnson，"Low CPM Can Spell Bargain for Buyers：But Does 'Smackdown！' Represent Deal over 'Friends'？"，*Advertising Age*，May 19，2003，p. 10.

对于媒体计划来说，接触频次/频率这一技术术语可能有一些不同的含义。有时，接触频次指一个人接触媒体（但不一定接触媒体中的广告）的次数。广告主没有一种完全精确的办法来了解人们接触某一媒体是否导致其对广告的接触，所以媒体和广告主已达成了一种妥协，通常以媒体接触代替广告接触。

对大多数有品牌的包装商品而言，下列的研究结果一般都被公认属实：（1）通常情况下，暴露一次没什么价值。对于广告暴露一次没什么价值的假设，英国的考林·麦当诺后来应用到他的单一来源研究中，以探讨销售量如何受广告的影响。纯粹型单一来源研究首先需决定每户家庭观看特定品牌广告的情况，并将这个变数与同一家庭购买品牌的情况相互比较，而购买行为的衡量以广告暴露后短期时间内（通常为7天）作为基准。请注意，对传播的研究和对销售的研究是两个不同研究层面或者说是两个不同的研究课题。关于单次广告暴露对广告品牌销售量的增加不会产生任何效果的这一教条，则源自科林·麦克唐纳（Colin McDonald）于1966年对其调查研究结果的发表。不过，约翰·菲利普·琼斯根据对尼尔森公司获得的数据进行的分析，认为尼尔森公司的研究结果完全可以推翻这个结论。他指出，"单单1次广告的曝光，就可以立即改变消费者行为及产品销售量"[1]。另外，实际案例也说明，通过战略性地策划，有时在一种媒体的多个发布点或多种媒体的同一时间，甚至有时只在一种媒体的一个关键时刻暴露一次广告，也可能产生很好的广告效果。（2）第二次暴露会加上一些价值。（3）在一个月（或在购买周期）中需要有三次暴露，才能产生足够的传播。这个观察结果，主要的贡献者是赫伯特·克鲁格曼（Herbert Krugman）。他采用心理学的理论强调，广告若要引发消费者的购买行动，必须有三次连续的心理印象过程。第一次心理印象，在于刺激消费者去理解，并能立刻产生"这个广告是什么"的反应。第二次心理印象，在于使接受者开始评价与产生认知，即问"这个广告内容是什么"以及"我曾经看过这个广告吗"。第三次心理印象是通过广告暴露，使消费者回忆整个过程。之后，消费者有可能决定是否作出购买行为，但是在心理上与广告互动其实是停滞不前了。（4）达到某一程度的频次以后，其后广告讯息暴露所产生的价值递"减"。（5）达到某一程度的频次后，广告

---

[1]　［美］约翰·菲利普·琼斯：《广告何时有效》，内蒙古人民出版社1998年版，第59页。

片的播映变得毫无结果，并可能产生负面反应的结果。（4）、（5）两个结果常常是关于广告与销售量之间关系的考察结果，这方面的主要贡献者包括约翰·菲利普·琼斯等人。[①]

按照以上的研究结果，如果广告暴露在三次以下，它对接触广告的人是没有什么价值的。有学者在进一步研究的基础上指出，最佳程度是暴露于广告讯息之下六次。暴露超过八次，人们对讯息可能感到厌倦，其后的暴露可能没什么效果，并可能使受众产生负面的态度。该理论只针对一般情况而言，在现实操作中，可以作为很好的参考。但是，广告创意和广告发布时的许多因素可能影响广告最后的效果。客观地讲，如何使广告有效，媒体有效到达率和有效频次都很难有一个绝对的标准。

六、频次分配

在实际使用中，频次通常是平均频次。到达率与频次使用者，有时会忘记频次是平均频次。在目标群中，有些人会接受到高于平均水平的接触频率，有些人却会接受到低于平行水平的接触频率，这样就形成了在一个目标群中视听众暴露度的不均匀分布。为了获得更清楚的视听众暴露度分布，应该制定并查看频次分配图表。

另一种检查频次分配的方法是根据暴露的行为把总体分为一些群体。例如表13－4中有代表性的电视观众样本五等分配分析。全部电视观众，基于全部看电视的形态——从看电视最多的观众到看电视最少的观众，分成相等的五等分。

表13－4　电视观众样本五等分配分析

	到达率	频次	GRP
看电视最多的20%的观众	12.4	9.2	114
看电视次多的20%的观众	12.4	6.5	80
看电视第三多的20%的观众	12.4	2.9	36
看电视第四多的20%的观众	12.4	1.6	20
看电视最少的20%的观众	12.4	0.4	5
平均频次		4.1	
总到达率及总GRP	62		255

---

① [美] 约翰·菲利普·琼斯：《广告与品牌策划》，机械工业出版社1999年版。

需要强调的是，在 13 - 4 中看电视较多的两等观众之和（40%）所实现的 GRP 占有观众总 GRP 的 76% 左右，这是有代表性的电视视听众的构成。

五等分配分析与频次分配分析，有助于决定在一个媒体上怎样安排广告日期，以及在帮助媒体策划人对广告活动应该何时加上第二个媒体或第三个媒体上提供指导。例如，表 13 - 4 中看电视较多的 40% 的两等电视观众拥有电视广告排期表上 76% 的总暴露；如果对这一广告活动另加杂志广告排期表，就可以给予看电视较少的那几等观众更多的暴露度，以弥补这些观众 GRP 的量。同样，针对较少看电视的晚间外出者或工作者，媒体策划人也可以通过加入报纸广告排期表，建立暴露度或把暴露频次的波动曲线弄平。

因此，不在原始频次上增加更多频次，而是经由五等分配分析，计划者能看到何时应停止使用电视，何时应加上杂志或广播或其他某些可选择的媒体。有关到达率与频次分析的情况，可使用电脑软件建立五等分配图表加以分析。

第二节　媒体策略

了解了媒体的基本观念，广告策划者就能较科学地建立媒体策略与媒体计划。媒体计划是媒体策略的具体表现。媒体策略应该在营销目标与营销策略的指导下制定。进一步说，在广告策划中，广告媒体策略应该以广告整体策略为指导来制定。当然，广告媒体策略本身也构成广告整体策略的一部分。另外，广告媒体具体计划的制订要同广告讯息计划的制订相协调，注意广告讯息和媒体两方面工作的连接点。广告媒体计划是营销整体计划中的一环，媒体要与营销策略的一切要素互动。广告媒体计划的第一步是彻底检查全部营销资讯。计划者必须了解营销目标与广告目标，才能使广告媒体计划支援那些营销目标与广告目标。确定媒体策略需考虑以下九个方面的问题。

一、媒体策划与营销目标有关

确定媒体策略并制订媒体计划的过程称为媒体策划。营销目标对于媒体策划非常重要，因为营销目标是实施一切销售促进、广告等活动的总目标。营销目标为产品或服务、区域性销售与销售潜量、销售季节性、广告、创意方向、竞争等问题提出销售目标、营销预算及潜在顾客。

　　媒体策划需要考虑产品的性质。产品的性质决定广告所使用的媒体时间及媒体形态。例如，某些个人用品不适合在午饭或傍晚电视时段做广告。又如，如果卫生巾广告在不恰当的时间播出，很容易让人产生反感或抵触心理，从而减少对广告的接触，甚至会影响好感度。一些其他产品（比如精密仪器、金融服务等）可能需要复杂的文案，因此适合用报纸、杂志来做广告。消费形态对决定在何处推广产品极为重要。区域性的详细事项、何种类型的人士可能消费或需要此产品，都必须加以考虑。

　　媒体策划还需要考虑企业的分销问题。媒体策划者必须充分了解客户的产品情况和市场情况。在形成策略前，必须认真考虑地理上的分销通路与产品或服务的现实适应性。即使全国可能都消费这些产品，某些品牌也可能不一定适合在全国销售，或者因为某些区域消费力不够等而没有足够的理由可以为某些品牌推出全国性广告。

　　媒体策划要考虑广告媒体与销售促进活动中所使用的辅助性媒体之间的关系。在当代商业推广中，广告媒体与发行折价券、店头推广、赠送样品及各种促销工具越来越需要协同工作。当消费者变得更关心价格时，广告的作用往往就会被低估，销售促进活动就可能增加。通常，经济环境不好的时候，人们的价格敏感度会上升，销售促进的作用就会相应增加。20世纪90年代中后期的亚洲金融危机之后，许多企业就曾大量削减广告费用，而大量使用销售促进。显然，广告与销售促进之间存在着密切的关系，而今天这两种促销方式更是密切相关。广告是借助大众媒体来实现传播的；而销售促进则主要借助宣传册、海报、产品目录等辅助性媒体来实现。

　　媒体策划者需要对营销竞争与广告竞争拥有精湛的知识。媒体策划者在策划过程中需要对媒体竞争状况作出描述，要考虑到既存竞争者的威胁及他们在媒体方面的花费情况。媒体策划者必须有足够的总金额，才能完成营销计划中广告的任务。在媒体策划开始前，必须考虑到对预算有决定性意义的各种影响因素。

　　创意策略与执行制作一定要考虑到所用媒体的特性。广告文案应该适合所推荐的媒体，否则就是浪费时间。比如，通常情况下在电视广告中长篇大论可能造成信息传达不到位，而报纸广告则更适合长文案。

二、制定媒体目标

媒体目标是指在广告目标中，媒体战略应该达到的标准。具体说，媒体目标是指各种媒体对其所传播到的或有可能传播到的目标对象的影响程度的标准。媒体目标在媒体计划中具体体现为：肯定地陈述在所推荐的媒体计划中，媒体预算所要达成的目标是什么。媒体目标是指出要达成些什么，而不是说明如何去达成。制定媒体目标，通常需要解答如下五个基本的问题，并对其他特定营销环境进行细致的考虑。

（一）媒体要到达什么人，即媒体的目标视听众

对媒体的目标视听众要尽可能地确认。目标视听众一般以人口统计特征（年龄、性别、收入、教育、种族、家庭大小、职业身份等）来加以界定。另外几种界定目标视听众的方法是地理分析法、心理特征分析法、行为特征分析法（依据使用或购买者的生活形态或媒体接触习惯等分析）。如果想要针对一种以上的目标视听众，就需要分析他们相对的重要性以及他们的比重。

图 13 - 1 北京卫视 2015 年的观众构成情况，主要使用了性别、年龄、收入等人口统计特征进行分析。

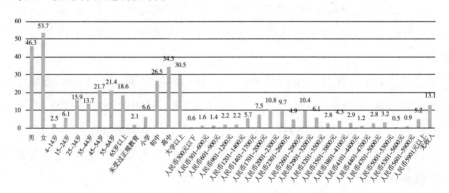

图 13 - 1　北京卫视 2015 年上半年观众构成

（二）媒体目标要符合广告目标

媒体计划其实是广告计划的一部分，因此，媒体目标必须符合完成广告目标的要求。制定媒体目标是广告目标实现的一个重要步骤。媒体目标要达成些什么？增加品牌或服务的知名度吗？改变有关本产品的一种态度吗？传

播一种产品信息吗？提醒本产品的顾客吗？阻碍或对抗一种新的竞争产品吗？鼓励推销人员的反应吗？配合促销活动吗？类似的问题需要得到解答。媒体目标一定要清楚广告的目标是什么。

（三）媒体目标需要为预算花费设立适当的媒体时间表，即时间目标

媒体计划要考虑是否存在销售旺季，是否为了配合日常销售。如果是为了支援某一季节的销售促进活动，媒体计划的时间就要加以特殊处理。如果要针对竞争威胁，则要关注竞争者的媒体时间表的安排。因此，气候、假期、季节常常是媒体计划人员要特别加以关注的。这一点有时会被媒体计划人员所忽视。

（四）媒体目标必须考虑广告在何处出现，即地理性目标

如有必要，要考虑各处的先后次序。在这方面，常常要考虑以下问题：媒体广告是全国性、区域性还是地方性的；品牌在各地的发展情况（目前的情况和未来的发展潜力如何等问题）；一些特别的地区；一些地区的人口总量和人口密度等。

（五）媒体计划在广告总量、到达率和频次方面要确定明确目标

媒体排期的进程也与此相关。当然，如有特别情况出现，必须加以特别的处理。比如，针对重大的事件，就需要进行特别的广告创作和媒体计划来配合。

总之，一个媒体目标可简单表述为：公司通过以下几步在目标市场中促使人们知道某一产品——第一，用六个月的时间，采用电波媒体（电视广告、广播广告）来提供70%的目标市场覆盖面；第二，在此期间，至少使广告三次到达60%的目标受众；第三，在夏季集中力量投入媒体广告，在冬季则减少广告媒体投放。

三、媒体策略

媒体策略是指为了达成媒体各目标，而由媒体策划人及相关人员所策划的解决方法。媒体策略需要说明具体媒体目标如何达成。制定媒体策略，常常需要考虑一些基本的问题。媒体计划的实际操作人员需要对媒体策略详加考虑，不仅要把事情做到，而且要把事情做对、做好。全国性分配的产品花

费有三种基本的选择：（1）100%直接投入全国性媒体。（2）由全国性媒体与地方性媒体混合组成。（3）在国内各地只使用地方性媒体，或者在国内相当大的部分使用地方性媒体。常用的进行地区性媒体分配的分析办法包括：购买力指数分析、品牌发展指数和品类发展指数分析。

购买力指数是由美国《销售与营销管理》（*Sale and Marketing Management*）杂志提出并发布的。它是每年针对美国每一大城市市场制定的，考察的因素包括：这一地区的人口、有效购买收入和零售总额。每一因素都单独影响购买力指数。这一指数把某一具体的地区、县或市相对于美国整体的潜力通过图表形式表示出来。通过最后的指数，媒体计划者能发现某一市场的相对价值。当将相对价值与其他市场信息结合使用时，购买力指数测量有助于营销人员确定以哪一地区作为目标市场。这种方法非常值得中国的广告和营销界学习。

为有助于进行地区性媒体分配的分析，媒体策划人员和企业的营销经理常对品牌销售与品类（类别）销售加以分析。一项简易的方法是给品牌销售与类别销售一个指数，以构成"品牌发展指数"（Brand Development Index，BDI）和"品类发展指数"（Category Development Index，CDI）。

品牌发展指数等于品牌在某地区的销售占全部销售的比例除以该地区人口占全部人口的比例的商，再乘以100后所得的乘积。这个指标针对使用该品牌而言。例如，A地区人口占全部人口的比例是18%，某品牌饮料在该地区的销量是1250000瓶，占全部该类品牌销量的25%，则该地区的BDI是139。品类发展指数等于品类在某地区的销售占全部销售的比例除以该地区人口占全部人口的比例的商，再乘以100后所得的乘积。这个指标针对使用该品类而言。例如，A地区人口占全部人口的比例是18%，某类饮料在该地区的销量是3500000瓶，占全部该类品类销量的26%，则该地区的CDI是144。通过对品牌发展指数和品类发展指数的评估，可以帮助我们明确媒体的地域性策略。

通常以100为基准，评估品类和品牌在各个地域的发展情况。当该地区人口占全部人口的比例低，而品类、品牌比例高时，CDI/BDI高于100，表示该品类和品牌在本地区的发展水平之上。当该地区人口占全部人口的比例高，而品类、品牌比例低时，CDI/BDI低于100，则表示该品类和品牌在本地区的发展水平之下。通过对品牌发展指数和品类发展指数的评估，可以帮助我们明确在该地区的广告策略（见表 13-5），并制定相应的媒体地域性策略。

表 13-5　品牌发展指数与品类发展指数分析矩阵及相应的策略

高 CDI 低 BDI 该品牌发展情况欠佳，但市场潜力较大。竞争激烈；该品牌相对疲软；广告花费投资可能有效果。	高 CDI 高 BDI 成熟市场，已经产生较高的投资回报。该品牌销售与该类别销售已达饱和，增加花费可能是浪费的。广告支出是维持性的花费，重点是做保持需求的广告。
低 CDI 低 BDI 该品牌发展情况不好，该市场潜力就当前看有限，是不成熟的市场。大量广告可能是不合适的，但可以支持销售促进活动，以避免分销损失。	低 CDI 高 BDI 该品牌发展情况好，但市场可能处于衰退期。品牌强，但消费者花费低。增加的花费很可能无效，但可以寻求建立类别购买频次。

根据分析，通常可以制定以下几种地区性的媒体策略：确定重点市场，进行重点投放；确定维持性市场，维持投放；确定潜力市场，进行针对性重点投放；确定观望性市场，少量或放弃投放。

四、目标视听众分析

目标视听众分析常常和目标消费者分析联系在一起。"目标视听众"和"目标消费者"这两个概念在使用时往往交替使用。严格来说，在进行媒体分析时，一般使用"目标视听众"或"目标受众"。在进行市场分析和消费者分析时，常使用"目标消费者"的说法。

在进行目标视听众分析时，我们首先要明确哪些人是本产品或服务的目标消费者。这就要从市场的角度进行分析，往往需要进行市场细分。正如前文所说，传统的细分方法是从人口统计特征分析入手。比如，小护士防晒护肤品基于市场状况，通过从人口统计角度的细分，从年龄角度，把全部消费者分为15—19岁、20—24岁、25—29岁等（年龄细分通常每5岁一群）。从性别角度，分为男性和女性。从教育程度，分为没受过正式学校教育、小学教育程度、初中、高中、中专/技校、大专、大学本科或以上等群体。根据数据资料分析，策划人员发现，女性是主要消费者，其中，20—24岁的女性群体消费量最大，其次是25—29岁的女性，最后是30—34岁的女性。最终，策划人员决定以15—44岁的女性作为目标消费群，因为这个群体占总人口的比例近40%，可使用量却占总销量的80%以上。注意，在这个过程中，就体现了前文所说的市场细分"先细分、再整合"的两步策略。在小护士防晒护肤品的案例中，策划人员还可以发现，目标消费群的教育程度以初高中学历居多。如果策划人员把这群人作为目标消费群，并决定对这部分人展开广告攻势，这群目标消费者就成了目标视听众或目标受众。接下去的问题是如何向这群人传达信息，这就需要考察这群目标视听众的媒体接触习惯，这又涉及行为特征细分法。在该例中，通过研究发现，该目标视听众的主要接触媒体是电视、杂志和以公共汽车车体为主的户外广告。同时，通过对媒体接触时间的分析研究发现，以电视为例，该目标视听众的媒体接触时间主要在晚上7点和晚上10:30之间。其中，收看电视的节目类型以新闻、电视剧、电影、音乐节目、综艺节目、天气预报等节目类型为主。通过这些分析和研究，小护士防晒护肤品项目的媒体策划人员就可以对媒体策略有一个较为明确的思路，可以决定以电视、杂志和户外广告为主的媒体策略：通过电视的冲击力强和覆盖范围广的特点，迅速影响消费者态度；通过杂志广告，准确覆盖目标受众，树立品牌形象并传达产品信息；同时，通过户外广告，进一步树立良好印象，增加信息接触和回忆。有关资料显示，2001年"小护士"的广告在电视广告中的比例是96%，杂志广告中的比例在1%左右。与其相似，其主要竞争对手之一"雅倩"的广告在当年电视广告中占99%，杂志广告中的比例近1%。

因为可能会有几个群体对产品或服务的销售都很重要，因而对每一群体的相对重要性的比重均应加以分析，这种分析常常通过调查研究进行。比如，在一个全家用产品的事例中，以每人消费量为基准，孩童较其他任何群体的消费都有两倍之多；而在总消费量上，妇女超过儿童，并为家庭食品之主要购买者。如此，广告可能要针对妇女与孩童两方面去做。虽然各年龄层均消费此产品，但在购买决策上，妇女和孩童这两群体的影响力可能要超过家庭中其他成员的影响力。这样，就应该把广告目标指向妇女（购买者）或是孩童（主要消费者），抑或包括两者。在媒体使用上则可能选择能够到达妇女的媒体，比如日间电视、妇女杂志，以及能到达孩童的媒体，比如周六晨间电视，或者可能使用对两者都有吸引力的个别广告媒体，例如晚间电视（喜剧节目）。

在媒体策略制定的过程中，媒体策划人应该注意一些问题。媒体策划人应该决定在哪些目标市场中对媒体加以重点使用，应该尽量使覆盖面浪费最小化，同时尽可能地扩大目标受众的人数。大多数时候，最有效的媒体也要接触到非目标的人群，所以这种覆盖面的浪费是不可完全避免的。但是，如果一个媒体计划覆盖了太多的非目标人群，则可能造成不必要的浪费。

五、有效到达率与有效平均频次问题

正如前文所说，对于什么是有效到达率与有效频次，至今尚无定论。诸如营销目标与媒体目标、竞争地位与竞争压力、品牌的营销地位等许多因素，都会影响判断，除非有其他方法可以预先分离这些因素的影响。但是，无论是理论上还是实践上，完全地有效分离并控制各种影响因素是非常困难的。

有效频次通常是在考虑平均频次时实际要考察的指标，或者说，从某种意义上说，平均频次其实就是指要达到多少平均次数，广告才可能有效。对于有效频次，可以这样解释：目标受众需要看到多少次广告，才会产生广告策划人所希望的结果。到达率则注重广告的到达情况，是一种范围向度上的考虑。

通常，在以下情况下，对有效频次的要求较低：成熟的产品、著名的品牌、提醒性的广告活动、维持性的广告活动、广告信息非常简单、广告创意非常有冲击力、趣味性强的广告、其他配合活动多的广告。当广告只要求加强消费者现有的态度、增加消费者现有的消费行为、广告竞争不激烈、媒体环境简单以及目标受众愿意接受信息时，对广告有效频次的要求也比较低。或者说，在这些情况下，靠较少的广告就可能取得较好的效果。

反之，在以下情况下，对有效频次的要求较高：新产品、不著名的品牌、新广告活动、进攻性的广告活动、广告信息非常复杂、广告创意不具有冲击力、趣味性弱的广告、其他配合活动少的广告。当广告要求改变消费者现有的态度、改变消费者现有的消费行为，广告竞争激烈，媒体环境复杂，以及目标受众不愿意接受信息时，对广告有效频次的要求也比较高。或者说，在这些情况下，只有靠较多的广告才可能取得较好的效果。

以下这些情况通常强调到达率：扩展中的产品类别、需要建立大众化的知名度、战略性的"搭车"广告、广告产品使用市场集合思路不限定目标市场等。

六、媒体日程的安排

理想的广告情况是全年有强大的、高度有效的广告发布，并且有足够的频次和到达率。但是，并非所有广告主都能实现理想的媒体发布状态。在有限的预算和执行能力限制之下，广告策划人必须根据实际的情况作出权衡与决策。显然，公司都愿意使它们的广告能一直唤起消费者对产品或品牌的注意，但在实际操作中，却往往因多种原因而不能实现这种愿望，最主要的原因是预算通常是有限的。这一问题，可用经济学中的机会成本等相关理论来解释。

媒体日程安排要考虑促销的时间。对一些产品来说，促销的重点时间是很难辨认的；而对另一些产品来说，这种时间的影响作用却很明显。与自然时间最相关的因素是气候，它深刻影响着人们的消费行为。19 世纪的巴尔扎克在描写盛产葡萄的法国安茹地区时甚至说，"这个地区和都兰一样，气候的变幻决定了经济的盛衰"，在刻画当时商人对待天气变化的心态时，更不无讽刺意味地写道，"上天和人世间的利害冲突是无止无休的。晴雨表能够使人时而闷闷不乐，时而面露喜色，时而心花怒放"①。商人看到这样的文字，如果体会到文字背后的讽刺意味，可能心里会有些不舒服，然而它确实揭示了一个事实：时间对于商业活动是非常重要的因素。

广告策划对时间问题的考虑，主要体现在媒体日程方面。通常，广告的刊播日程安排有几种主要的方法，每种都有各自的缺点和优点。

一是持续广告排期法。该方法是在整个广告期间都安排广告。这种方法常用于建立有持久影响力的品牌、扩展市场的广告活动、需要常常购买的产品或服务等情况下。食品、洗衣粉或者其他无季节性的连续消费的产品常用这种策略。工业市场也多用持续广告排期法。

---

① ［法］巴尔扎克：《欧叶妮·格朗台 高老头》，上海译文出版社 2006 年版，第 7 页。

二是交互安排广告排期法。该方法又称栅栏排期法或间歇式广告排期法，是每做一段时间的广告，就停一段时间，然后再继续做广告。这种方法包含广告期和非广告期，并且在某些时间段内广告投入可能大一些。由于媒体费用昂贵，所以大部分品牌都使用某种形式的交互安排广告排期法。这种方法常用于广告经费有限、需要经历一段长时间才能买到或有季节性的产品。这种方法也便于重点出击。消费品广告媒体策略大多采用这种方法。

三是脉动排期法。该方法可以说是持续广告排期法和交互安排广告排期法的一种混合变体，是每做一段时间的广告，在随后一段时间内减少广告发布的量，其间不停止广告发布，后又增多广告发布，如此交替。该方法既适用于要获得持续的广告效果、根据需要重点出击的情况，也适用于以一个主要产品为主线、不断推出新产品的广告战役。

四是波浪排期法。该方法也可以说是持续广告排期法和交互安排广告排期法的一种混合变体。在整个广告周期，发布量像波浪一样起伏不定（比脉动更不规律），其间不停止广告发布。该方法既适用于购买周期不固定的产品的情况，也适用于需要根据销售效果投入广告预算等情况。

此外，还有很多变体的广告排期法，此处不再一一列举。有一个原则是，要根据实际的需要进行媒体排期。比如，针对新产品，非常强调前期的集中投放，以期在短期内引起关注，迅速扩大到达率，从而在众多产品中迅速崛起。一些针对孩童、青少年的产品则应该在周末增加投放量。

心理学研究和传播研究显示，经过一段广告不活动的期间，信息会出现遗忘的现象。极多因素会影响记忆的延迟，诸如竞争的混乱、产品的重要性、广告活动的完成程度、季节性、预算大小、文案、广告制作等，通常是记忆渐渐消失。广告日程安排很大的一个目的是和记忆消失相对抗。

大量实证研究发现，广告可以产生正面短期效应和长期效应，广告与促销等其他营销方式之间是彼此影响的。约翰·菲利普·琼斯非常重视广告与销售量关系的研究，他将短期有效的广告定义为"消费者购买特定产品之前所看到的广告"[①]。短期广告效应用产品购买次数而不是用购买量来衡量，对某个品牌而言，即全年的每周平均被购买的次数；他进一步将基准短期广告

---

① ［美］约翰·菲利普·琼斯：《广告何时有效》，内蒙古人民出版社1998年版，第6页。

效果值（购买前的 7 天内没有看电视广告的家庭所有购买次数中购买的产品的占有率）与刺激下的短期广告效果值（购买前的 7 天内最少看到 1 次电视广告的家庭用户所有购买次数中购买的产品的占有率）之间的差距定义为短期广告效果差异值。在研究中，他所指的"短期"是 7 天。在他的研究中，共包含了 1991—1992 年间尼尔森调查公司收集的 78 个品牌的数据。[①] 他发现，广告短期效果差异值极大，在某些情况下会使原有的销售量增加 2—3 倍。他还发现，许多品牌会有负的短期广告效果差异值。他同时指出：不过，不可能因此下结论说，广告对消费者购买这些品牌会产生阻碍，这种现象可以诠释为某品牌的广告效果十分微弱，因此无法抵挡竞争品牌相对它的广告短期效果所产生的效果。他根据研究指出，具有正的短期广告效果的品牌，虽然可能在不做广告时短期销量减少，但如果广告主在品牌广告推出期间，尽量避免广告刊播间断，比如说，维持高的媒体连续性，便可能在整年当中改变其市场占有率。约翰·菲利普·琼斯的研究发现为持续广告排期法提供了更有力的证据，正如他所指出的，如果希望自己的品牌不受对方短期广告效果值的影响，则必须减少广告播出时间的间距，可将每年的广告计划视为一系列短期广告活动的不断重复。

七、媒体组合

媒体技巧的重要部分是如何进行组合。所谓的媒体组合，是指为了使广告讯息有效地传播出去并发挥可能的最大效果，在媒体计划中将各种媒体进行搭配组合。因为每一种媒体都有其核心听众、观众或读者，所以在广告活动中使用单一媒体，只能倾向于对一部分的人群建立暴露度。使用多种媒体比使用单一媒体易于对视听众实现更有效、更为广泛的广告暴露。通过组合几种媒体，易于平衡不同细分目标群的广告频次。

对于广告主来说，许多媒体都是可以采用的。当然，有时候广告主可能只采用一种媒体，但更多情况下可能是采用多种媒体。通过采用一个合适的媒体组合，广告主能使他们的媒体战略更加多样化。如今，信息沟通渠道不断增多，消费者本身也不断细分化，广告一般不再能够仅仅依靠一种广告形式就可以到

---

① ［美］约翰·菲利普·琼斯：《广告何时有效》，内蒙古人民出版社 1998 年版，第 23—55 页。

达所有的潜在消费者。公司需要应用一种组合的媒体技巧，去触达几乎所有潜在的顾客。这种多媒体的广告策略也可以说明，即使在网络广告等许多新的广告形式发展的时候，旧的广告形式仍将继续有其价值。20世纪90年代开始盛行的整合营销传播理论，其实是和传统的媒体组合思想一脉相承的。

通过多种媒体传达不同的讯息，一般比集中于单一媒体或在单一媒体范围内传播信息会产生更好的广告效果，原因主要有三个方面：（1）通过媒体组合，可以适当利用不同媒体的特点传达不同类型和不同详细程度的信息。如今，广告策划人员已经发现了一种把传统媒体和互联网这种新媒体结合起来的很好的方法——他们常常在电视、报纸、杂志、广播、广告牌等传统媒体的广告中留下网址，鼓励和诱使受众去进一步浏览网站，以获取更多的信息。（2）有时，通过媒体的组合，能对广告记忆或广告知名产生相辅相成的协同效果。比如，一个人看过某产品的报纸广告或听过有关的广告歌曲时，就加强了对报纸广告讯息的回忆，反之亦然。（3）通过媒体的组合，通常可以使主要媒体的轻度接触者增加频次，从而提高有效到达率。

八、创造性地运用媒体

各种媒体都有其独特的价值。电视广告较之广播广告或报纸广告，可以产生不同的效果。即使使用同样的媒体，由于运用方法的不同，也会产生不同的广告效果。比如，早餐用产品的广播广告，插播在晨间人们吃早餐之前或吃早餐时，可能更具意义。

确定创造力的价值需要判断。通常，广告代理公司与广告客户基于广告活动目标，作出判断上的决策。对于一个长而复杂的广告，使用印刷媒体可能最好，如以报纸发布新资讯极为有力。电视提供视觉上的展示。广播强化许多广告活动，在接近购买时增加额外的效力。每种媒体都有其独具的传播特性（有关创造性运用媒体，本书还会在第十四章中涉及）。

九、产品生命周期策略

大多数产品有生命周期。新产品进入市场，经由导入期到成长，再到成熟，最后由于竞争或新产品出现或其他原因而衰退。这些阶段需要不同的媒体策略（见表13-6）。

表 13 - 6　产品生命周期与媒体策略

	新产品	成长期	成熟期	衰退期
目标视听众	常常是广泛的目标	界定的过程中	使用者	使用者
广告到达率/频次	加强到达率与有效的频次	对潜在顾客加强频次	对重要使用者群体加强频次	在使用者中加强到达率
地理重点	往往是全国性或尽可能大的地理范围	有机会的地区	对最好的市场	对最好的地区
广告	尽量扩大可能带来的对销售的影响	销售旺季加重	率先进入季节性销售旺季	通常只支持销售促进活动

第三节　媒体计划

本书前面已经提到，媒体计划的制订其实可能是和开发广告讯息同步互动进行的。一个吸引人的、有说服力的广告必须通过媒体发布出去才能发挥作用。有许多媒体可以利用，不同媒体的成本和受众是不同的。在不同地区、不同国家之间，媒体的各种指标也是有差异的。

制订媒体计划可能需要很多媒体基本数据。媒体基本数据是指那些在数量和质量上明确显示出接触媒体的家庭及个人有关属性的数据。有些时候，获得数据的成本会很高；有些时候，数据会很难获得。即使能够得到数据，这些数据也不可能完完全全反映媒体的实际情况，因为，我们所处的世界正如古希腊的哲学家所言，处于不断的"流变"中。

在制订媒体计划时，有很多的媒体可以选择。不同媒体的重要性是不一样的。同样的媒体，其重要性也会因处于不同的国家和地区而出现差异。在我国，电视、报纸、杂志、广播这四种传统大众媒体仍然是主流媒体，发挥着重要的作用。在 21 世纪头十年里，互联网作为广告媒体的价值越来越被广告主看重。从宏观上说，世界各地的广告主投入互联网的广告费已超过了杂志、广播、报纸。但是，互联网广告是否可以完全取代电视等传统媒体，目前尚有待观察。2016 年 3 月 7 日，美国著名广告周刊 ADWEEK 发布研究机构最新调查报告，这份报告是实证研究的结果。研究者随机抽取了 15 个在 2013—2014 年减少了电视广告投放的品牌进行分析，结果发现，其中 11 个品牌每少花 1 美元在电视媒体上，它们的销售额就会减少 3 美元。

不同媒体的售卖方式是不同的。同一媒体在不同国家和地区的售卖方式也可能有差异。比如在英国，媒体谈判是媒体售卖的重要环节。在我国，媒体售卖中的谈判和协商也变得愈来愈重要。然而，有些国家的法律可能严格限制媒体随意打折扣。

媒体处在不断的变化中，不仅现有媒体的地位处在不断变化中，同时也会有许多新媒体不断出现。广告策划人应该保持敏锐的触觉，随时把握各种媒体的动态。只有这样，才会为广告策划打下良好的基础。

在媒体计划制订过程中要考虑一些基本的问题。这些基本的问题包括：（1）媒体结构和媒体归类；（2）媒体买卖的单位；（3）媒体的优点和缺点；（4）媒体数据资源；（5）媒体到达受众有何特征；（6）什么样的产品适合什么样的媒体。

在摸清了这些基本媒体情况之后，广告策划人需要进一步深入研究各种候选媒体。在考察各种候选媒体时，广告策划人应该熟悉常用的媒体比较分析的标准。这些分析标准大致分为两类：量的标准和质的标准。量的标准主要包括：媒体受众；媒体覆盖区域；媒体渗透情况；受众描述；媒体所包含的数据量；等等。质的标准主要指受众接受媒体信息的质量，如反复阅读的频次、广告注目率等。质与量的标准有时是混合在一起的。比如，媒体的使用以及对待媒体的态度，这些都包含了质与量两个方面。媒体成本是常常需要考虑的。考虑媒体的成本主要有几方面的视角：（1）不同的成本；（2）成本与价值；（3）制作成本；等等。

总体媒体计划主要包括两个方面的考虑：（1）根据不同市场的权重分配总体媒体预算。即根据各个市场对销售或利润的贡献率分配总体媒体预算。（2）考虑预算如何在不同媒体间进行分配。在有限的广告媒体预算内，为了能最有效地把信息传达到消费者那里，分配各种媒体应该使用的广告媒体发布费用，叫作广告预算的媒体分配。

有些时候，先根据市场进行总体预算的分配。在每个市场确定媒体预算后，再进行每个市场上的不同媒体之间的分配。但是，有些时候，也要先考虑整体的媒体投入方向，再根据市场进行分配。还有些时候，两种方法是同时运用的，尤其是在进行大规模的广告战役时，常常会同时考虑两方面的因素，进行各种可能的预测。

媒体选择之所以如此复杂，部分是因为媒体自身的性质。电视能将音像的优势结合起来，这是其他媒体所不具备的优势。杂志能够传递更多的信息，可以使信息在更长的时间里为现在的购者所用。报纸也有其自身优势。户外广告、直接媒体和其他方式的每一种媒体也有各自的优势。在制订实际媒体计划时，对每一种媒体的特征都要加以考虑，同时还要考虑许多其他因素。当一位经理人对同种媒体进行选择时，这一过程往往变得更加复杂。

确定了整体的媒体计划后，要制订具体的媒体计划。媒体计划是指在制订广告计划时，为了把广告讯息有效传递给目标消费者而确定的媒体组合形式，以及何时发布广告、发布几次广告的具体计划。媒体计划通常会包含具体的媒体排期表。具体的媒体计划是指一系列决策的最后体现，同时，具体的媒体计划本身也是一个过程。随着媒体计划的进展，其中的每一项决策都可能被修改或完全放弃。具体的媒体计划要求根据制定出来的具体媒体目标，设计具体的媒体组合和具体排期。

媒体排期表是媒体计划在执行上的日程表，这一排期表中通常会标明选择的媒体、每个广告的具体发布时间、广告的长度或空间大小、广告发布的日程、广告发布次数以及一些媒体具体的指标（如：电视收视率，单位广告时间/空间的单价，GRP，总计成本，等等）。如今，媒体排期表常常可以利用电脑辅助制作。表13－7是一个简单的月媒体排期表样式。在这种表格中，通常只要输入相应的数据，软件就会自动算出相应的成本。表中任何数据被修改，软件都会自动改变计算的结果。这种电脑辅助制作媒体表格大大节省了时间，而且提高了效率、降低了错误率。广告策划人还可以对表格中的各指标名称进行一定程度的修改，从而使该表格可以适用于其他媒体类型。当然，很多公司都有自己习惯运用的媒体排期表样式。许多大型广告公司还开发了自己独有的富有特色的媒体策划和排期软件，以增强自身的竞争力。

表 13 – 7　月媒体排期表（以电视为例）

代理公司名称：_____客户名称：_____年_____月

所选媒体名称	具体播出时间	广告长度	1—30/31	月播出次数小计	收视率	GRP	单位价格	成本
如：CCTV – 1	20：55	15 秒	（可以填入每天播出的次数）					
日发布次数（见右边数字）				总计：	总计：	总计：		总计：
周发布次数（见右边数字）								

总计成本：_____

制表人：_____审核人：_____客户签字：_____

广告策划人员必须根据广告策划制定的战略和要求，思考一些具体的问题。常见的问题包括：广告的单元（大小、时间长度）；广告活动持续时间；广告的频次；具体的媒体名单；如何组合不同大小/长度的广告；如何在计划推进中，根据市场权重和消费者实际购买情况的变化调整计划；如何在不同媒体排期法（如持续型、脉冲型等）上进行权变；如何通过不同媒体的组合增加渗透、重复覆盖、净增覆盖或累积覆盖；如何利用组合，以产生联合增效作用；等等。

好的具体媒体计划需要具有一定的弹性，以适应营销环境的变化。[1] 在众多因素中，影响具体媒体计划的最主要的营销因素包括：市场机会、竞争者广告战略的改变、媒体购买的可实现性。这些因素的可能的变化需要具体媒体计划具有充分的弹性和权变的余地。

第四节　媒体购买

媒体购买业务的出现是媒体业、广告业专业化发展的必然产物。19 世纪

---

① 在一些广告实务人员出版的著作中，读者可以看到具体的媒体计划书。比如，吉曼·萨可向读者提供了两个经过授权发表的媒体计划书：太阳微信息系统公司的媒体计划和李维男装品牌 Dockers 的媒体计划。参见［美］吉曼·萨可：《广告媒介实务：广告媒介研究、策划与购买指南》，世界知识出版社 2001 年版，第 333—377 页。

40年代，美国人沃尔尼·B. 帕尔默开始以明确收取佣金的方式为报纸代理广告业务。19世纪50年代，精明大胆的乔治·罗威尔开始用现金付款方式，以很低的折扣从出版商那里购买大量媒体版面，再以自己定下的零售折扣转卖给客户。这就使广告客户可以用较低的价格一次性购买许多报纸的版面。在罗威尔的工作中，我们可以看到当代专业媒体购买公司的业务雏形。这种工作方式既帮助媒体拉了广告，又使广告客户能够以较低价格便捷地获得想要的媒体资源。广告代理人在媒体与广告客户之间起到了桥梁的作用，这样一来，媒体可以更加专注于内容的"生产"，厂商则可以更加专注于产品与服务的生产和供给。与此同时，这种工作方式也使广告代理渐渐发展成为一种专门的职业。

当成熟的综合性广告代理公司出现后，媒体购买工作进一步专业化、细分化，分化为媒体计划与媒体购买两大块。20世纪80年代以来，广告业出现了兼并浪潮，形成了一大批规模巨大的广告集团。大型的广告集团的出现为专门性的媒体购买公司的诞生创造了有利条件。从世界范围看，从事媒体集中购买的大型媒体购买公司一般都属于大型的广告集团。

在我国，自20世纪90年代中后期起，一些有外资背景的广告公司开始将媒体购买业务分离出来，成立了专门的媒体购买公司。近十年来，由于媒体环境日趋复杂，传统的媒体购买工作进一步细分为媒体计划、媒体购买、媒体谈判、媒体关系维护、媒体监测等多个部分。同时，媒体计划、媒体购买等工作也越来越需要创造性。为什么呢？因为媒体接触"碎片化"、媒体大融合已经成为发展的趋势。在这种媒体环境中，只有创造性地利用媒体资源、组合媒体资源，才能与媒体接触日益"碎片化"的潜在消费者进行有效接触。

随着媒体资源的多样化，广告公司的媒体购买部门越来越面临专业化的挑战。首先是随着媒体形式的多样化，购买部门必须深入了解媒体的周期、版面尺寸、文件格式以及制作程序，反过来配合媒体计划，做成更有时效性和执行力的排期安排；其次是媒体资讯的变化很快，热门媒体的可售资源不断变化，媒体购买需要具备排期打点的能力，及时确认可执行的计划并及时反馈给媒体计划，再按照"媒体计划—客户经理（或'客户执行'）—客户"的流程来进行确认和更改，很多时候最终执行的排期表与媒体计划最初的策略总是有出入的；最后，由于媒体种类不同，监播的方式、权威的第三方、监播的周期都有所不同，而每一个客户在监播方面的具体要求也不尽相同，因此媒体购买部门在监播方面需要投入更多的人力和时间。目前比较通行的流程是媒体购买者根据媒体计划的策略和排期原则来完成可执行的排期，等待客户确认后再执行购买，而不是像数年前那样所有的计划工作都由媒体计划者来承担。媒体谈判和资讯的整理以及监播日益成为日常必做功课。因职责和流程的变化，广告公司的内部管理也出现了以下趋势：以往属于媒体购买部门完成的媒体谈判工作渐渐剥离出来，成为与计划和购买部门平行的媒体谈判部门的工作，这种媒体谈判部门专门负责媒体资源的维护、谈判和价格管理；以往属于媒体购买部门完成的监播工作也渐渐独立，成为专职的监播和总结部门的工作，这种监播和总结部门更多地与计划部门合作，配合媒体计划部门直接面对客户经理（或"客户执行"）来开展流程。在管理上，将媒体谈判和监播作业适度剥离购买组，也有助于更客观地掌握媒体资源，从制度上避免媒体购买人员吃回扣、"藏点"的问题。

专门的媒体购买公司实际上就是综合性广告公司的媒体购买部门，它不承担媒体策略的职责，但是所有的媒体谈判、媒体排期、执行及监播工作都由它来承担。相比综合性广告公司，媒体购买公司并不需要时刻考虑客户经理（或"客户执行"）时刻关注的策略问题，而仅仅对所承接的媒体发布任务负责。更多情况下，媒体购买公司往往通过任务单管理来实现流程运转。媒体购买公司简单说就是媒体的批发商，只能靠业务规模赚取差价而不是靠智慧谋生，因此它们往往有"藏点"、变相垄断、收视率或者监播数据作假的嫌疑和动机。

总体上说，传统的大公司看到新媒体的趋势和前景均非常重视，有的公司专门设立了专事新媒体业务的子公司或者独立的部门进行研究和开发。不过，对于传统的综合性广告公司来说，新媒体的推介和使用都是难点，尤其是对于那些在传统媒体上取得过巨大成功的大品牌来说，引入新媒体和新的操作流程的阻力重重。因此，传统的综合性广告公司设立的新媒体子公司或独立部门往往独立于传统的媒体业务部门之外，只在策略方面有所交叉，而并不纳入传统的媒体购买业务之内。新媒体经营者往往以很大的利差诱惑来动员这一类的公司；更多的时候，新媒体经营者往往试图通过直接接触客户，形成成功案例后，再与传统的综合性广告公司合作经营。

　　互联网及移动媒体技术的最新发展加速了媒体接触"碎片化"、媒体大融合的趋势，对人们的信息接触方式与思维方式产生了前所未有的深刻影响。人们的注意力已经被极度分散了。如何购买媒体的时间或版面，才能最有效地传达我们想要传达的讯息呢？企业不断地被这样的问题所困扰。然而，不论媒体技术如何变化，对于想向消费者传达讯息的企业而言，媒体购买工作的立足点永远不会变，即：选择合适的媒介，在合适的时机向目标消费者传达合适的讯息。把握"变"与"不变"的微妙关系，需要经营者具有见微知著、裁而化之、推而广之的大智慧。如今，从电视、报纸等传统广告媒体的角度来看，为了争取广告客户，越来越强调媒体影响力；从互联网等互动媒体的角度来看，则越来越强调与潜在消费者的精准接触。它们有个共同点，那就是都越来越强调投资回报率。这一变化，正是呼应了广告客户的心态。企业作为广告主，已经渐渐将广告支出视为一种投资行为，并常常期望在短期内就获得回报。毫无疑问，投资回报率将是未来媒体购买工作的重要准绳。

第十四章　广告媒体和各类广告

上一章我们将学习的重点放在媒体策划的操作层面。但是，要成为一个好的媒体策划人员，就一定要对自己所面对的媒体环境有很好的了解，才能不断提高媒体操作能力。在电脑技术和软件技术高度发展的当今社会，有许多媒体策划软件可以帮助策划人员制订媒体计划，但是如果没有敏锐的判断力，没有丰富的经验，没有创造性的思考，再多的数据资料、再好的软件辅助也很难产生杰出的媒体计划。这一章将进一步探究媒体世界，帮助学习者加深对媒体世界的认识。

广告媒体一般可分为大众媒体、销售促进媒体（SP 媒体）以及新媒体。传统的大众媒体一般是指报纸、杂志、广播、电视这四大媒体，从整体上看，它们主要用于向广大受众传递信息。SP 媒体是指从广告功能视角看主要被用于促销的媒体，常用的 SP 媒体有邮件广告、报纸夹页广告、户外广告、交通广告、售点广告（POP）、电话本、展览会、博览会、大型体育运动会等。互联网是最重要的新媒体。有线电视、卫星电视、图文电视既是电视媒体，也是新媒体。

了解媒体状况的最好办法是进行媒体调查研究。媒体调查研究是市场调查研究和广告调查研究的一部分，为媒体策划提供基本的媒体资料以作为决策的参考。一般情况下，广告公司内部的营销研究部门或客户的营销研究部门可能提供给媒体策划人员有关目标视听众、销售、分销以及其他与媒体策划有关的营销方面的信息资料。有时，这些媒体策划需要的资料可能不能从广告公司内部或客户那里取得，而必须求之于其他来源。许多媒体调查研究公司可以提供资料。

广告业在以电脑软件分析为基础的媒体策划形式上投入了相当大的资金，意图模拟广告过程，特别是广告过程的媒体动态。现在，这些模拟的形式已用来帮助简化媒体策划过程。以前媒体策划人员要依靠人工排期，由于要绘制各种表格、计算各种数据，所以消耗很多时间。现在有了大量用来进行数据分析、排期用的软件，大大缩短了媒体策划的时间，提高了媒体策划的效力。媒体调研和媒体计划所用的各种软件帮助快速、方便地完成媒体策划的一些主要分析功能包括：（1）利用到达率、平均频次、CPM以及其他评价指标，有助于评估可选择的媒体计划。（2）在建立媒体目标和媒体策略时分析媒体与营销资料库，从而整合处理各种有关资料。电脑软件既可用以分析市场区隔，以确定最好的目标消费者，也可以用交叉表列出两个群体（例如，以年龄与性别为指标），以确定在消费者人口统计特性上的相互关系。在一些大型的媒体调查公司或大规模的广告代理公司中，能见到其他更为专业的媒体策划软件。

人们曾希望对调研媒体数据的处理以及媒体策划过程全部由电脑软件来完成。但是，时间与经验证明，策划功能太过复杂，仅仅依靠电脑模拟方法，对于媒体分析在复杂计算方面的"琐屑事务"虽然极有价值，却无法就此降低人的判断与有创意的评估对于广告媒体计划的巨大价值。

要选择和购买合适的媒体，就必须先了解各种可供利用的媒体的特性。在寻找和选择媒体的时候，依据广告计划、媒体计划的目标、策略，再加上对各种不同媒体的背景知识的了解，分析人们如何与这些媒体发生关联，然后才可能作出决策。下面首先介绍主要媒体，然后介绍如何选择与购买媒体。

第一节　电视媒体与电视广告

一、电视媒体与电视广告的发展

直到20世纪50年代早期，也就是说在电视之前，广播广告在美国一直是最主要的电波广告形式。可是不久后，电视使无线电广播相形见绌。电视展现出其特有的魅力。消费者纷纷被电视所吸引。广告主也敏锐地意识到：一个新的媒体时代已经到来了。通过电视，观众既能看到产品的图像，也能听到全国性的信息。1950年，只有9%的美国家庭拥有电视机。到1960年，已经有87%的美国家庭拥有电视机，广告能够达到越来越多的受众。这种新型的视听媒体塑造产品积极形象的能力似乎是无限的。许多美国学者认为,电视广告的增长有助于美国消费文化的形成。电视广告不仅影响了人们的选择,引导了人们的金钱消费流向,而且影响了大众文化。到 20 世纪 70 年代,大部分目前流行的大众广告形式已经非常发达,广告的花费也迅速增长,各种形式的大众传媒展开激烈竞争。1940—1970 年这 30 年间,美国广告业发展呈现出两个趋势。第一个趋势是投放在广告上的资金增长异常迅猛。1940 年,广告主花在广告上的钱仅为 21 亿美元,而到 1970 年,这个数字增长到 196 亿美元,增长率约为 833%。如果扣除通货膨胀的因素,这 30 年广告的实际增长率为 337%。第二个趋势是关于广告资源的分配。虽然所有的媒体广告营业额在 1940—1970 年这 30 年间都提高了收入,但是一些媒体比另一些媒体的增长率要大。电视广告经营额拥有最快的增长率,1940 年仅占美国广告经营额的 3%,20 年后便占据美国广告经营额的 18%。电视广告份额的增加大多来自报纸和广播,杂志和直邮广告受到了较小的影响。在美国,有线电视的增长在 20 世纪 80 年代吸引了不少广告主的注意。有线电视可以拥有数以百计的电视频道,它改变了传统电视的大众媒体的性质,其实是一种分众媒体。有线电视为广告主提供了一个分众的选择。通过有线电视,广告主并非面向大众做广告,而是根据特定频道的特征,针对对自己产品最感兴趣的那部分人做广告。虽然有线电视提供了更为有效的广告手段,但它并不排斥大众广告。

中国是人口大国,也是电视机拥有量、电视观众拥有量的大国。中国电视业的发展开始于 20 世纪 50 年代。1958 年,新中国有了自己的第一家电视台。此后,在中央和各省创建了多个电视台。"文化大革命"结束后,开始以"四级办电视,四级混合覆盖"的指导方针建立大量的电视台。这样,形成了中国电视台中央、省、市、县四级并存的基本格局。就信号传输形式而言,又分为普通无线电视、有线电视和卫星电视。随着近年中国经济的迅速发展,为了适应新形势的需要,中国电视业正在从体制和管理等多方面进行改革。重要的改革包括:北京、广东、安徽、四川、广西、浙江、湖南等十多个省市的无线台和有线台合并,有线电视联网,以及大力发展数字电视。2010 年,中国广播电视机制改革取得了巨大的成就。通过资源有机整合,目前全国已有 244 个市(地)级电台、电视台完成合并,初步形成事业产业统筹协调、分开运行、分类管理、科学发展的运行机制。

中国中央电视台是中国最为主要的全国性媒体，其影响力至今在中国市场仍然是独一无二的。[①]在中央电视台播出的广告是最为典型的全国性电视广告。此外，中国电视市场主要可以分为：直辖市市台、上星省级台、地方电视台、其他卫视台几大类。使用中央电视台和使用全国性的电视联播网（在我国，没有真正意义上的电视联播网）都需要大量预算。从制定预算角度考虑，电视媒体不被认为是一种有弹性的媒体。电视广告的购买也较为复杂，常常要提前几个月购买并进行多番交涉和谈判。媒体计划制订后，由于实际媒体资源掌握在多方手中，因此，媒体计划的执行往往很难实现精确性。中央电视台的电视广告播出费用非常昂贵，因此，许多策划人往往以中央电视台作为主要投放对象，然后用地方性插播去填补 GRP 在地域方面的不平衡。但是，也有研究显示，中央电视台的一些优质广告资源具有强大影响力，在花费同样广告播出费用的前提下，可以实现卫视组合无法实现的收视效果。[②]

历史性的数据可以成为选择媒体资源的重要参考，但是，我们必须考虑到，电视收视率的效果是受到节目的质量影响的。由于电视节目的制作容易受电视观众选看节目、气候条件以及其他因素的影响而快速改变，因此，购买广告时间者必须尽可能地作出准确的分析与判断，只有这样，才能作出较为科学的购买。在通常情况下，我们可以假设，一家电视台会尽力争取使自己的收视率保持上升趋势或至少保持不下降。正是在这种假设的前提下，我们可以将历史数据作为选择广告时段的重要参考。

电视常被认为是最理想的广告媒介，它将图像、声音、动作和色彩融为一体，为广告主提供了制作最具创造性和想象力的广告的机会。

---

① CTR 市场研究公司的研究显示，2009 年上半年，中央电视台 1 套节目以 96.92% 的覆盖入户率位列全国第一。中央电视台的收视份额超过全国市场的 1/3。其招标时段主要节目与其后广告时段的观众的重叠率达 93%。以上数据参见 CTR 市场研究公司：《中央电视台 2010 年黄金资源广告的传播价值》，《广告导报》2009 年第 11 期。

② CTR 市场研究公司的研究显示，以中央电视台招标时段 A 特段的花费为标准，分别选择收视效果最好的 5 个卫视、10 个卫视、15 个卫视、30 个卫视进行组合，A 特段用 51 天的时间（2009 年 3—4 月间）达到在全国 35 个城市收视 445 点的效果。而在相同费用的前提下，几种卫视组合都达不到这一效果。A 特段在全国 35 个城市整体实现 50% 的人看到广告用时 45 天，卫视组合要达到这一效果，远多于 45 天，可见 A 特段优势明显。以上数据参见 CTR 市场研究公司：《中央电视台 2010 年黄金资源广告的传播价值》，《广告导报》2009 年第 11 期。

二、电视媒体与电视广告的优缺点

电视广告较之其他媒体有许多优点，主要体现在创造性、冲击力、覆盖面、成本效益、"俘获"观众和引起关注，以及可选择力和灵活性方面。

电视广告的最大优点是提供了展示广告信息和让人体验想象使用产品或服务的情景的机会。例如，印刷广告也能有效地展示一辆汽车，传递有关其特性的信息，但是，只有电视广告方能使人体验到如同坐在驾驶位上亲自驾驶一般的感受。画面和声音融合在一起，使产品与服务得以生动展现。电视广告能为一个品牌传达一种基调或形象，而且形成充满情趣的吸引力，使无活力的产品变得有趣。

电视广告能够拥有大量的观众。几乎每个人，无论其年龄、性别、收入或受教育程度如何，都可能收看一些电视节目。多数人定时观看电视。中国中央电视台新闻频道的收视率 2008 年高达 1.94%。由于其高收视率与高影响力，新闻频道 2010 年黄金资源广告招标预售总额高达 109 亿元。[①] 据尼尔森公司估算，美国 2.67 亿人家中有电视，其中 77% 的人年龄在 18 岁以上。那些销售产品、提供服务以吸引广大观众的市场营销人员发现，电视能使他们以非常低廉的成本进入大众市场。在美国，黄金时段的一个普通电视节目就能覆盖 1100 多万个家庭；有些高收视率的节目则能覆盖近 2000 万个家庭。根据尼尔森公司和《广告时代》的调查，美国 30 秒广告在 2000—2001 年度、2001—2002 年度、2002—2003 年度（5 月前）的平均 CPM（针对 18—49 岁的目标群）分别是 35.91 美元、29.42 美元、26.19 美元。[②] 电视能够以低成本的方式覆盖大量的观众，所以深受那些销售大众消费品的公司的欢迎。产品和服务的分布及用途广泛的公司，利用电视进入大众市场，同时以很低的千人成本来传送广告信息。电视对于经营成套消费品的大公司、汽车制造商和大的零售商来说，已经变得必不可少了。像宝洁、可口可乐这样的公司往往将年度媒体广告预算的 80% 用于各种形式的电视广告。

---

① 参见《向左？向右？向前进——中央电视台广告部主任夏洪波解读 2010 广告招标预售结果》，《广告导报》2009 年第 12 期。

② Bradley Johnson, "Low CPM Can Spell Bargain for Buyers: but Does 'Smackdown!' Represent Deal over Friends?", *Advertising Age*, May 19, 2003, p. 10.

电视具有很强的"侵入性"（或叫"闯入性"）。当观众观看他们喜爱的节目时，广告也就被强加于他们。除非我们避开广告，否则我们每年都会看到成千上万的广告。随着观看选择力的加强和录像机、遥控器及其他自动设备的出现，观众在收看电视时更加容易避开广告信息。对观众收看习惯的研究发现，在广告时间中，多达 1/3 的观众会转换频道，而剩下的观众可能会对广告信息有所关注。在电视方面，消费者学习和反应过程基本是被动的，因此，电视广告通常可以通过大量的重复，用易于记忆的口号和广告歌曲来影响消费者。

电视具有很强的家庭收看特征，因此特别适合为家庭性产品做广告。由于中国人非常注重家庭观念，所以电视媒体在我国市场具有独特的优势。通常，儿童节目、家庭性娱乐节目、体育节目都有相对稳定的观众群；工作日白天的节目则多以家庭主妇为目标受众。在我国，以中央电视台为例，研究显示，男性、干部/管理人员、大学以上学历、月收入 3000 元以上的观众更加青睐中央电视台黄金时段的栏目。[①]

电视具有一定的选择观众的能力。电视常被批评为没有选择力的媒体，因为通过电视广告来覆盖一个准确定义的细分市场是困难的。但是，由于节目内容、播放时间和覆盖地域不同，观众群构成也各异，电视确实具有了一些选择力。在广告客户的间接影响下，为了提高电视时段的广告价值，电视节目自身也出现了细分化的趋势。中央电视台的频道和节目细分化的趋势近年来非常明显。随着有线电视的发展，广告主通过吸引对体育、新闻、历史、艺术或音乐等有着不同兴趣的群体，进一步筛选其覆盖面。为了提高广告对电视观众的选择力，广告主可调整其媒体战略，通过针对特定市场区域的地方广告来到达不同地域的市场。广告主也可以通过广告进度安排来反复播出一个广告或抓住某些特殊机会播出广告。例如，一些奥运会的主要赞助商，就可以在奥运期间针对目标群体大做宣传。百事可乐公司就曾在世界杯足球赛期间针对目标群体制作专门的广告，其中一则以世界著名门将范德萨为主

---

① 2009 年上半年，中央电视台在男性观众中的集中度达 103%，在干部/管理人员中的集中度达 125%，在大学以上学历观众中的集中度达 120%，在月收入 3201—5000 元以上观众中的集中度达 129%。数据参见 CTR 市场研究公司：《中央电视台 2010 年黄金资源广告的传播价值》，《广告导报》2009 年第 11 期。

角。在该电视广告片中，教练把一罐一罐百事可乐抛给每个队员，结果唯一一个没有接住可乐的是范德萨。这则广告让非球迷感到平淡无奇，但对于球迷来说，却具有独特的黑色幽默风格。这则广告很好地利用了事件和目标消费群的联系，并借助电视媒体，令这种联系加强了。有些时候，即使是 B2B 企业，也可以通过赞助集中性大型活动来提高声望，从而增加来自产业客户的订单。中国英利绿色能源集团赞助了 2010 年南非世界杯足球赛，代价是 8000 余万美元（5.46 亿元人民币）。① 2010 年 2 月英利公司宣布成为世界杯赞助商后，6 月初即在慕尼黑世界新能源博览会上收到了 4G 瓦的订单，其公司一高管称仅当年增加的利润就足以弥补世界杯广告的投放。②

虽然从可发挥的创造性角度来说，电视是无与伦比的，但是这种媒体也有一些缺点，限制或者阻碍了许多广告主对它的利用。这些缺点包括高成本、缺乏选择性、瞬间性、易受干扰、观众注意力的有限性以及观众对电视广告的不信任。

一是电视广告成本很高。尽管电视有效地覆盖了大量观众，但它仍是昂贵的广告媒体，其高成本不仅来自购买播放时间的费用，而且来自制作高质量广告的费用。电视广告的播出成本很高。在我国，2010 年，浙江卫视的《浙江新闻联播》前（18 点 25 分）的 15 秒广告刊例价格为 26000 元，19 点 58 分、20 点 53 分 "黄金剧场" 剧一、剧二中插播 15 秒广告刊例价格为 63000 元；四川卫视 20 点 05 分至 20 点 52 分之间插播 15 秒广告刊例价格为 84000 元；天津卫视 20 点 05 分 "快乐生活剧场" 第一集插播 15 秒广告刊例价格为 42000 元。③ 广告发布实际价格通常不等于刊例价格，因为为了争夺广告资源，各电视媒体通常都在出售广告时间时打一定的折扣。但是，即便如此，电视广告的播出成本依然是很高的。至于电视广告的制作成本，在中国，一个 30 秒的电视广告片平均制作成本大约是 30 万元人民币。在美国，一个全国性 30 秒钟插播广告的制作成本平均约为 30 万美元，更精良的广告的制作成本可能超过 100 万美元。当地广告制作起来也很昂贵，而且常常质量不

---

① 李志启：《一只足球的 N 种新 "踢" 法》，《中国经营报》2010 年 7 月 19 日。
② 王永强：《幸运英利：被遮掩的营销瑕疵》，《中国经营报》2010 年 7 月 19 日。
③ 2010 年各电视台广告刊例。

高。制作和播放电视广告的高成本经常使得中小广告主望而却步。

二是电视广告对市场缺乏选择性。的确，电视媒体正在根据消费者细分化的趋势逐步进行改革，节目变得更具多样化。同时，有线电视的出现使电视有了一些可选择性。此外，网络电视也为电视增添了新的形态（网络电视也许归属于网络媒体更加合适）。但是，寻找特定小观众群的广告主发现，电视的覆盖面常超出了它们的市场，从而降低了其成本效益。较低的选择力对于零售商这样的当地广告主来说是一个问题，因为电视台的广告费用建立在其所覆盖的全部市场的基础之上。例如，浙江省的电视台节目是上星的卫视节目，覆盖范围远远超出浙江省。如果一家企业主要针对浙江市场分销产品，他就不得不以浙江电视台为选择之一，也就不得不忍受一部分的费用浪费，因为电视所覆盖的地域大于厂家的销售区域。同样，一个城市电视台也在本城市缺乏可选择性，因为任何一种产品的销售不可能针对本城市的所有人。广告主通过选择做广告的节目和时间，能够瞄准特定的消费群体，继而使自己对观众的选择力有所增强。但是，要覆盖准确的细分市场，电视所提供的这种选择力仍不如互联网、广播、杂志、报纸和直接邮递。

三是电视广告具有瞬间性特征。电视广告通常只持续30秒或者更短，常常无法提供给观众详尽的信息。由于媒体资源的稀缺以及广告制作和播出费用的昂贵，加之许多国家对广告长度的限制，广告变得越来越短。广告主努力从它们的媒体预算中获到更大的效果。随着黄金时段播出的广告平均费用的不断高涨，许多广告主把较短的广告视为控制其媒体成本预算的主要方法。15秒广告的成本要比30秒广告的成本低很多，所以广告主认为如果采用15秒甚至5秒广告，它们还可以多制作一些广告，以加强广告效果或到达更多的观众。许多广告主都认为，短广告只花费了与长广告相比少得多的钱，却达到了与其一样的传播效果。以美国为例，30秒广告曾是20世纪70年代中期的标准。美国的三家电视网于1986年9月开始在所有时段播出5秒广告（除儿童观看节目时间外）。1987年以来，这些较短的广告一直占所有电视网广告数量的1/3。

四是电视广告会由于电视广告集群播出而受到很大的干扰。由于广告信息转瞬即逝，再加上各广告主的广告只是广告时间内众多广告和其他非节目类信息中的一则，所以广告信息往往难以引人注意，或者彼此间产生信息的干扰。由于干扰，观众常常记不住广告信息，也无法恰当识别广告主产品或广告服务。比如，我们经常可以在电视上发现，大量的丝袜广告集中在一起播出、大量的运动鞋广告集中在一起播出。品类广告的这种集中播放方式，使各个广告之间不可避免地会互相产生干扰。广告主对电视广告最大的一个担忧就是这些干扰可能会削弱其传播效果。所以，电视广告的创意和表现就显得尤为重要。美国广告界所做的一项研究发现，美国三家电视网在黄金时段内每小时播出的非节目类信息长于 13 分钟，某些有线电视网则超过 17 分钟。所有这些信息都在争夺人们的注意力，因此也就容易理解为什么观众会感到困惑和恼怒，甚至抱怨广告太多。干扰存在的一个原因是采用较短广告和 30 秒的分割广告，即在 30 秒的广告时间内广告主分别宣传两种产品甚至更多的产品。当电视网和电视台增加更多的广告时间，给受欢迎的节目重新分配时间，来为其节目做宣传时，也形成了干扰。我们经常可以看到电视台为自己的频道或节目做的广告。比如，中央电视台各个频道、凤凰卫视以及各个省级卫视都有这种情况。在美国，许多年来，全国广播工作者协会的法规局将广告时间限定为黄金时段每小时 9.5 分钟、非黄金时段每小时 12 分钟。司法部于 1982 年以其违背了《反企业垄断法》为由，中止了这一规定。

五是电视广告常常难以吸引观众有限的注意力。一般的电视节目给人的感觉是在收看时不需要费用（虽然可能在某个时候交过某些收看费用），这种感觉使收看者通常不会珍视他们当前看到的节目。广告主虽然购买了某个电视节目的广告时间，但不能保证观众一定观看其节目，而只是得到了向广大观众传递信息的机会。广告期间观众的人数有所减少，这一点日益得到证实。广告期间，人们会离开电视，去浴室，去吃点或喝点什么，或为其他事而分神。近年来，将消费者的注意力吸引到广告上来已成为一个更大的挑战。录像机和遥控器日益增多，造成了"跳过"和"转台"的情况。"跳过"指在重放以前录过的节目时，一到广告，便快进。尼尔森媒体研究所发现，80%的录像节目在重新播放时，观众会"跳过"半数以上的广告。另一项研究也发现，在观看以前录过的节目时，多数观众会完全或部分地"跳过"广告。"转台"指更换频道，以避开广告。美国 3/4 的家庭现在有带有遥控器的电视机，这使换频道很容易。一项观测研究表明，多达 1/3 的观众在广告出现时"转台"。尼尔森的研究表明，"转台"的情况多发生在广告开始时，在结束时较少。之所以会"转台",是因为广告时间长且能够被观众预计到。CNN、MTV 等有线频道有了 24 小时不间断播出的节目,"转台"现象也因此加剧了。观众可以"转台"去看新闻提要、体育赛事的比分或音乐电视,然而再换回原来的节目。研究表明,成年人中,年轻的比年长的更可能"转台",男性比女性更可能"转台"。如何防止"转台"呢?电视网采用某些策略来保持观众的注意力。比如,预告下周节目,或是在节目结束时安排简短的结束情景。有些节目以一系列的动作开始,然后再播出演职人员名单和广告。有些广告主以为,对同一个活动主题采用不同的实施方式,是保持观众注意力的一个方法。还有些广告主认为,防止看广告"转台"的最终方法是制作出更有创意的广告内容来吸引、保持观众的注意力。但是,说起来容易做起来难,因为许多消费者就是不愿意看广告。随着更多的观众使用遥控器和电视频道的不断增加,"转台"问题可能仍会继续。互联网的发展使一些视频网站开始大量出现,在这些视频网站上有大量的电影、电视剧及各类其他影视资源。人们(尤其是年轻人)越来越多地在视频网站上看电影、看电视。视频网站大量分流传统电视的潜在观众。传统电视上的广告吸引观众注意力的能力受到极大的挑战。

六是电视广告信任度比较低,且常常遭受负面评价。研究表明,在以各种形式出现的广告中,电视广告是人们最不信任的。而且电视广告对一些特定群体,如儿童或老年人等弱势群体的影响已引起了多方关注。对许多广告批评家而言,选择电视广告来评论,是因为其普遍性和电视媒体的侵入特性。消费者对电视广告的进攻是无法防御的,因为他们控制不了信息的传送和电视荧屏上出现的内容。当电视观众认为电视广告有侵犯性、无丰富信息、播出过于频繁或不喜欢其内容时,他们就不会喜欢电视广告。

三、有线电视、交互式电视、数字电视及它们作为广告媒体的优缺点

有线电视(CATV)是通过电缆而不是电波来传送电视信号的,它可以覆盖至接收不到无线信号的偏远地区。有线电视扩展到大城市,因为其接收清晰度增强和可提供给用户更多的选择力而迅速发展。有线电视最早出现在美国宾夕法尼亚州。1972 年,有线电视用户只有近 650 万户。1998 年,美国有线电视用户数增长到近 6500 万,占全美电视观众的 66%。在美国,已形成了

四大有线新闻网 CNN、福克斯新闻频道（FOX NEWS CHANNEL）、MSNBC 和 CNBC（有线 NBC）挑战三大无线电视网的竞争局面。

有人认为，中国的有线电视事业开始于 20 世纪 70 年代，以北京饭店启用共用天线电视系统为标志。进入 20 世纪 80 年代，以沙市有线网络开通为标志，中国在各地开始铺设有线电视网，中国有线电视走过共用天线阶段，步入通常所说的闭路电视阶段。1990 年，原广电部颁布了《有线电视管理暂行办法》后，中国有线电视得到迅速发展。① 北京、上海、山东、浙江等二十多个省市运用先进的数字光纤技术系统，基本上建成了全省（市）范围内的有线电视光纤传输网络，形成了以省市为范围的较为强大的有线电视网络。

有线电视网和频道有双重收入来源，即用户的交费和广告收入。有线电视用户每月交一定费用，就可以接收到多个频道的节目。中国目前每月有线电视收视维护费大约是 13 元左右，远远低于美国和欧洲的一些国家。从 2003 年 7 月开始，北京市有线电视收看维护费由每户每月 12 元调整为每户每月 18 元，上调 50%。但持有"城市居民最低保证金"的特困户维持原收费标准。② 在美国，有线电视的经营者也提供没有商业赞助，但用户愿意额外付费的节目。

有线电视可以提供新闻、流行音乐、体育、天气、教育、文化和儿童节目的专门频道，从而拓宽了观众和广告主对节目的选择范围。在美国，许多有线电视网也传送"超级电视台"的节目。"超级电视台"是一组独立的地方电视台，它们通过卫星将信号传送给有线电视的经营者，而后由有线电视的经营者将信号传送给订户。有线电视的出现，对于电视作为广告媒介的特性产生了相当大的影响。首先，收看选择的扩大造成了观众的大幅分散。有

---

① 截至 1998 年年底，经我国国家广电总局正式批准的有线电视台约 1300 家，各类有线电视系统 4000 多个，全国有线电视网络线路长度超过 240 万公里，其中光缆网超过 30 万公里，近 2000 个县建成了有线电视网络，其中 600 多个县实现了光缆到乡镇甚至到村，有线电视用户数达 9000 多万，居世界第一。全国的有线电视干线于 2001 年年底联通了 20 多个省市，入网用户终端已近中国总户数的 1/3，约 10000 万户，每年增长的入户数达 1000 万。

② 参见 http://www. sina. com. cn，20030701，07:41《北京青年报》消息：歌华有线称公司于 2003 年 6 月 27 日接到北京市物价局《关于有线电视收看维护费标准的批复》。自 7 月 1 日起，有线电视收看维护费由每户每月 12 元调整为每户每月 18 元，而由此 2003 年公司主营业务中电视收看维护费收入预计可增加 7000 万元左右。据了解，目前，公司已完成了十个远郊区县有线电视网络的收购工作，实现了"一市一网"。截至 2002 年年末，公司收费用户已达 220 万户。

线电视观众对全国性电视台构成冲击。其次，广告主可以购买全国性、区域性或当地的有线电视广告时间。许多大广告主在有线电视网上播放广告，以覆盖全国广大观众。区域性的广告则主要通过覆盖特定区域的体育频道和新闻频道播出。在美国，许多全国性广告主正转向在当地有线电视上插播广告，以覆盖特定地区的市场。① 当地有线电视可以使广告更准确地覆盖特定的市场；通过购买多个小型的、针对性强的媒体的广告时间，而不是一个电视网的广告时间，还可以节省费用。随着"互联"（即一个地区的多家有线电视台联合起来播放广告）方式的采用，地方有线电视广告的发展加快了。"互联"增加了广告主购买地方有线电视广告覆盖的观众数量。地区有线电视很受全国性广告主的欢迎，但它也有在电视上播放地方广告所遇到的一些相似问题，并且购买过程很复杂、很费时。在我国，由于各级电视台管理各有各自的办法，因此购买非常复杂。通常，不论美国还是中国，地方有线电视网都不能为广告主提供收视数据方面的大力支持或是有关人口统计、生活方式等方面的信息。

有线电视对于广告运作来说，主要有三方面的优点：（1）有线电视有很好的选择力。通常来说，有线电视用户与非用户相比更年轻、更富裕，接受过更好的教育，有更大的购买力。而且各种有线电视网上的专业性节目可以覆盖具体的目标市场。许多广告主转向有线电视，是因为它提供了"小范围播放"或者可以覆盖特定的市场。例如，美国的 ESPN 有线台很受以男性体育爱好者为主要目标受众的广告主的欢迎。（2）广告主对有线电视感兴趣的另一个原因是它的低成本。多数有线电视台的插播广告费也低得多。因此，对预算有限的小广告主和有兴趣将其广告目标定于特定观众的广告主来说，这种方式使电视成为一种更有效的媒体选择。而且有线电视的广告主一般不必像购买全国性广告（如：中国的中央电视台广告、美国的三大电视网广告）所需要的那样提前很多时间购买。在美国，有线电视的低成本使它在当地广告主中成为一种颇受欢迎的广告媒介。汽车销售商、家具店和饭店的经营者

---

① 20 世纪 80 年代中期以来，有线电视的广告收入稳步增长。以美国为例，1996 年有线电视的广告收入便超过了 60 亿美元。随后，这个数字持续增长。这些增长多来源于 CNN、MTV 等全国性有线电视网上播放广告的费用。然而，在美国，许多全国性的广告主已将其一部分广告预算转向地方有线电视，通过地方经营者和全国性有线电视网来购买媒体时间。

及其他许多商家都从传统的媒体，如广播、报纸甚至杂志，转向低成本的地方有线电视频道。地方有线电视广告已成为广告市场发展最快的部分之一，有线电视广告在地方广告收入中所占的比重一直在增加。（3）有线电视具有灵活性。除了低成本外，有线电视在播出的广告类型上给予广告主更大的灵活性。多数电视网广告的时间为30秒或15秒，而有线电视广告的时间通常可以更长。"通知性广告"是时间长达3分钟（甚至更长）的广告，在有线电视上很常见。直接反应的广告主常利用这种较长的广告来描述其产品和服务，并鼓励消费者在广告期间打电话订购。

虽然有线电视已日益受到全国性、地区性和当地广告主的欢迎，但它仍有许多不足之处。主要的一个不足是电视网使有线电视的重要性打了折扣。即使那些得到基本的有线电视服务的家庭，其观看的全国性电视台节目和联播节目仍比有线节目多，这是因为有线电视节目总体上不如全国性电视节目优秀。另一个不足是电视观众的分散现象。虽然有线电视的观众有了很大的增加，但这些观众分散于诸多的有线电视频道，收看其中任何一个频道的观众数相当少。即使是MTV、ESPN和CNN，在黄金时段的收视率也仅为1%或2%。有线电视台数目的增多，既使其观众呈现出分散性，也使其购买程序更为复杂，因为要想赢得某一市场上大部分的有线电视观众，广告主必须同时与为数众多的电视台签订合同。而且对于有线电视台来说，地方收视率的准确性、有效性以及对观众特点的调查都存在问题。

有线电视目前还不够普及，尤其在主要市场上。有线电视会不断得到发展，因为其观众在不断增加，广告主为赢得有线电视观众也投入了更多的费用。然而，有线电视行业面临着几个挑战：频道增加造成观众分散；政府规定的变化①；来自一些电信公司和卫星直播服务加剧的竞争。科技的发展，如数字视频压缩和光纤技术，加上用于系统升级的巨大投资，使有线电视的经

---

① 在美国，20世纪90年代初有线电视业存在的服务质量差和费用高的现象激起了人们的普遍反感。结果，美国国会于1993年通过了法令，恢复了1984年《有线电视法》的规定，允许地方政府规范有线电视基本费用，强迫有线电视经营者负担地方节目重新传输的费用，而这在过去是免费的。

营者能够提供更多的频道，从而使现有的有线电视频道的竞争更为激烈。①

有线电视能否作为广告媒体的未来，最终取决于其目标观众数量和观众素质。这反过来要取决于有线电视是否有能力提供吸引观众和用户的节目。有线电视节目制造商的作用已经有了改变。例如，CNN 已成为全世界新闻的权威来源；探索频道（Discovery Channel）提供了许多优秀的文化和教育类节目。美国有线电视的巨大优势在于其内容方面具有巨大的积累，同时观众的需求已经被逐渐培养起来。例如，美国有线电视节目的一大优势是体育节目，这对想获得男性市场的广告主而言很重要。广告主可以从福克斯体育（Fox Sports）这样的公司那里通过一次媒体购买，获得多个地区的广告传播机会。

随着有线电视普及性的增强，节目质量的提高，以及越来越多的广告主了解到其覆盖特定市场的效率和能力，有线电视作为广告媒介，会继续受到欢迎。有线电视网已向国际市场发展，如：ESPN 和 MTV 已扩展到南美、欧洲和亚洲，而且全世界都有观众收看 CNN 国际频道的新闻节目。中国的许多观众也期望看到越来越多的优秀的有线电视节目。

交互式电视一度是电视发展领域的热点问题之一。② 通过交互式电视，可实现真正意义上的电视购物。如果你是罗纳尔多的球迷，在看罗纳尔多比赛时忽然想购买一件他穿的那种球衣，只要用特殊的遥控器对着屏幕按一下键就可以了。拟订的球衣可能过几天就会送到你输入的送货地点。不过，未来交互式电视在很大程度上有可能被互联网电视（比如 IP 电视）替代。从技术上讲，互联网可成功地使电视真正实现极具便利性的交互功能。互联网电视实际上是建立在媒体融合平台上的新媒体形式，我们将在本章第六节进行探讨。

数字电视（DVT），是指从电视节目采集、录制、播出，到发射、接收，

---

① 有线电视的大国是美国。但是，美国的有线电视也面临着很多问题。1996 年，3000 万以上的美国家庭能收看到至少 54 个频道，平均 95% 的有线电视用户能收看 30 个以上的频道。可收看频道的增加使有线电视观众更加分散，使有线电视网征收资助节目需要的广告费用更加困难。有线频道的部分增加，是因为"多路传输"，即由一个网络传输的多个频道。几家主要的有线电视网，如 ESPN、Discovery Channel 等都有好几个频道。

② 美国微软公司、时代华纳（Time Warner）、全国广播公司（美国）和贝尔大西洋（Bell Atlantic）曾对交互式电视持乐观态度，但有些公司却没有这样的信心。至少是在短期内，许多公司已经中止了开发交互式电视购物的努力，因为编制完善的程序成本太昂贵且非常耗时。

全部采用数字编码与数字传输技术的新一代电视技术。无论是有线电视、传统无线电视、卫星电视，还是交互电视，都可与数字化结合在一起。数字电视主要是通过卫星、有线电视电缆及地面无线三种方式实现。卫星传输重点是解决大面积覆盖问题，起到一个信号源的作用。数字卫星电视的特点是可以将高质量的节目直接传到用户家中。有线电视传输主要解决信息到户的问题。有线电视数字化后的主要优点是可实现双向互动，同时便于用户接收多种服务信息。传统的地面无线传输是电视广播的主要手段，具有简单接收和移动接收的功能，能满足现代信息社会信息到人的需求，因而具有一定价值。但是，数字电视地面传输由于受到传输条件限制和频谱资源的分配制约，其标准在各国争议很大。地面无线电视数字化后，主要有以下优点：（1）频道数量增多；（2）接收质量改善；（3）可实现付费电视业务；（4）可实现移动的数字化接收①；（5）可以产生非常有价值的信息数据库。在几大优点中，"可实现移动的数字化接收"这一点将使移动终端（比如智能手机）作为广告平台的作用在未来大大增加。中国的电视机用户中大约有 1 亿有线电视用户，而这 1 亿中的 80% 主要居住在城市，处于经济较发达地域。因此，中国的数字电视具有很大的发展空间。然而，由于中国观众有免费收视的习惯，因此付费的数字电视推广的前景并不乐观。

中国国家广播电影电视总局提出建立"下一代广播电视网"。该思路是采取"内容（应用）加网络"模式。它是创新有线、无线结合的网络技术体系，是在广播电视的有线、无线传输覆盖网络上开发建设的。在这个体系中，有线网、无线网、卫星网相结合，固定网和移动网相互补充、交叉融合，以满足不同层次居民的全方位需求。按照这种思路，未来的有线网用户，可以在全国任何一个地方，点播全国任何一家广播电视台的节目。各地广播电视台的内容也可实现全国范围内的按需点播。这种模式有可能彻底改变当前我国广播电视内容的市场格局。②

---

① 黄升民等：《数字化时代的中国广电媒体》，中国轻工业出版社 2003 年版，第 82 页。
② 关于下一代广播电视网的建设，参见周艳、王薇：《国家广电大网蓝图——专访国家广电总局科技司司长王效杰》，《媒介》2011 年第 6 期。

四、电视广告的购买：广告时间形式和购买方式

广告主有许多选择，他们将电视作为其媒体组合的一部分，他们可以购买吸引不同类型和不同数量观众的各种节目广告时间，可以购买全国性、地区性和地方性广告时间。购买电视广告时间是广告业中专业性较强的一个环节，尤其是对出资巨大的大公司而言，制作大量电视广告的大广告主通常通过媒体代理专家或专业媒体购买服务机构来安排媒体计划及购买电视广告时间。广告主必须决定是购买全国性电视媒体广告时间，还是购买地区性、地方性电视媒体广告时间。广告主还要选择特定的电视台，决定是赞助还是参与赞助，并且决定合适的时间和节目。地方性的广告主通常不用考虑全国性媒体，但是它们仍面临着其他选择。在我国，这主要是指对中央电视台广告时间的购买。购买中央电视台的广告时间一般有四种途径：（1）广告代理公司或媒体购买公司通过正式代理帮助广告主购买；（2）广告主和代理公司通过配合参加中央电视台的广告时段竞标；（3）广告公司通过竞标获得广告时段，再将时段在必要的时候卖给广告主；（4）广告主直接通过中央电视台广告部购买。如果希望利用全国性媒体黄金时段播出广告，广告主通常需要提前作出媒体计划，一般好的时间资源需要提前一年或半年购买。许多全国性广告主希望利用中央电视台的电视广告来覆盖全国市场，再辅之以购买地区或地方节目广告时间，以进入希望额外覆盖的市场。当然，广告主也可利用电视广告联播网络计划来覆盖全国市场，电视广告联播网络集中了一批进行联播的地区和地方电视台。

在中国，电视联播网络是一些地区和地方电视台通过协议实现的非正式的合作体。有些节目公司制作的片子在全国范围内发行时，和有关地方台签订播出协议并拥有贴片广告时间，形成类似电视联播网络的播出体系，但是，这种体系更为松散并且短暂。在中国，广告主通过这种方式购买电视广告，通常可以获得较低的平均广告价格。但是，目前在中国并不存在真正意义上的电视广告联播网络体系，2002 年 10 月，中国 29 家省级卫视广告部门主管在深圳开会，推出"省级卫视广告联播"套餐，希望以此来对抗中央电视台的竞争压力，但是，能否最后成功，还是个未知数。2003 年，关于省级卫视组合播放和卫视整合传播的概念开始流行。这些概念的一个核心思考点是整

合各家省级卫视的优势，实现高效投放。媒体策划人员认为，卫视整合传播可以比省级卫视广告联播更好地帮助广告主兼顾全国市场和区域市场的特点，针对传播方式的不同需求，促进销售及品牌的建立。[①] 卫视整合传播的概念希望突破无意识联播阶段针对各个本地市场进行的分散的媒体、时段、栏目的无意识选择，进行全国性的有意识的整合。

在美国，三家传统的主要电视网指 NBC、ABC 和 CBS。福克斯（FOX）广播公司在一批独立的联播电视台播出它的节目，已成为第四家电视网。1999 年 2 月，NBC、CBS、ABC、FOX 四家电视网的市场份额分别为 16%、16%、14%、11%。[②] 福克斯的许多节目都很受欢迎，如《辛普森一家》《X 档案》等。同时，它已成为体育节目的主要播出者，播出了许多主要的体育赛事，如超级杯等。电视网要覆盖全国，因而在全国都有联播电视台。当广告主购买到这四家电视网中任一家的广告播出时间时，广告信息就会通过联播电视台传送到全国。美国电视联播网广告真正代表了一种联网播出，因为广告主可以在全国同时播放其广告信息。美国的电视联播网广告的主要优点是简化了购买过程。广告主只需与一方或媒体代理打交道，就可在全国范围内播出广告。电视网能够提供最受欢迎的节目，常常控制了黄金时段的节目播出。有意获得全国广大观众的广告主通常在电视网上购买美国东部晚 8 点到 11 点这一黄金时段的广告时间。

美国的电视联播网广告和中国的不太一样，其主要缺点是高额的成本，而不像中国那样可获得更低的平均价格。1996—1997 年电视季节内的美国三家电视网黄金时段播出 30 秒广告的收费达到 20 万美元以上，收视率最高的节目广告费用则达 50 万美元。因此，只有预算支出很大的广告主才能负担得起电视网广告的费用。一般来说，多数黄金时段的广告，尤其是在受欢迎节目中插播的广告，要在"前期"购买其时间。"前期"指电视季节开始之前的购买时间。在美国，希望利用全国性媒体网络黄金时段播出广告的广告主必须提前作出媒体计划，通常需提前一年购买电视广告时间。这和在我国购买中央电视台的广告时段有点类似。大广告主的要求是迫使最大的代理公司

---

① 张文杰：《卫视整合传播的来源及展望》，《中国广告》2003 年第 6 期。
② Broadcasting&Cable，1999.

们参与"前期"购买的主要动机。广告还可以按地区购买联播网广告时间，这样广告主的广告信息就能在特定地区播放。在我国，非正式的电视联播网广告时间段的购买对购买时间的要求则相对宽松。

地方电视台播放的地方性电视广告，其播出时间直接从地方电视台购买。在美国，地方性电视广告指由地方电视台独立做的广告。全国性广告主在地方电视台做的广告称为全国性地方广告。卖给地方公司（如零售商、餐馆、银行和汽车销售商）的播出时间，则可称为当地广告。当地广告主希望媒体的覆盖范围限于其生意所在的区域市场。电视很难做到这一点，但是许多地方企业实力雄厚，能够有效地利用电视广告。

地方广告为全国性广告主提供了灵活性，可以根据地方市场条件作出调整。它们可以把广告集中于市场潜力最大或需要额外扶持的地区。这吸引了分配不平衡或广告预算有限的广告主，也吸引了有兴趣进行市场试销或向有限的市场区域引进产品的广告主。全国性的广告主常通过当地的零售商或分销商做广告，作为其广告合作计划的一部分，并以此为当地经销商提供支持。

对全国性广告主来说，一个主要的问题是获得有效的地方广告比较困难，因为它必须从多家地方电视台购买广告时间。而且，与电视网相比，各个电视台的价格政策和折扣情况更加多样化。然而，在我国，一些地方电视台的非正式联播以及独立制片商的贴片广告形式为全国性广告主解决了这方面的一部分困难。问题在于，这两种形式有时并不能满足某一个广告主自身为某些特定市场填补 GRP 的要求。在美国，有专门的"电视台时段销售代表"，他们作为多家地方电视台的销售代表，与全国性广告主打交道，这既不是联合体的运作方式，也不是大而划一的贴片广告形式，因此有一定的灵活性，值得中国地方电视台销售广告借鉴。地方广告受到的干扰更为严重，因为地方电视台的广告在时间安排上更为零碎，而且往往受到全国性和区域媒体（如省级卫视）的冲击与挤压。对大部分的全国广告主来说，如何将全国性广告、电视广告联播网络和地方广告很好地结合起来，以更加有效地运用其电视广告预算，是一项复杂的、需要技巧的任务。

美国有代表性的电视广告购买方式是联播方式，这种方式并不一定适合中国，但可以帮助学习者更好地了解世界范围内的主要电视市场。毕竟，中国已经加入 WTO，将会有更多的中国公司到国外去做广告。所谓联播（不同于联播网络）广告，是指广告主可以通过在联播节目上做广告影响电视观众。联播节目是指逐个市场、逐个电视台地销售的电视节目。联播节目制作者在每个市场都要找一家电视台播放其节目。联播节目有几种。（1）脱网联播节目指的是独立电视台买入并重放网络电视台（Network）的节目（需要强调的是，中国没有独立电视台，也没有网络电视台，只有一些地方电视台非正式的广告经营方面的联合体。从某种意义上讲，美国的网络电视台更像中国的中央电视台和一些实力强劲的卫视台）。脱网联播节目对本地电视台来说非常重要，因为它们提供了高质量的节目，并且已建立了其观众群。（2）首播联播节目是指专为联播市场制作的节目。首播联播节目由多种节目构成，包括并非为网络电视台制作的节目等多种节目类型。（3）交换式联播，又称广告主支持的联播，是指向电视台出售节目，以换取节目中的广告时间（类似中国的贴片广告）。脱网联播节目和首播联播节目都可以交换式联播的形式提供。联播节目观众已占美国观众的1/3，并已经发展成为一个巨大的市场，其年收入已可以和三大网中的任何一个相比。联播节目比某些时段的网络节目还受欢迎，如白天、早上的黄金时段和晚上的边缘时段。联播节目也有一些缺点，例如，有更多的广告时间，也就意味着更加混乱。在美国，联播节目目标观众多是年长的人和农村的人，联播节目不能提供像网络节目那样多的研究数据。联播节目对购买者来说也有一些问题，因为它在一个特定的市场可能无法看到，却在不合适的时间被播出了。这样，媒体购买者为了制订一个完整的联播计划，就不得不考虑每个市场的情况，并检查播出时间及其他一些因素。

五、购买电视广告时间的方式

广告主除了要决定是利用全国性广告、电视联播网络还是地方广告外，还必须决定是赞助整个节目、参与节目还是在节目间隙插播广告。无论全国性广告、电视联播网络还是地方广告，都可以赞助节目。

（一）赞助

作为赞助者，广告主要承担创作节目内容和安排节目中插播广告的责任。在电视赞助发展的早期，许多节目由电视台制作，然后冠以公司名字。现在多数节目或由电视台制作，或由独立制作公司制作，广告主出资赞助或直接花钱冠名，如"天士力佳片有约""红星剧场"等。一家公司选择赞助一个节目有多种原因。一个原因是，赞助可使公司树立良好的社会声誉和形象。赞助的另一个原因是，它可控制广告的数量、播放位置及内容。只要总时间不超过电视网或电视台的规定，广告可以划分为任意长度。推广新产品的广告主通常会赞助一个合适的节目，其中会用几分钟的广告来介绍产品。IBM就是用这种策略来推广它的新一代个人电脑的。尽管这些因素使赞助对某些公司很有吸引力，但独家赞助却只有大公司才可能考虑，因为它的费用相当高昂。事实上，大多数广告时间是通过其他方式获得的。

（二）参与

绝大部分的广告主或者支付不起赞助费用，或者想采取更灵活的方法而不是独家赞助。在这种情况下，广告主可以定期或不定期地一次或几次参与一个特定的节目。参与的广告主对节目制作不提供资金，制作资金由电视台来承担，广告主只花钱购买广告时间段。参与有许多优点。首先，广告主不必在一个节目有长期的协定，可以在预算内调整经费，来购买任何数量的参与性插播时段，这对预算有限的小广告主而言尤其重要。其次，电视预算可分摊到许多节目，这能使广告的覆盖范围扩大。参与的缺点在于，广告主几乎控制不了广告的安排。可行性也是一个问题。另外，那些承诺多个插播广告的广告主被给予优先权。

（三）插播

这是最为常见的一种方式。采用这种方式，广告主不和某个具体节目联系，只是根据节目的编排和自身对时间段的需要购买插播时间。需指出的是，在我国，参与的形式有时和赞助的形式混同在一起，具体分化为：独家冠名、冠名、标版、鸣谢、贴片广告等多种形式。随着媒体竞争的日益激烈，电视广告的购买方式必然日益复杂。

（四）选择时间段和节目

广告主购买电视广告时间时还需要考虑的一个问题是，为其广告选择恰当的时间和节目。电视广告时间的费用随一天中的不同时间和不同节目而有所不同。由于这两个因素的影响，观众的数量就会不同。电视节目时间被分为几个具体的时间区隔。各电视台对每日节目时间区隔的划分不尽相同。不同时段吸引的观众在数量和特性上都不同，因而广告费用也不同。黄金时段吸引的观众最多，因为每晚8：30—9：00及星期日晚上是观看电视的最佳时间，在黄金时段播出广告的费用高昂，因此，这段时间多为全国性的大广告主占用。需要强调的是，根据各地情况的不同，黄金时段的具体时间可能会有差别。不同的时间段对广告主来说很重要，因为它们吸引着不同的观众群。例如，白天的节目通常吸引妇女，清晨的节目通常吸引妇女及儿童，午夜时段的节目则受到以年轻消费者为目标的广告主的青睐。此外，观众人数和人口构成也随节目类型而有所不同。

六、电视观众评估和研究

作为广告策划人，还必须熟悉电视观众的评估和研究。这方面的工作是市场/广告调研的一个构成部分。电视广告要考虑的最重要因素之一就是观众群体的规模和组成。评估观众对广告主以及电视网和电视台来说都是非常关键的。当广告主购买某个特定广告时间时，他们想了解该特定广告时间所覆盖的观众群的规模和特点。观众规模和组成对电视台也很重要，因为这决定了电视台对广告时间的报价。许多节目不能吸引足够多的观众，从而吸引不了潜在的广告主购买广告时间。但是，对于评估观众的规模是不是精确的科学，多年来一直存在相当大的争议。

（一）观众规模测量

电视观众的规模和成分通过收视调查来评估。在我国，央视—索福瑞是这方面的主要参与者。在美国，AC尼尔森公司、统计研究公司（SRI）是提供这方面服务的主要公司。AC尼尔森公司通过家庭的抽样调查得出整个地区观众群的信息。在美国，有关全国及本地电视观众的规模和构成的信息主要由AC尼尔森公司提供。在日本，VIDEO RESEARCH公司是最主要的收视情况调查公司。电视台对其节目中广告的收费是以这些观众测量数据为基础的。这些信息对广告策划人员来说也是非常重要的。

（二）电视拥有户

市场上拥有一台电视的用户的数量有时也称为综合估计数。在中国，电视拥有户也超过了90%。AC 尼尔森公司 1996 年 9 月统计，拥有至少一台电视机的美国家庭估计有 9690 万，占家庭总数的 98% 以上。所以电视用户大体上与一个特定市场上的家庭数量相当。

（三）收视率

在对电视观众进行的所有测量数据中，最有名的可能就是收视率了。在中国，央视—索福瑞由于其独特的背景和实力，在这方面的服务具有一定的权威性。节目收视率是指在某一地方的特定时段内，电视用户将电视频道调到某一特定节目的百分比，有时也简称为收视率。当收视率是用家庭户数作为计算单位时，叫作家庭收视率，它是用调到特定节目的电视用户的数量除以该地区电视用户的总量计算出来的。比如，在美国，如果有 1200 万的电视家庭收看 A 节目，A 节目在全国的家庭收视率就是 12.4%。计算方法如下：

家庭收视率 = 调到某一特定节目的电视用户数量 ÷ 全美家庭的数量 × 100% = 12000000 ÷ 96900000 × 100% = 12.4%

收视率有时也以人数为评估单位，可叫作个人收视率，计算方法参见前面章节中的视听率计算部分。

收视率的一个收视点代表某一特定地区的所有电视用户中，有 1% 调到了某一特定节目。节目收视率对电视台来说是关键数字，因为电视台是以它为基础来收取广告时间费用的。收视率的一个百分比变化，就能导致赢得或失去几百万的广告收入。广告主也密切关注各个收视率，因为这些收视率是决定观众规模和商业收益的关键因素。

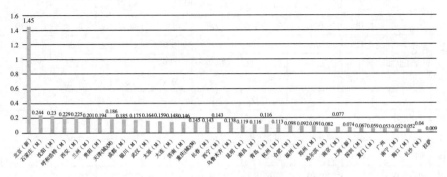

图 14 – 1 北京卫视 2015 年上半年全天 34 城分城收视率

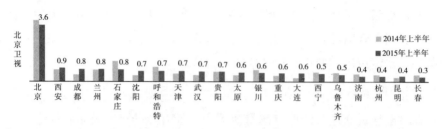

图14-2 北京卫视2015年上半年晚间黄金时段34城分城收视率

图14-1，图14-2显示的北京卫视2015年上半年全天34城分城收视率和北京卫视2015年上半年晚间黄金时段34城分城收视率。表14-1显示的是中国主要卫视台2015年上半年收视率排名和市场份额排名。

表14-1 中国主要卫视台2015年上半年收视率排名和市场份额排名

省级卫视收视表现——34测量仪

序号	频道	全天		频道	0600—1800		频道	1800—2400	
		收视率(%)	市场份额(%)		收视率(%)	市场份额(%)		收视率(%)	市场份额(%)
1	湖南卫视	0.40	3.38	浙江卫视	0.27	3.06	湖南卫视	1.03	3.72
2	浙江卫视	0.31	2.66	湖南卫视	0.25	2.82	浙江卫视	0.66	2.41
3	江苏卫视	0.26	2.19	江苏卫视	0.19	2.09	江苏卫视	0.63	2.27
4	北京卫视	0.23	1.93	北京卫视	0.17	1.87	北京卫视	0.55	2.27
5	东方卫视	0.21	1.75	安徽卫视	0.16	1.83	东方卫视	0.52	2.00
6	山东卫视	0.17	1.47	江西卫视	0.14	1.56	山东卫视	0.40	1.90
7	安徽卫视	0.16	1.37	东方卫视	0.14	1.51	天津卫视	0.35	1.44
8	天津卫视	0.15	1.29	山东卫视	0.13	1.46	湖北卫视	0.31	1.26
9	江西卫视	0.15	1.25	天津卫视	0.13	1.40	安徽卫视	0.30	1.12
10	湖北卫视	0.14	1.19	湖北卫视	0.12	1.33	江西卫视	0.30	1.09
11	深圳卫视	0.12	0.99	黑龙江卫视	0.09	1.06	深圳卫视	0.29	1.07
12	云南卫视	0.11	0.91	广东卫视	0.08	0.93	云南卫视	0.25	1.04
13	黑龙江卫视	0.10	0.86	云南卫视	0.08	0.90	贵州卫视	0.23	0.89
14	辽宁卫视	0.09	0.72	深圳卫视	0.08	0.87	黑龙江卫视	0.20	0.83
15	广东卫视	0.08	0.71	四川卫视	0.07	0.77	辽宁江卫视	0.20	0.74
16	贵州卫视	0.08	0.66	辽宁卫视	0.06	0.72	重庆卫视	0.16	0.72
17	四川卫视	0.07	0.61	河北卫视	0.05	0.54	东南卫视	0.16	0.58
18	重庆卫视	0.06	0.54	重庆卫视	0.04	0.49	河南卫视	0.16	0.58
19	河北卫视	0.06	0.51	陕西卫视	0.04	0.42	广东卫视	0.15	0.53
20	河南卫视	0.06	0.50	贵州卫视	0.04	0.40	四川卫视	0.13	0.49

数据资料：CSM，4+，2015RH 1.1-6.21，收视率，市场份额。

（四）家庭开机率

家庭开机率是指某一特定地方、某一特定时间段收看电视的家庭百分比。这个数字，有时还指使用着的电视，它通常用百分比来表示。例如，美国5000万个拥有电视的家庭在星期三晚上10点将电视打开，那么该时段的家庭开机率就是51.5%（即5000万除以9690万后再乘以100%）。家庭开机率的变化很大程度上取决于时间段和季节。

（五）视听众占有率

还有一个测量观众数字的重要指标就是视听众占有率，它是指在某一特定时间段调到某一特定节目的使用电视的家庭的百分比。这个数字是以那些使用电视的家庭为基础的，它考虑到了使用着的电视数量和可能看电视的观众总量的变化。视听众占有率是通过调到某一特定节目电视用户数除以使用电视的家庭数计算出来的。如果美国使用电视的家庭占美国家庭总数的51.5%（或者5000万），而有1200万家庭在收看哥伦比亚广播网的《晚间新闻》，那么视听众占有率就是24%。计算方法如下：

视听众占有率＝调到某一特定节目电视用户数÷美国使用电视的家庭数×100% ＝12000000÷50000000×100% ＝24%

视听众占有率总是要高出收视率的，除非所有的家庭都在看电视（在这种情况下，它们是相等的）。视听众占有率很重要，因为它表明一个节目办得怎么样及收看的可能性。比如，深夜看电视的人数大多会减少，那么评估深夜节目好坏的最好办法就是相对其竞争节目，察看收看该种节目的视听众占有率。

（六）观众总量

收视率服务还提供一种观众统计，即观众总量（Total Audience），也就是对一个电视节目收看5分钟以上时间的家庭总数。这个数字还可以继续按人口特征细分，以提供观众构成方面的数据。

（七）尼尔森电视指数

尼尔森电视指数（NSI）是美国全国的电视观众及网络电视观众信息的来源，它提供对电视收视、国家赞助的电视网及主要有线节目观众的每日、每周评估。尼尔森电视指数通过一种双项系统提供，该系统包含一个被称为电视自动测量仪的电子测量仪，该测量仪连接在电视机上，它能不断地测量电视被调到的频道。全国电视网的收视情况是以测量仪提供的结果为依据的。该测量仪被安装在精心挑选出来的代表美国用户的全国抽样的家庭中。此外，还有一个专门的家庭样本组用日记的形式记录收视信息，即用日记簿法辅助电视自动测量仪记录收视情况。由于电视自动测量仪仅仅测量电视被调到的那个频道，所以就要通过该家庭样本组来收集收视观众的人口数据。多年来，电视业和广告业都对这种自动测量仪/日记簿系统很有看法，因为来自自动测量仪/日记簿系统的信息可能要经过好几个星期才能到分析员手里；而且研究表明，这一方法夸大了一些主要按人口计算的观众的规模。使用自动测量仪/日记簿系统的用户之间的合作率在下降；而且家庭中拥有自动测量仪/日记簿系统的人，在其不在家时，往往注意不到别的家庭成员在看什么节目。此外，复杂的、崭新的录像环境和收视选择的猛增，也使持自动测量仪/日记簿系统的用户很难保持准确的收视记录。为了解决这些问题，也为了回应来自英国的一家受众测量公司的竞争压力，AC 尼尔森公司在 1987 年安装了作为美国收视率系统唯一依据的个人收视记录器，并且停止了自动测量仪/日记簿系统的使用。1987 年，日本也开始使用尼尔森的个人收视记录器。

（八）个人收视记录器

个人收视记录器是一种电子测量仪，它吸收了老式的电视自动测量仪系统的技术，不仅能记录下 5000 个家庭里正在收看什么节目，而且能记录下都有谁在收看。该装置是一个具有八个按钮的小盒子——六个供家里人用，另外两个供来访者用。这个小盒子可以放在电视机上方，它的遥控器能在房间的任何地方使用。抽样家庭的每位成员都有自己的一个按钮，以便显示他在看电视。该装置还配备了一个太阳能传感器，以便提示收视者在进入房间时打开记录器，离开房间时关上记录器。个人收视记录器收集到的收视信息先是存储在家庭系统里，然后再由尼尔森电脑系统回收。收集的信息里不仅包括谁在收看电视，还包括什么时候打开电视，收看的是哪个频道，什么时候换了频道，什么时候关掉电视。收视者的人口特征也存储在该系统里，根据这些特征，可以确定收视者的情况。AC 尼尔森公司的操作中心每个星期对所有信息进行一次加工，然后发送给电视业和广告经营业的用户。同时，AC 尼尔森公司还通过其在美国最大市场（纽约、洛杉矶、芝加哥）中安有个人收视记录器的家庭抽样，提供整个晚上的收视结果。

（九）当地观众信息

当地观众信息对当地广告主和购买全国性地方广告的公司来说，都是很重要的。在美国，当地观众信息主要是指尼尔森电视指数所针对的 211 个地方市场（又叫作指定市场区域）的电视观众的信息。指定市场区域是在计划、购买节目时间和评估电视观众时使用的一组互补、重叠的区域，它通常由设在大都市或中心地带的电视台在当地拥有最高视听众占有率的一些县组成。尼尔森电视指数通过时间段和节目来统计收视信息，该指数包括观众规模和基于一系列人口统计分类的收视估计。AC 尼尔森公司每年都要对全部 211 个指定市场区域逐一进行至少四次观众测量，在主要市场（纽约、芝加哥、洛杉矶）则要进行六次。全部 211 个指定市场区域都要接受调查，这一期间称为"普查期"。电视网和地方台在推销电视时间时，运用这些在"普查期"内累积的数据。

（十）观众测量的完善

不论是在我国，还是在美国或是日本，多年来，广告业一直希望改进对电视观众进行测量的方法。很多人认为，使用个人收视记录器仅仅是完善电视观众测量方法的第一步。这一方法仍需要受测家庭的长期合作。AC 尼尔森公司指定的家庭的电视观众中包括小孩，他们在每次开关电视机时必须用力按事先指定的遥控器上的一个数字。媒体研究人员认为，在这种测试中，孩子们往往会忘记按数字，而大人们则厌烦了这种操作。AC 尼尔森公司一直在努力完善被动式测量系统。在美国，许多人认为 AC 尼尔森公司是该领域的实质垄断者，所以怀疑其不会全力完善它的观众测量。许多对尼尔森测量的担忧都与过去用来测量 211 家地方市场收视情况的日记簿系统有关，该系统要求收看电视的人每隔 15 分钟记下电视台、节目以及收看者。许多家庭没有返还完整的日记簿。AC 尼尔森公司正在考虑不单纯依靠普查式测量系统，而是在地方市场使用一种连续式测量系统。多年来，AC 尼尔森公司一直就观众测量的准确性与电视网、地方电台及广告机构争吵不休。

美国各电视网通过全国电视观众测量委员会（一个允许电视网在不违反垄断法的前提下，合作开发收视率测量方法的研究组织），积极探寻可以替代尼尔森的其他方法。三家主要的电视网在费城投资了 4000 万美元来实验新的收视率测量系统。负责该实验的是统计研究公司（SRI），这是一家多年来一直对尼尔森数据准确度进行双重检查的公司。SRI 的电视测量和报告系统使用一种特殊的个人收视记录器（Smart - TV），它可以读出嵌在电视信号中的一种特殊编码，用一个位于屏幕上的感应器收集，然后传送到一个数据收集装置，再通过电话线发送到 SRI 的计算器中。1997 年年初，宝洁、AT&T 和通用汽车这三家主要的广告主同意为 Smart - TV 的初始尝试提供财力支持，SRI 的挑战性尝试有了较大的进展。然而，到目前为止，还没有哪家公司成功开发出可以与尼尔森相抗衡的电视收视率服务。

（十一）关于广告收视率系统

严格地讲，广告收视率系统并不等于电视节目收视率系统。很多广告专业人员希望未来的电视观众测量技术能集中发展广告收视率系统，而不仅仅是电视节目收视率系统。尼尔森系统和 Smart - TV 测量观众的服务特点是：更多的是为了测量被广告所包围的电视节目，而不是为了广告节目本身。由于换台、人们离开房间以及人们在广告时段从电视上分散注意力，目前的节目收视率可能不能准确反映广告的收视情况。五十多年来，消费者一直是被动地接受电视节目和广告。随着有线电视经营者、电信公司、互联网运营商等不断通过电视将娱乐、信息、交互式服务、互联网服务带入家庭，这一点正在迅速改变。研究人员指出，传统尼尔森系统可能无法适应电视机拥有量、传送系统及可选择的节目数量的爆炸性增长。新的监测技术的开发，必须由广告主、媒体策划者以及电视业、电信业、互联网业的人士协力进行。

第二节　广播媒体与广播广告

一、广播媒体与广播广告概况

广播是人们最熟悉不过的大众媒体之一。广播对中国的影响可能比电视要更为深远。可以说，广播巨大的传播威力对于新中国的成立来说，也是功不可没的。作为一种几乎无所不在的媒体，广播的影响力无可非议。收音机的出现使广播具有了流动性，因此，现在我们几乎能在任何地方听到广播。在家中、在车上、在广场，只要我们留心，广播真是无处不在。

广播作为一种广告媒体而言，可以说是一种极端地方性的媒体，大多数电台的信号范围都有其限度，而人们也一般收听当地的一些电台。当然，在传播技术高度发达的当今社会，由于国际文化交流的发展，一些国际性广播电台的影响力已经超出了国界。中国也有自己的对外广播电台——中国国际广播电台。

广播节目形式多样，包括新闻节目、谈话节目、音乐节目等。在某一种节目类型中，常常又可以分出许多更细的类型。比如，以音乐节目为例，包括摇滚乐节目、交响乐节目、民间音乐节目等。一般的综合性电台，节目类型随时间段有明显的不同。现在，中国的广播电台正在走向细分化和专业化。比如，在北京地区，就出现了音乐台、交通台等细分化的电台。

广播可以基于可获得的听众，区分一天中的时段。通常可以把广播时段分为晨间时段、午间时段、下午时段、晚间时段。周末时段的具体时间具有一定的特殊性。同时，各个国家和地区人们的生活、作息习惯不同，因此对广播时段的划分也各有特点。随着中国经济的发展和人们生活节奏的加快，晨间和傍晚时段开始呈现出日益重要的地位。虽然中国还没有出现类似美国等国家的大规模开车上班现象，但产生了晨间上班时段在北京、上海等大城市正在成为广播特级时段的趋势。

购买广播广告时间与购买电视广告时间极为不同。人们只对有限数目的广播电台有"忠诚"的倾向。由于这些原因，购买广播时间非常注重"累积听众"。在北京乘出租车，常常可以在短短几十分钟时间内，就听到同一个广告播送好多次。这就是广播广告追求到达率和平均频次的结果。为了建立到达率，只有通过每天固定次数的重播（12次、24次、36次甚至更多次数）才能产生平均频次，制造一定的到达率。广播广告的重点插播通常与广播网一起使用。基于CPM的计算，广播是最有效率的媒体，广播联播网更是如此。但如果想得到大量到达率，广播媒体也需要很多预算。广播联播网与电视相比，在建立平均频次方面虽然相对有效率，却比电视的侵入性小。有人认为，广播是一种背景媒体，需要大量预算才能实现高到达率。

如今，广播已基本演变成为一种主要的地方媒体。地方电台的广播广告能使广告主迅速进入市场，并且便于更改文案，便于与当地名人及当地节庆事件相结合，并能选择重要地区加以支援。广播在媒体组合中能弥补电视的不足，发挥很好的辅助作用。因此，一般情况下，广播广告常常以辅助媒体的形式出现。有许多学者认为，现代社会已经成为一个读图时代，在这个时代，电视可以说是最适合建立品牌印象、品牌形象的媒体。因此。电视经常被当作理想的第一广告媒体加以运用。其实，在电视出现以前，广播也曾是最为重要的广告媒体。广播之所以能够作为一种广告媒体生存下来并保持强劲的生命力，完全是因为它可以为广告主提供特定的优势，以便他们能与其潜在的顾客交流讯息。

二、广播媒体与广播广告的优缺点

广播的重要性可以用已有的数字来说明。以美国为例，美国大约有超过11000 个广播电台，其中包括4906 个调幅商业广播电台和5285 个调频商业广播电台。美国人拥有的收音机数目超过 5.76 亿台，平均每个家庭有 5.6 台。12 岁以上的美国人每天听收音机的比例达77%。听收音机已经成为一种非常普遍的现象，是读书、开车、跑步、工作和社交时的背景性活动。美国人在工作日每天收听收音机的时间为 3 小时 18 分钟，而周末时接近 6 小时。这种无处不在的媒体没有被美国的广告主忽略。美国广播广告的年收入从 1980 年的 35 亿美元增长至 1995 年的 115 亿美元。中国有 13 亿多人口，而且同样地域广阔，广播可发展的纵深性远远大于美国。① 在中国，2007 年广播广告经营额被网络广告超过。如何发挥广播的优势，创作和发布广告，是今后的思考重点。只要能处理好这个问题，置身于世界上规模最大、潜力最大的市场中，中国的广播媒体的前景是不可低估的。

广播广告的优点主要体现在以下一些方面：成本效益、选择力、灵活性、

---

① 2009 年，北京大学新闻与传播学院针对中国1000 个村子的 1 万农民进行的一项媒体接触与消费习惯的研究显示，广播在我国农村的影响在电视、报纸、互联网之后。参见陈刚：《新媒体的农村新空间》，《广告导报》2010 年第 5 期。

创造性、整合营销机会等。

广播广告的自身制作和播出都具有较低的绝对成本，这是广播广告的主要优势。和电视广告、报纸广告、杂志广告等广告形式相比，广播广告具有较低的相对成本，这一点使广播广告成为在预算有限的情况下最有效的媒体广告之一。在美国，广播网络联播广告每播出一分钟的成本为 5000 美元，折合每千人成本仅为 3—4 美元。广播广告制作非常方便，既可以由播音员录制甚至现场播送，也可以由广告主或广告公司录制后交由广播电台审查后播出。这意味着，开展有效的广播活动所需的预算比其他媒体低。广播广告的低成本意味着在一定的预算下，广告主可以在它们的媒体计划中做范围更广、次数更多的广告；广告主可以在不同的电台广播扩大其广告的覆盖范围，多次播出广告，以确保足够的广播次数。

广播的高选择力是其又一大优点。广播可以通过不同的广播方式及许多电台不同的覆盖范围形成对听众的高度选择。广播可以使广告主将其广告集中传播于特定的听众群。广告策划人员在策划广播广告时，可以充分地利用人口统计细分、行为细分等多种细分方法对潜在听众进行分类。在中国，大部分地区有许多风格不同的电台，如新闻台、交通台、音乐台等。对于容易被忽视的消费者，如处于印刷媒体传送不便利、电视信号不好的山区或水域的人、农村人口、青年人、大学生或正在工作的成年人，广播常常比其他媒体能更好地影响到他们。广播能覆盖其他媒体鞭长莫及的消费者。少数观众听广播的时间比看电视的时间更长，这些人根据其收入及受教育程度的不同形成了一个广大的市场。在美国，广播已成为覆盖特定非英语民族区域市场的很受欢迎的方式，如：洛杉矶、纽约、达拉斯、迈阿密有几家电台用西班牙语广播，以覆盖西班牙裔区域的市场。因此，在美国，随着大众化的无差异营销逐渐为细分市场和地区市场营销所取代，广播的重要性也日益增加。中国的情况要比美国复杂得多。中国的市场发展非常不平衡。因此，在中国发达的市场，比如北京、上海、广东、浙江、江苏等省市，要注意利用广播广告对人群的选择性。而对于经济不发达的地区，首先要考虑对地域的选择性，其次才应该考虑人群的选择性。

广播作为广告媒体，具有高度灵活性。广播的播出很灵活，广告主在广告即将播出前仍可以改变其广告的内容。广播广告能制作出很短的形式进行播出，广告主也很容易根据当地市场的条件和市场形势对广告进行调整。比如，如果北京某个饭店开业，就可以选择北京音乐台或北京交通台做广告，并且可以根据开业日期，较为方便地确定广播广告的时间。如果突然改变了开业日期，在制作时间允许的情况下，可以非常方便地改变广播广告的文案。

广播广告也可极具创造性，这一潜在优势经常被忽略。从某种意义上说，广播广告没有形象，反而是其优点。这一特点使广播创意可以激发听众的无限想象力。听众可以在想象中看到色彩、情景、人物，一切都可存在于想象之中。

广播广告可以为广告主提供很多整合营销的机会。广播电台日益成为许多社区的一部分，音乐节目播音员和节目主持人成为非常受欢迎的人。广告主可以经常利用电台和名人来与人们建立联系，从而可以更好地介入当地市场和影响当地零售商。广播电台应该认识到：优秀的广播主持人是广播电台的重要资源。许多听众常年收听某一广播节目，是因为他们可能对该节目的主持人产生了深厚的感情和忠诚度。

广播广告可以对电视广告起到很好的加强作用，这是通过一种被称为"印象转移"的技巧实现的。通过广播广告，可以将电视广告的印象注入广播广告中。首先，广告主制作出一个有图像效果的电视广告，然后他们用与电视广告相似或相同的听觉部分（相同的词句、相同的音乐或相似的韵律）来制作广播广告。这样，当消费者听到广播广告的声音之后，就会联想到电视广告，也就加强了对电视广告的印象。这种印象转移使得广播广告能够与电视广告协同发挥作用。

广播广告还可以在地区性促销活动中有效发挥作用。零售商经常在特价销售或促销中利用现场的广播来吸引顾客到它们的商店购物。比如，在北京的王府井大街和西单，每逢重大节日，有些商家就常常用现场广播来吸引消费者，达到促销目的。资生堂的俊士男用化妆品系列就曾在北京东方广场结合现场广播广告来促销其产品。

广播固有的局限性也影响了其在广告主媒体战略中的作用。广播广告的局限性主要表现在以下几个方面：传播特征的局限性、分散性、购买广告时间的无序性、有限的研究数据、听众注意力不足、易受干扰等。

在传播特征方面，广播确实具有一定的局限性：（1）广播作为广告媒体的主要缺点在于缺乏视觉的图像。广播广告者无法展示它们的产品，无法做示范或运用任何视觉的吸引信息。（2）广播广告持续时间短暂。同电视广告相似，广播广告也是短暂的、转瞬即逝的。广播广告以其自身的速度播放，观众当然也无法控制其播出的进程。因为存在这种创意的局限性，使得许多广告创意人不喜欢运用这一广告形式。广告代理公司也常常把初级人员分配在广播广告业务中。（3）电台众多，造成听众高度分散。人们调至同一个电台的比例通常是很低的。即使在调频台和调幅台比比皆是的大都市中，享有最高收听率的电台，其听众人数占整个听众人口的比例也非常低。需要将其广告信息通过广播传递的客户不得不向多家电台购买广告时间。哪怕仅仅是为了覆盖一个地区性的市场，为了有效的到达率，也要多次播出。（4）听众注意力缺乏。广播广告很难使听众对广告保持注意力。广播节目，尤其是音乐，往往是作为背景声音，可能不会引起听众足够的注意。这样，听众就会错过全部或部分的商业广告。能吸引住听众的一个环境是在汽车中。但是，让听众注意到广告仍然是困难的。许多人都预调好它们的收音机，到广告时间就换台。

与互联网、电视、杂志、报纸等媒体相比，广播的听众研究数据通常是非常有限的。大部分电台都是些小型营运机构，缺乏对其听众进行详细研究所需的资金。广播的客户大都是些本地的公司，没有能力支持在其市场中的听众调研。这样，广告主就无法获得像其他媒体那样充分的听众信息，以指导他们有效购买合适的广告时间。对于地方性广告主来说，购买程序并不很复杂。但是，对于区域性或全国性的广告主来说，其媒体计划和购买过程可能会非常复杂，加之研究数据非常有限，因此执行起来常常陷入混乱。

任何媒体广告都会遇到干扰。遇到干扰是广播媒体与其他广告媒体共存的问题。大部分的电台平均每小时就会播出 10 分钟的广告。在听众比较青睐的早上或晚上高峰时间，广告时间也许还会超过 12 分钟。广告主必须制作出能够避免其他广告过多干扰的广告，或通过大量重复来确保他们的广告能影响消费者。

三、广播广告的购买

无线电的发明者其实并没有把无线电作为大众媒介的想法，更没有想把它作为大众广告媒介。无线电仅仅被视作一种无线电话的形式。无线电节目的发展促进了广播媒体的发展。不过,随着无线电节目制作费用的提高,制作者需要更多的资金支持。1922 年,纽约的 WEAF 电台向长岛的房地产商卖了 5 分钟的广告时段。从此,广播广告诞生了。20 年后,广播广告在美国成为一个价值上亿美元的事业。

广播广告的繁荣基于如下原因。一种原因是,广播是第一种全国性的即时媒体。当时,美国许多杂志虽然在全国范围内发行,但是在印刷之后,它们要通过邮件或者报摊、历时数日或数周才能到达读者的手上。而广播却能够在很短的时间内传遍全国。这也是通用汽车在 1928 年将 50 万美元广告费投放在广播上的原因。广播广告的发展还有另一原因,即 20 世纪 20 年代美国经济的蓬勃发展。第一次世界大战后,工业生产和消费需求扩大,中产阶级的数量持续增长。除了食品和住房外,人们将更多的收入花在商品和服务上,广告帮他们决定怎样花这笔钱。广播使现代的广告代理多了一份选择。随着广告代理向全方位发展,广告代理者除了购买报纸杂志的广告空间、撰写文案、为广告配插图、投放广告、满足听众的需求、与不止一个出版物合作外,又增添了一项新业务:向客户建议哪里投放广告是最合算的。

购买广播广告时间和购买电视广告时间类似。广告主既可以购买全国性电台的广告时间,也可以购买地方性或区域性电台的广告时间。广播广告的类型大致也包括节目赞助型广播广告和插播型广播广告两类。节目赞助型广播广告可根据节目和听众的关系来进行策划,根据听众的兴趣爱好提供听众非常关心的信息。通常,节目赞助型广播广告可以长一些,因为这些广告信息可能和听众关系密切。插播型广播广告穿插在两个节目之间播出。关于在何种区域购买广播广告,与电视广告的购买类似,在此仅作简要介绍。

（一）全国性的广播电台

在中国,全国性的广播电台是中央人民广播电台。中央人民广播电台历史悠久,在中国市场影响巨大,有很强的权威性。在中央人民广播电台做广告,可以对全国性的电视广告或印刷广告起到很好的辅助作用。但是,在地方上,中央人民广播电台受到地方电台巨大的压力。尤其在北京市场,由于地方性的广播电台已经步入细分化市场,因此中央人民广播电台在竞争中受到很大压力。

（二）广播网

在美国，广告主可以购买全国性广播网的广告时间。美国有数家全国性广播网，此外还有 100 多个地区性的广播网。使用广播网，可以使为实现全国或地区性的广告覆盖而进行的谈判或管理工作减到最少，其成本也比使用单个电台低。但是，加盟网络的电台数量和听众类型会有相当大的变化，因此，使用网络广播降低了客户选用广播电台的灵活性。美国广播业的一个新趋势是：广播网络为广告主提供几百个电台的联播节目的情况有所增加。例如，有一个节目在美国全国范围内通过 500 多家电台联合播出，每周覆盖1100 多万人口。联合播出减少了因听众分散和购买广告时间不同而带来的问题，因而增强了广播对全国广告主的吸引力。目前，中国还没有真正意义上的广播网。然而，国家广播电影电视总局正在建设"下一代广播电视网"。这一大网的建成，将使全国性广播网成为其中的一部分。

（三）地方广播

全国性广告主可以在多个市场购买单个电台的广播时间来插播广告，这种广播广告在选择市场、电台、播出时间和根据市场条件调整广告内容上更具灵活性。但是，到目前为止，本地广告主仍是广播的最大用户，而许多广播客户正在转向当地的有线电视或互联网，因为其价位与广播相近而且具有视觉冲击效果的优势，另外，在互联网上做针对当地的促销，具有更大的互动性。

四、广播广告的时间分类

同电视一样，广播每天的播出时间也被分为几个不同的时期或时段区隔。白天不同时间段收听广播的人数变化很大，广告费用也就相应变化。收听最多的时间（同时，也是收费最高的时间）是在每天早上和傍晚的开车时间。广播广告的费用还随以下因素变化：计划购买的插播广告数量或受众类型、收听人数、当地市场上广告时间的供求关系及单个电台的收费标准等。收费信息可以直接从电台得到，它们的收费通常是可协商的，其决定因素有：有效性、时间段、购买的插播数量等。

五、广播广告的听众调查

影响广播媒体效力的一个重要问题是缺乏听众信息。因为有多家电台，听众群较小且分散，电台通常无力也无资金支持进行详细的听众测量。而且由于广播经常作为不重要的背景声音出现，所以很难精确测量在不同时间段谁在听广播以及听多久。

在美国，有两家主要的广播测量机构：Arbitron 和 RADAR。Arbitron 是区域性/本地电台听众信息的主要提供者，RADAR 是广播网听众信息的主要提供者。Arbitron 覆盖了美国 260 个地方广播市场，每年发布 1—4 份收听率报告。Arbitron 在每个市场中都有听众代表做过去 7 天的收听日记。市场的听众评估是基于这些每日记录，一段时间汇报一次，并选登在客户所订阅的《Arbitron 收听率/广播》上。Arbitron 报告中的三个基本指标是：人数估计——预计的听众人数；收听率——在调查区域内听众的百分比；份额——全部的预计听众的百分比。这三个基本指标都是由平均每 15 分钟收听人数（AQH）和 15 分钟总收听人数来确定的。

平均每 15 分钟收听人数表示在某一时间段中的任一个 15 分钟内，收听某一个电台不少于 5 分钟的平均人数。例如，某电台在工作日的上午 6 点至 10 点时间段的平均每 15 分钟 18—49 岁的收听人数为 2500 人，这就意味着在任何一个工作日的此时间段的任一个 15 分钟内，平均有 2500 个年龄在 18—49 岁的人在收听这个电台。这个数据帮助确定了在一个特定时间段听众与播出成本的情况。

15 分钟总收听人数代表在一个时段中，每 15 分钟收听某一电台至少 5 分钟的总人数。比如，某电台在工作日上午时间段中，18—49 岁的 15 分钟总收听人数为 26300。15 分钟总收听人数反映了一个电台的潜在的影响力。

平均每 15 分钟收听率（AQH RTG）是所测的听众数目占调查区域人口的百分比。平均每 15 分钟收听占有率（AQH SHR）则表示收听某一个电台的人数占总的听众人数的百分比，即该电台从调查区域的所有听众中吸引的份额。

美国另一家提供收听率调查服务的公司是 RADAR 公司（它已被 Arbitron 公司收购）。它由主要广播网络进行赞助。这种听众的预测每年进行两次，每次为期 7 天，每天 12000 个电话采访，对听众进行收听行为的调查。在一周时间内，听众每天都被询问从前一天直至被采访时刻的时间内收音机的使用情况。RADAR 提供广播网络的听众预测，同时提供所有电台和不同部分的听众数量评估。听众预测是不同时段区隔的分时段测量。

与电视类似，广告策划者必须使用听众的测量信息来评估不同电台的价值，研究广告主的目标听众和广告主相对的成本。负责购买广告时段的人应该获取诸如目标听众覆盖情况、费用、播出时间表、有效性等信息，来使广告主的预算最优化。

美国还有其他几家提供收听率测量的公司。如：系统资源公司在市场上用电话调查收听情况以及产品消费的数据；战略性广播调查公司是为地方市场提供收听率调查服务的后起公司，它用电话调查收听率，包括调查收听行为、人口统计、回答者特征等方面的信息，其客户目前已遍布美国的二十多个市场。

第三节　报纸媒体与报纸广告

一、报纸媒体与报纸广告概况

在电视出现并迅猛发展之前，报纸一直是最主要的广告媒体。电视流行后，便取代了报纸，成为最重要的广告媒体。在我国，报纸依然是非常重要的广告媒体。2010 年，报纸广告收入达 381.5 亿元，占全国广告总经营额 2340.5 亿元的 16.3%。互联网兴起后，报纸作为广告媒体的地位受到了互联网的挑战。2011 年，我国网络广告经营额超过了报纸广告经营额。但在 2010 年，世界报纸广告支出仍然比互联网广告支出高 51%。[①] 为了应对互联网的挑战，报纸纷纷推出各种各样的数字化版本，以适合在各种数字化终端上阅读（比如，适合手机阅读的手机版，适合 iPad 阅读的 iPad 版等）。

报纸媒体既可以是全国性媒体，也可以是地方性媒体，这主要看报纸的发行区域。全国范围发行的报纸可以称为全国性媒体，但是，任何全国性的

[①]　参见实力媒体：《互联网有望成为第二大广告媒体》，《中国经营报》2011 年 5 月 16 日。实力媒体预计世界范围内互联网广告支出可能在 2013 年超过报纸广告支出。

报纸对任何特定地方的渗透，由于各地情况不同，都是有限的。报纸有每日发行的日报或晚报，每周发行一次的周报、周末报等多种类型。其中，每日发行的报纸是报纸的主流形态。报纸的读者一般是成年人。有些报纸的读者更是偏向 35 岁以上、有较高收入并受过较高层次教育的群体。一般情况下，报纸在市场上的全部成年人口中有很高的渗透度。

二、报纸广告的优缺点

报纸广告与其他媒体广告相比，有自身独特的优点，比如：报纸广告信息容量大、报纸广告易于保存、报纸广告信赖度高、报纸广告说服力较强、报纸广告目标对象较为明确等。下面对各个主要特点做简单的介绍。

报纸广告信息容量大。报纸是最主要的印刷形态的广告媒体（互联网崛起后，报纸开始通过新闻客户端来争夺受众）。由于以印刷形态出现，所以报纸广告可以利用较多的文字进行详细的诉求。因此，报纸广告的信息容量一般要比电视广告、广播广告的信息容量大。

报纸广告易于保存。报纸易于保存，所以报纸广告的读者有可能对广告反复阅读。如果报纸广告包含对于读者非常有用的信息，读者还可能将报纸广告剪下来，以备参考。由于报纸易于保存的特点，因此广告策划人也常常利用报纸广告进行折扣券的分发，以实现促进销售的目的。

报纸广告信赖度高。报纸作为最主要的文字载体之一，具有非常高的信赖度，因此，报纸广告信赖度也很高。中国的全国性报纸中，《人民日报》《光明日报》《新民晚报》等一些重要的报纸都具有很高的信赖度；在地方报纸中，像《北京晚报》《南方都市报》等各地区的地方报纸在民众中都具有很高的信赖度。报纸的这种特质使报纸广告也比较容易获得读者的信赖。

报纸广告说服力较强。报纸可以慢慢反复翻阅，报纸的读者在读报时，通常都是在主动进行信息的搜索，因此，报纸广告的读者通常是信息的主动接受者。在看报纸广告时，读者的抵触心理一般较小，这就使报纸广告具有较强的说服力。加上报纸的信息量较大、报纸广告信赖度较高，因此，报纸广告非常有利于进行理性诉求。

报纸广告目标对象较为明确。成熟的报纸都具有比较稳定的读者群，因此，报纸广告的目标对象通常是比较明确的。

成熟的报纸具有较高的到达率，因此其版面上的广告到达率也较高。通常只要一天时间，报纸就能立即渗透入一个地方性市场，并且具有极好的地理弹性（可以灵活利用全国性报纸、都市报以及同一份报纸的不同地区或城市版）。报纸因此对于分销商极有价值。

报纸广告版面大小非常灵活。报纸广告具有各种大小及形式，能容纳大量不同大小的广告。报纸广告的大小和形式可以根据客户的要求、商品的特性、目标群的特征进行灵活设计。

报纸广告和其他广告相比，最主要的局限性包括以下两个方面。其一，报纸广告的价格通常比较昂贵。以报纸广告为主的广告战役通常需要大笔预算。其二，报纸除了特殊的高成本预先印刷部分之外，很难有精美的彩色印刷。虽然近来报纸在广告色彩和印刷质量方面进行了大量改进，但是其作为大批量、大消耗的印刷品，色彩和印刷质量必然会受到成本的限制。

三、报纸广告的类型与购买

报纸广告通常根据版面大小来分类。在中国，报纸广告的版面类型主要包括：整版、半版、1/4 版、通栏、半通栏、报眼、报花、中缝等。在报纸大国日本，报纸广告的版面类型更是花样繁多。日本报纸的常规版面包括：整版广告（15 段）、10 段广告、7 段广告、3 段广告、通栏广告、报眼广告、探头广告、栏目广告、夹缝广告等多种类型。广告主购买报纸广告，通常经过广告代理公司的代理。各种报纸都会有自己的报纸广告刊例报价。通常，在购买时，广告公司会在同报社的谈判中获得一定的折扣。

第四节　杂志媒体与杂志广告

一、杂志媒体与杂志广告概况

把杂志作为广告媒体加以考察，同电视、广播相比，要简单一些。因此，本节将花费较少的篇幅来介绍。在媒体策略中，杂志具有自身独特的价值。杂志既可以到达大量一般读者，比如《读者文摘》《三联生活周刊》等，也可以到达对某一领域的事物特别感兴趣的对象，比如《时尚》《车迷》等。近年来，市场细分加剧，许多杂志调整编辑方针和市场定位，把目标指向狭窄的群体，以适应广告客户的需要。就性别与杂志类型的关系而言，男性对于男性时尚类、时尚综合类、汽车类、时事新闻类以及财经类杂志偏爱有加；女性则喜欢女性时尚类、地区性城市周报、家具类杂志。

高档杂志吸引了有强大消费能力的人群，因此也吸引了大量的广告投入。一线时尚杂志在奢侈品消费者中已经形成了稳固的阅读和购买习惯。中国一线城市——北京、上海、广州的富裕人群是高档杂志的主要阅读人群。这群读者将杂志视为生活与购买决策的参考。同时，他们也将高档杂志视为资讯的提供者。

二、杂志媒体与杂志广告的优缺点

杂志与电视、广播、报纸相比，具有的最大特点是有非常强的选择性。杂志是传统四大媒体中选择性最强的媒体。在中国，2005 年起网络广告经营额超过了杂志。杂志的选择性主要表现在人口统计变量和地理统计变量方面。随着消费者的日益细分化，消费者的行为特征成为杂志的重要选择标准。某杂志的读者往往是较相似的一群人。在出版业极为发达的日本，杂志的细分化是非常鲜明的。每一种杂志都是针对特定的一群人而出版的。随着一群人的成长，会不断有新杂志诞生，以适应该成长的人群，原来的杂志则根据新来者的特征作出调整。对于广告主和广告策划人来说，利用杂志可以非常准确地"抓住"自己想要传递广告信息的目标群。

通常，杂志是月刊或周刊，有的是双月刊或季刊。与电视、广播、报纸等广告形式相比，杂志广告具有较长的生命周期。由于杂志有较长的生命周期，它们经常被传阅，因此，杂志广告通常具有较高的复读率。复读率成为考察杂志媒体重要的"质"的标准。

杂志广告的特点是印刷精美。这一特点非常适合用来表现消费者产品的特点。服装、化妆品、电脑、手机、相机、汽车等众多产品非常适合利用杂志广告来向特定的目标群传递信息。

杂志广告的版面设计具有一定的灵活性。广告创意人员可以选择多种大小的杂志版面，还可以进行特殊版面的设计。在杂志业非常发达的日本，广告创意人员经常利用杂志的特点开发新型的广告形式。比如：多页广告、镂空广告、杂志内立体广告、礼品夹带广告等。

杂志广告因为是以印刷形式出现的，因此可以容纳较多的文字信息。运用杂志广告，通过长文案对特定人群进行深入的理性诉求，也是非常有效的方式。

利用杂志广告，可以有效发放折扣券。日本有一本著名的免费杂志叫作*Hot Paper*，整个杂志的内容都是各种消费信息，内含大量的折扣券。

与电视广告、报纸广告相比，杂志广告的价格较低。但是，由于杂志广告具有非常强的选择性，因此其也具有较高的效率。

杂志广告的内容有可能和编辑定位一致，在这种情况下，杂志广告对于特定读者来说具有信息的性质，而且具有极高的重复阅读率。

杂志媒体与杂志广告也有自身的缺点。如：杂志需要相当长的预约版面时间，月刊约为1—3个月。又如：与大多数全国性媒体一样，杂志有读者数目累积缓慢、版面价格比较昂贵、各个市场的发行不均衡等缺点。

三、杂志广告的购买

要购买杂志媒体的广告版面，必须考察杂志的编辑方针、市场定位和广告目标群体特征，杂志的这些特征通常可以通过以下几个方面加以考察：（1）以地区、市场、邮递区为地理变量，分析杂志的目标群体；（2）以收入、职业这些人口统计变量分析杂志的目标群体；（3）以购买行为分析杂志的目标群体。

杂志广告以篇幅大小（页数、几分之一页等）与彩色页作为版面特征和单位，比如四色一页广告（4C1P）、四色二页广告（4C2P）等。如果再加上广告版面的位置，则可把某则广告称为封面4C1P、内页4C1P等。

杂志广告费用极为不同，但大体上与发行量的大小有所关联。在选择杂志时，应考虑的另一重要因素是购买杂志供自己阅读的"基本读者"（Primary Audience）的比例与从别人那里收到该杂志的"传阅读者"（Pass-along Readers）的百分比。通常认为，基本读者数目越多，杂志的有利因素越明显，因为那些自己付钱购买杂志的读者，一般都具有强烈或较强的阅读意向。但是，"传阅读者"意味着较高的重复阅读率，这个特征在日益注重媒体"质"的时代具有重要的意义，成为衡量杂志"质"的一个重要指标。

第五节　互联网与互联网广告

一、互联网与互联网广告概况

未来学家约翰·奈斯比特曾在21世纪初说："今天，只有1%的商务是在网上实现的，但是我们现在只是处于开端的阶段，我们正朝着新的网络世界发展。互联网不仅仅是一个技术现象，也是一个社会现象，技术是促进因素。尽管现在我们生命精力当中只有2%用于电子商务和互联网，而10年之后，它将成为我们生命当中50%到60%的部分。"十年之后，互联网确实已经在生产、流通、消费等多个方面深刻影响着我们的生活。

各种商业机构于20世纪90年代早期开始谨慎地向互联网领域进军，这种谨慎是因为它们对这种新媒体达到顾客的情况知道得并不是很多。但是，花在互联网广告上的费用迅速增加。1997年，美国公司花在互联网广告上的费用是9亿美元。1998年，这个数目达到19.2亿美元。1999年，超过了30亿美元。在中国，互联网广告从20世纪90年代中期开始初步发展起来。中国早期互联网广告都集中在几个网站，而且大多集中在雅虎和其他几个门户网站。[1] 1990年，中国2111个有广告的网站中，75%的广告收入来自前十名的网站。这种集中反映了网络的性质。不同于用户消极接受的电视媒体，互联网需要主动的用户。

如何测试互联网广告的暴露程度，是这种新媒体广告面临的重要问题。互联网广告在20世纪末期得到很大发展，是因为很多广告主疑虑的问题逐渐得到了解决。在美国，尼尔森公司、发行量审计局（Audit Bureau of Circulation，ABC）等第三方机构已经开始监测互联网广告的效果。在中国，也有大量的互联网运营商、互联网广告服务商在为广告主提供互联网广告时同时提

---

① 门户网站指那些通过搜索引擎提供容易的链接，同时也提供大量信息的网站。

供监测数据。

在线传播的交互性对于信息化的网站非常有利，但是也有局限性。1999年，允许用户点击广告以进入广告主网站的旗帜广告成为占绝对优势的广告形式。但是，没有多少人会去点击这些旗帜广告。美国有研究显示，仅有大约 0.55% 的网站访问者会点击旗帜广告。而在 20 世纪 90 年代中期，点击旗帜广告的人的比例其实更高。

随着互联网的发展，人们将它们视作传统媒体的延伸。例如，早期的电视广告曾模仿广播广告，并混合了一些电影的视觉元素，最终，广告公司不得不学习如何通过电视来卖产品。早期的互联网广告也模仿印刷广告，带有文本和视觉元素，但正逐渐改变，逐渐创生自己的形态。

电子商务对互联网广告产生了深刻的影响。电子商务最基本的方式是进行在线商品和服务的购买，但它远不止于此。电子商务可在消费者于网站订购商品之前利用互联网平台集中展示、描述并提供关于产品或服务的信息。以互联网为平台的电子商务可以非常便捷地实现电话订购、网上订购。中国的许多网上书店（如当当网上书店）更是把在线订购和送货上门、货到付款结合在一起。可以说，电子商务正在将广告和销售融合在一起。

双击公司（Doubleclick Network）于 1996 年开始运营，它替网络公司卖广告空间，然后从中抽取 35%—50% 的佣金。与传统广告公司 15% 的代理费比起来，双击公司的收费是相当高的。双击公司的业务包括广告代理、广告监测及送给广告主监测报告。双击公司每周卖 250 万美元的广告。双击公司用附带网上地址的信息（如用户一天中在线的时间）锁定特定的个人来做广告。双击公司创始人之一巴瑞·沙曼（Barry Salzman）将这种形式描绘为："在网上，一个人能够说'我想将广告送达给居住在纽约喜爱滑雪的金融界人士，而且我想在 9 点到 5 点之间将广告送达他们那里'，我们能够按照他所说的，找到这些人，且仅仅让他们看到广告。"

在 21 世纪的头十年里，互联网技术的发展与深入应用使互联网成为巨大的广告平台，各类互联网广告纷纷出现。最近几年，视频网站已经吸引了大量的广告投放。微博、微信等互联网社交平台也迅速为广告主所重视。2016年 1 月，中国互联网络信息中心（CNNIC）发布了《第 37 次中国互联网络发展状况统计报告》，报告显示，2015 年国内社交应用软件市场主要分为传统综合类社交应用和市场细分的垂直类社交应用。前者主要如 QQ 空间和微博，后者主要包括新兴的图片/视频社交、社区社交等。总体来说，2015 年，中国的社交应用软件用户规模为 5.3 亿，在网民中的渗透率为 77%，其中典型的应用还是传统综合类应用中的 QQ 空间和微博，使用率分别为 65.1% 和 33.5%，QQ 空间的使用率基本保持稳定，微博的使用率较 2014 年上升了近 3 个百分点。微博在高速发展后，逐渐进入稳定发展期。

互联网广告主正在尝试从互联网的交互性特点中获得更大的利益。尽管有高度的目标性，互联网广告仍然有很长的路要走。一个问题是，互联网用户回避旗帜广告等许多种互联网广告。对于电子商务和互联网广告来说，下一步最重要的问题是促进互联网用户的继续增加，尤其是促进那些能够放心通过信用卡账号购物的顾客的增加。

二、互联网与互联网广告的优缺点

互联网所表现出来的巨大能量令人惊叹。它的能量，超出了许多人的想象。在广告传播方面，互联网的能量无疑来源于它所表现出来的诸多优势。互联网非常适合目标营销。对于营销商来说，互联网如同一个巨大的博览会或展销会，因为大多数到访企业网站的人是对它们的产品或服务感兴趣。互联网可以根据精准的信息为用户量身定制不同的产品或服务。尤其是在个人消费品市场，通过个性化服务，网站满足不同客户需求的可能性日益增强。互联网拥有强大的交互能力，使它拥有增强消费者涉入度和满意度以及立即产生购买反馈的强大潜力。郭汉俊、卓昌镐和马利林·罗伯茨等建立了互动广告结构模型，对人—信息交互和人—人（非面对面）交互进行了实证研究，发现前者的发生概率比较高，但后者对消费者的态度影响显著。他们由此认为，人—人交互活动可以取得更为积极的消费者反应。[①] 互联网是消费者获取信息的极佳渠道。通过搜索引擎，用户可以找到关于某个具体话题、产品或服务的庞大信息。互联网因此极大地降低了消费者搜寻商品信息的能力。互联网拥有强大的销售潜力与创造性。企业通过互联网站的创意性设计和相应信息服务的提供，不仅可

---

① Hanjun Ko, Chang – Hoan Cho and Marilyn S. Roberts, "Internet Uses and Gratification: A Structural Equation Model of Interactive Advertising", *Journal of Advertising*, NO. 2, Vol. 34 (2005), pp. 57 – 70.

以促进销售，还可以改善企业形象，维护企业与消费者的关系。互联网可以为产品或服务提供低代价的高曝光度。尤其是对于只有很少广告预算的中小企业来说，互联网的这一优点可使它们以很低的成本接触到潜在消费者，从而获得以前通常要花费巨大代价、借助传统媒体才能获取的影响力。互联网还具有高速传播信息的优点。对于那些对某个公司的产品或服务感兴趣的潜在消费者而言，互联网是他们获得有效信息的非常便捷的渠道。

在广告传播方面，互联网也有一些弱点影响了营销商、广告商对它的使用。例如：互联网还不具有完全替代传统大众媒体的优势。互联网广告的策划与投放包含较高的技术含量，其广告设计表现方式也尚不成熟。另外，互联网的效果评估长期以来都是一个很大的问题。互联网的效果评估的指标非常复杂。对于同一个网站甚至页面，不同评估信息提供者的数据可能产生很大分歧。互联网广告效果评估的可靠性因此常受到广告主的质疑。由于互联网用户的分散性和流动性，互联网中的单个讯息很难在某一时刻到达大量受众。互联网中的信息的上传、下载因受到网速等因素的影响，常常出现"网络拥堵"现象，从而影响用户的互联网体验。互联网中的讯息环境非常复杂，广告常常难以引起消费者的注意。互联网中存在着大量的欺骗问题、侵犯隐私问题，这些都使互联网广告在传播方面的效果大打折扣。互联网作为一种力量强大的传播工具，已经广泛运用于营销、广告与公共关系活动，然而其自身不具有价值判断能力。如何使用互联网，关键还在于人的选择。如果人类善用互联网这一工具，它一定可以为这个世界创造更大的价值；反之，则可能给这个世界带来可怕的伤害。

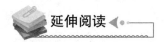

延伸阅读

新媒体环境中公关传播的发展趋势：挑战、应对与责任①
——在 2010 年中国国际公关大会上的演讲

互联网与数字技术为人类社会的发展提供了新的媒体环境。在适应这种

---

① 何辉：《新媒体环境中公关传播的发展趋势：挑战、应对与责任——在 2010 年中国国际公关大会上的演讲》，《现代传播》2010 年第 9 期。

环境的过程中，人类的生活正发生着前所未有的变化。在新媒体环境中，公关传播也出现了许多新的发展趋势。这些趋势，对我们的未来究竟意味着什么，是好？是坏？我们现在还无法肯定。但是，毫无疑问，这些新的发展趋势已经对我们的思维、我们的道德观、我们的价值观以及我们的生活产生了影响。

新媒体为人类社会的进化创造了新的环境。我认为，如果说我们人类正处于新的进化阶段，毫不为过；而我们的公关传播正参与其中，并正在成为这种进化的影响因素。

就人类社会的进化而言，心理学家伯格森曾这样说道："人类社会向各种进步敞开，不断与自身进行斗争。理想的社会应当是不断进步和始终保持平衡的社会，但是，这种理想可能是无法实现的……如果社会必然出现在这些路线中的两条路线上，那么社会在显示冲动的共同性的同时，也应显示道路的分岔。"

在新媒体环境中，人的信息接触方式的改变，人的思维方式的改变，人的行动模式的改变，这些难道不也是进化的表现吗！然而，进化本身不具有目的性，它为人类的进化提供了多种可能性与多条道路。人类往某一个方向上进化，就意味着放弃了其他道路与其他的可能性。新技术、新工具的发明与制造是人类智慧的产物，是具有目的性的；但是，对新技术、新工具的使用，既是一种选择，也是一种适应。如今，我们的社会选择了数字技术，选择了互联网，我们的公关传播由此处于新媒体环境中，不得不去适应这些技术与工具。因此，这种适应其实既包含着被动性，也包含着盲目性。从哲学意义上说，如果我们将这种适应视为一种进化，那么，它就可能是无目的的，它可以不在任何明确的计划之内。

揭示公关传播在适应新媒体过程中的发展趋势，将有助于我们看清楚在发展道路上可能存在的岔道，将有助于我们克服盲目性并作出进一步的选择。在这里，我将重点论述我国公关传播在新媒体环境中所表现出的三个主要趋势以及我们所面临的相应的挑战：

（1）在新媒体环境中，公共关系工作将更加倾向于对具体信息与价值进行传播。在新媒体环境中，传统媒体的影响、权威的影响在很大程度上被削弱。拥有良好资产的品牌，作为一种具有权威性的影响力的存在，在互联网中的影响力将随时面临被消解的危险。根据我们 2009 年下半年对北京市民的研究，互联网已经成为受访者接触时间最长的媒体，受访者通过网络搜索信息时，更加关注价格、功能与顾客的评论和反馈。在 591 个受访者中，72%的人表示会通过互联网搜索价格信息，54% 的人表示会搜索产品功能，43%的人表示会搜索顾客评论和反馈，对品牌的关注排在第四位。同一时期，对校园群体的专门研究也得出类似的结果。不过，年轻学生们在互联网上对品牌的关注排在更靠后的位置。由于互联网对其用户的快速反应与迎合，这种结果暗示了公共关系工作将更加倾向于对具体信息与价值进行传播的趋势。由此，我们可以推论，诸多投入巨资建立起来的品牌，在以互联网为代表的新媒体环境中，其影响力是有限的。与品牌所面临的情况类似，其他类型的权威在互联网中都面临影响力被解构的危险。

（2）公关传播将更加看重个人博客、论坛，但是这些互联网传播工具的信任度却有下降的趋势。碎片化存在的个体如今可能随时重新聚合成为有巨大影响力的影响团体，舆论和公众的力量日益强大，夹杂着情绪和非理性，包含着巨大的社会风险，成为公共传播必须考虑的重大因素。根据研究，我们发现，在受访的北京市民中，有 43% 的人表示，当对购买产品或服务不满意时，会直接找相关单位交涉；38% 的人表示，会选择通过博客、论坛等表达不满；29% 的人表示，会曝光品牌，号召大家抵制。同一时期，对校园群体的专门研究显示，43% 的学生在购买产品或服务不满意时，会选择通过博客、论坛等表达不满；37% 的学生表示，会直接找相关单位交涉；36% 的学生表示，会在互联网上曝光品牌，号召大家抵制。我们的研究同时发现，在诸多新媒体传播工具或平台中，北京市民最不信任的几类依次是社交网站、博客以及论坛；学生群体最不信任的几类与此类似，依次是博客、社交网站、企业自身网站。这就暴露出一个似乎很奇怪的现象：人们遇到问题或不满意时，倾向于通过论坛、博客、社交网站表达意见，但是，偏偏这些传播工具或平台所获得的信任度相对比较低。这是悖论吗？不是！这揭示了一个令人痛心的事实——我们所珍爱的表达个人意见的新的媒体平台，其可信度正由于网上有太多的不负责任的言语而受到侵害。这值得整个社会深刻反思！

（3）新媒体成为重要的公关传播渠道和平台，在线调研的规模将变大，深度将增加；公关传播在组织传播中的战略地位日益凸显，优化的网络媒体组合将成为战略性公关的主要构成部分；但是，新媒体为资本对分散的个体施加隐蔽的影响提供了更多可能性。通过对北京市民的研究，我们发现，互联网电脑终端已经成为人们进行信息搜索时首选的媒体，其次是电视、手机、报纸、广播、杂志等。对学生群体而言，手机已成为仅次于互联网电脑终端进行信息搜索的主要工具。这意味着，在线调研的规模将继续变大，研究深度将会增加，同时也意味着组织进行传播时，互联网电脑终端传播、手机终端传播的预算将具有规模化特征。但是，已经出现的一些非法删帖公司、互联网炒作公司严重损害了互联网最基本的信念与新媒体的价值。我国公安部《计算机信息网络国际联网安全保护管理办法》第 6 条第 3 款规定，任何单位和个人未经允许，不得对计算机信息网络中存储、处理或者传输的数据和应用程序进行删除、修改或者增加。非法的删帖公司绝对没有合法裁定权。另一方面，当一个网民因为金钱的诱惑而在互联网上留下违背自己意志的话语时，也是对互联网最基本信念的侵害。这与为了金钱而将自己的灵魂与魔鬼做交易有什么两样呢？如果互联网上的赞美是来自被出卖的灵魂，如果互联网上的批评是由于金钱的操纵，如果互联网上为捍卫公民福祉的负责任的言论被非法删除，我们未来的在线调研竟还有何意义？如果那样，在互联网中的真正有价值的传播，恐怕最终会成为大白天里的烟花，它将无法给人带去美丽的享受，而只能增添喧嚣与躁动。

每一个发展趋势，都为我们的公关传播创造了新的巨大空间与令人振奋的多种可能性。但是，每一个发展趋势也给我们的公关传播带来了巨大的挑战。在我们面前，世界在极短时间内在我们的视野内展开，多种可能性像多个岔道在我们眼前延伸。我们可以在公关传播发展的每个趋势中，看到岔道的存在。

我们可以从公关传播趋势中看到在对新技术、新工具的适应过程中所包含的被动性与盲目性。当然，我们也可能被自己刚刚所创造的惊人的技术与工具所迷惑。因为，技术与工具本身不具有价值判断，它们所能带来的结果，可以是好的，也可以是坏的。

毫无疑问，以互联网为代表的新技术、新工具极大地扩展了人们的视野，加强了人们搜索信息的能力，赋予了普通人更多的话语权。但是，资本的逐利性也正在扭曲着公关传播对新技术与新工具的运用。在新传媒环境中，克服在适应新技术、新工具过程中所产生的公关传播的被动性与盲目性，乃是我们所面临的重大挑战。

如果我们任由金钱的力量左右人的意志，那么互联网所带给每个人的巨大的、珍贵的自由将从根基上被摧毁；如果我们任由偏激的逻辑碎片左右人的判断，那么我们的社会将陷入是非混淆的旋涡；如果我们任由因金钱诱惑所出现的谎话与不负责任的诽谤、污蔑在虚拟的空间中横行，那么这样的虚拟空间迟早将"进化"为人类自身的一个巨大笑话，并将最终使我们在真实社会中的信任纽带分崩离析。

我们必须作出主动的选择，只有主动地选择，积极地应对，在进化道路上与进化本身的无目的性进行明智的对抗，我们才能显示人类智慧的价值，才能体现人的尊严。

公关传播的信念与价值应该来源于组织全面的负责任的行动。在适应新媒体环境的过程中，我们的公关传播只有主动选择那些能够增进人们福祉的行动，我们才能说我们承担起了应有的责任。

三、互联网广告的形式

简单地说，互联网广告是指利用互联网作为媒体发布平台的广告，也叫在线广告（Online Adwertisement）。[①] 互联网广告主要有互联网视频广告、旗帜广告、按钮广告、全屏广告、巨幅广告、文字或图片链接广告、关键字广告、弹出式广告、企业自身网站、电子邮件广告等。互联网广告的具体形式目前为止还没有完全确定下来，不断有新的互联网广告形式出现。

近年来，互联网视频广告迅速发展，广告营业额也不断高涨。关于互联网视频广告的特征，本书第五章已经有所介绍，此处不赘。值得补充的是，尽管许多视频网站都有互联网视频广告，但是广告价值存在差异，即便是同一视频网站内的视频广告，由于收视情况不同，也存在着很大差异。鉴于这种复杂的情况，视频网站的实力和视频内容的收视潜力成为广告主投放互联

---

① 请注意，不要与"线上广告"相混淆。"线上广告"一般指在传统的四大大众媒体上发布的广告，比如报纸广告、电视广告、杂志广告、广播广告。

网视频广告时的重要参考。因此，2011 年，中国互联网协会把日均覆盖人数（日 UV）、视频播放量（VV）、浏览时长（TS）视为视频网站的基本指标。随后业界评测视频行业的核心数据也主要依靠于此，PC 端与移动端亦如是。所谓覆盖人数，就是有多少用户看了该网站，而日 UV 就是每天该网站的访问人数；VV 是指用户在该网站看了多少视频；TS 则是指用户在该网站看了多久。这三个维度的数据基本代表一个视频网站的用户广度、深度和黏度，而这些就是最能体现视频网站实力的几个方面，也是广告客户及业界最看重的三大指标。

旗帜广告，也称条幅广告、横幅广告或网幅广告，常出现在页面上方或底部中央，多用作提示性广告，浏览者可点击进入以了解更多信息。旗帜广告有静态、动态和交互式三类。静态旗帜广告是在网页上显示一幅固定的广告画面，这是早期互联网广告最常用的形式。它的优点是制作简单，易被所有网站接受。它的缺点是信息有限，吸引力、趣味性较弱。动态旗帜广告运用动态元素，广告呈现为移动状态或闪烁状态。交互式旗帜广告采用游戏、插播、下拉菜单、问答等方式吸引浏览者参与。按钮广告，也称图标广告，通常是一个小尺寸的图标，主要起提醒作用。全屏广告、巨幅广告是占有巨大网页面积的互联网广告，这类广告因篇幅大，信息量比较丰富，较为引人注目，广告记忆率较高。文字或图片链接广告是采用文字或图片超链接的形式来实现广告信息的传达。关键字广告是由广告主购买搜索引擎的关键字，当用户在搜索引擎上输入关键字进行检索时，将用户吸引到广告主的网站或网页。弹出式广告是由广告主选择合适的网站或栏目，在该网站或栏目出现之前插入幅面略小的新窗口，以显示广告。这种广告随主页展开弹出，视觉冲击力较强，但同时也可能引起浏览者的反感。企业自身网站从某种意义上说是一种特殊形式的广告。在企业自身网站的平台上，企业既可以发布资讯型信息，也可以发布纯粹的产品广告。就企业网站整体而言，也具有展示效果和告知效果。电子邮件广告主要是指由企业或商家通过各种渠道整理、收集潜在消费者的电子邮件地址，通过邮件服务器将其建成电子邮件用户组，然后定期或不定期向邮件组发送广告信息。这种广告具有早期直邮广告类似的优点：费用比较低，速度快，效率高，可根据需要定制，具有一定的灵活性，能够产生直接销售的效果。其缺点是由于邮件是单方发送的，因此在用户不需要时往往成为垃圾邮件，难以产生良好的广告印象。就某个接收者而言，如果他将某个邮件视为垃圾邮件，则其销售效果将无从谈起。

互联网广告还有其他一些形式，比如墙纸式广告、游戏内植入广告、基于数据库与互联网的分类广告等。利用电子公告牌、论坛、微博等形式的互联网上推广活动，有时具有明确的广告形式，有时则以公共关系、人际交流等方式实现，因此很难将它们界定为单纯的互联网广告。

互联网广告所面临的某些问题应该是能够被解决的。这一媒体广告能够提供有效的目标受众，而且广告价格（至少是绝对价格）也比较便宜。不过，互联网广告成功的关键是发现最符合互联网特性的广告形式，它可以不是传统意义上的广告。

第六节 传统的 SP 媒体、融合形态的媒体与广告

本节将融合形态的媒体与销售促进媒体（SP 媒体）放在一起加以探讨，乃是基于这样一种观点：不论哪种形态的媒体融合，最终都将把服务的兴趣对准终端消费者（或称融合形态媒体的用户），从而在商业方面具备嵌入销售促进（SP）功能的动力，尽管它们除了此功能外还有其他功能。本节中对传统的 SP 媒体、融合形态的媒体及其相关形态的广告做一些简单介绍。

一、主要的传统 SP 媒体

常用的 SP 媒体有户外媒体与户外广告、POP 广告、交通广告、电话本、邮件广告、报纸夹页广告、展览会等。下面仅简单介绍其中几种。

（一）户外媒体与户外广告

户外媒体又称屋外（Outdoor）媒体或 OOH（Out of Home）媒体，通常指广告牌、广告塔、户外电视屏广告等。所谓户外广告，是指在一定时期内，以众多不特定的人为对象，在户外特定的地方发布的广告。户外广告通常是非常有用的一种辅助广告形式。在有些情况下，户外广告也可用作广告战役的主打媒体。

（二）POP 广告

POP（Point of Purchase）广告是指在消费者购买商品的地方（通常为零售店、超市、商场等地）张贴、悬挂或利用其他形式发布的广告，也叫购买地点广告。POP 广告是广告战役中促进销售的最重要的手段。优秀的 POP 广告能在售点吸引潜在消费者的注意，并激发潜在消费者的购买欲望，从而直接刺激销售。

（三）交通广告

交通广告指利用火车、地铁、公交汽车、出租车、飞机、船舶等交通工具以及与这些交通工具紧密相关的设备、器械、场所发布的广告。利用交通媒体的广告形式有多种，比如车体广告、地铁站广告、候车亭广告等。车体广告是指利用公交车、地铁、列车等车体作为广告载体的广告形式。利用车体做广告，往往会随每个国家的规定（甚至是具体的地方管理部门的规定）而有所不同。例如，"中华乌鸡精"于 1997 年进入杭州市场，1998 年利用车体广告配合报纸、POP 广告形式进行推广。由于广告效果良好，1999 年包下杭州 28 路公交全部车体做专线广告车广告，进一步增强了广告效果。肯德基在杭州利用公交车体推出广告，车体上打出醒目的广告语"美味多，选择更多""烹鸡美味，尽在肯德基"，获得比较高的广告注目。2001 年 9 月，《浙江青年报》改名为《青年时报》，也利用了车体广告，主打"牛奶面包，青年时报"的广告语，获得了较好的广告效果。2001 年，斯达舒胶囊在杭州车体投放量达 80 多万元，通过近 20 台车体，在重点区域的暴露频次甚至达每 20 分钟一次，结果是：在发布后的 3 个月内广告的到达率达 60%，广告主的产品 2001 年在杭州市场的销量得到大幅度增长，"车体广告功不可没"①。

二、融合形态的媒体及其相关形态的广告

随着数字化的不断发展、互联网技术的深入应用以及移动终端技术的发展，各种媒体正出现大融合的趋势。改进正在演化的媒体，开发新的媒体，成了媒体策划人员的艰巨任务。未来的广告讯息何时、何处、如何传递，肯

---

① 吴迪：《杭州公交广告公司：培养优势》，《现代广告》2003 年第 4 期。

定是一个更为复杂的问题。媒体计划不是一个简单的过程。可选择的广告媒体除了电视、报纸、广播和杂志等传统大众媒体之外，还包括互联网、户外广告、交通广告、各种辅助媒体，还将包括各种具有销售促进功能的交互式媒体、融合形态的媒体。此外，从媒体的视角开发的展览会、博览会、大型体育运动会，也正在成为重要的综合性广告媒体。现场促销活动和各种大小型文艺演出、体育赛事等统称为现场活动（event）媒体。

下面主要介绍两类融合形态的广告媒体：具有销售促进功能的交互式媒体和大型体育赛事等大事件。

（一）具有销售促进功能的交互式媒体

一提起交互式媒体，大多数人会想到互联网、交互式电视。其实，交互式媒体涉及的并不仅仅是这些。[①] 交互式媒体把接受者从被动的参与者变为积极的参与者。它允许任何人在任何时候把任何信息传递给任何其他人。交互式媒体允许人们自由地与信息源进行交互式的接触。

广告主之所以被交互式媒体所吸引，除了其可与使用者直接打交道外，还由于利用交互式媒体，他们能够对具体细分市场进行比较准确的目标定位。利用交互式媒体进行的促销，由于可以准确地聚集同质消费者，所以当所吸引的参与者人数达到一定规模时，便具有了广告的性质。

互联网经过多年发展，日益成熟，也具有了 SP 媒体功能。许多在实体店采用的传统的促销方式都被搬到互联网上使用。与其他 SP 媒体相比，互联网大有后来居上之势。下面我们来看几种有代表性的融合形态的媒体及借助它们开发的广告与促销功能。

IP 电视是一种重要的融合形态的媒体，它在表现方面承袭了传统媒体的特征，在技术方面吸收了互联网双向互动技术。IP 电视与传统电视的根本区别是它通过双向 IP 网络进行传输的电视服务。它改变了过去电视观众一直以来被动收看电视频道的方式，可以随时暂停、回看正在播放的电视，挑选、点播自己喜欢的电视内容，可以在很大程度上摆脱时间对收看电视节目的限制。IP 电视可以像互联网那样提供各类非视频的传播形态，如栏目底部冠名、

---

① 例如，世界最大的广告代理公司之一 BBDO 把交互式媒体分为五个区域：在线（on line）、互联网、只读光盘（CD - ROM）、电脑自动咨询服务台与交互式电视。

退出标版、旗帜广告、专区、角标等，可以通过多触点到达丰富的用户。其中的专区尤具互动功能。专区是指 IP 电视根据合作伙伴不同的传播需求，分别为其创建独特专区，把传播内容和节目进行关联。在专区中，传播者甚至可以与观众进行互动游戏，让观众边欣赏喜爱的节目，边加深对传播内容的认知。专区因而可以嵌入互动性的广告传播信息并具有强大的潜在促销功能。

　　数字技术、互联网技术使互联网、通信网、电信网具备了相互融合的现实性。传统的电视节目如今已经可以在互联网上以视频方式播出（如 IP 电视），专门为互联网平台制作的视频也可以在手机等终端上播出。接收终端的多样化打破了传统电视线性传播的旧模式，电视观众的收视时间和收视空间也因此发生变化。传统电视的收看以夜间为主，收看地点主要在客厅，收看终端是电视机。新时代的视频节目收看时间以白天为主，观众几乎可以随时收看，收看场所可以是交通工具内、办公室、休闲场所，收看终端可以是电脑、手机、车载视频显示器等多种形态。收看时间、收看地点、收看终端也使观众群、节目形态和节目单的编排发生了变化。传统电视的主要观众群年龄较大，收看时间比较长，节目重播频次低，节目单是简单的流水式排期表。新时代的视频节目收看者多为年轻人，节目形态主要为短片、片段式，节目可以被多次点击播放，节目往往针对不同群体的收看时间和收看地点进行个性化编排。新形态的视频收看方式也在一定程度上分流了传统电视的观众，形成一种拉低传统电视收视率的力量。

　　智能手机可以融合互联网、电视、广播、报纸、杂志等多种媒体形态。如今，人们几乎随时随地都可以用手机上网。借助手机，除了实现通话、发短信等基本功能外，人们还可以看视频、看手机报纸、阅读电子书、发微博、上网浏览网页与广告。如今，人们甚至可以通过手机进行购买与支付。上海—群邑中国公司与 TNS 公司在 2011 年 5 月发布的一份调研报告显示，中国网民通过手机上网的比例大大高于全球平均数。48% 的中国网民会通过手机上网。全球网民手机上网的比例是 26%。[①] 手机与互联网功能的融合，使广告与各类促销信息几乎可以随时随地触及手机用户。

　　团购网站也是媒体融合后产生的新促销平台。团购网站看起来只是一个

---

① 参见《群邑中国携手 TNS，聚焦数字媒体接触研究》，《广告大观：媒介版》2011 年第 6 期。

网站，实际上是融合了传统平面媒体（如作为报纸广告平台的报纸）的新媒体平台，我们甚至可以把团购网站本身视为广告。这是因为，于 2010 年兴起的网上团购，从本质上说，具有"类广告"的性质。数据显示，截至 2010 年年底，中国市场上类似 Groupon（美国知名团购网站）模式的团购网站数量已达 1400 多家。Groupon 成立 7 个月后就已经开始大规模盈利，其中，以集中推荐一种高折扣的热门本地服务来代替传统的电子商务模式，成为其重要收入来源。它每天只推出一种高折扣的热门本地服务，以此吸引大量参与者，信息接触率大大提高，这就使其模式具有了广告经营的性质。众多商家之所以愿意在其平台上给出 3 折甚至是 1 折的折扣，是将开展网上团购活动作为一种广告投入。这种在有限的时间推出超低价商品的做法可以形成大量访问，虽然看似进入门槛低，但实际上要获得成功，却需要在现实中投入大量的人力、财力。拥有稳固的客户、广告资源，是互联网网络平台开展团购的基础条件。这种广告革新模式的秘密在于，商家将广告费用转化为在团购网站上超低折扣的产品和服务，把广告费用直接补贴让利给消费者，同时又运用团购网站的平台资源进行发布，进而产生影响力，快速聚合与商家需求贴近并且有购买意愿的消费者，而消费者也因此获得了质优价廉、超值的服务体验，可谓一种很好的体验营销模式。这种模式使得商家的产品和服务被高度聚焦，相当于在团购网站上做了独立页面的全网广告。与其他网络平台不同的是，除了硬性广告显示外，由于团购网站的功能性，团购网站还能同时吸引消费者进行体验。团购为中小企业的广告活动创造了一种新的形式。中小企业最需要的是顾客、订单等短期性目标。团购的效果，对于中小企业而言，近似于进行一次有短期效果的广告投放。基于位置服务的手机广告，可使团购的效果获得更为快速的呈现。因此，面向那些有固定商圈的本地化服务商家，团购可能产生直接的广告反应。随着 iPad 及触摸屏智能手机的普及、移动网和固网的融合，团购可以被视为"两网融合"后出现的一种兼具促销与广告功能的互动营销模式。

案例

网络促销，你"击"中消费者的兴奋点了吗?[①]

当商场"寸土寸金"，实体店铺变得越来越昂贵，渠道成本变得令人越来越难以承受之时，互联网为传统厂商们带来了更为丰富且经济的与目标消费者"多点接触"的机会；当"网上购物"不再只是一小部分潮流领先人士的尝鲜行为，而已经成为普通大众生活方式的一部分时，几乎所有的厂商都应势而动，举起了电子商务的大旗，把越来越多的商品搬到了网上。在互联网上开店，传统厂商将激烈的消费者争夺"地面战争"演变为"地面空中双重出击"。

表面看来，这种战场的延伸只是竞争空间的扩展，似乎不会对厂商的竞争手段产生太大的影响，但仔细分析两种渠道的特点，却可以发现并非如此简单，因为实体店与网店之间存在着复杂的相互补充、相互影响与相互促动的关系。在实体店当中，厂商往往可以借助大量的销售人员或产品互动/零售体验来主动激发消费者的购买欲望（偏重"推"的方式），像是一种行商的手法。而网店则更贴近坐商，"店小二"无法主动出击去"跑"买卖，而必须通过吸引消费者的眼球来坐迎商机（偏重"拉"的方式）。得关注者得天下，谁能够在浩瀚的互联网商海内真正"击"中消费者兴奋点，谁就能够生意兴隆，成为赢家。

对于那些从"地面作战"演变为"地面空中双线作战"的厂商来说，促销无疑是他们擅长使用的最主要也是最直接能够打动消费者的手段之一；即便是那些依然固守在"地面战场"的厂商，也在积极尝试以网络促销作为"空中火力支援"。于是，多种多样的厂家、商家促销活动开始充斥各类网站。当任何一个厂商都不再具有网络促销的"先发"优势时，关注度就成为一个新问题——到底哪种促销方式更容易被消费者接受？同一种促销方式是否适合不同产品？网络促销是否仅适用于网购？哪些网络渠道更容易被消费者关注？进行网络促销活动需要避免哪些问题？

---

① 益普索（Ipsos）市场研究机构：《网络促销，你"击"中消费者的兴奋点了吗?》，《中国经营报》2010年6月28日。本书作者根据出书要求，对原文稍作改动。

1. 网促要成功，选择方式很重要

网络促销是否不一定要有太多新意，只要把线下实体店的方式"克隆"到网店就行了？

目前，商家为吸引消费者而推出的大多数促销手段对于网购人群来说都不陌生，只是传统百货在网上商城的"翻版"。尽管在各种促销方式的排名中，位居前三位的依然是在实体店里常见的直接打折、积分兑换和促销优惠券方式，但由网络购物平台所推出的"秒杀"这一新兴促销方式已经排在了第四位。而团购这种更适宜于搭载在互联网这一极具草根性与汇集性特点平台上的网络促销方式也已经有近1/4的参与率了。

网络促销是否仅仅适用于具有某类或某些特点的产品，而不是对各个品类都适用？

调查结果显示，这种感觉不尽然。不同地区的消费者通过网络促销手段购买的产品品类有所不同：大陆网民所购买的网络促销产品种类很多，覆盖服饰及配件、电子数码产品、虚拟产品和图书音像等，香港地区则以美容产品居多，台湾地区则更多侧重电子数码产品及美容产品。

当有多种网络促销方式可供选择时，需要选择哪一种对消费者购买产品更有刺激力的促销方式呢？

通过对网民使用不同促销方式的深入分析，我们进一步明确了"通吃型"的最优网络促销方式并不存在。网民在购买不同类别产品时所选择的促销方式有显著的区别，也就是说，同一种产品推行不同的促销方式，对消费者的吸引力是不同的。例如：对于家居类的产品实行捆绑销售和团购优惠的促销方式较为适合，但实行积分兑换或购物抽奖的促销方式就并不适合。有了这样的发现，无疑可以帮助商家提高网上促销的有效性。

香港及台湾地区的做法值得借鉴，由于这两个市场比较活跃，出现了同一类别产品使用不同促销方式的现象，如此一来，可以吸引到更广泛的人群，不失为一种聪明的做法。

2. 网络促销能够促进网下销售

网络促销是否仅仅限于那些在网上购物的人群？如果消费者一定需要在实体店里体验产品后才能作出购买决策，那么网络促销的价值是不是就不大了?

调查发现，网络促销作为一种信息传播的方式，同样也能促进实体店的客流与生意机会，因为大多数消费者不仅仅将网络促销用于网上消费，而是网上网下皆在使用。但这是否意味着商家的所有促销手段都可同时复制在网上和网下呢？答案显然是否定的。虽然大部分促销方式同时适合消费者在网上和网下使用，但某些促销方式表现出在网上和网下适用性的差异。例如，团购优惠就更适合网上。而直接打折、促销优惠券和购物抽奖等形式更适合网下促销。从产品适合度上看，服饰及配件、电子数码产品、图书音像和虚拟类产品更适合在网上使用，而对于美容类产品的促销，网民多会选择在网下使用。

3. 网络促销体验好，口碑传播范围广

"蜂鸣式营销""病毒式传播"这些名词看起来很美，但似乎总是可望而不可即。我们以往在实体店里也搞过很棒的促销活动，也花了很多钱请公关公司造势，但好像总是形成不了所谓的口碑效应，网络促销在这方面能有所作为吗？都说互联网是"好事不出门，坏事传千里"，网络促销是不是也会陷入这样的怪圈？

调查发现，绝大多数网络促销参与者对目前网上所提供的促销活动感到很满意（91%）；大约七成的网民表示未来肯定会参与网络促销活动。

网上促销所带给消费者的好处会经过消费者的口或手进一步散布。平均一个网络促销的参与者会将其所收到的促销信息传播给 10 人。如果体验好，一定能够形成良好的客户口碑效应。

但广大商家不能掉以轻心的是，任何负面的感受与评价也都有可能让商家苦心经营的品牌瞬间掉入地狱，因为通过网络，消费者的评价可以以零成本、零时间、零距离的方式在全世界传播流通。调查发现，如果商家的促销活动不讲信用或者产品质量出现问题，通常最能引发消费者的气愤，之后他们会选择用"脚"投票，并展开病毒式传播，这对商家而言，无疑是一场灾难。

通过调查，我们可以清楚地看到消费者在不同类型网站获取网络促销信息、参加网络促销活动的形式多样；同时，消费者在参加网络促销活动的过

程中体验好，正向传播力强，形成网络促销快速发展的局面。对于商家而言，根据自己的产品特点，选择适合的网络促销方式，通过网上与网下购买渠道的对接，将可以"击"中消费者的兴奋点，降低购买障碍，实现销售的提升。

在此，有必要单独将微信作为一种独特的媒体形态加以讨论。微信，或者说腾讯微信，它是一款即时通信软件，支持 ios、Android、塞班等多种手机平台。用户可通过微信发送语音、视频、图片和文字，可以单聊及群聊，还能根据地理位置找到附近的人，体验全新的移动沟通。对于微信用户而言，微信是一种快速便捷的即时通信工具，微信具有零资费、跨平台沟通、显示实时输入状态等功能，与传统的短信沟通方式相比，更灵活、智能，且节省资费。微信为用户提供了在线支付、视频通话、游戏等功能，从而全面介入用户的生活，深刻改变了用户的的生活方式与理念。

在中国，即时通信软件已经成为多数网民常用的社交工具。中国互联网信息中心（CNNIC）的研究显示，到 2014 年 5 月，65% 的中国网民使用微信。美国市场调研机构 L2 调查发现，从 2013 年 6 月至 2014 年 6 月期间，微信的社交媒体使用率增长了 26%，排在所有社交平台的首位，远高于 Instagram 的 18%。[①]

腾讯发布的 2014 年年度报告显示，微信的月活跃用户数达到 4.68 亿，直逼目前号称拥有 5 亿月活跃用户的 whatsApp（WhatsAppmessenger）（WhatsApp 是一款目前可供智能手机用户之间通信的应用程序。用户可免费使用 WhatsApp 发送并接收信息、图片、音频文件等）。数据还显示，2014 年，微信用户分布的国家与地区已超过 200 多个。微信公众号数量达 580 万个，并且每天还将新增 1.8 万个。

根据中国互联网社区公布的《关于网民使用微信的调查》显示，从区域的分布来看微信的城市用户数量高达 77%，乡村与城郊用户仅占 12% 和 11%。微信用户整体呈现高学历、城市化、年轻化的特点。[②]

---

① 《2014 年微信使用率增长 26% 居全球首位》，《好奇心日报》2014 年 12 月 24 日，见 http：//www.ebrun.com/20141224/119268.shtml 。

② 张澈：《纸媒借力微信发展现状及前景研究》，西北大学，2014 年 6 月。

根据 CNNIC（中国互联网络研究中心）的数据显示，从微信的使用频次来看，31.4%的用户每天都使用微信，此外有 24.9%的用户每周使用两次以上，12.1%的用户每周 1 次使用，而完全不使用的仅占 15.1%。通过这组数据，我们至少可以看出微信用户的黏着度是比较高的。微信设计初衷就是建立熟人之间的"强关系"社交圈。CNNIC 数据也显示：微信联系人中，现实生活里的朋友、同学、亲人/亲戚、同事占总比数的 70%—90%。据 CNNIC 调查，在微信所有功能中，网民使用文字聊天、语音聊天的这两项占比均在 80%以上。此外，使用朋友圈的比例为 77%、群聊天的比例为 61.7%。可见，社交因素在微信应用里表现较强。

《微信用户行为特征调查分析（2013）》显示，77.46%的微信用户添加的好友是自己的 QQ 好友，微信用户添加微信好友的第二大方式是手机通讯录，60.15%的用户通过这种方式添加微信好友。微信好友之间是一种强社会关系，是家人、朋友或同学，这种强社会关系增加了微信用户的转移成本。[①] 微信的用户因此具有聚合性强、互动频繁、活跃度高等特征。微信传播的信息较为容易被接受。微信凭借朋友圈形成的"涟漪"式的传播，可以产生不同于传统广告的积累效应和强大的渗入性。尼古拉斯·克里斯塔基斯提出的"三度影响力"可以解释这种传播效果发生的机制。他指出，我们所做或所说的任何事情，都会在网络上泛起涟漪，影响我们的朋友（一度），我们朋友的朋友（二度），甚至我们朋友的朋友的朋友（三度）。不论是态度、情绪和行为，都会出现三度传播效应。微信用户之间的连接关系体现的正是"朋友的朋友"的熟人圈子，三度用户之间的兴趣爱好、信息取向、媒体选择的互动影响力，在恰当的激励机制作用下会产生某种群体性行为或态度。[②]

微信相较于传统的纸媒，电视媒体，传播形式更为多样。微信开发之初即可支持语音、文字、图片三种沟通方式，最新版本的微信 6.1 还拥有小视频、GIF 动图、游戏页面等传播形式。大部分社交媒体、网络应用 APP 都已和微信打通，形成了关联。微信的传播可以转载到微信，"美拍"的视频也可以发布到微信。微信跨平台的传播模式，极大地增强了其传播影响力，成为

---

① 李永凤：《微信用户增长原因探微》，《新兴传媒》2014 年第 3 期。
② 匡文波、李永凤：《借力微信：传统报业营销模式变革》，《中国报业》2014 年第 9 期。

广告信息可资利用的重要功能。

微信公众号是微信的利润来源。数据表明，在微信用户关注的公众号中，新闻媒体类最受欢迎。随着纸媒的式微，电视媒体收视的下降，微信正成为广大用户获取资讯的一个重要工具。明星名人、行业资讯微信公众号受到的关注度也较高。

由于微信的独特的传播方式和较强大的传播力，许多企业、媒体甚至个人已经大量开始微信公众号、微信文章以及微信广告开展营销和传播活动。微信广告、资讯在微信这一平台上共同存在。有的广告以明确的广告形态在微信上出现，就好比将传统的报纸广告、杂志广告、电视广告搬到了微信中，许多具有广告目的的信息则被植入到微信资讯中得以传播。

（二）大型体育赛事等大事件

大型体育赛事等大事件可以看成另一种媒体大融合的存在方式。不同于依托互联网的媒体大融合，这种媒体融合依托事件。当然，在具体广告执行上，已经产生巨大媒体融合力的互联网也可被其所用。因此，从某种意义上说，我们可以将大型体育赛事等大事件也看成一种特殊形式的广告媒体。大型体育赛事已经成为广告商不可忽视的广告平台。除了大型体育赛事之外，其他类型的大事件都具有类广告平台的性质。赞助大型体育赛事是最常见的事件营销方式。

大型体育赛事的兴盛是和体育赛事的电视化分不开的。电视使体育赛事成为服务大众的娱乐形式。奥运会、世界杯足球赛、美国职业篮球联赛（NBA）、世界田径锦标赛等众多赛事已经成为广告主们争夺的热门的综合性媒体。这些赛事都已经实现了电视节目化。体育节目也成为许多大型媒体公司谋求未来发展的关键。迪士尼公司（它拥有 ABC 和 ESPN 两大联网节目）、时代华纳公司和新闻集团下属的福克斯（Fox）广播公司都非常热衷于体育节目。当 1979 年美国第一个体育有线联网电视——ESPN 建立的时候，许多评论家断言它是多此一举，因为美国已有的三个电视联网中已包括了所有好看的体育节目。但是今天，ESPN 已是全美最成功的有线电视联网之一。ESPN 广播联网拥有 420 个分支机构，ESPN 的"体育地带"网站是最常被光顾的网站，每周的访问人次都在 2000 万人次以上。在美国，虽然许多评论家抱怨体育节目过多，但是有经验的体育节目制作人表示，他们不会缩小规模，反而将继续扩大体育市场的规模。他们还指出，美国全国性有线体育节目网的用户，从 1989 年年末的 2.536 亿上升到 1996 年年底的 4.504 亿，上升幅度为 77.6%。他们同时发现，在该市场的增长中，除传统成年男性观众外，妇女和儿童数量也在不断增长。

在我国，北京奥运会的成功举办使广告商进一步认识到了大型体育赛事等大事件的类媒体性质。根据尼尔森的数据显示：从广告主层面来看，对于事件赞助类广告的投放额度在 2009 年后逐渐增长，增长率呈现平稳上扬的趋势；从媒体收益角度看，42% 的受访者认为事件赞助类广告成为媒体增收的重要组成部分；从互联网用户层面来看，64% 的用户对赞助类广告持信任态度，81% 的互联网用户同意赞助类广告对于推进体育、政治、文化等大事件起到重要作用。[①] 可见，大事件营销已经具有了庞大的受众基础，其类广告媒体的性质也在日益增强。

值得一提的是，不少非赞助企业也常常借埋伏式营销来发挥大型活动的营销与广告价值。所谓的埋伏式营销，是一种促销战略，是非赞助商通过广告战略的安排，使受众产生一种印象，认为该企业是一项活动的正式赞助商。大型体育赛事经营者常常提供不同程度的企业赞助方式。企业通过签约赞助，可以将品牌与赛事联系起来而产生声誉。签约的企业为正式赞助商。而非赞助商埋伏式营销的常用方法是向电视等影响巨大的大众媒体购买大型赛事举办期间的商业广告时间，而非向赛事经营者支付签约的赞助费用。这种营销方式的典型事例是富士胶卷与柯达之间曾发生过的广告竞争。1984 年奥运会期间，富士胶卷是奥运会的全球赞助商，柯达则不是。但是，柯达大量购买了奥运会期间 ABC 广播公司的商业广告，费用大大低于富士胶卷直接赞助奥运会的费用。1988 年，富士通过成为美国游泳队的次要赞助商来反击柯达的官方赞助地位。富士力求通过这种方式使自己与奥运会建立联系，使人产生它是奥运会正式赞助商的印象。由于埋伏式营销可以使受众产生错觉，所以对它的运用是存在一定的争议的。某些人称其为"寄生"市场营销、"隐形"广告、"游击式"市场营销，或者是精明的市场营销。唐纳德·帕伦特则主张

---

① 尼尔森的数据转引自吕静：《互联网广告门户主战场》，《中国经营报》2011 年 1 月 3 日。

在讨论这种营销方式时，将它看作传播讯息的创造性方法，而不是去判断它是不是道德的。[1]

　　在实际的媒体运用中，广告主由于传统和经验，通常会有将某种媒体作为主打媒体的倾向。但是，在这个新技术不断发展、消费者越来越愿意尝试新事物的世界中，任何企业若想在多变的市场中获得竞争优势，都必须保持开放的头脑，在必要时作出明智的战略调整。在广告媒体的应用方面也不例外。

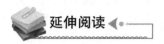 延伸阅读 ◀━━━

电通：如何吆喝世界杯[2]

　　世界杯有激情奔放的足球、魅力四射的球星、酣畅淋漓的啤酒、性感热辣的美女、匪夷所思的章鱼保罗，乃至至高无上的国家荣誉和世界和平。对于广告人，这更是一次广告的战役！南非世界杯的帷幕已经落下，我们蜻蜓点水般与大家探讨一下世界杯营销过程中的一些参与方法。

　　1. 营销方面

　　● 在营销过程中，官方合作伙伴可以充分运用世界杯官方宣传信息。如：哈尔滨啤酒专门换成了世界杯包装；可口可乐公司限量发售了一套世界杯套装，一些足球明星和南非世界杯的标志印在包装上，成为可乐收藏家们的一个新收藏；阿迪达斯售卖各个球队的队服和官方指定足球"普天同庆"，各球队队服的销量随着各个队的表现高低起伏。

　　● 建立专门的世界杯活动网站，方便消费者参与，并与之互动。如：北京现代、可口可乐。

　　● 选出重量级的球迷远赴南非出席比赛现场，并及时发回大赛的相关信息，与国内的消费者互动。如：北京现代、联合利华。

　　● 世界杯营销过程中除了提高整体的品牌宣传外，重点突出主要产品，

---

　　① ［美］唐纳德·帕伦特：《广告战略：营销传播策划指南》，中信出版社 2004 年版，第 346 页。
　　② 北京电通媒介统括中心知识共享组：《电通：如何吆喝世界杯》，《广告导报》2010 年第 14—15 期。本书作者根据出书需要，对原文稍作改动。

如：现代汽车的 ix35，联合利华的舒耐男士止汗产品，阿迪达斯的体育设备、足球运动鞋、足球运动服、女性运动服等。

● 合理地赞助球队、出境记者、现场观赛球迷等。如：德国某啤酒为非官方赞助商，因受其赞助的部分女球迷穿着有该品牌标识的服装，并且行为举止在场内引起瞩目，被工作人员请出赛场；耐克和 PUMA 同为非官方赞助商，因赞助知名球队，在各场赛事中也取得令人瞩目的成功。

● 线上和线下的活动相结合。如：海尔冠名央视《我的球队》栏目，同时在线下选拔出"草根球队"亮相央视的《豪门盛宴》；现代汽车组织足球爱好者的比赛；可口可乐消费者凭印有任意进入四强国家名的瓶盖或纸杯推边，可以赢得可观奖品。

2. 创意方面

● 正式的赞助商可以在创意中充分运用官方宣传资料。

● 在广告创意中运用世界杯知名球星、明星、足球运动等元素。如：C罗代言嘉实多、耐克、清扬；梅西和比利亚代言阿迪达斯；梅西代言腾讯QQ；百事可乐继续走巨星风，把一堆明星如梅西、卡卡、亨利、德罗巴、兰帕德等都拉上非洲大草原与当地的民众踢球；LV 请三位不同时期的球王：巴西的贝利、阿根廷的马拉多纳及法国的齐达内，进行一场桌上足球的较量。

● 在广告创意中使用世界杯的地方特色元素。如可口可乐"啵乐乐乐"（BRRR）广告中对非洲土著民族元素的运用。

● 在表现普通百姓如何参与世界杯时似乎更温情。如：索尼的广告片中描述了英国的两位著名足球经理退休之后，在养老院用崭新的索尼电视机观看世界杯的故事；美国的娱乐与体育节目电视网以纪录片的形式，探讨了足球对于南非开普敦沿海岛屿监狱的囚犯意味着什么。

● 创意更可以发挥想象力。如：澳大利亚的移动通信服务商 Optus 的广告一直以人类与动物的共同世界为主题。广告中，一位年轻的球迷发现了澳大利亚国家队的秘密训练场，发现他们正在全神贯注地与犀牛、鳄鱼和大象进行训练——广告像电影一样离奇。

3. 媒介方面

● 资金雄厚的广告主可利用权威的媒体平台——CCTV 争取到达广泛的

人群。

● 在 CCTV – 5 演播室和相关节目中的各种广告植入方式，如 LOGO、背景版、口播、冠名节目、广告音乐做节目背景等，都已经能够成熟地运用。如：可口可乐"旗开得胜"歌曲的植入、嘉实多在演播室的整体设计都非常抢眼。

● 跨媒体运用。多媒体与观众互动，网络和手机结合传统媒体的灵活运用，无疑能拉近品牌与消费者的距离，特别是能通过一些相关的活动和游戏给消费者一些实惠，将年轻消费者"黏"在品牌周围，增加他们对品牌的关注度。如：淘宝商城与央视新创广告打包模式，也从品牌广告转变为促销广告，零点"秒杀"吸引了许多半夜还抱着电脑、守在电视机旁观赛的年轻人。

● 加大消费者比较关注的世界杯相关节目和版面的曝光率，节目内容与品牌的结合、创新广告设计的运用更加抓人眼球。如："联通现场"节目中将"联通"的品牌名称巧妙地冠于节目名称中，结合角标，自然地传达了品牌信息；另外，地方台很多节目中也会加入一些足球和体育的主题元素，以吸引观众的注意力。

● CCTV – 5 和 CNTV 将部分转播权转让给一些视频媒体，掀起了一场视频大战。非官方赞助商及小资金客户有更多机会参与到这场营销战役中，形式更加灵活，创新更多。

第十五章　广告提案

　　广告发布之前，广告文案必须经由客户的认可。广告文案是作为广告策划的一部分向客户进行汇报的。广告策划是在市场调查人员、广告策划者、广告文案创作者以及客户主管等多方人士的共同努力下完成的。在艰苦和富有创意的广告策划的大部分工作完成之后，广告策划将进入广告提案的阶段。对于广告文案创作者而言，广告提案意味着自己创作的广告作品要接受客户的审定。这是一个非常富有挑战性的工作阶段。[①] 有的广告文案创作者可能对这项工作心怀畏惧；有的广告文案创作者则充满兴趣与斗志，将这视为检验广告文案效果的一个好机会。但是，毫无疑问，广告提案在可能给广告文案创作者带来获得客户认可的惊喜的同时，也可能给他们带来挫折和失败。

第一节　什么是广告提案

一、提案和广告提案

　　广告提案是提案中的一种类型。提案就是借助视听媒介进行口头表述，以传达讯息并进行劝服的一种方式。[②] 提案中的讯息，是一整套具有劝服力的逻辑和论据，这些具有劝服力的逻辑和论据可以产生讯息。大多数提案都附带有文字提案书或计划书，但是这些文字材料并不能替代提案中演示和讲述的作用。口头表述可以帮助提案人更好地控制观众或听众对于讯息的理解。

---

　　① 读者可以在广告人写的记述自己职业生涯的著作中读到许多提案故事。被广泛阅读的该方面的著作有大卫·奥格威的《一个广告人的自白》《广告大师奥格威：未公诸于世的选集》，克劳德·霍普金斯的《我的广告生涯》等。此外，劳伦斯·明斯基等的《如何做创意：十三位美国杰出创意指导和文案撰稿人的创意观念、方法与作品》一书也为我们提供了许多精彩而富有启迪的提案故事。

　　② ［美］桑德拉·邓肯：《如何做提案》，内蒙古人民出版社2002年版。

此外，提案的一大特点是提案人可以及时得到反馈，从而可以对观众或听众的异议、问题或担心作出相应的反应。

在许多领域，人们都会用到提案。在营销的各个领域——广告、公共关系、销售促进、直接反应营销等方面，提案更是经常进行的活动。本书主要以广告提案为探讨对象。广告提案是借助视听媒介进行口头表述，以传达广告策划讯息并进行劝服的一种方式。有人将广告提案直接定义为"广告公司向客户作有关广告活动企划、结果报告等发表"[1]。这是一种狭义的提案定义，把广告提案等同于提案。但该定义值得一提的是，它把"结果"的发表纳入提案的范畴。

广告提案是维系和争取广告客户的重要活动。在现实操作中，确实是不仅仅在劝服时才进行提案的。许多时候，结果说明性质的提案也非常重要。广告提案既可以是为维持广告业务而进行的，也可以视为为了争取广告业务而进行的劝服。因此，对于广告公司来说，结果说明性质的提案可以视为一种为了未来业务所做的铺垫性劝服。

大多数广告主会要求广告策划与创作者参加正式或非正式的广告提案会。广告文案创作者通常是作为广告提案人员的一部分参加提案的。由于在提案中广告文案乃是客户关注的一个焦点，因此广告文案创作者对提案负有重要的责任。当广告主要求几家广告公司通过广告提案来争夺一项或几项业务时，则出现了广告公司通过广告提案争夺广告业务的比稿局面。比稿可以定义为：在争夺同一个广告客户的广告业务时，由两家或两家以上的广告公司（或能开展广告业务的相关公司）所参与的一种特殊提案形式。比稿是一种高压力、强竞争的特殊的广告提案形式。对于广告文案创作者而言，比稿是与同行在专业技能、广告智慧方面的比拼。当然，提案的成败不能简单归结为谁的智商更高，甚至不能简单断定赢得比稿胜利的广告文案一定更好；比稿的胜利，只意味着某个广告策划方案（包括广告文案）获得广告主较多的认可。

二、广告提案的重要性和广告提案能力

广告提案在现代广告运作中的作用非常重要。我们生活在一个信息极度

---

① ［日］富士全录：《如何提案》，朝阳堂1991年版。

膨胀的年代，商业运作的节奏也比从前快多了。过多的信息和日益加速的商业运作节奏要求经理们迅速而有效地把握主要的信息，并作出判断、作出决策。对于广告主来说，听取广告公司的提案是其决策的重要环节。因此，从某种意义上说，广告主在提案会上的压力并不比进行提案的广告公司小。这一点常常被广告公司方面的提案人员所忽视。理解了这一点，有助于广告提案人员更好地理解广告客户，从广告客户的需求出发，娴熟地运用广告提案技巧，全心全意地帮助广告客户解决问题。

广告提案人员希望引起广告主中决策人物即刻的积极反应。广告提案通常具有书面广告策划书所没有的作用，它可以产生现场的冲击力，从而能有效增加理解、刺激反应。当然，要实现这些积极的反应，广告提案人员需要一定的广告提案技巧。

广告提案人员通常由广告公司中具有良好交流能力的人来担任，他们可以是创意总监、客户总监，也可以是策划主管甚至是由广告公司的总裁亲自披挂上阵。由于广告是一项以广告创意为核心的创造性活动，因此广告公司的提案人员通常来自创作部门。具有良好沟通能力的广告文案创作人员在提案活动中尤其受欢迎，并且的确具有很大的优势。

广告提案中最重要的能力主要包括三个方面：应变的能力、控制的能力以及劝服的能力。

首先是应变的能力。作为广告提案人员，需要有观察客户反应的能力，并且能根据客户的反应及时调整自己的提案状态——声音、节奏、强调的重点。当然，这里并不是指临时改变提案的内容，而只是指调整提案的状态。临时调整提案的内容是不现实的，也是不负责任的做法（除非提案人确实出于为客户着想，意识到有不可错过的极好的新构想需要临时补充或替代原来的内容）。

其次是控制的能力。每一次提案都是一次有组织的交谈，是一个互动的过程。不管参加提案会的人数是多是少，提案人都希望吸引听者的注意，希望获得他们的理解和积极的反应。优秀的提案人应该比听众先想一步，应该能够有效控制听众的注意力。每一个听众都是一个思考者，如果提案人缺乏控制力，听众往往会对提案内容失去兴趣（即使提案人的内容对他们来说真的有用）。对听众的注意力的控制是通过计划和设计来实现的，同时，要在提案过程中适当调整。计划提案包括：实质的讯息内容，讯息的构思、设置、调整，以及工具的运用，等等。要想有效控制提案听众的注意力，广告提案必须严谨、生动，必须了解广告主的喜好以及他们真正的需要或需要解决的问题，要让他们相信提案人的承诺，要和他们建立起共同的目标感和默契。

最后，劝服的能力也是提案人应该具备的能力。广告提案本身就是一种推销活动，推销的是广告公司经过艰苦工作产生的建议、构想和创意。推销自己和自己的创意是广告提案的一个重要任务。要完成这一任务，是非常困难的。一次枯燥无味的提案往往不能获得好的效果。许多广告主认为，大多数广告公司的提案都大同小异、缺乏趣味，在介绍公司情况和一些广告主原本就熟知的事物方面花费了过多的精力。

第二节　广告提案中经常出现的问题

广告提案中有些经常出现的问题。问题不仅仅出现在广告提案一方，也常常出现在广告提案接受者一方。通常，我们对提案者一方的问题会加以关注，而往往会忽略提案接受者一方出现的问题。一次成功的提案必须依赖双方的共同努力才能实现。

我们先来看广告提案接受方经常出现的问题。这些问题包括：（1）在提案前就认为提案不过是形式。许多广告客户认为，反正提案结束后广告公司会留下更为详细的书面策划书，到时看书面策划书就可以了。这种态度可能导致这些广告客户在听提案时心不在焉，甚至在提案现场进进出出，从而直接影响到广告公司提案的积极性，影响到广告客户在现场对提案内容作出明智的判断。（2）在提案过程中随意打断提案者。这种行为可能导致提案者过于担心接受者的态度，从而影响到后来的提案内容，杰出的创意可能在还没有呈现时就已经被损害。（3）错误地理解广告提案的功能，希望提案总是应该生动有趣。事实上，这种看法可能使自己在遇到难解之处时就认为那是不好的，从而漏过有价值的内容。

从作为提案方的广告公司来看，不能期望所有的广告主都是认真、礼貌并且具有高理解力的，因此必须了解广告主经常会出现的问题，做好最坏的打算，事先想好应对手段，设法避免广告主出现上面这些问题。

那么，提案者常常会出现一些什么问题呢？福康贝广告代理公司的创意总监朗·霍夫（Ron Hoff）曾访问过纽约与芝加哥的几家广告代理公司的资深人士，试图找出各种令提案者感到烦恼的问题。下面是一些著名的广告人对大多数广告提案中出现的问题的看法。①（1）大卫·奥格威认为"大多数说明者没有条理"，"我不了解他们说的是什么"。他说："为什么没有人在开始时对问题作一简明摘要，说明研究方法、使用策略、所有承诺、媒体……用三分钟够了。"（2）阿瑟·舒兹（Arthur Schultz）认为，提案中常常使用专门术语，"真是使人困窘"。（3）大卫·奥夫勒（David Ofner）认为，大多数提案没有在开始时就解释"我们为什么聚在此地"；提案常常"没有清楚的议程"，"没有方向意识，不够精确"，"我们的说明者们缺乏风采、缺乏权威"；提案者"不知道如何才能赢得"。（4）约翰·奥图（John O'Toole）认为，说明者们完全没给客户留下深刻的好印象，没有让客户感到他们是"广告代理行业中可得到的最有思考力、最专业、最有能力的人"。（5）哈维·克里蒙兹（Harvey Clements）认为，提案常常"没注意照明"，"应该谨慎装置并加测试"。他认为提案者常常"没有计划让视听众涉入"；有时提案中有"太多无关的幻灯片"。他建议"不要和视听者说你认为所推荐的是如何了不起。如果东西好，他们自会知道"。（6）大卫·柏格（David Berger）认为，提案的一般的失败在于把提案作为提案者自己的事，而没有考虑到视听者。提案者常常说自己想说的，做自己想做的，而非考虑到视听者需要的是什么。他认为，这种提案就研究而论，意味着强调了研究本身，而非问题与解决方法；就媒体而论，是指只计算 GRP，而忽视了传达广告人会遇到多少传播接收方面的问题；就客户管理而论，意味着只传达提案者做的作业，而没有关心接受者需要知道些什么；就创意而论，意味着证明了提案者已如何努力工作，而非所推销的问题怎样被攻击。（7）布蓝·普特南（Bryan Putnam）认为，提案往往有"太多说明者——说太多的细节"。（8）恰克·温斯顿（Chuck Winston）认为，许多提案在没有价值的事上都用了太多时间。朗·霍夫对这些看法做了总结，总结出提案中可能出现的三项重大的问题：（1）不正确；（2）

---

① ［美］丹·E. 舒尔茨：《广告活动策略新论》，中国友谊出版公司 1991 年版，第 290—292 页。

未加以组织；（3）极令人厌烦。综合实际操作和以上有关实践者与研究者的看法，我们可以发现，提案方经常出现的问题主要包括以下几个方面：（1）提案中出现实质性的失误。这一点常常是因为专业水准不高造成的。（2）提案者对自己想说明的问题重点不明确。（3）提案没有条理，没有对提案内容进行严格的组织。（4）提案只注意自己的"说"，而忘记了"劝服"任务，没有真正关心现场接受提案者的需要。（5）提案单调无聊，令人讨厌。（6）提案中滥用工具器材，没有考虑到手段的效果。（7）把提案误解为书面广告策划书的口头表述。

　　为什么提案会出现这么多的问题，这和提案方在提案准备和实施过程中所遇到的实际问题有关。广告提案常常是应客户的要求而准备的。从客户对广告公司做说明到正式的提案，时间一般都不会很长，一般是10天至1个月左右。有时，客户的广告计划日程会非常急，提案准备的时间会非常短。本书作者曾经帮助一家广告公司赴沈阳，向东大阿尔派公司（东软前身）进行提案（那是一次比稿性质的提案，有多家国内知名公司参加），提案准备时间只有一周左右。提案准备人员在10人左右，在一周之内完成长达200页的材料，最后为30分钟的提案会提炼出20页左右的提案材料，制成PPT，并制作了30秒的说明核心要点的电视片。该提案获得了客户电视广告方面的业务。日本电通公司有一次向日本Milkcommunity公司所做的提案只有10天时间。在这10天时间内，15位公司职员连夜加班，最后为1小时的提案会完成了数十页的提案材料，全部制成PPT形式，另外还制作了长达10分钟的电视片，用作提案会上的辅助性劝服手段。通过这次比稿性质的提案，电通公司赢得了客户的重要业务。

　　以上两个实例从正面说明了可能引起提案方抱怨的原因大概有以下几个方面：（1）客户留给提案方的准备时间通常比较短。（2）在短时间内需要准备大量的资料，工作任务辛苦沉重。（3）在资料准备上花费大量时间，往往导致在如何构思实施提案方面思考不够。（4）此外，就是前面提到的，客户方在提案会上的态度和表现也会导致提案方的抱怨。因此，要进行成功的广告提案，需要广告公司和客户之间的配合，双方都要考虑到可能影响提案效果的各种因素。尤其作为广告公司，在准备和提案的过程中，应该尽力考虑客户的需要。毕竟，广告提案是为了赢得客户的认可。

第三节　广告提案技巧

机会总是青睐有准备的头脑。提案者应该清楚地认识到，提案成功其实并不仅仅取决于提案会的现场。提案的准备工作对于提案能否成功也是非常重要的。提案准备的步骤大致可以分为：（1）准备内容；（2）决定内容；（3）制作资料；（4）准备现场发表。这几个步骤是紧密相关的，前一个步骤完成不好，可能导致后面几个步骤做无用之功。尤其是中间两个步骤，是提案准备工作中的重中之重，这两个步骤的联系也最为密切。

准备内容这个步骤是要求广告提案人员在书面广告计划的基础上考虑哪些内容可以用于提案，哪些内容仅仅以书面广告计划的形式呈交给客户就可以了。

决定内容是前一个步骤的延续，是提案准备中至关重要的步骤。在这个步骤上大致要完成以下工作：（1）将提案目的明确化；（2）收集有关接受者的信息；（3）确定提案的具体内容；（4）根据具体内容设定提案会的时间进程。

制作资料是将决定的提案内容制作成提案会上具体的表现形式，形成一定形式的提案书，并配合提案中所需的有关资料和材料。这个步骤的任务根据具体提案的规模、提案的内容以及提案会的实际条件有所不同，但大致包括以下工作：（1）收集有关提案会的各方基础资料；（2）对决定的内容进一步提炼；（3）选择表达方式和工具；（4）将提案内容用选择的方式和所用的工具进行处理。

准备现场发表这个步骤主要指为现场发表做演练。这个步骤的工作主要包括确定提案人选、演练表达（服装等细节的调整）、准备和调试器材设备，有可能还要考察提案现场。

如果提案人员在提案前做好充分准备，就易于避免这些不必要的失误，增加提案成功的可能性。

下面来探讨一些对于广告提案人来说非常重要的提案技巧。

提案前，要有充分认真的准备。即使是最完美的营销计划、最好的广告策划、最优秀的营销创意，如果不能成功地传达给客户并获得客户的认可，也是不可行的。有人把提案比喻成接生婴儿或点燃炸弹的导火线，足见提案对于未来工作的价值。客户能否认识到你的策划和创意的价值，能否接受它们、喜爱它们，只有在提案会后才能知道。

成功的提案，必须要在有限的时间内做充分的准备。假如认为在客户给定的时间内准备工作绝不可能完成，就应该尽量向客户多争取点时间。如果是比稿性质的提案，则要根据时间制订合适的提案计划。要正确估计自身的提案能力，包括评估可以利用的员工和外部协作人员的人数、专业水准等，否则就有可能虽投入人力、物力，却仍然无法获得提案的成功。

许多提案者认为，提案只是在万事齐备之后用一点时间就可以完成的事。有些人甚至认为，只要想法是好的，不管我们如何表述和表现，客户都会喜欢的。这种想法是非常危险的。大多数客户都期望看到特意为他们精心准备的提案。那些提案会上的关键人物非常关心他们自身的利益。

提案要做到充分了解接受者。传播学理论认为，传者和受者的共同经验域对传播效果具有重要影响。一般情况下，传者和受者间知识与关心点的共同部分越多，传播效果越好。因此，提案前了解接受者非常重要。提案者主要应该从以下几个方面对接受者进行考察：（1）参加提案会的人数。具体的人数会根据具体客户的不同而有所不同。一般情况下，提案会上客户方的人数从三五人到十人左右不等。因为提案会一般会安排在客户自己的会议室或饭店会议室，所以人数不可能很多。如前文提到的东大阿尔派的提案会，客户方的人数在 10 人左右。（2）参加提案会的人的地位、身份。一般情况下，参加广告提案会的客户方都是中高层人士，比如总经理、副总、广告部主管等人。有时，客户方会请大学教授或有关方面的专家作为旁听者——这种时候，这些人的意见可能非常关键。（3）参加提案会的人的年龄。年龄可能和人的地位、身份及爱好相关。提案者必须了解这些信息，并根据这些信息对自己的提案内容和方式进行调整。（4）参加提案会的人的理解力。提案者必须了解这方面的信息，并根据这方面的信息决定自己的提案内容和方式，以及选用合适的提案用器材。

在提案会上，提案者一定要寻找提案会上客户方面的最具影响力的人物，因为这些人的意见将最终决定提案者的命运。关键人物可能有一位或两三位，这种人物不会很多。提案会的内容一定要针对这种关键人物制作，同时兼顾各方反应。在提案会上，提案者一定要和关键人物有充分的目光接触。如果有可能，提案者应该在提案前了解关键人物的办事风格、爱好以及思考方式，比如，是否为人严肃，是否极其遵守方法与法则，对广告公司的看法如何，等等。在提案会上，如果错误地判断客户方面的关键人物，将对提案非常不利。乔治·路易斯曾经在他的著作《乔治·路易斯大创意》中讲述了一个发生在提案会上的非常有趣的故事。他是在参与施乐（当时它的名字叫作哈罗依德—施乐）广告业务的比稿时听广告主亲口说的。当时，乔治·路易斯带着他的团队进入未来客户的办公室准备提案时，发现施乐方面的人员都在强忍着不发出笑声。正当乔治·路易斯感到奇怪时，施乐方面的负责人威尔逊向他们表示歉意，并且花了些时间向他们解释到底发生了什么。乔治·路易斯被告知，在他的团队进入会议室之前，麦肯·埃里克森广告公司的传奇广告人玛利昂·哈珀想让哈罗依德—施乐公司相信，虽然麦肯·埃里克森广告公司只是世界上最大的广告集团 IPG 广告集团的一部分，但是哈罗依德—施乐公司将会受到他和他的广告公司的全面周到的关照。玛利昂·哈珀用连珠炮般的"火力"对准了他右前方的一个年轻人。在提案中，玛利昂·哈珀为了强调在他的大型广告公司内部亲密无间的家庭式氛围，骄傲地描述了他和他的员工的亲密无间的关系。他不断强调在麦肯公司数百个员工中，他认识其中的每一位——就像对他自己的手心、手背那样了解。在这种带有强烈个人色彩的解说中，玛利昂·哈珀结束了他那令人印象深刻的提案。他和他那人数众多的随行人员都站了起来，和哈罗依德－施乐公司的管理人员一一握手。玛利昂·哈珀再次转向那位他在整个劝服性提案期间给予特别关注的年轻人，向他说："非常感谢您的好客。"那个年轻人涨红了脸，轻声答道："哦，哈珀先生，我的名字叫乔·多克斯（Joe Doakes）。我是您的广告公司里的一个客户经理。"① 以上便是乔治·路易斯讲述的故事。在这个故事中，玛利昂·哈珀错将自己的雇员当成客户方面的重要人物并给予了特殊的关照，结果闹出了一个笑话。

　　提案者应站在客户的立场思考问题，把客户当成普通人对待。提案者必

---

① ［美］乔治·路易斯：《乔治·路易斯大创意》，中国人民大学出版社 2008 年版，第254—255 页。

须认识到，普通人通常对广告没有什么特别的兴趣。大多数情况下，客户也并不喜欢广告，他们做广告，是希望广告能够帮助他们解决问题。提案者也必须清楚，客户除了广告之外，还要考虑大量的营销问题，广告不一定是他们工作的核心。在IMC日益盛行的时代，广告公司必须认识到，自己其实不仅仅在做广告，广告已经和许多营销传播问题融合在一起，所以应该尽量配合客户的多方面的工作。里佩托（Paul Repetto）指出两个非常重要的问题：第一，在管理者的心中可能有其他重要的事情，加之他们"坐在审判席位"作为至高无上的广告审判官，常常令他们感到不自在。第二，高层经理内心可能深知自己不是真正的广告专家，所以会感到威胁，通常会采取"防守姿态"以保护自己。里佩托提醒道，没有认识到提案者与主要人物通常处于敌对角色，是比任何其他单一因素毁掉更多提案的"凶手"。

　　广告公司在进行提案时，应该尽一切努力消除客户的敌对心理，要让客户以友好的心态来对待自己的提案。凯萧（Andrew Kershaw）回忆当时他作为客户方参加提案会的情形：当时，奥美广告公司作为广告代理公司进行提案。凯萧说："我们在大卫·奥格威办公室中先做'暖身运动'，然后他引导我进入会议室……"奥格威熟知和客户之间的潜在敌对关系。奥格威之所以在广告界成就非凡，原因之一是他非常了解人际关系的重要性。他有使人随遇而安的天才，而那是克服敌对关系的第一步。

　　提案应有明确的提案目的。一般情况下，提案的接受方在提案会上有很大的自由，如果提案不符合自己的需求时，他们可以心不在焉、充耳不闻。更糟糕的是，有些参加者甚至可能因为无法忍受或认为这种提案已经比不上其他正在发生的事情重要而中途退场。因此，在提案会一开始就把提案目的明确化非常重要。要做到提案目的明确化，最重要的是要清楚自己想要传达什么内容，这些内容是否是客户所关心的。只有实现这两方面关心点的一致，提案的目的才能引起客户的真正关注（见图15-1）。

图 15-1　明确提案目的

里佩托建议以一个议程表作为提案会的开始。凯萧也提出过类似的建议。在提案会的开始，要谨慎地考虑是否分发印刷品，因为一开始就分发印刷品可能会分散客户的注意力。里佩托建议，写出议程表并说："这就是我们今天早上要涵盖的范围。"这是很好的建议，因为这样做可以使听众清楚地知道提案已经开始。议程表能够吸引听众对提案者与提案工作两方面的注意。同样重要的是，议程表有助于减少客户的紧张心理，因为当客户已经清楚地知道将要发生些什么时，他们会感觉提案者信任他们，也尊重他们的智慧。

令客户感到提案会目标明确，符合他们的需求，还有一个简单的方法。提案者可以有意用客户在向提案者布置任务时所用的相同字句重述所交付的任务。里佩托也提出了类似的建议，他认为这样做，第一，有助于重建客户的权威，并有助于使客户感觉获得了他想要的角色；第二，这样做是告诉客户，提案者已听到客户的吩咐并作出努力；第三，这样做有利于让客户感到提案者是帮助他们解决问题的伙伴，而不是对手。

在提出提案目标时，必须简明扼要，最好将许多琐碎的阶段性任务归结为一个客户最关心的重要目标。一开始就提出所有营销目标、广告目标、媒体目标，可能会令客户陷入困惑。

提案会开始时和结束时应该注意一些问题。凯萧在这方面提供了一些有参考价值的建议。他建议提案者，在开始的时候：（1）不要在开始的时候就说笑话，因为那样有失专业风格。（2）在真正进入状态的起点之前，不要开始。需要多少"暖身运动"，是非常主观的事情，提案者要自行体会。（3）不要过度地多谢并声言这是一项恩宠，因为这是不庄重的表现。要做得有礼貌，并使人愉快。（4）由一张有条不紊的议程表开始，是一个好的方式。（5）用一种有魅力的、高雅的、温馨的方式去介绍自己小组成员的姓名、职位。（6）当"起点"过后，再以"某种值得记忆的事开始"。听众对提案者的最初的印象极为重要。如果是呆头笨脑，提案者可能永远不能赢得听众。凯萧对提案结束时提案者应该注意的问题也提出了建议：（1）不要带着哭腔来结束提案，或者愈讲愈没劲，讲的都是琐事。（2）使提案结尾值得回忆。给听众的最后印象必须能更拉近关键人物，使他们同意你的说法。（3）将最强的说明者殿后。（4）不要以慷慨陈词作结尾。华丽的修辞听起来像是绝望的祈祷，建议用大胆的、充满信心的结尾。（5）重复一次是可以接受的。可以重述任务并强调你将如何完成它。（6）使提案结尾戏剧化。（7）事后留给客户的材料或计划书必须把字打得很好，并包含提案会中所有重要的内容，包括对每一位将为客户服务的广告小组成员的介绍，要对这些人的经验、技能以及特殊能力全部加以细述。留给客户的材料还应该包括广告公司的名称、地址与电话号码。建议客户可随时打电话要求更多的信息和材料。

广告公司要认真选择提案者。广告公司是由各种类型的人组成的。有些策划小组中的核心策划人员可能不善言辞，在人前神经紧张，不善于当众演说。如果是这种情况，不要只因为他们是运筹帷幄的策略制定者或才华横溢的创作者而强迫他们去提案。一定要选择善于提案的人。执行提案的人可以在小组成员介绍时强调那些对提案作出重要贡献的人物。作为广告文案创作者，如果觉得自己并不适合进行与客户面对面的交流，可以将这种想法告诉自己的上司，以提醒上司选择更为合适的人员。凯萧建议，提案者在知道哪些人是听众以及有多少人听之前不要选定提案者。另外，许多客户在提案小组人员的数目比他们多时会感受到不自在。广告代理公司进行提案的全部人选都应在提案中扮演某种功能上的角色。在提案会中，如果客户看到某人明显只是为了填补空位而入选提案小组成员的话，可能感觉不好。

如何把好的内容有效传达给信息接受者，其实是非常困难的一件事。内容再好，如果无法赢得客户的信任，也无法实现提案的目的。缺乏自信的提案会令人对提案的可执行性产生怀疑。要做到成功传达，必须注意以下方面：（1）语言和说话方式。语言要简明易懂，少用专业术语，尽量用客户能够理解的方式说话。说话方式要简洁、明快、鲜明，少用抽象用语、空洞的华丽辞藻和容易引起思维混淆的语言。同时，要注意音量的大小适中，不要过大或过小；注意要有抑扬顿挫，尽量避免令客户感到厌倦。（2）态度、表情和视线。要让客户感到你是在非常认真地对待自己的工作。尽量面带微笑地进行提案。当然，必要时可利用各种丰富的表情。提案者必须和关键人物有充分的眼光接触，同时注意处理好视线在前、左、右三方之间的调节，不要让客户中的某些人感到自己被冷落。（3）姿态。要显示出良好的精神状态。不论站或坐，都要精神饱满。

在提案前，要进行几次合适的演练，让同事、朋友提出看法和意见，但是不要过度演练。过度的演练可能导致提案者在提案会上感到紧张和缺乏应变。

在提案前，如有可能，应该了解提案会的物理环境。这方面的工作主要包括：（1）了解会场大小和布置。提案是希望和客户进行良好的双向沟通，因此应该避免可能引起交流困难的各种潜在障碍。如果提案会场是由提案者准备的，则应该对客户的位置作出合适的安排。（2）检核物理环境因素。在提案前一天，最好花点时间对房间及设备（出入口、空调、电源、灯等）做一次检查，并且再次对可能对提案产生影响的声音源做检查，比如空调声音、外部噪声、设备噪声、开关门的噪声等。要使提案者对可能出现的干扰有心理准备。

表15-1是本书作者根据自己的提案经验，结合其他一些提案者的经验制定的对提案物理环境的检核表。提案前，可以加以参考。

表15-1　对提案物理环境的检核表

- 事前考察提案的场所。
- 知道电源插座的位置。
- 检查是否能把房间变暗，以便于屏幕显示或幻灯显示。
- 检查投影仪、幻灯机、电脑等设备。
- 如果要用投影，检查投影屏幕的位置、高度是否合适。
- 检查灯光是否可以调节。避免在完全黑暗中作说明。如果在投影或播放电视片时关灯过暗，则可以准备辅助光源。
- 如果需要白板，一定要检查是否有专用的水笔。最好在提案前准备好新的专用水笔。不要把普通油笔和白板专用水笔混淆，否则白板的字迹将很难擦掉。
- 看看是否需要悬挂物品用的架子。
- 看看是否需要指示棒或激光笔。
- 事前要谨慎地安排桌椅。
- 决定是否需要麦克风。如需要，则必须调节好合适的音量。
- 如果使用讲台和讲稿，则要检查讲台的灯光，检查放讲稿的倾斜台面。
- 给听众准备纸、铅笔以及干净的烟灰盘和茶杯等器具。

第四节　广告提案书的制作和使用设备

广告提案书的制作和使用设备的问题其实也属于提案技巧范畴，但是因为这两个部分构成准备提案和进行提案过程中非常重要的部分，具有一定的独立性，因此特别单列一节做讲解。

广告提案书的制作是准备提案过程中非常重要的一个部分。前一节中提到，制作资料是将决定的提案内容制作成一定形式的提案书，并配合提案中所需的有关资料和材料。一定形式的提案书是广告提案书制作的主体工作目标。目前，由于笔记本的普及和相应办公软件的飞速发展，Microsoft Power-Point（PPT）文件已经成为最常使用的提案书形式。以 PPT 文件为演示主体的提案会，还可能配合以播放录像带、DVD/VCD、展示广告脚本、展示广告实物形式等表达方式。

广告提案书和广告策划书是有区别的。要注意，广告提案书不一定就是广告策划书。广告策划书可以是非常详细的书面计划书，往往还有很多附件（包括各种调查报告、统计报告以及相关资料）。广告提案书必须是更加简明、重点更加突出的提案用计划书。但是，有时广告公司也常常把广告提案书打印成书面形式，直接作为广告策划书提交给客户。在这种情况下，也可以把广告策划书理解为书面形式的广告提案书。

那么，具体的广告提案书的内容主要有什么呢？一般情况下，不管什么形式的广告提案书，大致都包括绪论、本论和结论三大部分，提案者可以在这三大部分中根据自己的实际情况使用合适的小标题，分割有关内容。

广告提案书的制作在内容方面大致可以分为以下步骤：（1）决定提案书内容要素；（2）决定提案书大纲；（3）写出各要素的要点；（4）为要点拟订相应的内容；（5）考虑各部分内容的时间安排；（6）对提案书有关内容进行视觉化；（7）调整广告提案书的有关格式。广告提案书的主要内容其实都来自广告策划过程中所收集的各种资料，建立在广告策划书的写作基础之上。因此，好的广告策划书其实是广告提案书内容拟订的根本。

时间安排是广告提案书制作中很容易被忽视的环节。有些提案者希望在有限的时间内塞入很多的内容，但是很容易到最后来不及讲述最关键的部分，弄得手忙脚乱。

一般情况下，提案会的长度为30分钟、45分钟或1小时。当然，也有例外的情况。时间长度通常是由客户规定的。不论何种长度的提案，最好在客户疲倦之前结束。通常，提案提早结束，不会有人抱怨，但是时间延长，则可能招惹怨言，因为这可能占用了客户开展其他重要工作的时间。所以，在准备提案书时，要留下充分的时间，避免超时。

在比稿时，如果有几家公司参加比稿，客户通常会让几家公司进行抽签，以决定提案顺序。这种比稿情况要求提案者控制好时间，尽量不要超时，否则可能打乱整个安排。在最糟糕的情况下，客户可能打断提案者的提案。如果这种情况发生，提案成功的可能几乎就丧失了。

　　具体时间的分配也应该讲究技巧。心理学家对一定时间内接受者的注意力集中度有过研究。研究发现，按照 45 分钟的时间长度来看，接受者的注意力在最初的 10 分钟时最高，此后注意力急速下降，30 分钟左右降至谷底，在40—45 分钟的最后 5 分钟，注意力又会急速上升。① 图 15 – 2 是一个大致的注意度曲线图。

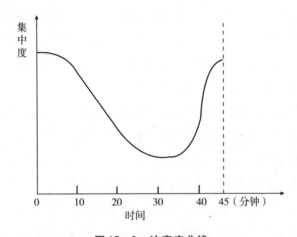

图 15 – 2　注意度曲线

　　因此，作为提案者来说，如果是 30 分钟的提案，可以将提案时间控制在25 分钟左右，这样可以避免接受者注意力急速下降的阶段。当然，提案者也可以通过提高关心度的办法防止接受者注意力集中度的下降。

　　为了使客户能够方便、轻松地接受信息，提案者必须利用各种方法来加强所传达的信息的效果，同时也要加强信息传达的效率。对信息进行视觉化是一种重要的手段。PPT 文件之所以深受欢迎，其中一个重要的原因就是它能提供非常便捷的视觉化方法。

　　视觉化的优点主要在于以下几个方面：（1）在同样的时间内，接受者通过视觉化可得到较多的信息量，同样的信息量通过视觉化所需的传播时间较少。（2）

---

① ［日］富士全录：《如何提案》，朝阳堂 1991 年版。

和只用语言表示相比较，视觉化信息更能令人记忆深刻。（3）视觉化信息更能吸引接受者的注意力，使其注意力集中。（4）视觉化信息能够更好地唤起提案者对内容的理解，使提案者更有效率地进行语言整理，避免语言可能造成的失误。

在进行信息视觉化处理时，应该注意一些主要问题：（1）视觉化要简单易懂，避免引起误解。（2）要和整个提案书保持风格的统一，不要给人杂乱无章的印象。（3）在每一页内不要有过多的讯息，最好能够做到一页一讯息。

有一项研究报告说，成年人的眼睛平均必须每 9 秒钟加以刺激，否则它就会失去注意力。这对于广告提案者来说是一个相当大的挑战。美国人喜欢用图表说明问题，但不太喜欢提案中漫画式的图表，他们认为这样显得不太严肃，会降低专业水准。日本由于漫画非常流行，所以大量使用漫画来增进理解。在中国，目前广告提案中的视觉化也以图表为主，经常利用图片展示做配合。随着国际交流的加强以及世界通用软件的流行，各国的提案方式已经越来越相像。

提案者应该有在现场展示自己工作技巧的能力。有些人甚至提出，应该炫耀自己的工作。朗坊·霍夫认为，应该让客户走进门就产生兴奋。他说，一个好的做法是要学会展示广告活动，要会做一组标题，把标题放大、贴在厚纸板上，并把这些标题放在房间四周。他认为这样可以给客户广告活动能永远进行下去的感觉。凯萧也是一位创造兴奋者。他说，如果允许的话，就该把墙壁用广告装饰起来。展示年报、商品、海报、宣传小册等，要做得看起来使人兴奋。但炫耀自己的工作千万不能过头，否则会给客户留下哗众取宠、华而不实的印象。凯萧说："有一次，我们要到离家千里外去作说明会，我们在会议室中安装临时墙壁以展示我们的作品。我们在墙壁上做得很成功，但对这个客户并不成功，这证明已经努力过头了。"①

在准备提案和进行提案时，必然要运用各种工具。以前，提案者经常使用白板、幻灯片、投影胶片，以及手画图表与大小不等的看板等辅助工具。如今，最常用的是通过手提电脑和投影仪显示 PPT 文件。但是，在实际提案中，白板、幻灯片、投影胶片、手画图表、看板等辅助工具依然在使用，有些时候还非常有用。表 15－2 是常用提案工具的优缺点和使用时的注意事项。

---

① 转引自［美］丹·E. 舒尔茨：《广告运动策略新论》，中国友谊出版公司 1991 年版，第 301 页。

表 15 - 2　常用提案工具的优缺点和使用时的注意事项

工具名	优点	缺点	注意事项
PPT 文件	• 制作方便 • 容易存储和复制，不仅可配合笔记本电脑使用，也可通过拷贝到软盘在任何电脑上演示	• 如果是制作方面的问题，可能出现显示不清楚的情况 • 不利于临场应变 • 不利于互动交流	• 制作时正确使用模板 • 制作时正确使用颜色、字号、图表、插图 • 注意在提案前检查电脑、投影仪、投影屏幕、有关连线、电源等 • 在提案前检查会场能否调节到较暗状态 • 最好使用指示棒或激光笔指点投影屏幕
白板	• 使用方便，可直接用水笔书写 • 便于应变 • 便于互动交流，可让听众参与	• 如书写不清，会影响信息传递 • 书写时，会造成沟通暂停 • 不适合大会场	• 注意用专用水笔书写 • 避免在大会场使用 • 书写要清楚 • 一次书写内容不要太多
幻灯片	• 容易携带 • 容易保存	• 对灯光要求比较高，需要会场较暗 • 提案时，说话和操作比较难配合	• 在提案前检查会场能否调节到较暗状态 • 注意操作，最好自己操作 • 一定要检查，避免倒置幻灯片 • 最好使用指示棒或激光笔指点投影屏幕
手画图表	• 制作方便 • 成本低廉 • 便于携带 • 便于复印分发	• 不适合大会场 • 容易损坏	• 一定要清楚 • 使用前一定要注意顺序 • 使用后一定要按顺序放好，以便听众提问时再次使用
看板	• 可进行较具冲击力的展示（如展示海报、户外广告的模拟效果等） • 有现实感 • 可悬挂在墙壁上	• 高质量的看板制作较花时间 • 可能需要一定的成本 • 携带不太方便 • 容易损坏	• 一定要选择合适的材料，不要因为反光等因素使客户无法看清 • 注意保护 • 可能需要助手帮助展示
录像带/DVD/VCD	• 生动 • 声画俱全	• 成本高 • 比较难以和解说相配合	• 提案前，一定要检查相关器材 • 注意灯光环境

其他常用工具还包括实际展示物品、麦克风、音响等，这些实物、器材或工具是提案演示中可能需要的辅助性物品，可根据实际需要和具体环境进行安排。

凯萧认为，在使用视觉器材前后，都要加以研究。他对使用幻灯片与图表给出下列建议。① 虽然他是针对使用幻灯片而言，但其实在制作视觉性图表时，下列这些忠告都是很好的参考。

（1）在幻灯片映出瞬间，阅读幻灯片上的一切事物。不要打出一张幻灯片而讨论另外的事情。眼睛看到什么就说什么，两者要配合在一起。

（2）永远不要背对观众念幻灯片或图表。做一份记事卡或笔记，放在手边，这样你不必看着屏幕诵读。

（3）视听器材是应该帮助你提案的。如果图表散得到处都是，幻灯片卡在一起或映出来上下颠倒，那么这些器材其实是毁掉了传播。这些事情能通过适当的预演防止发生。

（4）学习使用指示棒。指示棒是一种不可思议的工具。用得适当，观众就会被它吸引。它能使你与银幕或图表保持一定距离，而你也不会挡住观众的视线。

（5）将白字写在蓝、红或绿的底色上，通常最易于阅读（这是因为房间至少有一部分变暗；这并不与有关反白字难念的法则相矛盾）。

（6）永远不要在提案会上展示故事板。用幻灯片拍好各个镜头，再把语言录在录音带上，同时播放（有些人对此持不同意见，读者和实际使用者可根据实际情况选择合适的使用方法）。

（7）在你说话的过程中如果提到小册子、包装或广告作品，通常应给观众看。如果可能的话，就把它交给观众，让他们更仔细地看。

（8）当你展示广告时，通常应把标题念出来，也可把副标题念出来。如果写得不错，更要念出来。但永远不要念全部文案——这太费时间了。

（9）如果你播放一个广播广告，为了使效果更好，可以随同这个广播广告放映一部无声电影片（或一系列的幻灯片）。例如，表现行驶在公路上、从驾驶座位上所拍摄的情景时，模拟汽车收音机的实际效果。这种添加是一种推销术。

（10）除非有必要，一位提案者应只使用一种视觉器材，这样他会好过得

① ［美］丹·E. 舒尔茨：《广告运动策略新论》，中国友谊出版公司1991年版，第301—304页。此处经过整理。

多，免得从幻灯片转到图表，再转到影片——那是跟自己过不去。

（11）应多次校对材料。这是一成不变的法则。如果因疏于检查而出现错误，并于提案会前无法更正，通常应自己指出来，不要让观众找出来。

（12）要有足够的时间去对视觉材料作调整，校正排印错误并加以预演。

即使做了充分准备，但是在实际的提案过程中，仍然可能出现各种意想不到的情况。提案人员必须有足够的心理准备和应变能力。提案是一种艺术，需要不断地实践，才能掌握其中的奥秘。优秀的广告文案创作者不一定是优秀的提案者，但是，如果优秀的广告文案创作者具有良好的提案能力，他将有更多的机会使自己创作的文案被广告主认可，也将从广告提案这项工作中获得更多的成就感。

第十六章　广告计划的执行与效果评估

　　提案一旦获客户通过，对于广告公司来说，接下来的任务就是帮助客户执行广告计划了。在广告计划的执行过程中，往往需要其他协同公司的协作。广告计划的执行过程涵盖本书所涉及的广告策划的所有内容。执行的能力是反映一个广告公司实力的决定性标准。广告计划的执行常常需要进行效果的评估。

　　对于广告的认识一般存在两种观点。一种观点认为，广告是为了控制人们的行为，从而使他们购买自己不需要的东西。另一种观点则认为广告是有用信息，它使人们能够做出更好的消费决定。广告的本质其实介于两者之间。人们发现，一些广告是有价值的。美国一项研究报告显示，46%的读者经常性地阅读星期日报纸的广告插页，另有26%的读者偶尔看它们。发现超市广告有用的那些人也许会避免在电视广告上寻找医疗产品。然而，电视可以非常有效地告诉人们哪些东西是有用的。从社会的角度看，最好的广告消费者是那些能够理解广告的目的，以及知道广告是如何产生的消费者。他们可以按照自己的目的而不是按照广告主的目的来使用广告。然而，对于广告主和广告策划者来说，要知道广告对潜在消费者产生了什么样的具体效果，是非常困难的事；而要知道广告对于销售的贡献，更是难上加难。

第一节 广告效果评估及其意义

一、什么是广告效果以及广告效果评估

所谓的广告效果，简单地说，是指由于广告的作用而产生的结果。比如，消费者态度的变化，消费者购买行动的发生，等等，都可能是广告的效果。广告效果评估可以分为对单个广告作品效果的评估和对广告战役（或叫广告活动）效果的评估。单个广告作品效果的评估既可以独立开展，也可以作为广告战役效果评估的一部分。正因为这个原因，本书重点对广告战役效果评估如何开展进行介绍，而不再单独强调单个广告作品效果的评估。

广告效果评估，在最直接的意义上，就是对于所制定的各种广告活动目标的测评。广告效果评估是系统的广告策划应该考虑到的重要一环。本书提供了进行广告策划的系统框架，这一框架之所以有其意义，是因为其中贯穿着一个理念，即要在广告策划中为各不同阶段与任务制定可评估的目标。我们在确定广告活动全部目标（包括总体目标和各个具体目标）时，在进行预算时，在实施创意策略时，在准备媒体计划时，甚至在将额外的销售促进内容整合于广告活动时，都应该强调制定一定的目标。

广告主要求获知自己投资做的广告到底有何效果，是理所当然的。在一些广告公司中，广告评估过程被称为"进行解释的责任"（Accountability）。广告主常常要求广告公司给出对于广告效果的评估，并给出相应的证据。

广告效果评估会用到一些广告调查研究，主要是对广告的事中和事后的效果作出测评。读者可以注意到，本书在提及广告效果时，用的相关词语是"评估""测评"或"测试"，而不是"测定"（读者可能会在其他著作中看到"广告效果测定"的说法）。本书作者认为，实际上，任何广告效果是无法真正地被"测定"的。正如本书前文所提到的，广告本身处于社会环境、营销环境中，把广告的效果完全分离出来是不可能的。因此，对于销售而言，广告的贡献也不可能被完全精确地分离出来。如果希望知道广告的效果，那么我们实际上只能做到尽量科学化的评估或测评。

二、广告效果评估的意义

既然广告效果实际上的精确测定是不可能的，那么为什么还要进行广告效果的评估呢？简单地说，评估广告效果主要有以下理由：（1）通过对广告效果的评估，策划者可以知道为广告活动所制定的全部目标是否完成以及完成得如何。虽然不可能完全精确地知道广告的贡献，却可以知道广告活动是否按照既定的计划进行，这样就可以对广告进行科学的管理。（2）寻找广告活动的投资和报酬数量间的相关性，通过科学化的方法知道理论上的广告成本。这样可以为广告主提供一定的证据，以说明广告的意义。（3）通过对已进行的广告活动的效果进行评估，可以知道在某种前提下哪个环节可能对最终的结果产生了贡献，从而为未来的广告活动提供参考。广告效果的评估，很大一部分意义在于对未来的参考价值。

第二节　评估广告效果的理论依据

一、针对广告效果评估的代表性观点

针对广告效果的评估，大致有两种观点。一种观点认为，应该把广告效果和销售结果挂钩。该种观点的认知基础是：既然广告的最终目标是促进销售，那么它的效果评估一定要建立在对销售的测定基础之上。如果做了广告，而销售量或服务获得的营业额没有增长，那么广告就是没有效果的。另一种观点认为，广告效果的评估应该界定在对"广告本身的效果"的评估上。这种观点的认知基础是：广告只是营销的一种工具，其效果的评估应该从其本身来看。

这两种观点的存在都是可以理解的。但是，我们应该避免任何一种观点走向僵化。这是因为，一方面，销售结果受到很多因素的影响。销售好，不一定全部都是广告的贡献；销售不好，也不一定全部因为广告。另一方面，如果只停留在所谓的"广告本身的效果"，而不把这种效果和其他因素结合在一起，分析各种因素对于销售的共同贡献，则又会低估甚至影响广告积极效

果的发挥。当前的问题不在于是否去评估广告活动的结果，而在于如何去评估广告活动的结果。如果广告活动计划者在广告活动计划中建立了一些可评估的目标，则评估会大为简单。从现实意义上说，把广告效果分成传播层面和销售层面，进行多层次、多角度的评估，就显得极为重要。

二、针对各项具体目标而评估广告效果

如果基于广告计划中所含的各个目标去评估广告活动，那么其前提就是为广告活动制定一些明确的、可评估的目标。这就是我们在前文中强调广告目标的重要性的原因之一。

在进行广告效果评估时，常常会遇到一些难题。首先，人们对于广告的感觉很难精确地测量和描述。比如，在制定知名、了解、喜欢等类目标时很难获得精确的数据。其次，评估要历经一段时间。大多数广告活动都要历经数月甚至一年，广告活动的正确结果因此常难以完全保证。另外，在许多情况下，广告活动效果的建立可能需要时间。广告效果的评估很难分离出具体某段时间的广告效果。再次，广告与营销中存在多项变数。即使在评估广告活动传播效果时，区分什么是广告产生的效果、什么不是广告产生的效果，难度也很大。例如，朋友的一句话可能使某人对某产品产生了好感并成为促其实现购买行为真正最重要的因素，但是有人可能会以为这是由于某人昨天看了该产品的广告，以及现场的促销活动对其产生了影响，这些因素难以精确地分离。有些广告效果确实不能与其他方面的营销努力分开。最后，广告效果的评估通常是借助广告调查获得证据。在调查过程中，人的记忆是相当难以说明的。人们不可能记住每一件事，当然，也记不住他们看过或暴露在他们面前的之前的全部广告。在调查过程中，凭借人们记忆获得的资料也不可能完全精确。因为这些难题的存在，所以评估者需要谨慎制定具体的评估目标。

由于直接把广告和销售挂钩而进行直接的广告销售效果评估是非常困难的，所以评估广告的传播层面的效果就成为一种可以接受的替代方案。通过测试事前确定的具体的传播目标来评估广告效果，叫作广告传播效果评估。

三、"层级效果模式"理论与广告效果评估

评估传播效果的第一步是确定具体的传播目标以及评估方法。赖维奇与史坦勒的"层级效果模式"是评估的可选择的理论参考模式之一。该模式认为，消费者对产品从"不知名"到"购买"的行为演变包括六个步骤。第一个步骤是"知名"，第二个步骤为"知道"，两者都直接与产品或服务的资讯或构想有关。第三个步骤是"喜欢"，第四个步骤是"偏好"，这两个都属于"感觉"层面的步骤。第五个步骤"信服"与第六个步骤"购买"是行动或行为层面的两个步骤，可导致对某产品的实际购买。这六个步骤通常都归并为四个层面，用于广告效果评估：（1）知名/知道（通过对回忆等情况进行评估）；（2）喜欢（通过对态度改变等情况进行评估）；（3）偏好（通过对品牌使用等情况进行评估）；（4）信服（通过对购买行为进行评估）。

基于上述这种分法，在广告效果传播评估过程中就可以采用大致四个方面（也是四种程度）的评估方法。

（一）知名与知道（Awareness and Knowledge）

当产品是新的或不为人知时，广告活动的传播目标可能只是使消费者知道某品牌的存在，对品牌或销售讯息的知名加以评估最为简单。

对一既存品牌或知名的品牌而言，广告工作设定的传播目标通常是在已有的基础上，消费者是否知道新的广告讯息，或者知道的比例是否扩大。如果消费者知道新的广告讯息，或有关品牌知名度增加，广告就已达成其基本目标。

在广告活动开始以前，通常要先对当前"知名"和"知道"作评估，作为事中和事后的评估基准。这种评估结果通常都要加以量化。

针对知名/知道方面，主要采用回忆（recall）进行评估。传播效果评估的假设认为，回忆是广告传播效果的低级程度阶段。在这种程度阶段，人们能重述或复制他们接触到的广告的某些讯息；人们能够"回忆"广告讯息，对广告讯息的价值或广告可能对目标市场造成的冲击却尚未能作任何评估。

对广告的回忆进行评估，有无辅助回忆法与辅助回忆法两种方法。

所谓无辅助回忆法，是指询问受测者是否记得某产品类别中最近看到或

听到的那些广告。同时，不给他们有助于进一步确认广告主、品牌或广告讯息的暗示。

所谓辅助回忆法，是指给受测者某些暗示以帮助其回忆。例如，不问受测者是否看过或听过某种产品类别的广告，而问受测者是否能想起哪一个品牌或哪一家广告主曾使用过某种广告表现，以帮助其回忆起某广告。

（二）喜欢与态度改变（Liking and Attitude）

在这种理论中，广告传播效果的中级程度是由于广告而喜欢某产品或品牌。但是，消费者的喜欢可能由很多因素积累而成，要把广告的作用分离出来是非常困难的。

通过评估"喜欢"的程度，如果可以认定广告对消费者的心智状况或态度改变产生了效果，就可以说消费者已经度过知名与知道阶段，而对某产品或品牌形成肯定的意见。"喜欢"并不意味着消费者将买某产品，它仅意味着消费者形成肯定的感觉或印象。

评估"喜欢"的一个例证，是请消费者在某一品牌类别中提出几个可接受的品牌。所作的推定是：如果这些品牌能为人接受，那么这些品牌就是消费者所喜欢的。但是，"喜欢"和"购买"并不存在直接的关系，该方面的评估虽然是评估广告效果的重要步骤，却仍然不能认定购买行为一定发生。一位消费者可能喜欢许多品牌，却只买其中一种或几种。

（三）偏好（Preference）

广告传播效果的高级阶段是偏好。这意味着消费者在某一产品类别中，对某一品牌的喜欢程度超过其余的品牌。在广告效果评估中，如果发现广告对消费者的偏好产生了作用，则认为广告发挥了较深入的作用。

在创造产品偏好过程中，如果确证广告是主要决策因素，则不论有无任何实际销售成果，通常都认为这一广告是有效的。因为在购买行为阶段，有许多实际因素可能会产生作用，即使有效的广告也不一定能导致最好的购买行动。这一点，本书在前面已经探讨过了。

（四）购买行为（Purchasing Behavior）

在某些情况下，广告传播效果的最后阶段确实是导致购买。如果能够证明广告确实导致了某种程度的购买行为的扩大，则广告应该被认为是有效的。

比如，在直邮广告传播效果评估中，购买行为被认为是广告传播效果的重要结果。

这方面的重要评估是对"信服"的评估，即通过测评消费者的购买意向或过去的购买行为来评估广告的传播效果。购买的意图常常被认为是广告成功的强有力的指标。

此种评估的假设是：广告是一种在过去刺激消费者购买某一品牌，或在将来促使消费者发生品牌转换的一种力量。根据这种假设，在信服的大多数评估中，问题都涉及购买了什么。如果品牌转换曾经发生，或者如果消费者表示在下次购买时会发生品牌转换，就意味着这种"信服"改变是和广告相关的。这种相关严格讲是不严谨的，但习惯上也作为一种评估的形式，被经常用来说明广告传播效果的高级程度。

DAGMA 理论也是一种进行广告效果评估的重要理论依据。与赖史二氏的"层级效果模式"类似，DAGMA 理论也重在探讨广告的传播效果。这个理论把广告的目标限定在传播的范围内，设定的广告传播目标为：（1）认知；（2）理解；（3）态度；（4）行动。其中所称的认知（Recognition）和"层级效果模式"中的"知名与知道"类似。针对认知的评估主要是测试认知度（Recognition Rate）。所谓的认知度，是指对某种刺激或对象的认知者的比例；当用于商品名、商标名、企业名等特定名称时，常叫知名度；用于特性、功能等方面时，常叫作产品特性认知度。其他几个传播目标也和"层级效果模式"中的各层级有类似之处。由于设定了每个阶段的目标，所以可以通过某种方式来进行测评，进而评估广告效果。通过将最初设定的广告目标与广告评估结果相对比，可以改进对今后广告活动的管理。

还有许多行为或心理模式被用作理论基础，而设计相应的评估广告效果的方法。赖史二氏的"层级效果模式"虽然有其缺陷，但仍然是一种常用的评估广告传播效果的理论依据。

四、评估媒体计划的执行情况

读者可以发现，以上评估广告效果（主要是传播层面的效果）的理论依据本身具有某种假设的前提。而在实际的广告操作中，很多广告公司对广告效果（哪怕是广告的传播效果）的评估加以回避，并且往往只是通过评估媒体计划的执行情况对广告效果加以说明。

在介绍广告策划过程时，本书提到要确定目标并制定战略。在实施了广告战略以后，策划人员需要知道广告战略是否成功，效果的测量必须考虑下列三个因素：（1）这些广告战略是如何实现的？（2）媒体目标和广告战略的实现存在何种关系？（3）媒体计划对实现总体营销目标和广告传播目标有何作用？如果战略是成功的，就应该在未来的计划中采用它们；如果战略不成功，就应该对它们的缺陷进行分析。

如果广告效果的评估只是对媒体执行情况进行的评估，那么在某些时候，这种"退一步"的评估方法确实更能够比较客观地评价广告计划本身的执行情况；但是，这种方法也可能落入另一个陷阱，即：只注重媒体计划的完成情况，而忽视对完成所引起的最终效果的评估。毕竟，广告主更希望看到的是广告的效果，而不仅仅是媒体目标的实现。

第三节　评估广告效果的基本思想方法简介

在探讨了广告效果评估的理论依据之后，下面介绍一下评估广告效果的基本方法。评估广告效果大致有两种基本思想方法：（1）在广告战役开展的同时进行评估；（2）在广告战役完成后再进行评估。

一、在广告战役开展的同时进行评估

在广告战役开展的同时进行评估并不等于事前调查，而是在广告战役进行过程中，对广告的效果进行评估。这种评估方式可以及时发现问题，并作出相应的调整，从而有助于进一步提高广告的效果。这种评估一般又分为两种：即时研究和跟踪研究。

（一）即时研究（Coincidental Studies）

这种研究的意图在于评估广告发布时广告的暴露度与反应度。这种研究常常用于对电视和广播广告的效果研究。

即时研究最常用的调查技术是电话访问。通过打电话给目标市场对象，可以获知他们在哪些电台或电视节目中看到或听到广告；广告主可即时得知

目标市场的视听众是否接触到广告讯息，还可进一步了解到视听众得到了什么讯息。北京广播学院广告学系就建有电话调查中心。

（二）跟踪研究（Tracking Studies）

这种研究，通常是在广告战役开展期间对消费者进行一系列调查访问。研究的目标是评估广告活动已达成的暴露与效果程度。由于一般都认同广告效果要历经一段时间才能确定，因此，跟踪研究通常都按照事前决定的日程表进行。通常，进行调查访问的时间会有一些特定的时间间隔。

假设1月1日起A手机开始发动一场新广告战役，这一广告战役到12月1日止，那么广告效果评估的即时研究和跟踪研究可能发生在1月1日与12月1日之间的某些特定时间。即时研究可能在1月1日发布电视广告的一周之内就对目标受众做一系列的随机电话访问，所询问的问题可能是：（1）您看过手机类别的任何一条电视广告吗？如果被访问者看过任何一条手机的电视广告，则下一问题可以是：（2）您看过的是什么品牌的手机广告？如果被访者提及A手机品牌，那么接下去的问题可能是：（3）您在什么媒体上看过这个手机的广告？（4）您记得广告说了些什么吗？（5）您以前买过什么品牌的手机？（6）您以后会购买什么品牌的手机？

这一初步研究为以后的广告战役效果评估建立了初期基准点。评估者可能在该年3月进行另外一系列的随机电话访问，询问同样的问题。在样本是可比较的前提或假设之下，通过两次调查的比较，可以进行该期广告效果的评估。第一次电话调查因为发生在电视广告播出的短时间之后，因此可视为即时研究；第二次可以视为跟踪研究。当然，在整个广告期间，随着不同的广告片的播放或广告行动的开展，都可以做即时研究。在广告战役开展期间进行的即时研究，如果和此前的评估联系起来看，其实都可以算是跟踪研究。跟踪研究间隔的时间可以根据实际需要而定。跟踪研究还可经由亲身访问、日记或其他方法进行，但电话访问是跟踪研究最为普遍应用的方式。

在广告战役开展的同时进行评估，这种方法的主要优点是迅速了解广告效果信息。基于这些信息，有可能迅速有效地调整策划方案。其主要缺点则是限制了能取得的信息量。此外，由于很难确认最终的广告效果是如何累计起来的，所以这种方法有可能不能正确反映出广告战役最后可能的成果。所以，这种方法的重点评估内容集中在广告的传播效果层面。

有些时候，广告战役的目标可能较为集中，比如产生实际的销售行为，又如经由直接反应广告（最典型的如直邮广告），或希望通过说服现在的使用者去买更多的某品牌，或希望告知消费者某产品还有其他的用途，或将发展品牌转换作为广告目标。在将以上所说的任何一项作为广告战役的目标时，常采用另外两种基本调查技术进行评估：（1）消费者日记法；（2）消费者家中食品室查核。

消费者日记法是让消费者以日记的形式记录广告战役期间自己的消费行为。顾客或潜在顾客可能记入日记的活动有：所买的品牌、为不同场合使用的品牌、品牌转换情况、媒体使用习惯、使用折价券或其他此类活动。通过检查这些日记，评估者可以了解某广告讯息有没有效果。借助消费者日记能获得的信息数量有很明显的局限性，但这种方法常能在广告活动中作为早期预警系统，用于找出广告和消费者行为间潜在的联系，能使广告策划者对某些行动进行调整。

所谓消费者家中食品室查核，通常是指派专业调查研究人员亲身到目标消费者的家中，询问消费者最近买了什么品牌的产品，并对消费者家中的产品或品牌加以记录。这种方法可在广告战役期间多次运用。这种方法的好处在于，可以分析消费者购买习惯的变化。这种方法的一种变形是所谓的"垃圾箱法"，该方法是指由消费者收集他们自己使用过的产品的空包装，然后由调查研究小组整理和评估。

二、在广告战役完成后再进行评估

在广告战役完成后再进行广告效果的评估，即所谓的"事后测试"（post - test）。这是一种传统的广告效果评估方法。

事后测试通常也是通过日记、亲身访问、电话访问及其他方式的调查技术进行，但这种评估的重点在于根据事前所定的各种广告目标评估广告战役的最后结果。

在标准的事后测试中，广告战役针对的目标消费者被问及他们的意见、态度和行为，然后将这些结果与广告战役的目标进行比较，以确定广告投资是否达成满意的结果。

事后测试的前提是必须进行事前测试。只有通过有意义的比较，才能知道广告到底发挥了何种效果。因此，在实际的运用中，"事前与事后测试"（prepost test）是一种较常用的方法。所谓的"事前与事后测试"，是指通过对广告战役开展前的测试结果与广告战役完成后的测试结果进行比较而进行的广告效果评估。

根据"事前与事后测试"技术，广告主在开始广告活动之前，在市场中做事前测试。此测试为其后的评估提供了基准点。了解到消费者在广告战役开始之前的态度与意见，就可以与广告战役完成后的结果相比较。

比如，假定某广告活动的明确目标是使某产品在目标市场中以原有知名度为基础，提高25%的知名度。事前测试可能发现，在目标群体之中该产品已有10%的知名度。因此，要达成25%的成长目标，在广告战役结束时，产品的知名度至少要达到12.5%（以10%为基础，增加25%）。如果在广告活动结束之后，发现该产品的知名度在目标人群中达到20%，则根据广告目标来说，这一广告是非常成功——广告目标只是希望以10%为基础，增加25%的知名，而实际的知名度成长达到100%。当然，在表述广告目标时，也可以表述成：使知名度由原来的10%达到12.5%。

事后测试与"事前与事后测试"技术几乎能用来评估任何广告活动的目标。在实际运用中，这两种在广告战役完成后再进行评估的方法常常是和"在广告战役开展的同时进行评估"混合使用的。从某种意义上讲，广告战役完成后的评估其实也是一种最后阶段的跟踪评估。

第四节　评估广告效果的常用技术方法简介

虽然广告策划者要进行广告效果评估工作，但是广告效果评估过程中的调查工作通常会由调查研究部门或外界调查研究机构去执行。然而，广告策划者可能常被要求列举广告活动应以何种特定方法加以评估。因此，无论评估工作是否由广告策划者负责，广告策划者都应对各种可用的调查研究技术有所了解。这种了解有助于在广告计划中建立系统的评估制度。

这一节将对各种用以评估广告效果的常用技术方法做一些简单的介绍。

评估广告活动所需的信息通常是通过某种调查研究得来。调查研究是一种基本的社会研究方法，它的范畴不局限于广告效果的评估，其自身构成一门相对独立的学问。广告学专业的学生或相关专业的读者如果有兴趣，可以进一步深入阅读调查研究方面的书籍，本书在此只针对广告效果评估简单介绍一些重要的常用调查技术。需要指出的是，这些技术并不是只可运用于广告效果评估。

一、评估"知名/知道"或"认知"的技术

评估知名通常不涉及原因的研究。虽然广告策划者希望获知广告与"知名"效果间是否有关系，但通常很难成功。有四种评估"知名/知道"或"认知"的常用方法。

一是"是"或"否"的问题（yes – or – no questions）。例如："您曾听说过威驰汽车吗?"问题给出的可选答案是："是"或"否"。虽然"是"或"否"问题易于处理与制表，但除了直接答案之外，得不到其他方面更深入的信息。

二是开放式问题（open – end questions）。例如："您知道这款汽车是哪家公司生产的吗?"这样的问题还是不可能知道答案与广告之间的关系。

三是核对表问题（checklist questions）。例如："下列产品中哪些是丰田公司生产的?"

四是评分量尺（rating scales）。例如："您对威驰汽车印象如何?"答案可能是"很好""好""较好""一般""不好""差""非常差"。这种问题由于不同人有不同的评分标准，所以可能存在误差。

通过以上技术评估知名，可以通过信函或电话访问的形式快速得到结果，费用比较低。其结果易于制表，一般说来也直截了当。但这些方法也有缺点。例如，难以确定知名的来源，知名也可能不是来自广告活动。

二、评估回忆的技术

评估回忆通常用来确定消费者记忆广告讯息的程度。但是，回忆程度很难和购买行为建立严格的相关性。前文已经简单提及两种类型的评估回忆的技术，即无辅助回忆评估法与辅助回忆评估法。

无辅助回忆评估法。这种技术常用的问题是："您能想起在过去几周中有任何品牌的手机发布广告吗?"通常认为，在无辅助的情况下，如果受访者主动提及被调查的广告商品品牌，则广告效果强于须辅助说出品牌时的效果。

辅助回忆评估法。这种技术常用的问题是："您记得最近看过某品牌手机的任何广告吗?"这是以品牌名称帮助受访者作出回答。受访者不必去想全部手机广告，而只要集中回想某一特定品牌。要留意的是，不要给受访者太多的帮助，否则他可能凭借猜想去回答而不是回忆。

评估回忆的主要优点是至少能评估广告活动某一方面的效果。如果受访者记得广告的讯息，或者记得广告的某些部分，就能够认定广告有某种效果。这种技术的主要问题在于，回忆与购买行为可能不直接相关。受访者可能回忆某讯息，但在其做购买决策时，某讯息可能不产生影响。而且许多广告战役系列性极强，广告讯息极为相似，受访者实际回忆的可能是以前的广告讯息，而把以前的讯息放置于本次广告战役的环境中，这样就造成了评估的不准确。

三、评估态度的技术

回忆评估的技术和评估态度的技术常常联合使用。有五种基本技术用以评估态度。

(一) 直接问题法

这种调查技术常用的问题如："您会怎样描述使用 Motorola V60[①] 的情形呢?"由于每个被访者的感觉水准与程度不同，因此，该种问题常为开放式问题，需要专家作出评估。

(二) 评分量尺法

这种调查技术常用的问题如："您会怎样描述 Motorola V60 的使用性能呢?"可能的备选答案是"极易使用""易于使用""一般""难以使用""极难使用"。虽然这种问题量尺易于编码，但主要问题在于受测者的看法，某人

① Motorola V60 是 Motorola 公司于 2002 年推出的一款手机。此问题与其后相关问题为虚拟问题，只用来说明问题。

的"极易使用"的答案可能与另一人的"易于使用"的答案程度相当。换句话说，评分量尺不足以在各种不同态度间画出正确的区分线。

（三）核对表法

这种调查技术常用的问题是："在您买手机时，下列各项中哪些对你最为重要？"备选答案可能是"价格""外观""品牌""广告"等。这种调查技术只能了解大概可产生作用的因素，但无法保证能区分出最重要的要素。比如，"广告"一词对全部受测者是否意味着同样类型的广告呢？至于具体广告讯息什么样，则更难测出。

（四）语意差异测试

这种调查技术常用的问题如："您觉得使用 Motorola V60 的人是什么样的人呢？"问题的回答通常需要被调查者在一个语意量尺上选择评分。比如：

一个富于创造精神的人 ——1——2——3——4——5——6——7—— 一个墨守成规的人

（五）部分结构的访问

这种调查技术常用的问题如："您能否谈一谈您使用 Motorola V60 时，经常处于何种情境呢？"或是"您觉得什么样的装束和 Motorola V60 相配呢？"如果消费者的回答和电视广告表现的情景或人物形象极其相似，则几乎可以认为广告产生了一定的效果。运用这类技术的调查者是希望寻求一些有关资讯与态度。通过使用没有明显结构的访问，消费者有机会表述一些他自身感兴趣的事情，而这些可能是调查者以前没有考虑到的。

有关态度的测试在广告效果评估中被认为相当重要。对某产品持有利态度的人被认为较持不利态度的人更可能购买该产品。因此，在广告效果评估上，改变态度被认为较知名或回忆更为重要。然而，没有什么证据证明有利态度一定可导致购买行为。

四、评估品牌使用习惯的技术

评估品牌使用习惯，是广告效果评估中非常重要的内容。虽然广告效果评估常常在传播层面进行，但实际上，许多广告主要求把广告效果和品牌购买情况挂钩。

这类评估通常使用的技术包括商店库存研究、家中食品室查核，以及消费者固定样本调查，等等。在对消费者访问时，则主要包括有关过去、现在及未来品牌使用习惯的一系列问题。这种调查技术常用的问题是：（1）"您通常使用的洗发水品牌是什么？"（2）"您上次买的是什么品牌的洗发水？"（3）"下此你想买什么品牌的洗发水？"

对消费者进行这类评估，主要以事前测试与事后测试为基础。将消费者的品牌使用习惯改变与知名、回忆、态度测试相结合，有时可以确定广告战役的效果。虽然广告与销售之间的关系很难确定，但在对有关变量进行控制的情况下，就能较好地发现广告与销售之间的关系。

第五节　特定的评估项目和专业技术

广告效果评估既可以针对单个作品进行，也可以针对整体广告战役进行。许多调查研究公司既可以评估个别广告活动，也可以评估整个广告活动。但是，每个公司具体的调研评估方法可能会有区别，它们可能开发出各具特色的软件和评价系统。因此，广告主和广告公司在进行广告效果评估时，往往需要根据自己的实际需要设定评估项目，并选择特定的调研服务公司。

一、各种测试技术

（一）评估印刷广告的技术

斯塔奇公司开发了评估印刷广告或广告活动的常用技术。斯塔奇技术主要用于研究和评估杂志上的个别广告，但该技术也能用于研究和评估其他形式的印刷广告。斯塔奇技术包含认知与回忆的测试。该技术首先是制作一份令受测者相信他们以前曾看过的杂志名称表，然后让受测者逐页翻阅某杂志，并针对其每一个所认知的广告回答有关问题。通常，通过对某期杂志的每幅广告都加以评估，广告主即可将其广告所得分数与同一类别产品中的其他广告加以比较，或者与杂志中的全部广告加以比较。盖洛普等其他机构也提供对印刷广告的评估，大多是"认知"与"回忆"测试技术的某种形式。

斯塔奇、盖洛普等公司的服务被许多广告主所使用。然而，有些广告主与广告代理公司对此种形式的评估持怀疑态度。他们认为，这些技术所评估的只是读者对广告的回忆，而非广告的说服能力或销售效果。有一种观点认为，为增强回忆的那些设计，可能有碍发展一项强有力的销售讯息。事实也确实如此，有些广告借助哗众取宠的视觉设计提高回忆率，但可能无法有力传达销售讯息。

1982年，美国21家大广告公司发表了一篇题为《广告文案测试定位》的公开声明，该声明就建立好的文案测试系统所应具备的基本原则达成了一致的观点。声明中提出的建立好的文案测试系统所应具备的基本原则包括：应该提供与广告目标相关的尺度；应该在测试开始前，就如何使用测试结果形成统一认识；应该具备多种评估尺度，因为单一的尺度往往不足以评估广告的表现；应该建立在人类传播反应模型的基础之上；应让人考虑广告刺激的披露次数；应该体现出，所测文案越接近完稿，测试结果越准确，受试的不同实施方案在接近完稿的程度上应该一致；应该具备控制手段，以揭示环境造成的效应偏差；应该考虑样本的基本定义；应该具备信度和效度。这些文案测试的基本原则，至今仍然对广告文案测试工作具有指导作用。[①]

（二）评估广播电视广告的技术

一种常用的评估广播电视广告的方法叫作"媒体购后分析"。许多公司通常以尼尔森等公司的数字为参考，将预估的视听众与评估的视听众进行比较，作为每一广告排期表中广告实际的达成效果。这种评估方法说明这些广告是否得到所预期的暴露，以及购买媒体所达成的效率和效果如何。这种评估方法主要对于今后的购买媒体具有参考价值并且为之积累了经验。尼尔森公司开发了专门的广告效果分析系统，用以分析电视广告效果。这种分析系统主要根据电视广告的出稿量数据来分析电视广告的效果。尼尔森可以提供尼尔森电视调查报告。美国尼尔森公司通过把个人或家庭收视监测仪安装在被调查者家庭的电视机上，来调查电视的收视情况，并编成报告发行，所发行的报告称为尼尔森电视调查报告。

（三）评估互联网广告的技术

在互联网出现之前，企业已经熟悉在电视、报纸等传统媒体上刊发广告

---

① ［美］斯科特·珀维斯：《创意的竞赛：广告冲击力评估训练》，中国财政经济出版社2004年版，第19—24页。

的一般方法，并且通过大量的实践与研究，总结出评估广告讯息接触、送达情况的方法。当互联网广告使用日渐广泛之后，人们同样对评价互联网广告产生了巨大的兴趣。这种兴趣的产生，除了好奇心与求知欲的影响外，很大程度上得益于人们对利益的追求。评价互联网广告，实质上也是经济问题。

经过摸索与总结，广告界与互联网媒体机构已经总结出了一些常用的互联网广告评价指标。对于在互联网上所刊发的形象类广告，评价指标主要有互联网广告毛评点、页面浏览量、独立访客等。互联网广告毛评点是指在广告媒体计划中，特定时期内某一互联网广告的到达人数占总体推及人数的百分比。页面浏览量，也即页面点击量，通常是衡量一个互联网新闻频道或网站的主要指标。页面浏览量之于网站，就好比收视率之于电视，从某种程度上已经成为投资者衡量商业网站表现的最重要的尺度，但不作为衡量广告效果的重要指标。独立访客指访问网站的一台电脑客户端。零点到 24 点之间，相同的客户端只被计算一次。对于互动类广告的评价指标更复杂一些，常见的指标包括每次点击成本、每次行动成本、商品推广解决方案以及千人成本。每次点击成本，指互联网广告每次点击的费用。该指标被作为互联网广告投放效果的重要衡量指标。在利用这种指标衡量互联网广告投放效果时，广告主根据用户点击广告的实际行动付费，但不为那些被展示却未被点击的广告付费。有些网站认为，这种评价是不公平的，因为他们认为，有些广告虽未被点击，但是浏览者实际上已经看到广告，因此，实际上已经产生了一定的广告效果。每次行动成本，是指广告主按照广告投放的实际效果付费，即按照广告投放后回收的有效问卷或订单来计费并核算每次回应的成本。这种付费方式其实要求将互联网网站的广告费与广告实际回应挂钩。在这种模式之下，互联网网站与广告主是风险共担者。但是，如果广告投放很成功，则互联网网站的广告收益会相应增加。商品推广解决方案是基于门户级网络媒体，通过全站充分、持续地展示某商品，促使用户认知、喜好并最终购买商品的一种整合推广方式，广告主为整套方案付费。该方式适用于互联网中拥有可查看及支付功能网页的商品。互联网广告千人成本与传统的广告评价指标类似，指由某一互联网媒介或互联网媒介广告排期表送达 1000 人所需的广告成本。千人成本被视作互联网广告评估的一个基本指标。

如今，互联网广告的形态发生了巨大的变化。无论是传统的图文广告、搜索广告，还是新兴的视频贴片广告、植入式广告，无论是以追求点击率为目标的互动广告，还是以提升形象为目的的品牌广告，单纯用点击率作为评价互联网广告的主要指标，已经显得单一和不准确。为了更加精确地衡量互联网广告，"二跳率"概念被引入互联网广告评估的视野之内。当网站页面展开后，用户在页面上产生的首次点击被称为"二跳"。二跳的次数即为"二跳量"。某页面内的二跳量与某页面浏览量的比值称为页面的二跳率，这是一个衡量外部流量质量的重要指标。二跳率概念的出现，一定程度上弥补了页面流量监测上的不足；而将互联网毛评点引入互联网，则弥补了对互联网品牌广告评估上的缺失。

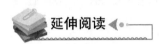
延伸阅读

超越点击——互联网广告新标准之争①

传统广告行业的媒介体系已经相对成熟，既拥有针对电视媒体和平面媒体的媒介计划工具，也有针对电视媒体的收视监测工具和全套监测广告效果的指标，这样可以便于企业与广告公司对媒体资源进行对比和选择。

多年来，针对网络营销传播的评估指标还是仅限于每千次印象费用（CPM）和每点击成本（CPC）等为数不多的几个指标。而互联网的形态在这数年间发生了巨大的变化：从最初的门户、搜索引擎、电子商务，发展到如今的视频、SNS、论坛甚至微博等更多的新业务形态。那么，页面流量、点击率这些指标还能满足对网络传播效果的评估要求吗？

二跳率、SiteFlow、IMPACT、MS 媒介策略等一系列新概念的提出，都希望从更多维度上去综合评估网络营销的效果。对它们的探索一直在进行。

1. 传统硬指标"疲软"？

商助科技产品战略总监芮涛告诉《中国经营报》记者，目前市场上主流的互联网广告评估指标分成两大类，一类是浏览者在媒介平台上发生的动作，另一类是浏览者通过点击广告进入广告主网站后发生的行为。"第一类是目前

---

① 赵正：《超越点击　互联网广告新标准之争》，《中国经营报》2010 年 6 月 14 日。本书作者根据出书需要稍作改动。

比较主流的互联网广告评估指标，包括广告的展示数和点击数，通过对广告曝光率和点击数，进行广告效果的评估和收费。目前媒介方提供给广告主的监测数据也基本是这些。"

但是，这些指标显然不能满足互联网日新月异的变化。例如，在使用展示量（CPM）指标来进行统计时，如果一个页面比较长，而图片、Flash 等形式的广告可能在页面的下半部分，需要滚屏才能看到，但是，用户忽略了这些广告或没有向下滚动鼠标。实际上，用户并没有得到广告所传递的信息，而展示数量已经被统计 1 次，这会造成广告主投放的无形损失。

"利用统计点击数指标进行统计时，反映的是浏览者主动行为的过程，相对比较科学。但利用这个指标统计时，也会存在问题，例如误点击、虚假点击等。"芮涛说。而且根据 Double Click 公司 2008 年年底对北美互联网广告投放所做的广告监测显示，图形广告和富媒体广告的点击率只有2‰，"这说明有太多的网民根本不关注互联网广告，他们为互联网广告贡献了什么很值得探讨。"新浪媒介策略中心总经理舒畅表示。

此外，随着更多新媒体形式的出现，也需要有更适合的评估指标来体现其广告传播效果，例如，网络视频类广告该用 CPM、CPC，还是该用其他指标去衡量，还处于摸索阶段。网络贴片广告的传播形式类似传统的电视广告，因此更适合用类似电视广告的评价指标去衡量，例如到达率、人均接触频次、毛评点等指标。"而对于论坛、SNS 这样的媒体形式还不够清晰化的网站来说，用传统的互联网广告监测指标就更加不适合了。"舒畅说。

2. 新标准之争

当网站页面展开后，用户在页面上产生的首次点击被称为"二跳"，二跳的次数即为二跳量。二跳量与浏览量的比值称为页面的二跳率，这是一个衡量外部流量质量的重要指标。

"二跳率能反映出流量的质量，能比较客观地反映广告素材及载体与网站匹配程度。当用户看到互联网广告，例如一个图片时，图片所展示的内容通常是很少的。只有那些真正试图了解更多信息或有采购意愿的用户，才会有更多的浏览和点击行为，而这就是二跳率指标区别于其他监测指标的核心，即二跳率能够反映出更真实、准确的用户行为，为进一步的营销提供基础。"

芮涛认为。

不过，新浪媒介策略中心总经理舒畅觉得，二跳率和广告的衡量指标相比还是有点不全面，仅可以作为衡量用户进入网站程度的重要指标，因为它对网站自身建设的依赖度更大。而黄升民也觉得，在互联网广告监测分析方面，单纯依赖"二跳"指标就能完成所有监测、分析也是不太可能的。"在实际应用中，我们仍然需要对广告的展示量、点击量等数据进行测量，并结合'二跳'指标和其他分析技术进行综合判断，从而更准确地对互联网广告效果进行监测和评估。"

3. 评估个性化

某日化企业与新浪合作推出了一个产品试用和派送的活动，通过首页的Banner广告进入企业的mini网站，由于mini网站内设计了很多形式丰富的内容，包括产品展示、护理知识讲座、论坛交流、有趣的小游戏等形式，所以该网站的人气很好，最终取得了很好的推广和促进效果。

"该企业在评估这次传播效果的时候并没有看中CPM、CPC等指标，他们做这个推广的目的是为了与消费者近距离交流、为了更好的体验，培养兴趣，因此单纯看点击率显示不出这次活动的价值。"舒畅说。

而对于经常利用互联网做新车推广的汽车企业而言，新车上市的前期、中期和后期也都有不同的营销重点与评估手段。例如，前期侧重产品展示和知名度的提升，对广告的点击率比较看重；后期则侧重口碑的影响，因此会更多地利用论坛和口碑传播方式形成话题，这个时候，点击率等指标就不适合了。

"我觉得选择什么样的评估指标，这需要结合企业的营销目标和产品传播的特点，不同的营销传播目标和不同的传播周期、传播特点都需要不同形式的评估监测指标。"舒畅告诉记者。例如，排期就可以自动预估CPM、CPC等效果数据，供客户参考；根据不同的目标，还可以增加总覆盖人数、到达率、接触频次、毛评点等更具有针对性的指标。

"通过了解更多详细的信息，我们可以帮助广告主更准确地进行后续的广告投放计划修正、广告内容修正，从而真正实现每一次投入都更加有效。"芮涛说。

（四）评估销售结果及广告对销售贡献的技术

虽然广告的传播效果和广告销售不存在简单的相关关系，但广告主常常要求以销售或营销资讯作为评估广告效果的依据。广告主内部销售资料常用来帮助了解产品销售是否对广告战役产生回应。经理人或推销人员的报告是重要的内部资料来源。通过销售评估广告效果，也常常需要外部资料。评估广告战役的销售效果的方法主要有零售店店头调查法、销售地域测试法，以及利用统计法测算广告费与商品销售的比率。此外，还有其他方法，比如亲身观察以及专家意见等。

零售店店头调查法是这些资料的主要来源。这种调查方法是对特定期间的广告商品的销售量、商品陈列状况、价格、销售点广告以及销售促进的实际情况进行调查。由尼尔森公司开发的零售指数是一种传统的评估零售情况的方法。尼尔森经常做食品零售店与药房、杂货店的研究，调查产品分销程度、产品进入不同类型商店的渗透度、产品占有率、店内分销占有率，以及竞争者的活动资讯等信息。还有些公司评估食品零售店与药房、杂货店的仓库出货情况。在销售产品上，虽然涉及许多营销因素，但通过传统的尼尔森零售指数技术进行的销售评估，有时能够寻找到广告战役和销售之间的某种程度的联系。

销售地域测试法是选择两个条件类似的地区进行广告效果的测定。其中，开展广告活动的地区称为"试验区"或"测试区"，不开展广告活动的地区作为"比较区"。广告活动结束后，就两个地区的销售变化进行比较，以检验广告对销售的贡献。销售地域测试法还有些变体，可用以测试不同创意的广告活动对同一类型目标群体的影响有何差异。

利用统计法测算广告费与商品销售的比率，也是衡量广告对销售贡献大小的常用方法。具体而言，大概有四种计算方法。

其一，广告费比率法。广告费相对销售量的比率越小，表明广告效果越大。公式为：

广告费比率 =（广告费/销售量）×100%

其二，广告效果比率法。销售量增加率相对广告费的增加率越大，广告效果比率越大，广告效果越好。公式为：

广告效果比率 =（销售量增加率/广告费增加率）×100%

其三，广告效益法。每单位广告效益越大，广告效果越好。公式为：

$$每单位广告效益 = \frac{本期广告后的平均销售量 - 未做广告前的平均销售量}{广告费用}$$

或者为：

$$每单位广告效益 = \frac{本期广告后的销售量 - 上期广告后的销售量}{本期广告费用}$$

广告费用的单位一般为元。

使用以上三种计算方式，欲求精准衡量广告对销售的贡献，关键在于分离出其他因素对销售量的贡献。

其四，广告效果指数法。这种方法是在广告活动之后，进行消费者调查，获得消费者是否看过广告，是否购买过广告商品的具体数据。假定调查结果如表 16 - 1 所示。

表 16 - 1　广告效果指数法调查结果

	看过广告	未看过广告	合计人数
购买广告商品	A	B	A + B
未买广告商品	C	D	C + D
合计人数	A + C	B + D	N

从表 16—1 中可以看出，即便在未看过广告的人数（B + D）中，也有 B/（B + D）的比例购买了广告商品，所以要从看过广告而购买的人数 A 中，减去因广告以外因素影响而购买广告商品的人数（A + C）×[B/（B + D）]，才是真正因广告而唤起的购买效果。用这一因广告而唤起购买效果的人数除以被调查的总人数，再乘以 100%，称为广告效果指数（Advertising Effectiveness Index，AEI）。广告效果指数越大，广告效果越大。广告效果的计算公式为：

广告效果指数 =（1/N）×{A -（A + C）×[B/（B + D）]}×100%

广告效果指数还有其他几种表述形式。比如，可以表示为：

广告吸引力率 = A/（A + C）- B/（B + D）

广告产生的净购买率 = {A -（A + C）×[B/（B + D）]}/（A + B）

此外，还有相关系数等更为复杂的测算方法，本书不再详述。

（五）顾客研究技术

评估广告效果还可以通过顾客研究来进行。传统的顾客研究中常用的调查方法有四种。

1. 亲身访问

这种调查方法的调查重点是顾客过去的购买行为、现在广告的讯息影响或有关竞争活动的问题。亲身访问包括入户访问、商店中途拦截式调查等多种形式。其主要优点是：有机会和顾客当面讨论并澄清所问问题的答案。主要缺点是：亲身收集资料的成本极为昂贵；此外，所访之人不在家中就不能访问，或有可能接触不到某些群体的顾客。

2. 消费者固定样本调查

这种调查方法是指通过和消费者之间的协定，由自愿的消费者配合调查者做长期持续的调查。由于通常受测者都承诺接受这些调查，因而其主要优点是回收率极高。主要缺点是：固定样本调查回应者由那些同意参加的人所组成，这一群体可能不能代表整体。

3. 邮寄问卷调查

通过邮寄分送问卷，是评估广告战役效果花费较低的方法。邮寄问卷有许多优点。在邮寄问卷调查中，通常比其他任何方式都能问更细节的问题。主要缺点是：完成研究所需时间长，而回收率常常很低。邮寄问卷调查在评估工业广告上广为应用。

4. 电话访问

电话访问是日益流行的一种为评估广告效果而收集资料的方法。电话访问有许多类似亲身访问的优点，而且花费少、快速，并能进行远距离访问。电话访问明显的缺点是不能展示广告材料以及询问很复杂的问题。广域电话服务使广告主与研究者能在一中心地点，向全国各地的人士就广告活动进行类似民意测验的调查。

二、试验市场

所谓的试验市场（或叫试验营销），是指广告主在将大量金钱投资于全国性媒体与全国性市场之前，先在小范围市场上进行市场试验，在这种试验中，考察市场对产品的反应、媒体预算、广告的效果等情况。运用这种调查方法，广告效果评估其实是试验市场这一多种因素评估活动的构成部分。因此，这种调查方法既是广告效果评估，也是为了未来广告活动所做的广告调查。

三、在实际广告效果评估中要注意的问题

在实际的调查中，几个广告主往往要求调查研究机构为他们进行联合调查，以降低费用。有时候，调查研究机构则先进行有关产品类别的调查，然后将资料进行分类整理，卖给相应的广告主。

实际上，广告效果的评估并没有一个统一的法则。根据不同广告主的不同需要，针对不同的广告目标，都可能需要用特定的技术。但是，在进行广告效果评估的过程中，有些基本问题是必须谨慎对待的。比如：用来评估广告效果的样本有代表性吗？所用样本够吗？受测者对所问的问题能够正确理解吗？评估的结果有足够的支持证据吗？

总之，广告效果评估应该尽量做到严谨、客观（虽然异常困难），因为它的意义不仅仅是为了评估以前的广告活动，还要为未来的广告活动提供参考和建议。

对于任何成功的广告主和想要获取成功的广告主来说，广告活动都是一个连续不断的"生命之环"。优秀的广告代理公司的使命是帮助其客户使这一"生命之环"永具生命力，从而为人们与社会创造更多的价值，让人们的生活更加美好。

参考文献

中文文献

北京市新闻记者工作者协会编，梅宁华、宋建武主编：《中国媒体融合发展报告（2015）》，社会科学文献出版社 2015 年版。

程宇宁：《广告创意：从抽象到具象的形象思维》，中国传媒大学出版社 2010 年版。

丁俊杰：《现代广告通论》，中国物价出版社 1997 年版。

丁俊杰、康瑾：《现代广告通论》（第 2 版），中国物价出版社 2007 年版。

傅汉章、邝铁军：《广告学》，广东高等教育出版社 1985 年版。

国家工商行政管理局广告司：《中国广告法规汇编》，中国科学技术出版社 1993 年版。

高志宏、徐智明：《广告文案写作》，中国物价出版社 1997 年版。

华光彦、王慎之：《市场调查预测和决策》，宁夏人民出版社 1985 年版。

何辉：《从分析作品开始学做广告》，中国广播电视出版社 2000 年版。

何辉：《当代广告学教程》，北京广播学院出版社 2004 年版。

何辉：《创意的秘密：关于创造的思考》（第 2 版），中国传媒大学出版社 2005 年版。

何辉：《从分析作品开始学做广告》（第 2 版），中国传媒大学出版社 2007 年版。

黄京华、杨雪睿、吕明杰：《多种形态的中国城市消费者》，中国轻工业出版社 2004 年版。

黄升民、陈素白、吕明杰：《多种形态的中国城市家庭消费者》，中国轻工业出版社 2006 年版。

黄升民、丁俊杰、黄京华等：《2009—2010IMI 城市居民消费行为与媒体接触研究报告》，中国广播电视出版社 2009 年版。

黄升民等：《数字化时代的中国广电媒体》，中国轻工业出版社 2003 年版。

黄升民、段晶晶：《广告策划》，中国传媒大学出版社 2006 年版。

黄升民、黄京华、王冰：《广告调查》，中国物价出版社 1997 年版。

黄升民、宋红梅等：《中国农村居民消费形态与媒介接触行为研究——以河北省 A 县、浙江省 B 县和黑龙江省 C 县为例》，中国广播电视出版社 2010 年版。

贺雪峰：《乡村社会关键词》，山东人民出版社 2010 年版。

胡晓芸：《广告文案写作》，杭州大学出版社 1998 年版。

胡晓芸：《品牌传播效果评估指标》，中国传媒大学出版社 2007 年版。

吕尚彬等：《广告文案教程》，北京大学出版社 2007 年版。

刘湘萍：《西方学术视野中的广告研究》，《南京财经大学学报》2006 年第 6 期。

苗杰主编：《现代广告学》，中国人民大学出版社 2008 年版。

倪宁：《广告学教程》，中国人民大学出版社 2001 年版。

孙五三、曾宪植选编：《广告策划技巧 20 例》，青岛出版社 1993 年版。

孙有为：《广告学》，世界知识出版社 1991 年版。

孙有为：《整体广告策划》，世界知识出版社 1991 年版。

谭启明、奥美公司：《丑小鸭——奥美的创意观点》，中国物价出版社 2003 年版。

王甦、汪安圣：《认知心理学》，北京大学出版社 1992 年版。

徐百益：《广告实用手册》，上海翻译出版公司 1986 年版。

肖德荣、王珊：《中国当代消费形态下的广告理论述评》，《中南林业科技大学学报（社会科学版）》2008 年第 1 期。

夏晓鸣、钱正、曹晓燕编：《广告文案写作》，武汉大学出版社 2006 年版。

俞国良：《创造力心理学》，浙江人民出版社 1996 年版。

余明阳、陈先红主编：《广告策划创意学》，复旦大学出版社 2003 年版。

杨荣刚：《现代广告学》，经济科学出版社 1987 年版。

杨朝阳：《广告战略与广告企划（1）》，内蒙古人民出版社 2000 年版。

杨朝阳：《广告战略与广告企划（2）》，内蒙古人民出版社 2000 年版。

余艳波、张明新：《广告的科学性与艺术性之争：源流与辨析》，《湖北大学学报（哲学社会科学版）》2006 年第 6 期。

张金海：《20 世纪广告传播理论》，武汉大学出版社 2002 年版。

张树庭、吕艳丹主编：《有效的品牌传播》，中国传媒大学出版社 2008 年版。

［美］爱德华、张伯伦：《垄断竞争理论》，周文译，华夏出版社 2013 年版。

［德］安德雷亚斯·布霍尔茨、沃尔夫兰·维德曼：《营造名牌的 21 种模式》，中信出版社 1999 年版。

［美］安德鲁·杰夫：《谁主鱼》，知识出版社 2004 年版。

［美］阿尔·里斯、劳拉·里斯：《公关第一，广告第二》，上海人民出版社 2004 年版。

［美］阿尔伯特·拉斯克尔：《拉斯克尔的广告历程》，新华出版社 1998 年版。

［英］奥利弗·博伊德-巴雷特、克里斯·纽博尔德编：《媒介研究的进路：经典文献读本》，新华出版社 2004 年版。

奥美公司：《奥美看奥美》，中国人民大学出版社 2005 年版。

［美］彼得·伯格托、托马斯·卢克曼：《现实的社会构建》，北京大学出版社 2009 年版。

［美］本杰明·B. 莱希：《心理学导论》，上海人民出版社 2010 年版。

［美］巴茨等：《广告管理》（第 5 版），清华大学出版社 1999 年版。

［美］保罗·梅萨里：《视觉说服：形象在广告中的作用》，新华出版社 2004 年版。

［美］保罗·萨缪尔森、威廉·诺德豪斯：《经济学》（第 19 版），萧琛主译，商务印书馆 2013 年版。

［法］贝纳德·格塞雷、罗伯·埃伯格：《广告创意解码》，中国物价出版社 2003 年版。

〔美〕丹·E. 舒尔茨：《广告活动策略新论》，中国友谊出版公司 1991 年版。

〔美〕丹·海金斯：《广告写作艺术》，中国友谊出版公司 1991 年版。

〔美〕德尔·I. 霍金斯、罗格·J. 贝斯特、肯尼思·A. 科尼：《消费者行为学》，机械工业出版社 2000 年版。

〔美〕大卫·奥格威：《一个广告人的自白》，中国友谊出版公司 1991 年版。

〔美〕大卫·奥格威：《广告大师奥格威：未公诸于世的选集》，机械工业出版社 2003 年版。

〔美〕大卫·奥格威：《奥格威谈广告》，机械工业出版社 2003 年版。

〔美〕戴维·阿克：《管理品牌资产》，机械工业出版社 2007 年版。

〔美〕菲利普·科特勒：《营销管理》，上海人民出版社 1990 年版。

〔美〕菲利普·沃德·博顿：《广告文案写作》，世界知识出版社 2006 年版。

〔美〕葛斯·哈伯：《差异化行销》，内蒙古人民出版社 1998 年版。

〔德〕黑格尔：《美学》，商务印书馆 1996 年版。

〔美〕杰弗里·C. 亚历山大：《社会学的理论逻辑（第一卷）：实证主义、预设与当前的争论》，商务印书馆 2008 年版。

〔美〕杰弗里·C. 亚历山大：《社会学的理论逻辑（第二卷）：古典思想中的矛盾：马克思和涂尔干》，商务印书馆 2008 年版。

〔美〕吉曼·萨可：《广告媒介实务：广告媒介研究、策划与购买指南》，世界知识出版社 2001 年版。

〔美〕乔治·路易斯：《乔治·路易斯大创意》，中国人民大学出版社 2008 年版。

〔德〕卡尔·马克思：《资本论》（第三卷），人民出版社 2004 年版。

〔美〕克劳德·霍普金斯：《我的广告生涯·科学的广告》，新华出版社 1998 年版

〔美〕克利福德·G. 克里斯蒂安：《媒体伦理学：案例与道德论据》（第 5 版），华夏出版社 2000 年版。

〔美〕凯瑟琳·米勒：《组织传播》，华夏出版社 2000 年版。

［英］莱昂内尔·罗宾斯：《经济科学的性质与意义》，商务印书馆 2000年版。

［美］罗格·D. 布莱克韦尔、保罗·W. 米尼德、詹姆斯·F. 恩格尔：《消费者行为学》，机械工业出版社 2003 年版。

［法］罗兰·巴特：《神话——大众文化诠释》，上海人民出版社 1999年版。

［美］劳伦斯·明斯基等：《如何做创意：十三位美国杰出创意指导和文案撰稿人的创意观念、方法与作品》，企业管理出版社 2000 年版。

［美］里斯、特劳特：《定位》，中国财政经济出版社 2002 年版。

［德］曼弗雷德·布鲁恩：《传播政策》，复旦大学出版社 2005 年版。

［美］曼昆：《经济学原理》，梁小民译，生活·读书·新知三联书店1999 年版。

［美］马克·布莱尔、理查德·阿姆斯特朗、迈克·墨菲：《360 度品牌传播与管理》，机械工业出版社 2004 年版。

［美］马克·波斯特：《第二媒介时代》，南京大学出版社 2005 年版。

［美］马克·波斯特：《信息方式：后结构主义与社会语境》，商务印书馆 2000 年版。

［美］马克斯韦尔·麦考姆斯：《议程设置：大众媒介与舆论》，北京大学出版社 2008 年版。

［英］马歇尔：《经济学原理》，商务印书馆 2005 年版。

［英］琼·罗宾逊、约翰·伊特维尔：《现代经济学导论》，商务印书馆1982 年版。

［英］琼·罗宾逊：《不完全竞争经济学》，王翼龙译，华夏出版社 2013年版。

［美］乔治·E. 贝尔齐、迈克尔·A. 贝尔齐：《广告与促销：整合营销传播展望》（第 4 版），东北财经大学出版社 2000 年版。

［美］乔治·贝尔齐、迈克尔·贝尔齐：《广告与促销：整合营销传播视角（第 6 版）》，中国人民大学出版社 2008 年版。

［美］乔治·费尔顿：《广告创意与文案》，中国人民大学出版社 2005年版。

［法］让·波德里亚：《消费社会》，南京大学出版社 2006 年版。

［法］热拉尔·拉尼奥：《广告社会学》，商务印书馆 1999 年版。

［日］仁科贞文：《广告心理》，中国友谊出版公司 1991 年版。

［美］斯科特·珀维斯：《创意的竞赛：广告冲击力评估训练》，中国财政经济出版社 2004 年版。

［美］萨姆·希尔、克里斯·莱德勒：《品牌资产》，机械工业出版社 2004 年版。

［法］萨伊：《政治经济学概论》，商务印书馆 1963 年版。

［美］斯坦利·巴兰、丹尼斯·戴维斯：《大众传播理论：基础、争鸣与未来》，清华大学出版社 2004 年版。

［美］唐纳德·帕伦特：《广告战略：营销传播策划指南》，中信出版社 2004 年版。

［美］唐·舒尔茨等：《重塑消费者：品牌关系》，沈虹、郭嘉等译，机械工业出版社 2015 年版。

［美］唐·舒尔茨、海蒂·舒尔茨：《整合营销传播：创造企业价值的五大关键步骤》，王茁、顾洁译，清华大学出版社 2013 年版。

［美］汤姆·狄龙等：《怎样创作广告》，中国友谊出版公司 1991 年版。

［美］威廉·阿伦斯：《当代广告学》，华夏出版社 2000 年版。

［英］西莉亚·卢瑞：《消费文化》，南京大学出版社 2003 年版。

［美］约翰·菲利普·琼斯：《广告何时有效》，内蒙古人民出版社 1998 年版。

［美］约翰·菲利普·琼斯：《广告与品牌策划》，机械工业出版社 1999 年版。

［英］约翰·希克斯：《经济史理论》，商务印书馆 1987 年版。

［美］约翰·费斯克：《英国文化研究和电视》，中国社会科学出版社 2000 年版。

［美］约瑟夫·E. 斯蒂格利茨、卡尔·E. 沃尔什：《经济学》（第 4 版上），黄险峰、张帆译，中国人民大学出版社 2014 年版。

［美］朱丽安·西沃卡：《肥皂剧、性和香烟》，光明日报出版社 1999 年版。

英文文献

Advertising Age, April 21, 2003.

A. Lasker, *The Personal Reminiscences of Albert Lasker*, American Heritage, December, 1954.

Barbara Mueller, "Reflections of Culture: An Analysis of Japanese and American Advertising Appeals", *Journal of Advertising Research*, No. 3, Vol. 27, 1987.

Claude C. Hopkins, *My Life in Advertising & Scientific Advertising: Two Works by Claude* C, Hopkins. NTC Press: Lincolnwood, 1990.

David Ogilvy, *Ogilvy on Advertising*, New York: Crown Publishers, Inc., 1983.

Don Schultz, Stanley Tannenbaum, and Robert Lauterborn, *Integrated Marketing Communications*, Lincolnwood, IL: NTC Publishing Group, 1993.

Hanjun Ko, Chang – Hoan Cho, and Marilyn S. Roberts, "Internet Uses and Gratification: A Structural Equation Model of Interactive Advertising", *The Journal of Advertising*, Vol. 3, No. 2, 2005.

John S. Wright, Wills L. Winter, Jr. Sherilyn K. Zeigler, *Advertising*, McGraw – Hill, 1982.

Jon Steel, Truth, *Lies & Advertising*, New York: John Wiley&Sons, 1998.

J. Thomas Russell, W. Ronald Lane, *Kleppner's Advertising Procedure*, Prentice Hall, 1999.

Justine Rapp, Ronald Paul Hill, Jeannie Gaines, and R. Mark Wilson, "Adertising and Consumer Privacy: Old Practices and New Challenges", *The Journal of Advertising*, Vol. 38, No. 4, 2009.

P. Lazasfeld, Berelson, *The People's Choice*, New York: Columbia Universiting Press, 1948.

Leo Burnett, *100 Leo's*, Chicago: NTC Business Books, 1995.

M. Guirdham, *Interpersonal Skills at Work*, New York: Prentice Hall, 1995.

R. L. Gregory, *The Intelligent Eye*, New York: McGraw – Hill, 1970.

Rosser Reeves, *Reality in Advertising*, New York: Alfred A. Knopf, 1961.

Shintaro Okazaki, Barbara Mueller, and Charles R. Taylor, "Measuring Soft – Sell Versus Hard – Sell Advertsing Appeals", *The Journal of Advertising*, Vol. 39, No. 2, 2010.

Tom Duncan, *IMC: Using Advertising & Promotion to Build Brands*, New York: McGraw – Hill, 2002.

William H. Bolen, *Advertising*, John Wiley Sons, 1981.

责任编辑:张 燕
封面设计:赵 畅
责任校对:吕 飞

图书在版编目(CIP)数据

广告学教程/何辉 著. —北京:人民出版社,2016.5
ISBN 978 - 7 - 01 - 016086 - 3

Ⅰ.①广… Ⅱ.①何… Ⅲ.①广告学-高等学校-教材 Ⅳ.①F713.80

中国版本图书馆 CIP 数据核字(2016)第 074733 号

广告学教程
GUANGGAOXUE JIAOCHENG

何 辉 著

人民出版社 出版发行
(100706 北京市东城区隆福寺街 99 号)

北京龙之冉印务有限公司印刷厂印刷 新华书店经销

2016 年 5 月第 1 版 2016 年 5 月北京第 1 次印刷
开本:710 毫米×1000 毫米 1/16 印张:37.25
字数:590 千字

ISBN 978 - 7 - 01 - 016086 - 3 定价:86.00 元

邮购地址 100706 北京市东城区隆福寺街 99 号
人民东方图书销售中心 电话 (010)65250042 65289539